東洋古典譯註叢書 5

譯註 春秋左氏傳 5

鄭 太 鉉 譯註

傳統文化硏究會

國譯委員

譯　　註　鄭太鉉
潤　　文　이라나
校　　訂　姜雲淑
出　　版　權永順

東洋古典譯註叢書를 발간하면서

우리의 古典國譯事業은 민족문화 진흥의 기초사업으로 1960년대부터 政府 支援으로 古文獻 現代化 작업을 추진하여 많은 成果를 거두었다. 당시 이 사업 추진의 先行課題로 東洋古典이라 일컬어지는 중국의 基本古典을 먼저 飜譯하여야 한다는 學界의 주장이 있어 왔음에도 불구하고 우리 고전이 아니라는 일부의 偏狹한 視角과 財政 事情 등으로 인하여 배제되어 왔다.

전통적으로 중국의 기본고전은 우리 歷史와 함께 숨쉬며 각종 교육기관의 敎科書로 활용됨은 물론이고 지식인들의 必讀書가 되어 왔으며, 우리 文化의 基底에 자리잡고 거의 모든 방면의 體系와 根幹을 형성하여 왔다. 그래서 학문연구의 기본서 역할을 해 왔을 뿐만 아니라 오늘날에도 우리의 國學徒 및 東洋學 研究者들에게 같은 역할을 하고 있음은 주지의 사실이다. 그럼에도 불구하고 中國古典은 우리 것이 아니라 하여 專門機關의 飜譯對象에 포함하지 않음으로써 대부분 原典에서의 직접 번역이 아닌 重譯이나 拔萃譯의 방식이 주를 이루면서 敎養水準으로 出版되어 왔다.

오늘날 東洋三國 중에서 우리의 東洋學 연구가 가장 부진한 이유는 東洋基本古典에 대한 폭넓은 이해의 부족과 漢文古典 讀解力의 저하에 기인함을 우리는 솔직히 인정하여야 한다. 따라서 이들 중국고전에 대한 신뢰할 만한 國譯이 이루어지는 것이 한국학 연구를 촉진시키는 시급한 先行課題라 할 수 있다.

이에 韓國學 및 東洋學의 연구와 古典現代化의 基盤構築을 위해서는 전문기관으로 하여금 동양고전을 단기간에 각 분야의 專門 研究者와 漢學者가 상호협동하여 연구번역하여 飜譯의 傳統性과 效率性, 研究의 專門性을 높일 수 있도록 政策的 配慮가 있어야 한다.

이에 本會에서는 元老 및 中堅 漢學者와 斯界의 專攻者로 하여금 協同研究飜譯하여 공부하는 사람들이 믿고 引用하거나 깊이 있는 註釋 등을 활용할 수 있게 하고, 知識人들의 敎養을 증진시켜 줄 수 있는 東洋古典의 國譯書 간행을 지속적으로 추진해 왔다. 근래에 다행히 이 사업에 대하여 각계 지도층의 폭넓은 이해와 지원에 힘입어 2001년도부터 國

庫補助를 받아 東洋古典譯註叢書를 간행하게 되었다. 이를 계기로 우리 先學의 註釋과 見解를 반영하는 등 국역사업의 內實을 기하게 되었음을 이 자리를 빌어 衷心으로 감사드리며, 아울러 國譯에 參與하신 관계자 여러분의 勞苦에 깊은 謝意를 표한다.

끝으로 우리의 이러한 작업은 오랜 역사 위에 축적된 先賢들의 業績과 現代學問을 이어주는 튼튼한 架橋와 礎石이 되어 진정한 韓國學과 東洋學 발전에 기여할 것을 굳게 믿으며, 21세기를 우리 文化의 世紀로 열어 가는 밑거름이 되도록 우리의 力量을 本 事業에 경주하고자 한다. 江湖諸賢의 부단한 관심과 지원을 기대해 마지 않는다.

社團法人 傳統文化硏究會 會長 李 啓 晃

凡 例

1. 本書는 東洋古典譯註叢書 ≪春秋左氏傳≫의 제5책이다.
2. 본서의 國譯底本은 ≪春秋經傳集解≫(국립중앙도서관 소장, 保景文化社 影印)이며, ≪春秋左傳正義≫(十三經注疏本), ≪春秋左傳杜林合注≫(四庫全書本), ≪春秋≫(學民文化社 影印本), ≪春秋≫(韓國經學資料集成 成均館大學校 大東文化研究院編)와 ≪韓國文集叢刊≫(民族文化推進會編) 등을 참고하였다.(참고도서 목록 별첨)
3. ≪春秋≫의 經과 傳, 杜注, 附注는 完譯하고 原文도 함께 실었다. 다만 '音訓'은 제외하고 필요한 경우에는 譯文에 직접 반영하였다.
4. 飜譯은 原義에 充實하도록 하였다. 다만 難解한 부분은 意譯 또는 補充譯을 하였다.
5. ≪春秋≫의 經과 傳에는 ≪春秋經傳集解≫(서울大 奎章閣 所藏)의 懸吐를 참고하여 譯者가 懸吐하였다.
6. 註釋은 '杜注'(杜預)와 '附注'(林堯叟, 朱申)와 '譯註'로 구분하였다.
7. '譯註'는 중국 歷代 註釋家들과 우리나라 先學들의 註說을 반영하였다.
8. 原文의 誤字와 脫字는 參考本과 校勘하여 譯註로 처리하였다.
9. 經文과 傳文은 큰 活字를, 注釋은 작은 活字를 사용하여 區分하였다.
10. 찾아보기에 편리하도록 紀年을 〈 〉 안에 넣어 小題目을 삼았다.
11. 본서에 사용된 주요 符號와 略號는 다음과 같다.

" "	: 각종 引用	朱:	: 朱(朱申)曰
' '	: 再引用, 强調	역주〕	: 譯者의 註
≪ ≫	: 書名이나 出典	( )	: 漢字의 音, 간단한 註釋
〈 〉	: 篇章節名, 作品名 또는 補充	〔 〕	: 原文 誤字에 대한 正字, 音이 다른 漢字 倂記
〔부주〕	: 附注	＊), ＊1)	: 原註의 譯註
林:	: 林(林堯叟)曰		: 原文에서 衍文

參考書目

≪十三經注疏≫ 北京大學 出版社刊
　≪論語正義≫ ≪孟子正義≫
　≪毛詩正義≫ ≪尙書正義≫
　≪周易正義≫ ≪禮記注疏≫
　≪周禮注疏≫ ≪儀禮注疏≫
　≪春秋左傳正義≫ ≪春秋公羊傳注疏≫
　≪春秋穀梁傳注疏≫
≪春秋釋例≫ 四庫全書 文淵閣本
≪胡氏春秋≫ 同上
≪左傳杜林合注≫ 동상
≪四庫全書總目提要≫ 동상
≪史記≫ 동상
≪漢書≫ 동상
通志堂經解 春秋部
　孫復, ≪春秋尊王發微≫
　呂祖謙, ≪左氏傳說≫
　黃仲炎, ≪春秋通說≫
　張洽, ≪春秋集注≫
　呂大圭, ≪春秋或問≫
　家鉉翁, ≪春秋詳說≫
　孫覺, ≪春秋經解≫
　程端學, ≪春秋或問≫
　趙汸, ≪春秋集傳≫
　趙汸, ≪春秋左氏傳補註≫
　李棄, ≪春秋會通≫
　兪臯, ≪春秋集傳釋義≫
皇淸經解 春秋部 學海堂
　顧炎武, ≪左傳杜解補正≫
　王夫之, ≪春秋稗說≫
　顧棟高, ≪春秋大事表≫
　洪亮吉, ≪春秋左傳詁≫
　沈欽韓, ≪左氏傳補注≫
崔述, ≪考信錄≫ 世界書局
楊伯峻, ≪春秋左傳注≫ 中華書局
楊伯峻, ≪春秋左氏詞典≫ 同上
竹添鴻光, ≪左氏會箋≫ 新文豊出版有限公司印行
≪韓國文集叢刊≫ 民族文化推進會刊
　張維, ≪谿谷漫筆≫
　任聖周, ≪鹿門集≫〈讀左傳晉文公逆王事〉
≪韓國經學資料集成≫〈春秋篇〉大東文化研究院編
　李恒福, ≪魯史零言≫
　李惟樟, ≪春秋輯註≫
　丁若鏞, ≪春秋考徵≫
　李圭景, ≪五洲衍文長箋散稿≫
　李震相, ≪春秋集傳≫
　南九萬, ≪藥泉集≫〈春王正月記疑〉
　朴致遠, ≪雪溪隨錄≫〈春秋〉
　徐壽錫, ≪潁水全集≫〈春秋傳註抄纂〉
≪左氏春秋譯註≫ 吉林文化史 出版社刊
≪春秋左傳全釋≫ 中州古籍 出版社刊
≪春秋譯註≫ 上海古籍 出版社刊
≪左傳直解≫ 浙江文藝 出版社刊
學民文化社 影印本
　≪論語集註≫ ≪書傳集註≫
　≪孟子集註≫ ≪周易大全≫
　≪詩傳集註≫ ≪禮記集說≫

目 次

魯襄公 五

〈二十六年, 甲寅 B.C.547〉

【傳】 **會于夷儀之歲**에 **齊人城郟**[1]하다 **其五月**에 **秦晉爲成**[2]하야 **晉韓起如秦涖盟**하고 **秦伯車如晉涖盟**[3]하야 **成而不結**[4]하다

諸侯가 夷儀에서 회합하던 해에 齊人이 郟에 城을 쌓았다. 그해 5월에 秦나라와 晉나라가 和親하기 위해 晉나라의 韓起가 秦나라에 가서 結盟에 참가하고, 秦나라의 伯車가 晉나라에 가서 결맹에 참가하여 화친을 맺었으나 鞏固하지 못하였다.

1) 在二十四年 不直言會夷儀者 別二十五年夷儀會

24년에 있었다. 夷儀에서 회합했다고 사실대로 말하지 않고 〈夷儀에서 회합한 해라고 말한〉 것은 25년에 있었던 夷儀의 회합과 구별하기 위함이다.

2) 〔附注〕林曰 自十四年十三國伐秦 二國不平 至今年始爲平

〔부주〕林: 14년에 晉나라가 열세 나라를 거느리고 秦나라를 討伐한 때로부터 晉과 秦 두 나라가 不和하였는데, 금년에 이르러 비로소 和平하였다.

3) 伯車 秦伯之弟鍼也

伯車는 秦伯의 아우 鍼이다.

4) 不結固也 傳爲後年修成起本 當繼前年之末 而特跳此[*]者 傳寫失之

굳게 맺지 못한 것이다. 傳文은 後年에 修成한 張本을 말한 것이니, 前年 末에 붙여 기록하는 것이 마땅한데, 특별히 行(항)을 바꾸어 여기에 기록한 것은 傳寫하는 과정에서 잘못된 것이다.

*) 譯註〕跳此 : 跳는 책을 베낄 때 줄을 바꾸는 것이다.

【經】 **二十有六年 春王二月辛卯**에 **衛甯喜弑其君剽**하다

26년 봄 周王 2월 辛卯日에 衛나라 甯喜가 그 임금 剽를 弑害하였다.

【經】 **衛孫林父入于戚以叛**[1]하다

衛나라 孫林父가 戚邑으로 들어가 叛亂을 일으켰다.

1) 衎雖未居位 林父專邑背國 猶爲叛也*[1)] 〔附注〕 林曰 書叛始於此 凡叛 賤者不書 是故成十七年 齊高無咎之子弱以盧叛 襄二十九年 齊高止之子豎以盧叛不書 必卿佐*[2)]而後書 然宋魚石入于彭城 晉欒盈入于曲沃 未可以書叛 必若衛孫林父而後可以書叛 書叛必不能討者也

衛侯 衎(獻公)이 이때 비록 임금의 자리에 오르기 전이지만 林父가 邑을 점거하여 나라를 배반하였으니, 叛亂을 일으킨 것과 같다.

〔부주〕 林: 背叛을 이때부터 기록하기 시작하였다. 凡에 의하면 賤者가 叛한 것은 기록하지 않는다. 그러므로 成公 17년에 齊나라 高無咎의 아들 弱이 盧邑의 무리를 거느리고서 背叛한 것과, 襄公 29년에 齊나라 高止의 아들 豎가 盧邑의 무리를 거느리고 背叛한 것은 기록하지 않았다. 반드시 卿佐의 背叛인 뒤에야 기록한다. 그러나 成公 18년에 宋나라 魚石이 彭城으로 들어간 것과 襄公 23년에 欒盈이 曲沃으로 들어간 것은 '叛'으로 기록할 수 없고, 반드시 衛나라 孫林父 같은 뒤에야 '叛'으로 기록할 수 있다. 반드시 토벌할 수 없는 자에 한해 '叛'으로 기록한다.

*1) 역주〕 猶爲叛也 : 叛은 신하가 임금을 배반하는 것이다. 이때 衎이 아직 임금이 되기 전이어서 衛나라에는 임금이 없었으니, 孫林父가 난을 일으킨 것을 '叛'이라 할 수 없다. 그러나 孫林父가 邑을 占有하여 나라를 背叛한 것이 叛亂한 것과 같기 때문에 '叛'으로 기록했다는 말이다.

*2) 역주〕 卿佐 : 國君을 輔佐하는 執政大臣을 이른다.

【經】 甲午에 衛侯衎復歸于衛[1)]하다

甲午日에 衛侯 衎(獻公)이 衛나라로 復歸하였다.

1) 復其位曰復歸 名與不名 傳無義例

그 位를 회복하는 것을 復歸라 한다. 이름을 기록한 것과 기록하지 않은 것에 대해서는 傳에 義例가 없다.

【經】 夏에 晉侯使荀吳來聘[1)]하다

여름에 晉侯가 荀吳를 보내어 와서 聘問하였다.

1) 吳 荀偃子

吳는 荀偃의 아들이다.

【經】 公會晉人鄭良霄宋人曹人于澶淵[1)]하다

襄公이 晉人・鄭나라 良霄・宋人・曹人과 澶淵에서 會合하였다.

1) 卿會公侯 皆應貶 方責宋向戌後期 故書良霄以駮〔駁〕[*]之 若皆稱人 則嫌向戌直以會公貶之〔附注〕林曰 澶淵 近戚地 蓋以討衛而疆戚田也

卿이 公・侯와 회합한 경우에는 모든 卿을 貶下하는 것이 합당하니,〈良霄도 폄하하는 것이 마땅하다.〉그러나 바야흐로 宋나라 向戌이 기한이 지난 뒤에 온 것을 貶責하였으므로 '良霄'를 기록하여 그를 폄책한 것이다. 만약 모두를 '人'으로 칭하면 向戌도 公과 會合한 罪만으로 貶下된 것으로 의심할 것이고,〈기한이 지난 뒤에 온 죄가 드러나지 않는다. 그러므로 良霄의 이름을 기록하여, 向戌을 '人'으로 貶下한 것이 단지 公과 會合하였기 때문만이 아님을 드러낸 것이다.〉

〔부주〕林: 澶淵은 戚에서 가까운 곳이다.〈이곳에서 회합한 것은〉衛나라를 토벌하고서 戚의 土地를 區劃하기 위해서인 듯하다.

*) 역주〕底本에는 '駮'으로 되어 있으나 ≪十三經注疏≫本에 의거하여 '駁'으로 바로잡았다.

【經】秋에 宋公殺其世子痤[1)]하다

가을에 宋公이 그 世子 痤를 살해하였다.

1) 稱君以殺 惡其父子相殘害

임금이 죽였다고 칭한 것은 그 父子가 서로 殘害한 것을 미워해서이다.

【經】晉人執衛甯喜하다

晉人이 衛나라 甯喜를 잡았다.

【經】八月壬午에 許男甯卒于楚[1)]하다

8월 壬午日에 許男 甯이 楚나라에서 卒하였다.

1) 未司〔同〕[*]盟 而赴以名

同盟하지 않았으나, 이름으로 赴告하였기 때문에 經에 그 이름을 기록한 것이다.

*) 역주〕저본에는 '司'로 되어 있으나, ≪十三經注疏≫本에 의거하여 '同'으로 바로잡았다.

【經】冬에 楚子蔡侯陳侯伐鄭하다

겨울에 楚子・蔡侯・陳侯가 鄭나라를 토벌하였다.

【經】 葬許靈公

許靈公을 葬事 지냈다.

【傳】 二十六年春에 秦伯之弟鍼如晉修成[1)2)]하니 叔向命召行人子員[3)]하다 行人子朱曰 朱也當御[4)5)]라 三云[6)]호되 叔向不應하니 子朱怒曰 班爵同[7)]이어늘 何以黜朱於朝[8)]오하고 撫劍從之[9)]한대 叔向曰 秦晉不和久矣니 今日之事가 幸而集[10)]이면 晉國賴之어니와 不集이면 三軍暴骨[11)]하리라 子員道二國之言無私어늘 子常易之[12)]하니 姦以事君者를 吾所能御也[13)]라하고 拂衣從之[14)]하니 人救之하다 平公曰 晉其庶乎[15)]ㄴ저 吾臣之所爭者大[16)]로다 師曠曰 公室懼卑니이다 臣不心競而力爭[17)]하고 不務德而爭善[18)]은 私欲已侈니 能無卑乎[19)20)]잇가

26년 봄에 秦伯의 아우 鍼이 盟約을 重修하기 위해 晉나라로 가니 叔向이 行人 子員을 불러 그와 應對하도록 命하였다. 行人 子朱가 "내가 當直입니다."라고 세 번 말하였으나 叔向이 대답하지 않으니, 子朱가 화를 내며 "나의 班爵(職位와 階級)이 子員과 같은데 무엇 때문에 나를 朝廷에서 물리칩니까?"라고 하고서 칼을 들고 叔向에게 덤벼들자, 叔向이 말하기를 "秦나라가 우리 晉나라와 不和한 지 오래이니, 오늘 다행히 일이 잘 이루어지면 우리 晉나라가 그에 힘입어 安定될 것이지만, 일이 이루어지지 않는다면 三軍의 뼈가 전쟁터에 뒹굴게 될 것이다. 子員은 두 나라의 말을 전함에 있어 私心이 없었으나 그대는 항상 중간에서 말을 바꾸었으니, 간사한 마음으로 임금을 섬기는 자를 나는 막을 수 있다."고 하고서 옷자락을 걷어붙이고 일어나서 子朱에게 달려드니 사람들이 말렸다. 晉平公이 말하기를 "晉나라는 거의 잘 다스려질 것이다. 나의 신하들이 論爭하는 것이 국가의 大事이니 말이다."고 하자, 師曠이 말하기를 "公室이 權威가 낮아질까 두렵습니다. 신하들이 마음속으로 〈충성하기를〉 競爭하지 않고 武力으로 다투며, 德行을 힘쓰지 않고 자기가 옳다고 다투는 것은 私欲이 이미 커졌기 때문이니, 어찌 공실이 낮아지지 않을 수 있겠습니까?"라고 하였다.

1) 修會夷儀歲之成

夷儀에서 회합하였던 해에 맺은 盟約을 重修한 것이다.

2) 역주] 秦伯之弟鍼如晉修成 : 秦나라와 晉나라의 結盟은 晉나라가 요구한 것이다. ≪左氏會箋≫

3) 欲使答秦命

子員을 시켜 秦君의 命에 대답하게 하고자 한 것이다.

4) 御 進也 言次當行

御는 나아가는 것이니, 子朱가 담당해 행할 차례라는 말이다.

5) 역주〕 當御 : 지금의 値班(當直)과 같다. 〈楊注〉

6) 〔附注〕 林曰 子朱三次言之

〔부주〕 林: 子朱가 세 차례 말한 것이다.

7) 同爲大夫 〔附注〕 林曰 言己與叔向 班爵同爲大夫

同一한 大夫라는 말이다.

〔부주〕 林: 자기가 叔向과 班爵이 같은 大夫라는 말이다.

8) 黜 退也 〔附注〕 林曰 謂三不應

黜은 물리치는 것이다.

〔부주〕 林: 세 차례 말했는데도 대답하지 않은 것을 이른다.

9) 從叔向也

叔向에게 덤벼든 것이다.

10) 集 成

集은 成이다.

11) 역주〕 暴骨 : 장차 전쟁이 일어날 것이라는 말이다. 〈楊注〉

12) 〔附注〕 林曰 子員之爲行人 傳道二國之言語無所偏私 子朱之爲行人 常變易其往來之言

〔부주〕 林: 子員은 行人으로서 두 나라의 말을 전함에 있어 편벽되거나 사사로움이 없었고, 子朱는 행인으로서 두 나라 사이에 오가는 말을 항상 變易하였다는 말이다.

13) 〔附注〕 林曰 凡持奸邪之心以事其君者 我之所能御止不畏也

〔부주〕 林: 간사한 마음을 가지고 임금을 섬기는 자들을 나는 두려워하지 않고 制止할 수 있다는 말이다.

14) 拂衣 褰裳也 〔附注〕 林曰 叔向褰裳以從子朱

拂衣는 치마를 걷는 것이다.

〔부주〕 林: 叔向이 치마를 걷어붙이고 子朱에게 달려든 것이다.

15) 庶幾於治

잘 다스려지는 데 가깝다는 말이다.

16) 〔附注〕 林曰 言叔向子朱所爭者 公忿 非私怨也

〔부주〕 林: 叔向과 子朱가 다툰 것이 公共의 忿怒이고 개인의 怨恨이 아니라는 말이다.

17) 謂二子不心競爲忠 而撫劍拂衣

두 사람이 마음으로 충성하기를 경쟁하지 않고, 칼을 들고 옷을 걷어붙인 것을 이른 것이다.

18) 爭 謂所行爲善

爭은 자기의 행위가 옳다〔善〕고 다투는 것을 이른다.

19) 私欲侈 則公義廢

사욕이 커지면 公義가 없어진다.

20) 역주〕 私欲已侈 能無卑乎 : 朝廷에서 사사로이 다투는 것은 임금의 권위를 두려워하지 않기 때문이다. ≪左氏會箋≫

【傳】 衛獻公使子鮮爲復[1)2)]한대 辭[3)]어늘 敬姒强命之[4)]한대 對曰 君無信하니 臣懼不免[5)]이라 敬姒曰 雖然이나 以吾故也[6)]하라 許諾하다 初에 獻公使與甯喜言[7)]에 甯喜曰 必子鮮在라 不然이면 必敗[8)]리라 故公使子鮮하다 子鮮不獲命於敬姒[9)10)]하야 以公命與甯喜言曰 苟反이면 政由甯氏[11)]하고 祭則寡人하리라 甯喜告蘧伯玉한대 伯玉曰 瑗不得聞君之出하니 敢聞其入[12)]가하고 遂行하야 從近關出[13)]하다 告右宰穀[14)]한대 右宰穀曰 不可[15)]하다 獲罪於兩君[16)]이면 天下誰畜之[17)]리오 悼子曰 吾受命於先人하니 不可以貳[18)19)]라 穀曰 我請使焉而觀之[20)]하리라하고 遂見公於夷儀하고 反曰 君淹恤在外十二年矣[21)]로되 而無憂色하고 亦無寬言하니 猶夫人也[22)]라 若不已면 死無日矣[23)]리라 悼子曰 子鮮在하니라 右宰穀曰 子鮮在라도 何益이리오 多而能亡이리니 於我何爲[24)25)]리오 悼子曰 雖然이나 弗可以已[26)]니라

衛獻公이 아우 子鮮을 衛나라로 보내어 자기의 復位를 주선하게 하자, 子鮮이 사절하였다. 敬姒가 子鮮에게 강요하자, 子鮮은 "임금이 信義가 없으니 나는 禍를 면하지 못할까 두렵습니다."라고 대답하였다. 敬姒가 "비록 그렇더라도 나를 위해 가라."고 하니 자선이 허락하였다. 당초 獻公이 使者를 보내어 甯喜와 復位에 관한 일을 의론하게 하였을 때, 甯喜가 "이 일에는 반드시 子鮮이 있어야 한다. 그렇지 않으면 반드시 실패할 것이다."고 하였다. 그러므로 獻公이 子鮮을 보낸 것이다.

子鮮은 敬姒의 〈가지 말라는〉 命을 받지 못하였으므로 衛나라로 가서 甯喜에게 "만약 내가 돌아가서 復位한다면 國政은 甯氏가 主宰하고 寡人은 祭祀만을 主宰할 것이다."고 한 獻公의 命을 전하였다. 甯喜가 이 일을 蘧伯玉에게 말하자, 伯玉은 "나는 임금의 出亡을 듣지 못했는데, 감히 임금의 入國을 들을 수 있겠습니까?"라고 하고서 드디어 도망해 國都에서 가까운 關門을 통해 出國하였다.

甯喜가 右宰 穀에게 告하자, 右宰 穀은 “안 됩니다. 두 임금에게 罪를 얻는다면 天下에 누가 우리를 용납하겠습니까?”라고 하였다. 悼子(甯喜)가 “나는 先人에게 명을 받았으니 두마음을 품을 수 없다.”고 하자, 右宰 穀이 말하기를 “나는 使者로 가서 그를 살펴보고자 합니다.”고 하고서 드디어 夷儀로 가서 獻公을 만나 보고 돌아와서 말하기를 “임금은 憂患을 당해 12년이란 오랜 세월을 國外에 머물러 있었으면서도 근심하는 기색이 없고 또 寬容하겠다는 말도 없으니, 前과 다름없는 사람이었습니다. 만약 復位의 計劃을 그만두지 않는다면 우리가 죽을 날이 머지않을 것입니다.”고 하였다. 悼子가 “子鮮이 있다.”고 하자, 右宰 穀이 “子鮮이 있다 한들 무슨 도움이 되겠습니까? 잘해야 本人이나 살아서 亡命할 수 있을 것인데, 우리에게 무슨 도움을 줄 수 있겠습니까?”라고 하니, 悼子가 말하기를 “비록 그렇다 하더라도 그 일을 그만둘 수 없다.”고 하였다.

1) 使爲己求反國

子鮮을 使者로 보내어 자기가 나라로 돌아갈 수 있도록 甯喜에게 도움을 구하게 한 것이다.

2) 역주〕 衛獻公使子鮮爲復 : 子鮮은 獻公의 同母弟 鱄이다. 爲復은 나를 위해 君位의 恢復을 꾀하라는 말이다. 〈楊注〉

3) 辭不能

그럴 능력이 없다고 사절한 것이다.

4) 敬姒 獻公及子鮮之母

敬姒는 獻公과 子鮮의 母親이다.

5) 〔附注〕 林曰 懼反國之後不免於禍

〔부주〕 林: 子鮮은 獻公이 나라로 돌아온 뒤에 자신이 禍를 면하지 못하게 될 것을 두려워한 것이다.

6) 〔附注〕 林曰 言雖獻公不可託 以我之故 必爲求之

〔부주〕 林: 비록 獻公을 信賴할 수는 없지만, 나의 연고로 인해(나를 위해) 반드시 돌아갈 수 있도록 甯喜에게 도움을 구하라는 말이다.

7) 言 復國*)

言은 復國에 관해 말한 것이다.

*) 역주〕 復國 : 쫓겨난 諸侯가 다시 歸國하여 復位하는 것이다.

8) 子鮮賢 國人信之 必欲使在其間 〔附注〕 林曰 若子鮮不在 事必無成

子鮮은 어질어 國人이 그를 신임하기 때문에 반드시 그를 그 일에 참여시키고자 한 것이다.

〔부주〕 林: 만약 子鮮이 참여하지 않으면 일이 반드시 이루어질 수 없다는 말이다.

9) 不得止命

가지 말라는 명을 받지 못한 것이다.

10) 역주] 不獲命於敬姒 : 가지 말라는 敬姒의 명을 받지 못했다는 말이다.

11) 역주] 政由甯氏 : 由는 動作의 主體를 나타내는 介詞로 '이' '가' '께서' 등으로 쓰인다. '由甯氏'는 '甯氏가'라는 말이다.

12) 十四年 孫氏欲逐獻公 瑗走 從近關出

襄公 14년에 孫氏가 獻公을 逐出하려 할 때도 蘧瑗은 도망하여 都城에서 가까운 關門을 통해 出國하였다.

13)〔附注〕林曰 據十四年 孫氏欲逐獻公 蘧伯玉從近關出 今年 甯喜欲復獻公 蘧伯玉又從近關出 其全身遠害如此

〔부주〕林: 14년에 孫氏가 獻公을 逐出하려 할 때 蘧伯玉이 가까운 관문을 통해 출국했던 것과 금년에 甯喜가 獻公을 復位시키고자 할 때 거백옥이 또 가까운 관문을 통해 출국한 것에 의거해 보면 그가 몸을 保全하고 害를 멀리함이 이와 같았다.

14) 衛大夫

右宰 穀은 衛나라 大夫이다.

15)〔附注〕朱曰 言不可納獻公

〔부주〕朱: 獻公을 받아들여서는 안 된다는 말이다.

16) 前出獻公 今弒剽〔附注〕朱曰 先是甯惠子逐獻公 今悼子又欲弒公孫剽 是得罪兩君

전에 獻公을 逐出하고 이번에 剽를 弑害한 것을 이른다.

〔부주〕朱: 과거에 甯惠子가 獻公을 逐出하였고, 이번에 悼子가 또 公孫 剽를 弑害하고자 하였으니, 이것이 두 임금에게 죄를 얻은 것이다.

17) 畜 猶容也

畜은 容(용납)과 같다.

18) 悼子 甯喜也 受命在二十年

悼子는 甯喜이다. 命을 받은 것은 20년에 있었다.

19) 역주] 吾受命於先人 : 先人은 甯喜의 아버지 甯殖이다.

20) 觀 知可還否

觀은 돌아오게 하여도 좋을지의 여부를 알고자 한 것이다.

21) 淹 久也

淹은 久이다.

22) 言其爲人猶如故

그 사람됨이 여전하다는 말이다.

23) 已 止也

已는 中止하는 것이다.

24) 言子鮮爲義 多不過亡出〔附注〕林曰 子鮮若欲踐言 多不過能出亡
子鮮이 義를 행하는 사람이지만 본인도 잘해야 목숨을 부지하고 도망가는 데 불과할 뿐이라는 말이다.
〔부주〕林: 子鮮이 만약 말을 실천하고자 하면 잘해야 도망가는 데 불과할 것이라는 말이다.

25) 역주〕多而能亡 於我何爲 : 獻公이 不道하니 子鮮도 잘해야 목숨을 부지하고 亡命할 수 있을 것인데, 어느 겨를에 우리를 돕겠느냐는 말이다.

26)〔附注〕林曰 以受命先人之故 弗可以止
〔부주〕林: 先人에게 명을 받았기 때문에 그만둘 수 없다는 말이다.

孫文子在戚하고 **孫嘉聘於齊**하고 **孫襄居守**[1)2)]러니 **二月庚寅**에 **甯喜右宰穀伐孫氏**하야 **不克**하고 **伯國傷**[3)]하다 **甯子出舍於郊**[4)]러니 **伯國死**하야 **孫氏夜哭**하니 **國人召甯子**하다 **甯子復攻孫氏**하야 **克之**하고 **辛卯**에 **殺子叔及大子角**[5)]하다 **書曰 甯喜弑其君剽**라 하니 **言罪之在甯氏也**[6)]라

孫文子는 戚에 있고 孫嘉는 齊나라에 聘問 가고, 孫襄은 都城에 있는 집을 지키고 있었다. 2월 庚寅日에 甯喜와 右宰 穀이 孫氏를 攻擊하여 勝利하지 못하고 伯國(孫襄)에게 傷害를 입혔을 뿐이었다. 甯子는 國都를 나와 郊外에 머물렀는데, 伯國이 죽어 밤에 孫氏 집에서 哭聲이 나니, 國人이 甯子를 불렀다. 甯子가 다시 孫氏를 攻擊하여 勝利하고서 辛卯日에 子叔과 太子 角을 殺害하였다. 經에 '甯喜가 그 임금 剽를 弑害하였다.'라고 기록하였으니, 이는 罪를 甯氏에게 돌린 것이다.

1) 二子 孫文子之子〔附注〕林曰 居衛守國
두 사람은 孫文子의 아들이다.
〔부주〕林: 衛나라에 있으면서 都城을 지킨 것이다.

2) 역주〕孫文子在戚……孫襄居守 : 戚은 본래 孫氏의 食邑이다. 그러므로 林父가 戚에 가 있었던 것이다. 居守는 衛나라 都城에 머물러 집을 지킨 것이다. 〈楊注〉

3) 伯國 孫襄也 父兄皆不在 故乘弱攻之
伯國은 孫襄이다. 孫襄의 父兄이 모두 있지 않았기 때문에 弱한 틈을 이용해 攻擊한 것이다.

4) 欲奔
도망가고자 한 것이다.

5) 子叔 衛侯 剽 言子叔 剽無謚故〔附注〕林曰 角 剽之子
子叔은 衛侯 剽이다. 子叔이라고 말한 것은 剽에게 諡號가 없었기 때문이다.
〔부주〕林: 角은 剽의 아들이다.

6) 嫌受父命納舊君無罪 故發之
아버지의 命을 받고 옛 임금을 받아들였으니 罪가 없는 것으로 의심할 것 같으므로 傳에 이를 드러낸 것이다.

【傳】孫林父以戚如晉[1)]하다 **書曰 入于戚以叛**이라하니 **罪孫氏也**라 **臣之祿**은 **君實有之**[2)]하니 **義則進**하고 **否則奉身而退**어늘 **專祿以周旋**하니 **戮也**[3)4)]라

孫林父가 戚邑을 가지고 晉나라로 갔다. 經에 "戚에 들어가서 叛亂을 일으켰다."고 記錄하였으니, 이는 孫氏에게 罪를 돌린 것이다. 臣下의 祿은 실로 임금의 所有이니, 義理에 맞으면 나아가고 그렇지 않으면 몸을 保全해 물러나야 하는데, 祿을 私有財產으로 여겨 이 邑을 가지고 남과 周旋(去來)하였으니, 誅戮을 당하는 것이 마땅하다.

1) 以邑屬晉
邑을 가지고 가서 晉나라에 歸屬시킨 것이다.

2)〔附注〕林曰 凡人臣之祿邑土地 君實有之
〔부주〕林: 모든 신하의 祿邑의 土地는 실로 임금의 所有이다.

3) 林父事剽而衎入 義可以退 唯以專邑自隨爲罪 故傳發之
林父가 剽를 섬기고 있는 중에 衎이 들어왔으니, 義理로 보아 물러나는 것이 옳다. 經에 오직 邑을 제 마음대로 가지고 〈晉나라로 간〉 것만을 罪로 여겼기 때문에 傳에 이를 드러낸 것이다.

4) 역주〕義則進……專祿以周旋 戮也 : 義에 맞으면 出仕하여 食邑을 받고, 그렇지 못해 벼슬에서 물러나면 그 食邑을 임금에게 돌려주어야 하는데, 그 식읍을 私有財產으로 여겨 이 邑을 가지고 이웃 나라와 去來하는 것은 그 罪가 誅戮에 해당한다는 말이다. 專祿은 祿으로 받은 食邑을 제 마음대로 處理한 것을 이르고, 周旋은 이 邑을 가지고 去來한 것을 이른다.

【傳】甲午에 **衛侯入**하다 **書曰 復歸**라하니 **國納之也**[1)]라 **大夫逆於竟者**엔 **執其手而與之言**하고 **道逆者**엔 **自車揖之**[2)]하고 **逆於門者**엔 **頷之而已**[3)]라 **公至**하야 **使讓大叔文子**[4)]**曰 寡人淹恤在外**에 **二三子皆使寡人朝夕聞衛國之言**[5)]이로되 **吾子獨不在寡人**[6)]하니라 **古人有言曰 非所怨**이면 **勿怨**이라하니 **寡人怨矣**[7)]로라 **對曰 臣知罪矣**라

臣不佞하야 不能負羈紲以從扞牧圉[8)]하니 臣之罪一也[9)]오 有出者하고 有居者[10)]하니 臣不能貳하야 通外內之言以事君하니 臣之罪二也라 有二罪하니 敢忘其死릿가하고 乃行하야 從近關出하니 公使止之[11)]하다

甲午日에 衛侯가 都城으로 들어왔다. 經에 '復歸'라고 기록하였으니, 國人이 받아들였다는 것을 말한 것이다. 〈衛侯가 들어올 때〉 國境에 나와 迎接하는 大夫에겐 그 손을 잡고 말을 나누고, 길에서 영접하는 사람에겐 수레에서 揖을 하고, 城門에서 영접하는 사람에겐 고개만 끄덕일 뿐이었다. 獻公이 都城에 도착하여 사람을 보내 太叔文子를 꾸짖기를 "寡人이 國外에 머물며 고생할 때 大夫들은 모두 寡人에게 조석으로 衛나라의 소식을 通報하였는데, 유독 그대만 寡人에게 관심을 두지 않았다. 옛사람의 말에 '원망할 대상이 아니면 원망하지 말라.'고 하였으니, 寡人은 그대를 원망하노라."고 하니, 태숙문자가 대답하기를 "臣은 罪를 알고 있습니다. 신은 才能이 없어 굴레와 고삐를 걸머지고서 임금님을 侍從하며 牧圉(車駕)를 保護하지 못하였으니 이것이 臣의 첫 번째 罪이고, 國外로 나가신 분도 있고 國內에 계시는 분도 있으므로 臣은 두마음을 품고서 內外의 소식을 通告하여 임금을 섬길 수 없었으니, 이것이 臣의 두 번째 罪입니다. 두 가지 罪를 지었으니 어찌 감히 죽기를 잊었겠습니까?"라고 하고서 가까운 관문을 통해 나가니, 獻公이 사람을 보내어 가지 못하도록 막았다.

1) 本晉納之夷儀 今從夷儀入國 嫌若晉所納 故發國納之例 言國之所納而復其位
 본래 晉나라가 그를 夷儀로 들여보냈고, 지금 夷儀로부터 衛나라로 들어왔으니, 晉나라가 들여보낸 것으로 의심할 것 같으므로 國人이 받아들인 例로 기록한 것이니, 國人이 받아들여 그 位에 恢復시켰다는 것을 말한 것이다.

2)〔附注〕林曰 獻公敬心漸褰〔衰〕[*)]
 〔부주〕林: 獻公의 공경하는 마음이 점점 쇠한 것이다.

*) 역주〕저본에는 '褰'으로 되어 있으나 ≪四庫全書 左傳杜林合注≫本에 의거하여 '衰'로 바로잡았다.

3) 頷 搖其頭 言衎驕心易生
 頷은 그 머리를 끄덕이는 것이니, 衎의 교만한 마음이 쉽게 생긴 것을 말한 것이다.

4)〔附注〕林曰 卽大叔儀
 〔부주〕林: 太叔文子는 바로 太叔儀이다.

5) 二三子 諸大夫
 二三子는 諸大夫이다.

6) 在 存問之 公聞文子答甯喜之言 故忿之[*)]〔附注〕朱曰 先言太叔儀有置君不如奕棋之言

獻公聞而恨之

在는 存問(問安)하는 것이다. 獻公은 文子가 甯喜에게 대답한 말을 들었기 때문에 忿怒한 것이다.

〔부주〕朱: 前年에 〈衛獻公이 甯喜에게 사람을 보내어 復位에 관한 일을 말하자, 甯喜가 허락하였다.〉 太叔儀는 이 소식을 듣고서 "임금을 세우는 일을 바둑 두는 것만치도 생각하지 않았다."고 말한 적이 있는데, 獻公이 이 말을 듣고서 太叔儀에게 怨恨을 품은 것이다.

*) 역주〕在 存問之公聞文子答甯喜之言故忿之 : 不在는 나에게 關心이 없었다는 말과 같다. ≪書經≫〈康王之誥篇〉의 "乃心罔不在王室"의 在와 같으니, 存問으로 解說할 필요가 없다. 衛侯는 文子가 內外의 소식을 通報하지 않았기 때문에 忿怒한 것이다. 文子가 甯喜를 非難(譏)한 것은 사사로이 한 말이었을 뿐이니, 獻公이 어찌 들을 수 있었겠는가? 杜注의 '答'字는 傳寫하는 과정에서 잘못된 것이니, '譏'字가 되어야 한다. ≪左氏會箋≫

7) 所怨在親親〔附注〕朱曰 今汝乃吾所當怨者 故怨汝也

원망하는 바는 親親(親屬)에 있다는 말이다.

〔부주〕朱: 지금 너는 내가 원망해야 할 대상이기 때문에 너를 원망한다는 말이다.

8) 역주〕不能負羈絏以從扞牧圉 : 임금을 따라 避亂하지 않았다는 말과 같다. 〈楊注〉

9)〔附注〕林曰 養牛曰牧 養馬曰圉 以從君扞衛牧圉之役 朱曰 羈絏 馬絆也

〔부주〕林: 소를 기르는 것을 '牧'이라 하고, 말을 기르는 것을 '圉'라 한다. 임금을 侍從하며 소와 말을 치는 役夫들을 保護하는 것이다.

〔부주〕朱: 羈絏은 말이 가지 못하도록 다리를 매는 줄(馬絆)이다.

10) 出謂衎 居謂剽也

出은 衎을 이르고 居는 剽를 이른다.

11) 傳言衛侯不能安和大臣

傳文은 衛侯가 大臣들을 安和시키지 못한 것을 말한 것이다.

【傳】衛人侵戚東鄙[1]어늘 **孫氏愬于晉**한대 **晉戍茅氏**[2]하다 **殖綽伐茅氏**하야 **殺晉戍三百人**[3]하다 **孫蒯追之**호대 **弗敢擊**하니 **文子曰 厲之不如**[4]라한대 **遂從衛師**하야 **敗之圉**[5]하다 **雍鉏獲殖綽**[6]하다 **復愬于晉**[7]하다

衛人이 戚의 동쪽 邊方을 侵攻하자 孫氏가 晉나라에 告愬하니, 晉나라가 군대를 보내어 茅氏를 지켰다. 衛나라 殖綽이 茅氏를 공격하여 晉나라에서 온 守備軍 3백 명을 죽였다. 孫林父의 아들 孫蒯가 殖綽을 뒤쫓으면서도 감히 攻擊하지 못하니, 孫文子가

"厲鬼만도 못하다."고 나무라자, 孫蒯는 드디어 衛軍을 追擊하여 圉에서 敗北시켰다. 雍鉏가 殖綽을 사로잡았다. 孫林父는 다시 晉나라에 提愬하였다.

1) 以林父叛故

孫林父가 背叛하였기 때문이다.

2) 殖〔茅〕*)氏 戚東鄙

茅氏는 戚의 동쪽 邊方이다.

*) 역주] 저본에는 '殖'으로 되어 있으나 ≪十三經注疏≫本에 의거하여 '茅'로 바로잡았다.

3) 殖綽 齊人 今來在衛

殖綽은 齊나라 사람으로 지금 衛나라에 와서 있는 자이다.

4) 厲 惡鬼也〔附注〕林曰 蓋指殖綽爲惡鬼 而責其子反不之如

厲는 惡鬼이다.

〔부주〕林: 殖綽을 가리켜 惡鬼라고 하면서 그 아들이 도리어 그만도 못하다고 꾸짖은 것인 듯하다.

5) 蒯感父言 更還逐殖綽 圉 衛地

孫蒯는 아버지의 말에 感激하여 다시 돌아가 殖綽을 追擊한 것이다. 圉는 衛나라 땅이다.

6) 雍鉏 孫氏臣

雍鉏는 孫氏의 신하이다.

7) 爲下晉討衛張本

아래에 晉나라가 衛나라를 討伐한 張本이다.

【傳】鄭伯賞入陳之功[1]하다 **三月甲寅朔**에 **享子展**하고 **賜之先路三命之服**[2]호되 **先八邑**[3)4]하다 **賜子產次路再命之服**호되 **先六邑**[5]하니 **子產辭邑曰 自上以下**하야 **降殺以兩**이 **禮也**니이다 **臣之位在四**[6]하고 **且子展之功也**라 **臣不敢及賞禮**니 **請辭邑**[7)8]하노이다 **公固予之**한대 **乃受三邑**[9]하다 **公孫揮曰**[10] **子產其將知政矣**[11]리라 **讓不失禮**로다

鄭伯이 陳나라 侵入에 功이 있는 사람들에게 賞을 주었다. 3월 초하루 甲寅日에 잔치를 열어 子展을 接待하고서 先路와 三命의 朝服을 먼저 하사하고 이어 8邑을 주었다. 子產에게 次路와 再命의 朝服을 먼저 하사하고 이어 6邑을 주니, 子產이 邑을 사양하며 말하기를 "위로부터 아래로 내려오면서 둘씩 줄어드는 것이 禮입니다. 臣의 官位는 序列이 네 번째이고, 또 이것은 子展의 功입니다. 臣은 감히 賞禮를 받을 수 없으니, 邑을 사양하기를 청합니다."고 하였다. 鄭伯이 굳이 주자, 子產은 3邑만을 받았다.

公孫 揮가 말하기를 "子産이 장차 政事를 맡게 될 것이다. 謙讓하되 禮를 잃지 않았다." 고 하였다.

1) 入陳在前年

陳나라로 쳐들어간 일은 前年에 있었다.

2) 先路次路 皆王所賜車之總名 蓋請之於王

先路와 次路는 모두 王이 내리는 수레의 總名이니, 鄭伯이 周王에게 請한 것인 듯하다.

3) 以路及命服爲邑先 八邑 二〔三〕*)十二井

邑을 하사하기에 앞서 먼저 路(수레)와 命服을 준 것이다. 8邑은 32井이다.

*) 역주〕저본에는 '二'로 되어 있으나 ≪十三經注疏≫本에 의거하여 '三'으로 바로잡았다.

4) 역주〕賜之先路……先八邑 : 사람에게 물건을 줄 때에는 가벼운 물건을 먼저 주고 귀중한 물건을 뒤에 준다. 그러므로 邑을 주기에 앞서 먼저 路와 命服을 준 것이다.〈正義〉

5)〔附注〕林曰 二十四井也

〔부주〕林: 6邑은 24井이다.

6) 上卿子展 次卿子西 十一年良霄見經 十九年乃立子産爲卿 故位在四

上卿은 子展이고 次卿은 子西이다. 11年 經에 良霄가 보이고, 19년에서야 子産을 세워 卿으로 삼았다. 그러므로 子産의 位次가 네 번째에 있다.

7) 賞禮 以禮見賞 謂六邑也

賞禮는 禮로써 賞을 주는 것이니, 6邑을 이른다.

8) 역주〕賞禮 : 賞은 임금이 신하를 禮遇하는 것이다. 그러므로 '賞禮'라 한 것이다. 禮字는 특별한 뜻이 없이 가볍게 쓴 것이니, 賞禮는 바로 賞이다. ≪左氏會箋≫

9) 位次當受二邑 以公固與之故 受三邑

位次에 의하면 2邑을 받는 것이 마땅하지만 公이 굳이 주었기 때문에 3邑을 받은 것이다.

10)〔附注〕林曰 卽子羽

〔부주〕林: 公孫 揮는 바로 子羽이다.

11) 知國政

國政을 맡는 것이다.

【傳】晉人爲孫氏故[1]로 **召諸侯**하니 **將以討衛也**라 **夏**에 **中行穆子來聘**하니 **召公也**[2]라

晉人이 孫氏를 위한 연고로 諸侯를 召集하였으니, 이는 諸侯의 군대를 거느리고서 衛나라를 討伐하기 위함이었다. 여름에 中行穆子가 와서 聘問하였으니, 이는 襄公을

부르기 위해 온 것이다.

1)〔附注〕林曰 爲孫林父屢愬衛伐之故

〔부주〕林: 孫林父가 衛나라가 쳐들어온 일을 屢次 呼訴하였기 때문이다.

2) 召公爲澶淵會

襄公을 불러 澶淵의 會合에 參與시키기 위해서이다.

【傳】楚子秦人侵吳하야 **及雩婁**하야 **聞吳有備而還**[1]이라가 **遂侵鄭**하야 **五月**에 **至于城麇**하다 **鄭皇頡戍之**[2]러니 **出**하야 **與楚師戰**이라가 **敗**하다 **穿封戌囚皇頡**[3]하니 **公子圍與之爭之**[4]하야 **正於伯州犂**[5]한대 **伯州犂曰 請問於囚**라하고 **乃立囚**[6]하고 **伯州犂曰 所爭**이 **君子也**니 **其何不知**[7)8]리오 **上其手曰 夫子爲王子圍**로 **寡君之貴介弟也**[9)10]라하고 **下其手曰 此子爲穿封戌**로 **方城外之縣尹也**라 **誰獲子**[11]오 **囚曰 頡遇王子**하야 **弱焉**[12]이라 **戌怒**하야 **抽戈逐王子圍**나 **弗及**하다 **楚人以皇頡歸**[13]하다

楚子와 秦人이 吳나라를 侵攻하기 위해 雩婁에 이르러 吳나라에 防備가 있다는 말을 듣고 돌아오다가 드디어 鄭나라를 侵攻하여 5월에 城麇(균)에 이르렀다. 그곳을 지키고 있던 鄭나라 皇頡이 城에서 나와 楚軍과 戰鬪하다가 敗戰하였다. 穿封戌이 皇頡을 사로잡으니, 公子 圍가 그와 戰功을 다투어 伯州犂에게 判定〔正〕하기를 청하였다. 伯州犂가 "捕虜〔囚〕에게 물어보겠다."고 하고서 포로를 세워놓고서 伯州犂가 말하기를 "서로 빼앗으려고 다투는 대상이 바로 그대〔君子〕이니, 그대는 어찌 모르겠는가?"라고 하고서, 손을 들어 가리키며 말하기를 "저분은 王子 圍로 우리 임금님의 高貴한 아우이시다."고 하고, 손을 내려 가리키며 말하기를 "이 사람은 穿封戌로 方城 밖의 縣尹이다. 누가 그대를 사로잡았는가?"라고 하니, 포로가 말하기를 "나는 王子를 만나 사로잡혔다."고 하였다. 그러자 穿封戌이 노하여 창을 뽑아 들고 王子 圍를 뒤쫓았으나 따라잡지 못했다. 楚人이 皇頡을 데리고 돌아갔다.

1) 雩婁縣 今屬安豐郡

雩婁縣이 지금은 安豐郡에 屬하였다.

2) 皇頡 鄭大夫 守城麇之邑〔附注〕林曰 城麇 鄭邑

皇頡은 城麇邑을 지키는 鄭나라 大夫이다.

〔부주〕林: 城麇은 鄭나라 邑이다.

3)〔附注〕朱曰 穿封戌 楚縣尹也

〔부주〕朱: 穿封戌은 楚나라 縣尹이다.

4) 公子圍 共王子 靈王也

公子 圍는 共王의 아들 靈王이다.

5) 正曲直也〔附注〕林曰 伯州犂 晉人 奔楚爲大夫

曲直을 判定하는 것이다.

〔부주〕林: 伯州犂는 晉나라 사람으로 楚나라로 도망가서 大夫가 된 자이다.

6)〔附注〕林曰 立皇頡於庭而問之

〔부주〕林: 皇頡을 뜰에 세워놓고서 물은 것이다.

7) 言王子圍及穿封戌 皆非細人 易別識也

王子 圍와 穿封戌이 모두 細人(卑賤한 사람)이 아니니 쉽게 識別할 수 있다는 말이다.

8) 역주〕君子也 其何不知 : 杜注를 따르면 "너를 빼앗으려고 다투는 분들이 君子(高貴한 사람)이니, 네가 어찌 모르겠느냐?"로 飜譯해야 한다. 하지만 杜注를 따르지 않고 其他의 註釋에 따라 위와 같이 번역하였다. ≪左氏會箋≫·〈楊注〉 등에 모두 君子는 皇頡을 이른 말로 해석하였다. 곧 너는 事理를 아는 君子이니, 누구의 포로가 되는 것이 네 身上에 有利한지를 어찌 모르겠느냐는 말이다.

9) 介 大也

介는 大이다.

10) 역주〕貴介 : 地位가 高貴한 것이다.

11) 上下手以道囚意〔附注〕林曰 觀伯州犂聽訟之間 其手勢心口 言語輕重*) 皆道囚意 欲使曲證王子圍獲己 以媚權要

손을 위아래로 움직여 捕虜의 생각을 誘導한 것이다.

〔부주〕林: 伯州犂가 訟事를 審理하는 사이에 그 손의 形勢의 高下와 言語의 輕重을 보면 모두 捕虜의 생각을 誘導하여 王子 圍에게 잡힌 것으로 거짓 證言하게 하여 權要(權貴)에게 아첨하고자 한 것이다.

*) 역주〕其手勢心口 言語輕重 : 林注의 心口는 高下의 誤字가 아닌지 모르겠다. 손을 올리고 내린 것과 夫子란 말로 높이고 此子란 말로 卑下한 것을 보면 伯州犂가 捕虜에게 僞證을 하도록 暗示하여 王子가 이기도록 한 것임을 알 수 있다.

12) 弱 敗也 言爲王子所得

弱은 敗이니, 王子에게 잡혔다는 말이다.

13)〔附注〕林曰 楚人囚皇頡以歸

〔부주〕林: 楚人이 皇頡을 捕虜로 잡아 가지고 돌아간 것이다.

印堇父與皇頡戍城麇[1]이러니 **楚人囚之**[2]하야 **以獻於秦**하다 **鄭人取貨於印氏以請**

之[3)]할새 子大叔爲令正[4)]하야 以爲請[5)]한대 子産曰 不獲[6)]이리라 受楚之功而取貨於鄭이면 不可謂國이니 秦不其然[7)8)]이리라 若曰 拜君之勤[9)]鄭國하노라 微君之惠면 楚師其猶在敝邑之城下[10)]리하면 其可[11)]리라 弗從하고 遂行하니 秦人不予하다 更幣[12)]하고 從子産而後獲之[13)]하다

印堇父가 皇頡과 함께 城麇을 지키고 있었는데 楚人이 印堇父를 잡아 秦나라에 바쳤다. 鄭人이 印氏의 집에서 財物을 취하여 秦나라에 바치고서 印堇父의 送還을 請하려 할 때, 子太叔이 令正으로서 財物을 주겠다는 내용으로〔以〕 送還을 請하는 辭令(外交文書)을 지었는데〔爲〕, 〈이 辭令을 보고서〉 子産이 말하기를 "이런 말로는 印堇父를 돌려받지 못할 것이다. 楚나라가 바친 捕虜〔功〕를 받고서 鄭나라의 財物을 취한다면 나라라고 할 수 없으니, 秦나라는 그렇게 하지 않을 것이다. 만약 '임금님께서 우리 鄭나라를 도와주신 은혜에 감사드립니다. 임금님의 은혜가 아니었다면 楚軍은 아마 아직까지 우리나라 城 밑에 있었을 것입니다.'라고 말을 만든다면 아마 가능할 것이다."고 하였으나, 子太叔은 子産의 말을 따르지 않고 드디어 秦나라로 가니, 秦人은 과연 印堇父를 내주지 않았다. 다시 禮幣를 바꾸고 子産의 말대로 辭令을 지은 뒤에 印堇父를 데려올 수 있었다.

1) 印堇父 鄭大夫

印堇父는 鄭나라 大夫이다.

2) 〔附注〕 林曰 楚人敗城麇之師 併囚印堇父

〔부주〕 林: 楚人이 城麇의 鄭軍을 敗北시키고서 印堇父까지 아울러 捕虜로 잡은 것이다.

3) 〔附注〕 朱曰 鄭人使印氏之族出貨財 以贖堇父

〔부주〕 朱: 鄭人이 印氏의 族屬에게 財物을 내게 하여 秦나라에 贖錢으로 바치고서 堇父를 돌려주기를 請한 것이다.

4) 主作辭令之正

辭令 짓는 일을 主管하는 長官〔正〕이다.

5) 〔附注〕 林曰 以貨爲請

〔부주〕 林: 財物을 주겠다는 내용으로 送還을 청하는 辭令을 지은 것이다.

6) 謂大叔辭以貨請堇父 必不得

太叔의 辭令에 財物을 주겠다는 내용으로 堇父의 送還을 請하였으니, 반드시 堇父를 돌려받을 수 없다는 말이다.

7) 受楚獻功 大名也 以貨免之 小利 故謂秦不爾

楚나라가 바친 功(捕虜)을 받은 것은 큰 名譽이고, 재물을 받고서 놓아주는 것은 작은

利益이기 때문에 秦나라는 그렇게 하지 않을 것이라고 말한 것이다.

8) 역주〕受楚之功……秦不其然 : 楚나라가 바친 捕虜를 팔아 鄭나라의 財物을 받는 짓은 國家로서 할 바가 아니기 때문에 秦나라가 이와 같이 하지 않을 것이라고 한 것이다. 〈楊注〉

9)〔附注〕林曰 拜謝秦君之勤勞

〔부주〕林: 秦君의 勤勞에 감사한다는 말이다.

10)〔附注〕林曰 未肯退師

〔부주〕林: 楚軍이 退軍하려 하지 않았을 것이라는 말이다.

11) 辭如此 堇父可得

辭令을 이와 같이 지어야 堇父를 돌려받을 수 있다는 말이다.

12) 역주〕更幣 : 처음에는 財物로써 秦나라의 비위를 맞추려 하였고, 지금은 禮에 따라 幣帛을 使用하였기 때문에 '更幣'라고 한 것이다. ≪左氏會箋≫

13) 更遣使執幣 用子產辭 乃得堇父 傳積〔稱〕[*] 子產之善

다시 使者를 보내어 禮幣를 바치고 子產의 辭令을 使用하고서야 堇父를 돌려받았다. 傳文은 子產의 훌륭함을 칭찬한 것이다.

*) 역주〕저본에는 '積'으로 되어 있으나 ≪十三經注疏≫本에 의거하여 '稱'으로 바로잡았다.

【傳】六月에 **公會晉趙武宋向戌鄭良霄曹人于澶淵**하야 **以討衛**하고 **疆戚田**[1]하다 **取衛西鄙懿氏六十**하야 **以與孫氏**[2]하다 **趙武不書**는 **尊公也**[3]오 **向戌不書**는 **後也**[4]오 **鄭先宋**은 **不失所也**[5]라

6월에 襄公이 晉나라 趙武・宋나라 向戌・鄭나라 良霄・曹人과 澶淵에서 會合하여 衛나라를 토벌하고 戚地의 境界를 劃定하고서, 衛나라 서쪽 邊方의 懿氏 60邑을 取하여 孫氏에게 주었다. 經에 趙武를 기록하지 않은 것은 襄公을 높이기 위함이고, 向戌을 기록하지 않은 것은 늦게 왔기 때문이고, 鄭나라를 宋나라보다 먼저 기록한 것은 時期를 놓치지 않고 왔기 때문이다.

1) 正戚之封疆

戚의 境界를 正(定)한 것이다.

2) 戚城西北五十里有懿城 因姓以名城 取田六十井也

戚城에서 서북쪽으로 50리 거리에 懿城이 있는데, 〈城主의〉 姓을 따서 城의 이름으로 삼은 것이다. 土地 60井을 취한 것이다.

3) 罪武會公侯

趙武가 公侯와 會合한 것을 懲罰〔罪〕한 것이다.

4) 後會期

會期가 지난 뒤에 온 것이다.

5) 如期至

會期에 맞춰 온 것이다.

於是衛侯會之[1)]러니 晉人執甯喜北宮遺하야 使女齊以先歸[2)]하다 衛侯如晉[3)]하니 晉人執而囚之於士弱氏[4)]하다

이때에 衛侯도 會合에 참여하려 하였더니, 晉人이 甯喜와 北宮遺를 잡아 女齊에게 먼저 그들을 데리고 晉나라로 돌아가게 하였다. 衛侯가 晉나라에 가니, 晉人이 그를 잡아 士弱氏 집에 가두었다.

1) 晉將執之 不得與會 故不書

晉人이 잡으려 하기 때문에 會合에 參與하지 않았다. 그러므로 기록하지 않은 것이다.

2) 討其弑君伐孫氏也 遺 北宮括之子 女齊 司馬侯 歸晉而後告諸侯 故經書在秋〔附注〕林曰 使女齊先執甯喜北宮遺以歸晉

임금을 弑害하고 孫氏를 친 甯喜와 北宮遺의 罪를 懲罰하기 위함이다. 遺는 北宮括의 아들이다. 女齊는 司馬侯이다. 晉나라로 돌아간 뒤에 〈이들을 잡은 것을〉 諸侯에게 告하였기 때문에 經에 가을로 기록한 것이다.

〔부주〕林: 女齊에게 먼저 甯喜와 北宮遺를 잡아 가지고 晉나라로 돌아가게 한 것이다.

3) 〔附注〕林曰 如晉 請二子

〔부주〕林: 衛侯가 晉나라에 간 것은 두 사람의 放免을 請하기 위해서이다.

4) 士弱 晉主獄大夫〔附注〕林曰 囚之士弱之家

士弱은 獄을 主管하는 晉나라 大夫이다.

〔부주〕林: 士弱의 집에 가둔 것이다.

秋七月에 齊侯鄭伯爲衛侯故如晉[1)]하다 晉侯兼享之할새 晉侯賦嘉樂[2)]하니 國景子相齊侯[3)]하야 賦蓼蕭[4)]하고 子展相鄭伯하야 賦緇衣[5)]한대 叔向命晉侯拜二君曰 寡君敢拜齊君之安我先君之宗祧也하고 敢拜鄭君之不貳也[6)]하노라 國子使晏平仲私於叔向[7)]曰 晉君宣其明德於諸侯하야 恤其患而補其闕하고 正其違而治其煩[8)9)]일새 所以爲盟主也어늘 今爲臣執君하니 若之何[10)]오 叔向告趙文子한대 文子

以告晉侯하니 **晉侯言衛侯之罪**하야 **使叔向告二君**[11)]하다 **國子賦轡之柔矣**[12)]하고 **子展賦將仲子兮**[13)]하니 **晉侯乃許歸衛侯**하다

가을 7월에 齊侯와 鄭伯이 衛侯를 돕기 위해 晉나라에 갔다. 晉侯가 宴會를 열어 두 임금을 함께 接待할 때 晉侯가 〈嘉樂篇〉을 읊으니, 齊侯의 相禮 國景子가 〈蓼蕭篇〉을 읊고, 鄭伯의 相禮 子展이 〈緇衣篇〉을 읊었다. 그러자 叔向이 晉侯에게 命〔告〕하여 두 임금에게 拜謝하게 하고서 말하기를 "寡君은 감히 齊君께서 우리 先君의 宗廟를 편안하게 하신 것에 대해 拜謝하고, 鄭君께서 두마음을 품지 않는 것에 대해 拜謝한 것입니다."고 하였다. 國子가 晏平仲을 보내어 叔向에게 사사로이 "晉君께서 밝은 德行을 諸侯에게 宣揚하여 患難을 救恤하고 缺點을 補完하며 잘못을 바로잡고 煩亂을 다스려 주셨기 때문에 盟主가 되신 것인데, 지금 臣下를 위해 임금을 잡았으니 어째서입니까?"라고 말하게 하였다. 叔向이 이 말을 趙文子에게 告하자, 文子가 이를 晉侯에게 고하니, 晉侯는 衛侯의 罪狀을 말해 주면서 叔向을 시켜 두 임금에게 告하게 하였다. 그러자 國子가 〈轡之柔矣篇〉을 읊고 子展이 〈將仲子兮篇〉을 읊으니, 晉侯는 衛侯의 歸國을 허락하였다.

1) 欲共請之

함께 衛侯의 放免을 請하고자 해서이다.

2) 嘉樂 詩大雅 取其嘉樂君子 顯顯令德 宜民宜人 受祿於天〔附注〕林曰 兼爲二君設享燕之禮

〈嘉樂〉은 ≪詩經≫ 〈大雅〉의 篇名이다. 그 詩의 "아름답고 和樂한 君子여, 아름다운 德이 백성에게도 마땅하고 官人에게도 마땅하니, 하늘에서 녹을 받았다."는 뜻을 취한 것이다.

〔부주〕林: 두 임금을 위하여 享燕의 禮를 베푼 것이다.

3) 景子 國弱

景子는 國弱이다.

4) 蓼蕭 詩小雅 言大平澤及遠 若露之在蕭 以喩晉君恩澤及諸侯

〈蓼蕭〉는 ≪詩經≫ 〈小雅〉의 篇名이다. 太平의 恩澤이 멀리 미친 것이 마치 이슬이 쑥에 내려 적신 것과 같다는 것을 말하여, 晉君의 恩澤이 諸侯에 미친 것을 비유한 것이다.

5) 緇衣 詩鄭風 義取適子之館兮 還予授子之粲兮 言不敢違遠於晉

〈緇衣〉는 ≪詩經≫ 〈鄭風〉의 篇名이다. "그대의 館舍에 가서 일을 마치고 돌아와서 내 그대에게 음식을 接待하리라."는 뜻을 취하여, 감히 晉나라의 뜻을 어겨 멀리하지 않겠다는 것을 말한 것이다.

6) 蓼蕭緇衣二詩 所趣各不同 故拜二君辭異〔附注〕林曰 近親廟爲宗 遠祖廟爲祧

〈蓼蕭〉와 〈緇衣〉 두 詩는 趣旨가 각각 같지 않기 때문에 두 임금에게 拜謝한 말도 달랐다.

〔부주〕 林: 近親의 廟를 宗이라 하고 遠祖의 廟를 祧라 한다.

7) 私與叔向語

사사로이 叔向과 말한 것이다.

8) 〔附注〕 林曰 憂恤其災患而補益其闕失 匡正其違邪而討治其煩勞

〔부주〕 林: 諸侯의 災害와 患亂을 근심해 救恤하고 諸侯의 闕失을 補完하였으며, 諸侯의 違法과 不正을 바로잡고 諸侯의 煩勞를 懲罰해 다스렸다는 말이다.

9) 역주〕 恤其患……治其煩 : 衛나라에 孫林父가 있는 것이 '患'이고, 능히 懲罰하지 못하고 서로 攻擊한 것이 '闕'이고, 晉나라의 守備兵 3백 人을 죽인 것이 '違'이고, 공격하고 서로 원망해 蚌鷸(大蛤과 도요새)처럼 서로 버티고 있는 것이 '煩亂'이니, 대체로 時事를 말한 것이다. ≪左氏會箋≫

10) 謂晉爲林父執衛侯

晉나라가 孫林父를 위해 衛侯를 잡은 것을 이른다.

11) 言自以殺晉戍三百人爲罪 不以林父故

晉侯는 衛軍이 晉나라에서 간 守備兵 3백 人을 죽인 것을 罪로 삼은 것이고, 孫林父 때문이 아니라고 말한 것이다.

12) 逸詩 見周書 義取寬政以安諸侯 若柔轡之御剛馬

逸詩이다. ≪逸周書≫에 보인다. 政事를 너그럽게 하여 諸侯를 편안하게 하는 것이 마치 부드러운 고삐가 강한 말을 制御하는 것과 같다는 뜻을 취한 것이다.

13) 將仲子 詩鄭風 義取衆言可畏 言衛侯雖別有罪 而衆人猶謂晉爲臣執君

〈將仲子〉는 ≪詩經≫ 〈鄭風〉의 篇名이다. 사람들의 말이 두렵다는 뜻을 취하여, 衛侯에게 설령 다른 罪가 있어서 잡았을지라도 사람들은 오히려 晉나라가 신하를 위해 임금을 잡았다고 할 것이라는 것을 말한 것이다.

叔向曰 鄭七穆에 罕氏其後亡者也라 子展儉而壹[1)]이라하다

叔向이 말하기를 "鄭穆公의 後孫 일곱 家門 중에서 罕氏가 最後에 亡할 것이다. 子展이 몸가짐이 儉素하고 마음 씀이 專一하다."고 하였다.

1) 子展 鄭子罕之子 居身儉而用心壹 鄭穆公十一子 子然二子孔三族已亡 子羽不爲卿 故唯言七穆 〔附注〕 林曰 七穆 謂子展罕氏 子西駟氏 子産國氏 伯有良氏 子大叔游氏 子石豐氏 伯石印氏也

子展은 鄭나라 子罕의 아들로 몸가짐이 儉素하고 마음 씀이 專一하였다. 鄭穆公의 11子 중에 子然과 두 子孔 등 세 宗族은 이미 亡하였고, 子羽는 卿이 되지 못하였기 때문에 오직 七穆만을 말한 것이다.

〔부주〕 林: 七穆은 子展 罕氏, 子西 駟氏, 子産 國氏, 伯有 良氏, 子太叔 游氏, 子石 豐氏, 伯石 印氏를 이른다.

【傳】 初에 宋芮司徒生女子[1]하니 赤而毛어늘 棄諸堤下[2]한대 共姬之妾取以入[3]하야 名之曰棄라하다 長而美하다 平公入夕[4]이어늘 共姬與之食[5]이러니 公見棄也하고 而視之尤[6]하니 姬納諸御[7]하다 嬖하야 生佐[8]하니 惡而婉[9]하다 大子痤美而狠[10]하니 合左師畏而惡之[11]하고 寺人惠牆伊戾爲大子內師而無寵[12]하다 秋에 楚客聘於晉에 過宋[13]하니 大子知之라 請野享之[14]한대 公使往[15]하다 伊戾請從之한대 公曰 夫不惡女乎[16]아 對曰 小人之事君子也에 惡之不敢遠하고 好之不敢近하야 敬以待命이니 敢有貳心乎잇가 縱有共其外나 莫共其內[17]니 臣請往也하노이다 遣之하니 至하얀 則欿하고 用牲하고 加書하야 徵之[18]하고 而騁告公[19]曰 大子將爲亂하야 既與楚客盟矣니이다 公曰 爲我子니 又何求리오 對曰 欲速[20]이니이다 公使視之하니 則信有焉[21]이라 問諸夫人與左師[22]하니 則皆曰 固聞之[23]라하다 公囚大子하니 大子曰 唯佐也能免我[24]라하고 召而使請[25]曰 日中不來면 吾知死矣리라 左師聞之하고 聒而與之語[26]하야 過期하니 乃縊而死하다 佐爲大子[27]하다 公徐聞其無罪也하고 乃亨伊戾하다

당초에 宋나라의 芮司徒가 딸을 낳았는데 피부가 붉고 온몸에 털이 났으므로 堤防 아래에 내다 버리자, 共姬의 侍妾이 이 아이를 데리고 들어와서 棄라고 이름을 지었는데 자라자 아름다웠다. 하루는 平公이 共姬에게 저녁 問安을 들자, 共姬가 平公과 함께 저녁을 먹었는데, 平公이 棄를 보고는 자세히 바라보면서 尤物(뛰어난 美人)로 여기니, 共姬는 그녀를 平公의 侍妾으로 주었다. 棄가 寵愛를 받아 佐를 낳았는데 外貌는 醜惡하나 心性이 고왔다. 太子 痤는 外貌는 아름다우나 마음이 사나우니, 合左師가 두려워하여 미워하고, 寺人 惠牆伊戾도 太子의 內師가 되었으나 寵愛를 받지 못하였다. 가을에 楚나라 使者가 晉나라에 聘問 가는 길에 宋나라를 지나니, 太子는 그 使者와 서로 아는 사이였다. 그러므로 郊外에 宴會를 열어 그를 接待하기를 청하니 平公은 가서 접대하도록 허락하였다. 伊戾가 太子를 侍從하기를 청하자, 公이 말하기를 "太子〔夫〕가 너를 미워하지 않느냐?"고 하니, 伊戾가 대답하기를 "小人이 君子를 섬기는 도리는 미워하여도 감히 멀리하지 않고 좋아하여도 감히 가까이하지 않고서 조심해 命을 기다려야 하니, 어찌 감히 두마음을 품을 수 있겠습니까? 지금 太子를 위해 비록 밖의 일은

奉行할 사람은 있을 것이나, 안으로 사사로운 일을 봉행할 사람은 없을 것이니, 신이 가기를 청하는 것입니다."고 하였다. 公이 그를 보내니, 그는 도착하자마자 구덩이를 파고 犧牲을 잡고 盟約文을 희생 위에 올려놓는 등 證據를 만들어 놓고서, 말을 달려 돌아와서 公에게 告하기를 "太子가 叛亂을 일으키기 위해 이미 楚客과 結盟하였습니다."고 하였다. 公이 말하기를 "나를 承繼할 아들인데 또 무엇을 구하기 위해서인가?"라고 하니, 伊戾가 대답하기를 "속히 君位를 얻고자 해서입니다."라고 하였다. 公이 사람을 보내어 살펴보게 하니, 진실로 楚客과 結盟한 證據가 있었다. 公이 夫人과 左師에게 물으니, 모두 "확실히 그런 일이 있다고 들었습니다."라고 대답하였다. 公이 太子를 가두니, 太子가 말하기를 "오직 佐만이 나를 禍에서 免하게 할 수 있다."고 하고서, 佐를 불러 平公에게 赦免을 청하게 하며 말하기를 "正午가 지나도 오지 않으면 나는 죽는 것으로 알겠다."고 하였다. 左師가 그 소식을 듣고서 佐를 찾아가 시끄럽게 떠들면서 佐와 얘기를 나누어 시간이 지나니, 太子는 목매어 自殺하였다. 佐가 太子가 되었다. 平公은 뒤에 太子에게 罪가 없었다는 말을 듣고서 伊戾를 삶아 죽였다.

1) 芮司徒 宋大夫

芮司徒는 宋나라 大夫이다.

2)〔附注〕林曰 色赤而體生毛 畏其異相 故棄諸堤下

〔부주〕林: 皮膚의 색깔이 붉고 몸에 털이 났으므로 그 怪異한 모습에 겁이 나서 堤防 밑에 버린 것이다.

3) 共姬 宋伯姬也

共姬는 宋伯姬이다.

4) 平公 共姬子也〔附注〕林曰 入宮 夕見其母

平公은 共姬의 아들이다.

〔부주〕林: 共姬의 宮으로 가서 그 어머니에게 저녁문안을 한 것이다.

5)〔附注〕林曰 共姬與平公共食

〔부주〕林: 共姬가 平公과 함께 밥을 먹은 것이다.

6) 尤 甚也

尤는 甚이다.

7)〔附注〕林曰 共姬以棄納諸平公之御

〔부주〕林: 共姬가 棄를 平公의 侍妾으로 준 것이다.

8) 佐 元公

佐는 元公이다.

9) 佐貌惡而心順

佐는 外貌는 醜惡하나 마음이 溫順하였다.

10) 貌美而心狠戾

太子는 외모는 아름다우나 마음이 사나웠다.

11) 合左師 向戌

合左師는 向戌이다.

12) 惠牆 氏 伊戾 名

惠牆은 氏이고 伊戾는 이름이다.

13) 上已有秋 復發傳者 中間有初 不言秋 則嫌楚客過在他年

위에 이미 秋七月이란 기록이 있는데, 여기에 다시 '秋'라고 傳을 낸 것은 중간에 '初'가 있으니 '秋'라고 말하지 않으면 楚나라 使者가 지나간 것이 後年에 있었던 것으로 의심할 우려가 있기 때문이다.

14) 〔附注〕 朱曰 舊與楚客相識 請迎楚客於野而享之

〔부주〕 朱: 오래 전부터 楚나라 使者와 서로 알고 지낸 사이였기 때문에 郊野로 나아가 楚나라 使者를 맞이해 接待하기를 請한 것이다.

15) 〔附注〕 朱曰 從太子請

〔부주〕 朱: 太子의 請을 들어준 것이다.

16) 夫 謂大子也

夫는 太子를 이른다.

17) 伊戾爲大子內師 不行 恐內侍廢闕 〔附注〕 林曰 縱有人以共大子在外擯相之職 若已不行 恐莫共大子內侍之職

伊戾가 太子의 內師이므로 隨行하지 않으면 안에서 모시는 일에 잘못이 있을까 두렵다고 한 것이다.

〔부주〕 林: 밖에 계시는 太子를 위해 擯相의 職務는 奉行하는 사람이 있을 것이지만 만약 자기가 가지 않으면 안에서 太子를 모시는 職務는 奉行할 사람이 없을까 염려된다는 말이다.

18) 詐作盟處 爲大子反徵驗也

結盟한 곳을 僞造하여 太子가 背叛한 證據로 삼은 것이다.

19) 騁 馳也

騁은 달리는 것이다.

20) 言欲速得公位

빨리 임금의 자리를 얻고자 한다는 말이다.

21) 有盟徵也

結盟한 證據가 있는 것이다.

22) 夫人 佐母棄也

夫人은 佐의 어미 棄이다.

23)〔附注〕林曰 固聞大子欲反

〔부주〕林: 太子가 背反하고자 한다는 말을 확실히 들었다는 말이다.

24) 以其婉也

佐가 婉順하기 때문이다.

25)〔附注〕朱曰 召佐使請於公而免之

〔부주〕朱: 佐를 불러 그로 하여금 平公께 청하여 禍를 면하게 해주기를 바란 것이다.

26) 聒 讙也 欲使佐失期

聒은 시끄럽게 떠드는 것이다. 佐로 하여금 時期를 놓치게 하고자 한 것이다.

27)〔附注〕朱曰 乃立佐爲大子

〔부주〕朱: 이에 佐를 세워 太子로 삼은 것이다.

左師見夫人之步馬者[1)]하고 **問之**한대 **對曰 君夫人氏也**[2)3)]라 **左師曰 誰爲君夫人**고 **余胡弗知**[4)5)]리오 **圉人歸**하야 **以告夫人**한대 **夫人使饋之錦與馬**호되 **先之以玉**[6)]**曰 君之妾棄使某獻**하노라 **左師改命曰 君夫人**이라하고 **而後再拜稽首受之**[7)]하다

左師가 夫人의 말을 調練시키는 자를 보고서 누구 말이냐고 물으니, "君夫人氏의 말입니다."고 대답하였다. 左師가 말하기를 "누가 君夫人이란 말이냐? 君夫人이라면 내가 어찌 모르겠느냐?"고 하였다. 말을 調練시키던 자가 돌아가서 夫人에게 告하니, 夫人은 비단과 말을 보내기에 앞서 玉을 보내며 말하기를 "임금님의 妾인 棄는 아무개를 보내어 이 물건을 바칩니다."고 하니, 左師는 〈君之妾〉이란 命을 '君夫人'으로 고치게 한 뒤에 再拜하고 머리를 조아리고서 받았다.

1) 步馬 習馬

보마는 말을 調練시키는 것이다.

2)〔附注〕林曰 言君夫人氏之馬也

〔부주〕林: 君夫人氏의 말이라는 말이다.

3) 역주〕君夫人氏也 : 夫人은 그 남편과 氏族이 다르기 때문에 '夫人氏'라고 한 것이다. ≪左氏會箋≫

4)〔附注〕林曰 向戌謬曰 誰爲君夫人氏 我何弗知其姓氏 蓋棄非平公之嫡夫人

〔부주〕林: 向戌이 거짓으로 "누가 君夫人氏란 말이냐? 내가 어째서 그 姓氏를 모른단 말이냐?"고 하였으니, 棄가 平公의 嫡夫人이 아니었던 듯하다.

5) 역주〕 誰爲君夫人 : 이때 夫人의 名號가 아직 定해지지 않았는데, 말을 調練하는 자가 사사로이 名號를 칭하였기 때문에 左師가 꾸짖은 것이다.

6) 以玉爲錦馬之先

玉을 비단과 말에 앞서 먼저 준 것이다.

7) 左師令使者改命也 傳言宋公闇 左師諛 大子所以無罪而死

左師가 〈禮物을 가지고 온〉 使者에게 〈君之妾〉이라고 한 命을 〈君夫人〉으로 고치게 한 것이다. 傳文은 宋公은 昏闇하고 左師는 아첨하였기 때문에 太子가 罪 없이 죽게 된 것을 말한 것이다.

【傳】 鄭伯歸自晉[1]하야 **使子西如晉聘**하니 **辭曰 寡君來煩執事**ㄹ새 **懼不免於戾**[2]하야 **使夏謝不敏**[3]하니이다 **君子曰 善事大國**[4]이라하다

鄭伯이 晉나라에서 돌아와 子西를 보내어 晉나라에 가서 聘問하게 하니, 子西가 晉나라에 가서 〈衛獻公을 釋放해준 데 대해〉 致辭하기를 "우리 임금께서 晉나라에 오셔서 執事를 번거롭게 하였으므로 罪를 免치 못할까 두려워하시어 나를 보내어 不敏함을 謝過하게 하셨습니다."라고 하였다. 君子가 이에 대해 다음과 같이 論評하였다. "鄭나라는 大國을 잘 섬긴다."

1) 請衛侯歸

衛侯의 釋放을 要請하고서 돌아온 것이다.

2) 言自懼失敬於大國而得罪

鄭伯이 大國에 공경을 잃어 罪를 얻을까 두려워한다는 말이다.

3) 夏 子西名

夏는 子西의 이름이다.

4) 將求於人 必先下之 言鄭所以能自安

남에게 용서를 구하려면 반드시 먼저 자신을 낮추어야 한다. 鄭나라가 그러므로 安定할 수 있었다는 말이다.

【傳】 初에 **楚伍參與蔡大師子朝友**러니 **其子伍擧與聲子相善也**[1]하다 **伍擧娶於王子牟**하다 **王子牟爲申公而亡**[2]하니 **楚人曰 伍擧實送之**라하다 **伍擧奔鄭**하야 **將遂奔晉**이러니 **聲子將如晉**이라가 **遇之於鄭郊**하야 **班荊相與食**하고 **而言復故**[3]하다 **聲子曰 子行也**어다 **吾必復子**하리라

당초에 楚나라 伍參과 蔡나라 太師 子朝가 벗이었는데, 그 아들 伍擧와 聲子도 서로 사이가 좋았다. 伍擧가 王子 牟의 딸에게 장가들었는데, 王子 牟가 申公(申邑의 大夫)으로 있다가 罪를 짓고 도망가니, 楚나라 사람들은 "伍擧가 실로 그를 護送해 逃走시킨 것이다."고 하였다. 伍擧는 겁이 나서 鄭나라로 出奔하여 드디어 晉나라로 도망가려 하였는데, 이때 聲子가 晉나라로 가다가 鄭나라 郊外에서 우연히 그를 만나 풀을 베어 땅에 깔고 앉아 함께 음식을 먹으면서 伍擧의 復國의 일에 관해 商議하였다. 聲子가 말하기를 "그대는 우선 晉나라로 가게나. 내가 반드시 그대를 復國시킬 것이네."라고 하였다.

1) 聲子 子朝之子 伍擧 子胥祖父椒擧也
聲子는 子朝의 아들이고, 伍擧는 子胥의 祖父 椒擧이다.

2) 獲罪出奔〔附注〕林曰 王子牟爲申縣公得罪而出亡
罪를 짓고 出奔한 것이다.
〔부주〕林: 王子 牟가 申縣의 公(大夫)으로 있다가 罪를 짓고 도망간 것이다.

3) 班 布也 布荊坐地 共議歸楚事 朋友世親[*)]
班은 펴는 것이니, 荊(풀)을 깔고 땅에 앉아서 楚나라로 돌아갈 일에 대해 함께 상의한 것이다. 朋友는 세대가 내려갈수록 더욱 친해진다.

*) 역주〕朋友世親 : ≪潛夫論≫ 〈交際篇〉에 "兄弟는 세대가 내려갈수록 소원해지고〔昆弟世疏〕, 朋友는 세대가 내려갈수록 친해진다.〔朋友世親〕"고 하였다.

及宋向戌將平晉楚[1)]하야 **聲子通使於晉**[2)]하고 **還如楚**[3)]하다 **令尹子木與之語**에 **問晉故焉**[4)]하고 **且曰 晉大夫與楚孰賢**고 **對曰 晉卿不如楚**나 **其大夫則賢**하야 **皆卿材也**라 **如杞梓皮革**이 **自楚往也**[5)]니 **雖楚有材**나 **晉實用之**[6)]니라 **子木曰 夫獨無族姻乎**[7)8)]아 **對曰 雖有**나 **而用楚材實多**[9)]하니라 **歸生聞之**[10)]컨대 **善爲國者**는 **賞不僭而刑不濫**[11)]이라하니 **賞僭則懼及淫人**하고 **刑濫則懼及善人**이라 **若不幸而過**ㄴ댄 **寧僭無濫**이오 **與其失善**으론 **寧其利淫**[12)]이라 **無善人則國從之**[13)]니라 **詩曰 人之云亡**하니 **邦國殄瘁**라하니 **無善人之謂也**[14)]라 **故夏書曰 與其殺不辜**론 **寧失不經**이라하니 **懼失善也**[15)16)]라 **商頌有之**하니 **曰 不僭不濫**하야 **不敢怠皇**이면 **命于下國**하야 **封建厥福**[17)18)]이라하니 **此湯所以獲天福也**라 **古之治民者**는 **勸賞而畏刑**[19)]일새 **恤民不倦**하야 **賞以春夏**하고 **刑以秋冬**[20)]이라 **是以將賞**에 **爲之加膳**하니 **加膳則飫賜**[21)]라 **此以知其勸賞也**오 **將刑**에 **爲之不擧**하니 **不擧則徹樂**[22)]이라 **此以知其畏刑也**며 **夙興夜寐**하야 **朝夕臨政**하

니 此以知其恤民也라 三者는 禮之大節也니 有禮라야 無敗어늘 今楚多淫刑하야 其大夫逃死於四方하야 而爲之謀主하야 以害楚國일새 不可救療니 所謂不能也[23]라 子儀之亂에 析公奔晉[24]하니 晉人寘諸戎車之殿하야 以爲謀主[25]하니라 繞角之役에 晉將遁矣러니 析公曰 楚師輕窕하야 易震蕩也[26]니 若多鼓鈞聲하야 以夜軍之[27][28]면 楚師必遁하리라 晉人從之한대 楚師宵潰어늘 晉遂侵蔡하고 襲沈하야 獲其君하고 敗申息之師於桑燧〔隧〕[29]하야 獲申麗而還[30]하니라 鄭於是不敢南面[31][32]하니 楚失華夏는 則析公之爲也라 雍子之父兄譖雍子[33]로되 君與大夫不善是也[34]한대 雍子奔晉하니 晉人與之鄐[35]하야 以爲謀主하니라 彭城之役에 晉楚遇於靡角之谷[36]하야 晉將遁矣어늘 雍子發命於軍曰 歸老幼하고 反孤疾하고 二人役이어든 歸一人[37]하고 簡兵蒐乘[38]하며 秣馬蓐食하고 師陳焚次[39][40]하라 明日將戰하리라하고 行歸者而逸楚囚[41]한대 楚師宵潰어늘 晉降彭城而歸諸宋하고 以魚石歸[42]하니 楚失東夷하고 子辛死之는 則雍子之爲也[43]라 子反與子靈爭夏姬[44]하야 而雍害其事[45]하니 子靈奔晉[46]이어늘 晉人與之邢[47]하야 以爲謀主하니라 扞禦北狄하고 通吳於晉하야 教吳叛楚하고 教之乘車射御驅侵[48]하고 使其子狐庸爲吳行人焉[49]하니라 吳於是伐巢取駕克棘하고 入州來[50]하니 楚罷於奔命[51]하야 至今爲患은 則子靈之爲也[52]라 若敖之亂에 伯賁之子賁皇奔晉하니 晉人與之苗[53][54]하야 以爲謀主하니라 鄢陵之役[55]에 楚晨壓晉軍而陳하니 晉將遁矣어늘 苗賁皇曰 楚師之良은 在其中軍王族而已[56]니 若塞井夷竈하야 成陳以當之[57][58]하고 欒范易行(이항)以誘之[59]면 中行二郤必克二穆[60]이리니 吾乃四萃於其王族이면 必大敗之[61][62]하리라 晉人從之하니 楚師大敗하야 王夷師熸[63][64]하고 子反死之하니라 鄭叛吳興하야 楚失諸侯는 則苗賁皇之爲也라 子木曰 是皆然矣라 聲子曰 今又有甚於此하니라 椒擧娶於申公子牟러니 子牟得戾而亡[65]이어늘 君大夫謂椒擧호대 女實遣之라하니 懼而奔鄭하야 引領南望曰 庶幾赦余리라 亦弗圖也[66]하니라 今在晉矣어늘 晉人將與之縣하야 以比叔向[67][68]하니 彼若謀害楚國이면 豈不爲患이리오 子木懼하야 言諸王하야 益其祿爵而復之하다 聲子使椒鳴逆之[69]하다

宋나라 向戌이 晉·楚 兩國의 和平(友好)을 周旋하려 할 때에 미쳐, 聲子가 晉나라

에 使臣으로 가서 和平에 관한 일을 通告하고, 돌아오는 길에 楚나라에 갔다. 令尹 子木이 그와 이야기할 때 晉나라의 사정을 묻고, 또 "晉나라 大夫와 楚나라 大夫 중에 어느 쪽이 더 賢能한가?"라고 묻자, 聲子가 "晉나라의 卿은 楚나라의 卿만 못하지만 그 大夫들은 賢能하여 모두 卿이 될 만한 材木입니다. 비유하자면 杞梓 皮革이 楚나라에서 간 것과 같으니, 楚나라에 비록 材木이 있으나 晉나라가 실로 그 材木을 쓰고 있습니다."고 대답하니, 子木이 말하기를 "晉나라에 어찌 公族과 姻戚이 없겠는가?"라고 하자, 聲子가 대답하기를 "있기는 하지만 楚나라에서 간 人材를 등용한 수가 실로 많습니다. 내가 듣건대 나라를 잘 다스리는 자는 賞이 넘치지 않고 刑이 지나치지 않는다고 합니다. 賞이 넘치면 賞이 惡人에게 미칠까 두렵고, 刑이 지나치면 刑이 善人에게 미칠까 두렵습니다. 만약 不幸하여 〈賞과 刑이 넘치는〉 잘못을 범할 바엔 차라리 賞이 넘칠지언정 刑이 넘치지 말 것이며, 善人을 잃기보다 차라리 惡人을 이롭게 하는 것이 낫습니다. 善人이 없으면 나라도 따라 망합니다. ≪詩經≫에 '사람이 없으니 나라가 다 병들었네.'라고 하였으니 이는 善人이 없음을 말한 것입니다. 그러므로 〈夏書〉에 '無辜한 사람을 죽이기보다 차라리 常法을 어기는 잘못을 범하겠다.'고 하였으니 이는 善人을 잃을까 두려워한 것입니다. 〈商頌〉에 '賞이 어긋나지 않고 刑이 넘치지 않았으며 怠慢하게 한가로이 지내지 않았으므로 下國(諸侯)의 命(推戴)을 받아 복을 크게 받았다.'고 하였으니, 이것이 湯王이 하늘에 福을 받게 된 까닭입니다. 옛날에 백성을 다스린 자는 施賞하기를 좋아하고 行刑하기를 두려워하였으므로 백성 돌보는 일을 게을리 하지 않아, 施賞은 봄과 여름에 하고, 行刑은 가을과 겨울에 하였습니다. 그러므로 施賞하려 할 때에는 受賞者를 위해 반찬을 追加하였습니다. 반찬을 追加하면 그 餘分을 아랫사람들에게 배불리 먹일 수 있으니, 이로써 施賞하기를 좋아하였다는 것을 알 수 있고, 行刑하려 할 때에는 受刑者를 위해 盛饌을 들지 않았습니다. 盛饌을 들지 않으면 音樂을 撤去하니, 이로써 行刑을 두려워했다는 것을 알 수 있으며, 일찍 일어나고 늦게 잠자리에 들어 朝夕으로 政事를 보았으니, 이로써 백성을 돌보는 일에 부지런히 힘썼다는 것을 알 수 있습니다. 이 세 가지는 禮의 大節(基本)이니, 禮가 있어야 失敗하지 않는 것인데, 지금 楚나라는 刑罰을 濫用하는 일이 많아 그 大夫들이 죽음을 피해 四方으로 도망가서 그 나라의 主要한 謀士가 되어 楚나라를 危害하므로 事態가 挽回〔救療〕할 수 없는 지경에 이르렀으니, 이것이 이른바 '楚人이 능히 그 人材를 쓰지 못하였다.'는 것입니다. 子儀가 叛亂하였을 때 析公이 晉나라로 도망가니, 晉人은 그를 戎車의 後車에 排置하고서 謀主로 삼았습니다. 繞角의 戰鬪 때에 晉軍이 逃走하려 하자, 析公이 말하기를 '楚軍은 경솔하여 動搖시키기 쉬우니, 일제히 북을 울리면서 夜陰을 틈타 공격하면 楚軍은 반드시 도망갈 것입니다.'고 하였습니다. 晉人이 그 말을 따르니, 과연 楚軍은 밤에 흩어져 도망하였습니다. 晉侯는 〈그 기회를 이용해〉 蔡나라를 侵攻하고 沈나라를 襲擊하여 그 임금을 사로잡고, 桑隧에서 申·息의 군대를 패배시키고서 申麗를 잡아서 돌아갔습니다. 鄭나라는 이때부터 감히 楚나라에 服從하지 못하였으니, 楚나라가 夏華(中原)를 잃은 것은 析公이 그렇게 만든 것입니다. 雍子의 父兄이 雍子를 참소하는데도 임금과 大夫가 그 是非를 잘 가려주지 않자, 雍子가 晉나라로 도망가니 晉人은 그에게 鄐邑을 주고서 謀主로 삼았습니다. 彭城의 싸움에서 晉軍과 楚軍이 靡角의 골짜기에서 만났는데, 晉軍이 逃走하려 하자, 雍子가 군대에게 命令을 宣布하기를 '늙은이와 어린이는 돌려보내고 孤兒와 病者도 돌려보내고 兄弟 두 사람이 함께 出戰한 자는 한 사람을 돌려보내고, 步兵을 精選하고 兵車를 檢閱하며 말에게 여물을 먹이고 兵士들은 잠자리에서 새벽밥을 먹이고서 軍陣을 갖추고 幕舍를 불태우라. 내일 決戰할 것이다.'고 하고서, 돌아갈 사람들을 보내고 楚나라 포로를 도망치게 하자, 楚軍이 밤에 흩어져 도망가니 晉軍은 彭城을 降服시켜 宋나라에 돌려주고 魚石을 잡아서 돌아갔으니, 楚나라가 東夷를 잃고 子辛이 죽은 것은 雍子가 그렇게 만든 것입니다. 子反이 子靈과 夏姬를 차지하려고 서로 다투어 子靈의 婚事를 沮害하니, 子靈이 晉나라로 도망가자, 晉人은 그에게 邢邑을 주고서 謀主로 삼았습니다. 子靈은 晉나라를 위해 北狄을 막고 吳나라를 晉나라와 通好시키고서, 吳나라에게 楚나라를 背叛하도록 가르치고, 吳人에게 수레 타는 법과 활쏘기와 수레 모는 법과 兵車를 달려 적을 공격하는 법을 가르치고, 자기 아들 狐庸을 吳나라 行人이 되게 하였습니다. 吳나라는 이로 인해 巢國을 토벌하여 駕邑을 取하고 棘에서 승리하고서 州來로 侵入하니, 楚나라가 奔命에 지쳐 지금까지 근심거리가 되고 있는 것은 子靈이 그렇게 만든 것입니다. 若敖의 叛亂 때 伯賁의 아들 賁皇이 晉나라로 도망가니, 晉人은 그에게 苗邑을 주고서 謀主로 삼았습니다. 鄢陵의 戰爭 때 楚軍이 새벽에 晉軍 가까이에 陣을 치니 晉軍이 逃走하려 하자, 苗賁皇이 말하기를 '楚軍의 精銳는 中軍에 있는 王族뿐이니, 만약 우물을 메우고 아궁이를 헐고 그 자리에 진을 치고서 楚軍을 防備하고, 欒書와 范燮이 武裝을 簡略하게 한 군대로 楚軍을 유인한다면 中行偃과 郤錡·郤至가 반드시 二穆(子重과 子辛)을 이길 것이니, 우리가 다시 사방에서 王族을 集中攻擊하면 반드시 저들을 大敗시킬 것입니다.'고 하였습니다. 晉人이 그 말대로 하자 과연 楚軍이 大敗하여 楚王은 負傷하고 楚軍은 士氣가 꺾이고 子反은 戰死하였습니다. 鄭나라가 背叛하고 吳나라가 興盛하여 楚나라가 諸侯를 잃게 된 것은 苗賁皇이 그렇게 만든 것입니다."고 하였다. 子木이 말하기를 "그대의 말이 모두 옳다."고 하자, 聲子가 말하기를 "지금 이보다 더 심한 일이 있습니다. 椒擧(伍擧)가 申公 子牟의 딸을 아내로 맞이하였는데, 子牟가 罪를 얻어 도망갔는데도 楚君과 大夫들은 椒擧에게 '사실은 네가 子牟를 도망시킨 것이다.'고 하니, 椒擧는 겁을 먹고 鄭나라로 도망가서 목을 빼고 남쪽을 바라보며 '아마도 나를 赦免하겠지.'라고 기대하였습니다. 그러나 楚나라는 이번에도 그를 考慮하지 않았습니다. 지금 그가 晉나라에 있는데, 晉人은 그에게 縣을 주고서 叔向과 같이 待遇하려 하니, 저 椒擧가 만약 計策을 내어 楚나라를 危害한다면 어찌 憂患이 되지 않겠습니까?"라고 하니, 子木은 겁이 나서 楚王에게 말하여 椒擧의 俸祿을 올리고 爵位를 높여 주고서 돌아오게 하였다. 그러자 聲子는 椒鳴을 보내어 그를 맞이하게 하였다.

1) 平在明年
   晉・楚 두 나라가 和平한 일은 明年에 보인다.
2) 爲國通平事〔附注〕朱曰 蔡本楚黨 晉楚將和 故蔡遣聲子使於晉
   나라를 위해 和平에 관한 일을 通告한 것이다.
   〔부주〕朱: 蔡國은 본래 楚나라의 黨이었으나, 晉・楚가 和平하려 하였기 때문에 蔡君이 聲子를 晉나라에 使臣으로 보낸 것이다.
3)〔附注〕林曰 聲子自晉歸 又往聘于楚
   〔부주〕林: 聲子가 晉나라에서 돌아온 뒤에 또 楚나라에 聘問 간 것이다.
4) 故 事也
   故는 일이다.
5) 杞梓皆木名
   杞와 梓는 모두 나무 이름이다.
6) 言楚亡臣多在晉
   楚나라에서 도망간 臣下 대다수가 晉나라에 있다는 말이다.
7) 夫 謂晉
   夫는 晉나라를 이른다.
8) 역주〕夫 : 夫는 彼이니, 晉나라를 가리킨 것이다. 〈楊注〉
9)〔附注〕林曰 言晉雖有宗族與姻親 而用楚之賢材居多
   〔부주〕林: 晉나라에도 비록 宗族과 姻親이 있으나, 楚나라에서 도망간 賢材를 登用한 것이 대다수라는 말이다.
10) 歸生 聲子名
   歸生은 聲子의 이름이다.
11) 역주〕賞不僭而刑不濫 : 僭과 濫은 모두 지나치고 어긋나서 合當하지 않은 것이니, 賞을 주어서는 不當한데 賞을 주고 罰을 주어서는 不當한데 벌을 주는 것이다. 〈楊注〉

12)〔附注〕林曰 與其濫刑而失於善人之用 寧其僭賞而爲淫人之利

〔부주〕林: 刑罰을 濫用하여 登用해야 할 善人을 잃기보다는 차라리 賞을 넘치게 주어 惡人의 이익이 되게 하라는 말이다.

13) 從之亡也

따라서 망한다는 말이다.

14) 詩大雅 殄 盡也 瘁 病也

詩는 ≪詩經≫〈大雅 瞻卬篇〉의 詩句이다. 殄은 盡이고 瘁는 病이다.

15) 逸書也 不經 不用常法

逸書이다. 不經은 常法을 쓰지 않는 것이다.

16) 역주〕與其殺不辜 寧失不經 : 이 말은 ≪書經≫〈大禹謨篇〉에 보인다.

17) 詩商頌 言殷湯賞不僭差 刑不濫溢 不敢怠解自寬暇 故能爲下國所命 爲天子

詩는 ≪詩經≫〈商頌 殷武篇〉의 詩句이다. 殷湯이 賞이 넘치지 않고 刑이 지나치지 않았으며, 감히 나태하게 스스로 한가하게 지내지 않았기 때문에 下國(諸侯)의 命(推戴)을 받아 天子가 되었다는 말이다.

18) 역주〕命于下國 封建厥福 : ≪毛詩正義≫에는 "하늘이 小國에 命하여 그를 天子로 삼게 하여 크게 그 福을 세워주었다.〔命之于小國 以爲天子 大立其福〕"로 해석하였고, ≪詩傳集註≫에는 "하늘이 그에게 천하를 명하여 크게 그 복을 세워준다〈天命之以天下 而大建其福〉"로 해석하였고, 〈正義〉에는 "下國의 諸侯들이 湯을 推命(=推戴)하여 天子로 삼은 것이다.〔下國諸侯推命湯爲天子〕"로 해석하였다. 〈正義〉의 해석을 취해 번역하였다.

19) 樂行賞而憚用刑

施賞하기를 좋아하고 用刑하기를 꺼렸다는 말이다.

20) 順天時

天時에 順應하는 것이다.

21) 飫 饜也 酒食賜下 無不饜足 所謂加膳也

飫는 배부름이다. 酒食을 아랫사람에게 주면 배불리 먹지 못하는 자가 없으니, 이것이 이른바 '加膳'이다.

22) 不擧盛饌

盛饌을 들지 않는 것이다.

23) 療 治也 所謂楚人不能用其材也

療는 治이다. 이른바 '楚人이 능히 그 材木을 쓰지 못하였다.'는 것이다.

24) 在文十四年〔附注〕朱曰 析公 子儀之黨也 楚殺子儀 析公懼而奔晉

子儀의 叛亂은 文公 14년에 있었다.

〔부주〕朱: 析公은 子儀의 黨이다. 楚나라가 子儀를 죽이니, 析公은 자신도 죽게 될 것

이 두려워 晉나라로 도망간 것이다.

25) 殿 後軍

殿은 後軍이다.

26) 〔附注〕 林曰 言楚軍不能持重 易震恐搖蕩 使亂其軍

〔부주〕 林: 楚軍은 愼重하지 못하니, 겁을 주어 흔들면 그 군대를 混亂시키기 쉽다는 말이다.

27) 鈞 同其聲 〔附注〕 林曰 夜攻楚軍 使不知虛實

鈞은 동시에 소리를 내는 것이다.

〔부주〕 林: 밤에 楚軍을 攻擊한 것은 楚軍으로 하여금 晉軍의 虛實을 알지 못하게 하기 위함이다.

28) 역주〕 軍之 : 全軍이 合攻하는 것이다. 〈楊注〉

29) 역주〕 저본에는 '燧'로 되어 있으나 ≪十三經注疏≫本에 의거하여 '隧'로 바로잡았다.

30) 成六年 晉欒書救鄭 與楚師遇於繞角 楚師還 晉侵沈 獲沈子 八年 復侵楚 敗申息 獲申麗 〔附注〕 林曰 據成六年 楚公子申公子成以申息之師救蔡 禦諸桑隧 欒書不戰而還 成八年傳 只載欒書侵蔡遂侵楚 獲申麗 却不載桑隧之敗 但旣獲申麗 則敗申息之師 曉然在八年 特桑隧之名偶同 傳不備載耳

成公 6년에 晉나라 欒書가 鄭나라를 救援할 때 繞角에서 楚軍과 만나자 楚軍이 돌아갔으므로 晉軍은 沈을 侵攻하여 沈子를 사로잡았다. 成公 8년에 晉軍이 다시 楚나라를 侵攻하여 申・息의 군대를 敗北시키고서 申麗를 사로잡았다.

〔부주〕 林: 成公 6년 傳에 依據하면 楚나라 公子 申과 公子 成이 申・息의 군대를 거느리고서 蔡나라를 救援하기 위해 桑隧에서 晉軍을 防禦하니, 欒書는 戰爭을 하지 않고 還軍하였다. 成公 8년 傳에 단지 欒書가 蔡나라를 侵攻하고서 드디어 楚나라를 侵攻하여 申麗를 사로잡은 것만을 記載하고 桑隧에서 申・息의 군대를 敗北시킨 것은 記載하지 않았으나, 이미 '申麗를 사로잡았다.'고 하였으니 申・息의 군대를 敗北시킨 것이 8년에 있었던 것이 분명하다. 桑隧의 이름이 우연히 같기 때문에 傳에 구체적으로 記載하지 않은 것뿐이다.

31) 〔附注〕 朱曰 自是鄭畏晉强 不能南向而從楚

〔부주〕 朱: 이때부터 鄭나라는 晉나라의 强盛함을 두려워하여 남쪽으로 楚나라에 服從할 수 없었던 것이다.

32) 역주〕 南面 : 楚나라가 鄭나라의 남쪽에 있기 때문에 '南面'이라 한 것이다. 〈楊注〉

33) 〔附注〕 林曰 雍子之事無所考證 想是雍子諸父諸兄共譖雍子

〔부주〕 林曰 雍子의 일을 考證할 수는 없으나, 雍子의 諸父와 諸兄이 함께 雍子를 讒訴한 것인 듯하다.

34) 不是其曲直〔附注〕林曰 善 能也 是 正也
그 曲直을 바르게 따지지 않은 것이다.
〔부주〕林: 善은 能이고 是는 正이다.

35) 鄐 晉邑
鄐은 晉나라 邑이다.

36) 在成十八年〔附注〕朱曰 靡角 宋地名
彭城의 戰鬪는 成公 18년에 있었다.
〔부주〕朱: 靡角은 宋나라의 地名이다.

37)〔附注〕朱曰 一家有二人往〔從〕*)役者 止留一人
〔부주〕朱: 한 집에서 두 사람이 兵役에 服務하는 자가 있으면 한 사람은 남기고 한 사람은 돌려보낸 것이다.

*) 역주〕저본에는 '往'으로 되어 있으나 朱申의 ≪左傳句解≫에 의거하여 '從'으로 바로잡았다.

38) 簡 擇 蒐 閱
簡은 選擇하는 것이고 蒐는 檢閱하는 것이다.

39) 次 舍也 焚舍 示必死
次는 幕舍이다. 幕舍를 불태운 것은 반드시 죽을 것임을 보인 것이다.

40) 역주〕蓐食：文公 7년 杜注에 "새벽에 잠자리에서 밥을 먹는 것이다."고 하였고, 〈楊注〉에는 "군사들을 배불리 먹이는 것이다."고 하였다.

41) 欲使楚知之〔附注〕林曰 凡軍中老幼孤疾應歸者 皆遣之行
楚軍으로 하여금 晉軍의 狀況을 알게 하려고 〈故意로 楚나라 捕虜가 도망가도록 버려둔 것이다.〉
〔부주〕林: 軍中에 늙은이와 어린이, 孤兒와 病者로서 응당 돌려보내야 할 자들을 모두 돌려보낸 것이다.

42) 在元年〔附注〕朱曰 晉以魚石等五大夫歸 寘諸瓠丘
襄公 元年에 있었다.
〔부주〕朱: 晉人이 魚石 등 다섯 大夫를 잡아가지고 돌아가서 瓠丘에 留置하였다.

43) 楚東小國及陳 見楚不能救彭城 皆叛 五年 楚人討陳叛故 殺令尹子辛
楚나라 동쪽의 小國과 陳나라가 楚軍이 彭城을 救援하지 못한 것을 보고는 모두 楚나라를 배반하니, 襄公 5년에 楚人은 陳國이 背叛한 죄를 물어 令尹 子辛을 죽였다.

44) 子靈 巫臣
子靈은 巫臣이다.

45) 子反亦雍害巫臣 不使得取夏姬

子反 역시 巫臣이 夏姬를 아내로 취하지 못하도록 妨害한 것이다.

46)〔附注〕朱曰 事見成二年

〔부주〕朱: 子靈이 出奔한 일은 成公 2년에 보인다.

47) 邢 晉邑

邢은 晉나라 邑이다.

48)〔附注〕朱曰 教之中國戰法

〔부주〕朱: 吳人에게 中國의 戰法을 가르친 것이다.

49) 역주〕教之乘車……爲吳行人焉 : 巫臣이 吳나라로 갈 때 兵車 30乘을 거느리고 가서 그 절반인 15乘을 吳國에 주고, 射手와 御者를 주어 吳人에게 兵車를 모는 법과 陣을 치고서 作戰하는 法을 가르치고서 楚나라를 背叛하도록 가르친 일과 그 아들 狐庸을 吳國의 行人(外交官)이 되게 하였다.

50) 駕棘 皆楚邑 譙國酇縣東北有棘亭

駕와 棘은 모두 楚나라 邑이다. 譙國 酇縣 동북쪽에 棘亭이 있다.

51) 역주〕奔命 : 君命을 받고 奔走히 돌아다니면서 邊方의 危急을 救援하는 것이다.

52) 事見成七年

이 일이 成公 7년 傳에 보인다.

53) 若敖亂在宣四年 苗 晉邑

若敖의 叛亂은 宣公 4년에 있었다. 苗는 晉나라 邑이다.

54) 역주〕伯賁 : 宣公 4년 傳에는 伯棼으로 되어 있다. 古字(隸書 이전의 古代文字)에는 賁과 棼이 通用이었다. 〈楊注〉

55) 在成十六年

鄢陵의 전쟁은 成公 16년에 있었다.

56) 言楚之精卒 唯在中軍

楚나라의 精兵은 오직 中軍에 있을 뿐이라는 말이다.

57) 塞井夷竈以爲陳

우물을 메우고 아궁이를 헐어 평지로 만들고서 그곳에 진을 치는 것이다.

58 역주〕成陳以當之 : 이것은 晉나라 范匄의 計策이었다. 그러나 지금 晉나라가 楚나라 人材를 등용한 일을 말하는 참이었기 때문에 이 또한 苗賁皇의 計策으로 말한 것이다. ≪左氏會箋≫

59) 欒書時將中軍 范燮佐之 易行 謂簡易兵備 欲令楚貪己 不復顧二穆之兵

欒書가 이때 中軍將이고 范燮이 副將이었다. 易行은 兵備를 簡略하게 한 것이니, 楚軍으로 하여금 〈兵備가 허술한〉 晉軍을 貪하여 다시 二穆의 군대를 돌아보지 않게 하고자 한 것이다.

60) 郤錡時將上軍 中行偃佐之 郤至佐新軍 令此三人分良以攻二穆之兵 楚子重子辛 皆出穆王 故曰二穆〔附注〕朱曰 時子重將左軍 子辛將右軍

郤錡가 이때 上軍將이고 中行偃이 副將이었으며, 郤至가 新軍의 副將이었다. 이 세 사람으로 하여금 精兵을 나누어 거느리고서 二穆의 군대를 攻擊하게 한 것이다. 楚나라 子重과 子辛이 모두 楚穆王의 子孫이기 때문에 '二穆'이라 한 것이다.

〔부주〕朱: 이때 子重이 左軍을 거느리고 子辛이 右軍을 거느렸다.

61) 四萃 四面集攻之

四萃는 四面에서 集中攻擊하는 것이다.

62) 역주〕四萃 : 楚나라의 左右軍을 擊破한 뒤에 晉나라의 上軍 中軍 下軍 新軍이 楚나라의 中軍 王族을 集中攻擊하는 것이다. 〈楊注〉

63) 夷 傷也 吳楚之間 謂火滅爲熸〔附注〕林曰 蓋射共王中目 大敗楚師也

夷는 負傷이다. 吳나라와 楚나라 사이에서는 불이 꺼지는 것을 '熸'이라 한다.

〔부주〕林: 鄢陵의 戰爭에서 晉나라 呂錡가 楚共王에게 활을 쏘아 그 눈을 맞히고 楚軍을 大敗시킨 것을 이른 것이다.

64) 역주〕熸 : 불이 꺼지는 뜻이니, 楚軍의 士氣가 꺾인 것을 비유한 것이다. 〈楊注〉

65)〔附注〕朱曰 獲罪出奔

〔부주〕朱: 罪를 얻어 出奔한 것이다.

66) 言楚亦不以爲意

楚나라는 이번에도 그를 考慮하지 않았다는 말이다.

67) 以擧材能比叔向

椒擧의 才能을 叔向의 才能과 동일하게 여기는 것이다.

68) 역주〕以比叔向 : "그 俸祿과 品秩을 叔向과 同一하게 하는 것이다. 叔向은 上大夫이니, 椒擧를 上大夫로 處遇하려 한 것이다."고 한 〈楊注〉의 說을 취해 번역하였다.

69) 椒鳴 伍擧子 傳言聲子有辭 伍擧所以得反 子孫復仕於楚

椒鳴은 伍擧의 아들이다. 傳文은 聲子가 楚나라가 人材를 쓰지 못한 일을 말하여〔有辭〕伍擧가 나라로 되돌아오고 子孫이 楚나라에서 다시 벼슬하게 된 원인을 말한 것이다.

【傳】許靈公如楚하야 **請伐鄭**[1] **曰 師不興**이면 **孤不歸矣**리라 **八月**에 **卒于楚**하다 **楚子曰 不伐鄭**이면 **何以求諸侯**리오

許靈公이 楚나라에 가서 鄭나라를 토벌하기를 청하며 말하기를 "군대를 일으키지 않으면 나는 돌아가지 않겠습니다."고 하였다. 八月에 楚나라에서 卒하였다. 楚子가

말하기를 "鄭나라를 치지 않는다면 어떻게 諸侯들의 推戴를 구할 수 있겠는가?"라고 하였다.

1) 十六年晉伐許 他國皆大夫 獨鄭伯自行 故許恚 欲報之
 襄公 16년에 晉나라가 許나라를 토벌할 때 다른 나라들은 모두 大夫를 보내어 參戰하게 하였으나, 유독 鄭나라만은 鄭伯이 직접 參戰하였기 때문에 許나라가 노하여 報復하고자 한 것이다.

冬十月에 **楚子伐鄭**[1)]하니 **鄭人將禦之**한대 **子産曰 晉楚將平**하고 **諸侯將和**[2)]라 **楚王是故昧於一來**[3)]하니 **不如使逞而歸**하야 **乃易成也**[4)]라 **夫小人之性**은 **釁於勇**하고 **嗇於禍**하야 **以足其性而求名焉者**라 **非國家之利也**니 **若何從之**[5)6)]리오 **子展說**하야 **不禦寇**하다 **十二月乙酉**에 **入南里**하야 **墮其城**[7)]하고 **涉於樂氏**[8)9)]하야 **門于師之梁**[10)]이어늘 **縣門發**하야 **獲九人焉**[11)]하다 **涉于氾而歸**[12)]하야 **而後葬許靈公**[13)]하다

겨울 10월에 楚子가 鄭나라를 토벌하니 鄭人이 防禦하려 하였다. 그러자 子産이 말하기를 "晉나라와 楚나라가 和平을 맺으려 하고 諸侯들이 和睦하게 지내려 합니다. 그러므로 楚王은 이익을 탐해 한번 쳐들어온 것이니, 그 뜻을 만족하게 이루고 돌아가도록 버려두어 晉・楚 兩國의 和平이 쉽게 이루지게 하는 것만 못합니다. 대체로 小人의 성품은 이웃 나라와 틈을 만드는 데 용감하고 禍亂을 탐하여 자기의 성품(野心)을 充足시켜 名譽를 구하려 합니다. 이는 國家의 利益이 아니니 어찌 이런 자들의 말을 따라서야 되겠습니까?"라고 하니, 子展이 기뻐하여 楚軍을 막지 않았다. 12월 乙酉日에 楚軍이 南里로 쳐들어가 그 城을 헐고, 樂氏에서 물을 건너 鄭나라 國都의 師之梁門을 攻擊하였는데, 鄭人이 懸門을 내려 楚軍 아홉 명을 사로잡았다. 楚子는 氾水를 건너 還軍한 뒤에 許靈公을 葬事 지냈다.

1) 爲許
 許나라를 위해 鄭나라를 친 것이다.

2) 和在明年
 和平한 일은 明年에 있다.

3) 昧 猶貪冒
 昧는 貪冒(이익을 탐함)와 같다.

4) 逞 快也
 逞은 快(滿足)이다.

5) 釁 動也 嗇 貪也 言鄭之欲與楚戰者 皆釁勇貪名之人 非能爲爲國計慮久利 不可從也
釁은 動(사용)하는 것이고 嗇은 貪하는 것이다. 鄭나라 사람 중에 楚軍과 戰爭하고자 하는 자들은 모두 勇力을 사용하여 名譽를 貪하는 사람으로 國家를 위해 長久한 利益을 생각하지 않는 자들이니, 그들의 말을 따를 수 없다는 말이다.

6) 역주] 小人……釁於勇 : 小人은 楚軍과 戰爭하기를 원하는 鄭人을 이른다. ≪左氏會箋≫·〈楊注〉 등의 說에 의하면 釁於勇은 勇於釁의 倒置語로 남과 틈을 만드는 데 勇敢하다는 말이다. 이 說을 취해 번역하였다.

7) 南里 鄭邑
南里는 鄭나라 邑이다.

8) 樂氏 津名
樂氏는 나루의 이름이다.

9) 역주] 樂氏 : 新鄭縣 境內에 있는 地名으로 洧水를 건너는 곳이다.

10) 鄭城門
師之梁은 鄭나라 城門이다.

11) 〔附注〕林曰 鄭人發縣門以禦攻者 獲楚攻門者九人
〔부주〕林: 鄭人이 楚軍의 攻擊을 막기 위해 懸門을 내리고서 城門을 攻擊하던 楚軍 아홉 사람을 잡은 것이다.

12) 於氾城下涉汝水南歸
氾城 아래서 汝水를 건너 남쪽으로 돌아간 것이다.

13) 卒靈公之志 而後葬之
許靈公의 뜻을 이루어준 뒤에 葬事 지낸 것이다.

【傳】衛人歸衛姬于晉하니 乃釋衛侯[1)]하다 君子是以知平公之失政也[2)]라

衛人이 衛姬를 晉나라로 시집보내니, 晉나라는 그제야 衛侯를 釋放하였다. 君子는 이 일로 인해 晉平公이 政治의 道理를 喪失했음을 알았다.

1) 衛侯以女說晉 而後得免
衛侯가 딸로써 晉侯를 기쁘게 한 뒤에 放免될 수 있었다.

2) 傳言晉之衰〔附注〕林曰 重女色而輕齊鄭之請
傳文은 晉나라가 衰한 것을 말한 것이다.
〔부주〕林: 女色을 중하게 여기고 齊나라와 鄭나라의 要請을 가볍게 여겼기 때문이다.

【傳】晉韓宣子聘于周하니 王使請事[1)]하다 對曰 晉士起將歸時事於宰旅오 無他

事矣[2)]니이다 王聞之曰 韓氏其昌阜於晉乎ㄴ저 辭不失舊[3)]로다

晉나라 韓宣子가 周나라에 聘問 가니 周王이 사람을 보내어 무슨 일로 왔는지 물었다. 韓宣子가 대답하기를 "晉나라 士인 저는 宰旅에게 時事(職貢)를 바치려고 왔을 뿐이고 다른 일은 없습니다."고 하니, 周王은 이 말을 듣고 말하기를 "韓氏는 아마도 晉나라에서 昌大할 것이다. 그 辭令이 옛 法度를 잃지 않았다."고 하였다.

1) 問何事來聘
 請事는 무슨 일로 聘問 왔는지를 묻는 것이다.
2) 起 宣子名 禮 諸侯大夫入天子國稱士 時事 四時貢職 宰旅 冢宰之下士 言獻職貢於宰旅 不敢斥尊
 起는 宣子의 이름이다. 禮에 의하면 諸侯의 大夫가 天子 나라에 들어가면 자신을 '士'로 칭한다. 時事는 四時의 職貢(貢納物)을 이르고, 宰旅는 冢宰의 下士를 이른다. 職貢을 宰旅에게 바친다고 말한 것은 감히 尊者의 이름을 指稱하지 않은 것이다.
3) 阜 大也 傳言周衰 諸侯莫能如禮 唯韓起不失舊
 阜는 大이다. 傳文은 周나라가 衰微하자 諸侯 중에 누구도 禮대로 행하는 자가 없었으나, 오직 韓起만이 옛 禮를 잃지 않았음을 말한 것이다.

【傳】 齊人城郟之歲[1)]에 其夏에 齊烏餘以廩丘奔晉[2)]하야 襲衛羊角하야 取之[3)]하고 遂襲我高魚[4)]할새 有大雨하니 自其竇入[5)]하야 介于其庫[6)]하야 以登其城하야 克而取之[7)]하고 又取邑于宋하다 於是范宣子卒[8)]하야 諸侯弗能治也[9)]러니 及趙文子爲政하야 乃卒治之하다 文子言於晉侯曰 晉爲盟主하니 諸侯或相侵也면 則討而使歸其地[10)]니이다 今烏餘之邑은 皆討類也[11)]어늘 而貪之[12)]면 是無以爲盟主也니 請歸之하소서 公曰 諾다 孰可使也오 對曰 胥梁帶能無用師리이다 晉侯使往[13)]하다

齊人이 郟에 城을 쌓던 해의 여름에 齊나라 烏餘가 廩丘 땅을 가지고 晉나라로 出奔하여, 衛나라 羊角을 襲擊하여 占領하고서 드디어 우리나라 高魚를 襲擊하였는데, 마침 그때 큰비가 내리니 下水溝를 통해 城內로 들어와서 창고에 있는 갑옷을 꺼내어 군사에게 입히고서 城 위로 올라가서 공격해 勝利하여 高魚를 占領하고, 또 宋나라의 邑을 占領하였다. 그러나 이때 막 范宣子가 죽어서 諸侯가 烏餘를 懲罰해 다스리지 못하였는데, 趙文子가 執政이 됨에 미쳐서 마침내 烏餘를 懲罰해 다스렸다. 趙文子가 晉侯에게 말하기를 "우리 晉나라는 盟主이니 諸侯가 혹 서로 侵攻해 땅을 占領하면 侵攻한 자를 討伐하여 그 땅을 되돌려 주게 해야 합니다. 지금 烏餘가 占領해 우리 晉나라에 바친 城邑은 모두 討伐해야 할 것들인데, 이를 탐한다면 이는 盟主가 될 資格이 없는 것이니 그 땅을 원래의 주인에게 돌려주소서."하니, 晉平公이 말하기를 "그리하겠다. 누구를 使者로 보내는 것이 좋겠는가?"라고 묻자, 趙文子가 "胥梁帶라면 군대를 쓰지 않고도 일을 處理할 수 있을 것입니다."고 대답하니, 晉侯는 胥梁帶를 使者로 보냈다.

1) 在二十四年
郟에 城을 쌓은 일은 襄公 24년에 있었다.

2) 烏餘 齊大夫 廩丘 今東郡廩丘縣故城是
烏餘는 齊나라 大夫이다. 廩丘는 지금의 東郡 廩丘縣 古城이 바로 그곳이다.

3) 今廩丘縣所治羊角城是〔附注〕林曰 烏餘旣奔晉 又襲衛羊角之地
羊角은 지금 廩丘縣의 縣廳이 있는 羊角城이 바로 그곳이다.
〔부주〕林: 烏餘가 晉나라로 出奔한 뒤에 또 衛나라 羊角 땅을 襲擊한 것이다.

4) 高魚城在廩丘縣東北
高魚城은 廩丘縣 동북쪽에 있다.

5) 雨 故水竇開〔附注〕林曰 烏餘以兵自高魚之水竇而入
비가 내리기 때문에 下水溝를 열어놓은 것이다.
〔부주〕林: 烏餘가 군대를 거느리고서 高魚의 下水溝를 통해 성안으로 들어간 것이다.

6) 入高魚庫而介其甲
高魚의 武器庫로 들어가 갑옷을 꺼내어 그 군대에게 입힌 것이다.

7) 取魯高魚 無所諱而不書 其義未聞
魯나라의 高魚를 占領한 것은 숨길 일이 아닌데도 經에 기록하지 않았으니, 그 뜻을 알 수 없다.

8) 宣子 范匄
宣子는 范匄이다.

9)〔附注〕林曰 諸侯以范匄新死 不能治烏餘之罪
〔부주〕林: 諸侯는 范匄가 막 죽었기 때문에 烏餘의 罪를 다스리지 못한 것이다.

10)〔附注〕林曰 討治其罪 而使歸其侵地
〔부주〕林: 토벌해 그 罪를 다스려 侵掠한 땅을 되돌려 주게 하는 것이다.

11) 言於比類宜見討
前例에 비추어볼 때〔比類〕토벌하는 것이 마땅하다는 말이다.

12)〔附注〕林曰 貪其土地以利晉國
〔부주〕林: 그 土地를 탐하여 晉나라를 이롭게 하는 것이다.

13) 胥梁帶 晉大夫 能無用師 言有權謀〔附注〕朱曰 晉侯使胥梁帶往治烏餘之事

胥梁帶는 晉나라 大夫이다. 군대를 쓰지 않을 수 있다는 것은 臨機應變의 智謀가 있음을 말한 것이다.

〔부주〕 朱: 晉侯가 胥梁帶를 보내어 烏餘의 일을 處理하게 한 것이다.

〈二十七年, 乙卯 B.C.546〉

【經】 二十有七年春에 齊侯使慶封來聘[1)]하다

27년 봄에 齊侯가 慶封을 보내어 와서 聘問하였다.

1) 景公卽位 通嗣君也
齊景公이 卽位하고서 자기가 嗣君이 된 것을 通告한 것이다.

【經】 夏에 叔孫豹會晉趙武楚屈建蔡公孫歸生衛石惡陳孔奐鄭良霄許人曹人于宋[1)]하다

여름에 叔孫豹가 晉나라 趙武・楚나라 屈建・蔡나라 公孫 歸生・衛나라 石惡・陳나라 孔奐・鄭나라 良霄・許人・曹人과 宋에서 會合하였다.

1) 案傳 會者十四國 齊秦不交相見 邾滕爲私屬 皆不與盟 宋爲主人 地於宋 則與盟可知 故經唯序九國大夫 楚先晉歃 而書先晉 貴信也 陳于晉會 常在衛上 孔奐非上卿 故在石惡下
〔附注〕 林曰 晉楚始同主夏盟也 以諸侯分爲晉楚之從而交相見於是始 則是南北二伯也 天下之大變也 於溴梁而無君臣之分 於宋而無夷夏之辨 昭定哀之春秋 將以終於吳越焉爾矣[*)]
傳文에 의하면 會合한 나라가 14國이었으나, 齊나라와 秦나라는 國交가 없어 서로 會見하지 않았고, 邾나라와 滕나라는 남의 屬國이었기 때문에 모두 盟約에 참가하지 않았다. 宋나라는 主人이 되었으니, 宋나라 땅에서 會盟하였다면 宋나라도 盟約에 참여한 것을 알 수 있다. 그러므로 經에 오직 아홉 나라의 大夫만을 序次에 따라 기록한 것이다. 楚나라 大夫가 먼저 歃血하였는데도 經에 晉나라 大夫를 먼저 말한 것은 晉나라가 信義를 지킨 것을 貴하게 여겼기 때문이다. 晉나라가 主宰하는 會盟에 陳나라가 항상 衛나라 위에 있었으나, 이번에는 孔奐이 上卿이 아니기 때문에 衛나라 石惡의 아래에 기재한 것이다.
〔부주〕 林: 晉나라와 楚나라가 비로소 함께 中夏의 會盟을 主宰한 것이다. 晉나라와 楚나라의 從屬國으로 나뉜 諸侯들이 이때 비로소 서로 晉나라와 楚나라에 朝見한 것은 남북의 두 侯伯(霸者)을 謁見한 것이니 天下의 큰 變故이다. 溴梁의 會盟(襄公 6년)에서는 君臣의 分數를 무시하였고, 宋의 會盟에서는 夷夏의 區分을 무시하였으니, 昭公

定公 哀公의 ≪春秋≫가 장차 吳나라와 越나라의 일에서 끝나게 될 것이다.
＊) 역주〕昭定哀之春秋 將以終於吳越焉爾矣 : 未詳이다.

【經】 衛殺其大夫甯喜[1)]하다

衛나라가 그 大夫 甯喜를 죽였다.

1) 甯喜弑剽立衎 衎今雖不以弑剽致討 於大義宜追討之 故經以國討爲文書名也 書在宋會下從赴

甯喜가 剽(殤公)를 弑害하고 衎(獻公)을 세웠으니, 衎이 지금은 비록 剽를 弑害한 罪를 물어 甯喜를 討伐하지 않았으나, 大義에 있어서는 追討(그 죄를 끝까지 캐어 처벌함)하는 것이 마땅하다. 그러므로 經에 國討(國家가 討伐함)한 것으로 말을 만들어 그 이름을 기록한 것이다. 宋의 會盟 아래에 이 일을 기록한 것은 赴告를 따른 것이다.

【經】 衛侯之弟鱄出奔晉[1)]하다

衛侯의 아우 鱄이 晉나라로 出奔하였다.

1) 衛侯始者云政由甯氏祭則寡人 而今復患其專 緩答免餘 旣負其前信 且不能友于賢弟 使至出奔 故書弟以罪兄

衛侯가 처음에는 "國政은 甯氏가 主宰하고 祭祀는 寡人이 主宰하겠다."고 하였으나, 지금은 다시 甯氏의 專橫을 근심하여 免餘에게 느슨한 말로 대답〔緩答〕하였으니, 이미 앞서 한 약속을 저버린 것이다. 그리고 또 어진 아우와 友愛하지 못하여 出奔하게까지 하였으므로 '아우'라고 기록하여 兄에게 罪를 돌린 것이다.

【經】 秋七月辛巳에 豹及諸侯之大夫盟于宋[1)]하다

가을 7월 辛巳日에 豹가 諸侯의 大夫와 宋에서 結盟하였다.

1) 夏會之大夫也 豹不倚順 以顯弱命之君[*1)] 而辨小是以自從 故以違命貶之 釋例論之備矣
〔附注〕林曰 於是晉楚爭先 乃先楚人 則其書先晉何 春秋不以夷狄先中國也 自宋以來 晉不專主盟矣 虢之盟 讀舊書 加于牲上而已 至鄟陵 則齊王〔主〕[*2)]諸侯 至皐鼬 則魯及諸侯晉之不足以主夏盟 自宋始 宋之盟 趙武之偸也 孔子曰 庭燎之百 自齊桓公始也 大夫之奏肆夏 自趙文子始也 此王伯之所以興妄〔衰〕[*3)]也

여름에 會合한 大夫들이다. 豹가 順理(邾·滕의 例를 따르는 것)에 따라 弱한 임금의 命을 드러내지 않고 小是(國家의 自尊心을 세워 宋·衛의 例를 따른 것)를 따져 자기의 생각대로 하고 임금의 命을 어겼기 때문에 〈'叔孫'이란 族을 버리고 '豹'라고만 기록하여〉 그를 貶下한 것이다. ≪春秋釋例≫에 자세히 논하였다.

〔부주〕 林: 이때 晉나라와 楚나라가 먼저 歃血하기를 다투어, 楚人이 먼저 歃血하였는데, 經에 晉나라를 먼저 기록한 것은 어째서인가? ≪春秋≫에 夷狄을 中國보다 먼저 기록하지 않기 때문이다. 宋의 會盟 이후로는 晉나라가 단독으로 會盟을 主管하지 못하였다. 虢의 會盟(昭公 元年)에는 舊書(宋의 會盟 때 사용한 盟書)를 읽고서 그 盟書를 犧牲 위에 올려놓았을 뿐이고, 鄟陵의 會盟(昭公 26년)에는 齊나라가 諸侯의 會盟을 主管하였고, 皐鼬의 會盟(定公 4년)에는 魯나라와 諸侯가 會盟을 主管하였다. 晉나라가 中夏의 會盟을 主管하지 못하게 된 것이 宋의 會盟으로부터 비롯하였는데, 宋의 會盟에서 〈楚나라가 먼저 歃血하게 한 것은〉 趙武가 怠慢〔偸〕했기 때문이다. 孔子께서 "諸侯가 1백 개의 庭燎(횃불)를 설치하는 것은 齊桓公으로부터 비롯하였고, 大夫가 〈肆夏〉를 演奏하는 것은 趙文子로부터 비롯하였다."고 하였으니, 이것이 天子와 諸侯(侯伯)의 權威가 衰頹한 원인이다.

＊1) 역주〕 弱命之君 : 弱君之命의 倒置인 듯하다.

＊2) 역주〕 저본에는 '王'으로 되어 있으나 ≪四庫全書 左傳杜林合注≫本에 의거하여 '主'로 바로잡았다.

＊3) 역주〕 저본에는 '妄'으로 되어 있으나 ≪四庫全書 左傳杜林合注≫本에 의거하여 '衰'로 바로잡았다.

【經】 冬十有二月乙亥朔에 **日有食之**[1)]하다

겨울 12월 초하루 乙亥日에 日食이 있었다.

1) 今長曆推十一月朔 非十二月 傳曰辰在申 再失閏 若是十二月 則爲三失閏 故知經誤
지금 長曆으로 推算하면 11월 朔日이고 12월 朔日이 아니다. 傳에 "斗柄(辰)이 申方을 가리켰으니 閏月을 두 번 빠뜨린 것이다."고 하였으니, 만약 12월이라면 閏月을 세 번 빠뜨린 것이 된다. 그러므로 經이 잘못되었음을 알 수 있다.

【傳】 二十七年春에 **胥梁帶使諸喪邑者具車徒以受地**호되 **必周**[1)]하고 **使烏餘具車徒以受封**[2)]한대 **烏餘以其衆出**[3)]이어늘 **使諸侯僞效烏餘之封者**[4)]하야 **而遂執之**하고 **盡獲之**[5)]하고서 **皆取其邑而歸諸侯**하니 **諸侯是以睦於晉**[6)]하다

27년 봄에 胥梁帶가 邑을 잃은 諸侯들에게 兵車와 步卒을 거느리고 와서 잃었던 땅을 돌려받게 하되 반드시 은밀히 움직이게 하고, 烏餘에게도 兵車와 步卒을 거느리고

와서 封地를 받게 하자, 烏餘가 그 무리를 거느리고 出動하였다. 그러자 胥梁帶는 諸侯들을 烏餘에게 封地를 바치는 자로 僞裝시켜 드디어 烏餘를 잡고 그 무리들을 다 사로잡고서 그 邑을 모두 回收하여 諸侯에게 돌려주니 諸侯들은 이로 인해 晉나라와 和睦하였다.

1) 諸喪邑 謂齊魯宋也 周 密也 必密來 勿以受地爲名
   邑을 잃은 諸侯는 齊나라 魯나라 宋나라이다. 周는 密이니 반드시 은밀히 오고 땅을 돌려받는 것으로 名分을 삼지 말게 한 것이다.
2) 烏餘以地來 故詐許封之
   烏餘가 땅을 가지고 왔기 때문에 땅을 封해 주겠다고 거짓 허락한 것이다.
3) 出受封也〔附注〕林曰 烏餘信之 以其衆出 受封地
   封地를 받기 위해 나온 것이다.
   〔부주〕林: 烏餘는 胥梁帶의 말을 믿고서 그 무리를 거느리고 와서 封地를 받으려 한 것이다.
4) 效 致也 使齊魯宋僞若致邑封烏餘者
   效는 致(바침)이니, 齊·魯·宋의 군대를 마치 邑을 바치고서 烏餘를 封하는 사람들인 것처럼 僞裝시킨 것이다.
5) 皆獲其徒衆
   그 무리를 다 사로잡은 것이다.
6) 傳言趙文子賢 故平公雖失政 而諸侯猶睦
   傳文은 趙文子가 어질었기 때문에 晉平公이 비록 政治를 잘못하였으나 諸侯는 오히려 晉나라와 和睦하였다는 것을 말한 것이다.

【傳】齊慶封來聘하다 **其車美**하니 **孟孫謂叔孫曰 慶季之車**가 **不亦美乎**[1]아 **叔孫曰 豹聞之**컨대 **服美不稱**이면 **必以惡終**이라하니 **美車何爲**오 **叔孫與慶封食**에 **不敬**[2]이어늘 **爲賦相鼠**로되 **亦不知也**[3]하다

齊나라 慶封이 와서 聘問하였다. 그가 타고 온 수레가 매우 아름다우니, 孟孫이 叔孫에게 말하기를 "慶季의 수레가 아름답지 않은가?"라고 하자, 叔孫이 말하기를 "내가 듣건대 車服이 아름다워 그 身分에 맞지 않으면 반드시 惡(재앙)으로 끝난다고 하니, 아름다운 수레가 무슨 소용이 있겠는가?"라고 하였다. 叔孫이 慶封과 食事를 하는데 慶封이 恭敬하지 않자, 叔孫이 相鼠詩를 읊었는데도 慶封은 그 이유를 알지 못하였다.

1) 季 慶封字

季는 慶封의 字이다.

2)〔附注〕林曰 慶封不敬

〔부주〕林: 慶封이 恭敬하지 않은 것이다.

3) 相鼠 詩鄘風 曰 相鼠有皮 人而無儀 人而無儀 不死何爲 慶封不知此詩爲己 言其闇甚 爲明年慶封來奔傳

〈相鼠〉는 ≪詩經≫ 〈鄘風〉의 篇名이다. 그 詩에 "쥐를 보면 가죽이 있는데 사람으로서 威儀가 없을쏜가? 사람으로서 威儀가 없으면 죽지 않고 무엇 하리."라고 하였다. 慶封이 자기의 不敬 때문에 이 詩를 읊는 줄을 몰랐다는 것은 그가 매우 昏闇하였음을 말한 것이다. 明年에 慶封이 魯나라로 도망해 온 傳의 배경이다.

【傳】 **衛甯喜專**[1]하니 **公患之**하다 **公孫免餘請殺之**[2]한대 **公曰 微甯子**면 **不及此**[3]리라 **吾與之言矣**[4]라 **事未可知**[5]오 **祇成惡名**이니 **止也**[6]하라 **對曰 臣殺之**리니 **君勿與知**하소서 **乃與公孫無地公孫臣謀**[7]하야 **使攻甯氏**로되 **弗克**하고 **皆死**[8]하다 **公曰 臣也無罪**라 **父子死余矣**[9]로다 **夏**에 **免餘復攻甯氏**하야 **殺甯喜及右宰穀**하야 **尸諸朝**[10]하다 **石惡將會宋之盟**[11]하야 **受命而出**[12]이라가 **衣其尸**하고 **枕之股而哭之**[13][14]하다 **欲斂以亡**[15]이나 **懼不免**하야 **且曰受命矣**[16]라하고 **乃行**[17]하다

衛나라 甯喜가 國政을 專斷하니 衛獻公이 이를 근심하였다. 公孫 免餘가 甯喜를 죽이기를 청하자, 獻公이 말하기를 "甯子가 아니었으면 내가 돌아와서 復位하지 못했을 것이다. 내가 이미 그에게 政權을 맡기겠다고 말하였다. 저를 죽이는 일은 成敗를 알 수 없고, 失敗하면 汚名만 쓸 뿐이니 그만두라."고 하였다. 免餘가 대답하기를 "臣이 그를 죽일 것이니 임금님께서는 간여하지 마소서."라고 하고서, 公孫 無地・公孫 臣과 謀議하여 甯氏를 攻擊하게 하였으나 이기지 못하고 모두 죽었다. 그러자 獻公은 "公孫 臣은 罪가 없다. 父子가 모두 나를 위해 죽었구나."고 하였다. 여름에 公孫 免餘가 다시 甯氏를 공격하여 甯喜와 右宰 穀을 죽여 그 屍身을 朝廷에 늘어놓았다. 石惡이 宋나라의 會盟에 參加하려고 命을 받고 朝廷을 나오다가 甯喜의 屍身에 옷을 입히고 屍身의 다리에 베고서 엎드려 哭하였다. 石惡은 그 屍身을 斂襲하고서 도망가고자 하였으나 禍를 면하지 못할 것을 두려워하여 '命을 받았다'고 하고서 즉시 宋나라로 갔다.

1)〔附注〕林曰 衛甯喜旣弑剽納衎 遂專國政

〔부주〕林: 衛나라 甯喜가 剽(殤公)를 弑害한 뒤에 衎(獻公)을 받아들이고서 드디어 國政을 專斷하였다.

2) 免餘 衛大夫

免餘는 衛나라 大夫이다.

3) 及此 反國也

及此는 나라로 돌아온 것이다.

4) 言政由甯氏

國政은 甯氏가 主宰하라고 한 말이다.

5) 恐伐之未必勝

甯喜를 討伐하더라도 勝利하지 못할까 두렵다는 말이다.

6) 祇 適也

祇는 適(다만)이다.

7) 二公孫 衛大夫

두 公孫은 衛나라 大夫이다.

8) 無地及臣皆死

公孫 無地와 公孫 臣이 모두 죽은 것이다.

9) 獻公出時 公孫臣之父爲孫氏所殺

獻公이 出亡할 때 公孫 臣의 아비가 孫氏에게 殺害되었다.

10) 穀不書 非卿也〔附注〕林曰 右宰穀 甯喜之黨

經에 右宰 穀을 기록하지 않은 것은 卿이 아니기 때문이다.

〔부주〕林: 右宰 穀은 甯喜의 黨이다.

11)〔附注〕林曰 石惡 甯喜之黨

〔부주〕林: 石惡은 甯喜의 黨이다.

12)〔附注〕林曰 旣受命而遇亂

〔부주〕林: 石惡이 命을 받은 뒤에 甯喜가 禍亂을 당한 것이다.

13)〔附注〕林曰 衣甯喜之尸 枕尸於股

〔부주〕林: 甯喜의 屍身에 옷을 입히고서 屍身의 머리를 자기의 다리를 베게 한 것이다.

14) 역주〕枕之股而哭之 : 僖公 28년 傳의 "枕之股而哭之"를 杜氏도 林注와 같이 解釋하였으나, 譯者는 杜注를 따르지 않고 〈楊注〉를 취해 衛成公이 武叔의 다리를 베고 곡한 것으로 번역하였다. 여기서도 林注를 따르지 않고 石惡이 甯喜의 다리를 벤 것으로 번역하였다.

15)〔附注〕林曰 欲斂其尸而出奔

〔부주〕林: 그 屍身을 거두어 斂襲하고서 出奔하려 한 것이다.

16)〔附注〕林曰 受命出使矣

〔부주〕林: 임금의 命을 받고 使臣으로 나아간다고 말한 것이다.

17) 行會于宋 爲明年石惡奔傳

宋나라로 가서 會盟한 것이다. 明年에 石惡이 出奔한 傳의 배경이다.

子鮮曰 逐我者出[1)]하고 納我者死[2)]하니 賞罰無章이라 何以沮勸[3)]이리오 君失其信하고 而國無刑하니 不亦難乎[4)]아 且鱄實使之[5)]라하고 遂出奔晉하다 公使止之나 不可[6)]하다 及河에 又使止之하니 止使者而盟於河[7)]하고 託於木門[8)]하야 不鄕衛國而坐[9)]하다 木門大夫勸之仕한대 不可曰 仕而廢其事면 罪也오 從之면 昭吾所以出也니 將誰愬乎[10)11)]아 吾不可以立於人之朝矣라하고 終身不仕[12)]하다 公喪之如稅服終身[13)14)]하다

子鮮이 말하기를 "우리를 逐出한 자(孫林父)는 살아서 出奔하고, 우리를 받아들인 자(寗喜)는 죽임을 당하였으니, 賞罰에 法이 없다. 어떻게 惡을 막고 善을 勸奬할 수 있겠는가? 임금이 信義를 잃고 나라에 刑罰이 없으니 나라를 다스리기 어렵지 않겠는가. 사실은 내가 寗喜에게 임금을 復位시키도록 시킨 것이다."고 하고서 드디어 晉나라로 出奔하였다. 獻公이 사람을 보내어 挽留하였으나 말을 듣지 않았다. 河水에 이르렀을 때 獻公이 또 사람을 보내어 挽留하자, 子鮮은 그 使者를 沮止하고서 河水에 盟誓하고는 晉나라 木門에 寓居하면서 衛나라를 향해 앉지도 않았다. 木門의 大夫가 그에게 出仕를 권하자, 子鮮은 반대하며 말하기를 "벼슬아치로서 맡은 職務를 廢棄하면 罪가 되고, 職務를 잘 處理하면 내가 出奔한 것이 임금 때문이라는 것을 세상에 밝게 드러내는 것이니 장차 누구에게 호소하겠는가? 나는 남의 조정에 벼슬하지 않을 것이다."고 하고서, 終身토록 벼슬하지 않았다. 〈그가 죽자〉 獻公은 그를 위해 죽을 때까지 稅服을 입었다.

1) 謂孫林父

孫林父를 이른다.

2) 謂寗喜

寗喜를 이른다.

3) 〔附注〕 林曰 何以沮惡而勸善

〔부주〕 林: 무엇으로써 惡을 막고 善을 勸奬하겠느냐는 말이다.

4) 難以治國

나라를 다스리기 어렵다는 말이다.

5) 使寗喜納君

寗喜에게 임금을 받아들이도록 시켰다는 말이다.

6) 不肯留

머물려 하지 않은 것이다.

7) 誓不還

돌아가지 않겠다고 맹세한 것이다.

8) 木門 晉邑

木門은 晉나라 邑이다.

9) 怨之深也

怨恨이 깊기 때문이다.

10) 從之 謂治其事也 事治則明己出欲仕 無所自愬

從之는 맡은 일을 잘 다스림을 이른다. 일이 잘 다스려지면 자기가 出奔한 것이 벼슬하기 위함이라는 것을 밝히는 것이어서 자기의 진심을 호소할 곳이 없다는 말이다.

11) 역주] 仕而廢其事……將誰愬乎 : 人臣이 國外로 出奔하되 本國 君王의 잘못을 드러내지 않는 것이 出奔하는 자의 道理이다. 子鮮이 晉나라에 벼슬하여 職務를 제대로 修行하지 못하면 사람들은 子鮮이 無能하기 때문에 逐出된 것으로 여길 것이니 衛君의 惡이 드러나지 않지만, 만약 子鮮이 晉나라에 벼슬하여 職務를 잘 修行하면 사람들은 子鮮이 才能이 있는데도 그 임금이 逐出했다 하여 衛君을 비난할 것이니, 이는 임금의 惡을 드러내는 것이다. 남의 나라에 벼슬하여 그 職務를 修行하지 않는 것도 罪이고 사람들로 하여금 衛君을 非難하게 하는 것도 罪이니, 이런 苦衷을 누구에게 호소하겠느냐는 뜻이다.

12) 自誓不仕終身

終身토록 벼슬하지 않겠다고 스스로 盟誓한 것이다.

13) 稅卽繐也 喪服 繐縗裳 縷細而希 非五服之常 本無月數 痛愍子鮮 故特爲此服 此服無月數 而獻公尋薨 故言終身

稅는 바로 繐(올이 가늘고 올과 올 사이가 성긴 베)이다. ≪儀禮≫ 〈喪服〉에 "繐布로 지은 縗裳(上衣下裳)은 올이 가늘고 올과 올 사이가 성기다."고 하였으니 五服의 正常服이 아니고 본래 定해진 月數도 없다. 獻公은 子鮮의 죽음을 悲痛해하고 가여워했기 때문에 특별히 이 服을 입은 것이다. 이 服은 본래 정해진 月數가 없는데 獻公이 이내 薨하였기 때문에 '終身'이라고 한 것이다.

14) 역주] 如稅服 : 〈正義〉에 "禮에 稅服이란 名稱이 없으니, '如稅服'이 무슨 服인지 모르겠다."고 하였고, 服虔의 說에 의하면 "脫喪한 뒤에 喪事의 소식을 듣고서 비로소 服을 입는 것을 '稅(태)服'이라 한다."고 하였다. 〈楊注〉에 의하면 "繐服은 올이 가늘고 성겨 小功服의 올수와 같다. 繐服은 小功五月服에 불과한데 여기에 '終身'이라 한 것은 5개월이 되기 전에 衛獻公이 죽었기 때문인 듯하다."고 하였다.

公與免餘邑六十한대 辭曰 唯卿備百邑이어늘 臣六十矣[1]니이다 下有上祿은 亂也[2]니 臣弗敢聞이로이다 且甯子唯多邑故死하니 臣懼死之速及也니이다 公固與之한대 受其半하다 以爲少師하다 公使爲卿한대 辭曰 大叔儀不貳[3]하야 能贊大事[4]하니 君其命之하소서 乃使文子爲卿[5]하다

獻公이 公孫 免餘에게 邑 60을 주자 사양하기를 "오직 卿만이 1백 개의 邑을 具有(所有)할 수 있는데, 臣은 이미 60개의 邑을 가졌습니다. 아랫사람으로서 윗사람의 祿을 享有하는 것은 亂을 부르는 것이니 신은 감히 命을 들을 수 없습니다. 그리고 甯子는 邑이 많았기 때문에 죽었으니 臣은 죽음이 빨리 미칠까 두렵습니다."라고 하였다. 獻公이 굳이 주자 免餘는 그 半만을 받았다. 衛侯는 그를 少師로 삼았다. 얼마 뒤에 獻公이 그를 卿으로 삼으려 하자, 사양하기를 "太叔儀는 두마음을 품지 않는 사람이어서 국가의 大事를 도울 수 있으니 임금님께서는 그를 卿에 任命하소서."라고 하니, 獻公은 이에 文子를 卿으로 삼았다.

1) 역주〕臣六十矣 : 나는 이미 60개의 邑을 所有하였다는 말이다.〈楊注〉

2) 此一乘之邑[*)] 非四井之邑 論語稱千室 又云十室 明通稱〔附注〕林曰 唯卿祿邑滿百 臣滿六十邑矣

이 邑은 一乘의 邑이고 四井의 邑이 아니다. ≪論語≫에 '千室'로 칭하기도 하고 또 '十室'로 이르기도 하여, 千室과 十室이 邑의 通稱임을 밝혔다.

〔부주〕林: 오직 卿의 祿邑만이 1백 邑을 채우니, 臣은 60邑으로 만족하다는 말이다.

*) 역주〕一乘之邑 : 一乘의 邑은 四方 10里이고 四井之邑은 四方 2里이다.〈正義〉

3) 〔附注〕林曰 事君無貳心

〔부주〕林: 임금을 섬김에 있어 두마음이 없다는 말이다.

4) 贊 佐也

贊은 돕는 것이다.

5) 文子 大叔儀

文子는 太叔儀이다.

【傳】 宋向戌善於趙文子하고 又善於令尹子木하다 欲弭諸侯之兵以爲名[1]하야 如晉告趙孟하니 趙孟謀於諸大夫하다 韓宣子曰 兵은 民之殘也오 財用之蠹[2]니 小國之大菑也라 將或弭之면 雖曰不可라도 必將許之[3][4]니라 弗許라가 楚將許之하야 以召諸侯면 則我失爲盟主矣리라 晉人許之하다 如楚하니 楚亦許之하다 如齊하니 齊人難之[5]어

늘 **陳文子曰 晉楚許之**하니 **我焉得已**리오 **且人曰弭兵**이라하야늘 **而我弗許**면 **則固攜吾民矣**[6]니 **將焉用之**리오 **齊人許之**하다 **告於秦**하니 **秦亦許之**하다 **皆告於小國**하여 **爲會於宋**하다

宋나라 向戌이 晉나라 趙文子(趙武)와도 사이가 좋고 또 楚나라 令尹 子木과도 사이가 좋았다. 向戌은 諸侯間의 戰爭을 終熄시켜 자신의 名聲을 높이고자 하여, 晉나라에 가서 趙孟(趙武)에게 이런 뜻을 고하니 趙孟이 大夫들과 이 문제를 상의하였다. 韓宣子가 말하기를 "戰爭은 백성을 殘害하고 財用을 消耗하니 小國의 큰 災殃입니다. 누군가 戰爭을 終熄시키려 한다고 하면 비록 可能性이 없다 하더라도 반드시 허락해야 합니다. 우리가 許諾하지 않았다가 楚나라가 許諾하고서 諸侯들을 부른다면 우리는 盟主의 자리를 잃을 것입니다."고 하였다. 晉人이 許諾하였다. 楚나라에 가니 楚나라도 許諾하였다. 齊나라에 가니 齊人이 難色을 표하였다. 그러자 陳文子가 말하기를 "晉나라와 楚나라가 허락하였으니 우리가 어찌 허락하지 않을 수 있겠는가? 남들은 戰爭을 終熄시키겠다고 하는데 우리가 허락하지 않는다면 진실로 우리 백성들의 마음을 떠나게 하는 것이니 장차 백성들을 어찌 부릴 수 있겠는가?"라고 하였다. 齊人도 許諾하였다. 秦나라에 告하니 秦나라도 許諾하였다. 그러자 向戌은 小國에도 모두 通告하여 宋나라에서 會合하였다.

1) 欲獲息民之名
백성을 安息시켰다는 名聲을 얻고자 한 것이다.

2) 蠹 害物之蟲
蠹(좀)는 물건을 해치는 벌레이다.

3) 言雖知兵不得久弭 今不可不許
비록 戰爭이 오래도록 終熄될 수 없다는 것을 안다 하더라도 지금 허락하지 않아서는 안 된다는 말이다.

4) 역주〕不可 : 戰爭을 반드시 終熄시킬 수 없다는 말이다. 〈楊注〉

5)〔附注〕林曰 齊人以爲難
〔부주〕林: 齊人이 이를 困難하게 여긴 것이다.

6)〔附注〕林曰 攜貳吾民之心
〔부주〕林: 우리 백성들의 마음을 떠나게 한다는 말이다.

五月甲辰에 **晉趙武至於宋**하고 **丙午**에 **鄭良霄至**하다 **六月丁未朔**에 **宋人享趙文子**할

새 **叔向爲介**[1]하다 **司馬置折俎**하니 **禮也**[2]라 **仲尼使擧是禮也**는 **以爲多文辭**[3)4)]라 **戊申**에 **叔孫豹齊慶封陳須無衛石惡至**[5]하다 **甲寅**에 **晉荀盈從趙武至**[6]하다 **丙辰**에 **邾悼公至**[7]하다 **壬戌**에 **楚公子黑肱先至**하야 **成言於晉**[8]하다 **丁卯**에 **宋向戌如陳**하야 **從子木成言於楚**[9]하다 **戊辰**에 **滕成公至**[10]하다 **子木謂向戌**하야 **請晉楚之從**이 **交相見也**[11]하다 **庚午**에 **向戌復於趙孟**하니 **趙孟曰 晉楚齊秦**은 **匹也**라 **晉之不能於齊**가 **猶楚之不能於秦也**[12]니 **楚君若能使秦君辱於敝邑**이면 **寡君敢不固請於齊**[13]리오 **壬申**에 **左師復言於子木**한대 **子木使馹謁諸王**[14]하니 **王曰 釋齊秦**하고 **他國請相見也**[15]하라 **秋七月戊寅**에 **左師至**[16]하다 **是夜也**에 **趙孟及子晳盟**하고 **以齊言**[17)18)]하다 **庚辰**에 **子木至自陳**하다 **陳孔奐蔡公孫歸生至**[19]하고 **曹許之大夫皆至**하다 **以藩爲軍**[20]하다

5月 甲辰日에 晉나라 趙武가 宋나라에 도착하고, 丙午日에 鄭나라 良霄가 도착하였다. 6月 초하루 丁未日에 宋人이 宴會를 열어 趙文子를 接待할 때 叔向이 介賓이 되었다. 司馬가 折俎(익힌 고기를 썰어 도마에 담아 올림)하였으니 禮에 맞았다. 仲尼가 弟子에게 이 禮를 기록하게 한 것은 文辭가 많다고 여겨서이다. 戊申日에 叔孫豹, 齊나라 慶封, 陳須無, 衛나라 石惡이 도착하였다. 甲寅日에 晉나라 荀盈이 趙武를 뒤따라 도착하였다. 丙辰日에 邾悼公이 도착하였다. 壬戌日에 楚나라 公子 黑肱이 먼저 도착하여 晉人과 晉나라가 盟書에 기재하고 싶어 하는 말을 約定〔成言〕하였다. 丁卯日에 宋나라 向戌이 陳나라로 가서 子木과 楚나라가 盟書에 기재하고 싶어 하는 말을 約定하였다. 戊辰日에 滕成公이 도착하였다. 子木이 向戌에게 이르기를 "晉나라를 따르는 諸侯와 楚나라를 따르는 諸侯가 서로 晉나라와 楚나라에 朝見하게 하라."고 請하였다. 庚午日에 向戌이 돌아와서 趙孟에게 子木의 말을 전하니 趙孟이 말하기를 "晉나라, 楚나라, 齊나라, 秦나라는 서로 對等한 나라이다. 晉나라가 齊나라를 마음대로 부릴 수 없는 것이 楚나라가 秦나라를 마음대로 부릴 수 없는 것과 같으니, 楚君이 만약 秦君을 우리나라에 朝見하게 한다면 우리나라 임금도 감히 齊나라에게 〈楚나라에 朝見하도록〉 再三〔固〕 請하지 않겠는가?"라고 하였다. 壬申日에 左師(向戌)가 〈趙武의 말을 가지고 陳나라로 가서〉 子木에게 전하자, 子木이 使者에게 驛馬를 타고 달려가서 楚王에게 告하게 하니, 楚王이 말하기를 "齊나라와 秦나라는 除外하고 다른 나라들만 서로 朝見하도록 청하라."고 하였다. 가을 7月 戊寅日에 左師가 陳나라에서 宋나라로 돌아왔다. 이날 밤에 趙孟이 子晳과 盟約하고서 양쪽의 盟辭를 統一시켰다. 庚辰日에 子木이 陳나라에

서 宋나라로 왔다. 陳나라 孔奐과 蔡나라 公孫 歸生이 도착하고 曹나라와 許나라 大夫도 모두 도착하였다. 이때 各國의 군대는 울타리를 쳐서 軍營의 境界를 표시하였다.

1)〔附注〕林曰 介*) 相也

〔부주〕林: 介는 相이다.

*) 역주〕介 : 介는 主賓의 補佐이다.

2) 折俎 體解節折 升之於俎 合卿享宴之禮 故曰禮也 周禮 司馬掌會同之事

折俎는 犧牲을 잡아 解體한 뒤에 骨節을 分解하여 도마에 올려놓는 것이다. 이것이 享宴의 禮에 맞았기 때문에 '禮'라고 한 것이다. ≪周禮≫ 〈大司馬〉에 "司馬가 會同의 일을 맡는다."고 하였다.

3) 宋向戌自美弭兵之意 敬逆趙武 趙武叔向因享宴之會 展賓主之辭 故仲尼以爲多文辭〔附注〕林曰 擧 謂記錄之也

宋나라 向戌은 戰爭을 終熄시키려 한 자기의 意思를 아름답게 여겨, 趙武를 공경히 맞이한 것이다. 趙武와 叔向이 이 享宴의 會合으로 인해 賓主 사이의 말을 展開하였기 때문에 仲尼께서 '文辭가 많았다'고 한 것이다.

〔부주〕林: 擧는 그 일을 記錄한 것을 이른다.

4) 역주〕仲尼……文辭 :〈楊注〉·≪左氏會箋≫ 등에 의하면 孔子가 뒤에 이때의 史料를 읽다가 賓主 사이에 文辭가 많았던 것을 보고서 弟子들에게 이 禮를 기록하여 參考에 對備하게 한 것이다. 文은 禮節의 儀式이고, 辭는 相對를 說服하는 말이다.

5) 須無 陳文子

須無는 陳文子이다.

6) 趙武命盈追己 故言從趙武 後武遣盈如楚

趙武가 荀盈에게 자기를 뒤따라오라고 命하였기 때문에 '從趙武'라 한 것이다. 뒤에 趙武는 荀盈을 楚나라로 보냈다.

7) 小國 故君自來

小國이기 때문에 임금이 직접 온 것이다.

8) 時令尹子木止陳 遣黑肱就晉大夫成盟載之言 兩相然可

이때 令尹 子木이 陳나라에 머물러 있으면서 黑肱을 宋나라로 보내어 晉나라 大夫와 盟書에 기재할 말을 約定하여 양쪽이 서로 然可(同意)하게 한 것이다.

9) 就於陳 成楚之要言

向戌이 陳나라로 가서 楚나라가 盟書에 기재하고 싶어 하는 말을 議定한 것이다.

10) 亦小國 君自來

滕나라도 小國이기 때문이 임금이 직접 온 것이다.

11) 使諸侯從晉楚者 更相朝見

晉나라를 따르는 諸侯와 楚나라를 따르는 諸侯들로 하여금 번갈아 가며 서로 晉나라와 楚나라에 朝見하게 한 것이다.

12) 不能服而使之

服從시켜 〈마음대로〉 부릴 수 없다는 말이다.

13) 請齊使朝楚

齊나라에게 楚나라에 朝見하도록 請하겠다는 말이다.

14) 馹 傳也 謁 告也

馹은 傳(驛馬)이고, 謁은 告이다.

15) 經所以不書齊秦〔附注〕林曰 舍齊與秦二國

經에 齊나라와 秦나라를 記錄하지 않은 이유이다.

〔부주〕林: 이것이 齊·秦 두 나라를 빼버리고 經에 기록하지 않은 이유이다.

16) 從陳還

陳나라에서 宋나라로 돌아온 것이다.

17) 子晳 公子黑肱 素要齊其辭 至盟時 不得復訟爭〔附注〕林曰 齊二國之辭

子晳은 公子 黑肱이다. 미리 양쪽의 盟辭를 統一시키기를 요구하여 盟約할 때 다시 論爭거리를 없앤 것이다.

〔부주〕林: 두 나라의 盟辭를 같게 만든 것이다.

18) 역주〕齊言 : 양쪽의 盟辭를 統一시키는 것이다. 〈楊注〉

19) 二國大夫與子木俱至

두 나라 大夫가 子木과 함께 온 것이다.

20) 示不相忌〔附注〕朱曰 以藩籬爲軍 不築壘塹

서로 꺼리지 않는다는 것을 보인 것이다.

〔부주〕朱: 울타리를 쳐서 軍營의 경계를 표시하고, 堡壘나 塹壕를 築造하지 않은 것이다.

晉楚各處其偏[1]이러니 伯夙謂趙孟[2]曰 楚氛甚惡하니 懼難[3]이라 趙孟曰 吾左還하야 入於宋이면 若我何[4]리오 辛巳에 將盟於宋西門之外할새 楚人衷甲[5]이어늘 伯州犁曰 合諸侯之師하야 以爲不信[6]이면 無乃不可乎아 夫諸侯望信於楚라 是以來服이어늘 若不信이면 是棄其所以服諸侯也라하고 固請釋甲한대 子木曰 晉楚無信久矣니 事利而已[7]라 苟得志焉이면 焉用有信이리오 大宰退[8]하야 告人曰 令尹將死矣로다 不及三

年이리라 求逞志而棄信하니 志將逞乎아 志以發言하고 言以出信하고 信以立志하니 參以定之[9)]어늘 信亡하니 何以及三[10)]이리오 趙孟患楚衷甲하야 以告叔向한대 叔向曰 何害也리오 匹夫一爲不信이라도 猶不可[11)]하야 單斃其死[12)13)]어늘 若合諸侯之卿하야 以爲不信이면 必不捷矣리라 食言者不病[14)15)]이니 非子之患也[16)]라 夫以信召人하야 而以僭濟之[17)]면 必莫之與也리니 安能害我리오 且吾因宋以守病[18)19)]이면 則夫能致死[20)]리니 與宋致死면 雖倍楚可也[21)]어늘 子何懼焉가 又不及是[22)23)]리라 曰弭兵以召諸侯하야 而稱兵以害我[24)]면 吾庸多矣니 非所患也[25)]라

晉나라와 楚나라는 각자 南北으로 나뉘어 한쪽에 駐屯하였다. 伯夙(荀盈)이 趙孟에게 말하기를 "楚나라 陣營의 雰圍氣가 매우 險惡하니 變亂을 일으킬까 두렵습니다."고 하니, 趙孟이 말하기를 "우리가 왼쪽으로 돌아 宋나라 國都로 들어간다면 저들이 우리를 어찌하겠는가?"라고 하였다. 辛巳日에 宋나라 西門 밖에서 盟約하려 할 때에 楚人이 속에 갑옷을 입자, 伯州犁가 말하기를 "諸侯의 군대를 모아 놓고서 信義를 지키지 않는다면 不可하지 않습니까? 저 諸侯들은 楚나라가 信義를 지킬 것으로 기대하였기 때문에 와서 服從한 것인데, 만약 信義를 지키지 않는다면 諸侯를 服從시키는 道具를 버리는 것입니다."라고 하고서 갑옷을 벗기기를 굳이 請하였다. 그러자 子木이 말하기를 "晉나라와 楚나라가 서로 信義를 지키지 않은 지 오래이니 오직 自國에 有利한 일만을 할 뿐이다. 진실로 우리의 뜻을 이룰 수 있다면 信義를 지켜 무엇 하겠는가?"라고 하였다. 太宰(伯州犁)가 물러나와 어떤 사람에게 告하기를 "令尹은 장차 죽을 것이다. 길어도 3년을 넘기지 못할 것이다. 뜻을 이루기를 구하면서 信義를 버렸으니 뜻을 어찌〔將〕 이룰 수 있겠는가? 뜻이 있어야 말로써 표현하고, 말이 있어야 信義를 表出하고, 信義가 있어야 意志를 確立할 수 있으니, 이 세 가지가 갖추어진 뒤에야 편안히 생존할 수 있다. 그런데 지금 令尹은 信義를 버렸으니 어찌 3年을 넘길 수 있겠는가?"라고 하였다. 趙孟이 楚軍이 속에 갑옷을 입은 것을 걱정하여 이를 叔向에게 告하자, 叔向이 말하기를 "해로울 게 뭐 있습니까? 匹夫가 한 번 信義를 버려도 세상에 容納되지 못하여〔不可〕 모두 앞으로 엎어져 죽었습니다(非命에 죽었다는 말). 만약 諸侯의 卿을 불러 모아 놓고서 信義를 버린다면 반드시 成功하지 못할 것입니다. 食言을 하는 자는 남을 해칠 수 없으니 당신께서 걱정할 일이 아닙니다. 저 子木이 信義로써 사람들을 불러 놓고서 不信〔僭〕으로 뜻을 이루려 한다면 반드시 돕는 자가 없을 것이니 어찌 우리를 해칠 수 있겠습니까? 또 우리가 宋나라에 의지하여 우리를 해치려는 楚軍을 守禦한다면 우리 군대〔夫〕가 死力을 다해 싸울 것이니, 宋軍과 힘을 합쳐 죽을힘을 다해 싸운

다면 우리의 힘이 楚軍의 갑절이 될 수 있는데, 당신께서는 무엇을 두려워하십니까? 그리고 또 楚人이 이처럼 사나운 짓은 하지 않을 것입니다. 戰爭을 終熄시킨다는 名分으로 諸侯를 召集해 놓고서 군대를 出動하여 우리를 해친다면 우리에게 功이 많게 될 것이니 걱정할 일이 아닙니다."고 하였다.

1) 晉處北 楚處南
   晉軍은 북쪽에 駐屯하고 楚軍은 남쪽에 駐屯한 것이다.
2) 伯夙 荀盈
   伯夙은 荀盈이다.
3) 氛 氣也 言楚有襲晉之氣
   氛은 기운이다. 楚나라 軍中에 晉軍을 襲擊하려는 기운이 있다는 말이다.
4) 營在宋北 東頭爲上 故晉營在東 有急 可左迴入宋東門〔附注〕林曰 楚必無奈我何
   各國의 軍營이 宋나라 國都 북쪽에 있었다. 동쪽이 上位이기 때문에 晉軍의 陣營이 동쪽에 있었으니, 위급한 일이 생기면 왼쪽으로 돌아 宋나라의 東門으로 들어갈 수 있다.
   〔부주〕林: 楚人은 반드시 우리를 어찌하지 못할 것이라는 말이다.
5) 甲在衣中 欲因會擊晉
   갑옷을 겉옷 안에 입고서 會盟하는 기회를 이용해 晉軍을 襲擊하려 한 것이다.
6) 〔附注〕朱曰 行詐以劫晉
   〔부주〕朱: 속임수를 써서 晉나라를 脅迫하려 한 것이다.
7) 역주〕事利而已 : 오직 이익만을 일삼을 뿐이라는 말이다. ≪左氏會箋≫
8) 大宰 伯州犂
   太宰는 伯州犂이다.
9) 志言信三者具 而後身安存
   志·言·信이 세 가지가 갖추어진 뒤에야 몸 편히 生存할 수 있다는 말이다.
10) 爲明年子木死起本〔附注〕林曰 志言信其數三 故知其不能及三年
   明年에 子木이 죽는 張本이다.
   〔부주〕林: 志·言·信의 수가 3이기 때문에 그가 3년을 넘기지 못할 줄을 안 것이다.
11) 〔附注〕朱曰 由〔猶〕[*]且不能濟事
   〔부주〕朱: 오히려 일을 이룰 수 없다는 말이다.
*) 역주〕저본에는 '由'로 되어 있으나 朱申의 ≪左傳句解≫에 의거하여 '猶'로 바로잡았다.
12) 單 盡也 斃 踣也〔附注〕朱曰 言不信之人 無得生者
   單은 盡이고 斃는 踣이다.
   〔부주〕朱: 信義를 지키지 않는 사람은 生存할 수 있는 자가 없다는 말이다.

13) 역주〕 單斃其死 : 信義가 없는 사람은 제명으로 죽는 자가 없다는 말이다. 〈楊注〉
14) 不病者 單斃於死〔附注〕朱曰 楚人食言 尙不自以爲病
不病은 모두 엎어져 죽는 것이다.
〔부주〕朱: 楚人은 食言하고서도 오히려 스스로 잘못으로 여기지 않는다는 말이다.
15) 역주〕 不病 : 杜氏는 病도 없이 急死하는 뜻으로 풀고, 朱氏는 스스로의 병통(缺點)으로 여기지 않는다는 뜻으로 풀었으나, 이 설들을 따르지 않고, 食言은 信義를 지키지 않는 것이고, 不病은 남을 해칠 수 없다는 말이라고 한 〈楊注〉의 설을 취해 번역하였다.
16) 楚食言當死 晉不食言 故無患
楚나라 子木은 食言하였으니 죽게 될 것이지만 晉나라 趙孟은 食言하지 않았기 때문에 걱정할 게 없다는 말이다.
17) 濟 成也〔附注〕林曰 僭 不信也
濟는 이루는 것이다.
〔부주〕林: 僭은 不信이다.
18) 爲楚所病 則欲入宋城
만약 楚軍의 괴롭힘(病)을 당하게 된다면 宋나라 都城으로 들어가고자 한다는 말이다.
19) 역주〕 守病 : 晉軍을 괴롭히는 楚軍을 守禦한다는 말이다. 〈楊注〉
20) 역주〕 夫 : 晉軍을 가리킨 것이다.
21) 宋爲地主 致死助我 則力可倍楚
宋나라는 地主이니 죽을힘을 다해 우리를 돕는다면 우리 쪽의 힘이 楚나라의 배가 될 수 있다는 말이다.
22)〔附注〕林曰 又不及於此 言不幸而死
〔부주〕林: 又不及於此는 不幸하여 죽는 데는 이르지 않는다는 말이다.
23) 역주〕 又不及是 : 楚人의 마음이 이처럼 사나운 데는 이르지 않을 것이라는 말이다. 〈正義〉
24) 稱 擧也
稱은 擧(出動)이다.
25) 晉獨取信 故其功多
晉나라만이 혼자 信義를 取하였기 때문에 功이 많을 것이라고 한 것이다.

【傳】 季武子使謂叔孫以公命曰 視邾滕[1]하라 旣而齊人請邾하고 宋人請滕하니 皆不與盟[2]하다 叔孫曰 邾滕은 人之私也[3]오 我는 列國也니 何故視之[4]리오 宋衛는 吾匹也라하고 乃盟[5]하다 故不書其族하니 言違命也[6]라

季武子가 사람을 보내어 襄公의 命으로 叔孫에게 이르기를 "邾나라・滕나라의 例를 따르라."고 하였다. 얼마 뒤에 齊나라가 邾나라를 屬國으로 삼기를 청하고, 宋나라가 滕나라를 屬國으로 삼기를 청하니, 邾나라와 滕나라는 모두 結盟에 參加하지 않았다. 叔孫이 말하기를 "邾나라와 滕나라는 남의 屬國이고 우리나라는 諸侯國(列國)인데 어찌 저 邾・滕의 例를 따르겠는가? 우리는 宋・衛와 同等한 나라이다."라고 하고서 結盟에 參加하였다. 經에 '叔孫'이란 族을 기록하지 않은 것은 命을 어겼다는 것을 말한 것이다.

1) 兩事晉楚則貢賦重 故欲比小國 武子恐叔孫不從其言 故假公命以敦之
晉과 楚 두 나라를 섬기면 貢賦가 過重하기 때문에 小國의 例를 따르고자 한 것이다. 季武子는 叔孫이 자기의 말을 따르지 않을까 두려웠기 때문에 公의 命이라고 假託하여 그를 勸勉(敦)한 것이다.

2) 私屬二國故
두 나라를 屬國으로 삼았기 때문이다.

3) 〔附注〕 林曰 人之私屬也
〔부주〕 林: 남의 屬國이 된 것이다.

4) 〔附注〕 林曰 何故欲視邾滕
〔부주〕 林: 무엇 때문에 邾나라・滕나라의 例를 따르고자 하느냐는 말이다.

5) 〔附注〕 林曰 乃視宋衛以受盟
〔부주〕 林: 宋나라・衛나라의 例를 따라 盟約을 받아들인 것이다.

6) 季孫專政於國 魯君非得有命 今君唯以此命告豹 豹宜崇大順以顯弱命之君 而遂其小是*) 故貶之
季孫이 魯나라의 政事를 專斷하였으니 魯君이 命을 내릴 수 있는 입장이 아니었다. 그런데도 지금 魯君이 叔孫豹에게 이 명을 내렸으니, 豹는 大順의 道理를 높여 弱한 임금의 命을 드러내는 것이 마땅한데도 〈그렇게 하지 않고〉 자기가 생각하고 있는 '小是'의 뜻을 이루었다. 그러므로 그를 貶下한 것이다.

*) 역주〕 弱命之君……小是 : 經 秋七月條의 杜注 참고할 것.

晉楚爭先[1)]하다 晉人曰 晉固爲諸侯盟主하니 未有先晉者也라 楚人曰 子言晉楚匹也라 若晉常先이면 是楚弱也라 且晉楚狎主諸侯之盟也久矣[2)]니 豈專在晉이리오 叔向謂趙孟曰 諸侯歸晉之德只[3)]오 非歸其尸盟也[4)]니 子務德이오 無爭先[5)]하라 且諸侯盟에 小國固必有尸盟者[6)]하니 楚爲晉細가 不亦可乎[7)]아 乃先楚人하다 書先

晉은 晉有信也[8)]라

晉나라와 楚나라가 먼저 歃血하기를 다투었다. 晉人이 말하기를 "우리 晉나라는 본래 諸侯의 盟主였으니 우리 晉나라보다 먼저 歃血한 나라는 없었다."고 하자, 楚人이 말하기를 "그대가 晉나라와 楚나라는 對等하다고 말하였다. 그런데 만약 晉나라가 항상 먼저 歃血한다면 이는 우리 楚나라가 晉나라보다 弱한 것이 된다. 그리고 또 晉나라와 楚나라가 交代로 諸侯의 會盟을 主管한 지 오래이니, 어찌 晉나라만이 會盟을 主管하였다고 할 수 있는가?"라고 하였다. 그러자 叔向이 趙孟에게 말하기를 "諸侯가 晉나라에 歸依한 것은 德行 때문이고 우리가 會盟을 主管한다 해서 歸依한 것이 아니니 당신은 德行에 힘쓰고 歃血의 先後를 다투지 마십시오. 또 諸侯의 會盟에는 본래부터 會盟을 主管하는 小國이 있었으니, 楚나라를 會盟을 主管하는 小國으로 삼는 것이 좋지 않겠습니까?"라고 하니, 趙孟은 楚人에게 먼저 歃血하게 하였다. 經에 晉나라를 먼저 기록한 것은 晉나라가 信義가 있었기 때문이다.

1) 爭先歃血

먼저 歃血하기를 다툰 것이다.

2) 狎 更也

狎은 更(交代)이다.

3) 只 辭

只는 語辭이다.

4) 尸 主也

尸는 主管이다.

5) 〔附注〕 朱曰 當務德以服諸侯 不必爭先歃血

〔부주〕 朱: 마땅히 德行을 힘써서 諸侯를 服從시켜야 하고, 歃血의 先後를 다툴 필요가 없다는 말이다.

6) 小國主辨具[*)]

小國이 辨具를 主管한다.

*) 역주〕 辨具 : 未詳이다. ≪漢語大辭典≫에는 飮食을 準備하는 것이라고 하였고, 〈正義〉에는 牛耳를 잡는 類라고 하였다.

7) 欲推使楚主盟 〔附注〕 林曰 楚欲尸盟 自同於小國 任晉之細事 不亦可從其請乎

사양(推)하여 楚人에게 會盟을 主管하게 하고자 한 것이다.

〔부주〕 林: 楚人이 會盟을 主管하고자 하여 스스로 小國과 같이 處身하니 晉나라의 작은 일들을 맡겨 그들의 請을 들어주는 것이 좋지 않겠느냐는 말이다.

8) 蓋孔子追正之

대개 孔子께서 뒤에 改正한 것인 듯하다.

壬午에 **宋公兼享晉楚之大夫**할새 **趙孟爲客**[1)]하다 **子木與之言**하니 **弗能對**하야 **使叔向侍言焉**하니 **子木亦不能對也**[2)]하다 **乙酉**에 **宋公及諸侯之大夫盟于蒙門之外**[3)]하다 **子木問於趙孟曰 范武子之德何如**[4)]오 **對曰 夫子之家事治**[5)]하야 **言於晉國無隱情**[6)]하고 **其祝史陳信於鬼神無愧辭**[7)]니라 **子木歸**하야 **以語王**한대 **王曰 尙矣哉**[8)]라 **能歆神人**[9)10)]하니 **宜其光輔五君**하야 **以爲盟主也**[11)]로다 **子木又語王曰 宜晉之伯也**로이다 **有叔向以佐其卿**[12)]이어늘 **楚無以當之**[13)]하니 **不可與爭**이니이다 **晉荀盈遂如楚涖盟**[14)]하다

壬午日에 宋平公이 宴會를 열어 晉·楚의 大夫들을 함께 接待할 때 趙孟이 主賓이 되었다. 子木이 趙孟에게 말을 거니 趙孟은 그 말에 대답을 할 수 없어서 叔向으로 하여금 자기 대신 子木을 모시고 앉아서 말을 하게 하니 子木도 그 말에 대답을 하지 못하였다. 乙酉日에 宋平公이 諸侯의 大夫와 蒙門 밖에서 結盟하였다. 子木이 趙孟에게 "范武子(士會)의 德이 어떠하냐?"고 묻자, 趙孟이 대답하기를 "그분의 집안은 일이 잘 다스려져서 晉나라 사람들에게 숨기고 말 못할 事情이 없었으며 그분의 祝史(祭祀를 主管하는 사람)는 鬼神에게 眞實만을 告(陳)하고 부끄러운 말이 없습니다."고 하였다. 子木이 歸國하여 楚康王께 이 말을 고하니, 康王이 말하기를 "嘉尙하다. 神과 사람을 기쁘게 하였으니 다섯 임금을 輔佐하여 盟主가 되게 한 것이 當然하다."고 하였다. 子木이 또 康王에게 말하기를 "晉나라가 侯伯이 된 것은 당연합니다. 叔向이 있어 그 卿을 輔佐하는데 楚나라에는 그를 對敵할 만한 사람이 없으니 晉나라와 競爭할 수 없습니다."고 하였다. 荀盈이 楚나라로 가서 結盟에 參加하였다.

1) 客 一坐所尊 故季孫飮大夫酒 臧紇爲客

客(主賓)은 온 座中이 尊敬하는 사람이다. 그러므로 〈襄公 23년 傳에〉 "季孫이 大夫들에게 술을 接待할 때 臧紇을 客으로 삼았다."고 하였다.

2) 〔附注〕 林曰 楚子木與趙文子言 趙文子不能對 使叔向侍坐代言焉 子木亦不能答

〔부주〕 林: 楚나라 令尹 子木이 趙文子에게 말을 걸자 趙文子는 그 말에 대답을 할 수 없어서 叔向으로 하여금 자기 대신 子木을 모시고 앉아서 말하게 하니 子木도 그 말에 대답을 하지 못한 것이다.

3) 前盟 諸大夫不敢敵公 禮也 今宋公以近在其國 故謙而重盟 重盟 故不書 蒙門 宋城門

從前의 會盟에는 諸侯의 大夫가 감히 公과 相對하지 않는 것이 禮였다. 그러나 지금은 宋公이 그 나라 가까이에 있었기 때문에 겸손하게 거듭 結盟한 것이다. 거듭 結盟하였기 때문에 經에 이를 기록하지 않은 것이다. 蒙門은 宋나라 城門이다.

4) 士會賢 聞於諸侯 故問之

士會의 賢德이 諸侯 나라에 소문났기 때문에 士會의 德을 물은 것이다.

5)〔附注〕林曰 夫子 謂范武子 身修家齊 故事無不治

〔부주〕林: 夫子는 范武子를 이른다. 心身이 修養되고 家庭이 整齊되었기 때문에 다스려지지 않은 일이 없다는 말이다.

6)〔附注〕林曰 所行之事 皆可告人 故情無所隱

〔부주〕林: 行한 일들을 모두 남에게 〈떳떳이〉 말할 수 있었기 때문에 사정을 숨기고 말 못할 것이 없었다는 말이다.

7) 祝陳馨香 德足副之 故不愧〔附注〕林曰 祝 大祝 史 大史

大祝이 馨香(黍稷)을 올린다고 告하는데 主祭者의 德이 馨香처럼 향기롭기 때문에 부끄럽지 않은 것이다.

〔부주〕林: 祝은 大祝이고 史는 大史이다.

8) 尙 上也〔附注〕朱曰 言士會可嘉尙矣

尙은 上이다.

〔부주〕朱: 士會가 嘉尙하다는 말이다.

9) 歆 享也 使神享其祭 人懷其德

歆은 享이니, 神으로 하여금 그 祭祀를 歆饗하게 하고 사람으로 하여금 그 恩德을 생각하게 한다는 말이다.

10) 역주) 歆 : 欣喜의 뜻이니, 神人을 모두 기쁘게 한 것이라고 한 〈楊注〉 및 ≪左氏會箋≫ 등의 說을 取해 번역하였다.

11) 五君 謂文襄靈成景

다섯 임금은 晉나라 文公·襄公·靈公·成公·景公이다.

12)〔附注〕朱曰 趙武爲政 而叔向佐之

〔부주〕朱: 趙武가 執政하고 叔向이 그를 輔佐한다는 말이다.

13)〔附注〕朱曰 楚人無足當叔向者

〔부주〕朱: 楚人 중에는 叔向을 對敵할 만한 사람이 없다는 말이다.

14) 重結晉楚之好

晉나라와 楚나라가 거듭 友好를 맺은 것이다.

鄭伯享趙孟于垂隴[1)]할새 子展伯有子西子産子大叔二子石從[2)]하다 趙孟曰 七子從君하야 以寵武也[3)]하니 請皆賦하야 以卒君貺[4)]하노라 武亦以觀七子之志[5)]하리라 子展賦草蟲[6)]한대 趙孟曰 善哉라 民之主也[7)]어니와 抑武也는 不足以當之[8)]로다 伯有賦鶉之賁賁[9)]한대 趙孟曰 牀笫〔第〕[10)]之言不踰閾이온 況在野乎아 非使人之所得聞也[11)]니라 子西賦黍苗之四章[12)]한대 趙孟曰 寡君在하니 武何能焉[13)14)]이리오 子産賦隰桑[15)]한대 趙孟曰 武請受其卒章[16)]하로라 子大叔賦野有蔓草[17)]한대 趙孟曰 吾子之惠也[18)]라 印段賦蟋蟀[19)]한대 趙孟曰 善哉라 保家之主也여 吾有望矣[20)]로다 公孫段賦桑扈[21)]한대 趙孟曰 匪交匪敖면 福將焉往[22)23)]이리오 若保是言也면 欲辭福祿인들 得乎아

鄭伯이 垂隴에서 宴會를 열어 趙孟을 接待할 때 子展·伯有·子西·子産·子太叔과 두 子石이 鄭伯을 侍從하였다. 趙孟이 말하기를 "일곱 분이 임금님을 侍從하여 나를 榮光〔寵〕스럽게 하니 모두 詩를 읊어 임금님이 내리신 이 宴會를 잘 마치기 바랍니다. 나 또한 詩를 듣고서 일곱 분의 뜻을 살펴보겠습니다."라고 하였다. 子展이 〈草蟲篇〉을 읊자, 趙孟이 말하기를 "훌륭합니다. 〈그대는 참으로〉 백성의 主人이 될 수 있지만 나는 〈이런 칭찬을〉 받을 만하지 못합니다."라고 하였다. 伯有가 〈鶉之賁賁篇〉을 읊자 趙孟이 "잠자리의 말은 문지방을 넘지 않아야 하는데 하물며 郊野이겠습니까? 使臣이 들을 수 있는 말이 아닙니다."고 하였다. 子西가 〈黍苗篇〉의 4章을 읊자 趙孟이 "우리 임금께서 계시니 내가 무슨 能力이 있겠습니까?"라고 하였다. 子産이 〈隰桑篇〉을 읊자 趙孟이 "나는 그 卒章만을 받아들이겠습니다."라고 하였다. 子太叔이 〈野有蔓草篇〉을 읊자 趙孟이 "그대의 은혜입니다."고 하였다. 印段이 〈蟋蟀篇〉을 읊자 趙孟이 "훌륭합니다. 집안을 保存할 主人이니, 내 期待해 보겠습니다."라고 하였다. 公孫 段이 〈桑扈篇〉을 읊자 趙孟이 "사람을 사귐에 있어 傲慢하지 않으니 福이 어디로 가겠습니까? 이 말을 잘 지킨다면 福祿을 사양하고자 한들 사양할 수 있겠습니까?"라고 하였다.

1) 自宋還 過鄭
趙孟이 宋나라에서 晉나라로 돌아가는 길에 鄭나라를 지난 것이다.

2) 二子石 印段公孫段
두 子石은 印段과 公孫 段이다.

3) 〔附注〕 林曰 武 趙文子名 言以光寵於我
〔부주〕 林: 武는 趙文子의 이름이다. 詩로써 나에게 光榮을 내려 달라는 말이다.

4)〔附注〕林曰 請七子皆賦詩 以終鄭君之賜

〔부주〕林: 일곱 사람이 모두 詩를 읊어 鄭君의 賜宴을 마치기를 청한 것이다.

5) 詩以言志

詩로써 뜻을 말한다.

6) 草蟲 詩召南 日 未見君子 憂心忡忡 亦既見止 亦既覯止 我心則除〔降〕*1)*2) 以趙孟爲君子

〈草蟲〉은 ≪詩經≫ 〈召南〉의 篇名이다. 그 詩에 "군자를 만나지 못해 근심으로 마음이 뛰었네. 군자를 보고 군자와 交合(覯)하면 내 마음이 가라앉으련만."이라고 하였다. 趙孟을 君子에 비유한 것이다.

*1) 역주〕저본에는 '除'로 되어 있으나 ≪十三經注疏≫本에 의거하여 '降'으로 바로잡았다.

*2) 역주〕未見君子……我心則降 : 이 詩는 出役한 大夫의 아내가 풀벌레의 암수가 울음소리로 서로 짝을 찾고 메뚜기의 암수가 서로 붙어 있는 것을 보자, 남편 생각이 나서 "君子(남편)를 보지 못해 근심으로 가슴이 두근거렸네. 군자를 보고 군자와 交合하면 내 마음이 가라앉으련만."이라고 읊은 詩인데, 子展은 詩의 原義와 관계없이 斷章取義하여 鄭나라를 도와줄 君子를 만나지 못해 근심하였는데 이미 君子를 만나 서로 뜻이 통하였으니 몸을 낮추어 晉나라에 복종하겠다는 뜻으로 이 詩를 읊은 것이다. 覯는 男女가 交合하는 것이다.

7) 在上不忘降 故可以主民

윗자리에 있으면서도 자신을 낮추기를 잊지 않기 때문에 백성의 主人이라고 한 것이다.

8) 辭君子

자기를 君子에 비유한 것을 사양한 것이다.

9) 鶉之賁賁 詩鄘風 衛人刺其君淫亂 鶉鵲之不若 義取人之無良 我以爲兄 我以爲君也

〈鶉之賁賁〉은 ≪詩經≫ 〈鄘風〉의 篇名이다. 衛人이 그 임금의 淫亂을 諷刺하여 메추라기나 까치만도 못하다고 한 것이다. "선량하지 못한 사람을 나는 그를 兄이라고 하고 나는 그를 임금이라 하네."라고 한 뜻을 취한 것이다.

10) 역주〕저본에는 '第'로 되어 있으나 ≪十三經注疏≫本에 의거하여 '笫'로 바로잡았다.

11) 笫 簀也 此詩刺淫亂 故云牀笫之言 閾 門限 使人 趙孟自謂

笫는 자리이다. 이 詩는 淫亂을 諷刺한 것이다. 그러므로 잠자리의 말이라고 한 것이다. 閾은 문지방이다. 使人은 趙孟이 自身을 이른 것이다.

12) 黍苗 詩小雅 四章曰 肅肅謝功 召伯營之 烈烈征師 召伯成之 比趙孟於召伯

〈黍苗〉는 ≪詩經≫ 〈小雅〉의 篇名이다. 그 4章에 "迅速히 이룬 謝邑의 工役은 召伯이 經營한 것이고, 武勇스러운 行役軍은 召伯이 編成한 것이네."라고 하였다. 趙孟을 召伯에 비유한 것이다.

13) 推善於其君

잘한 일을 그 임금에게 사양한 것이다.

14) 역주] 寡君在 武何能焉 : 經營해 成功한 것이 모두 晉君의 功이고 趙孟 자신의 能力이 아니라는 말이다.

15) 隰桑 詩小雅 義取思見君子 盡心以事之 日 旣見君子 其樂如何
〈隰桑〉은 ≪詩經≫ 〈小雅〉의 篇名이다. 군자를 만나 보기를 생각하여 마음을 다해 섬긴다는 뜻을 취한 것이다. 그 詩에 "이미 군자를 만나 보았으니 그 즐거움이 어떠하겠는가?"라고 하였다.

16) 卒章曰 心乎愛矣 遐不謂矣 中心藏之 何日忘之 趙武欲子產之見規誨
卒章에 "마음에 그를 사랑하고 있으니 어찌 그에게 말하지 않을 수 있으며 마음속에 간직하고 있으니 언제고 잊을 날이 있겠는가?"라고 하였다. 趙武는 子產이 警戒해 가르쳐 주기를 바란 것이다.

17) 野有蔓草 詩鄭風 取其邂逅相遇 適我願兮
〈野有蔓草〉는 ≪詩經≫ 〈鄭風〉의 篇名이다. "우연히 서로 만나니 나의 소원에 맞았다."는 뜻을 취한 것이다.

18) 大叔喜於相遇 故趙孟受其惠
太叔이 趙孟과 서로 만난 것을 기뻐하였기 때문에 趙孟이 그 恩惠를 받았다고 한 것이다.

19) 蟋蟀 詩唐風 曰 無以大康 職思其居 好樂無荒 良士瞿瞿 言瞿瞿然顧禮儀
〈蟋蟀〉은 ≪詩經≫ 〈唐風〉의 篇名이다. 그 詩에 "너무 安樂하게 지내지 말고 오히려〔職〕 자기의 職分〔其居〕을 생각하여 안락을 좋아하되 職務를 荒棄(廢棄)하지 않는 것이 良士가 경계〔瞿瞿〕할 바이다."라고 하였으니, 두려운 마음으로 禮儀를 돌아본다는 것을 말한 것이다.

20) 能戒懼不荒 所以保家
警戒하고 두려워하여 職分을 廢棄하지 않는 것이 집안을 保存하는 방법이다.

21) 桑扈 詩小雅 義取君子有禮文 故能受天之祜
〈桑扈〉는 ≪詩經≫ 〈小雅〉의 篇名이다. 君子는 禮文이 있기 때문에 하늘의 도움을 받는다는 뜻을 취한 것이다.

22) 此桑扈詩卒章 趙孟因以取義
이 句는 桑扈詩의 卒章이다. 趙孟은 〈公孫 段이 詩를 읊었으므로〉 인하여 〈卒章의〉 뜻을 취한 것이다.

23) 역주] 匪交 : ≪毛詩正義≫ 및 ≪詩經集傳≫에는 '彼交'로 되어 있다. 〈楊注〉에 "匪와 彼는 古字에 通用이었다. 成公 14년 傳에는 이 詩를 '彼交匪敖'로 인용하였다."고 하였다.

卒享에 **文子告叔向曰 伯有將爲戮矣**리라 **詩以言志**어늘 **志誣其上而公怨之**하야 **以爲賓榮**[1)]하니 **其能久乎**아 **幸而後亡**[2)]이리라 **叔向曰 然**하다 **已侈**[3)]하니 **所謂不及五稔者**는 **夫子之謂矣**[4)]로다 **文子曰 其餘**는 **皆數世之主也**[5)]나 **子展其後亡者也**니 **在上不忘降**[6)]하니라 **印氏其次也**니 **樂而不荒**[7)]하니라 **樂以安民**[8)]하고 **不淫以使之**[9)]하니 **後亡**이 **不亦可乎**아

宴會를 마친 뒤에 文子(趙孟)가 叔向에게 말하기를 "伯有는 장차 죽음을 당할 것입니다. 詩는 자신의 뜻을 말하는 것인데, 그의 뜻은 임금을 誣陷하고 공공연히 怨望하는 데 있고, 또 이 시로써 賓客을 光榮스럽게 하였으니 어찌 오래 살 수 있겠습니까? 幸運이 있은 뒤에야 죽지 않고 망명할 수 있을 것입니다."라고 하니, 叔向이 말하기를 "그렇습니다. 너무 傲慢〔侈〕하니 이른바 '5년을 넘기지 못할 것이다.'는 말이 바로 저 사람을 두고 한 말일 것입니다."고 하였다. 文子가 말하기를 "그 나머지 사람들은 모두 여러 代를 傳할 主人이지만 그중에 子展이 가장 뒤에 망할 사람이니 윗자리에 있으면서 자신을 낮추기를 잊지 않습니다. 印氏가 그 다음으로 오래갈 사람이니 安樂을 즐기되 職務를 廢棄〔荒〕하지 않습니다. 安樂으로 백성들을 安定시키고 과도하게 백성을 부리지 않으니 남보다 뒤에 亡하는 것이 當然하지 않습니까?"라고 하였다.

1) 言誣 則鄭伯未有其實 趙孟倡賦詩以自寵 故言公怨之以爲賓榮 〔附注〕 林曰 譏刺鄭伯 故公怨之

誣陷이라고 말하였으니 鄭伯에게 그런 사실이 없었던 것이다. 趙孟이 "詩를 읊어 자신을 榮光스럽게 하라."고 誘導〔倡〕하였기 때문에 伯有가 공공연히 怨望하여 賓客을 榮光스럽게 한 것이다.

〔부주〕 林: 鄭伯을 非難하였기 때문에 '공공연히 원망하였다.'고 한 것이다.

2) 言必先亡

반드시 〈제일〉 먼저 亡한다는 말이다.

3) 〔附注〕 林曰 伯有汰侈已甚

〔부주〕 林: 伯有의 驕慢과 奢侈가 너무 심하다는 말이다.

4) 稔 年也 爲三十年鄭殺良霄傳

稔은 年이다. 襄公 30年에 鄭나라가 良霄(伯有)를 죽인 傳의 배경이다.

5) 〔附注〕 林曰 其餘六子 皆澤及數世者也

〔부주〕 林: 그 밖의 여섯 사람은 모두 그 遺澤이 여러 代에 미칠 것이라는 말이다.

6) 謂賦草蟲 曰我心則降

草蟲詩의 "내 마음이 가라앉으련만."이란 句를 읊은 것을 말한 것이다.

7) 謂賦蟋蟀 曰好樂無荒

蟋蟀詩의 "안락을 좋아하되 직분을 폐기하지 않는다."는 句를 읊은 것을 말한 것이다.

8) 〔附注〕 林曰 樂與民同 故民得其安

〔부주〕 林: 安樂을 백성과 함께하였기 때문에 백성들이 安定을 얻은 것이다.

9) 〔附注〕 林曰 不淫從其欲以虐使之

〔부주〕 林: 慾心을 節制하지 않고 지나치게 放縱하여 백성을 모질게 부리지 않았다는 말이다.

【傳】 宋左師請賞曰 請免死之邑[1)2)]하노이다하니 公與之邑六十[3)]하다 以示子罕[4)]한대 子罕曰 凡諸侯小國은 晉楚所以兵威之니 畏而後上下慈和[5)]하고 慈和而後能安靖其國家하야 以事大國하니 所以存也라 無威則驕하고 驕則亂生하고 亂生必滅하니 所以亡也라 天生五材[6)]를 民竝用之하니 廢一不可[7)]어늘 誰能去兵[8)]이리오 兵之設久矣니 所以威不軌而昭文德也라 聖人以興[9)]하고 亂人以廢[10)]하니 廢興存亡昏明之術이 皆兵之由也[11)]어늘 而子求去之하니 不亦誣乎아 以誣道蔽諸侯하니 罪莫大焉[12)]이라 縱無大討라도 而又求賞하니 無厭之甚也라하고 削而投之[13)]하다 左師辭邑하다

宋나라 左師(向戌)가 賞을 請하며 말하기를 "죽음을 免한 데 대한 賞으로 邑을 請합니다."고 하니, 宋平公은 그에게 邑 60개를 주었다. 〈向戌이 그 物目이 기록된 簡冊을〉 子罕(樂喜)에게 보이자, 子罕이 말하기를 "諸侯 중에 弱小國들은 晉나라와 楚나라가 兵器(武力)로 威脅하는 對象〔所〕이었습니다. 〈小國은〉 두려움을 느낀 뒤에 上下가 서로 慈愛하고 和睦하였으며 자애하고 화목한 뒤에 그 나라를 安定시켜 大國을 섬겼으니 이것이 小國이 保存된 原因이었습니다. 大國의 威脅이 없으면 小國은 驕慢해지고 교만하면 動亂이 發生하고 동란이 발생하면 반드시 滅亡하였으니 이것이 小國이 멸망한 原因이었습니다. 하늘이 낸 金·木·水·火·土 五種의 材料를 백성들은 아울러 使用하니 이 중에 하나만 없어도 안 되는데 누가 兵器(戰爭을 뜻함)를 없앨 수 있겠습니까. 병기를 設置한 지 오래인데, 〈그 目的은〉 常道를 벗어나는 者를 위협하고 文德을 밝히기 위함이었습니다. 聖人은 武力〔兵〕으로 인해 興盛하였고 亂人은 무력으로 인해 敗亡하였으니, 廢興·存亡·昏明의 방법이 모두 武力에서 由來하는데, 당신은 이를 除去하기를 求하였으니 사람들을 속이는 것이 아닙니까. 속임수로 諸侯들을 속였으니〔蔽〕 이보다 큰 죄가 없습니다. 가령 크게 討伐을 당하지 않는다 하더라도(토벌을 당하지 않

는 것만도 다행이라는 뜻) 도리어 賞을 要求하였으니 貪慾이 지나칩니다."고 하고서 竹簡에 기록된 文字을 削除하고서 그 죽간을 땅에 던졌다. 이에 左師는 邑을 사양하고 받지 않았다.

1) 欲宋君稱功加厚賞 故謙言免死之邑也〔附注〕朱曰 旣合晉楚 而請賞於其君
 向戌이 宋君으로 하여금 자기의 功을 칭찬하여 厚한 賞을 내리게 하고자 하였기 때문에 겸손하게 '免死之邑'이라고 말한 것이다.
 〔부주〕朱: 向戌이 晉나라와 楚나라를 和合시키고 나서 宋君에게 賞을 달라고 請한 것이다.
2) 역주〕請免死之邑 : 이번에 周旋한 結盟이 失敗로 끝났다면 向戌은 죽음을 免하지 못할 것이지만, 다행히 結盟의 일이 잘 마무리되어 죽음을 免하게 되었으니, 이에 대한 賞으로 邑을 달라고 要請한 것이다.
3)〔附注〕林曰 此亦非四井之邑 說與上文與免餘邑六十同
 〔부주〕林: 여기의 邑도 4井의 邑이 아니다. 上文에 '免餘에게 邑 60개를 주었다.'고 한 말과 같다.
4)〔附注〕朱曰 向戌執其賞書 以示司城樂喜
 〔부주〕朱: 向戌이 賞賜 받은 物目이 적힌 文書를 가지고 가서 司城 樂喜에게 보인 것이다.
5)〔附注〕朱曰 言凡諸侯之爲小國者 惟以晉楚大國之兵威爲可畏也 然後其君民慈愛而和順
 〔부주〕朱: 諸侯 중에 小國들은 오직 晉・楚 등 大國의 兵威(군대의 위세)만을 두려워한다. 그런 뒤에야 그 임금과 백성이 서로 慈愛하고 和睦하여 順從한다는 말이다.
6) 金木水火土也
 五材는 金・木・水・火・土이다.
7) 역주〕廢一不可 : 兵器의 材料는 쇠와 나무이지만 製造할 때 물과 불이 있어야 하고 또 반드시 工場을 세울 敷地(흙)가 있어야 하기 때문에 五材 중에 하나가 없어도 안 된다고 한 것이다.
8)〔附注〕林曰 兵是五材之金 故不可去
 〔부주〕林: 兵器는 五材 중의 金에 해당하기 때문에 버릴 수 없다는 말이다.
9) 謂湯武
 聖人은 商湯과 周武王을 이른다.
10) 謂桀紂
 亂人은 夏桀과 商紂를 이른다.
11)〔附注〕林曰 明君善於用兵 則以之而興 以之而存 術之善也 昏主不善用兵 則以之而廢

以之而亡 術之不善也

〔부주〕 林: 밝은 임금은 用兵을 잘하기 때문에 이로 인해 나라가 興盛하고 이로 인해 나라가 保存되었으니, 이는 用兵術이 훌륭해서였고, 어두운 임금은 用兵을 잘못하였기 때문에 이로 인해 失敗〔廢〕하고 이로 인해 滅亡하였으니 이는 用兵術이 훌륭하지 못해서였다.

12) 〔附注〕 林曰 欺蔽諸侯

〔부주〕 林: 諸侯를 속이는 것이다.

13) 削賞左師之書

左師에게 賞으로 준 物目이 적힌 文書의 文字를 削除한 것이다.

向氏欲攻司城[1)]한대 **左師曰 我將亡**이어늘 **夫子存我**[2)]하니 **德莫大焉**이라 **又可攻乎**아 **君子曰 彼已之子**[3)]여 **邦之司直**[4)5)]이라하니 **樂喜之謂乎**[6)]ㄴ저 **何以恤我**리오 **我其收之**[7)]라하니 **向戌之謂乎**[8)]ㄴ저

向氏(向戌의 族人)가 司城을 攻擊하려 하자, 左師가 말하기를 "우리가 하마터면 滅亡할 뻔하였는데, 夫子(子罕)가 우리를 保存시켰으니 이보다 큰 恩德이 없다. 그런데 도리어〔又〕 攻擊해서야 되겠는가?"라고 하였다. 君子는 이에 대해 다음과 같이 論評하였다. "≪詩經≫에 '저 사람이여, 國家의 司直이로다.'고 하였으니, 이는 樂喜를 이른 것이고, ≪詩經≫에 '무엇으로 나를 근심해 주려는가? 내 그대의 말을 받아들이겠다.'고 하였으니, 이는 向戌을 이른 것이다."

1) 司城 子罕 〔附注〕 朱曰 向戌之黨欲伐子罕

司城은 子罕이다.

〔부주〕 朱: 向戌의 族黨이 子罕을 치려 한 것이다.

2) 〔附注〕 林曰 言我邑多將有滅亡之禍 子罕責我以義 是存我也

〔부주〕 林: 나에게 邑이 많으면 장차 滅亡의 禍를 입을 것인데 子罕이 나를 義理로 責望하였으니 이것이 나를 保存시킨 것이라는 말이다.

3) 역주〕 彼已之子 : 彼已의 '已'가 今本에는 '其'로 되어 있다. 語中助辭로 뜻이 없다. 〈楊注〉

4) 詩鄭風 司 主也

詩는 ≪詩經≫ 〈鄭風〉이다. 司는 主이다.

5) 역주〕 司直 : 官員들의 잘못을 바로잡는 일을 맡은 職名이다.

6) 樂喜 子罕也 善其不阿向戌

樂喜는 子罕이다. 그가 向戌에게 아첨하지 않은 것을 훌륭하게 여긴 것이다.

7) 逸詩 恤 憂也 收 取也

이 詩는 逸詩이다. 恤은 憂이고 收는 取이다.

8) 善向戌能知其過

向戌이 자기의 허물을 안 것을 훌륭하게 여긴 것이다.

【傳】 齊崔杼生成及彊而寡[1)]하니 取〔娶〕[2)]東郭姜[3)]하야 生明하다 東郭姜以孤入하니 曰棠無咎[4)]라 與東郭偃相崔氏[5)]하다 崔成有疾而廢之[6)]하고 而立明하다 成請老于崔[7)]하니 崔子許之하다 偃與無咎弗予曰 崔는 宗邑也니 必在宗主[8)]라한대 成與彊怒하야 將殺之하야 告慶封曰 夫子之身은 亦子所知也[9)]라 唯無咎與偃是從[10)]일새 父兄莫得進矣[11)12)]니 大恐害夫子하야 敢以告[13)]하노라 慶封曰 子姑退하라 吾圖之하리라하고 告盧蒲嫳[14)]한대 盧蒲嫳曰 彼는 君之讎也니 天或者將棄彼矣로다 彼實家亂이니 子何病焉[15)]가 崔之薄은 慶之厚也[16)]니라 他日又告[17)]한대 慶封曰 苟利夫子면 必去之[18)]하라 難이면 吾助女[19)]하리라

齊나라 崔杼의 아내가 아들 成과 彊을 낳고서 죽으니 崔杼는 東郭姜을 아내로 맞아 아들 明을 낳았다. 東郭姜이 시집올 때 전 남편의 아들 棠無咎를 데리고 들어왔는데, 無咎가 東郭偃과 함께 崔氏를 輔佐하였다. 崔成이 病에 걸리자 그를 廢하고 明을 嗣子로 세웠다. 成이 崔邑으로 가서 일생을 마치기를 청하니 崔子는 이를 허락하였다. 偃과 無咎는 崔邑을 주지 못하게 하며 말하기를 "崔邑은 宗廟가 있는 邑이니 반드시 宗主(嗣子)가 그곳에 있어야 합니다."고 하였다. 그러자 成과 彊은 노하여 偃과 無咎를 죽이고자 하여, 慶封에게 말하기를 "夫子(崔杼를 이름)의 身上의 일은 당신께서도 알다시피 無咎와 偃의 말만을 따르므로 父兄(宗族)들이 進言할 수 없으니 夫子께 害가 생길까 크게 두려워 감히 말씀드리는 바입니다."라고 하니, 慶封이 말하기를 "자네들은 우선 물러가 있게나. 내 생각해 보겠네."라고 하고서, 盧蒲嫳에게 말하자 盧蒲嫳이 말하기를 "저 崔杼는 우리 임금의 怨讎이니 아마도 하늘이 그를 버리려는 모양입니다. 저들이 실로 家族間에 內亂을 일으킨 것이니 당신께서 걱정할 게 뭐 있습니까? 崔氏가 弱해지는 것은 慶氏가 强해지는 것입니다."고 하였다. 얼마 뒤에 成과 彊이 慶封에게 또 이 일을 고하니 慶封이 말하기를 "만약 夫子에게 有利하다면 반드시 그들을 除去하게나. 어려운 일이 생기면 내 그대들을 돕겠네."라고 하였다.

1) 偏喪曰寡 寡 特也

짝을 잃는 것을 '寡'라 하니, 寡는 特(홀로됨)이다.

2) 역주] 저본에는 '取'로 되어 있으나 ≪十三經注疏≫本에 의거하여 '娶'로 바로잡았다.

3) 〔附注〕 林曰 卽東郭偃之姊 事在二十五年

〔부주〕 林: 東郭姜은 東郭偃의 누이이다. 이 일은 襄公 25년에 있었다.

4) 無咎 棠公之子 〔附注〕 林曰 無父曰孤 蓋東郭姜以先夫之子自隨

無咎는 棠公의 아들이다.

〔부주〕 林: 아비 없는 아이를 '孤'라 한다. 東郭姜이 전 남편의 아들을 데리고 시집온 것이다.

5) 東郭偃 姜之弟

東郭偃은 東郭姜의 동생이다.

6) 有惡疾也

못된 병이 있었던 것이다.

7) 濟南東朝陽縣西北有崔氏城 成欲居崔邑以終老

濟南 동쪽 朝陽縣 서북쪽에 崔氏城이 있다. 崔成이 崔邑에 살면서 一生을 마치려 한 것이다.

8) 宗邑 宗廟所在 宗主 謂崔明

宗邑은 宗廟가 있는 邑이고, 宗主는 崔明을 이른다.

9) 〔附注〕 林曰 夫子 謂崔杼 言其身事 亦慶封之所素知也

〔부주〕 林: 夫子는 崔杼를 이른다. 그 일신상의 일은 慶封도 평소 알고 있는 바이라는 말이다.

10) 〔附注〕 林曰 崔杼平日 惟棠無咎與東郭偃之言是從

〔부주〕 林: 崔杼가 平素에 오직 棠無咎와 東郭偃의 말만을 따른다는 말이다.

11) 〔附注〕 林曰 凡崔氏諸父諸兄 皆莫得進用矣

〔부주〕 林: 崔氏의 父兄들은 모두 登用되지 못하였다는 말이다.

12) 역주] 父兄莫得進 : 棠無咎와 東郭偃의 말만을 따르므로 父兄들이 進言할 수도 없거니와 설사 進言한다 하더라도 듣지 않는다는 말이다. 進을 進用(任用)으로 풀이한 林氏의 說은 옳지 않은 듯하다.

13) 夫子 謂崔杼

夫子는 崔杼를 이른다.

14) 嬖 慶封屬大夫 封以成彊之言告嬖

嬖은 慶封의 屬大夫이다. 慶封이 崔成과 崔彊이 한 말을 嬖에게 고한 것이다.

15) 君 謂齊莊公 爲崔杼所弑 〔附注〕 林曰 彼 謂崔杼

君은 崔杼에게 弑害당한 齊莊公을 이른다.

〔부주〕 林: 彼는 崔杼를 이른다.

16) 崔敗 則慶專權

崔氏가 敗亡하면 慶氏가 政權을 獨占할 수 있다는 말이다.

17) 成彊復告

崔成과 崔彊이 다시 고한 것이다.

18) 〔附注〕 林曰 苟有利於崔杼 必去偃與無咎

〔부주〕 林: 만약 崔杼에게 有利하다면 반드시 偃과 無咎를 除去하겠다는 말이다.

19) 〔附注〕 林曰 若有危難 我助汝去之

〔부주〕 林: 만약 危急한 患難이 생기면 내가 그대를 도와 그들을 除去하겠다는 말이다.

九月庚辰에 **崔成崔彊殺東郭偃棠無咎於崔氏之朝**하다 **崔子怒而出**하니 **其衆皆逃**[1]하야 **求人使駕**로되 **不得**하야 **使圉人駕**하고 **寺人御而出**[2]하다 **且曰 崔氏有福**하야 **止余猶可**[3]라하고 **遂見慶封**[4]한대 **慶封曰崔慶一也**[5]어늘 **是何敢然**[6]가 **請爲子討之**하리라하고 **使盧蒲嫳帥甲以攻崔氏**하다 **崔氏堞其宮而守之**[7]하니 **弗克**하야 **使國人助之**하야 **遂滅崔氏**하고 **殺成與彊**하고 **而盡俘其家**[8]하니 **其妻縊**[9]하다 **嫳復命於崔子**하고 **且御而歸之**[10]하다 **至則無歸矣**하니 **乃縊**[11]하다 **崔明夜辟諸大墓**[12]하고 **辛巳**에 **崔明來奔**하다 **慶封當國**[13]하다

9월 庚辰日에 崔成과 崔彊이 崔氏의 外朝에서 東郭偃과 棠無咎를 죽였다. 崔子는 노하여 〈救援을 청하기 위해 밖으로〉 나가고자 하였으나, 그 手下의 무리가 모두 도망가서 수레에 말을 메울 사람을 찾았으나 찾을 수가 없어서 圉人을 시켜 수레에 말을 메우게 하고 寺人을 시켜 수레를 몰게 하여 집을 나가면서 말하기를 "崔氏에게 福이 있어서 禍가 나에게서 그친다면 오히려 좋으련만."이라고 하고서 드디어 慶封을 찾아가니 慶封이 말하기를 "崔氏와 慶氏는 한집안 같은데, 저들이 어찌 감히 이런 짓을 하였단 말입니까? 당신을 위하여 그들을 토벌하겠습니다."라고 하고서 盧蒲嫳에게 군대를 거느리고 가서 그들을 공격하게 하였다. 崔氏가 그 宮牆 위에 성가퀴를 쌓고 지키니 이길 수가 없어서 國人(都城 住民)에게 공격을 돕게 하여 드디어 崔氏를 滅亡시키고서 成과 彊을 죽이고 그 집안의 사람을 다 포로로 잡으니, 그 아내 東郭姜은 스스로 목매어 죽었다. 盧蒲嫳이 돌아가서 崔杼에게 復命하고서 직접 수레를 몰아 崔杼를 집으로 데려다 주었다. 崔杼가 집에 도착하자 그 아내가 죽고 없으니 곧 스스로 목매어 죽었다. 崔明이 밤에 崔杼를 崔氏의 先塋에 埋葬〔辟〕하고서, 辛巳日에 魯나라로 도망해 왔다. 慶

封이 齊나라의 政權을 擔當하였다.

1)〔附注〕林曰 崔氏之衆 皆避亂而逃匿

〔부주〕林: 崔氏의 家衆(家臣)들이 모두 난리를 피해 도망가서 숨은 것이다.

2) 圉人 養馬者 寺人 奄士

圉人은 말을 기르는 자이고, 寺人은 宦官이다.

3) 恐滅家 禍不止其身

집안이 滅亡할 것이고 禍가 自身에서 그치지 않을 것을 두려워한 것이다.

4)〔附注〕林曰 往見慶封告急

〔부주〕林: 慶封에게 가서 危急한 사정을 고한 것이다.

5) 言如一家

한집안과 같다는 말이다.

6)〔附注〕林曰 崔成崔彊何故敢如此

〔부주〕林: 崔成과 崔彊이 무엇 때문에 감히 이런 짓을 하였느냐는 말이다.

7) 堞 短垣 使其衆居短垣內以守

堞은 낮은 담장이니, 그 무리에게 낮은 담장 안에 있으면서 지키게 한 것이다.

8) 역주〕家 : 家族과 家臣 등을 이른다.

9) 妻 東郭姜

妻는 東郭姜이다.

10) 嫳爲崔子御〔附注〕林曰 御而歸其家

盧蒲嫳이 崔子를 위해 수레를 몬 것이다.

〔부주〕林: 崔杼를 수레에 태우고서 嫳이 직접 그 수레를 몰아 崔杼를 그 집으로 데려다 준 것이다.

11) 終入於其宮 不見其妻 凶*)〔附注〕林曰 妻死家滅 故無所歸

'그 집으로 들어가도 그 아내를 볼 수 없으니 凶하다'는 占卦가 마침내 들어맞은 것이다.

〔부주〕林: 아내가 죽고 집안이 滅亡하였기 때문에 돌아갈 곳이 없다고 한 것이다.

*) 역주〕入於其宮……凶 : ≪周易≫ 困卦 六三爻辭인데, 崔杼가 東郭姜을 아내로 취하기 위해 占을 쳤을 때 이 卦가 나왔다. 〈襄公 25년 傳〉

12) 開先人之冢以藏之

先人의 무덤을 열고 崔杼를 묻은 것이다.

13) 當國 秉政

當國은 政權을 잡는 것이다.

【傳】 楚薳罷如晉涖盟[1]하니 **晉侯享之**하다 **將出**에 **賦既醉**[2]한대 **叔向曰 薳氏之有後於楚國也**가 **宜哉**로다 **承君命**하야 **不忘敏**[3]하니 **子蕩將知政矣**리라 **敏以事君**이면 **必能養民**이니 **政其焉往**[4]이리오

楚나라 薳罷가 晉나라에 가서 結盟에 參加하니 晉侯가 宴會를 열어 그를 接待하였다. 宴會를 마치고 나오려 할 때 薳罷가 〈既醉〉 詩를 읊자, 叔向이 다음과 같이 말하였다. "薳氏의 後孫이 楚나라에서 대대로 祿位를 누리는 것이 當然하다. 임금의 命을 받고 나와서 敏捷하게 應對하기를 잊지 않았으니 子蕩(薳罷)은 장차 政權을 잡게 될 것이다. 敏捷함으로 임금을 섬긴다면 반드시 백성을 잘 養育할 수 있으니 政權이 어디로 가겠는가?"라고 하였다.

1) 罷 令尹子蕩 報荀盈也
薳罷는 令尹 子蕩이다. 荀盈이 楚나라로 가서 結盟에 參加한 데 대한 報答으로 薳罷가 晉나라로 가서 結盟에 參加한 것이다.

2) 既醉 詩大雅 曰 既醉以酒 既飽以德 君子萬年 介爾景福*) 以美晉侯 比之太平君子也
〈既醉〉는 ≪詩經≫ 〈大雅〉의 篇名이다. 그 詩에 "이미 술로써 취하게 하셨고 이미 恩德으로써 배부르게 하셨으니, 君子(周成王)께서는 萬年의 長壽 누리소서. 하늘이 큰 福으로 당신을 도우실〔介〕 겁니다."라고 하였는데, 薳罷가 이 詩로써 晉侯를 讚美하여 太平을 이룩한 君子(成王)에 비유한 것이다.

*) 역주〕 既醉以酒……介爾景福 : 毛詩에 의하면 이 詩는 周成王이 宗廟에 祭祀를 마치고서 群臣을 接待한 것을 읊은 詩이다. 毛詩와 朱子 注에는 介를 大로 訓詁하여 "너의 큰 복을 크게 하리라."로 해석하였고, 鄭玄의 箋에는 介를 助로 訓詁하여 "하늘이 너에게 큰 복으로 도와줄 것이다."로 해석하였다. 鄭玄의 설을 취해 번역하였다.

3) 〔附注〕 林曰 不忘其臨事之敏達
〔부주〕 林: 그가 일에 임해 敏捷히 達成하기를 잊지 않았다는 말이다.

4) 言政必歸之
政權이 반드시 그에게로 돌아간다는 말이다.

【傳】 崔氏之亂[1]에 **申鮮虞來奔**[2]하야 **僕賃於野**[3]하야 **以喪莊公**[4]하다 **冬**에 **楚人召之**하니 **遂如楚**하야 **爲右尹**[5]하다

崔氏의 叛亂 때 申鮮虞가 魯나라로 도망해 와서 郊野에서 머슴 노릇을 하면서 齊莊公을 위해 喪服을 입었다. 겨울에 楚나라가 그를 부르니 드디어 楚나라로 가서 右尹이

되었다.

1) 在二十五年

崔氏의 叛亂은 襄公 25년에 있었다.

2)〔附注〕林曰 申鮮虞 莊公之黨

〔부주〕林: 申鮮虞는 齊莊公의 黨이다.

3)〔附注〕林曰 申鮮虞貧無資 爲人僕賃於魯之野

〔부주〕林: 申鮮虞가 가난하여 資生(生活)할 수 없으므로 魯나라 郊野에서 남의 머슴 노릇을 한 것이다.

4) 爲齊莊公服喪

齊莊公을 위해 喪服을 입은 것이다.

5) 傳言楚能用賢

傳文은 楚나라가 능히 賢者를 登用한 것을 말한 것이다.

【傳】 十一月乙亥朔에 日有食之하다 辰在申하니 司曆過也라 再失閏矣[1)]라

11월 초하루 乙亥日에 日食이 있었다. 이때 斗柄(辰)이 申方을 가리키고 있었으니, 曆을 맡은 자가 잘못 계산하여 윤달을 두 번 넣어야 하는데 넣지 않았다.

1) 謂斗建指申 周十一月 今之九月 斗當建戌而在申 故知再失閏也 文十一年 三月甲子 至今年七十一歲 應有二十六閏 今長曆推得二十四閏 通計少再閏 釋例言之詳矣〔附注〕林曰 司曆之過差也

斗柄이 申方을 가리킨 것을 이른다. 周曆 11월은 지금의 9월이니, 斗柄이 戌方을 가리켜야 하는데 申方을 가리켰다. 그러므로 윤달이 두 번 빠진 것을 안 것이다. 文公 11년 3월 甲子日로부터 금년까지 71년이니, 응당 윤달이 26번 들었어야 하는데 지금 長曆으로 推算해보면 윤달이 24번에 불과하니, 通算하면 두 번의 윤달이 부족하다. ≪春秋釋例≫에 자세히 말하였다.

〔부주〕林: 曆을 맡은 자의 過失이다.

〈二十八年, 丙辰 B.C.545〉

【經】 二十有八年春에 無冰[1)]하다

28년 봄에 얼음이 얼지 않았다.

1) 前年知其再失閏 頓置兩閏以應天正 故此年正月建子 得以無冰爲災而書

前年에 윤달이 두 번 빠진 것을 알고서 갑자기 윤달을 두 번 넣어서 天正(建子月 곧 지금의 11월)에 맞추었기 때문에 이해 建子月인 正月에 얼음이 얼지 않은 것을 災異로 여겨 기록한 것이다.

【經】 夏에 **衛石惡出奔晉**[1)]하다

여름에 衛나라 石惡이 晉나라로 出奔하였다.

1) 甯喜之黨 書名 惡之

石惡은 甯喜의 黨이다. 이름을 기록한 것은 그를 미워해서이다.

【經】 邾子來朝하다

邾子가 와서 朝見하였다.

【經】 秋八月에 **大雩**하다

가을 8월에 祈雨祭를 지냈다.

【經】 仲孫羯如晉[1)]하다

仲孫羯이 晉나라에 갔다.

1) 告將朝楚

魯君이 楚王에게 朝見하려는 것을 告하기 위해서이다.

【經】 冬에 **齊慶封來奔**[1)]하다

겨울에 齊나라 慶封이 魯나라로 도망해 왔다.

1) 崔杼之黨 耆酒荒淫而出 書名 罪之 自魯奔吳不書 以絶位不爲卿

慶封은 崔杼의 黨으로 술을 즐기고 女色에 빠지는 등 많은 罪를 짓고서 出奔하였으므로 이름을 기록하여 그를 罪責한 것이다. 魯나라에서 吳나라로 도망간 것을 經에 기록하지 않은 것은 職位를 버려 卿이 아니었기 때문이다.

【經】 十有一月에 **公如楚**[1)]하다

11월에 襄公이 楚나라에 갔다.

1) 爲宋之盟故 朝楚〔附注〕林曰 於是公及宋公陳侯鄭伯許男如楚 諸夏之君旅見於楚始於此 是故書公朝王所 以見王業之衰 書公如楚 以見霸業之衰

宋나라에서 맺은 盟約 때문에 楚나라에 朝見한 것이다.

〔부주〕林: 이때 襄公이 宋公·陳侯·鄭伯·許男과 함께 楚나라에 갔다. 諸夏의 임금이 楚子에게 旅見(여럿이 함께 謁見함)한 것이 이때부터 비롯하였다. 그러므로 公(僖公 28년)이 王所(周襄王이 王室의 紛亂으로 京師를 떠나 임시로 머물러 있던 踐土의 行宮을 이름)에 朝見한 것을 기록하여 王業이 衰한 것을 나타내고, 公(襄公)이 楚나라에 간 것을 기록하여 霸業이 衰한 것을 나타내었다.

【經】 十有二月甲寅에 **天王崩**[1)]하다

12월 甲寅日에 天王이 崩하였다.

1) 靈王也

天王은 周靈王이다.

【經】 乙未에 **楚子昭卒**[1)]하다

乙未日에 楚子 昭가 卒하였다.

1) 康王也 十二月無乙未 日誤

昭는 楚康王이다. 12월에 乙未日이 없으니 날짜가 잘못되었다.

【傳】 二十八年春에 **無冰**하다 **梓愼曰 今玆宋鄭其饑乎**[1)]ㄴ저 **歲在星紀**어늘 **而淫於玄枵**[2)3)]하야 **以有時菑**하니 **陰不堪陽**[4)5)]이라 **蛇乘龍**[6)]하니 **龍**은 **宋鄭之星也**[7)]니 **宋鄭必饑**리라 **玄枵**는 **虛中也**[8)]오 **枵**는 **秏名也**니 **土虛而秏民〔民秏〕**[9)]면 **不饑何爲**[10)]리오

28년 봄에 얼음이 얼지 않았다. 梓愼이 말하기를 "금년에 宋나라와 鄭나라에 아마도 饑饉이 들 것이다. 歲星(木星)이 星紀(斗·牛)에 있어야 하는데 이미 이곳을 지나 玄枵(女·虛·危)에 가서 있어서 天時가 正常을 잃는 災變이 생겼으니 이는 陰이 陽을 이기지 못하기 때문이다. 蛇星(玄武)이 龍星(木星)을 타고 있으니, 龍星은 宋나라와 鄭나라의 星宿이다. 그러므로 宋나라와 鄭나라에 반드시 饑饉이 들 것이다. 玄枵는 虛宿가 中央에 있고, 枵는 秏(損失)의 名稱이니 土地가 비어 백성들이 損失을 입는다면

굶주리지 않고 어쩌겠는가?"라고 하였다.

1) 梓愼 魯大夫 今年鄭游吉宋向戌言之 明年饑甚 傳乃詳其事
梓愼은 魯나라 大夫이다. 今年의 饑饉은 鄭나라 游吉과 송나라 向戌이 말하였고, 明年의 甚한 饑饉은 傳에 그 일을 자세히 말하였다.

2) 歲 歲星也 星紀在丑 斗牛之次 玄枵在子 虛危之次 十八年 晉董叔曰 天道多在西北 是歲歲星在亥 至此年十一歲 故在星紀 明年乃當在玄枵 今已在玄枵 淫行失次
歲는 歲星이다. 星紀는 丑方인 斗宿와 牛宿의 位次에 있고, 玄枵는 子方인 虛宿와 危宿의 位次에 있어야 한다. 襄公 18년에 晉나라 董叔이 "天道가 西北에 있는 때가 많다."고 하였으니, 이해에는 歲星이 亥方에 있은 것이다. 금년은 그로부터 11년이 지났으니 歲星이 星紀에 있어야 하고 明年에 玄枵로 가야 하는데 지금 이미 玄枵에 가서 있으니 지나가서 차례를 잃은 것이다.

3) 역주] 星紀: 12星次(별의 位置로써 하늘을 12等分으로 나눈 것)의 하나로 12支(땅을 12等分으로 나눈 것)의 丑과 相應하고 28宿 중의 斗宿와 牛宿가 이에 屬한다. 玄枵도 12星次의 하나로 12支의 子와 相應하고 28宿 중의 女宿·虛宿·危宿가 이에 屬한다

4) 時菑 無冰也 盛陰用事 而溫無冰 是陰不勝陽 地氣發洩
時災는 얼음이 얼지 않은 것을 이른다. 旺盛한 陰이 用事(天下를 支配함)하는 季節인데도 날씨가 따뜻하여 얼음이 얼지 않은 것은 陰이 陽을 이기지 못하여 地氣(땅속의 따뜻한 기운)가 發洩하였기 때문이다.

5) 역주] 陰不堪陽 : 옛사람들은 寒冷한 것을 陰이라 하고 溫暖한 것을 陽이라 하였다. 으레 얼음이 얼어야 할 때 얼음이 얼지 않은 것은 바로 추워야 할 때 춥지 않은 것이다. 그러므로 陰이 陽을 이기지 못했다고 한 것이다. 〈楊注〉

6) 蛇 玄武之宿 虛危之星 龍 歲星 歲星 木也 木爲靑龍 失次出虛危下 爲蛇所乘
蛇는 玄武의 星宿로 虛宿와 危宿를 이르고, 龍은 歲星이고, 歲星은 木星이다. 木星이 靑龍星인데, 位次를 잃고서 虛宿와 危宿의 아래에 出現하여 蛇星이 위에서 龍을 탄 것이다.

7) 歲星本位在東方 東方房心爲宋 角亢爲鄭 故以龍爲宋鄭之星
歲星의 본래 위치는 東方인데, 東方의 房宿와 心宿는 宋나라의 별이고 角宿와 亢宿는 鄭나라의 별이다. 그러므로 龍星을 宋나라와 鄭나라의 별이라고 한 것이다.

8) 玄枵三宿 虛星在其中
玄枵의 세 星宿 중에 虛宿가 中央에 있다.

9) 역주] 저본에는 '秏民'으로 되어 있으나 ≪十三經注疏≫本에 의거하여 '民秏'로 바로잡았다. 그러나 '秏民'은 '民秏'의 倒置로 보는 것이 좋을 것 같다.

10) 歲爲宋鄭之星 今失常 淫入虛秏之次 時復無冰 地氣發洩 故曰土虛民秏

歲星은 宋나라와 鄭나라의 별인데 지금 常軌를 잃고 지나가서 虛秏(虛宿)의 位次로 들어간 것이다. 이때 다시 얼음이 얼지 않고 地氣가 發洩하였기 때문에 土地가 비어 백성들이 損失〔秏〕을 입는 것이다.

【傳】夏에 **齊侯陳侯蔡侯北燕伯杞伯胡子沈子白狄朝于晉**하니 **宋之盟故也**[1)]라 **齊侯將行**[2)]한대 **慶封曰 我不與盟**[3)]이어늘 **何爲於晉**[4)]이리오 **陳文子曰 先事後賄**가 **禮也**[5)6)]오 **小事大**에 **未獲事焉**[7)8)]이라도 **從之如志**가 **禮也**[9)10)]니 **雖不與盟**이나 **敢叛晉乎**아 **重丘之盟**을 **未可忘也**니 **子其勸行**[11)]하라

여름에 齊侯・陳侯・蔡侯・北燕伯・杞伯・胡子・沈子・白狄이 晉나라에 朝見하였으니 宋나라에서의 結盟 때문이다. 齊侯가 晉나라에 가려 하자 慶封이 말하기를 "우리는 結盟에 참여하지 않았는데 무엇 때문에 晉나라에 朝見하려 하십니까?"라고 하였다. 陳文子가 말하기를 "섬기는 일을 먼저 생각하고 재물을 뒤에 생각하는 것이 禮이고, 小國이 大國 섬김에는 섬길 수 있는 기회를 얻지 못했더라도 大國의 뜻을 따르는 것이 禮이니, 비록 會盟에 참여하지 않았으나 감히 晉나라를 背叛할 수 있습니까? 重丘의 盟約을 잊어서는 안 되니, 당신은 임금님께 가시도록 권하십시오."라고 하였다.

1) 陳侯蔡侯胡子沈子 楚屬也 宋盟曰晉楚之從交相見 故朝晉 燕國 今薊縣

陳侯 蔡侯 胡子 沈子는 楚나라 屬國의 임금들이다. 襄公 27년에 宋나라에서 結盟할 때 "晉나라와 楚나라를 따르는 諸侯들로 하여금 서로 晉나라와 楚나라에 朝見하게 하라."고 하였다. 그러므로 晉나라에 朝見한 것이다. 燕國은 지금의 薊縣이다.

2)〔附注〕林曰 將如晉

〔부주〕林: 晉나라에 가려 한 것이다.

3) 역주〕我不與盟 : 宋의 會盟에 齊나라와 秦나라는 參加하지 않았다.

4) 以宋盟釋齊秦〔附注〕林曰 言齊不與盟 何爲而朝於晉

宋나라에서 會盟할 때 齊나라와 秦나라는 除外시켰기 때문이다.

〔부주〕林: 齊나라는 會盟에 참여하지 않았는데 무엇 때문에 晉나라에 朝見하려 하느냐는 말이다.

5) 事大國 當先從其政事 而後薦賄 以副己心

大國을 섬김에는 먼저 그 政事(小國에 내리는 명령)를 따르고, 뒤에 재물을 바쳐 자기의 마음을 따라 주기를 바라야 한다는 말이다.

6) 역주〕先事後賄 : 賄는 財貨를 이른다. 晉나라 섬기는 일을 우선으로 삼고 財幣는 뒤에

計算해야 한다는 뜻이라고 한 〈楊注〉의 說을 취해 번역하였다.

7)〔附注〕林曰 小國之事大國 未得其事

〔부주〕林: 小國이 大國을 섬김에 있어 섬길 기회를 얻지 못한 것이다.

8) 역주〕未獲事焉 : 宋의 會盟에 參加하지 않은 것을 이른다. 〈楊注〉

9) 言當從大國請事 以順其志

小國이 大國에게 請事(指示할 일이 무엇인가를 물음)하여 그 뜻을 順從해야 된다는 말이다.

10) 역주〕從之如志 : 之는 晉의 代詞이고 志는 晉나라의 意圖이니, 晉나라의 意圖에 따라 가서 朝見하라는 말이다. 〈楊注〉

11) 重丘盟在二十五年〔附注〕林曰 子謂慶封 其勸齊侯往朝于晉

重丘의 盟約은 襄公 25년에 있었다.

〔부주〕林: 子는 慶封을 이른다. 齊侯에게 晉나라에 가서 朝見하도록 勸하라는 말이다.

【傳】衛人討甯氏之黨하다 **故石惡出奔晉**하다 **衛人立其從子圃**하야 **以守石氏之祀**하니 **禮也**[1)]라

衛人이 甯氏의 黨을 討伐하였다. 그러므로 石惡이 晉나라로 出奔하였다. 衛人이 그의 조카 圃를 後嗣로 세워 石氏 가문의 祭祀를 守護하게 하였으니 禮에 맞았다.

1) 石惡之先石碏 有大功於衛國 惡之罪不及不祀 故曰禮

石惡의 先祖 石碏이 衛나라에 大功이 있었다. 石惡의 罪가 그 祭祀를 廢할 만한 데는 미치지 않았기 때문에 禮라고 한 것이다.

【傳】邾悼公來朝 時事也[1)]

邾悼公이 와서 朝見하였으니, 이는 時事(철마다 행하는 朝聘)였다.

1) 傳言來朝非宋盟 宋盟唯施於朝晉楚〔附注〕林曰 修時事於魯也

傳文은 邾悼公의 來朝가 宋의 盟約에 의한 것이 아님을 말한 것이다. 宋의 盟約은 오직 晉나라와 楚나라에만 朝見하도록 規定하였다.

〔부주〕林: 魯나라에 와서 時事를 修行한 것이다.

【傳】秋八月에 **大雩**하니 **旱也**라

가을 8월에 祈雨祭를 지냈으니, 이는 가물었기 때문이다.

【傳】 蔡侯歸自晉에 入于鄭하니 鄭伯享之한대 不敬[1)]하다 子産曰 蔡侯其不免乎[2)]ㄴ저 日其過此也[3)]에 君使子展迋勞於東門之外로되 而傲[4)]라 吾曰 猶將更之[5)]러니 今還에 受享而惰하니 乃其心也[6)]라 君小國하야 事大國에 而惰傲以爲己心하니 將得死乎[7)]아 若不免이면 必由其子[8)]리라 其爲君也하야 淫而不父[9)]하니 僑聞之컨대 如是者는 恒有子禍[10)]리하니라

蔡侯가 晉나라에서 돌아가는 길에 鄭나라에 들르자 鄭伯이 宴會를 열어 그를 接待하였는데 蔡侯의 態度가 不敬스러웠다. 子産이 말하기를 "蔡侯는 아마도 禍를 면하지 못할 것이다. 日前에 그가 이곳을 지날 적에 우리 임금께서 子展을 보내어 東門 밖에서 그를 慰勞하게 하셨는데도 그는 態度가 傲慢하였다. 그러나 나는 도리어 앞으로 고칠 것으로 여겼는데, 지금 돌아오는 길에 接待를 받으면서도 怠慢하니, 이는 그의 마음이 본래 그런 것이다. 小國의 君主로서 大國을 섬김에 있어 懶怠와 傲慢으로 마음을 삼으니 어찌 제 命에 죽을 수 있겠는가? 만약 그가 禍를 면하지 못한다면 그 禍는 반드시 그 자식에게서 나올 것이다. 그는 임금으로서 淫亂하여 아비 노릇을 하지 못하였으니, 내가 듣건대 이런 자는 항상 자식에게 弑害되는 禍가 있었다고 한다."고 하였다.

1) 〔附注〕 林曰 蔡侯不敬

〔부주〕 林: 蔡侯가 공경하지 않은 것이다.

2) 不免禍

禍를 면하지 못할 것이라는 말이다.

3) 往日至晉時

지난날 晉나라에 갈 때이다.

4) 迋 往也

迋은 가는 것이다.

5) 〔附注〕 林曰 我以爲蔡君猶將更改其所爲

〔부주〕 林: 나는 蔡君이 오히려 장차 그 行爲를 고칠 것으로 여겼다는 말이다.

6) 〔附注〕 朱曰 惰 慢也 昔傲今惰 乃其本心如此 不能改矣

〔부주〕 朱: 惰는 怠慢한 것이다. 전에는 오만하고 이번에는 怠慢하였으니 바로 그 본심이 이러하여 고칠 수 없다는 말이다.

7) 〔附注〕 朱曰 豈得善終

〔부주〕 朱: 어찌 제명에 죽을 수 있겠느냐는 말이다.

8)〔附注〕朱曰 必由其子所弑

〔부주〕朱: 반드시 그 자식에게 弑害당할 것이라는 말이다.

9) 通大子班之妻

淫亂은 太子 班의 아내와 姦通한 것을 이른다.

10) 爲三十年蔡世子班弑其君傳

襄公 30년에 蔡世子 班이 그 임금을 弑害한 傳의 배경이다.

【傳】孟孝伯如晉하야 **告將爲宋之盟故如楚也**[1)]하다 **蔡侯之如晉也**에 **鄭伯使游吉如楚**[2)]하다 **及漢**[3)]에 **楚人還之曰 宋之盟**에 **君實親辱**[4)]이어늘 **今吾子來**하니 **寡君謂吾子姑還**하라 **吾將使馹奔問諸晉而以告**[5)]하리라 **子大叔曰 宋之盟**에 **君命將利小國**[6)]이오 **而亦使安定其社稷**하고 **鎭撫其民人**[7)]하야 **以禮承天之休**[8)]하니 **此君之憲令**[9)]이요 **而小國之望也**[10)]라 **寡君是故使吉奉其皮幣**[11)]하야 **以歲之不易**[12)]으로 **聘於下執事**[13)14)]어늘 **今執事有命曰 女何與政令之有**[15)16)]리오 **必使而君棄而封守**[17)]하고 **跋涉山川**하며 **蒙犯霜露**[18)]하야 **以逞君心**[19)]이온여 **小國將君是望**[20)]하니 **敢不唯命是聽**가 **無乃非盟載之言**이라 **以闕君德**[21)]하야 **而執事有不利焉**[22)]가 **小國是懼**하노라 **不然**이면 **其何勞之敢憚**이리오

孟孝伯이 晉나라에 가서 宋나라에서 盟約한 일을 履行하기 위해 楚나라에 가려 한다고 告하였다. 蔡侯가 晉나라에 가자, 鄭伯도 游吉을 楚나라에 보냈다. 游吉이 漢水에 이르렀을 때 楚人이 游吉을 돌아가게 하며 말하기를 "宋나라에서 會盟할 때는 鄭君이 직접 왔었는데 지금 그대가 오니, 우리 임금님께서 '그를 일단 돌려보내라. 내가 사람을 보내어 傳車(驛站의 수레)를 달려 晉나라로 가서 鄭君이 직접 朝見하지 않아도 되는지를 물어본 뒤에 다시 알려 주겠다.' 하신다."고 하자, 子太叔(游吉)이 말하기를 "宋나라에서 會盟할 때 楚君께서 내리신 命은 小國을 이롭게 하는 것이었고, 또 小國들로 하여금 그 社稷을 安定시키고 그 백성들을 鎭撫(安撫)하여 禮를 지켜 하늘의 福을 받게 하려는 것이었으니, 이는 楚君의 法令이었고 小國의 바람이었습니다. 그러므로 우리 임금께서는 農事가 凶作으로 인해 〈직접 오지 못하시고〉 나에게 皮幣(禮物)를 받들고 가서 下執事를 聘問하게 한 것입니다. 그런데 지금 執事께서 命하기를 '네가 어찌 鄭나라의 國政에 參與할 수 있느냐?(네가 어찌 鄭나라를 代表할 수 있느냐는 뜻) 반드시 너희 임금에게 너희 나라의 封疆을 지키는 일을 잠시 버려두고 山을 넘고 물을 건너 이슬과 서리를 무릅쓰고 와서 楚君의 마음을 만족하게 하라.'고 하시는군요. 小國은 楚

君만을 期待하고 있으니 감히 命대로 따르지 않겠습니까마는 이는 盟載(盟書)의 말이 아니라서 임금님의 德을 損傷시켜 執事께 不利함이 있지 않겠습니까? 小國은 오직 이를 두려워할 뿐입니다. 그렇지 않다면 어찌 감히 우리 임금께서 길을 오는 勞苦를 꺼리겠습니까."라고 하였다.

1) 魯 晉屬 故告晉而行
 魯나라는 晉나라의 屬國이기 때문에 晉나라에 告하고서 楚나라로 간 것이다.

2) 〔附注〕 林曰 鄭簡公使往聘于楚
 〔부주〕 林: 鄭簡公이 游吉을 보내어 楚나라로 가서 聘問하게 한 것이다.

3) 至漢水
 漢水에 이른 것이다.

4) 君謂鄭伯 〔附注〕 林曰 鄭君實親來辱於盟
 君은 鄭伯을 이른다.
 〔부주〕 林: 鄭君이 실로 親히 와서 會盟에 參與하였다는 말이다.

5) 問鄭君應來朝否 〔附注〕 林曰 馹 傳車也 我將使傳車問晉鄭君應來朝楚否 而以晉之命告鄭
 鄭君이 직접 와서 朝見해야 하는지의 與否에 대해 묻겠다는 말이다.
 〔부주〕 林: 馹은 傳車이다. 내가 장차 사람을 보내 傳車를 타고 달려 晉나라로 가서 鄭君이 직접 와서 楚나라에 朝見해야 하는지의 與否를 물은 뒤에 晉나라의 命으로 鄭나라에 通告하겠다는 말이다.

6) 〔附注〕 林曰 楚君之命 將以弭兵爲小國之利
 〔부주〕 林: 楚君의 命은 戰爭을 終熄시켜 小國의 利益이 되게 하려 한 것이다.

7) 〔附注〕 林曰 亦使小國解兵釋甲 得以安定其社稷 服田力穡 得以鎭撫其民人
 〔부주〕 林: 또 小國들로 하여금 武裝을 풀고 갑옷을 벗고서 그 社稷을 安定시키고 農事에 盡力하여 그 民人을 鎭撫하게 하였다는 말이다.

8) 休 福祿也 〔附注〕 朱曰 使得歲時行禮 以受天之福祿
 休는 福祿이다.
 〔부주〕 朱: 小國들로 하여금 歲時마다 禮를 行하여 하늘의 福祿을 받을 수 있게 하였다는 말이다.

9) 역주〕 憲令 : 揭示한 것을 憲이라 하니, 盟約 以外에 따로 揭示한 것이 있었던 듯하다. 그러므로 '憲令'이라 한 것이다. ≪左氏會箋≫

10) 憲 法也
 憲은 法이다.

11) 聘用乘皮束帛

聘禮에는 네 장의 가죽과 다섯 필의 비단을 사용한다.

12) 역주〕寡君是故……以歲之不易 : 倒置句라고 한 楊氏의 說을 取해 倒置시켜 번역하였다. 〈楊注〉에 "襄公 3년 傳에 '以歲之不易 不虞之不戒 寡君願與二三兄弟相見'이라 하고, 昭公 4년 傳에 '以歲之不易 寡人願結驩於一二君'이라 하여 모두 '以歲之不易'을 위에 말하고 '相見'과 '結驩'을 뒤에 말하였는데, 여기서는 '奉其皮幣'를 먼저 말하고 '以歲之不易'을 뒤에 말한 것에 대해 楊樹達 선생의 ≪讀左傳≫에 '이는 傳寫하는 중에 잘못 베껴 倒置된 것이다.'고 하였다."고 하였다.

13) 言歲有饑荒之難 故鄭伯不得自朝楚

農事가 凶作이어서 饑荒의 患難이 있기 때문에 鄭伯이 직접 楚나라에 朝見할 수 없었다는 말이다.

14) 역주〕下執事 : 楚君을 직접 指摘해 말하려 하지 않았기 때문에 謙辭해 '執事'라고 한 것이다. 또 '下'字를 붙인 것은 더욱 겸손을 표한 것이다. 〈楊注〉

15)〔附注〕朱曰 言汝 大夫也 豈得預楚國之政令

〔부주〕朱: 너는 大夫이니 어찌 楚나라의 政令에 간여할 수 있느냐는 말이다.

16) 역주〕女何與政令之有 : 너는 鄭나라의 政令에 參與할 수 있는 身分이 아니니 鄭君을 대신해 楚나라에 朝見할 수 있는 資格이 없다는 말이다.

17)〔附注〕林曰 而 汝也

〔부주〕林: 而는 汝(너)이다.

18)〔附注〕林曰 草行爲跋 水行爲涉

〔부주〕林: 풀밭을 걷는 것을 跋이라 하고 물 위로 가는 것을 涉이라 한다.

19)〔附注〕林曰 快君心之所欲

〔부주〕林: 楚君의 願하는 마음을 만족하게 하라는 말이다.

20)〔附注〕林曰 言小國將仰望於楚以安社稷

〔부주〕林: 小國은 社稷을 安定시켜 주기를 楚나라에 期待한다는 말이다.

21)〔附注〕林曰 以爲楚君背盟闕失之德

〔부주〕林: 이것을 楚君이 盟約을 저버리는 잘못된 德으로 여긴 것이다.

22)〔附注〕林曰 失德則諸侯背楚 亦將爲楚君不利 朱曰 楚爲不利於小國也

〔부주〕林: 德을 잃으면 諸侯가 楚나라를 배반할 것이니, 장차 楚君에게 不利함이 된다는 말이다.

〔부주〕朱: 楚나라가 小國에 不利함이 된다는 말이다.

子大叔歸하야 復命하고 告子展曰 楚子將死矣리라 不修其政德하고 而貪昧於諸侯하야 以

逞其願하니 **欲久**ㄴ들 **得乎**[1)]아 **周易有之**하니 **在復**☷☳[2)] **之頤**☶☳[3)]에 **曰 迷復**이라 **凶**[4)]이라하니 **其楚子之謂乎**ㄴ저 **欲復其願**[5)]호되 **而棄其本**[6)]하니 **復歸無所**라 **是謂迷復**[7)8)]이니 **能無凶乎**아 **君其往也**하야 **送葬而歸**하야 **以快楚心**[9)]하소서 **楚不幾十年**하얀 **未能恤諸侯也**[10)11)]리니 **吾乃休吾民矣**[12)]리라 **裨竈曰 今茲周王及楚子皆將死**[13)]하리라 **歲棄其次**하고 **而旅於明年之次**하야 **以害鳥帑**하니 **周楚惡之**[14)]하리라

子太叔이 돌아와 復命하고서 子展에게 告하기를 "楚子는 오래지 않아 죽을 것입니다. 政事와 德行은 닦지 않으면서 諸侯가 받들어 주기만을 貪하여 그 願하는 바를 滿足히 이루고자 하니 오래 살고자 한들 될 수 있겠습니까? ≪周易≫에 다음과 같은 말이 있으니, 復☷☳이 변해 頤☶☳가 된 卦의 上六에 '復에 迷한 것이라 凶하다.'고 하였으니, 이는 楚子의 경우를 이른 듯합니다. 楚子는 願하는 곳으로 돌아가고자 하지만 그 근본을 버렸으니, 돌아갈 곳이 없습니다. 이것을 '迷復'이라 하니 어찌 凶한 일이 없겠습니까? 임금님께는 가셔서 楚子를 葬送하고 돌아오시어 楚人의 마음을 흐뭇하게 하소서. 楚나라는 앞으로 10년이 되기 전에는 諸侯의 霸權을 다툴 수 없을 것이니 우리는 백성들을 편히 쉬게 할 수 있습니다."고 하였다. 裨竈가 말하기를 "금년에 周王과 楚子가 모두 죽을 것입니다. 歲星이 그 位次를 버리고 明年의 位次에 가서 있어 鳥帑를 해쳤으니 周나라와 楚나라가 그 禍를 입을 것입니다."고 하였다.

1) 〔附注〕 林曰 貪賴冒昧以求諸侯之朝己

〔부주〕 林: 利益을 貪하고 함부로 행동하면서 諸侯가 자기에게 朝見하기를 要求하는 것이다.

2) 震下坤上 復

下卦가 震이고 上卦가 坤인 것이 復卦이다.

3) 震下艮上 頤 復上六變得頤

下卦가 震이고 上卦가 艮인 것이 頤卦이니, 復卦의 上六이 변하여 頤卦가 된 것이다.

4) 復上六爻辭也 復 反也 極陰反陽之卦 上處極位 迷而復反 失道已遠 遠而無應 故凶

復卦 上六의 爻辭이다. 復은 되돌아오는 것이니, 極位에 도달한 陰이 陽으로 돌아오는 卦이다. 위로 올라가 極位에 處하였으므로 迷路를 만나 되돌아오려 해도 길을 잃은 것이 이미 멀고, 멀면서도 呼應이 없기 때문에 凶한 것이다.

5) 謂欲得鄭朝 以復其願

鄭나라의 朝見을 받아 자기의 所願을 되찾고자 한다는 말이다.

6) 不修德

德行을 닦지 않는 것이다.

7) 失道已遠 又無所歸

길을 잃은 것이 이미 멀고, 또 돌아갈 곳이 없는 것이다.

8) 역주〕欲復其願……復歸無所 : 楚子가 霸者가 되기를 願하지만 德行을 닦지 않기 때문에 다시 霸者가 될 수 없다는 뜻이다. 〈楊注〉에 "迷復은 迷路를 헤매면서 돌아가기를 상각하는 것으로, 자기가 좋아하는 곳으로 돌아가기를 바라지만 원래의 길을 잃어서, 결국 돌아갈 곳이 없는 것이다."고 하였다.

9) 言楚子必死 君往當送其葬

楚子가 반드시 죽을 것이니 임금이 楚나라에 가서 그를 葬送하는 것이 마땅하다는 말이다.

10) 幾 近也 言失道遠者 復之亦難〔附注〕朱曰 復卦上六有十年不克征之辭 故云如此

幾는 近이다. 길을 잃은 것이 먼 자는 되돌아오기도 어렵다는 말이다.

〔부주〕朱: 復卦 上六 爻辭에 "10년 동안 出征할 수 없을 것이다."는 말이 있기 때문에 이렇게 말한 것이다.

11) 역주〕未能恤諸侯 : 霸權을 다툴 수 없다는 말로 當時의 慣習語이다. 〈楊注〉

12) 休 息也 言楚不能復爲害

休는 息이다. 楚나라가 다시는 鄭나라를 危害할 수 없다는 말이다.

13) 裨竈 鄭大夫

裨竈는 鄭나라 大夫이다.

14) 旅 客處也 歲星棄星紀之次 客在玄枵 歲星所在 其國有福 失次於北 禍衝在南 南爲朱鳥 鳥尾曰帑 鶉火鶉尾 周楚之分 故周王楚子受其咎 俱論歲星過次 梓愼則曰宋鄭饑 裨竈則曰周楚王死 傳故備擧 以示卜占惟人所在

旅는 나그네로 머무는 것이다. 歲星이 금년의 位次인 星紀를 버리고 明年의 位次인 玄枵에 나그네로 가서 있는 것이다. 歲星이 있는 곳에는 그 나라에 福이 있는 것인데, 지금 位次를 잃고 北에 가 있기 때문에 禍衝(禍의 衝擊을 받음)이 南方에 있다. 南方은 朱鳥(井・鬼・柳・星・張・翼・軫 등 七宿의 總稱)의 分野인데, 朱鳥의 꼬리에 있는 별을 帑라 한다. 鶉火(柳・星・張)와 鶉尾(翼・軫)는 周나라와 楚나라의 分野이기 때문에 周王과 楚子가 그 禍를 받는다고 한 것이다. 이는 모두 歲星이 位次를 지나친 것을 論한 것인데, 梓愼은 宋나라와 鄭나라에 饑饉이 들 것이라고 하였고, 裨竈는 周王과 楚王이 죽을 것이라고 하였으므로 傳에 이를 갖추어 기록하여, 卜占을 풀이해 아는 것은 사람에게 달렸지만 사람마다 각각 意見이 다르다는 것을 提示하였다.

【傳】九月에 鄭游吉如晉하야 告將朝于楚하야 以從宋之盟하다 子産相鄭伯以如楚하야 舍不爲壇[1)]하니 外僕言曰 昔先大夫相先君하야 適四國에 未嘗不爲壇[2)]이라 自是至今히 亦皆循之어늘 今子草舍하니 無乃不可乎아 子産曰 大適小엔 則爲壇이어니와 小適大엔 苟舍而已니 焉用壇이리오 僑聞之컨대 大適小엔 有五美하니 宥其罪戾하고 赦其過失하고 救其菑患하고 賞其德刑[3)4)]하고 敎其不及이라 小國不困하야 懷服如歸[5)]라 是故作壇以昭其功[6)]하야 宣告後人하야 無怠於德[7)]이라 小適大에 有五惡하니 說其罪戾[8)9)]하고 請其不足[10)11)]하고 行其政事[12)]하고 共其職貢하고 從其時命[13)14)]이오 不然이면 則重其幣帛하야 以賀其福而弔其凶이라 皆小國之禍也[15)]어늘 焉用作壇以昭其禍리오 所以告子孫엔 無昭禍焉이 可也[16)]라

9월에 鄭나라 游吉이 晉나라에 가서 楚나라에 朝見하여 宋나라에서 맺은 盟約을 따르고자 한다고 告하였다. 子産이 鄭伯을 보좌해 楚나라로 가서 郊外에 幕舍만을 치고 壇을 쌓지 않으니, 外僕이 말하기를 "예전에 先大夫께서는 先君을 보좌하여 四方의 나라에 갈 때마다 壇을 쌓지 않은 적이 없었습니다. 그러므로 그때부터 지금까지 모두 본받아 따르고 있는데, 지금 당신께서는 풀도 깎아 내지 않고 幕舍를 치시니 不可하지 않습니까?"라고 하니, 子産이 말하기를 "大國이 小國에 가는 경우에는 壇을 쌓았지만 小國이 大國에 가는 경우에는 간단한 幕舍만을 쳤을 뿐이니 壇을 쌓을 필요가 뭐 있겠는가? 내 듣건대 大國이 小國에 가는 경우, 다섯 가지 아름다운 일이 있었는데 小國의 罪를 赦免하고, 小國의 過失을 용서하며, 小國의 災難을 救濟하고, 小國의 德刑을 勸勉하며, 小國의 不足한 것을 가르치는 것이었다고 한다. 그러므로 작은 나라들이 困難하지 않아 마치 제집으로 돌아가듯이 大國에 歸服하였다. 그러므로 壇을 쌓아 功勞를 밝게 드러내어 後人에게 告하여 德을 닦는 일에 게을리 하지 않게 한 것이다. 小國이 大國에 가는 경우, 다섯 가지 좋지 못한 일이 있었는데 大國이 자기의 罪를 辨明하고, 大國이 不足한 것을 要請하며, 大國의 政令을 奉行하기를 要求하고, 大國이 命한 職貢을 바치기를 要求하며, 不時에 내리는 大國의 命을 따르기를 요구하는 것이었고, 이것이 아니면 幣帛을 더 보태어 慶事에 賀禮하고 凶事에 弔慰하게 하는 일이었다고 한다. 이는 모두 小國의 禍인데 무엇 때문에 壇을 쌓아 자기의 禍를 드러낼 필요가 있겠는가? 그러므로 자손에게 告함에는 禍를 드러내지 않는 것이 좋다."고 하였다.

1) 至敵國郊 除地封土爲壇 以受郊勞[*)] 〔附注〕 林曰 今鄭伯草舍而已 不爲壇
가는 나라의 郊外에 이르러 땅을 깨끗이 쓸고 흙을 쌓아 壇을 만들고서 郊勞를 받는다.

〔부주〕 林: 지금 鄭伯은 풀 위에 幕舍만을 치고 壇을 쌓지 않은 것이다.

*) 역주〕 郊勞 : 使者가 聘問國의 郊外에 당도하면 本國의 國君이 卿이나 大夫를 郊外로 보내어 慰勞하는 것이다.

2) 外僕 掌次舍者

外僕은 次舍(머물러 쉬는 곳) 만드는 일을 맡은 자이다.

3) 刑 法也

刑은 法이다.

4) 역주〕 賞其德刑 : 恩德과 刑罰을 제대로 施行한 나라에는 賞을 주어 勸勉하였다는 말이다.

5) 〔附注〕 林曰 如歸私家

〔부주〕 林: 제집으로 돌아가듯이 대국에 歸依하였다는 말이다.

6) 〔附注〕 林曰 以昭明其五美之功

〔부주〕 林: 大國이 베푼 다섯 가지 아름다운 功績을 밝게 드러내는 것이다.

7) 怠 解也

怠는 解(게으름)이다.

8) 自解說也

스스로 解明하는 것이다.

9) 역주〕 說其罪戾 : 大國이 자기의 罪過를 文飾하는 것이라고 한 〈楊注〉의 뜻을 취해 번역하였다.

10) 〔附注〕 林曰 請謝其不足 惟恐被譴 朱曰 有不足 則自往求請

〔부주〕 林: 譴責을 받을까 두려워 자기의 不足함을 謝過하는 것이다.

〔부주〕 朱: 不足함이 있으면 스스로 大國에 가서 請求하는 것이다.

11) 역주〕 請其不足 : 五美의 다섯 '其'字가 모두 小國을 가리킨 것이었으니, 五惡의 다섯 '其'字는 모두 大國을 가리킨 것이 되어야 한다. 그러므로 이상과 같이 번역하였다.

12) 奉行大國之政

大國의 政令을 奉行하는 것이다.

13) 從朝會之命

朝會의 命을 따르는 것이다.

14) 역주〕 時命 : 不時에 내리는 命이다. 〈楊注〉

15) 〔附注〕 林曰 大國有福慶之事 則賀之 有凶喪之事 則弔之 凡此皆小國之禍難也

〔부주〕 林: 大國에 福慶의 일이 있으면 賀禮하고 凶喪의 일이 있으면 弔慰하는 것이 모두 小國의 禍難이라는 말이다.

16) 無昭禍以告子孫

禍를 드러내어 子孫에게 告하는 일을 하지 말아야 한다는 말이다.

【傳】 齊慶封好田而耆酒하야 **與慶舍政**[1)]하고 **則以其內實遷于盧蒲嫳氏**[2)]하고 **易內而飮酒**[3)]하니 **數日**에 **國遷朝焉**[4)5)]하다 **使諸亡人得賊者**로 **以告而反之**[6)]하다 **故反盧蒲癸**[7)]하다 **癸臣子之**[8)]하니 **有寵**하야 **妻之**[9)]하다 **慶舍之士謂盧蒲癸曰 男女辨姓**이어늘 **子不辟宗**은 **何也**[10)]오 **曰 宗不余辟**[11)]이어늘 **余獨焉辟之**리오 **賦詩斷章**이니 **余取所求焉**이라 **惡識宗**[12)]이리오 **癸言王何而反之**하니 **二人皆嬖**[13)]하야 **使執寢戈而先後之**[14)15)]하다

齊나라 慶封이 사냥을 좋아하고 술을 즐겨 아들 慶舍에게 國政을 맡기고, 자신의 妻妾과 寶物을 盧蒲嫳의 집으로 옮겨 놓고서 그곳에 居處하며 盧蒲嫳과 서로 妻妾을 바꾸어 끼고서 술을 마시며 즐기니, 며칠 뒤에는 나라의 朝廷이 옮겨 왔다. 慶封이 도망해 국외에 가 있는 사람 중에 賊이 숨어 있는 곳을 아는 자들에게 와서 告發하면 罪를 용서하여 나라로 돌아오도록 허락하겠다고 하였다. 그러므로 盧蒲癸를 돌아오게 한 것이다. 盧蒲癸가 子之(慶舍)의 신하가 되니 慶舍는 그를 寵愛하여 사위로 삼았다. 慶舍의 家臣〔士〕이 盧蒲癸에게 말하기를 "男女가 婚姻할 때는 姓을 辨別하는 것인데 그대가 同宗을 避하지 않는 것은 무엇 때문인가?"라고 하자, 盧蒲癸가 말하기를 "同宗이 나를 避하지 않는데 나 홀로 피할 필요가 뭐 있는가? 詩를 읊을 때 필요한 뜻만을 취하는 것이니, 나는 내가 원하는 것만을 취할 뿐이다. 同宗을 따질 게 뭐 있겠는가?"라고 하였다. 盧蒲癸가 慶舍에게 王何를 말하여 歸國시켰는데 慶舍는 두 사람을 모두 寵愛하여 寢戈를 들고 앞뒤에서 자기를 護衛하게 하였다.

1) 舍 慶封子 慶封當國 不自爲政以付舍
   舍는 慶封의 아들이다. 慶封이 國政을 擔當하였는데 스스로 國政을 살피지 않고 慶舍에게 맡긴 것이다.
2) 역주〕 內實 : 內는 妻妾이고 實은 財物이다.
3) 內實 寶物妻妾也 移而居嫳家〔附注〕林曰 慶封與盧蒲嫳交易其內人而飮酒
   內實은 寶物과 妻妾이다. 이것을 盧蒲嫳의 집으로 옮기고서 그곳에 居處한 것이다.
   〔부주〕 林: 慶封과 盧蒲嫳이 서로 그 안사람을 바꾸어 끼고서 술을 마신 것이다.
4) 就於盧蒲氏朝見封
   盧蒲氏의 집으로 가서 慶封에게 朝見한 것이다.
5) 역주〕 國遷朝焉 : 慶封이 이미 國政을 그 아들 舍에게 맡겼으나, 執政의 이름은 그대로

띠고 있었기 때문에 大夫들이 盧蒲嫳의 집으로 가서 慶封에게 朝見한 것이다. 〈楊注〉

6) 亡人 辟崔氏難出奔者〔附注〕林曰 能捕執得盜賊 以賊告而反其身 使以功贖己罪

亡人은 崔氏의 난리를 피해 出奔한 자들이다.

〔부주〕林: 도적을 잡은 자가 그 도적을 끌고 와서 告하면 그 사람을 歸國시키겠다고 한 것은 亡人들로 하여금 功을 세워 贖罪하게 한 것이다.

7)〔附注〕林曰 以告賊得反

〔부주〕林: 賊을 告發한 功으로 돌아오게 된 것이다.

8) 子之 慶舍

子之는 慶舍이다.

9) 子之以其女妻癸

子之가 자기의 딸을 盧蒲癸의 아내로 준 것이다.

10) 辨 別也 別姓而後可相取 慶氏盧蒲氏皆姜姓

辨은 分別하는 것이니, 姓을 辨別한 뒤에 取해야 한다는 말이다. 慶氏와 盧蒲氏는 모두 姜姓이다.

11) 言舍欲妻己

慶舍가 나를 사위로 삼고자 한다는 말이다.

12) 言己苟欲有求於慶氏 不能復顧禮 譬如賦詩者 取其一章而已

내가 만약 慶氏에게 求하고자 한다면 다시 禮를 돌아볼 필요가 없는 것이, 비유하자면 詩를 읊는 자가 필요한 한 章만을 取하는 것과 같다는 말이다.

13) 二子皆莊公黨 二十五年 崔氏弑莊公 癸何出奔 今還求寵於慶氏 欲爲莊公報讐

두 사람은 모두 齊莊公의 黨이다. 襄公 25년에 崔氏가 齊莊公을 弑害하자 盧蒲癸와 王何가 出奔하였는데, 이제 돌아와서 慶氏에게 寵愛받기를 求한 것은 齊莊公을 위해 復讐하고자 해서이다.

14) 寢戈 親近兵杖〔附注〕朱曰 慶舍不知二人欲害己 反使執戈先後以自扞衛

寢戈는 몸 가까이에 두는 兵器이다.

〔부주〕朱: 慶舍는 두 사람이 자기를 해치고자 하는 줄도 모르고서 도리어 그들에게 寢戈를 들고 앞뒤에서 護衛하게 한 것이다.

15) 역주〕寢戈 : 寢室에서 護衛하는 兵器이므로 '寢戈'라고 한 것이다. ≪左氏會箋≫

公膳日雙雞[1)]러니 饔人竊更之以鶩한대 御者知之하고 則去其肉하고 而以其洎饋[2)]하니 子雅子尾怒[3)]하다 慶封告盧蒲嫳[4)5)]한대 盧蒲嫳曰 譬之如禽獸[6)]하니 吾寢處之矣[7)]라 使析歸父告晏平仲[8)]하니 平仲曰 嬰之衆不足用也오 知無能謀也[9)]라 言弗敢出[10)]하

리니 有盟可也[11)]라 子家曰 子之言云[12)]하니 又焉用盟이리오 告北郭子車[13)]하니 子車曰 人各有以事君하니 非佐之所能也[14)]라 陳文子謂桓子[15)] 曰 禍將作矣리니 吾其何得[16)]고 對曰 得慶氏之木百車於莊[17)18)]하리라 文子曰 可愼守也已[19)20)]니라

公膳에 날마다 닭 두 마리씩을 올렸는데, 하루는 饔人(料理師)이 몰래 닭을 오리로 바꾸자, 御者(음식을 올리는 사람)가 그 意圖를 알고서 고기는 건져 내고 국물만 올리니 子雅와 子尾가 怒하였다. 慶封이 盧蒲嫳에게 이 일을 告하자 盧蒲嫳이 말하기를 "비유하자면 저들(子雅와 子尾)은 禽獸와 같으니 우리가 그 가죽을 벗겨 깔고 잘 수 있습니다."라고 하였다. 慶封이 析歸父를 보내어 晏平仲에게 이 일을 告하니, 晏平仲이 말하기를 "나의 家兵들은 쓸 만하지 못하고 내 지혜는 計謀를 낼 만하지 못합니다. 그러나 이 일을 감히 입 밖에 내지 않겠습니다. 〈만약 믿지 못하겠다면〉 盟誓할 수도 있습니다."고 하였다. 子家(析歸父)가 말하기를 "그대의 말이 이러하니 다시 盟誓할 필요가 뭐 있겠습니까?"라고 하였다. 慶封이 또 析歸父를 보내어 北郭子車에게 告하니 子車가 말하기를 "사람은 각각 자기 방식대로 임금을 섬기는 것이니 이 일은 내가 할 수 있는 바가 아닙니다."고 하였다. 陳文子가 그 아들 桓子에게 말하기를 "장차 禍亂이 일어날 것이니, 우리가 무엇을 얻을 수 있겠느냐?"고 하자, 桓子가 "莊街에 있는 慶氏의 材木 1백 수레를 얻을 것입니다."고 대답하니, 文子가 말하기를 "얻은 뒤에는 愼重히 지켜 잃지 말아야 한다."고 하였다.

1) 卿大夫之膳食

公膳은 卿大夫의 膳食(朝廷에서 公務를 보는 卿大夫에게 國家가 提供하는 食事)이다.

2) 御 進食者 饔人御者欲使諸大夫怨慶氏 減其膳 蓋盧蒲癸王何之謀〔附注〕林曰 饔人 廚宰也 私竊以鴨更易其雞 御者知其意 又去膳食之肉 洎 肉汁也

御는 음식을 올리는 자이다. 饔人과 御者가 大夫들로 하여금 慶氏를 원망하게 하고자 하여 그 飯饌을 줄인 것인데, 盧蒲癸와 王何가 꾸민 計略인 듯하다.

〔부주〕林: 饔人은 廚房長이다. 饔人이 몰래 닭을 오리로 바꾸자 御者는 그 意圖를 알고서 또 膳食의 고기를 건져 낸 것이다. 洎는 고기를 삶은 국물이다.

3) 二子 皆惠公孫〔附注〕林曰 以減膳故怒

두 사람은 모두 齊惠公의 孫子이다.

〔부주〕林: 반찬을 줄였기 때문에 怒한 것이다.

4) 以二子怒告嫳

두 사람이 怒한 것을 盧蒲嫳에게 告한 것이다.

5) 역주〕慶封告盧蒲嫳 : 公膳의 일은 當國者의 責任이므로 子雅와 子尾가 慶封에게 화를

낸 것이다. 慶封이 이를 알고서 그 사실을 盧蒲嫳에게 告한 것이다.〈楊注〉

6) 역주〕譬之如禽獸 : 譬之의 之는 子雅와 子尾를 가리킨 代詞이다.

7) 言能殺而席其皮

그들을 죽이고서 가죽을 벗겨 깔 수 있다는 말이다.

8) 欲與共謀子雅子尾

晏平仲과 共謀해 子雅와 子尾를 殺害하고자 한 것이다.

9)〔附注〕林曰 言其兵衆不足用以討亂 知謀不足用以慮事

〔부주〕林: 자기의 兵衆은 亂賊을 討伐할 만하지 못하고, 자기의 知慧는 일을 計畫할 만하지 못하다는 말이다.

10) 不敢洩謀

감히 計策를 漏洩하지 않겠다는 말이다.

11)〔附注〕林曰 請爲盟以誓不敢洩

〔부주〕林: 盟約하여 감히 漏洩하지 않을 것을 盟誓하기를 請한 것이다.

12) 子家 析歸父

子家는 析歸父이다.

13) 子車 齊大夫

子車는 齊나라 大夫이다.

14) 佐 子車名〔附注〕林曰 言凡人各有材能以事其君 非佐之才所能及

佐는 子車의 이름이다.

〔부주〕林: 무릇 사람은 각각 자기의 才能을 가지고 그 임금을 섬기니, 나의 才能으로는 미칠 수 있는 바가 아니라는 말이다.

15) 桓子 文子之子無宇

桓子는 文子의 아들 無宇이다.

16)〔附注〕林曰 我其當得何物

〔부주〕林: 우리가 무슨 물건을 얻게 되겠느냐는 말이다.

17) 慶封時有此木 積於六軌之道

慶封이 이때 이 材木을 六軌의 道路에 쌓아 둔 것이다.

18) 역주〕得慶氏之木百車於莊 : 莊은 齊나라 國都의 街路의 이름이다. ≪孟子≫〈滕文公下〉에 말한 "引而置之莊嶽之間"의 莊이 바로 이 莊이다. 이것은 陳氏 父子가 隱語로 서로 비유한 말이다. 나무는 집을 짓는 材木이고 莊은 國都의 道路이니, 慶氏는 반드시 敗亡하고 우리는 人材를 얻고 政權을 얻는다는 뜻이다.〈楊注〉

19) 喜〔善〕[*]其不志於貨財〔附注〕林曰 言可愼守其家也已

자기의 아들이 貨財에 뜻을 두지 않은 것을 훌륭하게 여긴 것이다.

〔부주〕 林: 조심해 그 집을 지켜야 한다는 말이다.

＊) 역주〕 저본에는 '喜'로 되어 있으나 ≪十三經注疏≫本에 의거하여 '善'으로 바로잡았다.

20) 역주〕 可愼守也 : 政權을 얻으면 잃지 말아야 한다는 뜻으로 해석한 〈楊注〉의 說을 取해 번역하였다.

盧蒲癸王何卜攻慶氏하야 **示子之兆**[1)2)]**曰 或卜攻讐**ㄹ새 **敢獻其兆**[3)]하노라 **子之曰 克**[4)]이어니와 **見血**[5)]하리라 **冬十月**에 **慶封田于萊**[6)]에 **陳無宇從**하다 **丙辰**에 **文子使召之**[7)]하니 **請曰 無宇之母疾病**하니 **請歸**[8)]하노라 **慶季卜之**[9)]하야 **示之兆**하니 **曰死**[10)]라하고 **奉龜而泣**[11)]이어늘 **乃使歸**하다 **慶嗣聞之**[12)]**曰 禍將作矣**리라하고 **謂子家速歸**[13)]하소서 **禍作必於嘗**[14)]이리니 **歸猶可及也**[15)]니이다 **子家弗聽**하고 **亦無悛志**[16)]하다 **子息曰 亡矣**라 **幸而獲在吳越**[17)]하리라 **陳無宇濟水而戕舟發梁**[18)]하다

盧蒲癸와 王何가 慶氏를 攻擊하는 일로 거북점을 치고서 龜兆(龜甲이 터진 무늬)를 子之에게 보이며 말하기를 "어떤 자가 怨讐를 치려고 거북점을 쳤기에 감히 그 龜兆를 올립니다. 〈그 吉凶이 어떠합니까?〉"라고 하자, 子之가 말하기를 "우두머리를 잡을 것이지만 피를 볼 것이다."고 하였다. 겨울 10월에 慶封이 萊에서 사냥할 때 陳無宇가 隨行하였다. 丙辰日에 陳文子가 사람을 보내어 無宇를 부르니, 無宇가 慶封에게 요청하기를 "제 母親의 병이 위독하니 돌아가기를 청합니다."고 하였다. 慶季(慶封)가 〈無宇를 위해〉 거북점을 쳐서 無宇에게 그 龜兆를 보이니 無宇는 "이는 우리 母親이 죽을 龜兆입니다."고 하고서 그 龜甲을 들고 울자, 慶封은 그를 돌아가게 하였다. 慶嗣가 이 소식을 듣고 말하기를 "禍亂이 곧 일어날 것이다."고 하고서 子家(慶封)에게 "속히 돌아오십시오. 禍亂이 반드시 嘗祭 때에 일어날 것이니 돌아오시면 오히려 事前에 미쳐 막을 수 있습니다."라고 하였으나, 子家는 듣지 않고 또 뉘우치는 뜻도 없었다. 子息(慶嗣)이 말하기를 "亡할 것이다. 다행스러워야 吳나라나 越나라로 도망갈 수 있을 것이다."고 하였다. 陳無宇는 〈돌아올 때〉 江을 건넌 뒤에 船舶을 破壞하고 橋梁을 撤去하였다.

1) 龜兆〔附注〕 林曰 以龜兆示慶舍

兆는 龜兆이다.

〔부주〕 林: 龜兆를 慶舍에게 보인 것이다.

2) 역주〕 兆 : 龜甲을 불에 구워 터진 무늬를 보고서 吉凶을 占치는데, 터진 龜甲의 무늬를 '兆'라 한다.

3)〔附注〕林曰 言或卜攻其仇讐 敢獻兆 請問其吉凶

〔부주〕林: 어떤 자가 그 怨讐를 치려고 거북점을 쳤기에 감히 龜兆를 올려 그 吉凶이 어떤지를 묻는다는 말이다.

4)〔附注〕林曰 得雋

〔부주〕林: 克은 敵의 우두머리를 잡는 것이다.

5)〔附注〕林曰 主殺戮見血

〔부주〕林: 우두머리〔主〕를 殺戮하겠지만 피를 보게 될 것이라는 말이다.

6)〔附注〕林曰 田獵于萊國之地

〔부주〕林: 萊國의 땅에서 사냥한 것이다.

7)〔附注〕林曰 使人召桓子先歸

〔부주〕林: 사람을 보내어 桓子를 불러 먼저 돌아오게 한 것이다.

8)〔附注〕林曰 桓子請於慶封 詐言其母疾病

〔부주〕林: 桓子가 慶封에게 請하면서 그 母親의 병이 위독하다고 속인 것이다.

9) 季 慶封

慶季는 慶封이다.

10)〔附注〕林曰 言龜兆不吉 其母當死

〔부주〕林: 龜兆가 不吉하니 그 母親이 죽을 것이라는 말이다.

11) 無宇泣

無宇가 운 것이다.

12) 嗣 慶封之族

慶嗣는 慶封의 宗族이다.

13) 子家 慶封字

子家는 慶封의 字이다.

14) 嘗 秋祭

嘗은 가을 제사이다.

15)〔附注〕林曰 猶可及止也

〔부주〕林: 오히려 亂이 일어나기 전에 미쳐 막을 수 있다는 말이다.

16) 悛 改寤也

悛은 잘못을 깨닫고서 고치는 것이다.

17) 子息 慶嗣〔附注〕林曰 慶封必亡矣 若有幸 則得在吳越二國

子息은 慶嗣이다.

〔부주〕林: 慶封은 반드시 亡할 것이다. 만약 幸運이 있으면 吳·越 두 나라로 도망가 살 수 있을 것이라는 말이다.

18) 戕 殘壞也 不欲慶封得救難〔附注〕林曰 發壞其橋梁
戕은 破壞하는 것이다. 慶封이 亂離를 救援할 수 없게 하고자 해서이다.
〔부주〕林: 그 橋梁을 破壞한 것이다.

盧蒲姜謂癸曰 有事而不告我하니 **必不捷矣**[1)]리라 **癸告之**[2)]한대 **姜曰 夫子愎**하야 **莫之止**면 **將不出**하리니 **我請止之**[3)]하리라 **癸曰 諾**다 **十一月乙亥**에 **嘗于太公之廟**할새 **慶舍涖事**[4)]하다 **盧蒲姜告之**하고 **且止之**[5)]한대 **弗聽曰 誰敢者**오하고 **遂如公**[6)]하야 **麻嬰爲尸**[7)8)]하고 **慶奊爲上獻**[9)]하다 **盧蒲癸王何執寢戈**[10)]하고 **慶氏以其甲環公宮**[11)]하다 **陳氏鮑氏之圉人爲優**[12)]하니 **慶氏之馬善驚**일새 **士皆釋甲束馬**[13)]하고 **而飮酒**하며 **且觀優**하야 **至於魚里**[14)15)]어늘 **欒高陳鮑之徒介慶氏之甲**[16)]하다 **子尾抽桷**하야 **擊扉三**[17)]하니 **盧蒲癸自後刺子之**하고 **王何以戈擊之**하야 **解其左肩**이로되 **猶援廟桷**하야 **動於甍**[18)]하고 **以俎壺投殺人而後死**[19)]하다 **遂殺慶繩麻嬰**[20)]하다 **公懼**하니 **鮑國曰 群臣爲君故也**[21)]니이다 **陳須無以公歸**하야 **稅服而如內宮**[22)]하다

盧蒲姜이 그 남편 盧蒲癸에게 말하기를 "計畫하는 일이 있으면서 내게는 알려 주지 않으니 반드시 成功하지 못할 것이오."라고 하니 盧蒲癸가 그 계획을 알려 주자, 盧蒲姜이 말하기를 "우리 아버지는 성질이 괴팍하여 〈하라고 하면 하지 않고 하지 말라고 하면 하는 분이어서〉 나가지 말라고 말리는 사람이 없으면 아마도 嘗祭에 나가지 않을 것이니 내가 나가지 말라고 말리겠소."라고 하니, 盧蒲癸가 그리하라고 承諾하였다. 11월 乙亥日에 太公의 廟에 嘗祭를 擧行할 때 慶舍가 그 祭祀에 참가하기로 되어 있었다. 盧蒲姜이 慶舍에게 叛亂의 陰謀가 있음을 告하고 또 祭祀에 가지 말라고 말리자, 慶舍는 듣지 않고 말하기를 "누가 감히 이런 짓을 할 수 있단 말이냐?"라고 하고서 드디어 公所(太公廟를 이름)로 가서 麻嬰을 公尸로 삼고 慶奊을 上獻(初獻官)으로 삼았다. 盧蒲癸와 王何는 寢戈를 들고 옆에서 侍衛하고, 慶氏는 甲士를 거느리고 公宮을 에워쌌다. 陳氏와 鮑氏의 圉人들이 광대놀이를 벌이니, 慶氏의 말들은 본래 놀라 내달리기를 잘하므로 甲士들은 모두 갑옷을 벗고 말을 묶어놓고서 술을 마시고 광대놀이를 구경하면서 魚里까지 갔다. 그러자 欒氏・高氏・陳氏・鮑氏의 무리가 慶氏의 甲士들이 벗어놓은 갑옷을 입었다. 子尾가 서까래를 뽑아 문짝을 세 번 치니 盧蒲癸가 뒤에서 子之(慶舍)를 찌르고 王何가 창으로 쳐서 慶舍의 왼쪽 어깨를 잘랐다. 그런데도 慶舍는 오히려 祠堂의 서까래를 잡아당겨 용마루를 흔들고 도마〔俎〕와 병〔壺〕을 던져 사람

을 죽인 뒤에 죽었다. 盧蒲癸는 드디어 慶繩과 麻嬰을 죽였다. 齊景公이 두려워하니 鮑國이 말하기를 "群臣이 〈亂을 일으킨 것은〉 임금님을 위해서입니다."라고 하였다. 陳須無(陳文子)는 齊景公을 모시고 돌아와서 祭服을 벗고 內宮으로 갔다.

1) 姜 癸妻 慶舍女

盧蒲姜은 盧蒲癸의 아내이고 慶舍의 딸이다.

2) 告欲殺慶舍

慶舍를 죽이려 한다는 것을 告한 것이다.

3) 夫子 謂慶舍 〔附注〕 林曰 爲人狠愎 若無人諫止之 將不出嘗祭

夫子는 慶舍를 이른다.

〔부주〕 林: 慶舍의 사람됨이 사납고 괴팍하여 나가지 말라고 諫하여 말리는 사람이 없으면 아마도 嘗祭에 나가지 않을 것이라는 말이다.

4) 臨祭事

祭祀에 참여하는 것이다.

5) 〔附注〕 林曰 告其父以有變 且止其父勿出臨祭

〔부주〕 林: 그 아버지에게 變亂의 陰謀가 있음을 告하고서 그 아버지에게 나아가 제사에 참여하지 말라고 말린 것이다.

6) 至公所

公所에 이른 것이다.

7) 爲祭尸

麻嬰이 祭尸가 된 것이다.

8) 역주〕 尸 : 天子나 諸侯의 祭祀에 祭祀를 받는 神을 대신해 제사를 받는 사람이다. 卿이 尸가 되기 때문에 '公尸'라 한다.

9) 上獻 先獻者

上獻은 맨 먼저 술잔을 올리는 사람이다.

10) 〔附注〕 林曰 二人執親兵以從慶舍

〔부주〕 林: 두 사람은 親兵(携帶用 武器인 듯함)을 들고서 慶舍를 侍從한 것이다.

11) 廟在宮內 〔附注〕 林曰 以其私甲環衛公宮

廟가 公宮 안에 있기 때문이다.

〔부주〕 林: 자기의 甲士로 公宮을 에워싸고서 護衛하게 한 것이다.

12) 優 俳 〔附注〕 林曰 陳鮑二家養馬人爲優俳之戲

優는 광대이다.

〔부주〕 林: 陳氏와 鮑氏 두 집안의 말 기르는 사람들이 광대놀이를 펼친 것이다.

13) 束 絆之也

束은 말을 묶어 움직이지 못하게 한 것이다.

14) 魚里 里名 優在魚里 就觀之

魚里는 마을 이름이다. 광대가 魚里에 있었기 때문에 그곳으로 가서 구경한 것이다.

15) 역주〕至於魚里 : 陳氏와 鮑氏의 圉人들이 太公廟 곁에서 광대놀이를 시작하여 구경꾼을 이끌고서 魚里로 간 것이다. 慶氏의 군사들이 술을 마시면서 광대놀이를 구경하며 드디어 함께 魚里로 간 것이다. 杜注의 말대로라면 광대들이 처음부터 魚里에 있었기 때문에 군사들이 가서 구경한 것이 되니, 文義로 보아 맞지 않는 것 같다고 한 ≪左氏會箋≫의 설을 취해 번역하였다.

16) 欒 子雅 高 子尾 陳 陳須無 鮑 鮑國〔附注〕林曰 介 因也 慶氏之士釋甲而觀優 故四族因慶氏之甲

欒은 子雅이고, 高는 子尾이고, 陳은 陳須無이고, 鮑는 鮑國이다.

〔부주〕林: 介는 因(利用)이니, 慶氏의 甲士들이 갑옷을 벗고 광대놀이를 구경하였기 때문에 네 宗族이 慶氏의 갑옷을 利用한 것이다.

17) 桷 椽也 扉 門闔也 以桷擊扉爲期

桷은 서까래이고 扉는 문짝이다. 서까래로 문짝을 치는 것을 擧事의 時期로 삼은 것이다.

18) 甍 屋棟〔附注〕林曰 慶舍雖傷重 猶能援大廟之椽 動於屋角

甍은 지붕을 받치고 있는 들보이다.

〔부주〕林: 慶舍가 비록 重傷을 입었으나 오히려 太廟의 서까래를 당겨 지붕의 한쪽 모서리를 흔들 수 있었다는 말이다.

19) 言其多力〔附注〕林曰 俎壺 皆祭器

慶舍의 힘이 세다는 것을 말한 것이다.

〔부주〕林: 俎와 壺는 모두 祭器이다.

20) 慶繩 慶嗣

慶繩은 慶嗣이다.

21) 言欲尊公室 非爲亂

公室을 높이려는 것이고 叛亂을 일으키려는 것이 아니라는 말이다.

22) 言公懼於外難〔附注〕林曰 以景公歸家 稅祭服而往內宮

齊景公은 문밖이 擾亂하기 때문에 두려워한 것이다.

〔부주〕林: 齊景公을 모시고 집으로 돌아가서 祭服을 벗고서 內宮으로 간 것이다.

慶封歸타가 **遇告亂者**[1])하다 **丁亥**에 **伐西門**[2])하야 **弗克**하고 **還伐北門**하야 **克之**하고 **入伐**

內宮[3)]타가 弗克하다 反陳于嶽[4)]하야 請戰이나 弗許[5)]하니 遂來奔하다 獻車於季武子하니 美澤可以鑑[6)7)]이라 展莊叔見之[8)]曰 車甚澤하니 人必瘁리라 宜其亡也[9)]로다 叔孫穆子食慶封에 慶封氾祭[10)]하니 穆子不說하야 使工爲之誦茅鴟[11)]한대 亦不知[12)]하다 旣而齊人來讓[13)]하니 奔吳하다 吳句餘予之朱方[14)]하고 聚其族焉而居之하니 富於其舊러라 子服惠伯謂叔孫[15)]曰 天殆富淫人이라 慶封又富矣로다 穆子曰 善人富를 謂之賞이오 淫人富를 謂之殃[16)]이니 天其殃之也하야 其將聚而殲旃[17)]이라

慶封이 돌아오다가 變亂을 告하는 자를 만났다. 丁亥日에 慶封이 西門을 攻擊하여 勝利하지 못하자, 城을 돌아 北門을 攻擊해 勝利하고서 都城 안으로 들어가 內宮을 攻擊하였으나 勝利하지 못하였다. 慶封은 군대를 돌려 嶽街에 陳을 치고서 決戰하기를 請하였으나 허락하지 않으니, 드디어 魯나라로 도망해 왔다. 慶封이 季武子에게 수레를 바쳤는데 그 수레가 華麗하고 光澤이 나서 사람의 얼굴이 비치었다. 展莊叔이 그 수레를 보고서 말하기를 "수레가 매우 潤澤한 것으로 보아 틀림없이 사람들이 크게 고통을 받았을 것이니, 그가 國外로 도망하는 것은 당연하다."고 하였다. 叔孫穆子가 慶封에게 飮食을 接待하는데 慶封이 祭(고수레)하는 음식을 멀리 흩으니 穆子는 不快하여 樂工을 시켜 그를 위해 〈茅鴟〉詩를 朗誦하게 하였으나 慶封은 〈작년에도 相鼠詩가 자기를 諷刺하는 것인 줄을 모르더니〉 이번에도〔亦〕 자기를 諷刺하는 것인 줄을 알지 못하였다. 얼마 되지 않아 齊人이 와서 魯나라가 慶封을 받아들인 것을 꾸짖으니, 慶封은 吳나라로 도망하였다. 吳王 句餘가 慶封에게 朱方을 주어 그 族人을 모아 그곳에 살게 하니 慶封의 財産이 齊나라에 있을 때보다 더 富裕하였다. 子服惠伯이 叔孫에게 말하기를 "하늘은 아마도 惡人을 富者로 만드는가 봅니다. 慶封이 또 富者가 되었으니 말입니다."라고 하자, 穆子가 말하기를 "善人의 富裕를 賞이라 하고 惡人의 富裕를 災殃이라 하니, 하늘은 그에게 災殃을 내리려고 그 族人을 한곳에 모아 殲滅하려는 것인 듯합니다."고 하였다.

1) 〔附注〕 林曰 慶封自田狩歸 遇告亂者于道

〔부주〕 林: 慶封이 사냥에서 돌아오다가 길에서 變亂이 난 것을 告하는 자를 만난 것이다.

2) 〔附注〕 林曰 伐齊西門

〔부주〕 林: 齊나라 都城의 西門을 攻擊한 것이다.

3) 陳鮑在公所故

陳氏와 鮑氏가 公所에 있기 때문에 內宮을 攻擊한 것이다.

4) 嶽 里名

嶽은 街路의 이름이다.

5)〔附注〕林曰 慶封請與陳鮑戰

〔부주〕林: 慶封이 陳氏・鮑氏와 戰爭하기를 請한 것이다.

6) 光鑑形也〔附注〕林曰 車美而光澤可以鑑形

光澤이 形象을 비치는 것이다.

〔부주〕林: 수레가 아름답고 光澤이 나서 形象을 비출 정도라는 말이다.

7) 역주〕美澤可以鑑 : 수레를 만드는 材料는 나무와 銅인데, 나무에 漆을 한 것이 이미 화려하고 또 광택이 나서 사람을 비춘다는 말이다.

8) 魯大夫

展莊叔은 魯나라 大夫이다.

9)〔附注〕林曰 竭民力而爲車 人必困瘁

〔부주〕林: 民力(백성들의 財物)을 다 收奪하여 수레를 만들었으니 사람들이 반드시 困窮해 憔悴해졌을 것이라는 말이다.

10) 禮 食有祭[*)] 示有所先也 氾祭 遠散所祭 不共

禮에 飮食을 먹을 때에 祭(고수레)함이 있으니, 이는 음식을 처음 만든 분이 있다는 것을 보이기 위함이다. 氾祭는 祭하는 음식을 멀리 흩는 것이니 공경스럽지 못하다.

*) 역주〕食有祭 : 옛사람들은 음식을 먹을 때 밥과 반찬을 조금씩 덜어 내어 그릇 사이에 놓고서 최초에 음식을 發明한 사람에게 祭祀하였는데, 이를 '祭'라 한다.

11) 工 樂師 茅鴟 逸詩 刺不敬

工은 樂師이다. 〈茅鴟〉는 逸詩인데, 不敬을 諷刺한 詩이다.

12)〔附注〕林曰 慶封亦不之知 言其闇甚

〔부주〕林: 慶封은 이번에도 그 詩가 자기를 諷刺하는 것임을 알지 못했다는 것은 그가 매우 어두웠음을 말한 것이다.

13) 讓魯受慶封

魯나라가 慶封을 받아들인 것을 꾸짖은 것이다.

14) 句餘 吳子夷末也 朱方 吳邑

句餘는 吳子 夷末이고, 朱方은 吳나라 邑이다.

15)〔附注〕朱曰 惠伯 孟椒也 叔孫 名豹 皆魯人

〔부주〕朱: 惠伯은 孟椒이고 叔孫은 이름이 豹인데 모두 魯나라 사람이다.

16)〔附注〕朱曰 言善人致富 是天賞之 淫人致富 是天禍之

〔부주〕朱: 善人이 부자가 되는 것은 하늘이 그에게 賞을 내린 것이고, 惡人이 부자가 되는 것은 하늘이 그에게 禍를 내린 것이라는 말이다.

17) 殲 盡也 旃 之也 爲昭四年殺慶封傳〔附注〕朱曰 蓋將聚其族而滅之

殲은 盡이고 旃은 之이다. 昭公 4년에 慶封을 죽인 傳의 배경이다.

〔부주〕朱: 그 族人을 한곳에 모아 놓고서 殲滅하려는 것인 듯하다는 말이다.

【傳】癸巳에 天王崩하다 未來赴하야 亦未書하니 禮也[1)]라

癸巳日에 天王이 崩하였다. 赴告가 오지 않아서 經에 기록하지 않았으니 禮에 맞았다.

1) 嫌時已聞喪當書 故發例

이때 이미 喪의 소식을 들었으니 당연히 기록해야 한다고 의심할 성싶기 때문에 例를 드러낸 것이다.

【傳】崔氏之亂에 喪群公子[1)]하다 故鉏在魯[2)]하고 叔孫還在燕하고 賈在句瀆之丘[3)]하다 及慶氏亡하야 皆召之[4)]하야 具其器用而反其邑焉[5)]하다 與晏子邶殿其鄙六十[6)7)]하니 不受한대 子尾曰 富는 人之所欲也어늘 何獨不欲고 對曰 慶氏之邑足欲이라 故亡이라 吾邑不足欲也어늘 益之以邶殿이면 乃足欲이니 足欲이면 亡無日[8)]矣라 在外면 不得宰吾一邑[9)]이니 不受邶殿은 非惡富也라 恐失富也라 且夫富는 如布帛之有幅焉[10)11)]하니 爲之制度는 使無遷也[12)]라 夫民은 生厚而用利르새 於是乎正德以幅之[13)]하야 使無黜嫚[14)15)]하나니 謂之幅利[16)]라 利過則爲敗니 吾不敢貪多가 所謂幅也라 與北郭佐邑六十한대 受之하고 與子雅邑한대 辭多受少하고 與子尾邑한대 受而稍致之[17)]하니 公以爲忠이라 故有寵하다 釋盧蒲嫳于北竟[18)]하다

崔氏의 叛亂 때 齊나라의 群公子가 모두 國外로 도망하였다. 그러므로 公子 鉏는 魯나라에 있고, 叔孫還은 燕나라에 있고, 公子 賈는 句瀆의 언덕에 있었다. 慶氏가 滅亡함에 미쳐 그들을 모두 불러들여 器用을 갖추어 주고 原來의 封邑을 돌려주었다. 晏子에게 邶殿의 邊邑 60을 주니 받지 않자, 子尾가 말하기를 "富는 사람마다 원하는 바인데 어째서 당신은 홀로 富를 원하지 않습니까?"라고 하니 晏子가 대답하기를 "慶氏는 邑이 慾望에 만족하였기 때문에 國外로 도망가는 禍를 당한 것입니다. 나는 邑이 慾望에 만족하지 않기 때문에 〈집안을 보존한 것인데〉 邶殿의 60邑을 보태면 慾望에 만족하게 되니, 慾望이 만족하게 이루어지면 머지않아 國外로 도망가게 될 것입니다. 外國으로 도망가 있으면 나의 邑 하나도 主宰할 수 없으니, 내가 邶殿을 받지 않는 것은 富를 싫어해서가 아니라 富를 잃을까 두려워서입니다. 그리고 富는 布帛에 幅이 있는 것

과 같으니, 幅으로써 廣狹의 制度를 정한 것은 폭을 넓히거나 좁힐〔遷〕 수 없게 하기 위함입니다. 백성은 생활이 豊富하고 器用이 便利하기를 원하므로 正德(각자 자기의 도리를 바르게 지킴)으로써 그 욕망을 制限〔幅〕하여 지나치거나 모자람〔黜嫚〕이 없게 하는 것이니, 이를 일러 '幅利(財利를 制限)'라고 합니다. 財富가 지나치면 敗亡하게 마련이니 내가 많은 것을 탐하지 않는 것이 이른바 '幅(制限)'입니다."라고 하였다. 北郭佐에게 邑 60을 주니 받았고, 子雅에게 邑을 주니 稅額이 많은 邑은 사양하고 적은 邑만 받았다. 子尾에게 邑을 주자 받았다가 다〔稍〕 도로 齊景公에게 돌려주니, 齊景公은 그를 忠誠스럽다고 여겨 寵愛하였다. 盧蒲嫳을 북쪽 변방으로 追放하였다.

1)〔附注〕林曰 群公子皆亡

〔부주〕林: 모든 公子가 다 도망간 것이다.

2)〔附注〕林曰 公子鉏奔魯

〔부주〕林: 公子 鉏는 魯나라로 出奔하였다.

3) 在二十一年

襄公 21년에 있었다.

4)〔附注〕林曰 皆召群公子

〔부주〕林: 群公子를 모두 불러들인 것이다.

5) 反 還也〔附注〕林曰 具群公子之家私器用而還群公子之故邑焉

反은 還(돌려줌)이다.

〔부주〕林: 群公子의 家産과 器用을 갖추어 주고, 群公子의 故邑(原來의 封邑)을 돌려준 것이다.

6) 邶殿 齊別都 以邶殿邊鄙六十邑與晏嬰

邶殿은 齊나라의 別都(首都 이외의 都市)이다. 邶殿의 邊鄙에 있는 60邑을 晏嬰에게 준 것이다.

7) 역주〕與晏子邶殿其鄙六十 : 邶殿은 大邑이고 鄙는 邶殿의 屬邑이다. 이 屬邑을 晏嬰에게 준 것이고 邶殿을 준 것이 아니다. ≪左氏會箋≫

8) 역주〕亡無日 : 亡은 出亡의 亡이다. 慾望이 만족하게 이루어지면 驕慢한 마음이 끊임없이 생겨나므로 오래지 않아 慶氏처럼 逐出당할 것이라는 말이다.

9)〔附注〕朱曰 若出亡在外 雖吾一故邑 尙不得主之 況邶殿乎

〔부주〕朱: 만약 外國으로 도망가 있으면 나의 故邑 하나도 主宰할 수 없을 것인데 하물며 邶殿이겠느냐는 말이다.

10)〔附注〕朱曰 富者 如織布帛 須有邊幅

〔부주〕朱: 富는 布帛을 짜는데 〈幅이 있는 것과〉 같이 반드시 邊幅(限度)이 있어야

한다는 말이다.

11) 역주〕布帛之有幅焉 : 옛날의 布帛의 幅은 2尺 2寸이었다. 遷은 增減하는 것이다. ≪左氏會箋≫

12) 遷 移也〔附注〕朱曰 邊幅所以爲布帛之制度 故無遷移之患

遷은 移이다.

〔부주〕朱: 邊幅은 布帛의 너비를 규정하기 위한 制度이기 때문에 遷移(더 넓어지거나 좁아짐)의 우려가 없다는 말이다.

13) 言厚利皆人之所欲 唯正德可以爲之幅

豐富와 便利는 모두 사람들이 願하는 바이므로 오직 正德만이 사람들의 慾望을 制限할 수 있다는 말이다.

14) 黜 猶放也〔附注〕林曰 使無放而怠嫚

黜은 放(방종)과 같다.

〔부주〕林: 放縱하거나 怠嫚함이 없게 하는 것이다.

15) 역주〕使無黜嫚 :〈楊注〉등 여러 註釋書에 "黜은 退이고 嫚은 過이다."고 하였으니, 無黜嫚은 규정한 幅에서 지나치거나 모자람이 없게 한다는 말로 사람들의 貪欲을 制裁하여 限度를 넘지 못하게 한다는 뜻이다.

16)〔附注〕林曰 謂之利之幅尺[*]

〔부주〕林: 이를 일러 財利의 幅尺이라고 한다는 말이다.

*) 역주〕利之幅尺 : 布帛의 幅에 정해진 尺數가 있듯이 財利에도 넘어서는 안 될 限度가 있다는 말이다.

17) 致遠〔還〕[*]公

致는 齊景公에게 도로 돌려준 것이다.

*) 역주〕저본에는 '遠'으로 되어 있으나 ≪十三經注疏≫本에 의거하여 '還'으로 바로잡았다.

18) 釋 放也

釋은 放(追放)이다.

求崔杼之尸하야 **將戮之**로되 **不得**[1)2)]하다 **叔孫穆子曰 必得之**[3)]리라 **武王有亂十人**[4)]이어니와 **崔杼其有乎**아 **不十人**이면 **不足以葬**[5)]이라 **旣崔氏之臣曰 與我其拱璧**[6)7)]이면 **吾獻其柩**하리라 **於是得之**하다 **十二月乙亥朔**에 **齊人遷莊公**하야 **殯于大寢**[8)]하고 **以其棺尸崔杼於市**[9)]하니 **國人猶知之**하고 **皆曰崔子也**[10)11)]라하다

崔杼의 屍體을 찾아 戮尸하려 하였으나 찾지 못하였다. 叔孫穆子가 말하기를 "반드

시 찾을 수 있을 것이다. 武王에게는 治國의 才能을 가진 신하〔亂〕 10人이 있었지만 崔杼에게 어찌 그런 신하가 있었던가? 그러나 10人이 아니면 葬事를 치를 수 없다."고 하였다. 얼마 뒤에 崔氏의 家臣이었던 자가 와서 말하기를 "崔杼의 大璧을 나에게 준다면 나는 그 柩(屍體가 들어 있는 棺)를 가져다 바치겠습니다."라고 하였다. 이에 그 시체를 찾았다. 12월 초하루 乙亥日에 齊人이 齊莊公을 遷葬하기 위해 大寢에 殯(入棺하여 葬事 때까지 安置하는 것)하고서 그 棺(齊莊公을 모셨던 棺)에 崔杼의 屍體를 넣어 저잣거리에 내어 놓으니, 나라 사람들도 오히려 알아보고서 모두 "崔子가 틀림없다."고 하였다.

1) 〔附注〕 林曰 將戮其弑君之罪 不得其尸
〔부주〕 林: 임금을 弑害한 崔杼의 罪를 물어 戮尸하려 하였으나 그 시체를 찾지 못한 것이다.
2) 역주〕 戮之 : 戮尸. 刑罰의 一種으로 罪人의 屍體를 저잣거리에 늘어놓아 侮辱을 주는 것이다.
3) 역주〕 必得之 : 열 사람이 있어야 葬事를 치를 수 있는데, 崔杼의 葬事를 치른 열 사람이 모두 崔杼를 위해 秘密을 지키지 않을 것이므로 반드시 와서 告發하는 자가 있을 것이라는 뜻이다.
4) 亂 治也
亂은 治이다.
5) 葬必須十人 崔氏不能令十人同心 故必得
葬事에는 반드시 열 사람이 필요한데, 崔氏는 열 사람이 一心이 되게 하지 못하였기 때문에 반드시 찾아낼 수 있다는 말이다.
6) 崔氏之璧 〔附注〕 林曰 言與我崔氏之大璧
拱璧은 崔氏의 大璧이다.
〔부주〕 林: 崔氏의 大璧을 내게 달라는 말이다.
7) 역주〕 拱璧 : 두 손으로 잡을 만큼 큰 璧玉인데, 崔杼의 棺 속에 넣었던 물건이다. ≪左氏會箋≫
8) 更殯之於路寢也 十二月戊戌朔 乙亥誤 〔附注〕 林曰 二十五年 崔氏側莊公于北郭
다시 路寢(正寢)에 殯한 것이다. 12월 戊戌朔은 乙亥朔의 잘못이다.
〔부주〕 林: 襄公 25년에 崔氏가 齊莊公의 尸身을 北郭에 묻었다.
9) 崔氏弑莊公 又葬不如禮 故以莊公棺著崔杼尸邊 以章其罪
崔氏가 齊莊公을 弑害하고 또 葬事도 禮대로 지내지 않았다. 그러므로 전에 齊莊公에게 썼던 棺에 崔杼의 屍體를 넣어 그 罪를 드러낸 것이다.

10) 始求崔杼之尸不得 故傳云國人皆知之

처음 崔杼의 屍體를 찾을 때는 찾지 못하였기 때문에 傳에 "國人이 모두 알아보았다." 고 한 것이다.

11) 역주] 國人猶知之 : 崔杼가 작년 9월에 죽어 그 아들 明이 大墓에 장사 지낸 지가 지금 13개월이 되었으니, 그 시체가 반드시 부패하였을 것이다. 그러나 面目과 形體를 분명히 識別할 수 있었기 때문에 國人도 오히려 알아보고서 "이는 틀림없이 崔子이다."고 한 것이다. 처음 崔杼의 시체를 찾을 때는 찾지 못하였다가 崔氏의 신하가 柩를 가져다 바침에 미쳐 비로소 찾았으니, 혹 다른 사람의 시체를 바쳐 속인 것으로 의심할 수 있기 때문에 國人의 말을 들어 崔杼의 시체가 틀림없음을 드러낸 것이다. ≪左氏會箋≫

【傳】 **爲宋之盟故**하야 **公及宋公陳侯鄭伯許男如楚**하다 **公過鄭**에 **鄭伯不在**[1]하다 **伯有廷〔往〕**[2]**勞於黃崖**에 **不敬**[3]이어늘 **穆叔曰 伯有無戾於鄭**이면 **鄭必有大咎**[4]리라 **敬**은 **民之主也**어늘 **而棄之**하니 **何以承守**[5]리오 **鄭人不討**면 **必受其辜**하리라 **濟澤之阿**[6)7]와 **行潦之蘋藻**[8)9]를 **寘諸宗室**[10]하야 **季蘭尸之**는 **敬也**[11)12]니 **敬可棄乎**[13]아

宋나라에서 맺은 盟約을 지키기 위해 襄公이 宋公·陳侯·鄭伯·許男과 함께 楚나라에 갔다. 襄公이 鄭나라를 지날 때 鄭伯은 〈이미 楚나라로 떠나고〉 國內에 없었다. 伯有가 黃崖로 가서 襄公을 慰勞하였는데 態度가 공경스럽지 않자, 穆叔이 말하기를 "鄭나라가 伯有를 誅戮〔戾〕하지 않는다면 鄭나라는 반드시 큰 災禍가 생길 것이다. 恭敬은 백성을 다스리는 근본〔主〕인데 근본을 버렸으니, 어찌 先祖를 받들고 家室(家族과 財産)을 지킬 수 있겠는가? 鄭人이 그를 討伐하지 않는다면 반드시 그 禍를 받을 것이다. 여울과 늪의 가장자리와 길에 고인 물웅덩이에 난 水草를 뜯어다가 宗廟에 올리고서 季蘭이 제사를 主宰하여도 〈神이 歆饗하는 것은〉 恭敬하기 때문이니, 공경을 버려서야 되겠는가?"라고 하였다.

1) 已在楚

鄭伯은 이미 楚나라에 가 있었다.

2) 역주] 저본에는 '廷'으로 되어 있으나, ≪十三經注疏≫本에 의거하여 '往'으로 바로잡았다.

3) 熒陽宛陵縣西有黃水 西南至新鄭城西入洧 〔附注〕 林曰 鄭伯有往勞魯公于黃水之崖

熒陽 宛陵縣 서쪽에 黃水가 있는데, 西南쪽으로 흘러 新鄭城에 이르러 서쪽으로 洧水로 들어간다.

〔부주〕 林: 鄭나라 伯有가 黃水 가로 가서 魯襄公을 慰勞한 것이다.

4) 伯有不受戮 必還爲鄭國害

伯有가 죽음을 당하지 않으면 반드시 도리어 鄭나라의 害가 될 것이란 말이다.

5) 言無以承先祖守其家

先祖를 받들 수도 그 家室을 지킬 수도 없다는 말이다.

6) 言薄土〔附注〕林曰 阿 陵也

瘠薄한 땅을 말한 것이다.

〔부주〕林: 阿는 언덕이다.

7) 역주] 濟澤之阿 : 濟는 물을 건너는 곳이고, 澤은 물과 풀밭의 어름이고, 阿는 물가이다.〈楊注〉

8) 言賤菜

賤한 나물을 말한 것이다.

9) 역주] 行潦之蘋藻 : 行은 道路이고, 潦는 고인 물이다. 蘋은 浮萍이고 藻는 水草이다.〈楊注〉

10) 薦宗廟

宗廟에 올리는 것이다.

11) 言取蘋藻之菜於阿澤之中 使服蘭之女而爲之主 神猶享之 以其敬也

阿澤 가운데서 蘋藻 등의 나물을 採取해다가 蘭草를 찬 少女로 하여금 祭祀를 主宰하게 하여도 神이 오히려 歆饗하는 것은 少女가 恭敬하기 때문이라는 말이다.

12) 역주] 季蘭尸之 :〈楊注〉에 "이 몇 句는 뜻이 ≪詩經≫〈召南 采蘋篇〉의 뜻과 같다. 그 詩에 '누가 제사를 주재하는가? 공경스러운 계녀이지〔誰其尸之 有齊季女〕'라고 하였으니, 季蘭은 바로 詩에 말한 季女이다."고 하였다. ≪禮記≫〈昏義〉에 의하면 옛날에는 處女가 出嫁하기 3개월 전에 宗家로 가서 婦德·婦言·婦容·婦功 등에 관한 教育을 받는다. 教育이 끝나면 教育이 끝났음을 告하는 祭祀를 지냈는데, 教育을 마친 少女가 제사를 主宰하였다.

13) 爲三十年鄭殺良霄傳

襄公 30년에 鄭나라가 良霄(伯有)를 죽인 傳의 배경이다.

及漢[1)]에 **楚康王卒**하니 **公欲反**한대 **叔仲昭伯曰 我楚國之爲**니 **豈爲一人**이리잇가 **行也**[2)]하소서 **子服惠伯曰 君子有遠慮**하고 **小人從邇**[3)]니이다 **飢寒之不恤**이온 **誰遑其後**[4)]릿가 **不如姑歸也**[5)]니이다 **叔孫穆子曰 叔仲子專之矣**[6)]오 **子服子**는 **始學者也**[7)]니이다 **榮成伯曰 遠圖者**가 **忠也**[8)]이니다 **公遂行**[9)]하다 **宋向戌曰 我一人之爲**오 **非爲楚也**라 **飢寒之不恤**이온 **誰能恤楚**리오 **姑歸而息民**하야 **待其立君而爲之備**니라 **宋公遂反**하다

一行이 漢水에 이르렀을 때 楚康王이 卒하니, 襄公이 魯나라로 돌아가고자 하자, 叔

仲昭伯은 "우리가 楚나라를 위해 온 것이지 어찌 楚王 한 사람을 위해 온 것이겠습니까? 계속 앞으로 가소서."라고 하고, 子服惠伯은 "君子는 먼 앞일을 헤아리는 깊은 생각이 있지만 小人은 目前의 이익만을 따릅니다. 目前의 飢寒도 구제할 수 없는데 어느 겨를에 뒷일을 걱정하겠습니까? 우선 돌아가는 것만 못합니다."라고 하였다. 叔孫穆子가 말하기를 "叔仲子는 重任을 專擔시킬 만하고, 子服子는 〈먼 앞날을 생각할 줄 모르는〉 初學者일 뿐입니다."라고 하고, 榮成伯이 말하기를 "먼 앞일을 생각하는 사람이 忠臣입니다."라고 하니, 襄公은 드디어 계속해 가기로 하였다. 宋나라 向戌이 말하기를 "우리는 楚王 한 사람을 위해 온 것이지 楚나라를 위해 온 것이 아닙니다. 飢寒도 救濟할 수 없는데 어느 겨를에 楚나라를 걱정하겠습니까? 우선 돌아가서 백성들을 安息시키면서 楚나라가 임금을 세울 때를 기다려 對備策을 세우소서."라고 하니 宋平公은 드디어 宋나라로 돌아갔다.

1) 〔附注〕 林曰 諸侯行及漢水
〔부주〕 林: 諸侯의 一行이 漢水에 이른 것이다.
2) 昭伯 叔仲帶
昭伯은 叔仲帶이다.
3) 邇 近也
邇는 近이다.
4) 遑 暇也
遑은 暇(겨를)이다.
5) 〔附注〕 朱曰 不若且歸魯也
〔부주〕 朱: 우선 魯나라로 돌아가는 것만 못하다는 말이다.
6) 言足專任
專任시킬 만하다는 말이다.
7) 言未識遠
識見이 遠大하지 못하다는 말이다.
8) 成伯 榮駕鵝
成伯은 榮駕鵝이다.
9) 從昭伯謀
昭伯의 計策을 따른 것이다.

【傳】 楚屈建卒커늘 **趙文子喪之如同盟**하니 **禮也**[1]라

楚나라 屈建이 卒하자, 晉나라 趙文子가 同盟國의 例에 따라 弔喪하였으니 禮에 맞았다.

1) 宋盟有衷甲之隙 不以此廢好 故曰禮
襄公 27년에 宋나라에서 盟約할 때 楚軍이 속에 갑옷을 입은 일로 趙文子와 屈建의 사이에 틈이 생겼지만, 文子는 이 일로 인해 友好를 버리지 않았다. 그러므로 禮라고 한 것이다.

【傳】 王人來告喪[1)]하다 問崩日하니 以甲寅告하다 故書之[2)]하야 以徵過也[3)4)]하다

王人이 와서 喪을 告하였다. 崩御한 날을 물으니 甲寅日로 告하였다. 그러므로 經에 甲寅日로 기록하여 잘못을 懲罰한 것이다.

1) 〔附注〕 林曰 周使人來魯告靈王之喪
〔부주〕 林: 周나라 使者가 魯나라에 와서 靈王의 喪을 告한 것이다.

2) 〔附注〕 林曰 實十一月癸巳崩而以十二月甲寅告
〔부주〕 林: 사실은 11월 癸巳日에 崩御하였는데, 12월 甲寅日에 崩御한 것으로 通告한 것이다.

3) 徵 審也 此緩告非有事宜 直臣子怠慢 故於此發例
徵은 審(밝힘)이다. 이렇게 늦게 와서 告한 것은 事故가 있어서가 아니라 단지 신하가 怠慢해서였다. 그러므로 여기에 例를 드러낸 것이다.

4) 역주〕 以徵過也 : 徵은 懲과 通用하니, 이 徵은 懲으로 읽어야 한다. 周靈王이 11월 癸巳日에 崩하였는데 12월 甲寅日로 告하였으니, 臣子의 怠慢이 이보다 큰 것이 없다. 그러므로 經에 告한 대로 기록한 것은 그 잘못을 懲罰하여 將來를 경계하기 위함이다. ≪左氏會箋≫

魯襄公 六

〈二十九年, 丁巳 B.C.544〉

【經】 二十有九年春王正月에 **公在楚**[1)]하다

29년 봄 周王 正月에 襄公이 楚나라에 있었다.

1) 公在外 闕朝正之禮甚多 而唯書此一年者 魯公如楚 旣非常 此公又踰年 故發此一事以明常
襄公이 國外에 나가 있어 朝正(諸侯가 歲首에 宗廟에 祭祀 지내는 일)의 禮를 거행하지 못한 경우가 매우 많았는데, 유독 이 한 해의 일만을 기록한 것은 魯公이 楚나라에 간 것이 이미 常道가 아닌 데다가 또 襄公이 楚나라에서 해를 넘겼기 때문에 이 일을 드러내어 常道를 밝힌 것이다.

【經】 夏五月에 **公至自楚**[1)]하다

여름 5월에 襄公이 楚나라에서 돌아왔다.

1) 역주〕 夏五月 公至自楚 : 襄公이 작년 11월에 楚나라로 가서 금년 5월에 돌아왔으니, 7개월 만에 돌아온 것이다.

【經】 庚午에 **衛侯**衎**卒**[1)]하다

庚午日에 衛侯 衎이 卒하였다.

1) 無傳 四同盟
傳이 없다. 魯나라와 네 차례 同盟하였다.

【經】 閽弑吳子餘祭[1)]하다

閽人이 吳子 餘祭를 弑害하였다.

1) 閽 守門者 下賤非士 故不言盜
閽은 宮門을 지키는 자이다. 下賤이고 士가 아니기 때문에 '盜'라고 말하지 않은 것

이다.

【經】 仲孫羯會晉荀盈齊高止宋華定衛世叔儀鄭公孫段曹人莒人滕人薛人小邾人하야 城杞[1)]하다

仲孫羯이 晉나라 荀盈·齊나라 高止·宋나라 華定·衛나라 世叔儀·鄭나라 公孫段·曹人·莒人·滕人·薛人·小邾人과 會合하여 杞에 城을 쌓았다.

1) 公孫段 伯石也 三十年 伯有死 乃命爲卿 今蓋以攝卿行
公孫 段은 伯石이다. 襄公 30년에 伯有가 죽은 뒤에 伯石을 命하여 卿으로 삼았으니, 지금은 대개 卿을 대신해 간 것인 듯하다.

【經】 晉侯使士鞅來聘하다

晉侯가 士鞅을 보내어 와서 聘問하였다.

【經】 杞子來盟[1)]하다

杞子가 와서 同盟하였다.

1) 杞復稱子 用夷禮也〔附注〕林曰 傳曰 書曰子 賤之也 凡來盟 皆大夫也 杞伯親之 故賤之也 杞雖稱子矣 前乎此 夷儀之會 稱伯 後乎此 卒復稱伯 來盟特稱子 見春秋之貶諸侯也 春秋之褒貶君大夫 莫備於隱桓莊之世 成襄而下 舍杞子無削其爵者 舍楚子虔無生名之者 經之變文也
杞君을 다시 子로 稱한 것은 夷狄의 禮를 행하였기 때문이다.
〔부주〕林: 傳에 "經에 子로 기록한 것은 그를 賤하게 여긴 것이다."고 하였다. 盟約에 온 사람들이 모두 大夫들이었는데 杞伯은 〈大夫를 보내지 않고 本人이〉 직접 왔기 때문에 賤하게 여긴 것이다. 杞君을 비록 '子'로 稱하였으나 앞서 있었던 夷儀(襄公 24년)의 會合에는 '伯'으로 칭하였고, 이번 來盟 以後에는 마침내 다시 '伯'으로 稱하였다. 그런데 이번의 來盟에만 특별히 '子'로 칭하여, ≪春秋≫에 諸侯를 貶下한 것을 드러내었다. ≪春秋≫에 임금과 大夫를 褒貶한 것이 隱公·桓公·莊公 때보다 더 具體的인 적이 없었다. 그런데 成公·襄公 以下로는 杞子를 容恕〔舍〕하여 그 爵位를 깎지 않고, 楚子 虔을 容恕하여 살았을 때 그 이름을 칭하지 않은 것은 經의 變文이다.

【經】 吳子使札來聘[1)]하다

吳子가 札을 보내어 와서 聘問하였다.

1) 吳子 餘祭 旣遣札聘上國而後死 札以六月到魯 未聞喪也 不稱公子 其禮未同於上國*) 〔附注〕 林曰 吳始聘 始書子 始君臣竝見 吳驟强也

吳子 餘祭가 季札을 上國에 聘問使로 보내고 나서 죽었다. 季札이 6월에 魯나라에 도착하여, 미처 喪을 듣지 못했기 때문에 〈每事에 모두 吉禮를 행한 것이다.〉 '公子'라고 칭하지 않은 것은 그 〈呼稱하는〉 禮가 上國과 같지 않았기 때문이다.

〔부주〕 林: 吳나라의 聘問을 비로소 기록하고, 吳子를 비로소 기록하고, 吳나라의 君臣을 비로소 함께 經에 나타낸 것은 吳나라가 갑자기 强盛해졌기 때문이다.

*) 역주〕 未同於上國 : 上國은 中原의 諸侯國을 이른다. 吳나라는 蠻夷國이므로 諸夏를 上國이라 한 것이다.

【經】 秋九月에 **葬衛獻公**[1]하다

가을 9월에 衛獻公을 葬事 지냈다.

1) 無傳

傳이 없다.

【經】 齊高止出奔北燕[1]하다

齊나라 高止가 北燕으로 出奔하였다.

1) 止 高厚之子 〔附注〕 林曰 北燕始見經

高止는 高厚의 아들이다.

〔부주〕 林: 北燕이 비로소 經에 보이기 시작하였다.

【經】 冬에 **仲孫羯如晉**하다

겨울에 仲孫羯이 晉나라에 갔다.

【傳】 二十九年春王正月에 **公在楚**는 **釋不朝正于廟也**[1]니라

經에 "29년 봄 周王 正月에 襄公이 楚나라에 가 있었다."라고 한 것은 〈襄公이〉 宗廟에 朝正하지 못한 理由를 解明〔釋〕한 것이다.

1) 釋 解也 告廟在楚 解公所以不朝正

釋은 解明이다. 〈魯나라 守臣이〉 宗廟에 "公이 楚나라에 있다."고 告하여, 公이 朝正하지 못하는 이유를 解明한 것이다.

楚人使公親襚[1)]하니 **公患之**하다 **穆叔曰 祓殯而襚**면 **則布幣也**[2)]니이다 **乃使巫以桃茢先祓殯**[3)]하니 **楚人弗禁**이라가 **旣而悔之**[4)]하다

楚人이 襄公으로 하여금 직접 楚子의 尸身에 옷을 입히게 하니, 襄公은 이를 근심하였다. 그러자 穆叔이 말하기를 "殯所의 邪氣를 떨어내고서 襚禮를 거행하시면 布幣와 같습니다."고 하였다. 이에 襄公은 곧 무당을 시켜 복숭아나무와 기장 짚으로 만든 빗자루로 먼저 殯所의 邪氣를 떨어내게 하니, 楚人은 禁하지 않았다가 일이 끝난 뒤에 後悔하였다.

1) 諸侯有遣使賵襚之禮 今楚欲依遣使之比[*)]

〈諸侯의 喪에 이웃 나라의〉 諸侯가 使臣을 보내어 襚衣를 주는 禮가 있다. 지금 楚나라는 襄公을 派遣되어 온 使臣의 例를 따르게 하고자 한 것이다.

*) 역주] 楚欲依遣使之比 : 楚人은 魯나라를 輕視하여 襄公에게 弔喪 온 使臣의 例에 따라 직접 尸身에 옷을 입히게 한 것이다. 〈正義〉

2) 先使巫祓除殯之凶邪而行襚禮 與朝而布幣無異

먼저 무당을 시켜 殯所의 凶邪한 기운을 떨어내게 하고서 襚禮를 행하면 朝聘할 때 禮幣를 陳列하는 것과 다를 것이 없다는 말이다.

3) 茢 黍穰〔附注〕林曰 茢 苕帚

茢은 黍穰(기장 짚이나 볏짚으로 만든 빗자루)이다.

〔부주〕 林: 苕帚(갈대 순으로 만든 빗자루)이다.

4) 禮 君臨臣喪乃祓殯 故楚悔之

禮에 임금이 신하의 喪에 갔을 때에 殯所의 邪氣를 떨어내는 것이다. 그러므로 楚人이 後悔한 것이다.

【傳】 二月癸卯에 **齊人葬莊公於北郭**[1)]하다

2월 癸卯日에 齊人이 齊莊公을 北郭에 장사 지냈다.

1) 兵死不入兆域 故葬北郭

兵亂에 죽은 임금은 兆域(墓域)에 들어갈 수 없기 때문에 北郭에 장사 지낸 것이다.

【傳】 夏四月에 **葬楚康王**[1)]하다

여름 4월에 楚康王을 장사 지냈다.

1)〔附注〕林曰 經不書葬 略夷狄也

〔부주〕林: 經에 葬事를 기록하지 않은 것은 夷狄이기 때문에 省略한 것이다.

公及陳侯鄭伯許男送葬하야 **至于西門之外**하고 **諸侯之大夫皆至于墓**하다 **楚郟敖卽位**[1)]하고 **王子圍爲令尹**[2)]하니 **鄭行人子羽曰**[3)] **是謂不宜**라 **必代之昌**하리라 **松柏之下**엔 **其草不殖**[4)]이라

襄公은 陳侯·鄭伯·許男과 함께 西門 밖까지 가서 送葬하였고, 諸侯의 大夫들은 모두 墓地까지 갔다. 楚康王의 아들 郟敖가 卽位하고 王子 圍가 令尹이 되니, 鄭나라 行人 子羽가 이에 대해 말하기를 "이런 경우를 일러 '適宜하지 못하다.'고 하는 것이니, 반드시 임금을 바꾸어야 昌盛할 것이다. 松柏 밑에는 풀이 繁殖하지 못한다."고 하였다.

1) 郟敖 康王子熊麇也〔附注〕朱曰 楚人謂未成君曰敖

郟敖은 康王의 아들 熊麇이다.

〔부주〕朱: 楚人은 임금이 되었으나 그 자리를 끝까지 지키지 못한 사람을 '敖'라 한다.

2) 圍 康王弟〔附注〕朱曰 代屈達爲令尹

圍는 康王의 아우이다.

〔부주〕朱: 屈達의 뒤를 이어 令尹이 된 것이다.

3)〔附注〕林曰 子羽時從鄭伯在楚

〔附注〕林: 子羽가 이때 鄭伯을 따라가 楚나라에 있었다.

4) 言楚君弱 令尹强 物不兩盛 爲昭元年圍弑郟敖起本

楚君은 弱하고 令尹은 强하니, 物은 둘이 함께 强盛할 수 없다는 것을 말한 것이다. 昭公 元年에 圍가 郟敖를 弑害한 張本이다.

【傳】 公還하야 **及方城**에 **季武子取卞**[1)]하고 **使公冶問**[2)]하다 **璽書追而與之**[3)]하니 **曰聞守卞者將叛**하고 **臣帥徒以討之**하야 **旣得之矣**일새 **敢告**하노이다 **公冶致使而退**[4)]하야 **及舍而後聞取卞**[5)6)]하다 **公曰 欲之而言叛**하니 **祇見疏也**[7)]로다 **公謂公冶曰 吾可以入乎**[8)]아 **對曰 君實有國**하니 **誰敢違君**이릿가 **公與公冶冕服**[9)]한대 **固辭**라가 **强之而**

後受하다 **公欲無入**이어늘 **榮成伯賦式微**[10)]하니 **乃歸**[11)]하다 **五月**에 **公至自楚**하다

襄公이 還國하여 方城에 당도하였을 때, 季武子가 卞邑을 奪取하고서 公冶를 보내어 襄公께 問候하게 하였다. 〈公冶가 出發한 뒤에 季武子는〉 한 통의 書信을 써서 封印하여, 사람에게 주어 뒤쫓아 가서 公冶에게 전해 襄公께 올리게 하였는데, 〈그 書信에〉 "卞邑을 지키는 자가 叛亂을 일으키려 한다는 말을 듣고서 臣이 部下를 거느리고 가서 討伐하여 이미 卞邑을 取得하였기 때문에 감히 告하나이다."라고 하였다. 公冶는 使命을 傳하고 물러 나와 居所로 돌아온 뒤에 季武子가 卞邑을 取하였다는 말을 들었다. 襄公은 "卞邑을 貪하여 취했으면서 叛亂을 핑계 대니, 이는 그가 나를 疏遠히 여기고 있다는 것을 드러냈을 뿐이다."고 하고서, 襄公이 公冶에게 "내가 國都로 들어가도 괜찮겠는가?"라고 묻자, 公冶가 대답하기를 "임금님께서 실로 國家를 所有하셨으니 누가 감히 임금님을 막겠습니까?"라고 하였다. 襄公이 公冶에게 冕服을 賞賜하니 굳이 사양하다가 再三 强勸한 뒤에 받았다. 襄公이 國都로 들어가지 않으려 하자, 榮成伯이 〈式微〉詩를 읊으니, 襄公은 그제야 歸國하였다. 5월에 襄公이 楚나라에서 돌아왔다.

1) 取卞邑以自益

卞邑을 奪取하여 자기의 領地를 늘린 것이다.

2) 問公起居 公冶 季氏屬大夫

襄公의 起居(安否)를 묻게 한 것이다. 公冶는 季氏의 屬大夫이다.

3) 璽 印也〔附注〕林曰 印書追公冶而與之

璽는 印이다.

〔부주〕林: 〈사람에게〉 印章을 찍은 書信을 주어, 뒤쫓아 가서 公冶에게 전하게 한 것이다.

4) 致季氏使命

季氏의 使命을 전한 것이다.

5) 發書乃聞之

璽書를 뜯은 뒤에야 비로소 卞邑을 取한 사실을 안 것이다.

6) 역주〕及舍而後聞取卞 : 公冶는 居所로 돌아간 뒤에 璽書의 內容이 卞邑을 取한 일임을 비로소 안 것이다.

7) 言季氏欲得卞 而欺我言叛 益疏我〔附注〕林曰 祗 適也 適以見疏於我也

季氏가 卞邑을 얻고자 하였으면서 나를 속이기 위해 背叛하려 했기 때문이라고 거짓말을 한 것은 더욱 나를 疏遠하게 여긴 것이라는 말이다.

〔부주〕林: 祗는 適(다만)이니, 다만 나를 疏遠하게 여길 뿐이라는 말이다.

8) 以季氏疏己故 不敢入

季氏가 나를 疏遠하게 여기기 때문에 감히 들어갈 수 없다는 말이다.

9) 以卿服玄冕賞之

卿의 服裝인 玄冕을 賞으로 준 것이다.

10) 역주] 式微 : 이 詩는 黎侯가 나라를 잃고 衛나라에 寄寓하고 있을 때, 그 臣下들이 歸國을 勸한 것이다. ≪詩集傳≫의 朱註에는 '式'을 發語辭라 하였다.

11) 式微 詩邶風 曰 式微式微 胡不歸 式 用也 義取寄寓之微陋 勸公歸也

〈式微〉는 ≪詩經≫ 〈邶風〉의 篇名이다. 그 詩에 "卑陋하고 卑陋하니 어찌 돌아가지 않으리오."라고 하였다. 式은 用이다. 他地에 寄寓하는 것이 微陋(卑陋)하다는 뜻을 取하여 公에게 돌아가기를 勸한 것이다.

公冶致其邑於季氏[1]하고 **而終不入焉**[2]하야 **曰 欺其君**에 **何必使余**오 **季孫見之**면 **則言季氏如他日**이나 **不見**이면 **則終不言季氏**[3]하다 **及疾**에 **聚其臣**[4][5]**曰 我死**어든 **必無以冕服斂**하라 **非德賞也**[6]라 **且無使季氏葬我**[7]하라

公冶는 자기의 食邑을 季氏에게 돌려주고 끝내 季氏의 집에 들어가지 않으면서 말하기를 "그 임금을 속이는 일에 무엇 때문에 굳이 나를 시켰단 말인가?"라고 하였다. 그러나 季孫氏가 찾아가서 만나면 지난날처럼 季氏의 家政을 말하였고, 季氏가 찾아가 만나지 않으면 끝내 季氏의 政事를 말하지 않았다. 病이 위독함에 미쳐 그 家臣들을 불러 놓고 말하기를 "내가 죽거든 반드시 冕服으로 斂하지 말라. 이 服裝은 나에게 德이 있어서 받은 賞이 아니다. 그리고 季氏로 하여금 나를 送葬하게 하지도 말라."고 하였다.

1) 本從季氏得邑 故還之

본래 季氏에게 얻은 邑이기 때문에 季氏에게 돌려준 것이다.

2) 不入季孫家

季孫氏의 집에 들어가지 않은 것이다.

3) 〔附注〕 林曰 季武子若就其家見之 則公冶言季氏政事如前日 若不見 則終不肯復言季氏政事

〔부주〕 林: 季武子가 그의 집으로 찾아가서 만나면 公冶가 前日처럼 季氏의 政事를 말하였고, 季氏가 찾아가서 만나지 않으면 끝내 다시 季氏의 政事를 말하려 하지 않은 것이다.

4) 大夫家臣

大夫의 家臣이다.

5) 역주〕其臣 : 公冶의 手下들이다.

6) 言公畏季氏而賞其使 非以我有德

襄公은 季氏가 두려워 그 使者인 나에게 賞을 준 것이고, 나에게 德이 있다고 여겨 준 것이 아니라는 말이다.

7) 〔附注〕林曰 不義季氏欺君 故生不入季氏之家 死不受季氏之葬

〔부주〕林: 季氏가 임금을 속인 것을 不義로 여겼기 때문에 살아서는 季氏의 집에 들어가지 않고 죽어서는 季氏의 送葬을 받지 않은 것이다.

【傳】 葬靈王[1)]에 **鄭上卿有事**[2)]하니 **子展使印段往**한대 **伯有曰 弱**하니 **不可**[3)]라 **子展曰 與其莫往**으로 **弱不猶愈乎**아 **詩云 王事靡盬**라 **不遑啓處**[4)5)]라하니 **東西南北**에 **誰敢寧處**[6)7)]리오 **堅事晉楚**도 **以蕃王室也**[8)]니 **王事無曠**이면 **何常之有**[9)]리오 **遂使印段如周**[10)]하다

周靈王을 葬事 지낼 때 鄭나라 上卿 子展은 일이 있어 갈 수 없으므로 子展이 印段을 보내려 하자, 伯有가 말하기를 "그는 나이가 어리니 보내서는 안 됩니다."고 하였다. 子展이 말하기를 "아무도 보내지 않는 것보다 어린 사람이라도 보내는 것이 오히려 낫지 않겠는가? ≪詩經≫에 '王事를 堅固히 처리하지 않을 수 없으므로 편안히 거처할 겨를이 없다.'고 하였다. 동서남북의 일이 모두 王事이니 누가 감히 제집에서 편안히 거처할 수 있겠는가? 晉나라와 楚나라를 굳게 섬기는 것도 王室을 保護하기 위함이니, 王事에 闕失이 없으면 그만이지 常例를 따질 게 뭐 있겠는가?"라고 하고서 드디어 印段을 보내어 周나라로 가게 하였다.

1) 不書 魯不會

經에 靈王의 葬事를 記錄하지 않은 것은 魯나라가 使臣을 보내어 會葬하지 않았기 때문이다.

2) 〔附注〕林曰 時鄭簡公在楚 鄭上卿有居守之事[*)]

〔부주〕林: 이때 鄭簡公이 楚나라에 가 있었기 때문에 鄭나라 上卿에게는 居守하는 일이 있었다.

*) 역주〕居守之事 : 임금이 出征이나 外交로 나라를 비웠을 때에 임금을 대신해 나라를 지키는 일이다.

3) 印段年少官卑

印段의 나이가 젊고 官等이 낮다는 말이다.

4) 詩小雅 盬 不堅固也 啓 跪也 言王事無不堅固故 不暇跪處

詩는 ≪詩經≫〈小雅 四牡篇〉의 詩句이다. 盬는 堅固하지 못함이다. 啓는 꿇어앉음이니, 王事를 堅固히 처리하지 않을 수 없기 때문에 편안히 꿇어앉아 있을 겨를이 없다는 말이다.

5) 역주〕 啓處 : 啓處는 安居이다.

6) 謂上卿〔附注〕林曰 謂馳驅於東西南北 誰敢安處於其國

上卿을 이른 말이다.

〔부주〕林: 동서남북으로 돌아다녀야 하니 누가 감히 제 나라에서 편안히 지내겠느냐는 말이다.

7) 역주〕 東西南北 誰敢寧處 : 동서남북 어떤 곳에도 王事가 있지 않음이 없으니, 上卿인 내가 가지 않는 것은 이 王事를 처리하기 위함이고, 감히 편안히 지내려는 것이 아니라는 뜻이다.

8) 言我固事晉楚 乃所以蕃屛王室

우리가 晉나라와 楚나라를 굳게 섬기는 것도 王室을 蕃屛(保護)하기 위함이라는 말이다.

9)〔附注〕林曰 供王室之事 無有曠失足矣 亦有何常法

〔부주〕林: 王室의 일에 이바지하여 闕失이 없으면 그것으로 충분하니, 常法을 따질게 뭐 있겠느냐는 말이다.

10) 傳言周衰 卑於晉楚

傳文은 周나라가 衰微하여 〈그 權威가〉 晉나라·楚나라보다 낮아졌음을 말한 것이다.

【傳】 吳人伐越하야 獲俘焉하야 以爲閽하야 使守舟하다 吳子餘祭觀舟에 閽以刀弑之[1)]하다

吳人이 越나라를 討伐하여 越人을 捕虜로 잡아 〈刖刑을 加하여〉 閽人(守門人)으로 삼고, 또 그를 보내어 배〔舟〕를 지키게 하였다. 吳子 餘祭가 배를 둘러볼 때에 閽人이 短刀로 吳子를 弑害하였다.

1) 言以刀 明近刑人

短刀로써 弑害하였다고 말하여 刑人(刑을 당한 사람)을 가까이했음을 밝혔다.

【傳】 鄭子展卒하니 子皮卽位[1)]하다 於是鄭饑하고 而未及麥하야 民病하니 子皮以子展之命으로 餼國人粟호되 戶一鍾[2)]하다 是以得鄭國之民하다 故罕氏常掌國政하야 以

爲上卿하다 **宋司城子罕聞之**[3)]하고 **曰 隣於善**[4)]이 **民之望也**[5)6)]라 **宋亦饑**하니 **請於平公**하야 **出公粟以貸**하고 **使大夫皆貸**[7)]하다 **司城氏貸而不書**[8)]하고 **爲大夫之無者貸**[9)]하니 **宋無飢人**하다 **叔向聞之**하고 **曰 鄭之罕**과 **宋之樂**은 **其後亡者也**[10)]니 **二者其皆得國乎**[11)]ㄴ저 **民之歸也**[12)]라 **施而不德**은 **樂氏加焉**하니 **其以宋升降乎**[13)14)]ㄴ저

鄭나라 子展(公孫 舍之)이 卒하니 그 아들 子皮(罕虎)가 뒤를 이어 上卿의 位에 올랐다. 이때 鄭나라에는 饑饉이 들고 보리는 아직 익지 않아 백성들의 苦痛이 심하니, 子皮는 子展의 命으로 國人에게 집집마다 穀食 1鍾씩을 나누어 주었다. 이로 인해 鄭나라 백성들의 信望을 얻었다. 그러므로 罕氏가 항상 國政을 掌握하여 上卿이 되었다. 宋나라 司城子罕이 이 말을 듣고 말하기를 "善人을 가까이하는 것이 백성들의 바람이다."고 하였다. 宋나라에도 饑饉이 드니, 子罕은 宋平公에게 청하여 公室의 糧穀을 내어 백성들에게 貸與하게 하고, 大夫들에게도 모두 糧穀을 貸與하게 하였다. 司城氏는 貸與하고도 그 名單을 기록하지 않고, 糧穀이 없는 대부들을 위해 대신 백성들에게 糧穀을 貸與하니, 宋나라에는 굶주린 사람이 없었다. 晉나라 叔向이 이 말을 듣고 말하기를 "鄭나라의 罕氏와 宋나라의 樂氏는 최후에 亡할 것이니, 두 집안 모두 國政을 掌握하게 될 것이다. 〈그 이유는〉 民心이 모두 저들에게 돌아갔기 때문이다. 은혜를 베풀고도 스스로 德으로 여기지 않은 것은 樂氏가 罕氏보다 더 훌륭하다. 樂氏는 아마도 宋나라와 盛衰(升降)를 함께할 것이다."고 하였다.

1) 子皮代父爲上卿

子皮가 아버지의 뒤를 이어 上卿이 된 것이다.

2) 在喪 故以父命也 六斛四斗曰鍾 〔附注〕 林曰 餼 猶饋也

父喪中에 있었기 때문에 父命이라 한 것이다. 6斛 4斗를 '鍾'이라 한다.

〔부주〕 林: 餼는 饋(보내줌)와 같다.

3) 〔附注〕 林曰 司城子罕卽樂喜

〔부주〕 林: 司城子罕은 바로 樂喜이다.

4) 〔附注〕 林曰 隣近於善人

〔부주〕 林: 善人을 親近히 하는 것이다.

5) 民亦望君爲善

백성들이 자기 임금도 善政을 하기를 바라기 때문이다.

6) 역주〕 隣於善 民之望也 : 隣은 德不孤必有隣의 隣이니 善人을 본받아 그 行爲를 선인과 同一하게 하는 것이니, 이렇게 하는 사람에게는 백성들의 기대가 모인다는 말이다. 杜

氏는 隣을 隣國의 隣으로 보았기 때문에 '民亦望君爲善'이라 한 것이다. 과연 杜氏의 說대로라면 子罕이 마지못해 善行을 한 것이니, 叔向이 어찌 '施而不德'으로 칭찬하였겠는가? ≪左氏會箋≫

7) 〔附注〕 林曰 使宋諸大夫有積粟者 皆貸於人

〔부주〕 林: 糧穀을 蓄積하고 있는 宋나라 大夫들로 하여금 모두 그 糧穀을 人民들에게 貸與하게 한 것이다.

8) 施而不德

은혜를 베풀고도 스스로 德으로 여기지 않은 것이다.

9) 〔附注〕 林曰 子罕爲宋大夫之無粟者貸

〔부주〕 林: 子罕이 宋나라 大夫 중에 穀食이 없는 자를 위해 대신 貸與한 것이다.

10) 역주〕 後亡 : 最後에 亡한다는 말로 家門이 오래도록 繁昌할 것이라는 뜻이다.

11) 得掌國政

國政을 掌握하게 될 것이라는 말이다.

12) 〔附注〕 林曰 皆其民之所歸往也

〔부주〕 林: 두 사람 모두 그 나라 백성들이 歸依하는 對象이라는 말이다.

13) 升降 隨宋盛衰

升降은 宋나라의 盛衰를 따른다는 말이다.

14) 역주〕 其以宋升降 : 以는 與이니, 宋나라와 盛衰〔升降〕를 함께할 것이라는 말이다.

【傳】 晉平公은 **杞出也**라 **故治杞**[1)]하다 **六月**에 **知悼子合諸侯之大夫以城杞**할새 **孟孝伯會之**하고 **鄭子大叔與伯石往**[2)]하다 **子大叔見大叔文子**[3)]하고 **與之語**에 **文子曰 甚乎**[4)]ㄴ저 **其城杞也**여 **子大叔曰 若之何哉**[5)]오 **晉國不恤周宗之闕**하고 **而夏肄是屛**[6)7)]하니 **其棄諸姬**를 **亦可知也已**로다 **諸姬是棄**면 **其誰歸之**리오 **吉也聞之**[8)]하니 **棄同卽異**를 **是謂離德**[9)]이라 **詩曰 協比其隣**이면 **昏姻孔云**[10)11)]이라하니라 **晉不隣矣**니 **其誰云之**[12)]리오

晉平公은 杞女의 所生이다. 그러므로 杞나라를 다스렸다(杞나라를 위해 土地를 區劃하고 城郭을 修築함). 6월에 知悼子(荀盈)가 諸侯의 大夫들을 集合시켜 杞나라의 城을 쌓을 적에 孟孝伯(魯나라 大夫 仲孫羯)이 가서 참여하였고, 鄭나라의 子太叔이 伯石과 함께 가서 참여하였다. 子太叔이 太叔文子를 만나 그와 이야기를 하는데, 文子가 "甚하다. 杞나라의 城을 쌓음이여!"라고 하자, 子太叔이 "그러나 어찌겠는가? 晉나라가 周나라 宗室(姬姓國들을 이름)의 衰弱은 걱정하지 않고 夏나라의 後孫을 위해 城을 쌓으

니, 晉나라는 장차 諸姬(여러 姬姓國)를 버릴 것임을 알 수 있다. 諸姬를 버린다면 그 누가 晉나라에 歸附하겠는가? 내 듣건대 同姓을 버리고 異姓을 가까이하는 것을 '離德'이라 한다고 하였다. ≪詩經≫에 '그 이웃과 화목하게 지내면 婚姻한 나라들도 모두 歸附한다.'고 하였다. 그런데 晉나라는 同姓의 나라를 가까이하지 않으니 누가 그에게 歸附하겠는가?"라고 하였다.

1) 治 理其地 修其城
   治는 그 田地를 다스리고(土地를 區劃해 나눔) 城을 修築하는 것이다.
2) 大叔不書 不親事
   經에 太叔을 記錄하지 않은 것은 親히 그 役事를 主管하지 않았기 때문이다.
3) 文子 衛大叔儀
   文子는 衛나라 太叔儀이다.
4) 역주] 甚乎 : 外家 나라의 城을 修築하기 위해 諸侯를 動員하였기 때문에 '심하다'고 한 것이다. 〈楊注〉
5) 〔附注〕 林曰 言將如晉何哉
   〔부주〕 林: 장차 晉나라를 어찌하겠느냐는 말이다.
6) 周宗 諸姬也 夏肄 杞也 肄 餘也 屛 城也
   周宗은 諸姬이고, 夏肄는 杞나라이다. 肄는 나머지이고, 屛은 城이다.
7) 역주] 夏肄 : 나무의 뿌리에서 새로 돋아난 움을 '肄'라 한다. 杞나라는 이미 滅亡한 夏王朝의 後裔로 다시 生存한 것이 마치 베어 낸 나무뿌리에 난 움과 같기 때문에 '夏肄'라고 한 것이다.
8) 〔附注〕 林曰 吉 子大叔名
   〔부주〕 林: 吉은 子太叔의 이름이다.
9) 〔附注〕 朱曰 棄同宗就異族 所謂乖離其德也
   〔부주〕 朱: 同宗을 버리고 異族을 가까이하는 것이 이른바 '그 德을 乖離하는 것이다'는 것이다.
10) 詩小雅 言王者和協近親 則昏姻甚歸附也
   詩는 ≪詩經≫ 〈小雅 正月篇〉의 詩句이다. 王者가 近親과 和睦하게 지내면 婚姻한 나라들도 무두 歸附한다는 말이다.
11) 역주] 協比其隣 昏姻孔云 : 隣은 同姓國이고, 昏姻은 異姓國이다. ≪左氏會箋≫
12) 云 猶旋 旋歸之
   云은 旋과 같으니, 回歸하는 것이다.

【傳】 齊高子容與宋司徒見知伯할새 **女齊相禮**[1)]하다 **賓出**에 **司馬侯言於知伯曰 二子皆將不免**이리라 **子容專**[2)3)]하고 **司徒侈**하니 **皆亡家之主也**[4)]라 **知伯曰 何如**오 **對曰 專則速及**[5)]하고 **侈將以其力斃**[6)7)]하리라 **專則人實斃之**니 **將及矣**[8)]리라

齊나라 高子容과 宋나라 司徒가 함께 知伯을 謁見할 때, 女齊가 禮를 도왔다. 賓客(子容과 司徒)이 나간 뒤에 司馬 侯(女齊)가 知伯에게 말하기를 "저 두 사람은 모두 장차 禍亂을 免하지 못할 것입니다. 子容은 제멋대로이고 司徒는 사치스러우니 모두 집안을 망칠 大夫〔主〕들입니다."고 하니, 知伯이 "〈그들이 禍에 미치는 遲速이〉 어떠하냐?"고 묻자, 司馬 侯가 대답하기를 "제멋대로이면 禍에 미치는 것이 빠르고, 사치스러우면 장차 그 힘으로 인해 쓰러질 것입니다. 제멋대로이면 남들이 실로 그를 쓰러뜨릴 것이니, 장차 禍亂에 미칠 것입니다."고 하였다.

1) 子容 高止也 司徒 華定也 知伯 荀盈也 女齊 司馬侯也 相禮 侍威儀也〔附注〕林曰 城杞之會 二子以事見於荀盈

子容은 高止이고, 司徒는 華定이고, 知伯은 荀盈이고, 女齊는 司馬 侯이다. 相禮는 모시고서 威儀를 돕는 것이다.

〔부주〕林: 杞나라에 城을 쌓기 위해 모였을 때 두 사람이 築城에 관한 일로 荀盈을 만나 본 것이다.

2) 專 自是也

專은 스스로 옳다고 여기는 것이다.

3) 역주〕專 : 스스로 옳다고 여겨 제멋대로 행동하는 것이다.

4)〔附注〕林曰 大夫稱主

〔부주〕林: 大夫를 '主'라고 稱한다.

5) 速及禍也

빨리 禍에 미친다는 말이다.

6) 力盡而自斃

힘이 다하여 스스로 쓰러진다는 말이다.

7) 역주〕將以其力斃 : 힘을 가진 것이 도리어 敗亡〔斃〕을 부른다는 말이다. 〈楊注〉

8) 爲此秋高止出奔燕昭二十年華定出奔陳傳

이해 가을에 高止가 燕나라로 出奔하고, 昭公 20년에 華定이 陳나라로 出奔한 傳의 배경이다.

【傳】 范獻子來聘하니 **拜城杞也**[1)]라 **公享之**할새 **展莊叔執幣**[2)3)]하다 **射者三耦**[4)5)]

로되 **公臣不足**하야 **取於家臣**하니 **家臣 展瑕展玉父爲一耦**하고 **公臣 公巫召伯仲顏莊叔爲一耦**하고 **鄫鼓父黨叔爲一耦**[6)7)]하다

范獻子(士鞅)가 와서 聘問하였으니, 이는 杞나라의 築城에 協助한 데 대해 謝禮하기 위함이었다. 襄公이 宴會를 열어 그를 接待할 때 展莊叔이 執幣하였다. 〈享宴이 끝난 뒤에〉 禮射를 擧行할 때 三耦(세 팀)를 갖추어야 하는데, 襄公의 신하로는 그 수를 채우기 부족하여 大夫의 家臣 중에서 射手를 뽑으니, 家臣인 展瑕와 展玉父가 一耦(한 팀)가 되고, 公臣인 公巫召伯仲과 顏莊叔이 一耦가 되고, 鄫鼓父와 黨叔이 一耦가 되었다.

1) 謝魯爲杞城
 魯나라가 杞나라를 위해 築城한 데 대해 謝禮한 것이다.
2) 公將以酬賓
 襄公이 장차 賓客에게 〈束帛을 보내어〉 술을 勸하려 했기 때문이다.
3) 역주〕 執幣 : 賓客에게 幣帛을 올리는 일을 맡은 것이다. 幣는 束帛(다섯 필의 비단)을 이른다. 享禮 중에 主人이 손님에게 술을 권하기 위해 束帛을 보내는 것을 '酬幣'라 한다. 〈楊注〉
4) 二人爲耦
 두 사람이 耦가 된다.
5) 역주〕 射者三耦 : 이것은 享禮를 마치고서 射禮를 擧行한 것이다. 古代에 天子가 諸侯와 射禮를 거행하는 경우에는 6耦를 갖추고, 諸侯가 諸侯와 거행하는 射禮에는 4耦를, 諸侯가 大夫와 거행하는 射禮에는 3耦를 갖추는데, 모든 耦가 먼저 네 대의 화살을 쏜 뒤에 主人과 賓이 쏜다. 〈楊注〉
6) 言公室卑微 公臣不能備於三耦
 公室이 衰微하여 公室의 신하만으로 3耦를 갖출 수 없었기 때문이다.
7) 역주〕 家臣……鄫鼓父黨叔爲一耦 : 3耦를 갖추려면 禮儀에 익숙하고 弓矢를 잘 다루는 6人이 필요한데, 이때 魯나라 公室이 이미 衰微하여 才能을 가진 人士 대부분이 私門(大夫家)에 있었다. 그러므로 公室에는 6人을 갖출 만한 人士가 없었던 것이다. 〈楊注〉

【傳】 晉侯使司馬女叔侯來治杞田[1)]에 **弗盡歸也**하니 **晉悼夫人慍曰 齊也取貨**[2)]하니 **先君若有知也**면 **不尙取之**[3)]리라 **公告叔侯**[4)]한대 **叔侯曰 虞虢焦滑霍揚韓魏**는 **皆姬姓也**[5)]라로되 **晉是以大**하니 **若非侵小**면 **將何所取**리오 **武獻以下**로 **兼國多矣**[6)]로

되 **誰得治之**[7)]리오 **杞**는 **夏餘也**라 **而卽東夷**[8)]하고 **魯**는 **周公之後也**라 **而睦於晉**하니 **以杞封魯猶可**어든 **而何有焉**[9)10)]이리오 **魯之於晉也**에 **職貢不乏**하고 **玩好時至**하며 **公卿大夫相繼於朝**[11)]가 **史不絶書**[12)]하고 **府無虛月**[13)]이라 **如是可矣**어늘 **何必瘠魯以肥杞**리오 **且先君而有知也**면 **毋寧夫人**이언정 **而焉用老臣**[14)]이리오

晉侯가 司馬 女叔侯(女齊)를 보내 와서 杞田을 處理〔治〕하게 할 때 魯나라가 그 땅을 다 돌려주지 않았다. 그러자 晉悼夫人이 노하여 말하기를 "女齊가 魯나라의 賂物을 받았으니, 先君께서 이 일을 아신다면 오히려 그를 잡아 죽이실 것이다."고 하였다. 晉平公이 夫人의 말을 叔侯에게 告하자, 叔侯가 말하기를 "虞·虢·焦·滑·霍·揚·韓·魏는 모두 姬姓國이었으나, 우리 晉나라가 이 나라들을 兼倂함으로써 强大國이 되었으니, 만약 小國을 侵略하지 않았다면 어디에서 땅을 취하였겠습니까? 武公·獻公 이래로 많은 나라들을 兼倂하였으나, 누가 우리를 懲罰〔治〕한 적이 있습니까? 杞나라는 夏나라의 後孫으로 東夷를 가까이하고, 魯나라는 周公의 後孫으로 우리 晉나라와 和睦하니, 杞나라 땅 전부를 魯나라에 封地로 주어도 좋을 것인데, 杞나라에 마음을 쓸 게 뭐 있습니까? 魯나라는 우리 晉나라에 대해 職貢을 廢〔乏〕하지 않고 珍貴한 玩物을 수시로 보내며, 公卿大夫가 서로 繼續해 와서 朝見하는 일이 史官의 記錄에 끊임이 없고, 府庫에는 魯나라의 貢物이 이르지 않는 달이 없습니다. 이처럼 잘하고 있는데 무엇 때문에 魯나라를 메마르게 하여 杞나라를 살찌울 필요가 있습니까? 그리고 또 先君께서 이 일을 아신다면 夫人을 괴이하게 여길지언정 어찌 老臣을 責望하겠습니까?"라고 하였다.

1) 使魯歸前侵杞田 所歸少 故不書〔附注〕林曰 司馬女叔侯卽司馬侯
　魯나라로 하여금 전에 侵奪한 杞나라의 땅을 되돌려 주게 한 것인데, 돌려준 땅이 小數였기 때문에 經에 記錄하지 않은 것이다.
　〔부주〕林: 司馬 女叔侯는 바로 司馬 侯이다.
2) 夫人 平公母 杞女也 謂叔侯取貨於魯 故不盡歸杞田
　夫人은 晉平公의 어머니로 杞나라의 딸이다. 叔侯가 魯나라의 賂物을 받았기 때문에 杞나라의 땅을 다 돌려받지 않은 것으로 생각한 것이다.
3) 不尙叔侯之取貨〔附注〕林曰 先君 謂晉悼公 朱曰 不尙 尙也 言先君尙當取叔侯而殺之
　叔侯가 賂物 받은 일을 嘉尙히 여기지 않을 것이라는 말이다.
　〔부주〕林: 先君은 晉悼公을 이른다.
　〔부주〕朱: 不尙은 尙(오히려)이니, 先君도 오히려 응당 叔侯를 잡아 죽일 것이라는

말이다.

4)〔附注〕林曰 公 平公

〔부주〕林: 公은 晉平公이다.

5) 八國皆晉所滅 焦在陜縣 揚屬平陽郡

여덟 나라는 모두 晉나라에 의해 滅亡되었다. 焦는 陜縣에 있고, 揚은 平陽郡에 屬하였다.

6) 武公獻公 晉始盛之君

武公과 獻公은 晉나라를 비로소 强盛하게 만든 임금들이다.

7)〔附注〕朱曰 安有能治晉而取其地者 以言魯之侵犯 不足治也

〔부주〕朱: 언제 晉나라를 懲治하여 그 땅을 취한 자가 있었느냐는 뜻이니, 魯나라가 杞나라를 侵犯한 것을 懲治할 게 없다는 말이다.

8) 行夷禮

오랑캐의 禮를 行한 것이다.

9) 何有盡歸之

다 돌려줄 게 뭐 있느냐는 말이다.

10) 역주〕而何有焉 : 焉은 於是이다. 何有於是는 바로 何有於杞니, 杞나라를 마음에 둘 것이 뭐 있느냐는 말이다.〈楊注〉

11)〔附注〕林曰 魯君與其卿大夫相繼於晉之朝廷

〔부주〕林: 魯君이 그 卿大夫와 함께 서로 계속해 晉나라 朝廷에 왔다는 말이다.

12) 書魯之朝聘

魯나라가 朝聘 온 것을 記錄하는 것이다.

13) 無月不受魯貢

魯나라의 朝貢을 받지 않는 달이 없다는 말이다.

14) 言先君毋寧怪夫人之所爲 無用責我〔附注〕朱曰 毋寧 寧也 言寧將取夫人而去之 安用取我而殺之乎

先君은 夫人의 行爲를 괴이하게 여길지언정 나를 責望하지 않을 것이라는 말이다.

〔부주〕朱: 毋寧은 寧이니, 차라리 夫人을 잡아 除去할지언정 어찌 나를 잡아 죽이겠느냐는 말이다.

【傳】 杞文公來盟[1]하다 **書曰子**는 **賤之也**[2]라

杞文公이 와서 朝見하였는데, 經에 '子'로 기록한 것은 그를 賤하게 여겼기 때문이다.

1) 魯歸其田 故來盟

魯나라가 그 땅을 돌려주었기 때문에 와서 結盟한 것이다.

2) 賤其用夷禮

杞나라가 오랑캐의 禮를 쓰기 때문에 賤하게 여긴 것이다.

【傳】吳公子札來聘하야 見叔孫穆子하고 說之하야 謂穆子曰 子其不得死乎[1]ㄴ저 好善而不能擇人[2]일새니라 吾聞君子務在擇人이라하야늘 吾子爲魯宗卿하야 而任其大政[3]호대 不愼擧하니 何以堪之리오 禍必及子[4]하리라

吳나라 公子 季札이 聘問 와서 叔孫穆子를 만나 보고는 그를 좋아하여, 穆子에게 일러 말하기를 "그대는 아마도 제명에 죽지 못할 것이오. 善을 좋아하되 사람을 選擇하지 못하기 때문이오. 내 듣건대 '君子가 힘쓸 바는 사람을 選擇하는 일에 있다.'고 하였는데, 그대는 魯나라의 宗卿(宗親의 卿)으로 大政(國政)을 담당하였으면서 사람 選拔하는 일을 愼重히 하지 않으니, 어찌 그 職任을 감당할 수 있겠소. 禍가 반드시 그대에게 미칠 것이오."라고 하였다.

1) 不得以壽死

壽死(天壽를 다하고 죽음)하지 못할 것이라는 말이다.

2) 〔附注〕林曰 心雖好善 而智不能決擇人之賢否

〔부주〕林: 마음은 비록 善을 좋아하지만, 지혜가 사람의 賢否를 구별해 選擇할 만하지 못하다는 말이다.

3) 〔附注〕林曰 爲魯國宗姓之卿 而當大政

〔부주〕林: 魯나라 宗姓의 卿으로 大政을 擔當한 것이다.

4) 爲昭四年豎牛作亂起本〔附注〕林曰 不謹於擧賢 何以當此重任 小人之禍 必及於子之身

昭公 4년에 豎牛가 亂을 일으킨 張本이다.

〔부주〕林: 賢才를 登用하는 데 삼가지 않으니, 어찌 이 같은 重任을 감당할 수 있겠는가? 小人의 禍가 반드시 그대의 몸에 미칠 것이라는 말이다.

請觀於周樂[1]이어늘 使工爲之歌周南召南[2]한대 曰 美哉[3]라 始基之矣[4)5)]오 猶未也[6]라 然勤而不怨矣[7)8)]로다 爲之歌邶鄘衛[9]한대 曰 美哉淵乎여 憂而不困者也[10]로다 吾聞衛康叔武公之德如是라하니 是其衛風乎[11]ㄴ저 爲之歌王[12]한대 曰 美哉라 思而不懼하니 其周之東乎[13]ㄴ저 爲之歌鄭[14]한대 曰 美哉라 其細已甚하니 民弗堪也라 是其先亡乎[15]ㄴ저 爲之歌齊[16]한대 曰 美哉라 泱泱乎大風也哉[17]ㄴ저 表東海者니

其大公乎[18]ㄴ저 **國未可量也**[19]로다 **爲之歌豳**[20]한대 **曰 美哉**라 **蕩乎**여 **樂而不淫**하니 **其周公之東乎**[21]ㄴ저 **爲之歌秦**[22]한대 **曰 此之謂夏聲**[23]이니 **夫能夏則大**라 **大之至也**니 **其周之舊乎**[24]ㄴ저 **爲之歌魏**[25]한대 **曰 美哉**라 **渢渢乎**여 **大而婉**하며 **險而易行**하니 **以德輔此**면 **則明主也**[26]라 **爲之歌唐**[27]한대 **曰 思深哉**라 **其有陶唐氏之遺民乎**ㄴ저 **不然**이면 **何憂之遠也**[28]오 **非令德之後**면 **誰能若是**리오 **爲之歌陳**[29]한대 **曰 國無主**하니 **其能久乎**[30]아 **自鄶以下**는 **無譏焉**[31]하다

季札이 周나라의 樂舞를 보여 주기를 請하였다. 襄公이 그를 위해 樂工에게 周南과 召南을 노래하게 하자, 季札은 그 노래를 듣고서 "아름답습니다. 周나라의 基礎가 비로소 定해졌으나 아직 完成되지 않았는데 백성들이 수고로워도 怨望하지 않은 것을 볼 수 있습니다."고 하였다. 그를 위해 邶風・鄘風・衛風을 노래하게 하자, 季札은 "아름답고도 深遠합니다. 근심하면서도 괴로워하지 않음을 볼 수 있습니다. 내가 듣기에 衛나라 康叔과 武公의 德이 이와 같았다고 하니, 이 詩는 아마도 衛風인 것 같습니다."고 하였다. 또 그를 위해 王風을 노래하게 하자, 季札은 "아름답습니다. 근심하면서도 두려워하지 않음을 볼 수 있으니, 이는 아마도 周나라가 東遷한 뒤의 詩인 것 같습니다."고 하였다. 그를 위해 鄭風을 노래하게 하자, 季札은 "아름답습니다만 그 歌辭에 煩細함이 너무 심하여 백성들이 堪當하기 어려울 것이니, 이 나라는 아마도 다른 나라보다 먼저 滅亡할 것 같습니다."고 하였다. 그를 위해 齊風을 노래하게 하자, 季札은 "아름답습니다. 聲音이 巨大하여 大國의 風度가 있어 東海 諸侯의 表率(模範)이 될 만하니, 이는 아마도 太公 나라의 詩인 것 같습니다. 이 나라는 그 앞날을 限量할 수 없습니다."고 하였다. 그를 위해 豳風을 노래하게 하자, 季札은 "아름답습니다. 寬大함이여! 즐거워하되 지나치지 않으니, 이는 아마도 周公이 東征에서 돌아와 지은 詩인 듯합니다."고 하였다. 그를 위해 秦風을 노래하게 하자, 季札은 "이를 일러 '夏聲(西方의 聲樂)'이라 하니, 능히 夏聲을 낸다면 그 聲音이 弘大합니다. 弘大함이 지극하니 아마도 周나라의 舊樂인 듯합니다."고 評하였다. 그를 위해 魏風을 노래하게 하자, 季札은 "아름답습니다. 그 소리의 浮沈이 구성짐이여! 그 歌辭가 거칠면서도 婉曲(부드러워 모가 나지 않음)하고 〈그 政令이〉 險難하면서도 行하기가 쉬우니, 德으로써 이를 輔助하였다면 밝은 임금이 되었을 것입니다."고 하였다. 그를 위해 唐風을 노래하게 하자, 季札은 "생각이 깊습니다. 이는 아마도 陶唐氏(堯) 遺民들의 詩인 듯합니다. 그렇지 않다면 어찌 그 근심이 이처럼 深遠하였겠습니까? 아름다운 德을 가진 분의 後孫이 아니고서야 그 누가 이렇게 할 수 있겠습니까?"라고 하였다. 그를 위해 陳風을 노래하게 하자, 季札은

"나라에 君主가 없으니, 어찌 오래갈 수 있겠습니까?"라고 하였다. 鄶風 以下의 노래에 대해서는 評論하지 않았다.

1) 魯以周公故 有天子禮樂*)
魯나라에는 周公 때문에 天子의 禮樂이 있었다.
*) 역주〕有天子禮樂 : 〈正義〉에 의하면 成王은 周公이 天下에 큰 功勞를 끼쳤다고 하여 周公을 曲阜에 封하고서, 魯公(周公의 아들 伯禽)에게 命하여 대대로 周公의 宗廟에 天子의 禮樂으로 祭祀하게 하였다. 그러므로 魯나라에 天子의 禮樂이 傳해진 것이다.
2) 此皆各依其本國歌所常用聲曲
이것은 모두 각각 그 本國이 노래할 때에 常用하는 聲曲에 따라 노래한 것이다.
3) 美其聲
그 聲調를 아름답게 여긴 것이다.
4) 周南召南 王化之基
周南 召南은 王化의 基礎이다.
5) 역주〕使工……始基之矣 : 歌는 各國의 詩 한두 篇을 伴奏에 맞추어 노래한 것이고, 3백 篇의 詩 전부를 노래한 것은 아니다. 周南과 召南은 ≪詩經≫의 首篇이다. 周와 召는 國名이고 南은 南方 諸侯國이다. 周나라는 본래 岐山 남쪽에 있었는데, 文王이 豐으로 遷都하고서 舊都의 땅을 둘로 나누어 周公 旦과 召公 奭의 采邑으로 주고서, 周公으로 하여금 國中에 政教를 펴게 하고 召公으로 하여금 諸侯國에 教化를 펴게 하자, 그 德化가 南方의 江・漢 地方에까지 미쳤다. 뒤에 周公이 禮樂을 制定할 때 國中에서 採集한 詩와 南國의 詩를 섞어 '周南'이라 하였으니 教化가 天子의 나라로부터 南方의 諸侯國에 입혀졌음을 말하고, 南國에서 採集한 詩는 '召南'이라 하였으니, 教化가 方伯의 나라로부터 南方에 입혀졌음을 말한 것이다.
6) 猶有商紂 未盡善也〔附注〕朱曰 由有商紂之亂故 其化未洽於天下也
오히려 商紂가 있었기 때문에 盡善하지 못했던 것이다.
〔부주〕朱: 오히려 商紂의 亂政이 있었기 때문에 그 教化가 天下에 두루 미치지 못한 것이다.
7) 未能安樂 然其音不怨怒
백성들의 生活이 아직 安樂하지 못하였으나 그 音에 원망하거나 노여워함이 없다는 말이다.
8) 역주〕勤而不怨 : 治世의 音은 安定되고 和樂하며 亂世의 音은 怨恨하고 忿怒한다. 周南과 召南의 詩가 지어진 時期에는 아직 商紂가 있었기 때문에 音이 비록 安樂하지는 못하였으나 이미 怨怒하는 氣色은 없어졌다. 〈正義〉

9) 武王伐紂 分其地爲三監*) 三監叛 周公滅之 更封康叔 并三監之地 故三國盡被康叔之化

武王이 紂를 征伐한 뒤에 그 땅을 나누어 三監을 設置하였는데, 三監이 背叛하자 周公이 그들을 擊滅하고서 다시 그곳에 康叔을 封하여 三監의 땅을 併合하게 하였다. 그러므로 세 나라에 모두 康叔의 敎化가 입혀졌다.

*) 역주] 三監 : 武王이 殷나라를 擊滅하고서 殷나라 京師에 商紂의 아들 武庚을 封하여 商나라의 뒤를 잇게 하고서, 武庚과 商나라 遺民을 監督하게 한 管叔・蔡叔・霍叔을 이른다.

10) 淵 深也 亡國之音哀以思 其民困 衛康叔武公德化深遠 雖遭宣公淫亂*1) 懿公滅亡*2) 民猶秉義 不至於困

淵은 深이다. 亡한 나라의 音은 哀切하여 근심하는 소리가 있으니, 이는 그 백성들이 困苦하기 때문이다. 그러나 衛나라는 康叔과 武公의 德化가 深遠하기 때문에 宣公의 淫亂과 懿公의 滅亡을 만났어도 백성들은 오히려 義를 지켜 困苦에 이르지 않았다는 말이다.

*1) 역주] 宣公淫亂 : 衛宣公이 그 아들 伋에게 齊나라 女人을 아내로 맞이하게 하였는데, 그 女人이 美人이란 말을 듣고는 그 女人을 자기의 아내로 取한 일을 이른다. ≪詩經≫ 〈邶風 新臺 小序〉

*2) 역주] 懿公滅亡 : 衛懿公이 狄人의 侵入으로 나라가 망한 것을 이른다. ≪春秋左傳≫ 〈閔公 2年〉・≪詩經≫ 〈鄘風 定之方中 小序〉

11) 康叔 周公弟 武公 康叔九世孫 皆衛之令德君也 聽聲以爲別 故有疑言

康叔은 周公의 아우이고 武公은 康叔의 9代孫인데, 모두 아름다운 德이 있었던 衛나라의 임금이다. 노랫소리를 듣고서 判別하였기 때문에 '其……乎'라는 疑辭를 使用한 것이다.

12) 王黍離也 幽王遇西戎之禍 平王東遷 王政不行於天下 風俗下與諸侯同 故不爲雅

〈王風 黍離篇〉이다. 幽王이 西戎의 禍(弑害)를 만나 平王이 東遷(鎬京에서 東都 洛陽으로 遷都한 것)한 뒤로 周王의 政令이 天下에 施行되지 않았고, 風俗이 아래의 諸侯와 같았으므로 '雅'라고 하지 않은 것이다.

13) 宗周隕滅 故憂思 猶有先王之遺風 故不懼

諸侯의 宗主國인 周나라가 滅亡하였기 때문에 근심하면서도 오히려 先王의 遺風이 있기 때문에 두려워하지 않았다는 말이다.

14) 詩第七

詩의 第7篇이다.

15) 美其有治政之音 譏其煩碎*) 知不能久

그 詩에 治政(治世)의 音이 있는 것은 讚美하면서도 그 歌辭가 煩碎하여 그 國運이 長

久할 수 없음을 알 수 있다고 譏評한 것이다.

＊) 역주] 有治政之音 譏其煩碎 : 煩碎함이 너무 심하여 백성들이 감당할 수 없다면 먼저 亡할 徵兆가 있는 것인데, 어찌 治世의 音이 있다고 할 수 있겠는가? 上下의 글에 '美哉'라고 칭한 것이 매우 많은데, 모두 그 樂曲의 聲音을 稱讚한 것이고 그 治政을 讚美한 것이 아니다. ≪左氏會箋≫

16) 詩第八

詩의 第8篇이다.

17) 泱泱 弘大之聲 〔附注〕 林曰 大風 大國之風也 朱曰 大風 言其風化弘大

泱泱은 巨大한 聲音이다.

〔부주〕 林: 大風은 大國의 風度이다.

〔부주〕 朱: 大風은 그 나라의 風化가 巨大하다는 말이다.

18) 大公封齊 爲東海之表式

太公을 齊나라에 封하여 東海 諸侯의 表式(師表)이 되게 하였다.

19) 言其或將復興

齊나라가 장차 復興할 것을 말한 것이다.

20) 詩第十五 豳 周之舊國 在新平漆縣東北

詩의 第15篇이다. 豳은 周나라의 옛 國都로 新平 漆縣 동북쪽에 있다.

21) 蕩乎 蕩然也 樂而不淫 言有節 周公遭管蔡之變 東征三年 爲成王陳后稷先公不敢荒淫 以成王業 故言其周公之東乎

蕩乎는 蕩然(寬大한 모양)이다. 즐거워하되 지나치지 않았다는 것은 節度가 있다는 말이다. 豳風은 周公이 管叔・蔡叔의 變亂을 만나, 東方으로 出征한 지 3년 만에 〈叛亂을 平定하고 돌아와서〉 成王을 위해, 后稷과 先公들은 감히 荒淫(酒色에 빠짐)하지 않아 王業을 이룬 것을 陳述한 것이다. 그러므로 '아마도 周公이 東征에서 돌아와 지은 詩인 듯하다.'고 한 것이다.

22) 詩第十一 後仲尼刪定 故不同

詩의 第11篇이다. 뒤에 仲尼가 刪定하였기 때문에 지금의 編次와 같지 않다.

23) 역주] 夏聲 : 〈楊注〉에 "옛날에는 西方을 가리켜 '夏'라 하였다."고 하였으니, 夏聲은 西方의 音樂이다. 秦나라는 본래 西戎의 땅에 있었는데, 西戎을 '西夏'라고도 한다. 秦나라가 이곳에 살면서 周나라의 옛 風俗을 繼承하였기 때문에 夏聲이 있었던 것이다.

24) 秦本在西戎汧隴之西 秦仲始有車馬禮樂 去戎狄之音而有諸夏之聲 故謂之夏聲 及襄公佐周 平王東遷 而受其故地 故曰周之舊

秦나라는 본래 汧・隴의 서쪽에 있는 西戎이었는데, 秦仲이 비로소 車馬와 禮樂의 제도를 받아들여, 戎狄의 音樂을 버리고 諸夏의 音樂을 사용하였다. 그러므로 그 秦風을

'夏聲'이라 한 것이다. 秦襄公에 미쳐 周나라를 도와 平王의 東遷을 護送한 功勞로 周나라의 옛 땅을 下賜받았다. 그러므로 '周나라의 舊樂'이라고 한 것이다.

25) 詩第九 魏 姬姓國 閔元年 晉獻公滅之

詩의 第9篇이다. 魏나라는 姬姓國인데, 閔公 元年에 晉獻公이 魏나라를 擊滅하였다.

26) 渢渢 中庸之聲 婉 約也 險當爲儉字之誤也 大而約 則儉節易行 惜其國小無明君也 〔附注〕 朱曰 今魏風多刺褊隘之詩 言大而婉 未詳

渢渢은 中庸의 소리이다. 婉은 約이고, 險은 儉의 誤字이다. 寬大하고 簡約하면 儉約하여 行하기가 쉽다. 그 나라가 작고 밝은 임금이 없는 것을 애석하게 여긴 것이다.

〔부주〕 朱: 지금 魏風에는 諷刺와 偏狹한 詩가 많다. 大而婉은 未詳이다.

27) 詩第十 唐 晉詩

詩의 第10篇이다. 唐風은 晉나라의 詩이다.

28) 晉本唐國 故有堯之遺風 憂深思遠 情發於聲

晉나라는 唐國(堯의 나라)이었다. 그러므로 堯의 遺風이 있었다. 근심이 깊고 생각이 深遠하였기에 그 내용〔情〕이 소리에 드러난 것이다.

29) 詩第十二

詩의 第12篇이다.

30) 淫聲放蕩*) 無所畏忌 故曰國無主

淫荒(酒色에 빠져 행동이 거칢)하고 放蕩하여 두려워하고 꺼리는 바가 없기 때문에 나라에 君主가 없다고 한 것이다.

*) 역주〕 淫聲放蕩 : "陳나라에는 대대로 荒淫(安逸을 貪하고 酒色에 빠짐)한 임금이 있었고 백성들이 이를 본받았으므로 上下가 서로 結束이 되지 않았으니 君主가 없는 것과 일반이다. 杜注의 '淫聲'은 혹 '淫荒'이나 '淫昏'의 誤書인 듯하다. 15國風에 어찌 淫聲이 있을 수 있는가?"라고 한 ≪左氏會箋≫의 說을 取해 '淫荒'으로 번역하였다.

31) 鄶 第十三 曹 第十四 言季子聞此二國歌 不復譏論之 以其微也

鄶風은 詩의 第13篇이고, 曹風은 第14篇이다. 季子가 이 두 나라의 노래를 듣고서 다시 論評하지 않은 것은 그 나라가 微小하기 때문이다.

爲之歌小雅[1)]한대 曰 美哉라 思而不貳[2)3)]하고 怨而不言[4)5)]하니 其周德之衰乎[6)7)]ㄴ저 猶有先王之遺民焉[8)9)]이로다 爲之歌大雅[10)]한대 曰 廣哉라 熙熙乎[11)]여 曲而有直體[12)13)]하니 其文王之德乎[14)]ㄴ저 爲之歌頌[15)]한대 曰 至矣哉[16)]라 直而不倨[17)]하고 曲而不屈[18)]하며 邇而不偪[19)]하고 遠而不攜[20)21)]하며 遷而

不淫[22)23)]하고 **復而不厭**[24)25)]하며 **哀而不愁**[26)27)]하고 **樂而不荒**[28)]하며 **用而不匱**[29)30)]하고 **廣而不宣**[31)]하며 **施而不費**[32)33)]하고 **取而不貪**[34)35)]하며 **處而不底**[36)37)]하고 **行而不流**[38)39)]하며 **五聲和**[40)]하고 **八風平**[41)42)]하며 **節有度**하고 **守有序**[43)]하니 **盛德之所同也**[44)]로다

그를 위해 小雅를 노래하게 하자, 季札은 "아름답습니다. 文王·武王의 德을 생각하여 背叛〔貳〕하는 마음이 없고 怨望하면서도 말을 입 밖에 내지 않았으니, 아마도 周나라의 德이 衰한 時期의 詩인 듯합니다. 오히려 先王의 遺民이 있기 때문에 〈배반하지 않고 원망하는 말을 내지 않은 것〉입니다."고 하였다. 그를 위해 大雅를 노래하게 하자, 季札은 "廣大하고도 和樂합니다. 樂曲에 抑揚 高低가 있으면서도 本體(內面)는 剛直함이 있으니, 아마도 文王의 德을 讚揚한 詩인 듯합니다."고 하였다. 그를 위해 頌을 노래하게 하니, 季札은 "至極합니다. 곧으면서도 倣慢하지 않았고 굽히되 屈服하지 않았으며, 親近하되 逼迫(侵犯)하지 않았고 疏遠하되 사이가 벌어지지 않았으며, 옮겨 다녔으되 淫蕩에 이르지 않았고 反復하되 싫어하지 않았으며, 슬퍼하되 憂愁하지 않았고 즐거워하되 荒淫(酒色에 빠짐)하지 않았으며, 使用하여도 匱乏(不足)하지 않았고 마음이 廣大하되 스스로 드러내지 않았으며, 은혜를 베풀되 虛費하지 않았고 取하되 貪하지 않았으며, 處(活動을 停止하고 조용히 居處함)하되 停滯하지 않았고 行(活動함)하되 放蕩하지 않은 것을 볼 수 있으며, 五聲이 어울리고 八風이 調和되었으며, 拍子에 法度가 있고 樂器의 演奏에 차례가 있으니, 盛大한 德이 同一합니다."고 하였다.

1) 小雅 小正[*)] 亦樂歌之常

小雅는 小正이니, 이 또한 常用하는 樂歌이다.

*) 역주〕小正 : 雅는 正이다. 그러므로 杜注에 '小正'이라 한 것이다. ≪申公詩說≫을 지은 明나라의 어떤 사람은 小雅·大雅의 名目을 바꾸어 '小正' '大正'이라 하였다. ≪左氏會箋≫

2) 思文武之德 無貳叛之心

文王·武王의 恩德을 생각하여 背叛하는 마음이 없다는 말이다.

3) 역주〕思而不貳 : 백성들이 文王·武王의 恩澤을 생각하여 當時의 君王을 背叛하려는 마음이 없다는 말이다. 〈正義〉

4) 有哀音〔附注〕林曰 怨商紂之政 能忍而不言

哀切한 音調가 있는 것이다.

〔부주〕林: 商紂의 虐政을 怨望하면서도 참고 말하지 않는 것이다.

5) 역주] 怨而不言 : 당시 君王의 政治를 怨望하면서도 차마 말로 表現하지 않은 것이다.

6) 衰 小也

衰는 小이다.

7) 역주] 其周德之衰乎 : 衰는 盛衰의 衰이다. 其周德之衰乎는 幽王·厲王의 虐政을 가리켜 말한 것이다. ≪左氏會箋≫

8) 謂有殷王餘俗 故未大

殷王의 餘俗이 있기 때문에 〈周나라의 德이 크게 펴지지〉 못했다는 말이다.

9) 역주] 猶有先王之遺民焉 : 杜注에는 衰를 小로, 先王을 殷나라의 先王으로, 遺民을 遺俗으로 풀이하여 殷나라의 遺風이 있었기 때문에 周나라의 德化가 크게 펴지지 못했다는 뜻으로 解釋하였으나, 譯者는 ≪左氏會箋≫·〈楊注〉 등의 說을 취하여, 周나라가 비록 衰하였으나 백성들이 時王을 背叛하지 않고 怨望하는 말을 입 밖에 내지 않은 것은 오히려 文王·武王·成王·康王 등의 遺澤을 입은 遺民이 있기 때문이라는 뜻으로 번역하였다.

10) 大雅 陳文王之德 以正天下

大雅는 文王의 德을 陳述하여 天下의 風俗을 바로잡은 것이다.

11) 熙熙 和樂聲〔附注〕林曰 廣 言其德之廣大

熙熙는 和樂한 소리이다.

〔부주〕林: 廣은 그 德이 廣大하게 미쳤다는 말이다.

12) 論其聲

그 聲調를 論한 것이다.

13) 역주] 曲而有直體 : 樂曲에 抑揚과 高下가 있으나 그 本體는 곧다는 말이다. 〈楊注〉

14) 雅頌 所以詠盛德形容 故但歌其美者 不皆歌變雅

雅와 頌은 盛大한 德의 形容을 읊은 것이다. 그러므로 단지 그중에 아름다운 詩만을 노래하였고, 變雅까지 다 노래한 것은 아니다.

15) 頌者 以其成功告於神明

頌은 그 이룬 功績을 神明께 告한 것이다.

16) 言道備

道가 具備되었다는 말이다.

17) 倨 傲〔附注〕林曰 直者易至於倨傲 故以不傲爲德

倨는 傲(오만)이다.

〔부주〕林: 剛直한 자는 傲慢에 이르기 쉽다. 그러므로 傲慢하지 않는 것을 德으로 삼는다.

18) 屈 撓〔附注〕林曰 曲者易至於屈撓 故以不撓爲德

屈은 撓(굽힘)이다.

〔부주〕 林: 굽히는 자는 屈服에 이르기 쉽기 때문에 屈服하지 않는 것을 德으로 삼는다.

19) 謙退〔附注〕林曰 近者易至於偪害 故以不害爲德

謙退(謙讓)하기 때문이다.

〔부주〕 林: 親近한 자는 서로 迫害하는 데 이르기 쉽기 때문에 迫害하지 않는 것을 德으로 삼는다.

20) 攜貳〔附注〕林曰 遠者易至於攜貳 故以不貳爲德

사이가 벌어지는 것이다.

〔부주〕 林: 疏遠한 자는 攜貳(서로 사이가 벌어짐)하기 쉽기 때문에 攜貳하지 않는 것을 德으로 삼는다.

21) 역주〕 遠而不攜 : 疏遠한 자는 서로 情誼가 어그러지기 쉬운데, 王者는 비록 疏遠한 아랫사람이라 해도 멀리하거나 의심하지 않았다는 말이다. 〈正義〉

22) 淫 過蕩〔附注〕林曰 遷動者淫蕩之漸 以德自守 不過蕩矣

淫은 지나치게 放蕩한 것이다.

〔부주〕 林: 遷動(옮겨 다님)하는 것은 淫蕩해질 조짐인데, 德으로써 自身을 지켰기 때문에 지나치게 放蕩한 데 이르지 않은 것이다.

23) 역주〕 遷而不淫 : 자주 옮겨 다니는 자는 淫逸(지나치게 安樂만을 추구함)로 흐르기 쉬운데, 王者는 비록 옮겨 다니는 일이 있어도 德으로써 자신을 지켜 淫蕩에 이르지 않았다는 말이다. 〈正義〉

24) 常日新〔附注〕林曰 反復者厭棄之漸 以德自守 常日新矣

항상 나날이 새로워졌기 때문이다.

〔부주〕 林: 反復하는 것은 厭棄(싫증을 내어 버림)할 조짐이지만, 德으로 自身을 지켜 항상 나날이 새로워지게 한 것이다.

25) 역주〕 復而不厭 : 王者의 政敎가 나날이 새로워졌기 때문에 비록 反覆해 行하여도 아랫사람들이 싫어하지 않았다는 말이다. 〈正義〉

26) 知命〔附注〕朱曰 雖遇凶災 不有憂愁

運命을 알았기 때문이다.

〔부주〕 朱: 비록 凶災를 만나도 憂愁하지 않은 것이다.

27) 역주〕 哀而不愁 : 슬퍼하는 자는 憂愁에 이르기 쉬운데, 王者는 비록 凶災를 당하여도 運命이 이와 같다는 것을 알고서 憂愁하지 않았다는 말이다. 〈正義〉

28) 節之以禮

禮로써 節制하였기 때문이다.

29) 德弘大〔附注〕朱曰 用之不已而不可窮匱

德이 弘大하기 때문이다.

〔부주〕朱: 끊임없이 使用하여도 窮乏하지 않은 것이다.

30) 역주〕用而不匱 : 德이 盛大하기 때문에 아무리 使用하여도 다하지 않는다는 말이다.

31) 不自顯〔附注〕朱曰 志雖廣大而不自宣揚

스스로 드러내지 않는 것이다.

〔부주〕朱: 뜻이 비록 廣大하되 스스로 드러내지 않은 것이다.

32) 因民所利而利之

백성들이 이롭게 여기는 바에 따라 그들을 이롭게 한 것이다.

33) 역주〕施而不費 : 施惠하기를 좋아하는 자는 대체로 자신의 財物을 虛費하는데, 백성들이 이롭게 여기는 바에 따라 이로운 쪽으로 引導하였기 때문에 自身의 財物을 虛費하지 않는 것이다.

34) 義然後取

義에 맞은 뒤에 取하기 때문이다.

35) 역주〕取而不貪 : 비록 物件을 取하되 많이 얻기를 탐하지 않은 것이다.

36) 守之以道〔附注〕朱曰 雖復止處 而不底滯也

자신을 道로써 지키기 때문이다.

〔부주〕朱: 비록 다시 停止해 머물러 있어도 停滯하지 않는 것이다.

37) 역주〕處而不底 : 조용히 居處하고 活動하지 않으면 생각이 停滯될 憂慮가 있다. 그러나 王者는 時期를 보아 움직이기 때문에, 時期가 道를 行할 만하지 못하면 다시 停止해 머물러 있어도 意思가 停滯하지 않았다는 말이다. 〈正義〉

38) 制之以義〔附注〕朱曰 雖常運行 而不流放也

義로써 節制하기 때문이다.

〔부주〕朱: 비록 항상 運行하여도 放蕩으로 흐르지 않은 것이다.

39) 역주〕行而不流 : 계속 行하고 停止하지 않으면 放蕩으로 흐를 憂慮가 있다. 그러나 義로써 節制하기 때문에 放蕩으로 흐르지 않는다. 위의 '直而不倨'로부터 '行而不流'까지 열네 가지 일은 모두 樂歌의 音에 이런 뜻이 있는 것이다. 〈正義〉

40) 宮商角徵羽 謂之五聲

宮·商·角·徵·羽를 '五聲'이라 한다.

41) 八方之氣 謂之八風

八方의 風氣를 '八風'이라 한다.

42) 역주〕八風 : 隱公 傳 5년 9월 註 7) 參考할 것.

43) 八音*)克諧 節有度也 無相奪倫 守有序也

八音이 和音을 이루는 것이 節奏에 法度가 있는 것이고, 樂器의 演奏가 서로의 차례를 빼앗음이 없는 것이 지킴에 順序가 있는 것이다.

＊) 역주〕八音 : 金(鐘)·石(磬)·絲(絃)·竹(管)·匏(笙)·土(壎)·革(鼓)·木(柷敔) 등 8種 樂器의 소리이다.

44) 頌有殷魯 故曰盛德之所同＊)

頌에는 殷頌과 魯頌이 있기 때문에 '盛大한 德이 同一하다.'고 한 것이다.

＊) 역주〕盛德之所同 : 頌에는 周頌·魯頌·商頌이 있다. 周頌은 周나라 初期의 作品으로 文王·武王·成王 등을 讚頌한 詩이고, 魯頌은 僖公을 찬송한 시이고, 商頌은 宋襄公을 찬송한 시인데, 모두 宗廟의 樂歌이다. 季札은 단지 頌의 樂曲만을 評論하고, 세 頌에 讚頌한 분의 德의 高下와 功의 大小는 論하지 않았다. 그러므로 盛大한 德이 同一하다고 한 것이다. 〈楊注〉

見舞象箾南籥者[1)2)]하고 **曰 美哉**라 **猶有憾**[3)]이로다 **見舞大武者**[4)]하고 **曰 美哉**라 **周之盛也**에 **其若此乎**[5)]ㄴ저 **見舞韶濩者**[6)]하고 **曰 聖人之弘也**나 **而猶有慙德**하니 **聖人之難也**[7)]로다 **見舞大夏者**[8)]하고 **曰 美哉**라 **勤而不德**하니 **非禹**면 **其誰能修之**[9)10)]리오 **見舞韶箾者**[11)12)]하고 **曰 德至矣哉大矣**로다 **如天之無不幬也**[13)]하고 **如地之無不載也**로다 **雖甚盛德**이라도 **其蔑以加於此矣**니 **觀止矣**[14)15)]라 **若有他樂**이라도 **吾不敢請已**[16)]라하다

季札이 象箾舞와 南籥舞를 보고는 "아름답습니다만 恨이 있는 듯합니다."고 하고, 大武舞를 보고는 "아름답습니다. 周나라가 興盛할 때 아마 이러했을 것입니다."고 하고, 韶濩舞를 보고는 "聖人의 偉大함을 표현하면서도 오히려 慙德을 드러내었으니 聖人 되기가 참으로 어렵다는 것을 알 수 있습니다."고 하고, 大夏舞를 보고는 "아름답습니다. 勤勞하면서도 그것을 德으로 여기지 않은 것을 볼 수 있으니, 禹가 아니면 누가 이런 樂舞를 만들 수 있었겠습니까?"고 하고, 韶箾舞를 보고는 "德이 지극하고 廣大하여, 一切를 덮지 않음이 없는 하늘과 같고 一切를 싣지 않음이 없는 大地와 같습니다. 아무리 盛大한 德이라 해도 이보다 더할 수 없으니 훌륭하기 그지없습니다〔觀止矣〕. 설령 다른 樂舞가 있다 하더라도 나는 감히 더 보기를 請하지 않겠습니다."라고 하였다.

1) 象箾 舞所執 南籥 以籥舞也 皆文王之樂 〔附注〕朱曰 象箾 武舞也 南籥 文舞也

象箾는 舞人이 손에 잡는 것이고, 南籥은 籥舞인데, 모두 文王의 樂이다.

〔부주〕朱: 象箾는 武舞이고 南籥은 文舞이다.

2) 역주〕象箾 : 箾韶의 伴奏에 맞추어 象舞(군대가 擊刺하는 動作을 表現하여 武功을 象徵하는 춤)를 추는 춤이다. 南籥은 南樂(周南·召南)의 伴奏에 맞추어 추는 춤이다. 〈楊注〉

3) 美哉 美其容也 文王恨不及己致太平

美哉는 춤의 形容을 찬미한 말이다. 文王이 自身의 代에 太平을 이룩하지 못한 것을 한스러워하는 뜻이 춤에 표현된 것이다.

4) 武王樂

武는 武王의 樂이다.

5) 〔附注〕朱曰 言武王興周 其盛如此

〔부주〕朱: 武王이 周나라를 일으킬 때 그 盛大함이 춤에 表現된 內容과 같다는 말이다.

6) 殷湯樂

韶濩는 殷湯의 樂이다.

7) 慙於始伐〔附注〕朱曰 言湯德寬弘如此 然而由有可慙之德 謂始以征伐得天下也

비로소 〈신하로서 임금을〉 征伐한 것을 부끄럽게 여긴 것이다.

〔부주〕朱: 殷湯의 德의 寬大함이 춤에 表現된 內容과 같으나 오히려 부끄러운 德(行爲)이 있었다고 한 것은 殷湯이 비로소 征伐로 天下를 얻은 것을 이른 것이다.

8) 禹之樂

夏禹의 樂이다.

9) 盡力溝洫 勤也〔附注〕林曰 勤勞水土 而不自矜其德

勤勞는 禹가 溝洫에 盡力한 것을 이른다.

〔부주〕林: 禹가 水土를 다스리는 일에 勤勞하였으되 자기의 德을 스스로 자랑하지 않았기 때문이다.

10) 역주〕修之 : 樂舞를 만든 것이다. ≪呂覽≫ 〈古樂篇〉에 "禹가 卽位한 뒤에 天下의 일에 勤勞하며 밤낮으로 게을리 하지 않고서, 皐陶에게 命하여 夏籥 9成(9章)을 지어 그 功勞를 드러내게 하였다."고 하였다. 〈楊注〉

11) 舜樂

韶箾는 舜의 樂이다.

12) 역주〕韶箾 : 箾는 簫와 같다. 韶箾를 簫韶(舜의 樂名)로 쓰기도 하니, ≪尙書≫ 〈益稷〉에 '簫韶九成'이 그 例이다. 〈楊注〉

13) 幬 覆也

幬는 覆(덮음)이다.

14) 〔附注〕林曰 所請觀樂 止於此矣

〔부주〕 林: 보기를 청했던 樂舞가 이에서 終止하였다는 말이다.

15) 역주〕 觀止矣 : 音樂이나 文辭 등이 頂点에 到達한 것을 讚揚하는 말로 쓰인다. 〈楊注〉에 "眞善盡美함이 最大의 限度에 到達하였기 때문에 '觀止'라고 한 것이다."고 하였다.

16) 魯用四代之樂 故及韶箾而季子知其終也 季札賢明才博 在吳雖已涉見此樂歌之文 然未聞中國雅聲 故請作周樂 欲聽其聲 然後依聲以參時政 知其興衰也 聞秦詩 謂之夏聲 聞頌曰五聲和八風平 皆論聲以參政也 舞畢 知其樂終 是素知其篇數

魯나라는 四代(虞·夏·商·周)의 樂을 使用하였기 때문에 韶箾에 이르자, 季子는 樂이 끝난 것을 안 것이다. 季札은 賢明한 사람으로 재주가 있고 知識이 該博하여 吳나라에 있을 때부터 이미 이 樂歌의 文獻은 대략 涉獵하였으나, 中國의 雅聲은 들어보지 못하였다. 그러므로 周樂을 演奏하기를 請하여 그 聲調를 들은 뒤에 그 聲調에 의해 時政을 參考하여 그 興衰를 알고자 한 것이다. 秦詩를 듣고서 그것을 '夏聲'이라 하고 頌을 듣고서 '五聲이 어울리고 八風이 調和되었다.'고 한 것은 모두 聲調를 論해 政治의 〈得失을〉 參考한 것이다. 춤이 끝나자 그 樂이 끝난 것을 안 것은 그가 본래 그 詩歌의 篇數를 알고 있었기 때문이다.

其出聘也는 **通嗣君也**[1]라 **故遂聘于齊**하야 **說晏平仲**하야 **謂之曰 子速納邑與政**[2]하라 **無邑無政**이라야 **乃免於難**하리라 **齊國之政**이 **將有所歸**[3]니 **未獲所歸**면 **難未歇也**[4]라 **故晏子因陳桓子以納政與邑**하다 **是以免於欒高之難**[5]하니라

季札이 聘問使로 나온 것은 새 임금이 位를 承繼한 것을 通告하기 위함이었다. 그러므로 드디어 齊나라에 聘問 가서 晏平仲을 만나 보고는 그를 좋아하여 그에게 이르기를 "그대는 속히 封邑과 政權을 返納하십시오. 封邑이 없고 政權이 없어야 禍難을 免할 수 있습니다. 齊나라의 政權은 장차 누군가에게 돌아갈 것이니, 돌아갈 곳을 찾지 못하면 禍難이 끝나지 않을 것입니다."고 하였다. 그러므로 晏子가 陳桓子를 통해 政權과 封邑을 返納하였다. 이로 인해 晏子는 欒氏·高氏가 일으킨 變亂에서 禍를 免하였다.

1) 吳子餘祭嗣立〔附注〕朱曰 蓋因吳子夷昧嗣立而告於諸侯也 按賈逵服虔之說皆如此 而杜注獨謂餘祭遣札聘上國而後死 札以六月到魯 未聞喪也 此說不然 且餘祭以二十五年嗣位 距今五年 豈得云通嗣君也 況經先書閽弑吳子餘祭 其後乃書吳子使札來聘 豈有書已弑之君使人來聘之理 若以爲季子出聘 未聞君喪 故可請觀周樂 則季子自魯又歷聘諸國 而動歷歲時 豈得不聞喪不奔喪乎 杜氏以季子之賢不應以君喪而聽樂 故曲爲之諱護耳 要之季子夷人不可律以中國之禮也

吳子 餘祭가 承繼해 임금이 된 것이다.

〔부주〕朱: 吳子 夷昧가 嗣位하였으므로 諸侯에게 通告하기 위해 出聘한 것인 듯하다. 考察하건대 賈逵와 服虔의 說도 모두 이와 같은데, 杜注에만 유독 "餘祭가 季札을 上國에 聘問使로 보낸 뒤에 죽었다. 季札이 6월에 魯나라에 到着하여, 喪을 듣지 못하였기에 〈每事에 吉禮를 行한 것이다.〉"고 하였다. 그러나 이 說은 옳지 않다. 餘祭가 襄公 25年에 嗣位하였으니 지금으로부터 5년 前인데, 어찌 '通嗣君'이라 할 수 있겠는가? 더구나 經에 閽人이 吳子 餘祭를 弑害한 일을 먼저 기록하고, 吳子가 季札을 聘問使로 보낸 일을 뒤에 기록하였으니, 어찌 이미 弑害된 임금이 사람을 聘問使로 보낼 수 있는 이치가 있겠는가? 만약 季子가 聘問使로 나왔을 때 임금의 喪을 듣지 못하였기 때문에 周나라의 樂舞를 보기를 請한 것이라고 한다면, 季子가 魯나라를 떠난 뒤에도 여러 나라들을 두루 聘問하였으니 상당한 歲月이 걸렸을 것이다. 그런데 어찌 喪을 듣지 못하였겠으며, 〈喪을 들었다면〉 어찌 奔喪(상의 소식을 듣고 달려감)하지 않았겠는가? 그런데 杜氏는 季子는 賢明한 사람이므로 應當 임금의 喪을 알고는 音樂을 듣지 않았을 것으로 생각하였다. 그러므로 婉曲하게 事實을 숨겨 그를 保護한 것이다. 요컨대 季子는 蠻夷國 사람이니 中國의 禮로써 基準을 삼을 수 없다.

2) 納 歸之公

返納은 임금에게 되돌려 주는 것이다.

3) 〔附注〕朱曰 蓋謂政將歸於陳氏

〔부주〕朱: 政權이 장차 陳氏에게 돌아갈 것임을 이른 듯하다.

4) 歇 盡也

歇은 끝나는 것이다.

5) 難在昭八年

難은 昭公 8년에 있었다.

聘於鄭하야 **見子產**하고 **如舊相識**하야 **與之縞帶**하니 **子產獻紵衣焉**[1]하다 **謂子產曰 鄭之執政侈**하니 **難將至矣**리라 **政必及子**하리니 **子爲政**이어든 **愼之以禮**하라 **不然**이면 **鄭國將敗**[2]리라

鄭나라에 聘問 가서 子產을 만나 보고는 오래 전부터 서로 알고 지낸 친구처럼 여겨 子產에게 縞紗로 짠 띠를 주니, 子產은 그에게 모시옷을 주었다. 季札은 子產에게 "鄭나라 執政이 사치스러우니 장차 禍亂이 일어날 것입니다. 政權이 반드시 그대에게 이를 것이니, 그대가 執政이 되거든 禮에 의해 愼重히 일을 處理하십시오. 그렇게 하지 않으면 鄭나라는 장차 敗亡하게 될 것입니다."고 하였다.

1) 大帶也 吳地貴縞 鄭地貴紵 故各獻己所貴 示損己而不爲彼貨利〔附注〕林曰 縞 繒也
縞帶는 大帶이다. 吳나라 땅에서는 명주를 귀하게 여기고 鄭나라 땅에서는 모시를 귀하게 여겼다. 그러므로 각각 자기가 귀하게 여기는 물건을 선물로 주어, 자기의 것을 덜어서 준다는 뜻을 보인 것뿐이고 받는 사람의 貨利(財貨와 利益)가 되게 한 것은 아니다.
〔부주〕林: 縞는 繒(명주)이다.

2) 侈 謂伯有
사치스러운 것은 伯有을 이른 것이다.

適衛하야 **說蘧瑗**[1)] **史狗**[2)] **史鰌**[3)] **公子荊公叔發**[4)] **公子朝**[5)]하야 **曰 衛多君子**하니 **未有患也**라 **自衛如晉**에 **將宿於戚**[6)]이러니 **聞鐘聲焉**[7)]하고 **曰 異哉**라 **吾聞之也**하니 **辯而不德**이면 **必加於戮**[8)9)]이라 **夫子獲罪於君以在此**[10)]하니 **懼猶不足**이어든 **而又何樂**고 **夫子之在此也**가 **猶燕之巢于幕上**[11)]하고 **君又在殯**하니 **而可以樂乎**[12)]아하고 **遂去之**[13)]하다 **文子聞之**하고 **終身不聽琴瑟**[14)]하다

衛나라에 가서 蘧瑗·史狗·史鰌·公子 荊·公叔 發·公子 朝를 좋아하여 말하기를 "衛나라에는 君子가 많으니 患難이 없을 것입니다."고 하였다. 衛나라에서 晉나라로 갈 적에 戚邑에서 留宿하려다가 鐘소리를 듣고 말하기를 "怪異하도다. 내 듣건대 '變難을 일으키고도 德을 行하지 않으면 반드시 誅戮을 당한다.'고 하였다. 夫子(孫林父)는 임금에게 罪를 얻고서 이곳에 와 있으니 두려워하여 〈謹愼하여도〉 오히려 미치지 못할 것인데, 또 어찌 音樂을 즐긴단 말인가? 夫子가 이곳에 있는 것은 마치 제비가 帳幕 위에 둥지를 지은 것과 같고, 또 임금의 棺이 殯所에 있는데, 어찌 음악을 즐길 수 있단 말인가?"라고 하고서 드디어 그곳을 떠났다. 孫文子(孫林父)는 이 말을 듣고 終身토록 琴瑟을 듣지 않았다.

1) 蘧伯玉
蘧瑗은 蘧伯玉이다.

2) 史朝之子文子
史狗는 史朝의 아들 文子이다.

3) 史魚
史鰌는 史魚이다.

4) 公叔文子

公叔發은 公叔文子이다.

5)〔附注〕朱曰 衛公族無子朝 惟宋子朝仕衛 然其人無足取者

〔부주〕朱: 衛나라 公族 중에 子朝가 없고, 오직 宋나라의 公子 朝가 衛나라에 벼슬하였을 뿐이다. 그러나 그 사람됨이 取할 만한 점이 없었다.

6) 戚 孫文子之邑

戚은 孫文子의 封邑이다.

7)〔附注〕林曰 聞孫文子奏樂擊鐘之聲

〔부주〕林: 孫文子가 音樂을 演奏하면서 치는 鐘소리를 들은 것이다.

8) 辯 猶爭也

辯은 爭과 같다.

9) 역주〕辯而不德 : 〈楊注〉에 "辯은 變으로 읽어야 한다. 臣下로서 임금을 逐出한 것은 正道가 아니다. 이미 變亂을 일으켰고, 또 德行을 닦지 않은 것을 이른다."고 하였다.

10) 孫文子以戚叛

孫文子가 戚邑을 占據하여 叛亂을 일으킨 일을 이른다.

11) 言至危

지극히 危殆롭다는 말이다.

12) 獻公卒 未葬

죽은 衛獻公을 아직 葬事 지내지 않은 것이다.

13) 不止宿

그곳에 留宿하지 않은 것이다.

14) 聞義能改

義로운 말을 듣고서 자신의 허물을 고친 것이다.

適晉하야 **說趙文子韓宣子魏獻子**하야 **曰 晉國其萃於三族乎**[1]ㄴ저 **說叔向**하야 **將行**에 **謂叔向曰 吾子勉之**하라 **君侈而多良**[2][3]하고 **大夫皆富**하니 **政將在家**[4][5]하리라 **吾子好直**하니 **必思自免於難**[6]하라

晉나라에 가서 趙文子・韓宣子・魏獻子를 좋아하여 말하기를 "晉나라의 政權이 아마 이 세 氏族에게 돌아갈 것입니다."고 하였다. 季札은 叔向을 좋아하여 晉나라를 떠날 때 叔向에게 말하기를 "그대는 努力하십시오. 임금은 사치스럽고 어진 신하가 많으며 大夫들은 모두 富裕하니, 政權이 장차 私家로 돌아갈 것입니다. 그대는 直言하기를 좋아하니, 반드시 스스로 禍難에서 벗어나기를 생각하십시오."라고 하였다.

1) 言晉國之政 將集於三家

晉나라의 政權이 장차 세 집안에 돌아갈 것이라는 말이다.

2) 〔附注〕 林曰 晉君侈汰而多自賢其臣

〔부주〕 林: 晉君이 사치스러워 自身이 臣下들보다 賢能하다고 자랑〔多〕한다는 말이다.

3) 역주〕 多良 : 〈正義〉에는 "惡人을 良臣으로 여겨 잘 待遇하는 경우가 많다는 말이다."고 하였고, 〈林注〉에는 "자기가 臣下들보다 어질다고 자랑한다는 말이다."고 하였고, 〈楊注〉에는 "良은 良臣을 이른다."고 하였는데, 下句의 말로 보면 良臣으로 解釋하는 것이 옳을 것 같으므로 〈楊注〉를 取해 번역하였다.

4) 富必厚施 故政在家

大夫가 富裕하면 반드시 백성들에게 恩惠를 厚하게 베풀 것이기 때문에 政權이 大夫家로 돌아갈 것이라고 한 것이다.

5) 역주〕 大夫皆富 政將在家 : 임금이 사치하면 士民이 服從하지 않고, 大夫가 어질고 富裕하면 民心이 모두 그에게로 돌아간다. 그러므로 政權이 장차 大夫家로 돌아갈 것이라고 한 것이다. ≪左氏會箋≫

6) 〔附注〕 林曰 必思危行言孫 以自免於禍難

〔부주〕 林: 반드시 行動을 正直하게 하고 말을 謙遜히 하여, 스스로 禍難에서 免하기를 생각하라는 말이다.

【傳】 秋九月에 **齊公孫蠆公孫竈放其大夫高止於北燕**[1]하니 **乙未**에 **出**하다 **書曰 出奔**은 **罪高止也**[2]라 **高止好以事自爲功**하고 **且專**[3]이라 **故難及之**하니라

가을 9월에 齊나라 公孫 蠆와 公孫 竈가 그 大夫 高止를 北燕으로 追放하니, 乙未日에 高止가 出國하였다. 經에 '出奔'이라고 記錄한 것은 高止에게 罪가 있음을 밝힌 것이다. 高止는 일을 만들어 自身의 功으로 삼기를 좋아하였고, 또 國政을 제멋대로 하였다. 그러므로 禍亂에 미친 것이다.

1) 蠆 子尾 竈 子雅 放者 宥之以遠

蠆는 子尾이고, 竈는 子雅이다. 放은 死罪를 容恕하고서 먼 곳으로 追放하는 것이다.

2) 實放書奔 所以示罪

사실은 追放한 것인데 經에 '出奔'으로 記錄한 것은 그에게 罪가 있음을 보이기 위함이다.

3) 〔附注〕 林曰 好掠人之善 自爲己功 且專權

〔부주〕 林: 高止는 남의 善行을 빼앗아 자기의 功으로 삼기를 좋아하였고, 또 政權을

제멋대로 하였다.

【傳】冬에 孟孝伯如晉하니 報范叔也[1]라 爲高氏之難故로 高豎以盧叛[2]하다 十月庚寅에 閭丘嬰帥師圍盧[3]하니 高豎曰 苟使高氏有後면 請致邑[4]하노라 齊人立敬仲之曾孫酀[5][6]하니 良敬仲也[7]라 十一月乙卯에 高豎致盧而出奔晉하니 晉人城綿而寘旃[8]하다

겨울에 孟孝伯이 晉나라에 갔으니, 이는 范叔의 聘問에 報答하기 위함이었다. 高氏(高止)가 禍難을 당한 일로 인해 高豎가 盧邑을 占據해 叛亂을 일으켰다. 10월 庚寅日에 閭丘嬰이 군대를 거느리고 가서 盧邑을 包圍하자, 高豎가 말하기를 "만약 高氏에게 後嗣가 있게 한다면 이 邑을 國君에게 返納하겠다."고 하였다. 이에 齊人이 敬仲의 曾孫 酀을 그 後嗣로 세웠으니, 이는 敬仲을 어질게 여겼기 때문이다. 11월 乙卯日에 高豎가 盧邑을 返納하고서 晉나라로 出奔하니, 晉人이 綿邑에 城을 쌓아 그를 그곳에 居住하게 하였다.

1) 范叔 士鞅也 此年夏來聘
   范叔은 士鞅이다. 이해 여름에 士鞅이 魯나라에 와서 聘問하였다.
2) 豎 高止子〔附注〕林曰 以盧邑叛
   高豎는 高止의 아들이다.
   〔부주〕林: 盧邑을 占據하여 背叛한 것이다.
3) 역주〕閭丘嬰 : 齊莊公의 近臣으로 襄公 25년에 崔杼가 齊莊公을 弑害하자 魯나라로 도망해 왔는데, 襄公 28년에 齊나라가 亡命한 사람들을 불러들일 때 閭丘嬰도 齊나라로 돌아간 듯하다.
4) 還邑於君
   盧邑을 임금에게 返還하겠다고 한 것이다.
5) 敬仲 高傒
   敬仲은 高傒이다.
6) 역주〕敬仲之曾孫酀 : 酀은 뒤에 보이는 高偃이다. 酀과 偃은 聲이 서로 비슷하여 通用한다. 〈楊注〉
7) 良 猶賢也
   良은 賢과 같다.
8) 晉人善其致邑〔附注〕林曰 旃 猶之也
   晉人이 그가 邑을 返還한 것을 훌륭하게 여겼기 때문이다.

〔부주〕 林: 旃은 之와 같다.

【傳】 鄭伯有使公孫黑如楚[1)]한대 辭曰 楚鄭方惡어늘 而使余往하니 是殺余也라 伯有曰 世行也[2)]라 子晳曰 可則往하고 難則已니 何世之有리오 伯有將强使之하니 子晳怒하야 將伐伯有氏어늘 大夫和之[3)]하야 十二月己巳에 鄭大夫盟於伯有氏[4)]하다 裨諶曰 是盟也가 其與幾何[5)6)]리오 詩曰 君子屢盟이라 亂是用長[7)]이라하니 今是長亂之道也라 禍未歇也니 必三年而後能紓[8)]리라 然明曰 政將焉往고 裨諶曰 善之代不善은 天命也니 其焉辟子產[9)]이리오 擧不踰等이면 則位班也[10)]오 擇善而擧면 則世隆也[11)]라 天又除之하야 奪伯有魄[12)]하고 子西卽世하니 將焉辟之[13)]리오 天禍鄭久矣니 其必使子產息之[14)]리야 乃猶可以戾[15)]오 不然이면 將亡矣리라

鄭나라 伯有가 公孫 黑을 楚나라에 使者로 보내려 하자, 黑이 拒絶하며 말하기를 "현재 楚나라와 鄭나라의 관계가 險惡한데, 나를 使者로 가라 하니 이는 나를 죽이려는 것이다."고 하니, 伯有가 말하기를 "그대 家門이 대대로 行人(朝聘을 맡은 官職)을 맡았기 때문에 그대를 보내려는 것이다."고 하였다. 子晳(黑)이 "갈 만하면 가고 困難하면 가지 않는 것이니, 世官(대대로 이어온 官職)을 따질 게 뭐 있는가?"라고 하였다. 伯有가 强制로 보내려 하니 子晳이 怒하여 伯有氏를 攻擊하려 하였다. 그러자 大夫들이 두 사람을 和解시켜 12월 己巳日에 鄭나라 大夫들이 伯有氏의 집에 모여 結盟하였다. 裨諶이 말하기를 "이 結盟이 얼마나 가겠는가? ≪詩經≫에 '君子가 자주 結盟하니 이로 인해 變亂이 助長된다.'고 하였다. 이번 結盟은 變亂을 助長한 것이어서 禍難이 그치지 않을 것이니, 반드시 3년이 지난 뒤에야 禍難이 풀릴 것이다."고 하였다. 然明이 "政權이 장차 누구에게 가겠는가?"고 묻자, 裨諶은 "善한 자가 不善한 자를 대신하는 것은 하늘의 命令이니, 政權이 어찌 子產을 避해 다른 이에게 가겠는가? 執政을 選拔〔擧〕함에 있어 官等을 넘어 選拔하지 않는다면 子產의 官位가 執政의 班次에 合當하고, 善人을 選擇해 登用한다면 子產은 세상이 높이는 사람이다. 하늘이 그의 障碍物을 깨끗이 除去하기 위해 伯有의 넋을 빼앗고 子西를 죽게 하였으니, 子產이 어찌 執政을 避할 수 있겠는가? 하늘이 鄭나라에 禍를 내린 지 오래이니, 子產으로 하여금 그 禍를 平息(수습)하게 하여야 나라가 安定될 것이고, 그렇게 하지 않는다면 장차 나라가 滅亡할 것이다."고 하였다.

1) 黑 子晳

黑은 子晳이다.

2) 言女世爲行人

그대의 집안이 대대로 行人이었다는 말이다.

3)〔附注〕林曰 諸大夫共和解二子

〔부주〕林: 大夫들이 함께 두 사람을 和解시킨 것이다.

4)〔附注〕林曰 爲盟於伯有之家 以定伯有子晳之和

〔부주〕林: 伯有의 집에서 結盟하여 伯有와 子晳이 和解하기로 決定한 것이다.

5) 言不能久也 裨諶 鄭大夫

오래가지 않는다는 말이다. 裨諶은 鄭나라 大夫이다.

6) 역주〕其與幾何 : 其幾何歟(그 效果가 얼마나 가겠느냐?)의 變句로 오래갈 수 없다는 말이다. 〈楊注〉

7) 역주〕詩曰……亂是用長 : 詩는 ≪詩經≫ 〈小雅 巧言篇〉의 詩句이다.

8) 紓 解也

紓는 풀리는 것이다.

9) 言政必歸子産

政權이 반드시 子産에게 돌아갈 것이라는 말이다.

10) 子産位班次應知政

子産의 官位와 班次가 政權을 맡는 것이 合當하다는 말이다.

11) 世所高也

세상이 높이는 사람이라는 말이다.

12) 喪其精神 爲子産驅除

그 精神을 잃게 하여, 子産을 위해 障碍物을 除去했다는 말이다.

13)〔附注〕朱曰 子西 公孫夏子駟之子也 伯有旣死 子西亦卒 子産欲避爲政而不可得也

〔부주〕朱: 子西는 公孫 夏로 子駟의 아들이다. 伯有가 죽은 뒤에 子西도 죽었기 때문에 子産이 執政을 辭避하려 해도 避할 수 없다는 말이다.

14)〔附注〕林曰 安息其民

〔부주〕林: 그 백성을 安息시키는 것이다.

15) 戾 定也

戾는 安定이다.

〈三十年, 戊午 B.C.543〉

【經】 三十年春王正月에 **楚子使薳罷來聘**하다

30년 봄 周王 正月에 楚子가 薳罷를 보내어 와서 聘問하였다.

【經】 **夏四月**에 **蔡世子般弑其君固**하다

여름 4월에 蔡나라 世子 般이 그 임금 固를 弑害하였다.

【經】 **五月甲午**에 **宋災**[1)]하다

5월 甲午日에 宋나라에 火災가 發生하였다.

1) 天火曰災
天火(저절로 나는 불)를 '災'라 한다.

【經】 **宋伯姬卒**하다

宋伯姬가 卒하였다.

【經】 **天王**이 **殺其弟佞夫**[1)]하다

天王이 그 아우 佞夫를 죽였다.

1) 稱弟 以惡王殘骨肉
아우라고 稱한 것은 骨肉을 해친 王을 미워해서이다.

【經】 **王子瑕奔晉**[1)]하다

王子 瑕가 晉나라로 달아났다.

1) 不言出奔 周無外
'出奔'이라고 말하지 않은 것은 周나라는 國外가 없기 때문이다.

【經】 **秋七月**에 **叔弓如宋**하야 **葬宋共姬**[1)]하다

가을 7월에 叔弓이 宋나라에 가서 宋共姬를 葬事 지냈다.

1) 共姬 從夫謚也 叔弓 叔老之子 卿共葬事 禮過厚 三月而葬 速[*)]
共姬는 남편의 謚號를 따른 것이다. 叔弓은 叔老의 아들이다. 卿을 보내어 葬事를 돌보게 하였으니 禮가 지나치게 厚하였다. 3개월 만에 葬事 지냈으니, 너무 빨랐다.

*) 역주〕 三月而葬 速 : 共은 夫人의 諡號가 아니기 때문에 남편의 諡號를 따른 것이라고 한 것이다. 昭公 3년 傳에 의하면 諸侯의 喪에는 士를 보내어 弔喪하고 卿을 보내어 葬事에 참여하게 하며, 夫人의 喪에는 士를 보내어 弔喪하고 大夫를 보내어 送葬하게 하는 것이 禮인데, 伯姬의 喪에 卿을 보내어 會葬하게 하였기 때문에 '지나치게 厚하다'고 한 것이고, 諸侯와 君夫人은 죽은 지 5개월 만에 葬事 지내는 것이 禮인데, 3개월 만에 葬事 지냈기 때문에 '빨랐다'고 한 것이다. 〈正義〉

【經】 鄭良霄出奔許[1)]라가 **自許入于鄭**[2)]하니 **鄭人殺良霄**하다

鄭나라 良霄가 許나라로 出奔하였다가 許나라에서 鄭나라로 돌아가니 鄭人이 良霄를 죽였다.

1) 耆酒荒淫 書名 罪之

술을 즐기고 女色에 빠졌기 때문에 이름을 기록하여 罪를 드러낸 것이다.

2) 不言復入[*)] 獨還無兵

'復入'이라고 말하지 않은 것은 군대를 거느리지 않고 홀로 돌아왔기 때문이다.

*) 역주〕 復入 : 成公 18년 傳例에 의하면, 亡命한 자가 군대를 거느리고 本國으로 쳐들어가는 것이다.

【經】 冬十月에 **葬蔡景公**[1)]하다

겨울 10월에 蔡景公을 葬事 지냈다.

1) 無傳

傳이 없다.

【經】 晉人齊人宋人衛人鄭人曹人莒人邾人滕人薛人杞人小邾人會于澶淵하니 **宋災故**[1)]라

晉人·齊人·宋人·衛人·鄭人·曹人·莒人·邾人·滕人·薛人·杞人·小邾人이 澶淵에서 會合하였으니, 宋나라의 火災 때문이었다.

1) 會未有言其事者 此言宋災故 以惡宋人不克己自責 而出會求財

모든 會合에 그 일(目的)을 말한 적이 없는데, 여기에 '宋나라의 火災 때문이다'고 말한 것은 宋人이 私慾을 抑制하지도 自責하지도 않고서 會合에 나와서 財物을 要求한 것을 미워해서이다.

【傳】三十年春王正月에 楚子使薳罷來聘하니 通嗣君也[1]라 穆叔問王子之爲政何如[2]오 對曰 吾儕小人은 食而聽事[3]도 猶懼不給命[4)5)]而不免於戾니 焉與知政이리오 固問焉호되 不告하다 穆叔告大夫曰 楚令尹將有大事어늘 子蕩將與焉[6]하야 助之근새 匿其情矣[7]라

30년 봄 周王 正月에 楚子가 薳罷를 보내어 와서 聘問하였으니, 이는 새 임금이 位를 承繼하였음을 通告하기 위함이었다. 穆叔이 "王子가 政事하는 것이 어떠하냐."고 묻자, 薳罷가 대답하기를 "우리 같은 小人은 밥이나 축낼 뿐, 아무 재능이 없으니 윗분이 시키는 대로 하여도, 오히려 使命을 完遂하지 못하여 罪를 免하지 못할까 두려운데, 어찌 政事를 알 수 있겠습니까?"라고 하였다. 穆叔이 굳이 물었으나, 薳罷는 대답하지 않았다. 穆叔이 大夫들에게 告하기를 "楚나라 令尹이 큰일을 일으키려 하는데, 子蕩이 그 일에 참여하여 令尹을 도우려 하기 때문에 속마음을 숨기고 말하지 않는 것이다."고 하였다.

1) 郟敖卽位

郟敖가 卽位하였다.

2) 王子圍爲令尹

王子 圍가 令尹이었다.

3) 역주〕食而聽事 : 食은 食粟而已(밥이나 먹을 뿐 아무 才能이 없다는 말)와 같은 말이고, 祿을 먹는 것이 아니라고 한 ≪左氏會箋≫의 說을 取해 번역하였다.

4)〔附注〕林曰 君之命令

〔부주〕林: 命은 임금의 命令이다.

5) 역주〕不給命 : 給은 足이니, 使命을 完成하기에도 不足하다는 말이다.〈楊注〉

6) 子蕩 薳罷

子蕩은 薳罷이다.

7) 子圍素貴 郟敖微弱 諸侯皆知其將爲亂 故穆叔問之〔附注〕林曰 薳罷不言其爲政 是助子圍藏匿其邪慝之情矣

子圍는 본디부터 尊貴하고 郟敖는 微弱하니, 諸侯들은 子圍가 장차 亂을 일으킬 것으로 알았다. 그러므로 穆叔이 물은 것이다.

〔부주〕林: 薳罷가 令尹의 政治를 말하지 않은 것이 바로 子圍를 도와 그의 邪慝한 생각을 숨긴 것이다.

【傳】 子産相鄭伯以如晉하다 **叔向問鄭國之政焉**한대 **對曰 吾得見與否**가 **在此歲也**[1)]라 **駟良方爭**하니 **未知所成**[2)3)]이라 **若有所成**이면 **吾得見**하리니 **乃可知也**[4)]라 **叔向曰 不旣和矣乎**[5)]아 **對曰 伯有侈而愎**[6)]하고 **子晳好在人上**하야 **莫能相下也**니 **雖其和也**라도 **猶相積惡也**니 **惡至無日矣**[7)]리라

子産이 鄭伯을 輔佐해 晉나라에 갔다. 叔向이 子産에게 鄭나라 政權에 대해 묻자, 子産이 "내가 볼 수 있는지의 與否가 今年 안에 있을 것입니다. 駟氏와 良氏가 바야흐로 政權을 다투고 있는데 누가 成功할지 알 수 없습니다. 만약 성공하는 사람이 있으면 내가 볼 수 있을 것이니, 그제야 〈政權이 누구에게 돌아갈 것인지를〉 알 수 있습니다."고 대답하였다. 叔向이 "그들이 이미 和解하지 않았습니까?"라고 하자, 子産이 "伯有는 사치스러우면서 사납고, 子晳은 남의 윗자리에 있기를 좋아하여, 누구도 서로 讓步〔下〕하려 하지 않으니 비록 그들이 이미 和解하였다고는 하나 오히려 서로 怨恨과 憎惡를 쌓고 있으니, 오래지 않아 그 怨恨과 憎惡가 極에 도달할 것입니다."고 대답하였다.

1) 〔附注〕 林曰 言禍難方興 生死未可必 得見不得見未可知 決在今年

〔부주〕 林: 바야흐로 禍難이 일어나서 生死를 期必할 수 없으므로 볼 수 있을는지, 볼 수 없을는지를 알 수 없으나, 그 決定이 今年 안에 있을 것이라는 말이다.

2) 駟氏 子晳也 良氏 伯有也 〔附注〕 林曰 未知其所平和

駟氏는 子晳이고 良氏는 伯有이다.

〔부주〕 林: 그들을 平和시킬 방법을 모르겠다는 말이다.

3) 역주〕 未知所成 : 成을 林注에 和解로 解釋하였으나, 譯者는 成敗의 成으로 解釋한 ≪左氏會箋≫의 說을 取해 '成功'으로 번역하였다.

4) 〔附注〕 林曰 乃可知其政之所歸

〔부주〕 林: 그제야 鄭나라의 政權이 돌아갈 곳을 알 수 있다는 말이다.

5) 〔附注〕 朱曰 言大夫已和之 盟於伯有氏矣

〔부주〕 朱: 大夫들이 이미 그들을 和解시켜 伯有氏의 집에서 結盟한 일을 말한 것이다.

6) 愎 狠也

愎은 사나운 것이다.

7) 爲此年秋良霄出奔傳 〔附注〕 林曰 怨惡之至 不能久矣

이해 가을에 良霄가 出奔한 傳의 배경이다.

〔부주〕 林: 怨恨과 憎惡가 지극하여, 〈그 和解가〉 오래갈 수 없다는 말이다.

【傳】二月癸未에 晉悼夫人食輿人之城杞者[1)2)]할새 絳縣人或年長矣로되 無子而往하야 與於食[3)]하다 有與疑年[4)]하야 使之年[5)]한대 曰 臣은 小人也라 不知紀年이어니와 臣生之歲는 正月甲子朔이니 四百有四十五甲子矣오 其季於今 三之一也[6)]라 吏走問諸朝[7)]한대 師曠曰 魯叔仲惠伯會郤成子于承匡之歲也[8)]라 是歲也에 狄伐魯어늘 叔孫莊叔於是乎敗狄于鹹하야 獲長狄僑如及虺也豹也하고 而皆以名其子하니 七十三年矣[9)]라 史趙曰 亥有二首六身[10)11)]하니 下二如身이면 是其日數也[12)]라 士文伯曰 然則二萬六千六百有六旬也[13)]라 趙孟問其縣大夫하니 則其屬也[14)]러라 召之하야 而謝過焉[15)]하고 曰 武不才로 任君之大事[16)]하니 以晉國之多虞로 不能由吾子[17)]하야 使吾子辱在泥塗久矣니 武之罪也라 敢謝不才하노라 遂仕之하야 使助爲政한대 辭以老어늘 與之田하야 使爲君復陶[18)]하고 以爲絳縣師[19)]하고 而廢其輿尉[20)]하다

2월 癸未日에 晉悼夫人이 杞나라의 城을 築造하는 役夫들에게 飮食을 接待할 때, 絳縣의 어떤 사람이 나이가 많은데도 자식이 없어 직접 築城의 賦役에 나아가 그 接待에 參與하였다. 飮食을 나누어 줄 때 官吏가 그 나이를 의심하여 나이를 말하게 하자, 그가 말하기를 "臣은 小人이어서 나이를 기억하지 못합니다. 臣이 태어나던 해의 正月 초하루가 甲子日이었고, 그로부터 4백 45번의 甲子日이 지났는데, 그 마지막 甲子日은 지난 지가 지금 겨우 20日(三分의 一)이 되었습니다."고 하였다. 官吏가 朝廷으로 달려가 물으니, 師曠이 말하기를 "이해는 魯나라 叔仲惠伯이 承匡에서 郤成子(晉大夫 郤缺)와 會合했던 해이다. 이해에 狄人이 魯나라를 侵伐하자, 이때 叔孫莊叔(叔孫得臣)이 鹹에서 狄人을 敗北시키고 長狄僑如 및 虺와 豹를 사로잡고서, 〈이를 記念하기 위해〉 그들의 이름자를 사용해 자기 아들들의 이름을 지었는데, 이미 73년이 지났다."고 하였다. 史趙가 말하기를 "亥字는 '二'가 머리이고 '六'이 몸이니 위의 '二'를 아래로 내려 몸의 〈세 개의 六과 같이 排列하면〉 바로 그가 살아온 나이가 된다."고 하자, 士文伯이 "그렇다면 2만 6천 6백 60일이다."고 하였다. 趙孟(趙武)이 絳縣의 大夫가 누구인지를 물어보니 자기에게 所屬된 大夫였다. 趙孟이 그 老人을 불러 謝過하며 말하기를 "才能이 없는 내가 임금님의 大事를 맡다 보니, 晉나라에 憂患이 많음으로 인해 그대를 登用〔由〕하지 못하여 그대를 卑賤한 身分으로 오래 있게 하였다. 이것은 나의 罪이니 감히 나의 無能을 謝過하노라."고 하고서, 드디어 그에게 벼슬을 주어 자기의 政務를 돕게 하자, 그는 늙었다고 사양하였다. 그러자 그에게 土地를 주어 임금의 復陶

(衣服을 主管하는 官員)로 삼아 絳縣의 縣師를 兼職시키고서, 그 輿尉를 罷免하였다.

1) 輿 衆也 城杞在往年〔附注〕朱曰 食 謂以飮食犒之也
輿는 무리이다. 杞나라에 城을 쌓은 일은 지난해에 있었다.
〔부주〕朱: 食은 飮食으로 役夫들을 犒饋(飮食을 주어 慰勞함)한 것이다.

2) 역주〕輿人 : 바로 杞나라에 城을 쌓는 役卒이다. 〈楊注〉

3)〔附注〕朱曰 以其無子故 自受役
〔부주〕朱: 아들이 없기 때문에 自身이 賦役에 나온 것이다.

4)〔附注〕林曰 將有所與 見其年老 疑其年 朱曰 有人與同食者 疑此老人之年
〔부주〕林: 飮食을 주려 할 때 그가 年老한 것을 보고서 그 나이를 의심한 것이다.
〔부주〕朱: 그와 함께 飮食을 먹던 어떤 사람이 이 老人의 나이를 의심한 것이다.

5) 使言其年
老人에게 本人의 나이를 말하게 한 것이다.

6) 所稱正月 謂夏正月也 三分六甲之一 得甲子甲戌 盡癸未〔附注〕朱曰 其季 謂第四百四十五介甲子矣 自甲子數起 至此日癸未方二十日 甲子一周有六十日 是得三分之一也
그가 말한 正月은 夏曆의 正月이다. 六甲의 3분의 1은 甲子日로부터 癸酉日까지와 甲戌日로부터 癸未日까지이다.
〔부주〕朱: 그 마지막 甲子는 4백 45번째의 甲子日을 이른다. 甲子日로부터 세기 시작하여 癸未日에 이르면 20일이 된다. 甲子가 一周하면 60日이니, 20日은 六甲의 3분의 1이다.

7) 皆不知 故問之
모두 알지 못하였기 때문에 물은 것이다.

8) 在文十一年
이 會合은 文公 11年에 있었다.

9) 叔孫僑如叔孫豹 皆取長狄名〔附注〕朱曰 自乙巳歲至今年戊午 首末七十四年矣 而曰七十三者 蓋計其全數 尙未滿七十三年也
叔孫僑如와 叔孫豹는 모두 長狄의 이름자를 取한 것이다.
〔부주〕朱: 乙巳年으로부터 今年 戊午年까지가 모두 74年인데, 73年이라고 한 것은 그 全數를 計算해 보면 아직 73年에 차지 않았기 때문이다.

10) 史趙 晉大史 亥字二畫在上 併三六爲身 如算之六〔附注〕朱曰 言亥字上二畫爲首 下六畫爲身 如算之六者三也 春秋時有此字體
史趙는 晉나라 太史이다. 亥字는 두 畫이 위에 있고 併列한 세 개의 六이 몸이 되었으니, 마치 算數의 6과 같다.

〔부주〕 朱: 亥字는 위의 두 畫이 머리가 되고 아래의 여섯 畫이 몸이 되었으니 마치 算數의 '六'과 같은 것이 셋이라는 말이다. 春秋 때에는 이런 字體가 있었다.

11) 역주〕 亥有二首六身 : 亥字에는 二六六六의 數字가 있다는 말이다. ≪說文≫에는 亥가 𢁺로 되어 있고, 李斯가 쓴 碑文에는 亥字의 몸에 亻이 모두 丁字 모양으로 되어 있다. 古人들은 '六'을 'ㄴ'로 표기하기도 하고 '丅'로 표기하기도 하였으니, 이는 가로획인 '一'을 '五'로 삼고 세로획인 '丨'을 '一'로 삼아 五에 一을 더하면 六이 되기 때문이다. 𢁺의 亻은 丅와 비슷하고 ㄴ은 ⊥와 비슷하니 亥에는 六의 모양이 세 개 있는 것이다. 위의 二를 아래로 내려 세 개의 六 왼쪽에 세로로 세우면 '丨丅丅丅' 모양이 되니, 算가지를 펼치듯이 排列하여 計算하면 2만 6천 6백 60이 된다. 參考文獻 〈正義〉·≪左氏會箋≫·〈楊注〉 등.

12) 下亥上二畫竪置身旁〔附注〕朱曰 如 往也 言除下亥上二畫 往置身旁 便是此老人從初生年起 至今癸未日之日數也 蓋以亥之二畫爲二萬之數 以三六之算爲六千六百六旬之數也

亥字의 위의 두 畫을 아래로 내려 몸 옆에 세로로 세워 놓는 것이다.

〔부주〕 朱: 如는 往(보냄)이니, 亥字의 위의 두 畫을 제거해 아래로 내려서 몸 옆으로 보내어 세로로 세우면 바로 이 老人이 처음 出生한 날부터 이번의 癸未日까지의 日數가 된다는 말이다. 대개 亥字의 위의 두 畫을 2萬으로, 세 六字를 6천 6백 60일의 數로 삼은 것이다.

13) 文伯 士弱之子

文伯은 士弱의 아들이다.

14) 屬趙武〔附注〕林曰 趙孟卽趙武 問其縣大夫爲誰 則趙孟之屬大夫也

趙武에게 所屬된 것이다.

〔부주〕 林: 趙孟은 바로 趙武이다. 그 縣의 大夫가 누구냐고 물어보니, 趙孟의 屬大夫였다는 말이다.

15)〔附注〕林曰 以老人爲賢故 召而見之 且謝己不知人之過

〔부주〕 林: 老人을 賢人으로 여겼기 때문에 그를 불러 보고서 자기가 사람을 알아보지 못한 것을 謝過한 것이다.

16)〔附注〕朱曰 掌國之政

〔부주〕 朱: 나라의 政事를 맡았다는 말이다.

17) 由 用也

由는 登用하는 것이다.

18) 復陶 主衣服之官

復陶는 衣服을 主管하는 官職이다.

19) 縣師 掌地域 辨其夫家人民

縣師는 한 地域을 맡아 그 夫家(民家)와 人民(奴婢)을 다스린다.

20) 以役孤老故〔附注〕林曰 以絳縣輿尉之官 役使孤老而廢其職

자식 없는 老人을 賦役시켰기 때문이다.

〔부주〕林: 絳縣의 輿尉官이 자식 없는 老人을 使役하였다 하여 그를 官職에서 廢黜한 것이다.

於是魯使者在晉하다 **歸以語諸大夫**한대 **季武子曰 晉未可媮也**[1)2)]라 **有趙孟以爲大夫**하고 **有伯瑕以爲佐**[3)]하고 **有史趙師曠而咨度焉**하고 **有叔向女齊以師保其君**하니 **其朝多君子**라 **其庸可媮乎**아 **勉事之而後可**[4)]라하다

이때 魯나라의 使者가 晉나라에 머물러 있었으므로 이 일을 들어 알았다. 돌아와서 大夫들에게 이 일을 말하니, 季武子가 말하기를 "晉나라를 가벼이 보아서는 안 된다. 趙孟이 大夫(卿)가 되고 伯瑕가 그를 補佐하며, 史趙와 師曠이 諮問에 應하고 叔向과 女齊가 그 임금의 師保가 되었다. 그 朝廷에 君子가 많으니 어찌 가벼이 볼 수 있겠는가? 반드시 힘을 다해 晉나라를 섬긴 뒤에야 患亂을 免할 수 있을 것이다."고 하였다.

1) 媮 薄也

媮는 薄이다.

2) 역주〕媮 : 音이 偸로 薄의 뜻인데, 여기서는 輕視의 뜻으로 쓰였다. 〈楊注〉

3) 伯瑕 士文伯

伯瑕는 士文伯이다.

4) 傳言晉所以强 不失諸侯 且明曆〔歷〕[*)]也

傳文은 晉나라가 强하여 諸侯를 잃지 않을 理由를 말하고, 또 그 來歷을 밝힌 것이다.

*) 역주〕저본에는 '曆'으로 되어 있으나 ≪十三經注疏≫本에 의거하여 '歷'으로 바로잡았다.

【傳】夏四月己亥에 **鄭伯及其大夫盟**[1)]하다 **君子是以知鄭難之不已也**[2)]라

여름 4월 己亥日에 鄭伯이 그 大夫들과 結盟하였다. 君子는 이로 인해 鄭나라에 禍難이 그치지 않을 것을 알았다.

1) 駟良爭故

駟(子晳)와 良(伯有)이 다투었기 때문이다.

2) 鄭伯微弱 不能制其臣下 君臣詛盟 故曰亂未已

鄭伯이 微弱하여 능히 그 臣下를 制壓하지 못하고 君臣이 結盟하였기 때문에 '亂이 그치지 않을 것이다.'고 한 것이다.

【傳】 蔡景侯爲太子般娶于楚하야 **通焉**하니 **太子弑景侯**[1])하다

蔡景侯가 太子 般을 위해 楚나라 女人을 太子의 아내로 맞이해 와서는 자신이 그 女人과 情을 通하니, 太子가 景侯를 弑害하였다.

1) 終子產言有子禍也

襄公 28年 傳에 '자식의 禍가 있을 것이다.'고 한 子產의 말이 끝내 들어맞았다.

【傳】 初에 王儋季卒[1])에 **其子括將見王**할새 **而歎**[2])하다 **單公子愆期爲靈王御士**하야 **過諸廷**[3])타가 **聞其歎而言**[4])**曰 嗚呼**라 **必有此夫**[5]) ㄴ저하고 **入以告王**[6])하고 **且曰 必殺之**하소서 **不慼而願大**하고 **視躁而足高**하니 **心在他矣**라 **不殺**이면 **必害**리이다 **王曰 童子何知**[7])오 **及靈王崩**하야 儋**括欲立王子**佞夫[8])로되 佞**夫弗知**하다 **戊子**에 儋**括圍蔿**하고 **逐成愆**[9])[10])하니 **成愆奔平畤**[11])하다 **五月癸巳**에 **尹言多劉毅單蔑甘過鞏成殺**佞夫[12])하니 **括瑕廖奔晉**[13])하다 **書曰天王殺其弟**佞夫라하니 **罪在王也**[14])[15])라

전에 周靈王의 아우 儋季가 죽자 그 아들 括이 服喪을 마치고 入朝하여 靈王을 謁見하려 할 때 歎息을 하였다. 그때 單國의 公子 愆期가 靈王의 御士(侍衛)였는데, 朝廷을 지나다가 그가 歎息하며 "아! 내 반드시 이 朝廷을 所有할 것이다."라고 말하는 것을 듣고서 들어가 靈王께 報告하고, 또 "반드시 그를 죽이소서. 막 아비의 상을 벗었는데도 슬퍼하지 않고 큰 것을 願하며, 視線은 安定되지 않고 발걸음은 높으니 이는 마음이 다른 곳에 있어서입니다. 죽이지 않으면 반드시 危害를 끼칠 것입니다."고 하니, 靈王은 "어린 네가 무엇을 안다고 그런 말을 하느냐?"고 하였다. 靈王이 崩御함에 미쳐 儋括이 王子 佞夫를 嗣王으로 세우고자 하였으나 佞夫는 알지 못하였다. 戊子日에 儋括이 蔿邑을 包圍하여 成愆(愆期)을 逐出하니 成愆이 平畤로 도망갔다. 5월 癸巳日에 尹言多·劉毅·單蔑·甘過·鞏成이 佞夫를 죽이니, 括·瑕·廖가 晉나라로 도망갔다. 經에 "天王이 그 아우 佞夫를 죽였다."고 기록하였으니, 이는 그 罪가 王에게 있음을 밝힌 것이다.

1) 儋季 周靈王弟

儋季는 周靈王의 아우이다.

2) 括除服 見靈王 入朝而歎

儋括이 服喪을 마치고서 靈王을 뵙기 위해 朝廷에 들어가서 歎息한 것이다.

3) 愆期行過王廷

愆期가 朝廷(王廷)을 지난 것이다.

4) 〔附注〕 林曰 聞儋括歎息而自言

〔부주〕 林: 儋括이 歎息하면서 스스로 하는 말을 들은 것이다.

5) 欲有此朝廷之權 〔附注〕 林曰 曰字以下述儋括之言

이 朝廷의 權力을 쥐고자 한다는 말이다.

〔부주〕 林: 曰字 이하는 儋括의 말을 敍述한 것이다.

6) 〔附注〕 林曰 愆期入 以括之言告靈王

〔부주〕 林: 愆期가 들어가서 儋括의 말을 靈王께 報告한 것이다.

7) 역주〕 童子 : 愆期를 이른다.

8) 佞夫 靈王子 景王弟

佞夫는 靈王의 아들이고 景王의 아우이다.

9) 成愆 蒍邑大夫

成愆은 蒍邑大夫이다.

10) 역주〕 成愆 : 愆期인 듯하다. ≪左氏會箋≫

11) 平畤 周邑

平畤는 周나라 邑이다.

12) 五子 周大夫

다섯 사람은 周나라 大夫이다.

13) 括瑕不書 賤也*) 〔附注〕 林曰 瑕廖 皆儋括之黨

經에 括과 廖를 기록하지 않은 것은 그들이 賤하였기 때문이다.

〔부주〕 林: 瑕와 廖는 모두 儋括의 黨이다.

*) 역주〕 括廖不書 賤也 : 括은 王孫이고, 또 王子 瑕 위에 記錄하였으니, 결코 賤人이 아니다. 括은 亂을 일으키려 한 자로 放逐해야 할 罪가 있었기 때문에 瑕만을 기록하고 括은 省略한 것이다. ≪左氏會箋≫

14) 佞夫不知故 經書在宋災下 從赴

佞夫는 알지 못하였기 때문이다. 經에 이 일을 '宋災' 아래에 기록하였으니, 이는 通告해온 順序에 따른 것이다.

15) 역주〕 罪在王也 : 景王이 다섯 大夫을 시켜 佞夫를 죽이게 하였기 때문에 罪가 王에게 있다고 한 것이다. ≪左氏會箋≫

【傳】 或叫于宋大廟[1)]曰 譆譆出出[2)]이라하고 鳥鳴于亳社[3)4)]에도 如曰譆譆[5)]하다 甲午에 宋大災하야 宋伯姬卒하니 待姆也[6)7)]라 君子謂宋共姬는 女而不婦라 女待人[8)]이어니와 婦義事也[9)]라

어떤 사람이 宋나라 太廟에서 큰소리로 "譆譆出出(불이 날 것이니 속히 나가라는 뜻)."이라고 부르짖었고, 亳社에서 우는 새의 소리도 '譆譆'라고 하는 것 같았다. 甲午日에 宋나라에 큰 火災가 發生하여 宋伯姬가 불에 타 죽었으니, 保姆를 기다렸기 때문이다. 君子는 이에 대해 다음과 같이 論評하였다. "宋共姬는 處女의 道理만을 알고 婦人의 道理는 알지 못하였다. 處女라면 保姆의 시중을 기다려야 하지만 婦人은 事理의 마땅함을 헤아려 行해야 한다."

1) 叫 呼也
叫는 부르짖음이다.

2) 譆譆 熱也 出出 戒伯姬
譆譆는 뜨거운 것이고, 出出은 伯姬를 警戒한 말이다.

3) 殷社
亳社는 殷社이다.

4) 역주〕 亳社 : 殷나라의 社이다. 殷나라가 亳에 都邑하였기 때문에 그 社를 亳社라고 한 것이다. 宋나라는 殷나라의 後裔이기 때문에 宋나라는 社를 亳社라 한 것이다.

5) 皆火妖也
모두 火妖(火災가 發生할 徵兆)이다.

6) 姆 女師 〔附注〕 林曰 伯姬待姆而後下堂 故爲火所焚而死
姆는 女師이다.
〔부주〕 林: 伯姬는 保姆가 오기를 기다린 뒤에 堂에서 내려갔다. 그러므로 불에 타 죽은 것이다.

7) 역주〕 甲午……待姆也 : 伯姬의 居所에 불이 났을 때 左右가 불을 避해 나가기를 請하였으나, 伯姬는 "夫人의 道理는 保姆가 없이는 밤에 堂을 내려가지 않는 것이다."고 하면서 나가지 않고 保姆가 오기를 기다렸으므로 드디어 불에 타 죽은 것이다. ≪春秋公羊傳≫ · ≪春秋穀梁傳≫

8) 待人而行
사람이 시중하기를 기다려 行動한다는 말이다.

9) 義 從宜也[*)] 伯姬時年六十左右
義는 便宜를 따르는 것이다. 伯姬의 나이가 이때 60歲 左右였다.

*) 역주〕從宜也 : 義는 宜이니, 從宜는 불을 피하는 것이 옳았다는 말이다. 〈正義〉

【傳】 六月에 鄭子產如陳涖盟[1)]하고 歸하야 復命하고 告大夫曰 陳은 亡國也니 不可與也[2)]라 聚禾粟하고 繕城郭하야 恃此二者하고 而不撫其民이라 其君弱植[3)4)]하고 公子侈하며 大子卑하고 大夫傲하며 政多門[5)]이라 以介於大國[6)]하니 能無亡乎아 不過十年矣[7)]리라

6월에 鄭나라 子產이 陳나라에 가서 盟約에 參加하고서 돌아와 復命하고, 大夫들에게 告하기를 "陳나라는 亡할 나라이니 그들과 友好를 맺을 필요가 없습니다. 穀食을 모으고 城郭을 修繕하고서 이 두 가지만을 믿고 백성을 慰撫하지 않습니다. 그 임금은 根基가 弱하고 公子는 사치스러우며, 太子는 權威가 낮고 大夫는 오만하며, 政令이 여러 곳에서 나옵니다. 그런 나라가 大國 사이에 끼어 있으니 亡하지 않을 수 있겠습니까? 10년을 넘기지 못할 것입니다."고 하였다.

1)〔附注〕朱曰 二十五年 鄭入陳 自是陳服於鄭 故往陳涖盟
〔부주〕朱: 襄公 25年에 鄭나라가 陳나라를 쳐들어간 뒤로부터 陳나라는 鄭나라에 服從하였다. 그러므로 陳나라에 가서 盟約에 參加한 것이다.

2) 不可與結好〔附注〕朱曰 言陳國將亡
그들과 友好를 맺을 게 없다는 말이다.
〔부주〕朱: 陳나라는 장차 망할 것이라는 말이다.

3)〔附注〕朱曰 其君之志 弱於植立
〔부주〕朱: 그 임금의 意志는 일을 樹立하기에 弱하다는 말이다.

4) 역주〕弱植 : 根基가 堅固하지 못하다는 말과 같다고 한 〈楊注〉의 說을 취해 번역하였다.

5) 政不由一人
政令이 한 사람(임금)에게서 나오지 않는다는 말이다.

6) 介 間也
介는 間(낌)이다.

7) 爲昭八年楚滅陳傳
昭公 8년에 楚나라가 陳나라를 滅亡시킨 傳의 배경이다.

【傳】 秋七月에 叔弓如宋하니 葬共姬也[1)]라

가을 7월에 叔弓이 宋나라에 갔으니, 이는 共姬의 葬事에 會葬하기 위함이었다.

1) 傷伯姬之遇災 故使卿共葬

伯姬가 불에 타 죽는 災變을 당한 것을 가슴 아프게 여겼기 때문에 卿을 보내어 葬禮에 參與하게 한 것이다.

【傳】鄭伯有耆酒하야 **爲窟室**[1)]하야 **而夜飮酒擊鐘焉**하고 **朝至未已**[2)]하다 **朝者曰公焉在**[3)]오 **其人曰 吾公在壑谷**[4)]이라하니 **皆自朝布路而罷**[5)]하다 **旣而朝**[6)]하야 **則又將使子皙如楚**하고 **歸而飮酒**하다 **庚子**에 **子皙以駟氏之甲伐而焚之**[7)]하니 **伯有奔雍梁**[8)]하야 **醒而後知之**하고 **遂奔許**하다

鄭나라 伯有가 술을 즐겨 窟室(地下室)을 만들어 놓고서 밤이면 그곳에서 술을 마시고 音樂을 演奏하며 아침이 되도록 그치지 않았다. 朝見하기 위해 온 家臣들이 伯有의 侍從에게 "公은 어디에 계시는가?"고 묻자, 그 侍從이 "우리 公께서는 壑谷(窟室)에 계십니다."고 대답하니, 家臣들은 모두 朝堂에서 흩어져 돌아갔다. 이윽고 伯有는 大闕로 가서 鄭伯을 朝見하고서 또 子皙을 楚나라에 보내기로 하고는 집으로 돌아와서 술을 마셨다. 庚子日에 子皙이 駟氏의 甲士를 거느리고 伯有를 討伐하여 그 집을 불태우니, 伯有는 雍梁으로 도망가서 술이 깬 뒤에야 變亂이 일어난 것을 알고는 드디어 許나라로 出奔하였다.

1) 窟室 地室

窟室은 地下室이다.

2)〔附注〕林曰 家臣來朝者已至 而飮酒猶未已

〔부주〕林: 朝見하기 위해 家臣들이 이미 왔으되, 伯有는 술 마시는 일을 여전히 그치지 않은 것이다.

3) 家臣 故謂伯有爲公

家臣들이었기 때문에 伯有를 '公'이라고 한 것이다.

4) 壑谷 窟室

壑谷은 窟室이다.

5) 布路 分散

布路는 나뉘어 흩어짐이다.

6) 伯有朝鄭君

伯有가 鄭나라 임금에게 朝見한 것이다.

7)〔附注〕林曰 子晳 駟氏 故以其家族之甲伐伯有而火攻之

〔부주〕林: 子晳은 駟氏이다. 그러므로 그 집안의 甲士를 거느리고서 伯有를 討伐하여 불을 놓아 공격한 것이다.

8) 雍梁 鄭地

雍梁은 鄭나라 땅이다.

大夫聚謀[1]할새 子皮曰 仲虺之志[2]云호대 亂者取之하고 亡者侮之라하니 推亡固存이 國之利也라 罕駟豐同生[3]이오 伯有汰侈라 故不免[4]하다 人謂子產就直助强[5]이라하니 子產曰 豈爲我徒[6]리오 國之禍難을 誰知所敝[7][8]리오 或主彊直이면 難乃不生[9]이니 姑成吾所[10]하리라 辛丑에 子產斂伯有氏之死者而殯之하고 不及謀而遂行[11]하니 印段從之[12]하다 子皮止之[13]한대 衆曰 人不我順이어늘 何止焉[14]이리오 子皮曰 夫子禮於死者온 況生者乎아하고 遂自止之하다 壬寅에 子產入하고 癸卯에 子石入[15]하야 皆受盟于子晳氏하다 乙巳에 鄭伯及其大夫盟于大宮[16]하고 盟國人于師之梁之外[17]하다

大夫들이 모여 伯有와 子晳의 일을 商議할 때, 子皮가 말하기를 "仲虺之志에 '昏亂한 짓을 하는 나라는 攻擊해 取하고 亡할 짓을 하는 나라는 敗亡시켰다.'고 하였으니, 亡할 짓을 하는 자를 밀어 넘어뜨리고, 保存될 일을 하는 자를 鞏固하게 세워주는 것이 國家의 利益이다."고 하였다. 罕氏·駟氏·豐氏는 同腹兄弟이고, 伯有는 〈외로운데다가〉 驕慢하고 奢侈하였기 때문에 禍難을 免하지 못한 것이다. 어떤 사람이 子產에게 "正直한 사람을 가까이하고 强大한 사람을 도우라."고 하니, 子產이 말하기를 "저들이 어찌 나의 무리가 될 수 있겠는가? 國家의 禍難을 終止〔敝〕시킬 사람이 누구인지를 누가 알겠는가? 만약 國政을 住持한 자가 彊直하였다면 禍難이 생기지 않았을 것이니, 우선 나는 뜻한 바 〈中立을 지키겠다는 뜻〉를 이루겠다."고 하였다. 辛丑日에 子產이 伯有氏의 家族 중에 죽은 자의 屍身을 거두어 殯葬하고는 大夫들의 謀議에 參與하지 않고서 드디어 鄭나라를 떠나니, 印段이 그를 따랐다. 子皮가 〈사람을 보내어〉 떠나는 子產을 挽留하게 하자, 大衆은 "저 사람은 우리를 順從하지 않는데 무엇 때문에 挽留하려 하십니까?"라고 하였다. 그러자 子皮가 말하기를 "夫子(子產)는 죽은 자에게도 禮를 行하는데 하물며 산 자에게야 말할 것이 있겠는가?"고 하고서, 드디어 自身이 직접 가서 挽留하였다. 壬寅日에 子產이 들어오고, 癸卯日에 子石(印段)이 들어와서 모두 子晳氏의 집에서 盟約을 接受하였다. 乙巳日에 鄭伯이 그 大夫들과 大宮에서 結盟하고 國人들과 師之梁 밖에서 結盟하였다.

1)〔附注〕林曰 謀所以處駟良之道

〔부주〕林: 駟(子晳)와 良(伯有)의 일을 處理할 方法을 商議한 것이다.

2) 仲虺 湯左相〔附注〕林曰 子皮卽罕虎 志 書也

仲虺는 殷湯의 左相이다.

〔부주〕林: 子皮는 바로 罕虎이다. 志는 書이다.

3) 罕 子皮 駟 子晳 豐 公孫段也 三家本同母兄弟

罕은 子皮이고, 駟는 子晳이고, 豐은 公孫 段이다. 三家는 본래 同腹兄弟이다.

4) 三家同出 而伯有孤特 又汰侈 所以亡

三家는 同腹兄弟이고, 伯有는 외로운데다가 또 교만하고 사치하였기 때문에 亡한 것이다.

5) 時謂子晳直 三家彊〔附注〕林曰 或告子產當取〔就〕*)子晳之直 助三家之彊 以共攻伯有

당시 사람들은 子晳은 正直하고 三家는 强하다고 하였다.

〔부주〕林: 어떤 자가 子產에게 "正直한 子晳을 가까이하고 强한 三家를 도와서 伯有를 攻擊하는 것이 마땅하다."고 告한 것이다.

*) 역주〕저본에는 '取'로 되어 있으나 ≪四庫全書 左傳杜林合注≫本에 의거하여 '就'로 바로잡았다.

6) 徒 黨也 言不以駟良爲黨〔附注〕林曰 言我豈於駟良偏有所黨

徒는 黨이니, 駟와 良을 나의 黨으로 여기지 않는다는 말이다.

〔부주〕林: 내 어찌 駟와 良 두 사람 중에 어느 한쪽을 편들어 돕는〔黨〕바가 있겠느냐는 말이다.

7)〔附注〕林曰 誰能預知其所終敝

〔부주〕林: 國家의 禍難을 終止시킬 사람이 누구인지를 누가 미리 알겠느냐는 말이다.

8) 역주〕敝 : 弊의 假借字로 ≪周禮≫ 〈大司馬〉의 火弊의 弊를 鄭注에 '止'로 訓詁하였으니, 곧 終止의 뜻인 듯하다.

9) 言能彊能直 則可弭難 今三家未能 則伯有方爭

彊하고 正直하면 禍難을 消滅시킬 수 있는데, 지금 三家는 그렇지 못하여 伯有와 바야흐로 爭鬪하고 있다는 말이다.

10) 欲以無所附著爲所

누구에게도 붙지 않는 것으로써 자신의 所信으로 삼고자 한다는 말이다.

11) 不與於國謀

國事에 관한 謀議에 參與하지 않은 것이다.

12) 義子產〔附注〕林曰 從之而去

子產을 義롭게 여긴 것이다.

〔부주〕 林: 子産을 따라간 것이다.

13) 〔附注〕 林曰 子皮止子産 使毋出奔

〔부주〕 林: 子皮가 子産을 挽留하여 出奔하지 말게 한 것이다.

14) 〔附注〕 林曰 人謂子産 朱曰 言子産不順我三家

〔부주〕 林: 어떤 사람이 子産에게 이른 것이다.

〔부주〕 朱: 子産은 우리 三家에 順從하지 않는 사람이라는 말이다.

15) 子石 印段

子石은 印段이다.

16) 大宮 祖廟

大宮은 祖廟이다.

17) 師之梁 鄭城門

師之梁은 鄭나라 城門이다.

伯有聞鄭人之盟已也하고 **怒**[1)]라가 **聞子皮之甲不與攻已也**하고 **喜曰 子皮與我矣**라하다 **癸丑晨**에 **自墓門之瀆入**[2)]하야 **因馬師頡介于襄庫**하야 **以伐舊北門**[3)4)]하니 **駟帶率國人以伐之**[5)]하다 **皆召子産**[6)]한대 **子産曰 兄弟而及此**하니 **吾從天所與**[7)8)]하리라 **伯有死於羊肆**[9)10)]어늘 **子産襚之**하고 **枕之股而哭之**하고 **斂而殯諸伯有之臣在市側者**[11)12)]라가 **旣而葬諸斗城**[13)]하다 **子駟氏欲攻子産**한대 **子皮怒之曰 禮**는 **國之幹也**[14)]니 **殺有禮**면 **禍莫大焉**이라 **乃止**[15)]하다

伯有는 鄭人이 이미 자기를 排斥하기로 結盟하였다는 말을 듣고는 怒하였다가 子皮의 甲士가 자기를 攻擊하는 데 參與하지 않았다는 말을 듣고는 기뻐하며 말하기를 "子皮는 나를 돕는구나."라고 하고서, 癸丑日 새벽에 墓門의 수챗구멍으로 들어가서 馬師頡의 도움으로 襄庫에서 군대에게 갑옷을 입히고서 舊北門을 攻擊하니, 駟帶가 國人을 거느리고 와서 伯有를 攻擊하였다. 駟氏와 伯有가 모두 子産을 부르니, 子産이 말하기를 "兄弟 사이에 이 지경에 미쳤으니, 나는 하늘이 돕는 사람을 따르겠다."고 하였다. 伯有가 羊을 賣買하는 市場에서 죽으니, 子産은 그 屍身에 襚衣를 입히고서 그 다리를 베고 哭하고는 大斂하여 市場 곁에 사는 伯有氏 臣下의 집에 殯하였다가 얼마 뒤에 斗城에 葬事 지냈다. 子駟가 子産을 攻擊하려 하니, 子皮가 노하여 말하기를 "禮는 나라의 根幹이니, 禮가 있는 이를 죽인다면 이보다 큰 화가 없을 것이다."고 하자, 곧 그만두었다.

1)〔附注〕林曰 以鄭人爲盟背己 故忿怒

〔부주〕林: 鄭나라 사람들이 자기를 背反하기로 結盟하였기 때문에 忿怒한 것이다.

2) 墓門 鄭城門〔附注〕林曰 自城門之溝瀆而入

墓門은 鄭나라 城門이다.

〔부주〕林: 城門의 수챗구멍으로 들어간 것이다.

3) 馬師頡 子羽孫也〔附注〕林曰 介 甲也 用襄庫之兵甲 以伐鄭伯之舊北門

馬師 頡은 子羽의 孫子이다.

〔부주〕林: 介는 갑옷이다. 襄庫의 兵器와 甲冑를 이용해 鄭伯의 舊北門을 攻擊한 것이다.

4) 역주〕因馬師頡 介于襄庫 : 襄庫는 鄭襄公이 지은 武器庫이다. 頡에게 도움을 빌어 襄庫의 甲冑를 取해 자기 군대에게 입힌 것이다. ≪左氏會箋≫·〈楊注〉

5) 駟帶 子西之子 子晳之宗主

駟帶는 子西의 아들로 子晳의 宗主(宗子)이다.

6) 駟氏伯有俱召

駟氏와 伯有가 함께 子產을 부른 것이다.

7) 兄弟恩等 故無所偏助〔附注〕林曰 子晳伯有 皆子產兄弟

兄弟로서의 恩惠가 같기 때문에 어느 한쪽을 도울 수 없다는 말이다.

〔부주〕林: 子晳과 伯有가 모두 子產의 兄弟이다.

8) 역주〕兄弟而及此 : 良霄(伯有)와 駟帶는 모두 鄭穆公의 曾孫으로 형제뻘이고, 子產과 子晳·伯石은 모두 鄭穆公의 孫子로 역시 형제뻘이다. 〈楊注〉

9) 羊肆 市列

羊肆는 市列(市場의 가게)이다.

10) 역주〕羊肆 : 羊을 거래하는 市場이다. 〈楊注〉

11)〔附注〕林曰 殯諸伯有之家臣在市側者之家

〔부주〕林: 市場 곁에 사는 伯有의 家臣의 집에 殯한 것이다.

12) 역주〕襚 : 屍身에 옷을 입히는 小斂을 이른다. 屍身을 棺에 넣는 것을 大斂이라 하고, 屍身을 넣은 棺을 葬事 때까지 安置해 두는 것을 殯이라 한다.

13) 斗城 鄭地名

斗城은 鄭나라 地名이다.

14)〔附注〕林曰 國之有禮 如木之有幹 所以立也 朱曰 言國之有禮 如版築之有幹焉

〔부주〕林: 나라에 禮가 있는 것이 마치 나무에 줄기가 있기 때문에 설 수 있는 것과 같다는 말이다.

〔부주〕朱: 나라에 禮가 있는 것이 城이나 담을 쌓기 위해 양쪽에 板子를 대고 그 가운

데 흙을 채워 넣고서 공이로 다질 때, 판자가 벌어지지 않도록 세우는 기둥이 있는 것과 같다.

15) 斂葬伯有爲有禮

伯有를 斂葬한 것이 禮가 있음이 된다는 말이다.

於是游吉如晉還타가 **聞難不入**[1]하고 **復命于介**[2]하고 **八月甲子**에 **奔晉**하니 **駟帶追之**[3]하야 **及酸棗**하다 **與子上盟**하고 **用兩珪質于河**[4]하다 **使公孫肸入盟大夫**하고 **己巳**에 **復歸**[5]하다

이때 游吉이 晉나라에 갔다 돌아오다가 變亂이 일어났다는 말을 듣고는 國都로 들어가지 않고 介使에게 復命하게 하고는 8월 甲子日에 晉나라로 도망가니, 駟帶가 그를 뒤쫓아 酸棗에 미쳐 游吉을 따라잡았다. 游吉이 子上(駟帶)과 結盟하고서 두 개의 珪를 黃河에 던져 河神에게 誓約하였다. 游吉은 公孫 肸을 보내어 國都로 들어가서 大夫들과 結盟하게 하고서 己巳日에 국도로 돌아갔다.

1) 懼禍幷及

화가 미칠까 두려워 들어가지 않은 것이다.

2) 〔附注〕 林曰 介 副使也

〔부주〕 林: 介는 副使이다.

3) 〔附注〕 林曰 追而止之

〔부주〕 林: 뒤쫓아 가서 그를 挽留하려 한 것이다.

4) 子上 駟帶也 沈珪於河爲信也 酸棗 陳留縣

子上은 駟帶이다. 珪를 黃河에 던져 넣어 믿음을 지키기로 言約한 것이다. 酸棗는 陳留縣이다.

5) 游吉歸也

游吉이 돌아간 것이다.

書曰鄭人殺良霄라하고 **不稱大夫**는 **言自外入也**[1]라

經에 '鄭人이 良霄를 죽였다.'고 기록하고 '大夫'로 稱하지 않은 것은 그가 國外에서 들어와서 〈官位가 없었음을〉 말한 것이다.

1) 旣出 位絶 非復鄭大夫

伯有는 이미 出奔하여 官位가 끊겼으니, 다시 鄭나라의 大夫가 아니기 때문이다.

於子蟜之卒也[1]에 **將葬**할새 **公孫揮與裨竈晨會事焉**[2]하다 **過伯有氏**에 **其門上生莠**하고 **子羽曰 其莠猶在乎**[3]아 **於是歲在降婁**하니 **降婁中而旦**[4)5]이라 **裨竈指之曰 猶可以終歲**[6]어니와 **歲不及此次也已**[7]리라 **及其亡也**에 **歲在娵訾之口**[8]하고 **其明年**에 **乃及降婁**하다

子蟜(公孫 蠆)가 죽어 葬事 지내려 할 때 公孫 揮와 裨竈가 새벽에 모여 일을 商議하였다. 伯有氏의 집 앞을 지날 때 그 門 위에 여전히 가라지〔莠〕가 살아 있는 것을 보고서, 子羽(公孫 揮)가 말하기를 "저 가라지는 아직까지 살아 있구나."라고 하였다. 이때 歲星이 降婁에 있었는데, 降婁가 中天에 떠서 날이 새려 하였다. 裨竈가 降婁를 가리키며 말하기를 "伯有가 오히려 이 歲星의 周期(12年)는 마칠 수 있겠지만 歲星이 다시 이 位次에 올 때까지는 미치지 못할 것이다."고 하였다. 伯有가 亡할 때에 미쳐 歲星이 娵訾의 입(壁宿)에 있었고 그 明年에 降婁에 미쳤다.

1) 子蟜 公孫蠆 卒在十九年
 子蟜는 公孫 蠆이다. 그의 죽음은 襄公 19년에 있었다.
2) 會葬事
 葬事에 관한 일을 상의하기 위해 모인 것이다.
3) 子羽 公孫揮 以莠喩伯有 伯有侈 知其不能久存
 子羽는 公孫 揮이다. 가라지를 伯有에 비유한 것이다. 伯有가 사치스럽기 때문에 오래 살지 못할 것을 안 것이다.
4) 降婁 奎婁也 周七月 今五月 降婁中而天明
 降婁는 奎宿와 婁宿이다. 周曆 7月은 지금의 5월이니 降婁星이 中天에 뜨면 날이 샌다.
5) 역주〕降婁 : 12星次의 하나이다. 歲星(木星)은 1년에 한 星次씩 移動하여, 12년에 天體를 一周한다. 12星次는 降婁, 大梁, 沈實, 鶉首, 鶉火, 鶉尾, 壽星, 大火, 析木, 星紀, 玄枵, 娵訾이다.
6) 指降婁也 歲星十二年而一終
 降婁를 가리킨 것이다. 歲星은 12년에 一周를 마친다.
7) 不及降婁〔附注〕林曰 歲星不再及此降婁之次 伯有必先亡已
 歲星이 다시 降婁에 미칠 때까지 살지 못한다는 말이다.
 〔부주〕林: 歲星이 다시 이 降婁의 位次에 미치기 전에 伯有는 반드시 먼저 죽을 것이라는 말이다.

8) 娵訾 營室東壁 二十八年 歲星淫在玄枵 今三十年在娵訾 是歲星停在玄枵二年

娵訾는 營室(室宿)과 東壁(壁宿)이다. 襄公 28년에 歲星이 지나치게 오래 玄枵에 머물러 있었으므로 지금 襄公 30년에야 娵訾에 와 있으니, 이는 歲星이 玄枵에 2년을 머무른 것이다.

僕展從伯有하야 **與之皆死**[1)]하고 **羽頡出奔晉**하야 **爲任大夫**[2)]하다 **雞澤之會**[3)]에 **鄭樂成奔楚**라가 **遂適晉**하니 **羽頡因之**하야 **與之比而事趙文子**하야 **言伐鄭之說焉**[4)]한대 **以宋之盟**[5)]**故**로 **不可**[6)]라하다 **子皮以公孫鉏爲馬師**[7)]하다

僕展은 伯有를 따라 그와 함께 죽었고, 羽頡은 晉나라로 出奔하여 任邑의 大夫가 되었다. 雞澤의 會盟 때 鄭나라 樂成이 楚나라로 도망갔다가 마침내 晉나라로 가니, 羽頡은 樂成에게 의지해 그와 結託〔比〕하여 趙文子를 섬기면서 鄭나라를 討伐하도록 意見〔說〕을 말하자, 文子는 宋나라에서의 結盟을 이유로 反對하였다. 子皮는 公孫 鉏를 馬師로 삼았다.

1) 僕展 鄭大夫 伯有黨

僕展은 鄭나라 大夫로 伯有의 黨이다.

2) 羽頡 馬師頡 任 晉縣 今屬廣平郡

羽頡은 馬師 頡이다. 任은 晉나라의 縣이다. 지금은 廣平郡에 屬하였다.

3) 在三年

襄公 3년에 있었다.

4)〔附注〕林曰 羽頡乃進伐鄭之說於趙文子

〔부주〕林: 羽頡이 趙文子에게 鄭나라를 討伐하라는 말을 올린 것이다.

5) 역주〕宋之盟 : 宋之盟은 襄公 27년에 宋나라 向戌이 諸侯間에 戰爭을 終熄시킨다는 名分으로 晉나라 趙文子, 楚나라 屈建 등을 說得하여 宋나라에서 會合하여 結盟한 일을 이른다.

6) 宋盟約弭兵故

宋나라에서 戰爭을 終熄하기를 盟約하였기 때문이다.

7) 鉏 子罕之子 代羽頡

鉏는 子罕의 아들로 羽頡의 뒤를 이어 馬師가 된 것이다.

【傳】 楚公子圍殺大司馬蒍掩而取其室[1)2)]하니 **申無宇曰 王子必不免**[3)]하리라 **善人**은 **國之主也**라 **王子相楚國**하니 **將善是封殖**이어늘 **而虐之**하니 **是禍國也**[4)]라 **且司馬**

는 **令尹之偏**[5)]이오 **而王之四體也**[6)]어늘 **絶民之主**하고 **去身之偏**하며 **艾王之體**하야 **以禍其國**[7)]하니 **無不祥大焉**이라 **何以得免**[8)]이리오

楚나라 公子 圍가 大司馬 蔿掩을 죽이고서 그 家產(室)을 取하니, 申無宇가 말하기를 "王子는 반드시 禍難을 免하지 못할 것이다. 善人은 國家의 根本〔主〕이다. 王子는 楚나라의 丞相이니 善人을 培養함이 마땅한데〔將〕, 도리어 善人을 虐待하였으니, 이는 國家에 禍를 끼치는 일이다. 그리고 또 司馬는 令尹의 輔佐이고 임금의 手足〔四體〕인데, 백성의 근본을 잘라내고 자신의 輔佐를 除去하며, 君王의 手足을 베어 내어 나라에 禍를 끼쳤으니, 이보다 큰 不祥은 없다. 어찌 禍難을 면할 수 있겠는가?"라고 하였다.

1) 蔿掩 二十五年爲大司馬

蔿掩이 襄公 25년에 大司馬가 되었다.

2) 역주〕 楚公子圍……取其室 : 蔿掩은 經綸의 才能이 있어 백성의 信望이 있었던 것을 25년 傳에서 볼 수 있다. 公子 圍가 장차 謀叛할 意圖가 있었기 때문에 먼저 그를 除去하여 王의 羽翼을 잘라낸 것이다. 《左氏會箋》

3) 無宇 芋尹

無宇는 芋尹이다.

4) 〔附注〕 林曰 子圍爲令尹 故云相楚國

〔부주〕 林: 公子 圍가 令尹이었기 때문에 '相楚國'이라고 한 것이다.

5) 偏 佐也

偏은 輔佐이다.

6) 俱股肱也[*)]

모두 股肱(手足 같은 臣下)이라는 말이다.

*) 역주〕 俱股肱也: 杜氏는 四體를 令尹과 司馬를 이른 말로 보았기 때문에 '俱股肱'으로 註釋한 것이다. 그러나 《左氏會箋》에 依하면, 偏이 오로지 司馬만을 가리켜 말한 것이니, 四體도 司馬만을 가리켜 말한 것이 되어야 한다. 令尹까지 겸하여 말한 것으로 보는 것은 옳지 않다.

7) 〔附注〕 林曰 蔿掩之善 可爲王之肱〔股〕[*)]肱 今殺之 是斬艾王之體也

〔부주〕 林: 蔿掩의 善이 王의 股肱이 될 만한데, 지금 그를 죽였으니, 이것이 바로 王의 四體를 베어 낸 것이다.

*) 역주〕 저본에는 '肱'으로 되어 있으나 《四庫全書 左傳杜林合注》本에 의거하여 '股'로 바로잡았다.

8) 爲昭十三年楚弑靈王傳

昭公 13년에 楚나라 公子 比가 靈王을 弑害한 傳의 배경이다.

【傳】 爲宋災故로 **諸侯之大夫會**하야 **以謀歸宋財**하다 **冬十月**에 **叔孫豹會晉趙武齊公孫蠆宋向戌衛北宮佗**[1]**鄭罕虎**[2]**及小邾之大夫**하야 **會于澶淵**이나 **旣而無歸於宋**하다 **故不書其人**하니라

宋나라가 火災를 당한 일로 諸侯의 大夫들이 모여 宋나라에 財物을 보내줄 것을 商議하였다. 겨울 10월에 叔孫豹가 晉나라 趙武·齊나라 公孫 蠆·宋나라 向戌·衛나라 北宮佗·鄭나라 罕虎 및 小邾나라 大夫와 會合하여 澶淵에서 會議하였으나, 會合이 끝난 뒤에 宋나라에 財物을 보내주지 않았다. 그러므로 會合에 參與한 卿들의 이름을 기록하지 않은 것이다.

1) 佗 北宮括之子

北宮佗는 北宮括의 아들이다.

2) 虎 子皮

罕虎는 子皮이다.

君子曰 信其不可不愼乎[1]ㄴ저 **澶淵之會**에 **卿不書**는 **不信也**라 **夫諸侯之上卿**[2]이 **會而不信**하야 **寵名皆棄**하니 **不信之不可也如是**[3]로다 **詩曰 文王陟降**하야 **在帝左右**라하니 **信之謂也**[4]오 **又曰 淑愼爾止**하야 **無載爾僞**라하니 **不信之謂也**[5]라 **書曰某人某人會于澶淵**은 **宋災故**라하니 **尤之也**[6]오 **不書魯大夫**는 **諱之也**[7]라

이 일에 대해 君子는 다음과 같이 論評하였다. "約信(서로 지키기로 約定한 것)은 삼가 지키지 않아서는 안 된다. 澶淵의 會合에 參與한 卿들의 이름을 기록하지 않은 것은 約信를 지키지 않았기 때문이다. 諸侯의 上卿으로 會合하고서도 約信을 지키지 않아 尊貴한 族名을 모두 버렸으니, 約信을 지키지 않아서는 안 되는 것이 이와 같다. ≪詩經≫에 '文王이 오르내리시며 上帝의 左右에 계셨다.'고 하였으니, 이는 約信을 지킨 것을 말한 것이고, 또 '너는 行動擧止를 愼重히 하고 너는 거짓을 行〔載〕하지 말라.'고 하였으니, 이는 約信을 지키지 않은 것을 말한 것이다. 經에 '某人 某人이 澶淵에서 會合한 것은 宋나라의 火災 때문이었다.'고 한 것은 그들을 꾸짖은 것이고 魯나라 大夫를 기록하지 않은 것은 숨긴 것이다."

1) 〔附注〕 林曰 盟會之信 不可不謹也

〔부주〕 林: 盟約의 會合에서 合意한 約定은 삼가 지키지 않아서는 안 된다는 말이다.

2)〔附注〕 林曰 或以夫字屬上句 亦通

〔부주〕 林: 夫字를 上句에 붙여 읽는 이가 더러 있는데, 이 또한 通한다.

3) 寵 謂族也〔附注〕 林曰 族與名 皆棄不書

寵은 族을 이른다.

〔부주〕 林: 族과 名을 모두 버리고 기록하지 않은 것을 말한다.

4) 詩大雅 言文王所以能上接天 下接人 動順帝者 唯以信〔附注〕 林曰 惟其信 是以合天德也

詩는 ≪詩經≫ 〈大雅 文王篇〉의 詩句이다. 文王이 위로 하늘을 대하고 아래로 사람을 대함에 있어 언제나〔動〕 上帝의 法則을 따른 것은 오직 信이 있었기 때문이라는 말이다.

〔부주〕 林: 오직 文王은 信이 있었기 때문에 天德에 符合했다는 말이다.

5) 逸詩也 言當善愼擧止 無載行詐僞

이 詩는 逸詩이다. 擧止를 잘 삼가고 詐僞를 行함이 없어야 한다는 말이다.

6) 傳云 旣而無歸 所以釋諸侯大夫之不書也 又云宋災故左〔尤〕*1)之 所以釋向戌之幷貶也 戌爲正卿 深致火災 燒殺其夫人 未聞克己之意 而以求財合諸侯 故與不歸財者同文*2)

傳에 '旣而無歸'라고 한 것은 諸侯의 大夫들을 經에 기록하지 않은 이유를 解釋한 것이고, 또 '宋災故 尤之'라고 한 것은 向戌까지 아울러 貶下한 이유를 해석한 것이다. 向戌은 正卿이 되어 깊은 宮中에 火災를 일으켜 夫人을 태워죽이고서도 私慾을 抑制하려는 마음은 볼 수 없고 財物을 要求하기 위해 諸侯를 불러 會合하였다. 그러므로 財物을 보내주지 않은 자들과 同一하게 글을 만든 것이다.

*1) 역주〕 저본에는 '左'로 되어 있으나 전문과 ≪十三經注疏≫本에 의거하여 '尤'로 바로잡았다.

*2) 역주〕 與不歸財者同文 : 向戌이 財物을 要求하지 않았으면 名氏를 드러내 기록하였을 것인데, 財物을 要求하였기 때문에 諸國의 大夫들과 동일하게 '人'으로 기록하였다는 말이다.

7) 向戌旣以災求財 諸大夫詐〔許〕*)而不歸 客主皆貶 君子以尊尊之義也 君親有隱 故略不書魯大夫以示例

向戌은 이미 火災를 이유로 財物을 要求하였고, 諸大夫는 許諾하고도 財物을 보내주지 않았기 때문에 主客을 모두 貶下한 것이다. 君子는 尊者를 尊敬하는 것을 義理로 여기기 때문에 임금과 어버이의 잘못을 숨기는 것이다. 그러므로 魯大夫는 省略하고 기록하지 않아 그 例를 보인 것이다.

*) 역주〕 저본에는 '詐'로 되어 있으나 ≪十三經注疏≫本에 의거하여 '許'로 바로잡았다.

【傳】鄭子皮授子産政[1)]한대 辭曰 國小而偪[2)]하고 族大寵多하니 不可爲也[3)]라 子皮曰 虎帥以聽이면 誰敢犯子[4)]리오 子善相之하라 國無小[5)6)]하니 小能事大면 國乃寬[7)]하리라

鄭나라 子皮가 子産에게 政權을 넘겨주자, 子産이 사양하며 말하기를 "나라는 작고 大國은 近接해 있으며, 公族은 强大하고 寵愛 받는 자가 많으니 나로서는 나라를 다스릴 수 없습니다."고 하니, 子皮가 말하기를 "내가 公族들을 거느리고서 그대의 命을 따른다면 누가 감히 그대를 侵犯하겠습니까? 그대는 國政을 잘 輔佐하십시오. 國家의 安危는 나라의 大小에 달린 것이 아니니, 小國이 大國을 잘 섬기면 나라가 편안해질 것입니다."고 하였다.

1) 伯有死 子皮知政 以子産賢 故讓之
　伯有가 죽은 뒤에 子皮가 國政을 맡았는데, 子産을 賢能하게 여겼다. 그러므로 그에게 政權을 讓與한 것이다.
2) 偪近大國
　大國에 近接한 것이다.
3) 爲 猶治也〔附注〕林曰 公族盛大而恃寵者多
　爲는 治와 같다.
　〔부주〕林: 公族이 强盛하여 寵愛를 믿는 자가 많다는 말이다.
4)〔附注〕林曰 虎 子皮名
　〔부주〕林: 虎는 子皮의 이름이다.
5) 言在治政
　政治에 달렸다는 말이다.
6) 역주〕國無小 : 國家의 安危는 나라의 大小에 달린 것이 아니라는 말이다.
7) 爲大所恤故也
　大國의 救恤을 받을 수 있기 때문이다.

子産爲政에 有事伯石하야 賂與之邑[1)]한대 子大叔曰 國皆其國也니 奚獨賂焉[2)]이리오 子産曰 無欲實難[3)]이라 皆得其欲하야 以從其事하야 而要其成[4)]하니 非我有成이오 其在人乎[5)]아 何愛於邑이리오 邑將焉往[6)]이리오 子大叔曰 若四國何[7)]오 子産曰 非相違也오 而相從也[8)]니 四國何尤焉[9)]이리오 鄭書有之[10)]하니 曰 安定國家면 必大焉先[11)]이라하니 姑先安大하야 以待其所歸[12)]하리라 旣伯石懼而歸邑이어늘 卒與之[13)]

하다 **伯有旣死**에 **使大史命伯石爲卿**한대 **辭**[14)]하다 **大史退**하야 **則請命焉**[15)]이어늘 **復命之**한대 **又辭**하다 **如是三**에 **乃受策入拜**하다 **子産是以惡其爲人也**[16)17)]로되 **使次己位**[18)]하다

子産이 政事를 처리할 때 伯石에게 시킬 일이 있어서 그에게 城邑을 주자, 子太叔이 말하기를 "國家는 모든 사람의 國家인데, 무엇 때문에 유독 그에게만 城邑을 주십니까?"라고 하였다. 子産이 말하기를 "사람으로서 慾望이 없기란 실로 어렵습니다. 사람들은 모두 그 욕망을 얻으려고 각자 맡은 일에 盡力하여 成功하기를 바라니, 성공하도록 돕는 것이 나에게 있지 않고 어찌 다른 사람에게 있겠습니까? 그러니 무엇 때문에 邑을 아끼겠습니까? 그 邑이 장차 어디로 가겠습니까?"라고 하였다. 子太叔이 말하기를 "四方 이웃 나라들이 이 일을 어찌 보겠습니까?"라고 하니, 子産이 말하기를 "내가 이렇게 하는 것은 群臣들이 서로 違背하게 하려는 것이 아니라 서로 順從하게 하려는 것이니 四方의 이웃 나라들이 어찌 괴이하게 여기겠습니까? 鄭書에 '國家를 安定시키려면 반드시 먼저 大族과 和睦하라.'는 말이 있으니, 우선 大族을 安定시키고서 그 結果〔歸〕를 기다리겠습니다."고 하였다. 오래지 않아 伯石이 두려워하여 그 邑을 返納〔歸〕하였으나 子産은 끝내 그에게 주었다. 伯有가 죽은 뒤에 鄭伯이 太史를 보내어 伯石을 卿에 임명하자, 伯石은 사양하였다. 太史가 물러나올 때 伯石은 太史에게 다시 자기를 卿에 任命해 주기를 請하였다. 그러므로 다시 任命하니 또 사양하였다. 이렇게 하기를 세 차례 한 뒤에 策命(任命狀)을 接受하고 朝廷에 들어와 肅拜하였다. 子産은 이로 인해 그 사람됨을 미워하였으나 〈그가 亂을 일으킬 것을 두려워하여 恩寵을 내려〉 그를 자기의 다음 자리에 앉혔다.

1) 伯石 公孫段 有事 欲使之〔附注〕林曰 鄭國有事 欲使伯石 朱曰 以邑賂之 示不虛使
 伯石은 公孫 段이다. 有事는 그를 부리고자 한 것이다.
 〔부주〕林: 鄭나라에 일이 있어서 伯石에게 그 일을 시키고자 한 것이다.
 〔부주〕朱: 그에게 邑을 준 것은 거저 부리지 않는다는 것을 보인 것이다.
2) 言鄭大夫共憂鄭國事 何爲獨賂之
 鄭나라 大夫들은 함께 鄭나라의 일을 근심하는데, 무엇 때문에 유독 그에게만 邑을 주느냐는 말이다.
3) 言人不能無欲
 사람은 慾望이 없을 수 없다는 말이다.
4)〔附注〕林曰 要責其成功

〔부주〕 林: 責任지고서 그 일을 成功하기를 求하는 것이다.

5) 言成猶在我 非在他

成功하게 하는 것은 오히려 나에게 있고, 다른 사람에게 있지 않다는 말이다.

6) 言猶在國

여전히 鄭나라 땅으로 남아 있을 것이라는 말이다.

7) 恐爲四隣所笑

四方 이웃 나라들의 비웃음을 살까 두렵다는 말이다.

8) 言賂以邑 欲爲和順

邑을 준 것은 群臣으로 하여금 和睦하고 順從하게 하고자 해서라는 말이다.

9) 〔附注〕 林曰 尤 怪也

〔부주〕 林: 尤는 怪異하게 여김이다.

10) 鄭國史書

鄭書는 鄭나라의 史書이다.

11) 先和大族 而後國家安

먼저 大族과 和睦한 뒤에야 國家가 安定된다는 말이다.

12) 要其成也

그 일의 成功을 要求하는 것이다.

13) 卒 終也

卒은 終(마침내)이다.

14) 〔附注〕 林曰 策命伯石爲卿 辭

〔부주〕 林: 伯石을 策命(任命)하여 卿으로 삼으니 伯石이 사양한 것이다.

15) 請大史更命己

太史에게 다시 자기를 卿에 任命해 주기를 請한 것이다.

16) 惡其虛飾

그의 虛飾을 미워한 것이다.

17) 역주〕 子產是以惡其爲人也 : 사실은 卿의 地位를 얻고자 하면서 거짓으로 세 차례 사양하였기 때문에 미워한 것이다.

18) 畏其作亂 故寵之

그가 亂을 일으킬까 두려웠기 때문에 그에게 恩寵을 내린 것이다.

子產使都鄙有章[1)]하고 **上下有服**[2)3)]하고 **田有封洫**[4)5)]하고 **廬井有伍**[6)]하며 **大人之忠儉者**[7)]를 **從而與之**[8)]하고 **泰侈者**를 **因而斃之**[9)10)]하다

子産이 都城과 邊鄙에 각각의 章程(法制)이 있게 하고, 上下의 衣服에 等級이 있게 하고, 田地에 境界와 水路를 만들게 하고, 廬井에 五家를 한 組로 묶어 서로 보호하게 하였으며, 大人으로 忠厚하고 儉素한 자는 그 功勞에 따라 賞을 주고, 驕慢하고 奢侈한 자는 罪에 따라 處罰하여 官職에서 물러나게 하였다.

1) 國都及邊鄙車服尊卑 各有分部
 國都와 邊鄙의 車服이 尊卑에 따라 각각 구분이 있는 것이다.
2) 公卿大夫 服不相踰
 公·卿·大夫가 服飾의 制度를 서로 넘지 못하게 한 것이다.
3) 역주〕都鄙有章 上下有服 : 朱子의 說을 取해 번역하였다. ≪論語集註≫〈公冶長 第15章 小註〉
4) 封 疆也 洫 溝也〔附注〕林曰 田邑有封疆溝洫之法
 封은 境界이고 洫은 水路이다.
 〔부주〕林: 田邑(시골)에는 두둑을 쌓아 境界를 標示하고, 田地 사이에 水路를 내는 法이 있다.
5) 역주〕田有封洫 : 井과 井 사이에 너비 4尺 깊이 4尺의 水路를 '溝'라 하고, 成(百井)과 成 사이에 넓이 8尺 깊이 8尺의 水路를 '洫'이라 한다.
6) 廬 舍也 九夫爲井 使五家相保
 廬는 舍(農家)이다. 九夫(九百畝)가 1井이다. 다섯 農家를 한 組로 묶어 서로 保護하게 한 것이다.
7) 謂卿大夫
 大人은 卿大夫를 이른다.
8)〔附注〕林曰 隨其有功而賜與之
 〔부주〕林: 그 功勞에 따라 賞을 주는 것이다.
9) 因其有罪而斃踣之
 그 罪에 따라 免職시키는 것이다.
10) 역주〕因而斃之 : 斃는 踣(넘어뜨림)이니, 處罰하여 官職에서 물러나게 하는 것이다. 〈楊注〉

豐卷將祭에 請田焉한대 弗許[1]曰 唯君用鮮[2]이오 衆給而已[3]라하니 子張怒[4]하야 退而徵役[5]하다 子産奔晉[6]한대 子皮止之하고 而逐豐卷하니 豐卷奔晉하다 子産請其田里[7]하야 三年而復之하고 反其田里及其入焉[8]하니라

豐卷이 祭祀를 지내기 위해 사냥하기를 청하자, 子産이 許諾하지 않으며 말하기를 "오직 임금만이 제사에 사냥해 잡은 짐승의 고기를 쓰고, 衆臣의 祭祀에는 牛·羊·犬·豕의 고기를 쓰는 것만으로 충분하다."고 하니, 子張(豐卷)이 怒하여 朝廷에서 물러 나와 군대를 불러 모아 子産을 치려 하였다. 子産이 晉나라로 도망가려 하자, 子皮가 子産을 挽留하고 豐卷을 逐出하니 豐卷이 晉나라로 도망갔다. 子産은 鄭伯에게 豐卷의 田宅을 沒收하지 말기를 請하고서, 3년 뒤에 豐卷을 歸國시켜 그 田宅과 그동안 그 田宅에서 거두어들인 것을 豐卷에게 돌려주었다.

1) 田 獵也
   田은 狩獵이다.
2) 鮮 野獸
   鮮은 野生의 짐승이다.
3) 衆臣祭以芻豢爲足
   衆臣의 祭祀에는 芻豢(牛·羊·犬·豕)을 쓰는 것으로 충분하다는 말이다.
4) 子張 豐卷
   子張은 豐卷이다.
5) 召兵 欲攻子産
   군대를 召集하여 子産을 치려 한 것이다.
6) 〔附注〕 林曰 不與較而出奔
   〔부주〕 林: 그와 다투고 싶지 않아 出奔하려 한 것이다.
7) 請於公不沒入
   鄭簡公에게 豐卷의 田宅을 沒收하지 말기를 請한 것이다.
8) 田里所收入
   그 田宅에서 收入한 것이다.

從政一年에 輿人誦之[1]曰 取我衣冠而褚之[2)3)]하고 取我田疇而伍之하니 孰殺子産이면 吾其與之[4)]하리라 及三年하여 又誦之曰 我有子弟를 子産誨之하고 我有田疇를 子産殖之[5)6)]로다 子産而死면 誰其嗣之[7)]오

子産이 國政을 處理한 1년 만에 사람들이 노래하기를 "우리의 衣冠을 沒收〔取〕하여 간직하고 우리의 田地를 沒收하여 五家씩을 묶어 한 組로 만들었네. 누가 子産을 죽여준다면 내 그를 도우리라."고 하였다. 3년이 되자 또 노래하기를 "우리의 子弟를 子産이 가르치고, 우리의 田地를 子産이 增産되게 하였네. 子産이 죽으면 누가 그 뒤를 이

으리.”라고 하였다.

1) 〔附注〕 林曰 衆人歌謠以誦之
〔부주〕 林: 사람들이 歌謠로써 심정을 읊조린 것이다.
2) 褚 畜也 奢侈者畏法 故畜藏
褚는 貯蓄함이니, 사치한 자가 法을 두려워하여 衣冠을 간직해 둔다는 말이다.
3) 역주〕 取我衣冠而褚之 : 子産이 사치한 자들의 衣冠을 沒收하여 간직해 둔 것이다. ≪左氏會箋≫
4) 竝畔爲疇 〔附注〕 林曰 兼并者失志〔之〕*) 故取田疇而伍結之
밭두둑까지 아우른 것이 疇이다.
〔부주〕 林 : 兼併(남의 土地를 侵奪하여 占有함)한 자가 그 土地를 잃었기 때문에 田地를 取하여 '伍'로 묶었다고 한 것이다.
*) 역주〕 저본에는 '志'로 되어 있으나 ≪四庫全書 左傳杜林合注≫本에 의거하여 '之'로 바로잡았다.
5) 殖 生也
殖은 生産이다.
6) 역주〕 殖 : 殖은 增殖의 뜻으로 곧 增産을 이른다.
7) 嗣 續也 傳言鄭所以興 〔附注〕 林曰 誰能嗣續其善政哉
嗣는 이음이다. 傳文은 鄭나라가 興盛하게 된 原因을 말한 것이다.
〔부주〕 林: 누가 子産의 善政을 이을 수 있겠냐는 말이다.

〈三十一年, 己未 B.C.542〉

【經】 三十有一年春王正月이라

31년 봄 周王 正月이다.

【經】 夏六月辛巳에 公薨于楚宮[1)]하다

여름 6월 辛巳日에 襄公이 楚宮에서 薨하였다.

1) 公不居先君之路寢 而安所樂 失其所也
襄公이 先君이 居處하던 路寢에 居處하지 않고 즐기는 곳을 편안하게 여겼으니, 正當한 處所를 잃은 것이다.

【經】 秋九月癸巳에 子野卒[1)]하다

가을 9월 癸巳日에 子野가 卒하였다.

1) 不書葬 未成君
葬事를 기록하지 않은 것은 임금이 되기 전에 죽었기 때문이다.

【經】 己亥에 仲孫羯卒하다

己亥日에 仲孫羯이 卒하였다.

【經】 冬十月에 滕子來會葬[1)]하다

겨울 10월에 滕子가 와서 會葬하였다.

1) 諸侯會葬 非禮〔附注〕林曰 諸侯來會葬 於是始
諸侯의 喪에 諸侯가 會葬하였으니 禮가 아니다.
〔부주〕林: 諸侯의 喪에 諸侯가 와서 會葬한 것이 이때가 처음이다.

【經】 癸酉에 葬我君襄公하다

癸酉日에 우리 임금 襄公을 葬事 지냈다.

【經】 十有一月에 莒人弑其君密州[1)]하다

11월에 莒人이 그 임금 密州를 弑害하였다.

1) 不稱弑者主名 君無道也
弑害를 主導한 자의 이름을 기록하지 않은 것은 임금이 無道하였기 때문이다.

【傳】 三十一年春王正月에 穆叔至自會[1)]하야 見孟孝伯하고 語之曰 趙孟將死矣리라 其語偸하야 不似民主[2)3)]하고 且年未盈五十이로되 而諄諄焉如八九十者하니 弗能久矣[4)5)]리라 若趙孟死면 爲政者其韓子乎[6)]ㄴ저 吾子盍與季孫言之오 可以樹善이니 君子也[7)8)]라 晉君將失政矣리니 若不樹焉하야 使早備魯[9)]라가 旣而政在大夫면 韓子懦弱[10)]하고 大夫多貪하야 求欲無厭이리라 齊楚未足與也니 魯其懼哉[11)]ㄴ저 孝伯

曰 人生幾何완대 誰能無偷[12)]리오 朝不及夕이니 將安用樹[13)]리오 穆叔出而告人曰 孟孫將死矣로다 吾語諸趙孟之偷也어늘 而又甚焉[14)]이로다 又與季孫語晉故[15)]로되 季孫不從하다 及趙文子卒[16)]에 晉公室卑하야 政在侈家[17)]하니 韓宣子爲政이로되 不能圖諸侯[18)]하다 魯不堪晉求하야 讒慝弘多[19)]하다 是以有平丘之會[20)]하니라

31년 봄 周王 正月에 穆叔이 澶淵의 會合에서 돌아와 孟孝伯을 보고서 말하기를 "趙孟(趙武)이 머지않아 죽을 것입니다. 그 말이 苟且(目前의 安逸만을 탐하고 먼 앞일을 생각하지 않음)하여 백성의 주인〔民主〕답지 못하였고, 또 그의 나이가 아직 채 50歲도 되지 않았는데 수다를 떠는 것이 마치 8, 90歲의 老人 같으니 오래 살지 못할 것입니다. 趙孟이 죽는다면 아마도 韓子가 晉나라의 執政이 될 것이니, 그대는 어찌 季孫에게 '韓子는 友好를 맺을 만한 사람이니 그는 君子이다. 晉나라 임금은 장차 大權을 잃을 것인데, 만약 韓子와 友好를 맺어 그로 하여금 우리 魯나라를 위해 미리 對備하게 하지 않았다가 오래지 않아 晉나라의 政權이 大夫의 手中으로 들어가게 되면 韓子는 懦弱하여 〈우리나라를 돕지 못할 것이고〉 大夫들은 대부분 貪慾스러워서 끝없는 요구를 해올 것이다. 〈그렇다고 晉나라를 버리고 다른 나라를 섬기려 해도〉 齊나라와 楚나라는 友好를 맺을 만한 나라가 못 되니, 우리 魯나라는 두려운 困境에 빠지게 될 것이다.'고 말하지 않습니까?"라고 하니, 孟孝伯이 말하기를 "人生이 얼마나 산다고 누군들 苟且함이 없겠는가? 아침에 저녁 일을 豫測할 수 없는 것이 人生事이니 友好를 맺는다 하여 무슨 소용이 있겠는가?"라고 하였다. 穆叔이 나와서 사람에게 말하기를 "孟孫은 머지않아 죽을 것이다. 내가 趙孟의 苟且함을 말하였는데, 孟孫은 苟且함이 그보다 더욱 심하다."고 하였다. 또 季孫에게 晉나라의 일을 말하였으나 季孫은 그 말을 따르지 않았다. 趙文子가 죽음에 미쳐 晉나라 公室이 衰弱〔卑〕하여 政權이 侈家(驕慢하고 奢侈하는 大夫)의 手中에 들어가니, 韓宣子가 國政을 담당하였으나 諸侯를 保護하여 霸者가 되기를 圖謀하지 못하였다. 魯나라가 晉나라의 지나친 要求를 감당하지 못하니, 讒訴하는 奸邪한 자가 많았다. 이로 인해 平丘의 會合이 있게 된 것이다.

1) 澶淵會還

澶淵의 會合에서 돌아온 것이다.

2) 偷 苟且

偷는 苟且(目前의 安逸만을 貪하고 먼 앞일을 생각하지 않음)이다.

3) 역주〕 民主 : 백성의 主人이란 말로 임금이나 卿을 이르는데, 여기서는 卿을 가리키는 말로 쓰였다.

4) 成二年 戰於鞍 趙朔已死 於是趙文子始生 至襄三十年會澶淵 蓋年四十七八 故言未盈五十
〔附注〕林曰 諄諄 鄭重之貌 蓋其言語鄭重如八九十歲之老人 弗能久在其位矣
成公 2년에 鞍의 戰鬪에서 趙朔이 죽고, 이때 趙文子가 비로소 出生하였으니, 그로부터 澶淵의 會合이 있었던 襄公 30년까지의 期間이 대개 47, 8년이었다. 그러므로 50세 未滿이라고 한 것이다.
〔부주〕林: 諄諄은 鄭重한 모양이다. 대개 그 言語의 鄭重함이 8, 90歲의 老人 같으니 오래 그 地位에 있지 못할 것이라는 말이다.

5) 역주〕諄諄 : 수다스러운 모양이다. 〈楊注〉에 "絮絮不休貌(수다스럽게 쉬지 않고 지껄이는 것)"라고 하였다. 이 說을 取해 번역하였다.

6) 韓子 韓起
韓子는 韓起이다.

7) 言韓起有君子之德 今方知政 可素往立善〔附注〕林曰 樹立交道之善
韓起는 君子의 德이 있는 사람으로 지금 國政을 맡았으니, 미리 가서 友好關係를 樹立해야 한다는 말이다.
〔부주〕林: 友好〔善〕의 交分을 樹立하는 것이다.

8) 역주〕樹善 : 友好를 맺는 것이다.

9) 使韓子早爲魯備
韓子로 하여금 早期에 魯나라를 위해 對備策을 세우게 하는 것이다.

10) 역주〕若不樹焉……韓子懦弱 : 만약 미리 韓起와 友好를 맺어 그로 하여금 魯나라를 위해 對備策을 세우게 하지 않았다가, 앞으로 晉나라의 政權이 大夫의 手中에 들어가서 魯나라에 많은 것을 要求하더라도 韓起는 사람됨이 懦弱하여 魯나라에 도움을 주지 못할 것이니, 미리 그와 友好를 맺어 두어야 한다는 말이다.

11)〔附注〕林曰 魯不堪晉求 雖欲改事 齊楚未有足恃者
〔부주〕林: 魯나라가 晉나라의 지나친 요구를 감당할 수 없어, 비록 섬기는 나라를 바꾸고자 하여도 齊나라와 楚나라는 믿을 만하지 못하다는 말이다.

12)〔附注〕林曰 誰無苟且偸安之心
〔부주〕林: 누군들 苟且하게 安逸을 탐하는 마음이 없겠느냐는 말이다.

13)〔附注〕林曰 朝之所爲 不及其夕
〔부주〕林: 아침에 한 일이 저녁에 어찌 될지 豫測할 수 없다는 말이다.

14) 言朝不及夕 偸之甚也
아침에 저녁이 어찌 될지 豫測할 수 없다고 말하였으니, 苟且함이 심하다.

15) 如與孟孫言
孟孫에게 했던 말과 같은 말을 한 것이다.

16) 在昭元年

昭公 元年에 있었다.

17) 역주〕侈家 : 驕慢하고 奢侈하는 大夫들을 이른다.

18) 〔附注〕林曰 不能圖度諸侯之事

〔부주〕林: 諸侯를 保護하여 霸者가 되는 일을 圖謀할 수 없었다는 말이다.

19) 역주〕讒慝弘多 : 魯나라가 晉나라의 지나친 要求에 副應하지 못하자 魯나라를 讒訴하는 姦慝한 자가 많았다는 말로, 곧 昭公 13년에 있었던 邾人과 莒人의 讒訴를 이른다.

20) 平丘會在昭十三年 晉人執季孫意如

平丘의 會合은 昭公 13년에 있다. 이때 晉人이 季孫意如를 잡아갔다.

【傳】齊子尾害閭丘嬰하야 **欲殺之**[1]하야 **使帥師以伐陽州**[2]하다 **我問師故**[3]한대 **夏五月**에 **子尾殺閭丘嬰**하야 **以說于我師**[4]하다 **工僂灑渻竈孔虺賈寅出奔莒**[5]하니 **出群公子**[6]하다

齊나라 子尾는 閭丘嬰이 患害가 될 것으로 여겨 그를 죽이고자 하여, 그에게 군대를 거느리고 가서 魯나라의 陽州를 攻伐하게 하였다. 우리 魯나라가 齊나라에게 군대를 일으킨 까닭을 묻자, 여름 5월에 子尾는 閭丘嬰을 죽여 우리 軍隊에게 〈자기의 뜻이 아니었다고〉 解明〔說〕하였다. 工僂灑・渻竈・孔虺・賈寅이 莒나라로 出奔하니 子尾가 群公子를 逐出하였다.

1) 〔附注〕林曰 以閭丘嬰爲己害 欲以計殺嬰

〔부주〕林: 子尾는 閭丘嬰이 자기의 患害가 될 것으로 여겨 計略을 써서 閭丘嬰을 죽이고자 한 것이다.

2) 陽州 魯地

陽州는 魯나라 땅이다.

3) 魯以師往 問齊何故伐我

魯나라가 군대를 거느리고 가서, 齊나라에게 무엇 때문에 우리나라를 攻伐하느냐고 물은 것이다.

4) 言伐魯者 嬰所爲也 伐陽州不書 不成伐

魯나라를 攻伐한 것은 閭丘嬰이 單獨으로 한 일이라고 말한 것이다. 經에 陽州의 攻伐을 기록하지 않은 것은 실제로 攻伐을 감행하지 않았기 때문이다.

5) 四子 嬰之黨

네 사람은 閭丘嬰의 黨이다.

6) 爲昭十年欒高之難復群公子起本

昭公 10년의 欒氏와 高氏의 患難 때에 群公子를 復歸시킨 張本이다.

【傳】 公作楚宮[1)]한대 **穆叔曰 大誓云 民之所欲**을 **天必從之**[2)]라하니 **君欲楚也夫**ㄴ저 **故作其宮**하니 **若不復適楚**면 **必死是宮也**[3)]리라 **六月辛巳**에 **公薨于楚宮**하다

襄公이 楚宮(楚나라 樣式의 宮殿)을 建造하자, 穆叔이 말하기를 "〈太誓〉에 '백성이 願하는 것을 하늘은 반드시 들어준다.'고 하였으니, 임금님은 楚나라처럼 되기를 원하는 것이다. 그러므로 이 宮을 지은 것이니, 만약 다시 楚나라에 가지 못한다면 반드시 이 宮殿에서 죽을 것이다."고 하였다. 6월 辛巳日에 襄公이 楚宮에서 薨하였다.

1) 適楚 好其宮 歸而作之

楚나라에 가서 楚나라 宮殿을 좋아하여, 돌아와서 楚宮을 지은 것이다.

2) 今尙書大誓亦無此文 故諸儒疑之[*)]

지금 《尙書》 〈太誓(泰誓)〉에는 이 文句가 없다. 그러므로 諸儒가 〈太誓를 本經이 아닌 僞經으로〉 의심하였다.

*) 역주〕 諸儒疑之 : 馬融·王肅 등이 〈太誓〉를 僞書로 의심한 것을 이른다. 馬融은 "太誓는 後世에 나온 것이다. 그 글을 살펴보면 淺露한 것 같다. 내가 많은 書傳(典籍)을 보았는데, 그 典籍에 引用된 太誓의 글이 지금의 太誓에 없는 것이 매우 많았다."고 하면서 本經이 아닌 것으로 의심하였고, 王肅도 "太誓는 近世에 나온 것이니 本經이 아니다."고 하였다. 〈正義〉

3) 역주〕 不復適楚 必死是宮 : 襄公이 다시 楚나라에 가게 된다면 楚나라에서 죽을 것이지만, 다시 楚나라에 가지 못한다면 이 楚宮에서 죽을 것이라는 말이다.

叔仲帶竊其拱璧[1)]하야 **以與御人**하야 **納諸其懷**라가 **而從取之**하다 **由是得罪**[2)]하다

叔仲帶가 襄公의 拱璧(두 손으로 에워쌀 만큼 큰 玉璧)을 훔쳐 그 御者(자기의 侍從)에게 주어 품속에 넣고 宮 밖으로 나가게 하였다가 그를 뒤따라가서 그 구슬을 取하였다. 叔仲帶는 이 일로 인해 罪를 얻었다.

1) 拱璧 公大璧

拱璧은 襄公의 大璧이다.

2) 得罪 謂魯人薄之 故子孫不得志於魯 〔附注〕 林曰 以拱璧與侍御之人 納之懷而後從御人取璧

죄를 얻었다는 것은 魯人이 그를 薄待하였기 때문에 그 子孫이 魯나라에서 뜻을 펴지

못한 것을 이른다.

〔부주〕林: 拱璧을 자기의 侍從에게 주어 품속에 넣고 宮을 나가게 한 뒤에 侍從을 뒤따라가서 그 구슬을 取한 것이다.

立胡女敬歸之子子野[1)]하야 **次于季氏**하다 **秋九月癸巳**에 **卒**하니 **毁也**[2)]ㄹ새니라

胡女 敬歸가 낳은 아들 子野를 임금으로 세우고서 季氏의 집에 머물게 하였다. 가을 9월 癸巳日에 子野가 卒하였으니, 이는 지나치게 슬퍼하여 몸이 瘦瘠하였기 때문이다.

1) 胡 歸姓之國 敬歸 襄公妾

胡는 歸姓의 나라이다. 敬歸는 襄公의 妾이다.

2) 過哀毁瘠 以致滅性

지나치게 슬퍼한 나머지 몸이 瘦瘠하여 生命을 잃는 데 이른 것이다.

【傳】 **己亥**에 **孟孝伯卒**[1)]하다

己亥日에 孟孝伯이 卒하였다.

1) 終穆叔言

穆叔의 말이 끝내 들어맞았다.

【傳】 **立敬歸之娣齊歸之子公子裯**[1)]한대 **穆叔不欲曰 大子死**에 **有母弟則立之**하고 **無則立長**[2)]하며 **年鈞擇賢**하고 **義鈞則卜**이 **古之道也**[3)]라 **非適嗣**니 **何必娣之子**[4)]리오 **且是人也**는 **居喪而不哀**하고 **在慼而有嘉容**[5)]하니 **是謂不度**라 **不度之人**은 **鮮不爲患**[6)]이니 **若果立之**면 **必爲季氏憂**하리라 **武子不聽**하고 **卒立之**하다 **比及葬**하야 **三易衰**호되 **衰衽如故衰**[7)8)]하니 **於是昭公十九年矣**[9)]로되 **猶有童心**이라 **君子是以知其不能終也**[10)]하니라

季氏가 敬歸의 동생 齊歸가 낳은 아들 公子 裯를 임금으로 세우려 하자, 穆叔이 反對하며 말하기를 "太子가 죽고 없는 경우에는 太子의 同母弟가 있으면 그를 세우고 同母弟가 없으면 公子 중에 나이가 많은 자를 세우며, 나이가 같으면 賢能한 자를 골라 세우고 賢能함이 같으면 占을 쳐서 決定하는 것이 예로부터 내려오는 道理입니다. 子野는 嫡嗣가 아니니, 무엇 때문에 반드시 그 어머니의 동생이 낳은 아들을 세우려 하십니까? 그리고 또 이 사람은 아버지의 喪中에 있으면서도 슬퍼하지도 않고 슬퍼해야 할

喪中에 있으면서도 기뻐하는 기색이 있으니, 이런 사람을 일러 不度(法度를 따르지 않는 사람)라고 합니다. 不度한 사람은 患難을 일으키지 않는 경우가 드무니, 만약 이 사람을 임금으로 세운다면 반드시 季氏의 憂患이 될 것입니다."고 하였으나, 季武子는 듣지 않고 끝내 그를 임금으로 세웠다. 襄公의 장사 때까지 公子 裯는 세 차례 喪服을 바꾸어 입었으나, 바꾸어 입은 喪服의 옷자락이 전에 입던 喪服의 옷자락과 같아졌으니, 이때 昭公의 나이가 19세였는데도 오히려 童心이 있었던 것이다. 君子는 이로 인해 그가 제 壽命대로 죽지 못할 것을 알았다.

1) 齊 謚 裯 昭公名
　齊는 諡號이고, 裯는 昭公의 이름이다.

2) 立庶子 則以年
　庶子를 임금으로 세우는 경우에는 나이가 많은 자를 세운다.

3) 先人事 後卜筮也 義鈞 謂賢等
　나이와 賢能 등의 人事를 먼저 본 뒤에 占을 치는 것이다. 義鈞은 賢能함이 같은 것이다.

4) 言子野非適嗣
　子野가 嫡嗣가 아니라는 말이다.

5) 역주] 在慼而有嘉容 : 在慼은 부모의 喪中에 있는 것이고, 嘉容은 기뻐하는 容貌이다. 〈楊注〉

6) 〔附注〕 林曰 凡不遵法度之人 少有不爲國之患害
　〔부주〕 林: 法度를 따르지 않는 사람은 國家의 患害가 되지 않은 경우가 드물었다는 말이다.

7) 言其嬉戱無度 〔附注〕 朱曰 衽爲兩燕尾綴於衣 以奄裳旁際者也*)
　昭公이 즐겁게 장난치고 法度가 없었다는 것을 말한 것이다.
　〔부주〕 朱: 衽은 두 燕尾를 上衣에 이어 붙여 下裳의 꿰매지 않은 幅 사이를 가리는 것이다.

*) 역주] 燕尾……旁際者也 : 燕尾는 〈正義〉 및 ≪儀禮≫ 〈喪服記〉 注에 의하면 3尺 5寸의 베를 위의 1尺은 正幅으로 두고 아래의 2尺 5寸을 제비 꼬리 모양으로 비스듬하게 잘라내어 아래의 너비가 4寸이 되게 하여, 몸통의 양쪽에 이어 붙여 裳際를 가리는 것이다. 裳際는 꿰매지 않은 下裳의 앞의 세 幅과 뒤의 네 幅 사이를 이른다.

8) 역주] 三易衰衰衽如故衰 : 昭公이 하도 장난을 쳐서 喪服의 옷자락이 다 해졌으므로 세 번이나 새 喪服으로 바꾸어 입혔으나, 그때마다 며칠이 되지 않아 전의 喪服과 일반으로 옷자락이 다 해졌다는 말로 昭公이 어린아이처럼 장난기가 심하였다는 것을

말한 것이다.

9) 〔附注〕 林曰 昭公立時 已年十九歲

〔부주〕 林: 昭公이 卽位할 때 이미 나이가 19歲였다.

10) 爲昭二十五年公孫於齊傳

昭公이 25年에 齊나라로 도망간 傳의 배경이다.

【傳】 **冬十月**에 **滕成公來會葬**할새 **惰而多涕**[1)]하니 **子服惠伯曰 滕君將死矣**로다 **怠於其位**하고 **而哀已甚**하니 **兆於死所矣**[2)3)]라 **能無從乎**[4)]아

겨울 10월에 滕成公이 와서 會葬할 때에 몸가짐이 怠慢하고 눈물을 많이 흘리니, 子服惠伯이 말하기를 "滕君은 오래지 않아 죽을 것이다. 弔喪하는 자리에서 몸가짐이 怠慢하고 슬퍼함이 너무 심하니, 남의 葬地에서 자기의 죽음을 豫示한 것이다. 어찌 그 豫示대로 되지 않겠는가?"라고 하였다.

1) 惰 不敬也

惰는 공경하지 않는 것이다.

2) 有死兆

죽을 조짐이 있는 것이다.

3) 역주〕 兆於死所 : 死所는 葬地이고, 兆는 죽음을 豫示하는 徵兆이다. 〈楊注〉

4) 爲昭三年滕子卒傳 〔附注〕 林曰 能無從之而死乎

昭公 3년에 滕子가 卒한 傳의 배경이다.

〔부주〕 林: 어찌 豫示한 대로 죽지 않겠느냐는 말이다.

【傳】 **癸酉**에 **葬襄公**하다

癸酉日에 襄公을 葬事 지냈다.

【傳】 **公薨之月**에 **子産相鄭伯以如晉**하니 **晉侯以我喪故**로 **未之見也**하다 **子産使盡壞其館之垣而納車馬焉**하니 **士文伯讓之曰 敝邑以政刑之不修**로 **寇盜充斥**[1)2)]하니 **無若諸侯之屬辱在寡君者何**[3)4)]라 **是以令吏人完客所館**[5)]하야 **高其閈閎**[6)]하고 **厚其牆垣**하야 **以無憂客使**[7)]어늘 **今吾子壞之**하니 **雖從者能戒**나 **其若異客何**[8)]오 **以敝邑之爲盟主**로 **繕完葺牆**[9)]하야 **以待賓客**이어늘 **若皆毁之**면 **其何以共命**이리오 **寡君**

使匄請命[10)]이라

對曰 以敝邑褊小로 介於大國[11)]하니 誅求無時[12)]라 是以不敢寧居하고 悉索敝賦[13)]하야 以來會時事[14)15)]어늘 逢執事之不閒[16)]하야 而未得見하고 又不獲聞命하야 未知見時하니 不敢輸幣오 亦不敢暴露니라 其輸之면 則君之府實也어니와 非薦陳之하니 不敢輸也[17)18)]라 其暴露之면 則恐燥濕之不時而朽蠹하야 以重敝邑之罪라 僑聞文公之爲盟主也[19)]에 宮室卑庳하야 無觀臺榭[20)]로되 以崇大諸侯之館하야 館如公寢[21)]하며 庫廐繕修하야 司空以時平易道路[22)23)]하고 圬人以時塓館宮室[24)]하며 諸侯賓至면 甸設庭燎[25)]하고 僕人巡宮[26)]하며 車馬有所[27)]하고 賓從有代[28)]하야 巾車脂轄[29)]하고 隸人牧圉가 各瞻其事[30)31)]하고 百官之屬이 各展其物[32)]하며 公不留賓하야 而亦無廢事[33)]하고 憂樂同之하야 事則巡之[34)35)]하야 敎其不知하고 而恤其不足일새 賓至如歸라하니 無寧菑患[36)]가 不畏寇盜하고 而亦不患燥濕이라 今銅鞮之宮數里[37)]로되 而諸侯舍於隸人[38)]하니 門不容車而不可踰越[39)]하고 盜賊公行而天癘不戒[40)]하며 賓見無時하야 命不可知니 若又勿壞면 是無所藏幣以重罪也라 敢請執事하노니 將何所命之[41)]오 雖君之有魯喪이나 亦敝邑之憂也[42)]라 若獲薦幣[43)]하고 修垣而行[44)]이면 君之惠也니 敢憚勤勞[45)]리오 文伯復命[46)]하니 趙文子曰 信[47)]이라 我實不德하야 而以隸人之垣以贏諸侯[48)]하니 是吾罪也라하고 使士文伯謝不敏焉하다

襄公이 죽던 달에 子産이 鄭伯을 輔佐해 晉나라에 가니, 晉侯는 우리나라의 喪事를 이유로 鄭伯을 만나 주지 않았다. 그러자 子産이 사람을 시켜 그 客館의 담장을 다 허물고서 車馬를 客館 안으로 들여놓게 하니, 士文伯이 子産을 꾸짖으며 말하기를 "敝邑은 政事와 刑罰이 잘 擧行되지 않으므로 인해 도적이 充滿하니, 諸侯의 屬官(卿大夫)으로 우리 임금님을 存問〔在〕하기 위해 枉臨〔辱〕한 분들의 〈安全을 위해〉 어쩔 수가 없었습니다. 그러므로 官吏를 보내어 客館을 修繕〔完〕하여 그 大門을 높이고 그 담장을 두껍게 쌓아 客使에게 도적의 근심이 없게 한 것인데, 지금 그대는 담장을 허물었습니다. 그대의 從者들은 警戒를 잘하니, 비록 〈담장을 허물어도 도적의 근심이 없겠지만〉 다른 나라의 客使는 어찌하겠습니까? 敝邑은 盟主로서 담장을 완전하게 修繕하고서 위를 덮어서 賓客을 접대하려 한 것인데, 만약 담장을 다 허문다면 어떻게 賓客의 命(必要한 物資를 要求하는 命)에 이바지할 수 있겠습니까? 寡君께서는 나를 보내어 그대에게 담장을 헐라고 命한 까닭을 묻게 하셨습니다."고 하였다.

子産이 대답하기를 "敝邑은 작은 나라로 大國 사이에 끼어 있다 보니 大國의 誅求가 시도 때도 없이 이릅니다. 그러므로 감히 편안히 있지 못하고 敝邑의 貢賦(土産物과 賦稅로 받은 錢穀)를 다 모아 가지고 와서 朝見하려 한 것인데, 執事(晉君을 가리킴)께 餘暇가 없는 때를 만나 朝見하지 못하였고, 또 命(별도의 指示)을 받지 못하여 언제쯤 朝見하게 될는지 조차 알 수가 없으니, 감히 幣物을 晉나라의 府庫로 輸送할 수도 없고 또 감히 〈담장 밖에〉 露積해 둘 수도 없었습니다. 만약〔其〕 輸送한다면 晉君의 府庫 안의 財物이 되겠지만 薦陳의 禮를 擧行하지 않았으니, 감히 輸送할 수도 없습니다. 그렇다고 밖에 露積해 두면 不時에 비가 내리거나 햇볕이 들어 햇볕에 乾燥하거나 비에 젖어 腐敗하거나 蟲害를 입어 敝邑의 罪가 加重될 것이 두려웠습니다.

내가 듣건대 晉文公께서 盟主가 되었을 때는 宮室이 낮아 觀望할 만한 樓臺가 없었으되 諸侯를 接待하는 客館은 高大하게 지어 그 客館이 오늘날 晉君의 路寢과 같았으며, 客館 안의 倉庫와 馬廐를 修理하고, 司空은 때때로 使行이 오는 道路를 平坦하게 닦고 圬人은 때때로 客館 宮室의 벽에 흙손질을 하였으며, 諸侯의 賓客이 당도하면 甸人은 횃불을 설치하여 뜰을 밝히고 僕人은 客宮을 夜巡하여 盜賊을 防備하였으며, 客館에 車馬를 둘 곳이 있고 賓客의 隨從을 대신해 勞役하는 자가 있어서, 巾車는 客使의 수레에 기름을 치고, 隷人·牧人·圉人은 각각 맡은 일을 살피고 百官 등은 각각 맡은 물건을 가져와 陳列하였으며, 晉文公께서는 賓客의 接見을 遲滯하지 않고 오는 즉시 接見하여 일을 廢止함이 없게 하였으며, 憂樂을 함께하여 諸侯에 일이 있으면 慰撫하여 알지 못하는 것은 가르쳐 주고 不足한 것은 도와주었으므로 賓客이 晉나라에 와서는 마치 자기 집에 돌아온 것처럼 여겼다고 합니다. 〈대우를 받은 것이 이와 같았으니〉 어찌 災患이 있었겠습니까? 盜賊을 두려워하지 않고 幣物이 乾燥하거나 젖을 것을 걱정하지 않았을 것입니다. 그런데 지금은 銅鞮宮이 몇 里에 뻗쳐 있으되, 諸侯의 使行은 隷人의 居處와 같은 곳에 머물게 하니 門은 좁아 수레가 들어갈 수 없고 담장은 높아 넘어갈 수 없으며, 도적은 공공연히 날뛰고 天癘(때 없이 내리는 비)를 警戒해 防備할 수 없는데도 賓客을 接見할 時日을 定하지 않아 언제쯤 接見하겠다는 命을 내릴지도 알 수 없으니, 담장을 헐고 들어가지 않았다면 幣物을 貯藏할 곳이 없어서 우리의 罪가 加重되었을 것입니다. 감히 執事께 묻겠습니다. 장차 우리에게 어떤 命을 내리려 하십니까? 晉君께서 魯나라의 喪이 있음으로 인해 〈諸侯를 接見하는 禮를 行할 수 없다고 하시지만〉, 敝邑도 〈魯나라와 同姓國으로 晉나라와 똑같이〉 근심하고 있습니다. 만약 幣物을 올리도록 허락하시고서 허문 담장을 修理하고서 돌아가게 한다면 이는 晉君의 恩惠이니 어찌 감히 勤勞를 꺼리겠습니까?"라고 하였다. 文伯이 復命하니, 趙文子가 말하기를 "그의 말이 사실이다. 우리가 실로 不德하여 隸人을 收用하는 곳처럼 담장을 높이 쌓은 곳에 諸侯의 使行을 受容하였으니, 이는 나의 罪이다."고 하고서, 士文伯을 子産에게 보내어 不敏함을 謝過하게 하였다.

1) 充 滿 斥 見 言其多

充은 滿이고 斥은 見(현)이니, 도적이 많다는 것을 말한 것이다.

2) 역주) 寇盜充斥 : 도적이 到處에 出現한다는 말이다.

3) 〔附注〕 朱曰 諸侯之卿大夫辱來見晉君者 我無奈之何也

〔부주〕 朱: 諸侯의 卿大夫로서 晉君에게 朝見하기 위해 온 사람들을 우리가 어찌할 수 없다는 말이다.

4) 역주) 辱在寡君 : 辱은 枉臨이고 在는 存問으로 朝見의 뜻이니, 晉君에게 朝見하기 위해 諸侯國에서 온 使臣들을 保護해야 하는데, 가는 곳마다 도적이 充滿하여 그 安危를 保障할 수 없으므로 어쩔 수 없이 客舍에 담장을 쌓아 客使를 保護하려 하였다는 말이다.

5) 館 舍也

館은 客舍이다.

6) 閎 門也 〔附注〕 林曰 閈 閭也 里門曰閈 衡門謂之閎

閎은 문이다.

〔부주〕 林: 閈은 閭(里門)이니, 里門을 '閈'이라 하고 衡門(사립문)을 '閎'이라 한다.

7) 無令客使憂寇盜

客使로 하여금 도적의 근심이 없게 하였다는 말이다.

8) 〔附注〕 林曰 雖鄭之從者知所戒備 他國賓客來者 何以待之

〔부주〕 林: 비록 鄭나라의 從者들은 警戒해 防備할 바를 안다 하더라도 다른 나라에서 온 賓客들은 어떻게 待遇하겠느냐는 말이다.

9) 葺 覆也

葺은 담장의 위에 지붕을 덮는 것이다.

10) 請問毁垣之命 〔附注〕 林曰 其何以供應諸侯之命 士文伯 名匄 字伯瑕 與范宣子士匄同族同名

담장을 헐라고 命한 까닭을 물은 것이다.

〔부주〕 林: 어떻게 諸侯의 命에 이바지할 수 있겠느냐는 말이다. 士文伯의 이름은 匄이고 字는 伯瑕인데, 范宣子 士匄와 同族이면서 同名이다.

11) 介 間也

介는 사이에 끼는 것이다.

12) 誅 責也

誅는 責(要求)하는 것이다.

13)〔附注〕林曰 盡索鄭國土地之賦

〔부주〕林: 鄭나라 土地의 賦稅를 다 모은 것이다.

14) 隨時來朝會

철마다 와서 朝會하는 것이다.

15) 역주〕時事 : 朝會를 이른 것이다. ≪左氏會箋≫

16) 역주〕不間 : 無暇와 같은 말이다. 〈楊注〉

17) 薦陳 猶獻見也

薦陳은 獻見(貢物을 바치고서 謁見함)과 같다.

18) 역주〕薦陳 : 薦은 進獻이고 陳은 陳設이다. 古代에는 聘問한 자가 進獻하는 禮物을 朝堂의 뜰에 陳列해 놓았다.〈楊注〉

19) 僑 子産名 文公 晉重耳

僑는 子産의 이름이다. 文公은 晉나라 重耳이다.

20)〔附注〕林曰 闕門曰觀 築土曰臺 有屋曰榭

〔부주〕林: 闕門을 '觀'이라 하고, 흙을 쌓은 곳을 '臺'라 하고, 臺 위에 집이 있는 것을 '榭'라 한다.

21)〔附注〕林曰 惟諸侯之館舍則崇大之如晉君之寢室

〔부주〕林: 오직 諸侯의 館舍만은 晉君의 寢室과 같이 高大하게 지었다는 말이다.

22) 易 治也〔附注〕林曰 館中藏幣之庫養馬之廐 莫不繕治修葺

易는 治이다.

〔부주〕林: 客館 안에 幣物을 간직할 倉庫와 말을 기를 馬廐까지 모두 修繕하였다는 말이다.

23) 역주〕司空 : 工事를 主管하는 官吏이다.

24) 圬人 塗者 塓 塗也

圬人은 미장이이고, 塓은 흙손질하는 것이다.

25) 庭燎 設火於庭〔附注〕林曰 甸人設照庭大燭

庭燎는 뜰에 횃불을 設置하는 것이다.

〔부주〕林: 甸人이 뜰을 밝히는 大燭을 설치하는 것이다.

26) 巡宮 行夜

巡宮은 夜間에 巡察하는 것이다.

27) 有所處

수레와 말을 둘 곳이 있는 것이다.

28) 代客役

賓客 대신 勞役하는 것이다.

29) 巾車 主車之官

巾車는 수레를 主管하는 官吏이다.

30) 瞻視客所當得 〔附注〕 林曰 徒隸之人與夫牛牧馬圉 各瞻視客之所爲 以供其事

客이 얻어야 할 것이 무엇인가를 살핀 것이다.

〔부주〕 林: 徒隸가 牛牧・馬圉와 함께 각각 客이 하는 바를 보고서 그 일을 奉行하는 것이다.

31) 역주〕 隸人牧圉 各瞻其事 : 隸人은 宮中의 淸掃를 맡은 자이고, 牧은 牛羊 기르는 일을 맡은 자이고, 圉는 말 기르는 일을 맡은 자인데, 이들은 각각 자기들이 맡은 일을 살펴 客의 要求에 이바지하였다는 말이다.

32) 展 陳也 謂群官各陳其物以待賓

展은 陳列하는 것이니, 모든 官員이 각각 자기들이 맡은 물건을 陳列하여 賓客을 接待했다는 말이다.

33) 賓得速去 則事不廢

賓客이 속히 돌아가면 事務가 廢止되지 않는다.

34) 巡 行也 〔附注〕 朱曰 事有廢闕 則巡行而察之

巡은 行이다.

〔부주〕 朱: 廢止되고 漏落된 일이 있으면 巡行해 살폈다는 말이다.

35) 역주〕 事則巡之 : 巡은 撫이니, 事變이 있으면 慰撫한 것이다. 〈楊注〉

36) 言見遇如此 寧當復有菑患邪 無寧 寧也 〔附注〕 林曰 賓至于館 百用備給 如歸私家

待遇를 받는 것이 이와 같았으니, 어찌 다시 災患이 있었겠느냐는 말이다. 無寧은 寧(어찌)이다.

〔부주〕 林: 賓客이 客館에 와서 보니, 온갖 器用이 具備되었으므로 마치 私家에 돌아온 것 같았다는 말이다.

37) 銅鞮 晉離宮

銅鞮는 晉나라 離宮의 이름이다.

38) 舍如隸人舍

客舍가 隸人이 거처하는 집과 같다는 말이다.

39) 門庭之內迫迮 又有牆垣之限

門庭 안이 좁고, 또 담장으로 막혀 있다는 말이다.

40) 癘 猶災也 言水潦無時

癘는 災와 같으니, 장마는 정해진 때가 없다는 말이다.

41) 問晉命己所止之宜

晉나라는 우리가 머물러야 마땅한 곳을 命하겠느냐고 물은 것이다.

42) 言鄭與魯 亦有同姓之憂

鄭나라도 魯君의 죽음에 대해 同姓으로서의 근심이 있다는 말이다.

43) 薦 進也〔附注〕林曰 若得朝見薦進其幣帛

薦은 進(올림)이다.

〔부주〕林: 만약 朝見하고서 가지고 온 幣帛을 올릴 수 있다면 〈허문 담장을 修理하고서 돌아가겠다는 말이다.〉

44) 行 去也

行은 떠나가는 것이다.

45) 역주〕勤勞 : 담장을 修理하는 일을 이른다. ≪左氏會箋≫

46) 反命於晉君

晉君에게 復命한 것이다.

47) 信如子産言

진실로 子産의 말과 같다는 말이다.

48) 贏 受也〔附注〕林曰 受諸侯館舍之垣牆 誠如徒隸所居*)

贏은 受容함이다.

〔부주〕林: 諸侯를 受容한 館舍의 垣牆이 참으로 徒隸가 居住하는 곳과 같다는 말이다.

*) 역주〕徒隸所居 : 徒隸는 罪를 짓고서 奴隸가 되어 勞役에 從事하는 자들을 이르는데, 이들을 收容하는 곳에는 脫出을 막기 위해 담장을 높이 쌓았던 듯하다.

晉侯見鄭伯에 **有加禮**[1)2)]하야 **厚其宴好而歸之**[3)]하고 **乃築諸侯之館**하다 **叔向曰 辭之不可以已也如是夫**ㄴ저 **子産有辭**에 **諸侯賴之**하니 **若之何其釋辭也**리오 **詩曰 辭之輯矣**면 **民之協矣**며 **辭之繹矣**면 **民之莫矣**[4)]라하니 **其知之矣**[5)]로다

晉侯가 鄭伯을 接見할 때 정해진 禮보다 한 등급 올려 禮遇하고, 잔치를 베풀어 융숭히 접대하고 好貨를 후하게 주어 돌려보내고서 이에 諸侯를 接待하는 客館을 建築하였다. 叔向이 말하기를 "辭令(나라와 나라 사이에 應對하는 말)을 廢棄할 수 없는 것이 이와 같다. 子産이 辭令을 훌륭하게 하자 諸侯들이 그 惠澤을 입었으니, 어찌 그 辭令을 廢棄할 수 있겠는가? ≪詩經≫에 '言辭가 和睦하면 백성들이 協同하고 言辭가 和悅하면 백성들이 安定된다.'고 하였으니, 이 詩를 지은 사람은 이미 辭令이 重要하다는 것을 안 것이다."고 하였다.

1）禮加敬

禮를 행할 때 規定된 禮보다 더 높여 恭敬한 것이다.

2）역주〕加禮：본래 定해진 禮式보다 한 等級 올려 待遇하는 것이다.

3）역주〕好：好는 好貨를 이른 말로, 宴會席上에서 友好를 表하기 위해 賓客에게 주는 禮物이다.

4）詩大雅 言辭輯睦則民協同 辭說繹則民安定 莫 猶定也

詩는 ≪詩經≫〈大雅 板篇〉의 詩句이다. 言辭가 和睦하면 백성들이 協同하고 言辭가 和悅하면 백성이 安定된다는 말이다. 莫은 定이다.

5）謂詩人知辭之有益

詩人은 言辭가 有益함을 알았다는 말이다.

【傳】鄭子皮使印段如楚하야 **以適晉告**하니 **禮也**[1)]라

鄭나라 子皮가 印段을 楚나라에 보낼 때 먼저 晉나라에 가서 告하게 하였으니, 禮에 맞았다.

1）得事大國之禮

大國을 섬기는 禮에 맞았다는 말이다.

【傳】莒犂比公生去疾及展輿[1)]하다 **旣立展輿**[2)]라가 **又廢之**하다 **犂比公虐**하니 **國人患之**하다 **十一月 展輿因國人以攻莒子**하야 **弑之**하고 **乃立**[3)]하다 **去疾奔齊**하니 **齊出也**[4)]라 **展輿**는 **吳出也**[5)]라 **書曰莒人弑其君買朱鉏**[6)]라하니 **言罪之在也**[7)]라

莒나라 犂比公이 去疾과 展輿를 낳았다. 이미 展輿를 世子로 세웠다가 또 廢黜하였다. 犂比公이 暴虐하니 國人이 근심하였다. 11월에 展輿가 國人에 의지하여 莒子를 攻擊해 弑害하고서 스스로 임금이 되었다. 去疾은 齊나라로 도망갔으니, 齊나라 女人의 所生이었기 때문이다. 展輿는 吳나라 女人의 所生이다. 經에 "莒人이 그 임금 買朱鉏를 弑害하였다."고 기록하였으니 이는 罪가 犂比公에게 있다는 것을 말한 것이다.

1）犂比 莒子密州之號

犂比는 莒子 密州의 號이다.

2）立以爲世子

展輿를 세워 世子로 삼은 것이다.

3）展輿立爲君

展輿가 임금이 된 것이다.

4) 母 齊女也

去疾의 어머니가 齊나라 女人이기 때문이다.

5) 爲明年奔吳傳

明年에 展輿가 吳나라로 도망간 傳의 배경이다.

6) 買朱鉏 密州之字

買朱鉏는 密州의 字이다.

7) 罪在鉏也 傳始例[*]申明君臣書弑 今者父子 故復重明例

罪가 買朱鉏에게 있다는 것을 말한 것이다. 傳에 처음 例를 말하여 臣下가 임금을 弑害한 것을 記錄하는 書法을 밝혔으나, 이번 일은 자식이 아비를 弑害한 일이기 때문에 거듭 例를 밝힌 것이다.

*) 역주] 始例 : 文公 16년 傳의 '書曰宋人弑其君許臼 君無道也'를 가리킨 것인 듯하다. ≪左氏會箋≫

【傳】吳子使屈狐庸聘于晉[1]하니 **通路也**[2]라 **趙文子問焉曰 延州來季子**가 **其果立乎**[3]아 **巢隕諸樊**[4]하고 **閽戕戴吳**[5]하니 **天似啓之**라 **何如**[6]오 **對曰 不立**이리라 **是二王之命也**[7]오 **非啓季子也**라 **若天所啓**ㄴ댄 **其在今嗣君乎**[8]ㄴ저 **甚德而度**[9]니라 **德不失民**[10]하고 **度不失事**[11]하야 **民親而事有序**하니 **其天所啓也**라 **有吳國者**는 **必此君之子孫實終之**하리라 **季子守節者也**니 **雖有國**이라도 **不立**[12][13]이리라

吳子가 屈狐庸을 보내어 晉나라에 聘問하게 하였으니, 이는 두 나라가 往來하는 길을 트기 위함이었다. 趙文子가 屈狐庸에게 "延州來의 季子가 과연 임금이 되겠습니까? 巢人이 諸樊을 죽이고, 閽人이 戴吳를 弑害한 것으로 보면 하늘이 季子에게 임금이 될 수 있는 길을 열어준 것 같은데 앞으로 어찌 되겠습니까?"라고 물으니, 대답하기를 "季子는 임금이 되지 않을 것입니다. 두 임금(諸樊과 戴吳)이 죽은 것은 그들의 運命이고 하늘이 季子에게 길을 열어주기 위한 것이 아닙니다. 하늘이 길을 열어준 분이라면 아마도 지금의 嗣君일 것입니다. 嗣君은 매우 德이 있고 行爲가 法度에 맞습니다. 德이 있기에 백성의 마음을 잃지 않고 法度에 맞기에 일에 失敗가 없어, 백성이 親愛하고 일에 秩序가 있으니, 이분이 바로 하늘이 길을 열어준 분일 것입니다. 吳나라를 保有할 사람은 最終까지 반드시 이 임금의 子孫일 것입니다. 季子는 節操를 지키는 사람이니, 비록 나라를 所有할 수 있다 하더라도 임금이 되려 하지 않을 것입니다."라고 하였다.

1) 狐庸 巫臣之子也 成七年適吳爲行人

狐庸은 楚나라 巫臣의 아들로 成公 7년에 吳나라로 가서 行人이 되었다.

2) 通吳晉之路

吳나라와 晉나라 사이에 길을 트기 위함이다.

3) 延州來 季札邑〔附注〕林曰 延陵州來 皆季札邑 故曰延州來 季子

延州來는 季札의 封邑이다.

〔부주〕林: 延陵과 州來가 모두 季札의 封邑이었다. 그러므로 '延州來季子'라고 한 것이다.

4) 在二十五年〔附注〕林曰 諸樊門于巢 卒

襄公 25년에 있었다.

〔부주〕林: 諸樊이 巢國의 城門을 攻擊하다가 〈巢牛臣의 화살을 맞고〉 죽었다.

5) 在二十九年 戴吳 餘祭

襄公 29년에 있었다. 戴吳는 餘祭이다.

6)〔附注〕林曰 天意似欲開啓季札 其終何如

〔부주〕林: 하늘의 뜻이 季札을 위해 임금이 될 수 있는 길을 열어주고자 하는 것 같은데, 끝내 어찌 되겠느냐고 물은 것이다.

7)〔附注〕林曰 言季子不立爲君 此乃諸樊戴吳之天命當死

〔부주〕林: 季子는 임금이 되지 않을 것이다. 이것은 諸樊과 戴吳의 天命이 죽을 때가 되어 죽은 것이라는 말이다.

8) 嗣君 謂夷末〔昧〕[*]

嗣君은 夷昧를 이른다.

*) 역주〕저본에는 '末'로 되어 있으나 ≪十三經注疏≫本에 의거하여 '昧'로 바로잡았다.

9) 역주〕德而度 : 道德이 있고 行爲가 法度에 맞는 것이다. 襄公 4년 傳의 '鑑于后羿而用德度'의 德度를 譯者는 道德과 法度로 번역하였다.

10) 民歸德〔附注〕林曰 德行修而度量廣 民歸有德 故不失民

백성은 德이 있는 사람에게 歸附한다.

〔부주〕林: 德行이 닦여졌고 度量이 넓은 것이다. 백성은 德이 있는 이에게 歸附하기 때문에 백성을 잃지 않은 것이다.

11) 審事情〔附注〕林曰 大度容物 故不失事

사정을 자세히 살피는 것이다.

〔부주〕林: 度量이 큰 사람은 남을 包容할 수 있기 때문에 일을 실패하지 않는다.

12) 言其三兄雖欲傳國與之 終不肯立

그의 세 兄(諸樊·餘祭·夷昧)이 비록 나라를 그에게 傳해 주고자 하였으나 끝내 임금이 되려 하지 않은 것을 말한다.

13) 역주] 雖有國不立 : 이것은 오늘 이후의 일을 말한 것이다. 비록 나라를 所有할 수 있는 機會를 만난다 하더라도 반드시 임금이 되려 하지 않을 것이라는 말인데, 杜氏가 지난 일을 들어 말한 것은 옳지 않다고 한 ≪左氏會箋≫의 說을 取해 번역하였다.

【傳】 十二月에 **北宮文子相衛襄公以如楚**[1)]하니 **宋之盟故也**[2)3)]라 **過鄭**할새 **印段迋勞于棐林**호대 **如聘禮而以勞辭**[4)]하니 **文子入聘**[5)]하다 **子羽爲行人**하고 **馮簡子與子大叔逆客**[6)]하다 **事畢而出**하야 **言於衛侯曰 鄭有禮**하니 **其數世之福也**라 **其無大國之討乎**ㄴ저 **詩云 誰能執熱**하야 **逝不以濯**[7)]이리오하니 **禮之於政**에 **如熱之有濯也**니 **濯以救熱**이면 **何患之有**[8)9)]리오

12월에 北宮文子가 衛襄公을 輔佐해 楚나라에 갔으니, 이는 宋나라에서 맺은 盟約을 履行하기 위함이었다. 鄭나라를 지날 때 〈鄭나라 大夫〉 印段이 棐林까지 가서 그들을 慰勞하되, 聘問하기 위해 오는 使者를 맞이하는 禮와 같이 郊勞의 辭令을 사용〔以〕하니, 文子가 鄭나라에 들어가서 聘問하였다. 子羽가 行人이 되고 馮簡子와 子太叔이 賓客을 迎接하였다. 文子는 聘問의 일을 마치고 나와서 衛侯에게 말하기를 "鄭나라는 禮가 있으므로 앞으로〔其〕 몇 代 동안 福을 누릴 것이니, 아마도 大國의 討伐을 받는 일이 없을 것입니다. ≪詩經≫에 '누가 뜨거운 물건을 잡았다가 손을 데고서, 찬물로써 손을 씻어 熱氣를 除去하지 않으리오?'라고 하였는데, 禮가 政治에 있어 熱氣를 제거하는 씻음과 같으니, 찬물에 씻어 열기를 제거한다면 무슨 걱정이 있겠습니까?"고 하였다.

1) 文子 北宮佗 襄公 獻公子

文子는 北宮佗이다. 衛襄公은 衛獻公의 아들이다.

2) 晉楚之從 交相見也

晉나라를 따르는 諸侯와 楚나라를 따르는 諸侯가 서로 晉나라와 楚나라에 朝見하기로 한 盟約을 이른다.

3) 역주] 宋之盟 : 宋之盟은 襄公 27년에 宋나라 向戌이 諸侯 사이에 戰爭을 終熄시킨다는 名分으로 晉나라 執政 趙武와 楚나라 令尹 屈建을 說得하여 諸侯들을 불러 宋나라에서 結盟하고서, 晉나라를 따르는 諸侯國은 楚나라에 朝見하고 楚나라를 따르는 諸侯國은 晉나라에 朝見하도록 한 일을 이른다.

4) 用聘禮 而用郊勞之辭

聘禮를 사용하여 郊外까지 나아가 迎接하며 慰勞의 辭令을 사용한 것이다.

5) 報印段

印段이 와서 慰勞한 禮에 報答하기 위해 文子가 鄭나라에 들어가서 聘問한 것이다.

6) 逆文子

文子를 迎接한 것이다.

7) 詩大雅 濯 以水濯手

詩는 ≪詩經≫ 〈大雅 桑柔篇〉의 詩句이다. 濯은 찬물로 손을 씻는 것이다.

8) 此以上 文子辭

이 이상은 文子의 말이다.

9) 역주〕 濯以救熱 何患之有 : '熱'과 '患'은 모두 大國의 侵伐을 가리켜 말한 것이다. 禮를 행하여 大國의 侵伐을 없애는 것이 찬물로 손을 씻어 熱氣를 除去하는 것과 같으니, 찬물로 손을 씻어 熱氣를 除去하면 손이 傷할 憂慮가 없듯이, 禮를 행하여 大國의 侵伐을 없앤다면 나라에 憂患이 생기지 않는다는 뜻이다.

子產之從政也에 **擇能而使之**하다 **馮簡子能斷大事**하고 **子大叔美秀而文**[1]하며 **公孫揮能知四國之爲**[2)3)]하야 **而辨於其大夫之族姓班位貴賤能否**[4)]하고 **而又善爲辭令**하며 **裨諶能謀**로되 **謀於野則獲**[5)]하고 **謀於邑則否**[6)7)]라 **鄭國將有諸侯之事**면 **子產乃問四國之爲於子羽**하고 **且使多爲辭令**하야 **與裨諶乘以適野**하야 **使謀可否**하야 **而告馮簡子**하야 **使斷之**하며 **事成**이면 **乃授子大叔使行之**하야 **以應對賓客**이라 **是以鮮有敗事**하니 **北宮文子所謂有禮也**[8)]라

子產이 政治를 할 때 賢能한 자를 골라 任用하였다. 馮簡子는 大事를 잘 決斷하였고, 子太叔은 容貌가 아름답고 재주가 뛰어나서 文采(言辭와 행동이 優雅하고 高尙함)가 있었으며, 公孫 揮는 四方 나라들의 故事와 習俗〔爲〕을 잘 알아서 그 大夫들의 族姓과 朝班의 位次와 地位의 貴賤과 才能의 有無를 밝게 알고, 또 辭令(外交文書)을 잘 지었으며, 裨諶은 計劃을 잘 내지만 野外에서 내는 計劃은 훌륭하고 城邑에서 내는 계획은 그렇지 못하였다. 鄭나라에 諸侯의 일(外交에 관한 일)이 있으면 子產이 사방 나라들의 故事와 習俗을 子羽(公孫 揮)에게 묻고, 또 辭令을 대부분 그에게 짓게 하고서, 裨諶과 함께 수레를 타고 野外로 가서 그 일의 可否를 謀議하게 한 뒤에 馮簡子에게 그 계획을 말해 주어 決斷하게 하고, 계획이 完成되면 그 계획을 子太叔에게 말해 주어 實行에 옮겨 諸侯를 應對하게 하였다. 그러므로 鄭나라는 外交에 失敗하는 일이 적었으

니, 이것이 北宮文子가 이른바 '禮가 있다'는 것이다.

1) 其貌美 其才秀
그 容貌가 아름답고 그 재주가 뛰어난 것이다.
2) 知諸侯所欲爲
諸侯가 하고자 하는 바를 아는 것이다.
3) 역주〕爲 : 그 나라의 典故(故事)와 習俗의 類라고 한 ≪左氏會箋≫의 說을 取해 번역하였다.
4)〔附注〕林曰 凡諸侯之臣 族姓之同異 班位之高下 人物之貴賤 才具之能否 皆能辨別
〔부주〕林: 諸侯國 臣下들의 族姓의 異同과 班位의 高下와 人物의 貴賤과 才具(才能)의 能否를 모두 능히 辨別한 것이다.
5) 得所謀也
좋은 計策을 얻는다는 말이다.
6) 此才性之敝
이것은 才性(才能과 性格)의 弊端(缺點)이다.
7) 역주〕裨諶……謀於邑則否 : 裨諶은 조용한 것을 좋아하고 시끄러운 것을 싫어하기 때문에 조용하면 좋은 計劃을 내지만 시끄러우면 좋은 계획을 내지 못한 것이다. ≪左氏會箋≫
8) 傳跡子産行事 以明北宮文子之言
傳文은 子産의 行事를 追跡하여 北宮文子의 말(禮가 있다고 한 말)을 밝힌 것이다.

【傳】鄭人游于鄕校[1)2)]하야 **以論執政**[3)]하니 **然明謂子産曰 毁鄕校如何**[4)]오 **子産曰 何爲**[5)]오 **夫人朝夕退而游焉**하야 **以議執政之善否**[6)]라 **其所善者**를 **吾則行之**하고 **其所惡者**를 **吾則改之**면 **是吾師也**니 **若之何毁之**리오 **我聞忠善以損怨**[7)]이오 **不聞作威以防怨**[8)]이라 **豈不遽止**[9)]리오 **然猶防川**[10)]하야 **大決所犯**이면 **傷人必多**니 **吾不克救也**라 **不如小決使道**[11)]오 **不如吾聞而藥之也**[12)]니라 **然明曰 蔑也今而後知吾子之信可事也**[13)]라 **小人實不才**[14)]어니와 **若果行此**면 **其鄭國實賴之**리니 **豈唯二三臣**[15)]이리오

鄭나라 사람들이 鄕校(太學)에 모여 놀면서 執政의 잘잘못을 議論(非難의 뜻)하니, 然明이 子産에게 "鄕校를 허무는 것이 어떻겠습니까?"라고 하였다. 그러자 子産이 말하기를 "무엇 때문에 허물겠는가? 사람들이 朝夕으로 孔子를 謁見하고서 물러 나와 鄕校

에서 놀면서 執政의 善惡을 議論한다 하니, 저들이 善하다고 하는 것은 내가 행하고 저들이 惡하다고 하는 것은 내가 고친다면 이들이 바로 나의 스승이니, 무엇 때문에 鄕校를 허물겠는가? 나는 忠心으로 善을 행하여 怨恨을 줄였다는 말은 들었지만 威勢를 부려 怨恨을 막았다는 말을 듣지 못하였다. 〈威勢를 부린다면〉 어찌 저들의 誹謗을 急速히〔遽〕 막을 수 없겠는가? 그러나 사람들의 誹謗을 막는 것은 냇물을 막는 것과 같아서 〈물을 가두어 두기만 하였다가〉 둑이 크게 터져 물이 侵犯하면 傷하는 사람이 반드시 많을 것이니 나는 구제할 수가 없다. 그러니 조금 터놓아 물을 疏通시키는 것만 못하고, 내가 저들의 말을 듣고서 나의 잘못을 고치는 것만 못하다."고 하니, 然明이 말하기를 "나는 지금에서야 당신이 참으로 섬길 만한 분임을 알았습니다. 小人은 실로 才能이 없어 鄕校를 허물라는 말을 하였습니다만 과연 〈이 藥石이란 말을 實踐에 옮겨〉 行한다면 鄭나라 사람들이 실로 依賴할 것이니, 어찌 몇몇 臣下들뿐이겠습니까?"라고 하였다.

1) 鄕之學校
 各 地方의 學校이다.
2) 역주〕 鄕校 : ≪孟子≫ 〈滕文公 上〉에 "庠·序·學·校를 設置하여 敎育하였다."고 하였으니, 이 鄕校는 아마도 鄭나라의 國學인 듯하다. 〈楊注〉
3) 論其得失
 執政의 잘잘못을 議論한 것이다.
4) 患人於中謗議國政
 사람들이 鄕校 가운데서 國政을 誹謗하는 것을 걱정했기 때문이다.
5) 〔附注〕 林曰 言何爲毁之
 〔부주〕 林: 무엇 때문에 허물겠느냐는 말이다.
6) 〔附注〕 林曰 早見曰朝 暮見曰夕 朝夕旣退而遊於學校之中
 〔부주〕 林: 아침에 謁見하는 것을 '朝'라 하고, 저녁에 謁見하는 것을 '夕'이라 하니, 朝夕의 謁見을 마치고 물러나 學校에 모여 논 것이다.
7) 爲忠善 則怨謗息
 忠心으로 善을 행하면 怨望과 誹謗이 없어진다는 말이다.
8) 欲毁鄕校 卽作威
 鄕校를 허물고자 하는 것이 바로 威勢를 부리는 것이다.
9) 역주〕 遽 : 杜注와 林注에 모두 畏懼의 뜻으로 풀었으나, 이를 따르지 않고 急遽의 뜻으로 해석한 〈楊注〉와 ≪左氏會箋≫의 說을 取해 번역하였다.
10) 遽 畏懼也 〔附注〕 林曰 言作威防怨 豈不畏懼而止息

遽는 두려워하는 것이다.

〔부주〕林: 威勢를 부려 怨望을 막는다면 어찌 저들이 두려워하여 怨望을 멈추지 않겠느냐는 말이다.

11) 道 通也

道는 疏通시키는 것이다.

12) 以爲己藥石*)

저들의 誹謗을 나의 藥石으로 삼는다는 말이다.

*) 역주〕藥石 : 病을 治療하는 藥材와 石鍼을 이르는데, 여기서는 바로 治療의 뜻으로 쓰였다.

13)〔附注〕林曰 蔑 然明名

〔부주〕林: 蔑은 然明의 이름이다.

14)〔附注〕林曰 小人 然明自謂 實無材能 欲毁鄕校

〔부주〕林: 小人은 然明이 자신을 이른 말이다. 실로 材能이 없어 鄕校를 허물고자 했다는 말이다.

15)〔附注〕林曰 子産若果能行藥石之言 其鄭國之人實依賴之 豈惟二三大夫實受其賜

〔부주〕林: 子産이 과연 '藥石'이라고 한 말을 實踐에 옮긴다면 鄭나라 사람들이 실로 依賴할 것이니, 어찌 몇몇 大夫들만이 실로 그 惠澤〔賜〕을 받을 뿐이겠느냐는 말이다.

仲尼聞是語也하고 **曰 以是觀之**컨대 **人謂子産不仁**이라도 **吾不信也**[1)]로라

仲尼께서 이 말을 듣고 다음과 같이 말씀하셨다. "이로써 보면 사람들이 子産을 不仁하다고 하더라도 나는 믿지 않노라."고 하였다.

1) 仲尼以二十二年生 於是十歲 長而後聞之

仲尼가 襄公 22년에 出生하였으니, 이때 열 살이었다. 長成한 뒤에 子産의 일을 듣고서 하신 말씀이다.

【傳】子皮欲使尹何爲邑[1)]한대 **子産曰 少**하니 **未知可否**[2)]로다 **子皮曰 愿**하야 **吾愛之**하니 **不吾叛也**[3)]리라 **使夫往而學焉**이면 **夫亦愈知治矣**[4)]리라 **子産曰 不可**하다 **人之愛人**은 **求利之也**어늘 **今吾子愛人則以政**[5)]하니 **猶未能操刀而使割也**라 **其傷實多**[6)]리라 **子之愛人**은 **傷之而已**니 **其誰敢求愛於子**리오 **子於鄭國**에 **棟也**라 **棟折榱崩**이면 **僑將厭焉**이니 **敢不盡言**[7)8)]가 **子有美錦**이면 **不使人學製焉**[9)]이리라 **大官大邑**은 **身之所**

庇也[10)]어늘 而使學者製焉하니 其爲美錦 不亦多乎[11)]아 僑聞學而後入政이오 未聞以政學者也라 若果行此면 必有所害리라 譬如田獵컨대 射御貫이면 則能獲禽[12)13)]이어니와 若未嘗登車射御면 則敗績厭覆是懼니 何暇思獲이리오 子皮曰 善哉라 虎不敏이라 吾聞君子務知大者遠者하고 小人務知小者近者라하니 我는 小人也라 衣服은 附在吾身이라 我知而愼之[14)]하고 大官大邑은 所以庇身也로되 我遠而慢之[15)]로다 微子之言이면 吾不知也리라 他日我曰[16)] 子爲鄭國[17)]하라 我爲吾家하야 以庇焉이 其可也라호라 今而後知不足[18)]하니 自今請雖吾家라도 聽子而行[19)]하노라 子産曰 人心之不同이 如其面焉하니 吾豈敢請〔謂〕[20)]子面如吾面乎[21)]아 抑心所謂危[22)]는 亦以告也[23)]리라 子皮以爲忠이라 故委政焉하니 子産是以能爲鄭國[24)25)]하니라

子皮가 尹何를 자기 封邑의 邑宰로 삼으려 하자, 子産이 "그는 年少하니 고을을 다스릴 수 있을는지 모르겠습니다."고 하였다. 子皮가 말하기를 "그는 사람됨이 愼重하고 善良하여 내 그를 사랑하니 나를 背叛하지 않을 것입니다. 그〔夫〕를 邑宰로 보내어 政事를 배우게 하면 그 또한 다스리는 방법을 더욱 잘 알게 될 것입니다."고 하니, 子産이 말하기를 "옳지 않습니다. 사람이 남을 사랑하는 것은 利益을 구하기 위해서인데, 지금 당신께서는 사랑하는 사람이면 그에게 政事를 맡기려 하시니, 이는 마치 칼을 잡을 줄도 모르는 자에게 犧牲을 잡게 하는 것과 같아서 그가 다치는 일이 실로 많을 것입니다. 당신께서 사람을 사랑하는 것은 단지 그를 다치게 할 뿐이니 그 누가 감히 당신께 사랑 받기를 구하겠습니까? 당신은 鄭나라의 棟梁이십니다. 棟梁이 꺾여 서까래(家屋을 뜻함)가 무너지면 나도 장차 壓死할 것이니 어찌 감히 할 말을 다하지 않을 수 있겠습니까? 당신께 아름다운 비단이 있다면 裁斷할 줄도 모르는 사람에게 그 비단을 주어 裁斷하는 法을 배우게 하지는 않을 것입니다. 大官(邑宰)과 大邑(封邑)은 당신을 庇護하는 울타리인데 도리어 배우는 자에게 맡겨 다스리게 하려 하시니, 당신께선 아름다운 비단을 大官과 大邑보다 더 重大〔多〕하게 여기는 것이 아닙니까? 나는 배운 뒤에 政事에 入門했다는 말은 들었지만 政事를 學習의 對象으로 삼았다는 말은 듣지 못하였습니다. 만약 끝내 이 사람을 邑宰로 삼는다면 반드시 害로운 일이 있을 것입니다. 비교하자면 사냥하는데, 활을 쏘면서 수레를 모는 일에 익숙한 사람이라면 짐승을 잡을 수 있지만, 수레에 올라 활을 쏘면서 수레를 몰아본 적이 없는 사람이라면 수레가 엎어져 치여죽을까 만을 두려워할 것이니 어느 겨를에 짐승 잡기를 생각하겠습니까?" 라고 하였다. 子皮가 말하기를 "훌륭한 말씀입니다. 내가 事理에 어두웠습니다. 내 들

건대 '君子는 큰일과 먼 앞일 알기를 힘쓰고, 小人은 작은 일과 가까운 일(目前의 일) 알기를 힘쓴다.'고 하였으니 나는 小人입니다. 衣服은 내 몸에 입는 것이어서 나는 이를 잘 알므로 愼重히 처리하였고, 大官과 大邑은 내 자신을 庇護하는 울타리인데도 나는 먼 일로 여겨 가벼이 생각하였습니다. 그대의 말이 아니었다면 나는 알지 못했을 것입니다. 前日에 나는 '그대가 鄭나라를 다스리시오. 나는 우리 家庭을 다스려 내 몸을 保護하는 것이 좋겠소.'라고 하였습니다만 지금에서야 나의 不足함을 알았으니 오늘부터는 비록 우리 家庭의 일이라 하더라도 그대의 命을 들어 處理하겠습니다."고 하니, 子産이 말하기를 "사람의 마음이 같지 않은 것이 마치 얼굴이 서로 같지 않은 것과 같으니, 어찌 감히 당신의 얼굴(마음을 뜻함)이 내 얼굴과 같다고 하겠습니까? 그러나 마음에 危險하다고 여겨지는 일이 있으면 말씀드리겠습니다."고 하였다. 子皮는 子産을 忠誠스런 사람으로 여겼다. 그러므로 子産에게 政事를 맡기니 子産이 이로 인해 鄭나라를 잘 다스리게 되었다.

1) 爲邑大夫
   邑의 大夫를 삼으려 한 것이다.
2) 尹何 年少〔附注〕林曰 未知可使治邑與否
   尹何의 나이가 젊은 것이다.
   〔부주〕林: 邑을 다스리게 할 만한지의 與否를 알지 못하겠다는 말이다.
3) 愿 謹善也
   愿은 謹愼하고 善良함이다.
4) 夫 謂尹何〔附注〕林曰 使往治邑而學爲政 亦愈知爲治之道矣
   夫는 尹何를 이른다.
   〔부주〕林: 가서 邑을 다스리며 政事하는 법을 배우게 한다면 다스리는 방법을 더욱 알게 될 것이라는 말이다.
5) 以政與之
   政事를 그에게 맡겨 주는 것이다.
6) 多自傷〔附注〕朱曰 譬如人未能執刀而使割牲 適以多其損傷也
   자신이 다치는 일이 많을 것이라는 말이다.
   〔부주〕朱: 비교하자면 칼을 잡을 줄도 모르는 사람에게 犧牲을 잡게 하는 것과 같아서, 단지 그 본인에게 損傷을 입히는 일이 많을 뿐이라는 말이다.
7)〔附注〕林曰 榱 椽也 屋壞則人將覆壓
   〔부주〕林: 榱는 서까래이다. 家屋이 무너지면 사람들이 壓死한다는 말이다.
8) 역주〕僑將厭焉 : 厭과 壓은 서로 通用된다. 子産이 執政이 된 것이 실로 子皮에게서 나

온 것이니, 子皮가 失敗한다면 子産도 반드시 그 影響을 받을 것이므로 자신도 장차 覆壓의 禍을 당할 것이라고 말한 것이다. 〈楊注〉

9) 製 裁也〔附注〕林曰 設若自有美錦 必愛惜之 不使人學裁製焉

製는 裁이다.

〔부주〕林: 가령 아름다운 비단이 있다면 반드시 아낄 것이므로 〈裁斷할 줄을 모르는 사람에게 주어〉 그 비단으로 裁斷해 옷을 만드는 법을 배우게 하지 않을 것이라는 말이다.

10) 역주〕大官大邑 身之所庇 : 邑宰는 子皮氏의 大官이므로 子皮가 그의 庇護를 받는다는 말이다. 〈楊注〉

11) 言官邑之重 多於美錦

大官과 大邑의 重要함이 아름다운 비단보다 크다는 것을 말한 것이다.

12) 貫 習也

貫은 익숙함이다.

13) 역주〕禽 : 鳥獸의 總稱이다.

14)〔附注〕林曰 美錦之爲衣服 此其小者近者 我則能知而謹重之 不使人學製

〔부주〕林: 아름다운 비단으로 衣服을 만드는 것은 작고 가까운 일이어서 나는 이를 잘 알므로 愼重히 處理하여, 裁斷할 줄 모르는 자에게 주어 裁斷하는 법을 배우게 하지 않았다는 말이다.

15) 慢 易也

慢은 가볍게 여기는 것이다.

16)〔附注〕林曰 往日我自言

〔부주〕林: 지난날에 내가(子皮) 스스로 말한 것이다.

17)〔附注〕林曰 治鄭國之政

〔부주〕林: 鄭나라의 政事를 다스리는 것이다.

18) 自知謀慮不足謀其家

子皮는 自身의 計謀가 그 家庭의 安定을 꾀하기에 不足함을 안 것이다.

19)〔附注〕林曰 自今日以往 請雖我之家事 聽子之命而後行事

〔부주〕林: 오늘 이후로는 비록 우리 家庭의 일이라 하더라도 그대의 命을 들은 뒤에 行事(일을 처리함)하려 한다는 말이다.

20) 역주〕저본에는 '請'으로 되어 있으나 ≪十三經注疏≫本에 의거하여 '謂'로 바로잡았다.

21)〔附注〕林曰 子面不如吾面 吾心豈如子心 安敢使子之家事皆聽我而後行也

〔부주〕林: 당신의 얼굴이 나의 얼굴과 같지 않으니 나의 마음이 어찌 당신의 마음과 같겠는가? 그런데 어찌 감히 당신의 집안일을 모두 나의 命을 들은 뒤에 行하게 하겠느

냐는 말이다.

22) 역주] 心所謂危 : 心以爲危(마음에 위험하게 생각됨)이다. 謂字는 마음이 생각하는 바를 가리킨 것이다. ≪左氏會箋≫

23) 〔附注〕 林曰 抑我心以此事爲危而不安 則亦不敢不告於子

〔부주〕 林: 그러나 내 마음에 이 일이 危險해 不安하다고 여겨지면 감히 당신에게 告하겠다는 말이다.

24) 傳言子産之治 乃子皮之力

傳文은 子産이 나라를 잘 다스린 것이 子皮의 도움〔力〕 때문이었다는 것을 말한 것이다.

25) 역주] 故委政焉 : 春秋時代에 執政은 반드시 다 首卿이 아니었다. 이때 子産이 비록 執政이었으나 子皮의 地位가 子産의 上位에 있었기 때문에 政事를 맡겼다고 말한 것이다. ≪左氏會箋≫

【傳】 衛侯在楚에 北宮文子見令尹圍之威儀하고 言於衛侯曰 令尹似君矣니 將有他志[1)]니이다 雖獲其志나 不能終也[2)]리이다 詩云 靡不有初나 鮮克有終[3)]이라하니 終之實難이라 令尹其將不免이리이다 公曰 子何以知之오 對曰 詩云 敬愼威儀라야 惟民之則[4)]이라하야늘 令尹無威儀하니 民無則焉이라 民所不則이 以在民上하니 不可以終이리이다 公曰 善哉라 何謂威儀오 對曰 有威而可畏를 謂之威요 有儀而可象을 謂之儀[5)]니 君有君之威儀면 其臣畏而愛之하고 則而象之라 故能有其國家하야 令聞長世[6)]하고 臣有臣之威儀면 其下畏而愛之라 故能守其官職하야 保族宜家니이다 順是以下皆如是[7)8)]라 是以上下能相固也니이다 衛詩曰 威儀棣棣라 不可選也[9)10)]라하니 言君臣上下父子兄弟內外大小에 皆有威儀也오 周詩曰 朋友攸攝이 攝以威儀[11)]라하니 言朋友之道는 必相教訓以威儀也오 周書에 數文王之德[12)]曰 大國畏其力하고 小國懷其德[13)]이라하니 言畏而愛之也오 詩云 不識不知하야 順帝之則이라하니 言則而象之也[14)]니이다 紂囚文王七年에 諸侯皆從之囚[15)]한대 紂於是乎懼而歸之하니 可謂愛之오 文王伐崇에 再駕而降爲臣[16)17)]하고 蠻夷帥服하니 可謂畏之오 文王之功을 天下誦而歌舞之하니 可謂則之오 文王之行을 至今爲法하니 可謂象之니 有威儀也니이다 故君子在位可畏하고 施舍可愛[18)]하며 進退可度하고 周旋可則[19)]하며 容止可觀하고 作事可法하며 德行可象하고 聲氣可樂하며 動作有文하고 言語有章[20)21)]이라 以臨

其下하니 **謂之有威儀也**니이다

衛侯가 楚나라에 있을 때 北宮文子가 令尹 圍의 威儀를 보고서 衛侯에게 말하기를 "令尹의 威儀가 임금의 威儀와 비슷하니, 아마도 다른 마음을 품은 듯합니다. 비록 그 뜻을 이룬다 하더라도 그 끝이 좋지 못할 것입니다. ≪詩經≫에 '시작이 있지 않은 자가 없으나 끝을 잘 맺는 자는 드물다.'고 하였습니다. 끝을 잘 맺기가 실로 어려우니 令尹은 장차 禍를 면하지 못할 것입니다."고 하였다. 衛襄公이 "무엇을 가지고 그럴 줄을 아는가?"라고 묻자, 北宮文子가 "≪詩經≫에 '威儀를 공경하고 삼가야 백성의 본보기가 된다.'고 하였는데, 지금 令尹에게는 令尹의 威儀가 없으니 백성이 본받을 것이 없습니다. 백성이 본받을 것이 없는 사람이 윗자리에 있으니 그 끝이 좋지 못할 것입니다."라고 대답하였다. 衛襄公이 "훌륭한 말이다. 무엇을 일러 威儀라고 하는가?"라고 묻자, 北宮文子는 다음과 같이 대답하였다. "威嚴이 있어 사람들이 두려워할 만한 것을 '威'라 하고, 禮儀가 있어서 사람들이 본받을 만한 것을 '儀'라고 합니다. 임금에게 임금의 威儀가 있으면 그 신하들이 敬畏하고 사랑하여 본보기로 삼아 본받습니다. 그러므로 능히 그 國家를 所有하여 아름다운 名聲을 세상에 長久히 傳하였고, 臣下에게 臣下의 威儀가 있으면 그 아랫사람들이 敬畏하고 사랑합니다. 그러므로 능히 그 官職을 지켜 家族을 보호하고 家庭을 和睦하게 하였습니다. 君臣으로부터 내려오면서 〈父子・兄弟・夫婦・朋友에 이르기까지〉 모두 각각의 威儀가 있습니다. 그러므로 윗사람과 아랫사람의 사이가 安固(安定되어 鞏固함)해 질 수 있는 것입니다. 〈衛詩〉에 '아름답고 閒雅한 威儀가 셀 수 없이 많다.'고 하였으니, 이는 君臣・上下・父子・兄弟・內外・大小에 모두 威儀가 있다는 것을 말한 것이고, 〈周詩〉에 '朋友가 돕는 바는 威儀로써 돕는다.'고 하였으니, 이는 朋友의 道理는 반드시 威儀로써 서로 敎訓해야 한다는 것을 말한 것이고, 〈周書〉에 文王의 德을 列擧해 말하기를 '大國은 그 힘을 두려워하고 小國은 그 恩德을 생각한다.'고 하였으니, 이는 敬畏하고 사랑한 것을 말한 것이고, ≪詩經≫에 '識知을 내세우지 않고 天帝의 法則만을 따랐다.'고 하였으니, 이는 文王이 하늘의 法則을 본보기로 삼아 본받았다는 것을 말한 것입니다. 商紂가 文王을 囚禁한 지 7년이 되던 해에 諸侯가 모두 〈제 발로 걸어와서〉 文王을 따라 獄舍에 갇히자 이에 商紂는 두려워하여 文王을 釋放해 돌려보냈으니, 諸侯들이 文王을 사랑했다고 이를 수 있고, 文王이 崇國을 征伐할 때 두 차례 出兵하자 降服하여 臣下가 되고 蠻夷國이 서로 이끌고 와서 服從하였으니, 文王을 敬畏했다고 이를 수 있으며, 文王의 功德을 天下가 讚頌하며 歌舞하였으니, 文王을 본보기로 삼았다고 이를 수 있고, 文王의 行蹟을 오늘에 이르기까지 法則으로 삼고 있으니, 文王을 본받았다고 이를 수 있습니다. 이는 모두 文王에게

威儀가 있었기 때문입니다. 그러므로 君子(文王을 이름)는 地位에 있는 모습이 사람들이 敬畏할 만하고, 施舍(施惠)하는 것이 사람들이 사랑할 만하며, 進退하는 것이 사람들의 法度가 될 만하고 周旋하는 것이 사람들의 準則이 될 만하며 容止(容貌動作)가 사람들의 觀感(보고서 감동함)이 될 만하고 處事가 사람들의 법도가 될 만하며 德行이 사람들의 본보기가 될 만하고 音聲이 사람들을 즐겁게 할 만하며, 動作에 禮節〔文〕이 있고, 言語에 條理〔章〕가 있었습니다. 이런 것들을 가지고서 그 아랫사람을 다스렸기 때문에 그를 일러 威儀가 있다고 한 것입니다."

1) 言語瞻視行步不常
 말소리나 바라보는 눈매나 걸음걸이가 凡常하지 않은 것이다.
2) 〔附注〕 林曰 雖使得遂簒國之志 必不善終
 〔부주〕 林: 비록 나라를 簒奪하려는 뜻을 이룬다고 하더라도 반드시 제명에 죽지 못할 것이라는 말이다.
3) 〔附注〕 朱曰 詩大雅蕩之篇
 〔부주〕 朱: 詩는 ≪詩經≫ 〈大雅 蕩篇〉의 詩句이다.
4) 〔附注〕 朱曰 又引大雅抑之詩
 〔부주〕 朱: 또 ≪詩經≫ 〈大雅 抑篇〉의 詩句를 引用한 것이다.
5) 역주〕 有威而可畏……謂之儀 : 威는 한갓 嚴肅하고 사나움만을 일삼는 것이 아니라 衣冠을 整齊하고 視線을 높이 가져(곁눈질하지 않음) 그 모습이 莊嚴하여 사람들이 바라보고 두려워하는 것이고, 儀는 한갓 容貌를 꾸미는 것만을 일삼는 것이 아니라 動作과 揖讓進退가 禮에 맞는 것이다. ≪小學≫ 〈稽古篇 47章 註〉
6) 〔附注〕 朱曰 美名無窮於世
 〔부주〕 朱: 아름다운 名聲이 세상에 無窮하게 傳해진다는 말이다.
7) 〔附注〕 林曰 順是君臣以下 至于父子兄弟夫婦朋友士農工商皀隷牧圉 各有威儀
 〔부주〕 林: 이 君臣으로부터 이하로 父子·兄弟·夫婦·朋友와 士·農·工·商과 皀·隷·牧·圉에 이르기까지 각각의 威儀가 있다는 말이다.
8) 역주〕 順是以下皆如是 : 順是의 是는 君臣을 가리킨 것이니, 君臣으로부터 順序를 따라 내려가면서 父子·兄弟·夫婦·朋友 등에도 모두 그에 合當한 威儀가 있다는 것을 이른 말이다.
9) 詩邶風 棣棣 富而閑也 選 數也
 〈衛詩〉는 ≪詩經≫ 〈邶風 柏舟篇〉의 詩句이다. 棣棣는 富麗(화려함이 풍부함)하고 閒雅(조용하고 高尙함)한 모양이다. 選은 셈이다.
10) 역주〕 不可選也 : 選은 세는 것이니, 威儀가 많아서 그 數를 이루 다 셀 수 없다는 말

이다.

11) 詩大雅 攸 所也 攝 佐也

〈周詩〉는 ≪詩經≫ 〈大雅 旣醉篇〉의 詩句이다. 攸는 所이고 攝은 佐(도움)이다.

12) 逸書

〈周書〉는 逸書이다.

13) 역주〕大國畏其力 小國懷其德 : 이 句는 ≪古文尙書≫ 〈武成篇〉에 보인다.

14) 大雅 又言文王行事 無所斟酌 唯在則象上天

〈大雅 皇矣篇〉에 또 文王의 일 처리는 자기의 생각으로 헤아린 바가 없었고, 오직 하늘을 본받는 데 있었다는 것을 말하였다.

15)〔附注〕林曰 諸侯義之 皆願從文王而囚

〔부주〕林: 諸侯들이 文王을 의롭게 여겨 모두 文王을 따라 獄舍에 갇히기를 원한 것이다.

16) 文王聞崇德亂而伐之 三旬不降 退修敎而復伐之 因壘而降

文王이 崇國의 德(政治)이 어지럽다는 말을 듣고 崇國을 征伐하여 30일을 攻擊하였는데도 降服하지 않자, 退軍해 돌아와서 敎化를 닦은 뒤에 다시 征伐하여 前의 堡壘를 이용하였으나, 崇人이 降服한 것을 말한다.

17) 역주〕文王伐崇 : 文王이 崇國을 征伐한 일은 僖公 19년 傳에 자세히 보인다.

18)〔附注〕林曰 或施或舍 溫然可愛

〔부주〕林: 施舍(施惠)하는 모습이 溫和하여 사랑할 만하다는 말이다.

19) 역주〕進退可度 周旋可則 : 進退는 앞으로 나아가고 뒤로 물러나는 것이고, 周旋은 左右로 도는 것이다. ≪左氏會箋≫

20)〔附注〕林曰 一言一語 成章可達

〔부주〕林: 말마다 모두 條理가 있어〔成章〕 뜻을 通達할 수 있다는 말이다.

21) 역주〕有章 : 오늘날 條理가 있다는 말과 같다. 〈楊注〉

魯昭公 一 *

* 公名裯 襄公子 母齊歸 在位二十五年 孫〔遜〕*) 于齊 在外八年 凡三十三年 薨于乾侯 諡法威儀恭明曰昭

公의 이름은 裯이다. 襄公의 아들로 어머니는 齊歸이다. 25년 동안 在位하였고, 齊나라로 도망가서 國外에 8년 동안 있었으니 모두 33년이다. 乾侯에서 薨하였다. 諡法에 威儀가 恭遜하고 明潔한 것을 '昭'라 한다고 하였다.

*) 역주〕 저본에는 '孫'으로 되어 있으나 ≪十三經注疏≫本에 의거하여 '遜'으로 바로잡았다.

周 景王四年 魯昭公二十二年 景王崩 王猛立 是年卒 王室亂 弟敬王立 昭二十三年 尹氏立王子朝 昭二十六年 敬王入于成周 王子朝出奔楚

周 : 景王 4년이다. 魯昭公 22년에 景王이 崩하고 王猛이 卽位하였으나, 이해에 王猛이 卒하니, 王室이 어지러웠다. 王猛의 아우 敬王이 卽位하였다. 魯昭公 23년에 尹氏가 王子 朝를 세웠다. 魯昭公 26년에 敬王이 成周로 들어가니 王子 朝가 楚나라로 出奔하였다.

鄭 簡公二十五年 魯昭公十二年 簡公卒 子定公寧立 昭二十八年 定公卒〈子〉*) 獻公蠆立

鄭 : 簡公 25년이다. 魯昭公 12년에 簡公이 卒하고 아들 定公 寧이 卽位하였다. 魯昭公 28년에 定公이 卒하고 아들 獻公 蠆가 卽位하였다.

*) 역주〕 저본에는 '子'가 빠져 있으나 ≪四庫全書 左傳杜林合注≫本에 의거하여 '子'를 補充하였다.

齊 景公七年

齊 : 景公 7년이다.

宋 平公三十五年 魯昭公十年 平公卒 子元公佐立 昭二十五年 元公卒 子景公頭曼立

宋 : 平公 35년이다. 魯昭公 10년에 平公이 卒하고 아들 元公 佐가 卽位하였다. 魯昭公 25년에 元公이 卒하고 아들 景公 頭曼이 卽位하였다.

晉 平公十七年 晉趙武爲政 魯昭公元年冬 趙武卒 韓起爲政 魯昭公十年 平公卒 子昭公夷立 魯昭公十六年 晉昭公卒 子頃公去疾立 昭二十八年 魏舒爲政 昭三十年 頃公卒 子定公午立

晉 : 平公 17년이다. 晉나라 趙武가 執政이었는데, 魯昭公 元年 겨울에 趙武가 卒하니, 韓起가 執政이 되었다. 魯昭公 10년에 平公이 卒하고 아들 昭公 夷가 卽位하였다. 魯昭公 16년에 晉昭公이 卒하고 아들 頃公 去疾이 卽位하였다. 魯昭公 28년에 魏舒가 執政이 되었다. 魯昭公 30년에 頃公이 卒하고 아들 定公 午가 卽位하였다.

衛 襄公三年 魯昭公七年 襄公卒 子靈公元立

衛 : 襄公 3년이다. 魯昭公 7년에 襄公이 卒하고 아들 靈公 元이 卽位하였다.

蔡 靈公二年 魯昭公十一年 楚殺蔡靈公 滅蔡 昭十三年 楚平王封蔡 蔡侯廬立 是爲平公 昭二十年 平公卒 大子朱立 昭二十一年 朱奔楚 平公弟悼公東國立 昭二十三年 悼公卒 弟昭公申立

蔡 : 靈公 2년이다. 魯昭公 11년에 楚子가 蔡靈公을 죽이고서 蔡나라를 滅亡시켰다. 魯昭公 13년에 楚平王이 다시 蔡나라를 封建하여 蔡侯 廬가 卽位하였으니, 이가 平公이다. 魯昭公 20년에 平公이 卒하고 太子 朱가 卽位하였다. 魯昭公 21년에 朱가 楚나라로 도망가니, 平公의 아우 悼公 東國이 卽位하였다. 魯昭公 23년에 悼公이 卒하고 아우 昭公 申이 卽位하였다.

曹 武公十四年 魯昭公十四年 武公卒 子平公須立 昭十八年 平公卒 子悼公午立 昭二十七年 悼公卒 弟聲公野立 昭三十二年 平公弟通弑聲公代立 是爲隱公

曹 : 武公 14년이다. 魯昭公 14년에 武公이 卒하고 아들 平公 須가 卽位하였다. 魯昭公 18년에 平公이 卒하고 아들 悼公 午가 卽位하였다. 魯昭公 27년에 悼公이 卒하고 아우 聲公 野가 卽位하였다. 魯昭公 32년에 平公의 아우 通이 聲公을 弑害하고서 대신 임금이 되었으니 이가 隱公이다.

滕 成公三十五年 魯昭公三年 成公卒 悼公寧立 昭二十八年 悼公卒 頃公結立

滕 : 成公 35년이다. 魯昭公 3년에 成公이 卒하고 悼公 寧이 卽位하였다. 魯昭公 28년에 悼公이 卒하고 頃公 結이 卽位하였다.

陳 哀公二十八年 魯昭公八年 哀公卒 楚滅陳 昭十三年 楚平王封陳 陳侯吳立 是爲惠公

陳 : 哀公 28년이다. 魯昭公 8년에 哀公이 卒하였다. 楚나라가 陳나라를 滅亡시켰다. 魯昭公 13년에 楚平王이 다시 陳나라를 封建하여 陳侯 吳가 卽位하였으니, 이가 惠公이다.

杞 文公九年 魯昭公六年 文公卒 弟平公郁釐立 昭二十四年 平公卒 子悼公成立

杞 : 文公 9년이다. 魯昭公 6년에 文公이 卒하고 아우 平公 郁釐가 卽位하였다. 魯昭公 24년에 平公이 卒하고 아들 悼公 成이 卽位하였다.

薛 魯昭公三十一年 見薛獻公穀卒 〈自〉[*)]入春秋來 薛始書名 子襄公定立

薛 : 魯昭公 31년 經에 薛나라 임금 獻公 穀이 卒한 것이 보인다. 春秋時代로 들어온 이래

로 비로소 薛君의 이름을 기록하였다. 아들 襄公 定이 즉위하였다.

＊) 역주〕 저본에는 '自'가 빠져 있으나 ≪四庫全書 左傳杜林合注≫本에 의거하여 '自'를 補充하였다.

莒 展輿元年 魯昭公元年 齊納莒公子去疾 是爲著丘公 展輿奔吳 昭十四年 著丘公卒 子郊公立 是年奔齊 著丘之弟庚輿立 是爲共公 昭二十三年 庚輿來奔 齊納郊公

莒：展輿 元年이다. 魯昭公 元年에 齊나라가 莒나라의 公子 去疾을 莒나라로 들여보냈으니, 이가 著丘公이다. 展輿가 吳나라로 도망갔다. 魯昭公 14년에 著丘公이 卒하고 아들 郊公이 卽位하였다. 이해에 郊公이 齊나라로 도망가고, 著丘公의 아우 庚輿가 卽位하였으니, 이가 共公이다. 魯昭公 23년에 庚輿가 魯나라로 도망오니, 齊나라가 郊公을 莒나라로 들여보냈다.

邾 悼公十五年 魯昭公元年 悼公卒 莊公穿立

邾：悼公 15년이다. 魯昭公 元年에 悼公이 卒하고 莊公 穿이 卽位하였다.

許 悼公六年 魯昭公九年 遷于夷 昭十八年 遷于白羽 昭十九年 悼公弒期〔斯〕*)立

許：悼公 6년이다. 魯昭公 9년에 나라를 夷로 옮겼다. 魯昭公 18년에 나라를 白羽로 옮겼다. 魯昭公 19년에 悼公이 弒害당하였다. 斯가 卽位하였다.

＊) 역주〕 저본에는 '期'로 되어 있으나 ≪四庫全書 左傳杜林合注≫本에 의거하여 '斯'로 바로잡았다.

小邾 穆公二十一年 魯昭公十七年 小邾穆公來朝

小邾：穆公 21년이다. 魯昭公 17년에 小邾 穆公이 와서 朝見하였다.

楚 郟敖四年 魯昭公元年 楚圍弒之〔郟敖〕*)而自立 改名虔 是爲靈王 楚薳罷爲令尹 昭十三年 靈王弒 平王居立 卽棄疾 使子旂爲令尹 昭十四年 殺成然 子瑕爲令尹 昭二十三年 子常爲令尹 昭二十六年 平王卒 子昭王軫立

楚：郟敖 4년이다. 魯昭公 元年에 楚나라 圍가 郟敖를 弒害하고 스스로 임금이 되고서 이름을 虔으로 고쳤으니, 이가 靈王이다. 楚나라 薳罷가 令尹이 되었다. 魯昭公 13년에 靈王이 弒害되고, 平王 居가 卽位하였으니, 이가 곧 棄疾이다. 아들 旂를 令尹으로 삼았다. 魯昭公 14년에 成然을 죽이고서 子瑕가 令尹이 되었다. 魯昭公 23년에 子常이 令尹이 되었다. 魯昭公 26년에 平王이 졸하고 아들 昭王 軫이 卽位하였다.

＊) 역주〕 저본에는 '之'로 되어 있으나 ≪四庫全書 左傳杜林合注≫本에 의거하여 '郟敖'로 바로잡았다.

秦 景公三十六年 魯昭公五年 景公卒 子哀公立

秦：景公 36년이다. 魯昭公 5년에 景公이 卒하고 아들 哀公이 卽位하였다.

吳 夷昧三年 魯昭公十五年 夷昧卒 子王僚立 昭二十七年 僚弑 闔廬立 一名光 諸樊子

吳：夷昧 3년이다. 魯昭公 15년에 夷昧가 卒하고 아들 王僚가 卽位하였다. 魯昭公 27년에 僚를 시해하고 闔廬가 임금이 되었는데, 一名은 光으로 諸樊의 아들이다.

越 魯昭公五年 越會楚伐吳 始見經 卽書人

越：魯昭公 5년에 越나라가 楚나라와 聯合하여 吳나라를 討伐한 것이 비로소 經에 보이는데, 곧 '人'으로 기록하였다.

〈元年, 庚申 B.C.541〉

【經】 元年春王正月에 **公卽位**[1)]하다

元年 봄 周王 正月에 公이 卽位하였다.

1) 無傳
 傳이 없다.

【經】 叔孫豹會晉趙武楚公子圍齊國弱宋向戌衛齊惡陳公子招蔡公孫歸生鄭罕虎許人曹人于虢[1)]하다

叔孫豹가 晉나라 趙武·楚나라 公子 圍·齊나라 國弱·宋나라 向戌·衛나라 齊惡·陳나라 公子 招·蔡나라 公孫 歸生·鄭나라 罕虎·許人·曹人과 虢에서 會合하였다.

1) 招 實陳侯母弟 不稱弟者 義與莊二十五年公子友同[*)] 今讀舊書 則楚當先晉 而先書趙武者 亦取宋盟貴武之信 故尙之也 衛在陳蔡上 先至於會
 招는 陳侯의 同母弟인데도 '弟'로 稱하지 않은 것은 그 뜻이 莊公 25년 經에 〈友가 莊公의 母弟였는데도 '弟'로 칭하지 않고〉 '公子 友'로 칭한 것과 같다. 이번 會盟에 舊書를 읽었으니 楚나라가 晉나라 앞에 있어야 하는데, 趙武를 앞에 기록한 것은 宋나라에서의 盟約 때 趙武의 信義를 貴하게 여긴 것을 취한 것이다. 그러므로 그를 높여 앞에 기록한 것이다. 衛나라가 陳나라와 蔡나라 위에 기록된 것은 會合 場所에 먼저 到着하였기 때문이다.

*) 역주] 義與莊二十五年公子友同：公子 友는 莊公 25년 本條의 杜注를 參照할 것. 舊書는 전번의 載書(盟約文)라는 말로 襄公 27년에 있었던 宋나라에서의 會盟 때 읽었던 盟約文을 이른다. 그때의 載書에 楚나라가 앞에 기록되었고, 이번 會盟에도 그 載書를 그대로 읽었으니, 楚나라가 당연히 晉나라 앞에 기록되어야 하는데, 經에 晉나라를 楚나

라의 위에 기록한 것은 宋의 盟約 때 趙武가 信義를 지킨 것을 훌륭하게 여겨 그를 앞에 기록하였다는 말이다.

【經】 三月에 取鄆[1)]하다

3월에 鄆을 取하였다.

1) 不稱將帥 將卑師少 書取 言易也〔附注〕林曰 於是季孫宿伐莒取鄆 則書法何以異於宣十年歸父伐邾 歸父伐邾 猶公命也 此專取邑而已

將帥를 기록하지 않은 것은 將帥의 官位가 낮고 군대가 적었기 때문이다. '取'라고 기록한 것은 힘들이지 않고 쉽게 얻었다는 말이다.

〔부주〕林: 이때 季孫宿이 莒나라를 쳐서 鄆邑을 取하였는데, 어째서 宣公 10년에 歸父가 邾나라를 친 것을 기록한 것과 書法이 다른가? 歸父가 邾나라를 친 것은 宣公의 命에 의한 것이었으나, 이것은 제멋대로 邑을 取하였기 때문이다.

【經】 夏에 秦伯之弟鍼出奔晉[1)]하다

여름에 秦伯의 아우 鍼이 晉나라로 出奔하였다.

1) 稱弟 罪秦伯

'弟'라고 칭한 것은 秦伯에게 罪를 돌린 것이다.

【經】 六月丁巳에 邾子華卒[1)]하다

6월 丁巳日에 邾子 華가 卒하였다.

1) 無傳 三同盟

傳이 없다. 魯나라와 세 차례 同盟하였다.

【經】 晉荀吳帥師敗狄于大鹵[1)]하다

晉나라 荀吳가 군대를 거느리고 가서 狄을 大鹵에서 敗北시켰다.

1) 大鹵 太原晉陽縣〔附注〕林曰 晉自悼公以來 狄師不出 敗狄至是而再見 其再見何 晉彌衰也

大鹵는 太原 晉陽縣이다.

〔부주〕林: 晉나라 悼公 이후로는 狄軍이 出動하지 않았다. 狄을 敗北시킨 것이 이때

까지 두 번 보이니, 두 번 보이는 것은 어째서인가? 晉나라가 더욱 衰하였기 때문이다.

【經】 秋에 莒去疾自齊入于莒[1)]하다

가을에 莒나라의 去疾이 齊나라에서 莒나라로 들어갔다.

1) 國逆而立之曰入〔附注〕林曰 前言齊無知弑其君 後言齊小白入于齊 前言莒人弑其君 後言去疾入于莒 則不與弑之辭也 前言衛侯入于夷儀 後言衛甯喜弑其君 前言齊陽生入于齊 後言齊陳乞弑其君 與弑之辭也 辭有先後 罪有大小 故曰屬辭比事 春秋敎也

國人이 맞아들여 임금으로 세우는 것을 '入'이라 한다.

〔부주〕林: 齊나라 無知가 그 임금을 弑害한 것을 먼저 말하고, 齊나라 小白이 齊나라로 들어간 것을 뒤에 말한 것과(莊公 8년), 莒人이 그 임금을 弑害한 것을 먼저 말하고(襄公 31년), 去疾이 莒나라로 들어간 것을 뒤에 말한 것은(昭公 元年) 弑害에 加擔하지 않은 것을 敍述한 文辭이고, 衛侯가 夷儀로 들어간 것을 먼저 말하고, 衛나라 甯喜가 그 임금을 弑害한 것을 뒤에 말한 것과 齊나라 陽生이 齊나라로 들어간 것을 먼저 말하고, 齊나라 陳乞이 그 임금을 弑害한 것을 뒤에 말한 것은(哀公 6년) 弑害에 加擔한 것을 敍述한 文辭이다. 文辭에는 先後가 있고 罪에는 大小가 있다. 그러므로 文辭를 엮어 史實을 말하는 것을 ≪春秋≫의 가르침이라 한다.

【經】 莒展輿出奔吳[1)]하다

莒나라 展輿가 吳나라로 出奔하였다.

1) 弑君賊 未會諸侯 故不稱爵

임금을 弑害한 逆賊이고 諸侯와 會合하지 않았기 때문에 爵을 稱하지 않은 것이다.

【經】 叔弓帥師疆鄆田[1)]

叔弓이 군대를 거느리고 가서 鄆地의 境界를 定하였다.

1) 春取鄆 今正其封疆

봄에 取한 鄆地에 지금 그 境界를 定한 것이다.

【經】 葬邾**悼公**[1)]

邾悼公을 葬事 지냈다.

1) 無傳

傳이 없다.

【經】 冬十有一月己酉 楚子麇卒[1)]

겨울 11월 己酉日에 楚子 麇이 卒하였다.

1) 楚以瘧疾赴 故不書弑〔附注〕林曰 楚公子圍弑郟敖而自立 以瘧疾赴於諸侯 與鄭騑〔駟〕*[1)]同*[2)]

楚나라가 瘧疾로 죽은 것으로 赴告하였기 때문에 弑害로 기록하지 않은 것이다.

〔부주〕林: 楚나라 公子 圍가 郟敖를 弑害하고 스스로 임금이 되어, 瘧疾로 죽은 것으로 諸侯에 赴告한 것이 襄公 7년에 鄭나라 子駟가 鄭僖公을 弑害하고서 瘧疾로 죽은 것으로 〈諸侯에 赴告한 것과〉 같다.

＊1) 역주〕저본에는 '騑'로 되어 있으나, 襄公 7年條에 의거하여 '駟'로 바로잡았다.

＊2) 역주〕楚公子圍……與鄭駟同 : 이 林注는 ≪四庫全書 左傳杜林合注≫本에 보이지 않는다.

【經】 楚公子比出奔晉[1)]

楚나라 公子 比가 晉나라로 出奔하였다.

1) 書名 罪之

이름을 쓴 것은 罪가 그에게 있음을 말한 것이다.

【傳】 元年春에 楚公子圍聘于鄭하고 且娶於公孫段氏[1)]하다 伍擧爲介[2)]러니 將入館[3)4)]할새 鄭人惡之[5)]하야 使行人子羽與之言하야 乃館於外[6)]하다 旣聘에 將以衆逆[7)]이어늘 子産患之[8)]하야 使子羽辭曰 以敝邑褊小하야 不足以容從者하니 請以墠聽命[9)10)]하노라 令尹命大宰伯州犁對曰 君辱貺寡大夫圍하야 謂圍將使豐氏撫有而室[11)]일새 圍布几筵하고 告於莊共之廟而來[12)]어늘 若野賜之[13)]면 是委君貺於草莽也[14)]니 是寡大夫不得列於諸卿也[15)16)]라 不寧唯是라 又使圍蒙其先君[17)]이요 將不得爲寡君老[18)]니 其蔑以復矣[19)]라 唯大夫圖之하라 子羽曰 小國無罪라 恃實其罪[20)]라 將恃大國之安靖己[21)]어늘 而無乃包藏禍心以圖之[22)]아 小國失恃면 而懲諸侯하야 使莫不憾者니 距違君命하야 而有所壅塞不行是懼[23)]하노라 不然이면 敝邑은 館人之屬也[24)]니 其

敢愛豐氏之祧[25)]리오 **伍擧知其有備也**하고 **請垂櫜而入**[26)]하니 **許之**[27)]하다

元年 봄에 楚나라 公子 圍가 鄭나라를 聘問하고, 또 公孫 段氏의 딸을 아내로 맞이하였는데, 이때 伍擧가 介使(副使)였다. 이들이 鄭나라 客館으로 들어가려 하자, 鄭人은 이를 꺼려〔惡〕, 行人 子羽를 圍에게 보내어 잘 말하여 城外에 머물게 하였다. 聘問의 禮를 마친 뒤에 圍가 많은 군대를 거느리고 城內로 들어가서 新婦를 맞이하기를 請하자, 子産은 〈楚人이 이 機會를 이용해 鄭나라를 襲擊할까〉 걱정하여, 子羽를 보내어 "敝邑은 狹小하여 당신의 從者들을 受容할 수 없으니, 野外에 墠을 만들고서 命을 따르기를(婚禮를 擧行함) 청합니다."라는 말로 拒絶하게 하였다. 그러자 令尹이 太宰 伯州犂에게 命하여 "鄭君께서 우리 大夫에게 恩惠를 내리시어 圍에게 '豐氏의 딸을 너의 아내로 삼게〔撫有〕 하려 한다.'고 하였으므로 圍는 几筵을 設置하고서 莊王과 共王의 廟에 告하고서 鄭나라로 왔습니다. 그런데 만약 野外에서 新婦를 下賜하신다면 이는 임금님의 恩賜를 풀밭에 버리는 것이니, 이는 우리 大夫를 卿의 列에 낄 수 없게 하는 것입니다(卿으로 대우하지 않음). 이뿐만이 아니라 또 圍로 하여금 그 先君을 속여 장차 우리 임금님의 卿〔老〕이 될 수 없게 하는 것이니, 돌아가 復命(莊王과 共王의 廟에 復命함)할 수가 없습니다. 그러니 大夫는 잘 헤아리기 바랍니다."고 대답하게 하였다. 그러자 子羽가 말하기를 "小國(鄭나라를 이름)은 罪가 없습니다. 大國(楚나라를 이름)을 믿고서 〈防備를 設置하지 않은 것이〉 실로 罪입니다. 〈이번의 婚姻으로 인해〉 장차 大國이 우리를 安定시켜줄 것으로 믿었는데, 〈군대를 거느리고 入城하려는 것은〉 남을 해치려는 마음을 품고서 우리나라를 圖謀하려는 것이 아닙니까? 小國이 믿을 곳을 잃는다면 諸侯는 이를 懲戒로 삼아 楚나라에 怨恨을 품지 않는 자가 없게 될 것이니, 그리된다면 모든 諸侯가 楚君의 命을 拒否하고 違背하여 大國의 命이 막혀 行해지지 않을까 두렵습니다. 그런 것이 아니라면(우리나라를 해치려는 것이 아니라면) 우리나라의 〈모든 家屋은 楚나라의〉 館人에게 所屬된 〈楚나라의 客舍와 같아서, 어느 곳에나 머물 수 있으니〉 어찌 감히 豐氏의 祖廟를 아끼겠습니까?"라고 하였다. 伍擧는 鄭나라에 防備가 있음을 알고서 활이 들어 있지 않은 빈 활집만을 메고 들어가기를 청하니, 子産이 허락하였다.

1) 〔附注〕 林曰 段 子石也

〔부주〕 林: 段은 子石이다.

2) 伍擧 椒擧 介 副也

伍擧는 椒擧이다. 介는 副이다.

3) 就客舍

客舍로 가려 한 것이다.

4) 역주〕將入館 : 城內로 들어가서 客館에 머물고자 한 것이다. 〈楊注〉

5) 知楚懷詐

楚人이 속이려는 마음을 품은 줄을 알았기 때문이다.

6) 舍城外

城外에 머물게 한 것이다.

7) 以兵入逆婦

군대를 거느리고 城內로 들어가서 新婦를 맞이하려 한 것이다.

8) 역주〕子産患之 : 그 군대를 이용해 鄭나라를 襲擊할까 두려워한 것이다.

9) 欲於城外除地爲墠 行昏禮

城外에 땅을 깨끗이 쓸고 墠을 만들어 婚禮를 擧行하게 하려 한 것이다.

10) 역주〕請以墠聽命 : 墠은 行事에 쓰기 위해 郊野에 풀을 깨끗이 깎아 내고서 땅을 다져 平地로 만든 곳이다. 聽命은 鄭君의 命에 따라 婚禮를 擧行하라는 말이다. 〈楊注〉에 "古代에는 親迎할 때 新郎이 新婦집의 祖廟에서 新婦를 넘겨받았다. 子産은 楚人을 城內로 들이고자 하지 않아, 땅을 깨끗이 掃除하여 墠을 만들어 豐氏의 祖廟를 대신해 거기에서 親迎의 禮를 擧行하게 하려 한 것이다."고 하였다.

11) 豐氏 公孫段也〔附注〕林曰 而 汝也

豐氏는 公孫 段이다.

〔부주〕林: 而는 汝(너)이다.

12) 莊王 圍之祖 共王 圍之父

莊王은 圍의 祖이고, 共王은 圍의 父이다.

13)〔附注〕林曰 若於城外爲墠 是賜之於郊野

〔부주〕林: 만약 城外에 墠을 만들고서 婚禮를 擧行하게 한다면 이는 新婦를 郊野에서 下賜하는 것이라는 말이다.

14) 역주〕草莽 : 우거진 풀밭이다.

15) 言不得從卿禮

卿의 禮를 따를 수 없다는 말이다.

16) 역주〕不得列於諸卿也 : 卿의 列에 낄 수 없게 된다는 말이다.

17) 蒙 欺也 告先君而來 不得成禮於女氏之廟 故以爲欺先君

蒙은 속임이다. 先君께 告하고 와서 女子의 祖廟에서 禮를 擧行하지 못하였기 때문에 先君을 속인 것이라고 한 것이다.

18) 大臣稱老 懼辱命而黜退

大臣을 '老'로 稱한다. 君命을 辱되게 하였다 하여 退黜될 것을 두려워한 것이다.

19)〔附注〕林曰 其無以復歸于國矣

〔부주〕林: 나라로 돌아갈 수 없다는 말이다.

20) 恃大國而無備則是罪

大國을 믿고 防備를 설치하지 않는 것이 바로 罪라는 말이다.

21)〔附注〕林曰 鄭之婚楚 本欲恃楚以安靖其國家

〔부주〕林: 鄭나라가 楚나라와 婚姻한 것은 본래 楚나라가 자기들의 國家를 安靖시켜 줄 것으로 믿었기 때문이다.

22)〔附注〕林曰 今楚以兵入逆 無乃包藏禍心以圖襲鄭

〔부주〕林: 지금 楚人이 군대를 거느리고서 城內로 들어가 新婦를 맞으려는 것이 남을 해치려는 마음을 품고서 鄭나라를 襲擊하기를 圖謀하는 것이 아니냐는 말이다.

23) 言已失所恃 則諸侯懲恨以距君命 壅塞不行 所懼唯此〔附注〕林曰 鄭國將失其恃楚之初心 諸侯聞之 莫不以鄭婚楚爲可懲戒 使諸侯莫不追恨於楚 抗距違棄楚君之命 而命令有所壅底窒塞 不能通行 鄭國所懼 唯在於此

우리 鄭나라가 믿을 곳을 잃는다면 諸侯들은 懲戒하고 怨恨하여 楚君의 命에 抗拒하여 그 命이 막혀 行해지지 않을 것이니, 우리 鄭나라가 두려워하는 바는 오직 여기에 있을 뿐이라는 말이다.

〔부주〕林: 鄭나라가 장차 楚나라를 믿던 初心을 잃는다면 諸侯들이 이를 듣고서 鄭나라가 楚나라와 婚姻한 것을 懲戒로 삼지 않는 자가 없을 것이다. 이렇게 된다면 모든 諸侯들로 하여금 楚나라를 追恨하게 하여, 楚君의 命을 抗拒하고 違棄하여 命令이 막혀 通行하지 않을 것이니, 鄭나라가 두려워하는 바는 오직 이에 있을 뿐이라는 말이다.

24) 館人 守舍人也〔附注〕朱曰 鄭之在楚與守舍之人相類

館人은 客舍를 지키는 사람이다.

〔부주〕朱: 鄭나라는 楚나라에 있어 客舍를 지키는 사람과 같다는 말이다.

25) 祧 遠祖廟〔附注〕林曰 豈敢愛豐氏遠祖之祧廟 而不使楚行昏禮乎

祧는 遠祖의 사당이다.

〔부주〕林: 어찌 감히 豐氏 遠祖의 祠堂을 아껴 楚人으로 하여금 그곳에서 婚禮를 行하게 하지 않겠느냐는 말이다.

26) 垂櫜 示無弓〔附注〕林曰 櫜 弓衣也

垂櫜는 활이 없음을 보인 것이다.

〔부주〕林: 櫜는 활집이다.

27)〔附注〕林曰 鄭人許之

〔부주〕林: 鄭人이 허락한 것이다.

正月乙未에 入逆而出[1)]하야 遂會於虢[2)]하니 尋宋之盟〈也〉[3)4)]라 祁午謂趙文子曰 宋之盟에 楚人得志於晉[5)]이라 今令尹之不信은 諸侯之所聞也니 子弗戒[6)]면 懼又如宋[7)]하리라 子木之信은 稱於諸侯로되 猶詐晉而駕焉[8)9)]이온 況不信之尤者乎[10)]아 楚重得志於晉이면 晉之恥也라 子相晉國하야 以爲盟主가 於今七年矣[11)12)]라 再合諸侯[13)]하고 三合大夫[14)]하며 服齊狄寧東夏[15)16)]하고 平秦亂[17)18)]하고 城淳于[19)]로되 師徒不頓[20)]하고 國家不罷하며 民無謗讟[21)]하고 諸侯無怨하며 天無大災는 子之力也라 有令名矣어늘 而終之以恥를 午也是懼하노라 吾子其不可以不戒니라 文子曰 武受賜矣[22)]라 然宋之盟에 子木有禍人之心[23)]하고 武有仁人之心[24)]하니 是楚所以駕於晉也라 今武猶是心也하니 楚又行僭[25)]이라도 非所害也[26)]라 武將信以爲本하야 循而行之리라 譬如農夫컨대 是穮是蔉[27)]이면 雖有飢饉이라도 必有豐年[28)29)]이라 且吾聞之컨대 能信이면 不爲人下라하니 吾未能也[30)]라 詩曰 不僭不賊이면 鮮不爲則이라하니 信也[31)]라 能爲人則者는 不爲人下矣니 吾不能是難[32)]이오 楚不爲患[33)]이라 楚令尹圍請用牲讀舊書加于牲上而已[34)]하니 晉人許之하다

正月 乙未日에 公子 圍가 鄭나라 都城으로 들어가서 新婦를 맞이해 나와서 드디어 虢에서 會盟하였으니, 이는 宋나라에서 맺은 盟約을 거듭 다지기 위함이었다. 祁午가 趙文子에게 말하기를 "宋나라에서 會盟할 때 楚人이 우리 晉나라에 대해 所望을 이루었습니다(楚나라가 먼저 歃血한 것을 이름). 지금 令尹은 信義가 없기로 諸侯 사이에 소문난 자이니, 당신께서 警戒하지 않으면 또 宋나라의 會盟 때처럼 될까 두렵습니다. 子木은 信義가 있기로 諸侯 사이에 稱頌된 자인데도 오히려 晉나라를 속여 먼저 歃血하였는데, 하물며 信義를 지키지 않는 것이 더욱 심한 자이겠습니까? 楚人이 再次 晉나라보다 먼저 歃血한다면 이는 晉나라의 恥辱입니다. 당신께서는 晉나라의 丞相으로 諸侯의 會盟을 主管한 지가 지금 7년이 되었습니다. 그동안 두 차례 諸侯를 會合하고 세 차례 大夫를 會合하였으며, 齊나라와 狄人을 服從시키고 東夏를 安定시켰으며, 秦나라의 亂離를 平定하고 淳于에 城을 쌓았으되 군대가 지치지 않고 國家가 疲弊하지 않았으며, 백성은 誹謗하는 말이 없고 諸侯는 怨望하는 말이 없었으며, 하늘의 災害가 없었으니, 이는 모두 당신의 힘입니다. 아름다운 名聲이 있으신데 그 名聲을 恥辱으로 마감하게 될까 나는 두렵습니다. 그러니 당신께서는 警戒하지 않아서는 안 됩니다."고

하니, 文子가 말하기를 "나는 자네의 말을 고맙게 받아들이겠네. 그러나 宋나라에서의 會盟 때 子木은 남을 해치려는 마음을 품었고 나는 남을 仁愛하는 마음을 가졌으니, 이것이 楚나라가 우리 晉나라에 앞서 먼저 歃血하게 된 까닭이네. 지금도 나는 이런 마음을 지니고 있으니, 楚나라가 또 信義 없는 짓을 한다 하더라도 우리를 해칠 수 없을 것이네. 나는 信義를 근본으로 삼아 信義에 따라 行하려 한다. 비교하자면 農夫가 雜草를 除去하고 苗根에 북을 주면 비록 饑饉이 든다 해도 반드시 豊年의 收穫을 얻는 것과 같네. 또 내가 듣건대 '능히 信義를 지키면 남의 下位가 되지 않는다.'고 하였는데, 나는 信義를 지키는 일에 아직 능하지 못하네만 ≪詩經≫에 '信義를 버리지 않고 남을 해치지 않으면 사람들의 模範〔則〕이 되지 않는 경우가 드물다.'고 하였으니, 이는 信義의 效果를 말한 것이네. 남의 模範이 될 수 있는 사람은 남의 下位가 되지 않는 것이니, 나는 이렇게 하지 못하는 것을 어렵게 여길 뿐, 楚나라를 걱정하지는 않네."라고 하였다. 楚나라 令尹 圍가 犧牲을 使用하고 舊書를 읽고서 그것을 犧牲 위에 올려놓기만을 請하니, 晉人이 허락하였다.

1) 〔附注〕 林曰 楚圍以衆入鄭 逆婦而出

〔부주〕 林: 楚나라 令尹 圍가 무리를 거느리고 鄭나라 都城으로 들어가서 新婦를 맞이해 나온 것이다.

2) 虢 鄭地

虢은 鄭나라 땅이다.

3) 宋盟在襄二十七年

宋나라에서의 結盟은 襄公 27년에 있었다.

4) 역주〕 저본에는 '也'가 빠져 있으나 ≪十三經注疏≫本에 의거하여 '也'를 보충하였다.

5) 得志 謂先歃 午 祁奚子

得志는 楚人이 먼저 歃血한 것을 이른다. 午는 祁奚의 아들이다.

6) 〔附注〕 林曰 若不戒警

〔부주〕 林: '만약 경계하지 않는다면'이라는 말이다.

7) 恐楚復得志

楚人이 다시 먼저 歃血하게 될까 두렵다는 말이다.

8) 駕猶陵也 詐謂衷甲

駕는 陵과 같다. 詐는 楚人이 속에 갑옷을 입은 일을 이른다.

9) 역주〕 猶詐晉而駕焉 : 駕焉은 먼저 歃血한 일을 이른다고 한 ≪左氏會箋≫의 설을 취해 번역하였다.

10) 尤 甚也

尤는 甚이다.

11) 襄二十五年始爲政 以春言故云七年

趙文子가 襄公 25년에 비로소 執政이 되었으니 〈지금 8년째인데〉 봄 正月로 말하였기 때문에 '7년'이라 한 것이다.

12) 역주〕於今七年矣 : 趙文子가 執政이 된 지가 지금 8년째인데 7년이라 한 것은 夏正(夏曆의 正月)으로 말한 것이다. 이때가 春正月이었기 때문에 '7년'이라 한 것이다. ≪左氏會箋≫

13) 襄二十五年會夷儀 二十六年會澶淵

襄公 25년에 있었던 夷儀의 會合과 26년에 있었던 澶淵의 會合을 이른다.

14) 襄二十七年會于宋 三十年會澶淵及今會虢也

襄公 27년에 있었던 宋의 會合과, 30년에 있었던 澶淵의 會合 및 이번 虢의 會合을 이른다.

15) 襄二十八年齊侯白狄朝晉

襄公 28년에 齊侯와 白狄이 晉나라에 와서 朝見한 것을 이른다.

16) 역주〕東夏 : 華夏(中華)의 東方國이란 말로 齊나라를 가리킨 것이다. 〈楊注〉

17) 襄二十六年秦晉爲成

襄公 26년에 秦나라가 晉나라와 和親한 일을 이른다.

18) 역주〕平秦亂 : 僖公 33년에 있었던 殽의 戰爭 이후로 秦나라가 晉나라와 不和하였기 때문에 '秦亂'이라 한 것이고, 秦나라에 亂離가 있었다는 것을 말한 것이 아니다. 襄公 26년에 秦나라가 晉나라와 和親하였다. 〈楊注〉

19) 襄二十九年城杞之淳于 杞遷都

襄公 29년에 杞나라의 淳于에 城을 쌓아 杞나라의 國都를 옮겨 준 일을 이른다.

20) 〔附注〕林曰 晉之師衆 無所勞頓

〔부주〕林: 晉나라 군대가 疲勞에 지친 자가 없다는 말이다.

21) 讟 誹也

讟은 誹謗이다.

22) 受午言

祁午의 말을 받아들인 것이다.

23) 〔附注〕林曰 子木稱兵 是有禍人之心

〔부주〕林: 子木이 戰爭을 일으키려(擧兵) 한 것은 남을 해치려는 마음이 있었기 때문이란 말이다.

24) 〔附注〕林曰 武欲弭兵 是有愛人之心

〔부주〕林: 내가 戰爭을 막고자 한 것은 사람을 사랑하는 마음이 있었기 때문이란 말

이다.

25) 僭 不信

僭은 信義를 지키지 않는 것이다.

26)〔附注〕朱曰 何患於我

〔부주〕朱: 어찌 우리에게 患害를 끼칠 수 있겠느냐는 말이다.

27) 穮 耘也 壅苗爲蔉

穮는 김매는 것이고, 苗根에 북을 주는 것을 蔉이라 한다.

28) 言耕鉏不以水旱息 必獲豐年之收〔附注〕朱曰 以喩守信者 雖暫有所屈 必久有所伸也

水災나 旱災가 들었다 하여 밭 갈고 김매는 일을 쉬지 않으면 반드시 豐年의 收穫을 얻을 수 있다는 말이다.

〔부주〕朱: 信義를 지키는 자는 비록 잠시 동안은 굽히는 바가 있지만 반드시 오랜 뒤에는 펴게 된다는 말이다.

29) 역주〕雖有飢饉 必有豐年 : 비록 天災를 면하지 못하여 飢饉이 든다 하더라도 김매고 북을 주어 가꾸는 일을 쉬지 않고 하면 반드시 豐年의 報答이 있듯이 信義를 지키는 자는 비록 굽히는 바가 있으나 반드시 펴게 된다는 것을 비유한 것이다. ≪左氏會箋≫

30) 自恐未能信也

스스로 信義를 능히 지키지 못할까 두렵다는 말이다.

31) 詩大雅 僭 不信 賊 害人也

詩는 ≪詩經≫ 〈大雅 抑篇〉의 詩句이다. 僭은 信義를 지키지 않는 것이고, 賊은 남을 해치는 것이다.

32)〔附注〕林曰 我以不能信 是爲畏難

〔부주〕林: 나는 信義를 지키는 일에 능하지 못한 것을 어렵게 여긴다는 말이다.

33)〔附注〕林曰 楚之不信 不爲吾患

〔부주〕林: 楚나라가 信義를 지키지 않는 것을 나는 걱정하지 않는다는 말이다.

34) 舊書 宋之盟書 楚恐晉先歃 故欲從舊書 加于牲上 不歃血 經所以不書盟

舊書는 宋나라에서 結盟할 때 사용한 盟書(盟約文)이다. 楚人은 晉人이 먼저 歃血할 것을 두려워하였기 때문에 舊書에 따라 犧牲 위에 올려놓기만 하고 歃血하지 않고자 한 것이다. 그러므로 經에 結盟을 기록하지 않은 것이다.

三月甲辰에 **盟**하다 **楚公子圍設服離衛**[1)2)]하니 **叔孫穆子曰 楚公子美矣君哉**[3)4)]로다 **鄭子皮曰 二執戈者前矣**[5)]로다 **蔡子家曰 蒲宮有前**하니 **不亦可乎**[6)7)]아 **楚伯州犂曰 此行也**에 **辭而假之寡君**[8)]이라 **鄭行人揮曰 假不反矣**[9)]리라 **伯州犂曰 子姑**

憂子晳之欲背誕也[10]하라 **子羽曰 當璧猶在**[11]하니 **假而不反**이면 **子其無憂乎**[12]아 **齊國子曰 吾代二子愍矣**[13]하노라 **陳公子招曰 不憂何成**이리오 **二子樂矣**[14][15]리라 **衛齊子曰 苟或知之**면 **雖憂何害**[16]리오 **宋合左師曰 大國令**하고 **小國共**[17]이니 **吾知共而已**[18]라 **晉樂王鮒曰 小旻之卒章**이 **善矣**니 **吾從之**[19][20]하리라

3월 甲辰日에 結盟하였다. 이때 楚나라 公子 圍는 君王의 服飾을 陳列하고 창을 든 두 衛士가 앞에서 護衛하고 있었다. 이를 보고서 叔孫穆子는 "楚나라 公子의 아름다움이 君王 같군요."라고 하고, 鄭나라 子皮는 "창을 든 두 衛士가 앞에서 護衛하고 있군요."라고 하고, 蔡나라 子家는 "蒲宮에 있을 때 이미 창을 든 衛士가 앞에 있었으니, 外出해서도 衛士를 앞에 두는 것이 당연하지 않습니까?"라고 하니, 楚나라 伯州犁가 "이 服飾은 이번에 나올 때 우리 임금님께 말씀드려 빌려 온 것입니다."고 하였다. 鄭나라 行人 揮(子羽)가 "빌린 것을 돌려주지 않을 것입니다."고 하니, 伯州犁가 "그대는 우선 그대 나라의 子晳이 君命을 어기고 방자히 행동하는 것이나 걱정하시오."라고 하자, 子羽는 "當璧이 健在한데 公子 圍가 빌린 것을 돌려주지 않는다면 그대는 어찌 근심이 없겠소."라고 하였다. 齊나라 國子가 말하기를 "나는 두 분을 대신해 근심합니다."고 하고, 陳나라 公子 招는 "근심하지 않는다면 어찌 일을 이룰 수 있겠습니까? 그런데 두 분은 즐거워하고 있습니다."고 하고, 衛나라 齊子는 "만약 事前에 알고서 對備한다면 비록 憂患이 있다 하더라도 어찌 해가 되겠습니까?"라고 하고, 宋나라 合左師는 "大國은 命令을 내리고 小國은 그 命令을 恭遜히 따르는 것이니, 나는 大國의 命을 공손히 따르는 것만을 알 뿐입니다."고 하고, 晉나라 樂王鮒는 "小旻篇 卒章의 말이 좋으니, 나는 그 말을 따를 것입니다."고 하였다.

1) 設君服 二人執戈 陳於前 以自衛 離 陳也
 임금의 服飾을 陳列하고, 창을 든 두 사람을 앞에 벌려 세워 자신을 護衛하게 한 것이다. 離는 陳(벌려 세움)이다.

2) 역주〕 楚公子圍設服離衛 : 設服은 君王의 儀仗 服飾을 陳列하는 것으로 곧 武器, 屛風, 日傘, 부채 등의 器物을 陳列하는 것이다. 公子 圍는 臣下로서 임금의 服飾을 갖추고 임금의 儀仗을 陳列하고서, 임금의 行事에만 창을 든 두 衛士가 앞에서 호위하는 것인데, 公子 圍도 두 衛士가 앞에서 護衛하게 한 것이다. ≪左氏會箋≫, 〈楊注〉 등에 의하면 離는 兩이니, ≪禮記≫ 〈曲禮〉에 '離立離坐'는 兩人이 함께 서고 함께 앉은 것을 이른 것이다. ≪春秋公羊傳≫ 桓公 2년 傳의 注에 두 나라가 會合하는 것을 '離'라 한다고 하였으니, 이 또한 '離'를 '兩'으로 해석한 것이다. 離衛는 바로 下文에 말한 '二執戈者'를 가리

킨 것이므로 '離衛'라고 한 것이다. 杜注에 離를 陳으로 해석한 것은 옳지 않다.

3) 美服似君

아름다운 服飾이 임금 같다는 말이다.

4) 역주] 美矣君哉 : 美矣에서 句를 떼지 않고 君哉까지 한 句로 본 ≪左氏會箋≫의 說을 取하였다. 이 말은 임금이 된 것처럼 거드럭거린다는 것을 완곡하게 諷刺한 말이다.

5) 禮 國君行 有二執戈者在前

禮에 "國君의 出行에는 창을 든 두 衛士가 앞에 있다."고 하였다.

6) 公子圍在會 特緝蒲爲王殿屋屛蔽 以自殊異 言既造王宮而居之 雖服君服 無所怪也

公子 圍가 會合에 와서 특별히 부들을 엮어 王의 殿屋에 屛蔽(병풍처럼 둘러막는 물건)로 삼아 스스로 남과 다름을 보였다. 〈그러므로 '蒲宮'이라 한 것이다. 이는〉 이미 王宮을 지어 居處하고 있으니 비록 君王의 服飾을 사용하여도 괴이할 게 없다는 말이다.

7) 역주] 蒲宮有前 不亦可乎 : 蒲宮은 楚나라 離宮의 이름이다. 令尹이 나라에 있을 때에 이미 王宮에 居處하였으니, 外出하여 앞에 창을 든 衛士를 두는 것이 당연하지 않느냐는 말이라고 한 服虔의 說을 取해 번역하였다. 〈正義〉

8) 聞諸大夫譏之 故言假以飾令尹過 〔附注〕 林曰 嘗以辭令假借君服於楚君

諸大夫가 非難하는 말을 들었기 때문에 '빌렸다'고 말하여 令尹의 허물을 감추려 한 것이다.

〔부주〕 林: 일찍이 文書〔辭令〕로써 〈청하여〉 楚君에게 君服을 빌렸다는 말이다.

9) 言將遂爲君

마침내 임금이 되려 할 것이라는 말이다.

10) 襄三十年 鄭子晳殺伯有 背命放誕 將爲國難 言子且自憂此 無爲憂令尹不反戈*)

襄公 30년에 鄭나라 子晳이 伯有를 죽인 뒤로 君命을 어기고 방자히 행동하니 장차 鄭나라의 患難이 될 것이다. 그대는 우선 이것이나 걱정하고 令尹이 戈(二執戈者)를 돌려주지 않을 것은 걱정하지 말라는 말이다.

*) 역주] 不反戈 : 戈는 君王의 行事나 外出 때 창을 들고 앞에서 護衛하는 衛士를 이른다. 이 또한 君王의 服飾 중의 하나이다. 不反戈의 '戈'가 宋本에는 '服'으로 되어 있다.

11) 역주] 當璧猶在 : 當璧은 임금이 될 運命을 타고난 사람을 이른다. 昭公 13년 傳에 자세히 보인다.

12) 子羽 行人揮 當璧 謂棄疾 事在昭十三年 言棄疾有當璧之命 圍雖取國 猶將有難 不無憂也

子羽는 行人 揮이고, 當璧은 棄疾(楚平王)을 이른다. 當璧의 일은 昭公 13년에 보인다. 棄疾에게 當璧의 運命이 있으니, 圍가 비록 나라를 取한다 하더라도 장차 患難이 있을 것이므로 근심이 없을 수 없다는 말이다.

13) 國子 國弱也 二子 謂王子圍及伯州犂 圍此冬便簒位 不能自終 州犂亦尋爲圍所殺 故言

可憖

國子는 國弱이다. 두 사람은 王子 圍와 伯州犁를 이른다. 圍가 이해 겨울에 王位를 簒奪하였으나 제명에 죽지 못하였고, 伯州犁도 이내 圍에게 被殺되었으므로 憂慮스럽다고 한 것이다.

14) 言以憂生事 事成而樂

근심으로써 일을 행하면〔生事〕 일이 이루어져 즐겁다는 말이다.

15) 역주〕 不憂何成 二子樂矣 : 근심한 뒤에야 일을 이루는 것인데 지금 두 사람은 근심하지 않고 즐거워하고 있으니, 그 일을 이루지 못할 것이라는 말이다. 〈楊注〉

16) 齊子 齊惡 言先知爲備 雖有憂患 無所損害

齊子는 齊惡이다. 미리 알고서 對備하면 비록 憂患이 있어도 損害되는 바가 없다는 말이다.

17) 小國共承命令以事大國 〔附注〕 林曰 大國制造命令 行於小國[*]

小國은 命令을 공손히 받들어 大國을 섬겨야 한다는 말이다.

〔부주〕 林: 大國은 命令을 制造하여 小國에 行하게 한다는 말이다.

*) 역주〕 이 杜注와 林注는 ≪十三經注疏≫本과 ≪四庫全書 左傳杜林合注≫本에 보이지 않는다.

18) 共承大國命 不能知其禍福

大國의 命을 공손히 받들 뿐이고, 그 禍福은 알 수 없다는 말이다.

19) 小旻 詩小雅 其卒章義取非唯暴虎馮河之可畏也 不敬小人亦危殆 王鮒從斯義 故不敢譏議公子圍[*]

〈小旻〉은 ≪詩經≫ 〈小雅〉의 篇名이다. 그 卒章의 맨손으로 범을 잡고 맨몸으로 黃河를 건너는 것만이 두려운 것이 아니라 恭敬하지 않는 小人 또한 〈國家를〉 危殆롭게 한다는 뜻을 取한 것이다. 王鮒는 이 뜻을 따랐기 때문에 감히 公子 圍를 非難하지 않은 것이다.

*) 역주〕 저본에는 '不敢議公子譏圍'로 되어 있으나 ≪十三經注疏≫本에 의거하여 '不敢譏議公子圍'로 바로잡아 번역하였다.

20) 역주〕 小旻之卒章 : 小旻의 卒章은 다음과 같다. "감히 맨손으로 범을 잡을 수 없고, 감히 맨몸으로 황하를 건널 수 없지. 사람들은 그 한 가지만을 알고, 다른 것을 모르네. 두려워하고 경계하여 깊은 물가에 다다른 듯이, 엷은 얼음을 밟은 듯이 하라.〔不敢暴虎 不敢馮河 人知其一 莫知其他 戰戰兢兢 如臨深淵 如履薄氷〕"

退會[1)]하야 子羽謂子皮曰 叔孫絞而婉[2)]하고 宋左師簡而禮[3)]하고 樂王鮒字而敬[4)5)]

하고 子與子家持之[6)]하니 皆保世之主也[7)]어니와 齊衛陳大夫는 其不免乎ㄴ저 國子代人憂하고 子招樂憂[8)9)]하고 齊子雖憂弗害[10)]라 夫弗及而憂와 與可憂而樂과 與憂而弗害는 皆取憂之道也니 憂必及之리라 大誓曰[11)] 民之所欲을 天必從之[12)]라하니라 三大夫兆憂하니 憂能無至乎[13)]아 言以知物이 其是之謂矣[14)]로다

會合에서 물러 나와 子羽는 子皮에게 다음과 같이 말하였다. "叔孫은 批評하되 말이 婉曲하였고 宋나라 左師는 말이 簡略하되 禮가 있었으며, 樂王鮒는 사람을 사랑하되 공경하였고 당신과 子家는 中立을 堅持하였으니, 모두 대대로 爵祿을 保持할 大夫〔主〕입니다만 齊나라 衛나라 陳나라의 大夫는 아마도 禍難을 면하지 못할 듯합니다. 國子는 남을 대신해 근심하겠다고 하였고 子招는 근심을 즐긴다고 하였으며 齊子는 비록 憂患이 있어도 害가 되지 않는다고 하였습니다. 대체로 자기에게 미치지 않은 일을 근심하는 것과 근심해야 할 일을 즐거워하는 것과 우환이 닥쳐도 害가 되지 않는다고 여기는 것은 모두 憂患을 自招하는 길이니 憂患이 반드시 미칠 것입니다. 〈太誓〉에 '백성이 원하는 것을 하늘은 반드시 들어준다.'고 하였습니다. 저 세 大夫는 憂患의 조짐이 있으니 憂患이 이르지 않을 수 있겠습니까? 그 사람의 말로써 그 사람의 禍福의 種類〔物〕를 알 수 있다.'는 것이 아마도 이런 경우를 이른 듯합니다."

1) 〔附注〕 林曰 旣會而退
〔부주〕 林: 회합을 마치고서 물러 나온 것이다.

2) 絞 切也 譏其似君 反謂之美 故曰婉
絞는 切(批評)이다. 그가 임금 같다고 批評하면서 도리어 '아름답다'고 하였기 때문에 婉曲하였다고 한 것이다.

3) 無所臧否 故曰簡 共事大國 故曰禮
臧否(褒貶)한 바가 없었기 때문에 '簡'하다고 하고, 大國을 恭遜히 섬기겠다고 하였기 때문에 '禮가 있다'고 한 것이다.

4) 字 愛也 不犯凶人 所以自愛敬
字는 愛이니, 凶人을 侵犯하지 않는 것이 자신을 아끼고 공경하는 방법이다.

5) 역주〕 樂王鮒字而敬 : "恐懼修省(憂患을 두려워하여 몸을 닦고 잘못을 反省함)할 뜻으로 넌지시 타이른 것은 사람을 사랑한 것이고, '나는 그 말을 따르겠다.'고만 말하고 그 사람을 분명히 指摘하지 않은 것은 공경이다."고 한 ≪左氏會箋≫의 說을 取해 번역하였다.

6) 子 子皮 子家 蔡公孫歸生 持之 言無所取與
子는 子皮이고, 子家는 蔡나라 公孫 歸生이다. 持之는 取與(褒貶)한 바가 없다는 말

이다.

7)〔附注〕林曰 此五人者 皆保全世祿之主也*)

〔부주〕林: 이 다섯 사람은 모두 世祿(世襲의 爵祿)을 保全할 大夫〔主〕라는 말이다.

*) 역주〕이 林注는 ≪四庫全書 左傳杜林合注≫本에 보이지 않는다.

8)〔附注〕林曰 以憂爲樂

〔부주〕林: 근심을 즐거움으로 삼았다는 말이다.

9) 역주〕子招樂憂 : 公子 招의 뜻은 본래 두 사람의 樂을 이른 것이고 자기의 樂을 이른 것이 아닌데, 子羽는 그 本意를 歪曲해 풀이하였다. 〈楊注〉

10)〔附注〕林曰 衛齊惡云 雖憂何害 是以憂爲無害

〔부주〕林: 衛나라 齊惡은 '비록 憂患이 있더라도 어찌 해가 되겠는가?'라고 하였으니, 이는 憂患을 無害로 여긴 것이다.

11) 역주〕太誓 : 襄公 31년 傳의 譯註에 자세히 說明하였다.

12) 逸書

逸書이다.

13) 開憂兆也〔附注〕林曰 憂患能不從其所欲而至乎

憂患의 조짐을 開示하였다는 말이다.

〔부주〕林: 憂患이 그 원한 바에 따라 이르지 않겠느냐는 말이다.

14) 物 類也 察言以知禍福之類 八年 陳招殺大子 國弱齊惡 當身各無患*)

物은 類이니, 사람의 言語를 살피고서 禍福의 種類를 알 수 있다는 말이다. 昭公 8년에 陳나라 公子 招가 太子를 殺害하였고, 國弱(國子)과 國惡(齊惡)은 모두 當代에는 患難이 없었다.

*) 역주〕國弱齊惡 當身各無患 : 國弱과 國惡이 當代에는 禍를 당하지 않았으나, 그 아들 대에 禍가 미쳐 哀公 6년에 國弱의 아들 國夏가 魯나라로 도망오고, 昭公 20년에 國惡의 아들 齊豹가 滅亡당하였다.

【傳】 季武子伐莒하야 **取鄆**[1)]하니 **莒人告於會**하다 **楚告於晉曰 尋盟未退**[2)]에 **而魯伐莒**는 **瀆齊盟**[3)]이니 **請戮其使**[4)]하노라

季武子가 莒나라를 쳐 鄆邑을 取하니, 莒人이 盟會에 가서 이 사실을 고하였다. 그러자 楚人이 晉人에게 말하기를 "전에 宋에서 맺은 盟約을 거듭 다지는 會合에서 물러나기도 전에 魯나라가 莒나라를 친 것은 齊盟(同盟)을 冒瀆한 것이니, 魯나라의 使者를 죽이기를 請합니다."고 하였다.

1) 兵未加莒而鄆服 故書取而不言伐

鲁軍이 莒나라에 武力을 行使하지도 않았는데 鄆邑이 降服하였기 때문에 經에 '取'했다고 기록하고 伐했다고 말하지 않은 것이다.

2) 尋弭兵之盟

戰爭을 停止하기로 한 盟約을 다시 다진 것이다.

3) 瀆 慢也 〔附注〕 林曰 瀆慢齊一之盟

瀆은 輕視이다.

〔부주〕 林: 모든 나라가 一齊히 모여 맺은 盟約을 모독했다는 말이다.

4) 時叔孫豹在會 欲戮之

이때 叔孫豹가 會合에 와 있었으므로 그를 죽이고자 한 것이다.

樂桓子相趙文子[1]러니 欲求貨於叔孫하야 而爲之請[2]하고 使請帶焉[3]한대 弗與하다 梁其踁曰 貨以藩身이면 子何愛焉[4][5]이리오 叔孫曰 諸侯之會는 衛社稷也어늘 我以貨免이면 魯必受師[6]니 是禍之也라 何衛之爲리오 人之有牆은 以蔽惡(오)也[7]어늘 牆之隙壞면 誰之咎也[8]오 衛而惡之[9]면 吾又甚焉[10][11]이라 雖怨季孫이나 魯國何罪[12]오 叔出季處는 有自來矣니 吾又誰怨[13]이리오 然鮒也賄하니 弗與면 不已[14]리라 召使者하야 裂裳帛而與之하며 曰 帶其褊矣[15]라하다 趙孟聞之하고 曰 臨患不忘國은 忠也[16]오 思難不越官은 信也[17][18]오 圖國忘死는 貞也[19]오 謀主三者는 義也[20]라 有是四者하니 又可戮乎[21]아 乃請諸楚曰 魯雖有罪나 其執事不辟難[22]하고 畏威而敬命矣[23]니 子若免之면 以勸左右可也[24]리라 若子之群吏가 處不辟汚[25]하고 出不逃難[26]이면 其何患之有리오 患之所生은 汚而不治하고 難而不守가 所由來也라 能是二者면 又何患焉이며 不靖其能이면 其誰從之[27][28]리오 魯叔孫豹可謂能矣니 請免之하야 以靖能者[29]하노라 子會而赦有罪[30]하고 又賞其賢[31]이면 諸侯其誰不欣焉望楚而歸之하야 視遠如邇[32]리오 疆場〔埸〕[33]之邑은 一彼一此니 何常之有[34]리오 王伯之令也[35][36]에 引其封疆[37]하야 而樹之官[38]하고 擧之表旗[39][40]하야 而著之制令[41][42]하야 過則有刑이라도 猶不可壹이라 於是乎虞有三苗[43]하고 夏有觀扈[44]하고 商有姺邳[45]하고 周有徐奄[46]이라 自無令王으로 諸侯逐進[47][48]하야 狎主齊盟하니 其又可壹乎[49]아 恤大舍小면 足以爲盟主[50]니 又焉用之[51]리오 封疆之削이 何國蔑有오 主齊盟

者가 **誰能辯焉**[52)]가 **吳濮有釁**이면 **楚之執事豈其顧盟**[53)]이리오 **莒之疆事**는 **楚勿與知**니 **諸侯無煩**이 **不亦可乎**[54)]아 **莒魯爭鄆**이 **爲日久矣**니 **苟無大害於其社稷**이면 **可無亢也**[55)56)]라 **去煩宥善**[57)58)]이면 **莫不競勸**하리니 **子其圖之**하라 **固請諸楚**하니 **楚人許之**어늘 **乃免叔孫**하다

이때 樂桓子가 趙文子의 輔佐였는데, 叔孫豹에게 財物을 要求하고자 하여 그를 위해 趙文子에게 赦免을 請하고는 사람을 보내어 叔孫豹에게 帶(띠)를 달라고 要請하니, 叔孫豹는 주지 않았다. 그러자 梁其踁이 말하기를 "財物을 써서 몸을 保護〔藩〕할 수 있다면 무엇이 아까울 게 있습니까?"라고 하니, 叔孫豹가 말하기를 "諸侯의 會盟은 社稷을 保衛하기 위함인데, 내가 財物로써 禍를 免한다면 魯나라가 반드시 攻伐을 당할 것이니, 이는 나라에 禍를 끼치는 짓이다. 어찌 나라를 保衛하는 일이겠는가? 사람이 담장을 設置하는 것은 惡穢(불미스러운 일들)를 掩蔽하기 위함인데, 담장이 갈라지고 무너진다면 이것이 누구의 罪이겠는가? 내가 國家를 保衛하겠다고 와서 도리어 國家에 禍難을 끼친다면 나의 罪는 담장이 〈무너져서 담장 구실을 하지 못하는〉 罪보다 심하다. 비록 季孫이 원망스럽기는 하지만 우리 魯나라야 무슨 罪가 있느냐? 叔孫은 出使의 일을 맡고 季孫은 處守(國內에 남아서 나라를 지킴)의 일을 맡은 것은 그 由來가 오래되었으니, 내 또 누구를 원망하겠는가? 그러나 樂王鮒는 財物을 좋아하니 주지 않으면 要求를 그치지 않을 것이다."고 하고서 樂王鮒가 보낸 使者를 불러 치마를 찢어 주며 말하기를 "띠가 다 없어졌으므로 〈치마폭을 찢어 보냅니다.〉"고 하였다. 趙孟이 이 말을 듣고 말하기를 "患難에 臨해서도 나라를 잊지 않은 것은 忠誠이고, 危難이 미칠 것을 생각하면서도 使臣의 職務를 抛棄〔越官〕하지 않은 것은 信義이고, 國家의 利益을 꾀해 죽음을 돌아보지 않는 것은 貞節(굳은 절개)이고, 이 세 가지를 主義로 삼기를 計劃한 것은 義理이다. 叔孫豹는 이 네 가지를 가진 사람이니 죽여서야 되겠는가?"라고 하고서, 이에 楚人에게 要請해 말하기를 "魯나라에 비록 罪가 있으나, 그 執事(叔孫豹를 이름)가 禍難을 避하지 않고 楚나라의 威嚴을 두려워하여 命을 공경히 받드니, 그대가 만약 그를 赦免한다면 그대의 左右를 勸勉할 수 있을 것입니다. 그대의 群吏가 國內에서는 궂은일을 避하지 않고 國外에 나가서는 禍難을 피하지 않는다면 楚나라에 무슨 걱정이 있겠습니까? 걱정거리가 생기는 것은 官吏들이 궂은일을 피하고 하지 않으며, 禍難을 피하고 職務를 지키지 않는 데서 由來하니, 이 두 가지 일을 능히 해낸다면 또 무슨 걱정이 생기겠습니까? 그런데 이 두 가지 일을 능히 해낸 사람을 安定시키지 않는다면 그 누가 그대를 따르겠습니까? 魯나라 叔孫豹는 이 두 일을 능히 해냈다고

할 수 있으니, 그를 赦免하여 그 일을 능히 해낸 자를 安靖시키기를 請합니다. 그대가 會盟에 와서 罪 있는 나라를 용서하고 또 그 나라의 賢者를 褒賞한다면 諸侯 중에 그 누가 기쁜 마음으로 楚나라를 바라보며 歸依하여 멀리 있는 楚나라를 가까운 이웃 나라처럼 여기지 않겠습니까? 疆埸(國境)의 邑은 한때는 저쪽 나라에 붙기도 하고 한때는 이쪽 나라에 붙기도 하니, 어찌 一定한 主人이 있겠습니까? 옛날 三王과 五伯의 政令에 나라의 封疆(國境)을 劃定하여 官府를 세우고, 封疆을 表示하는 旌旗를 세워 制度와 法令을 드러내고, 封疆을 넘으면 刑罰을 내렸으되, 오히려 封疆이 한결같지 않았습니다. 그러므로 虞舜 때에 三苗의 亂이 있었고, 夏나라 때에 觀國과 扈國의 亂이 있었고, 商나라 때에 姺國과 邳國의 亂이 있었고, 周나라 때에 徐國과 奄國의 亂이 있었습니다. 세상에 聖王〔令王〕이 없어진 뒤로 諸侯가 霸權을 다투어〔逐進〕 번갈아 가며 會盟을 主管하였으니, 어찌 또 各國의 封疆이 한결같을 수 있었겠습니까? 큰일을 걱정하고 작은 일을 용서〔舍〕한다면 盟主가 될 수 있으니, 작은 일을 다스릴 게 뭐 있겠습니까? 邊境이 侵削(侵奪)당하는 일이 어느 나란들 없겠습니까? 그러니 齊盟을 主管하는 자가 어찌 다 다스릴 수 있겠습니까? 가령 吳나라와 百濮(濮水 가에 사는 部族)에 楚나라가 쳐들어갈 수 있는 機會가 생긴다면 楚나라의 執事가 어찌 盟約을 생각하겠습니까? 莒나라 封疆의 일은 楚나라가 干與해 알 일이 아니니 諸侯를 번거롭게 하지 않는 것이 좋지 않겠습니까? 莒나라와 魯나라가 鄆邑을 다툰 지는 오래이니, 만약 莒나라의 社稷에 큰 危害가 없다면 莒나라를 保護하지 않는 것이 좋습니다. 諸侯의 번거로움을 없애 주고 善한 사람을 赦免한다면 사람들이 앞 다투어 서로 善을 勸勉하지 않는 자가 없을 것입니다. 그러니 그대는 깊이 생각하기 바랍니다."고 하고서, 楚人에게 굳이 請하니, 楚人이 허락하거늘 이에 叔孫豹를 放免하였다.

1) 桓子 樂王鮒 相 佐也

桓子는 樂王鮒이다. 相은 輔佐이다.

2)〔附注〕林曰 爲叔孫請免其罪

〔부주〕林: 叔孫豹를 위하여 〈趙文子에게〉 그의 罪를 赦免하기를 請한 것이다.

3) 難指求貨 故以帶爲辭

財物을 要求한다고 분명히 짚어 말하기 困難하기 때문에 '띠'를 달라는 말로 핑계 댄 것이다.

4) 𨀼 叔孫家臣〔附注〕林曰 人之有貨賄 所以藩衛其身

梁其𨀼은 叔孫豹의 家臣이다.

〔부주〕林: 사람이 財物을 所有하는 것은 자기 몸을 保衛하기 위함이라는 말이다.

5) 역주〕貨以藩身 : 財物을 써서 몸을 保護하는 것이다.

6) 言不戮其使 必伐其國

그 나라 使者를 죽이지 않으면 반드시 그 나라를 칠 것이라는 말이다.

7) 喩己爲國衛 如牆爲人蔽

내가 國衛(나라를 保衛하는 臣下)가 된 것이 담장이 人蔽(人家에 汚穢를 掩蔽하는 障壁)가 된 것과 같다는 것을 비유한 것이다.

8) 咎在牆〔附注〕林曰 旣爲垣牆 而有隙可窺 有壞可踰 〈是不能蔽惡 其咎在牆也〉*)

罪가 담장에 있다는 말이다.

〔부주〕林: 이미 垣牆으로서 틈이 생겨 〈안을〉 엿볼 수 있고, 무너져서 넘을 수 있다면 〈이는 惡穢를 掩蔽할 수 없으니, 그 허물이 담장에 있다는 말이다.〉

*) 역주〕〈是不能蔽惡 其咎在牆也〉 부분은 저본에는 빠졌으나 ≪四庫全書 左傳杜林合注≫本에 의거하여 보충하였다.

9)〔附注〕林曰 旣爲國衛 而露其惡 〈則吾之罪 又甚于牆〉*)

〔부주〕林: 이미 國衛(國家를 保衛하는 신하)가 되어 국가의 惡穢를 드러낸다면 〈나의 罪가 담장보다 더욱 심하다는 말이다.〉

*) 역주〕〈則吾之罪 又甚于牆〉 부분은 저본에는 빠졌으나 ≪四庫全書 左傳杜林合注≫本에 의거하여 보충하였다.

10) 罪甚牆

罪가 담장보다 심하다는 말이다.

11) 역주〕衛而惡之 吾又甚焉 : 惡之는 바로 禍之이다. 담장이 갈라지거나 무너지면 惡穢를 가릴 수 없을 뿐 나라에 禍를 끼치지는 않는다. 나는 國家를 保衛하기 위해 나와서 도리어 國家에 禍〔惡〕를 끼친다면 나의 行爲가 담장이 무너져서 惡穢를 가리지 못하는 것보다 심하다는 말이다. ≪左氏會箋≫

12) 怨季孫之伐莒

季孫이 莒나라를 侵伐한 것을 원망한다는 말이다.

13) 季孫守國 叔孫出使 所從來久 今遇此戮 無所怨也

季孫이 나라 지키는 일을 맡고 叔孫이 出使의 일을 맡은 것은 그 由來가 오래되었으니, 지금 죽임을 당한다 하더라도 원망하는 바가 없다는 말이다.

14)〔附注〕林曰 樂王鮒好賄 若不與帶 亦不肯止

〔부주〕林: 樂王鮒는 財物을 좋아하니 만약 帶를 주지 않는다면 그 또한 要求를 그치려 하지 않을 것이라는 말이다.

15) 言帶褊盡*) 故裂裳 示不相逆

띠가 褊盡하였기 때문에 치마폭을 찢어 보낸다고 말하여 拒逆하지 않는 뜻을 보인 것이다.

*) 역주〕言帶褊盡 : 褊盡은 다 없어진 것이다.

16) 謂言魯國何罪

魯나라가 무슨 罪가 있느냐고 한 말을 이른다.

17) 謂言叔出季處

叔孫이 出使를 맡고 季孫이 處守를 맡았다고 한 말을 이른다.

18) 역주〕越官 : 越官은 職權의 範圍를 넘는 것을 이르는데, 여기서는 職務를 抛棄하는 뜻으로 쓰인 듯하므로 이상과 같이 번역하였다.

19) 謂不以貨免

財物로써 禍를 免하려 하지 않은 것을 이른다.

20) 三者 忠信貞

세 가지는 忠과 信과 貞이다.

21) 幷義而四

義까지 아우르면 네 가지가 된다.

22) 執事 謂叔孫

執事는 叔孫豹를 이른다.

23) 謂不敢辟戮

감히 죽음을 피하지 않은 것을 이른다.

24) 역주〕以勸左右可也 : 可以勸左右也이다. 可를 强調하기 위해 倒置法을 사용한 것이다.

25) 汚 勞事

汚는 수고로운 일이다.

26) 不苟免

구차하게 禍難을 免하려 하지 않는 것이다.

27) 安靖賢能 則衆附從

賢能한 사람을 安靖시키면 大衆이 붙좇는다는 말이다.

28) 역주〕不靖其能 其誰從之 : 能은 能是二者의 能이다. 杜注에 能을 賢能의 能으로 푼 것은 잘못이라고 한 ≪左氏會箋≫의 說을 取해 번역하였다.

29)〔附注〕林曰 請免叔孫之戮 以安靖賢能之人

〔부주〕林: 叔孫의 誅戮를 赦免하여 賢能한 사람을 安靖시키기를 請한 것이다.

30) 不伐魯

魯나라를 치지 않는 것이다.

31) 赦叔孫

叔孫을 赦免하는 것이다.

32)〔附注〕林曰 不憚勤勞以事楚國

〔부주〕林: 勤勞를 꺼리지 않고 楚나라를 섬길 것이라는 말이다.

33) 역주〕저본에는 '埸'으로 되어 있으나 ≪十三經注疏≫本에 의거하여 '埸'으로 바로잡았다.

34) 言今衰世 疆埸無定主

오늘날 衰亂한 세상에는 疆埸에 定해진 主人이 없다는 말이다.

35) 言三王五伯有令德時

三王과 五伯의 令德이 있을 때라는 말이다.

36) 역주〕王伯之令也 : 三王과 五伯의 政令을 이른 것이다. 三王은 夏나라 禹王, 商나라 湯王, 周나라 文王·武王이고, 五伯는 곧 五霸로 夏나라 昆吾, 商나라 大彭·豕韋, 周나라 齊桓公·晉文公이다. 令은 政令이라고 한 〈楊注〉를 취해 번역하였다.

37) 引 正也 正封界

引은 正이니 封疆의 境界를 바로잡는 것이다.

38) 樹 立也 立官以守國

樹는 세우는 것이니, 官府를 세워 나라를 지킨 것이다.

39) 旌旗以表貴賤

旌旗를 세워 貴賤을 表示한 것이다.

40) 역주〕擧之表旗 : 깃발을 세워 封疆의 境界를 表示하였기 때문에 그것을 '表旗'라고 한 것뿐이다. 바야흐로 疆埸의 일을 論하다가 어찌 갑자기 貴賤을 말하겠는가. ≪左氏會箋≫

41) 爲諸侯作制度法令 使不得相侵犯

諸侯를 위해 制度와 法令을 만들어 서로 侵犯하지 못하게 한 것이다.

42) 역주〕而樹之官……而著之制令 : 官은 國境에 있는 官寺를 이르고, 表旗는 곧 後世의 界碑 같은 것이고, 制令은 곧 後世에 말하는 邊界의 章程이고, 過는 越境을 이른다. 〈楊注〉

43) 三苗 饕餮 放三危者*)

三苗는 饕餮로 三危로 追放된 자이다.

*) 역주〕三苗……放三危者 : ≪尙書≫ 〈舜典〉에 "三苗를 三危로 追放하였다."고 하였는데, 그 傳에 "三苗는 國名이다. 縉雲氏의 後孫으로 諸侯가 되었는데, 號가 饕餮이다."고 하였다. 〈楊注〉

44) 觀國 今頓丘衛縣 扈在始平鄠縣 書序曰*) 啓與有扈戰於甘之野

觀國은 지금의 頓丘 衛縣이고, 扈國은 始平 鄠縣에 있었다. 書序에 "啓가 有扈와 甘의

郊野에서 戰爭하였다."고 하였다.

*) 역주〕書序曰 : ≪尙書≫ 〈夏書 甘誓〉의 小序를 이른다. 啓는 夏禹의 아들로 禹의 뒤를 이어 天子가 된 자이다.

45) 二國 商諸侯 邳 今下邳縣

두 나라는 商나라의 諸侯이다. 邳는 지금의 下邳縣이다.

46) 二國皆嬴姓 書序曰*) 成王伐淮夷 遂踐奄 徐卽淮夷

두 나라는 모두 嬴姓이다. 書序에 "成王이 淮夷를 征伐하고서 드디어 奄國을 滅〔踐〕하였다."고 하였다. 徐는 곧 淮夷이다.

*) 역주〕書序曰 : ≪尙書≫ 〈周書 成王政〉의 小序를 이른다. 지금의 ≪書經≫에는 〈成王政篇〉이 없다.

47) 逐 猶競也

逐은 競과 같다.

48) 역주〕諸侯逐進 : 逐進은 進出을 다툰다는 말로 곧 이웃 나라를 攻擊해 領土를 擴張하여 霸者가 되기를 다투는 것이다.

49) 彊弱無常 故更主盟〔附注〕林曰 狎 更也

彊弱이 無常하기 때문에 번갈아 가며 會盟을 主管한 것이다.

〔부주〕林: 狎은 更(번갈아)이다.

50) 大 謂簒弑滅亡之禍〔附注〕林曰 小者 如戰伐侵奪之事

큰일은 簒弑와 滅亡의 禍를 이른다.

〔부주〕林: 작은 일은 戰伐 侵奪 같은 일이다.

51) 焉用治小事

작은 일을 다스릴 게 뭐 있느냐는 말이다.

52) 辯 治也

辯은 治이다.

53) 吳在東 濮在南 今建寧郡南有濮夷 釁 過也〔附注〕朱曰 吳在楚東 濮在楚南 設言二國苟有釁隙 楚之爲執政者 豈復顧弭兵之盟 而不乘釁以取其地乎

吳나라는 楚나라 동쪽에 있고, 百濮은 楚나라 남쪽에 있다. 지금 建寧郡 남쪽에 濮夷가 있다. 釁은 허물이다.

〔부주〕朱: 吳나라는 楚나라 동쪽에 있고, 濮은 楚나라 남쪽에 있다. 두 나라에 만약 楚나라가 쳐들어갈 수 있는 機會가 생긴다면 楚나라의 執政이 된 자가 어찌 다시 戰爭을 停止하기로 한 盟約을 생각하여 그 機會를 利用해 그 땅을 取하지 않겠느냐고 假定해 말한 것이다.

54)〔附注〕林曰 不煩諸侯 往討魯罪

〔부주〕 林: 諸侯를 번거롭게 하여 가서 魯나라의 罪를 討伐하게 하지 않는 것이다.

55) 亢 禦 〔附注〕 林曰 苟不爲莒國社稷之大害 不必亢禦之 可也

亢은 막는 것이다.

〔부주〕 林: 만약 莒나라 社稷에 큰 危害가 되지 않았다면 반드시 莒나라를 위해 魯軍을 防禦하지 않는 것이 좋다는 말이다.

56) 역주〕 可無亢也 : 亢은 남을 위해 防禦해 주는 것이니, 곧 保護의 뜻이다. 僖公 28년 傳 에 '以亢其讐'의 譯註 參考할 것.

57) 〔附注〕 林曰 去煩細之事 宥善良之人

〔부주〕 林: 번거롭고 자잘한 일을 버리고 善良한 사람을 용서하는 것이다.

58) 역주〕 去煩宥善 : 魯나라를 치지 않으면 諸侯가 군사를 움직이는 수고를 하지 않을 것이라는 말이다. 〈楊注〉

令尹享趙孟할새 **賦大明之首章**[1]하니 **趙孟賦小宛之二章**[2]하다 **事畢**에 **趙孟謂叔向曰 令尹自以爲王矣**[3]니 **何如**[4]오 **對曰 王弱**하고 **令尹彊**하니 **其可哉**[5]ㄴ저 **雖可**나 **不終**하리라 **趙孟曰 何故**오 **對曰 彊以克弱而安之**[6]는 **彊不義也**[7]니 **不義而彊**은 **其斃必速**이라 **詩曰 赫赫宗周**를 **褒姒滅之**라하니 **彊不義也**[8]라 **令尹爲王**이면 **必求諸侯**리라 **晉少懦矣**[9]니 **諸侯將往**[10]이리라 **若獲諸侯**면 **其虐滋甚**[11]하야 **民不堪也**니 **將何以終**이리오 **夫以彊取**[12]는 **不義而克**이로되 **必以爲道**[13]리라 **道以淫虐**[14]이면 **弗可久已矣**[15]리라

令尹이 宴會를 열어 趙孟을 接待할 때 令尹이 〈大明篇〉의 首章을 읊으니, 趙孟이 〈小宛篇〉의 제2章을 읊었다. 宴會를 마친 뒤에 趙孟이 叔向에게 "令尹은 스스로 자신의 德이 王이 될 만하다고 여기니, 앞으로 어찌 되겠는가?"고 묻자, 叔向이 "楚王은 弱하고 令尹은 彊하니 아마도 令尹이 楚王이 될 것입니다. 비록 王이 된다 하더라도 그 結果가 좋지 못할 것입니다."고 대답하였다. 趙孟이 "무엇 때문인가?"고 묻자, 叔向은 다음과 같이 대답하였다. "彊者로서 弱者를 이기고서 편안히 여기는 것은 彊하기만 하고 의롭지 못한 것이니, 의롭지 못하면서 彊한 자는 그 滅亡이 반드시 빠른 것입니다. ≪詩經≫ 〈小雅 正月〉에 '顯著〔赫赫〕하게 强盛한 周나라를 褒姒가 망쳤도다.'고 하였으니, 이는 彊하기만 하고 의롭지 못하였기 때문입니다. 令尹이 王이 된다면 반드시 諸侯의 服從을 要求할 것인데, 우리 晉나라가 조금 衰하였으니, 諸侯들은 楚나라에 歸往(歸依)할 것입니다. 楚나라가 만약 諸侯를 얻는다면 그 暴虐이 더욱 심하여 백

성들이 堪耐하지 못할 것이니, 어찌 좋은 結果가 있을 수 있겠습니까? 彊한 힘으로 君位를 奪取하는 것은 의롭지 못한 방법으로 임금을 이기는 것인데도, 저 사람은 반드시 그것을 正當한 道理로 여길 것입니다. 淫亂과 暴虐을 道理로 여긴다면 오래가지 못할 것입니다."

1) 大明 詩大雅 首章言文王明明照於下 故能赫赫盛於上 令尹意在首章 故特稱首章 以自光大*)
〈大明〉은 《詩經》〈大雅〉의 篇名이다. 그 首章에 '文王의 밝은 德이 아래 下土에 빛났기 때문에 하늘의 命이 위 上天에 盛大하게 드러났다.'고 말하였다. 令尹의 뜻이 首章에 있었기 때문에 특별히 首章을 稱誦하여 스스로 〈자기의 德이〉 光明正大하다고 자랑한 것이다.

*) 역주〕故能赫赫盛於上……以自光大 : 赫赫은 밝게 드러나는 것이다. 自는 自多의 뜻으로 쓰인 듯하므로 이상과 같이 번역하였다.

2) 小宛 詩小雅 二章取其各敬爾儀 天命不又 言天命一去 不可復還 以戒令尹
〈小宛〉은 《詩經》〈小雅〉의 篇名이다. 2章의 '각기 너의 威儀를 공경하라. 天命은 다시 오지 않는다.'는 뜻을 取한 것이다. 天命은 한 번 떠나면 다시 돌아오지 않는다는 것을 말하여 令尹을 警戒한 것이다.

3)〔附注〕林曰 言楚圍自以其德 可以爲王矣
〔부주〕林: 楚나라 令尹 圍가 스스로 자기의 德이 王이 될 만하다고 여긴다는 말이다.

4) 問將能成否
장차 成功할 수 있는지의 與否를 물은 것이다.

5) 言可成
성공할 수 있다는 말이다.

6)〔附注〕林曰 以臣之强勝君之弱而安之 以爲當然
〔부주〕林: 强한 신하로서 弱한 임금을 이기고서도 편안히 여겨 當然하다고 생각하는 것이다.

7) 安於勝君 是彊而不義
임금을 이기는 것을 편안히 여기는 것은 彊하기만 하고 의롭지 못한 것이다.

8) 詩小雅 褒姒 周幽王后 幽王惑焉 而行不義 遂至滅亡 言雖赫赫盛彊 不義足以滅之
詩는 《詩經》〈小雅 正月〉의 詩句이다. 褒姒는 周幽王의 后妃이다. 幽王이 褒姒에 홀려 不義를 行하여 드디어 滅亡에 이르렀다. 비록 顯著하게 强盛한 나라라 하더라도 不義를 행하면 그 나라를 滅亡시킬 수 있다는 것을 말한 것이다.

9) 懦 弱也

懦는 弱함이다.

10) 〔附注〕 林曰 諸侯將畏楚强暴而往從之

〔부주〕 林: 諸侯는 楚나라의 强暴를 두려워하여 歸往해 服從하려 할 것이라는 말이다.

11) 滋 益也

滋는 益(더욱)이다.

12) 取不以道

取하기를 正當한 방법으로 하지 않는 것이다.

13) 以不義爲道

不義를 道로 여긴다는 말이다.

14) 〔附注〕 林曰 以淫縱暴虐爲常道

〔부주〕 林: 淫亂·放縱·暴虐을 常道로 여긴다는 말이다.

15) 爲十三年楚弒靈王傳

昭公 13년에 楚人이 楚靈王(圍)을 弒害한 傳의 배경이다.

【傳】 夏四月에 **趙孟叔孫豹曹大夫入于鄭**[1)]하니 **鄭伯兼享之**하다 **子皮戒趙孟**[2)]이러니 **禮終**에 **趙孟賦瓠葉**[3)]하다 **子皮遂戒穆叔**하고 **且告之**[4)]한대 **穆叔曰 趙孟欲一獻**[5)6)]하니 **子其從之**하라 **子皮曰 敢乎**[7)]아 **穆叔曰 夫人之所欲也**니 **又何不敢**[8)]이리오 **及享**에 **具五獻之籩豆於幕下**[9)]하니 **趙孟辭**[10)]하고 **私於子產**[11)] **曰 武請於冢宰矣**[12)]라한대 **乃用一獻**하야 **趙孟爲客**[13)]하다 **禮終乃宴**[14)]할새 **穆叔賦鵲巢**[15)16)]하니 **趙孟曰 武不堪也**[17)18)]라하다 **又賦采蘩**[19)]하니 **曰 小國爲蘩**이어늘 **大國省穡而用之**하니 **其何實非命**[20)]가 **子皮賦野有死麕之卒章**[21)]하고 **趙孟賦常棣**[22)]하다 **且曰 吾兄弟比以安**[23)]이면 **尨也可使無吠**[24)]리라 **穆叔子皮及曹大夫興**하야 **拜**[25)]하고 **擧兕爵曰 小國賴子**하야 **知免於戾矣**[26)]라하고 **飮酒樂**하다 **趙孟出曰 吾不復此矣**[27)]리라

여름 4월에 趙孟·叔孫豹·曹나라 大夫가 鄭나라로 들어가니, 鄭伯이 宴會를 열어 이들을 함께 接待하기로 하였다. 子皮가 趙孟에게 가서 宴會日을 告知〔戒〕하였는데, 告知하는 儀式이 끝나자 趙孟이 〈瓠葉〉詩를 읊었다. 子皮는 드디어 穆叔에게 가서 宴會日을 告知하고서 趙孟이 〈瓠葉〉詩를 읊은 것을 말하자, 穆叔이 말하기를 "趙孟은 一獻의 禮를 원하니 그대는 그 뜻을 따르시오."라고 하였다. 子皮가 "감히 그렇게 할 수 없습니다."고 하자, 穆叔이 말하기를 "그분이 원하는 바인데 어찌 감히 할 수 없다고 하십니까?"라고 하였다. 宴會日에 미쳐 鄭나라는 五獻의 籩豆를 幕下에 準備하였다. 趙

孟은 五獻의 禮를 사양하고서 子産에게 사사로이 말하기를 "나는 이미 冢宰에게 〈一獻의 禮를 擧行하기를〉 請하였습니다."고 하였다. 이에 一獻의 禮를 使用하여 趙孟을 主賓으로 삼았다. 享禮(禮物을 올리는 禮)를 마치고 宴禮(宴會)를 擧行하였는데, 穆叔이 〈鵲巢〉詩를 읊으니, 趙孟이 "감당할 수 없습니다."고 하였다. 穆叔이 또 〈采蘩〉詩를 읊고서 말하기를 "小國은 蘩菜와 같지만 大國이 아껴 쓰신다면 어찌 大國의 命을 따르지 않겠습니까?"라고 하였다. 子皮가 〈野有死麕〉의 卒章을 읊으니, 趙孟이 〈常棣〉詩를 읊고서 말하기를 "우리 兄弟 나라들이 親密하게 지내며 安定을 추구한다면 삽살개도 짖지 않게 할 수 있을 것입니다."고 하니, 穆叔·子皮 및 曹나라 大夫가 일어나 절하고, 외뿔소의 뿔로 만든 술잔을 들고서 말하기를 "우리 小國들은 당신의 도움을 힘입어 禍難(楚나라의 責罰)에서 免한 줄을 압니다."고 하고서, 술을 마시며 즐겼다. 趙孟이 나와서 말하기를 "나는 다시 이런 즐거움을 볼 수 없을 것이다."고 하였다.

1) 會罷過鄭
   會盟을 마치고서 鄭나라에 들른 것이다.
2) 戒享期
   宴享의 期日을 告知한 것이다.
3) 受所戒禮畢而賦詩 瓠葉 詩小雅 義取古人不以微薄廢禮 雖瓠葉兎首 猶與賓客享之
   告知를 받는 禮가 끝나자, 詩를 읊은 것이다. 〈瓠葉〉은 《詩經》 〈小雅〉의 篇名이다. 古人은 食品이 변변치 못하다 하여 禮를 廢하지 않은 뜻을 取한 것이다. 비록 박잎과 한 마리의 토끼라 하더라도 오히려 賓客을 接待하였다는 것을 말한 것이다.
4) 告以趙孟賦瓠葉
   趙孟이 〈瓠葉〉詩를 읊은 것을 告한 것이다.
5) 瓠葉詩義取薄物而以獻酬 知欲一獻
   〈瓠葉〉詩를 읊은 것은 변변찮은 食物이라도 獻酬할 수 있다는 뜻을 取한 것이므로 一獻을 원한다는 것을 안 것이다.
6) 역주] 一獻 : 主人이 賓에게 술잔을 한 차례만 올리는 것이다. 술을 한 차례만 올린다면 그 밖에 食品의 儀節도 이에 맞게 輕減한다. 〈楊注〉
7) 言不敢
   감히 그리할 수 없다는 말이다.
8) 夫人 趙孟
   夫人은 趙孟을 이른다.
9) 朝聘之制 大國之卿五獻
   朝聘의 制度에 大國의 卿에게는 五獻의 禮로 接待한다.

10) 趙孟自以今非聘鄭 故辭五獻

趙孟은 스스로 지금 鄭나라에 聘問 온 것이 아니라고 여겼기 때문에 五獻의 禮를 사양한 것이다.

11) 私語

사사로이 말한 것이다.

12) 冢宰 子皮 請 謂賦瓠葉

冢宰는 子皮이다. 請은 〈瓠葉〉詩를 읊은 것을 이른다.

13) 〔附注〕林曰 趙子文〔文子〕*)爲上賓

〔부주〕林: 趙文子를 上賓으로 삼은 것이다.

*) 역주〕저본에는 '趙子文'으로 되어 있으나 趙文子의 誤記인 듯하므로 '趙文子'로 바로잡았다.

14) 卿會公侯 享宴皆折俎 不體薦*)

卿이 公侯와 會合할 때는 享宴에 모두 折俎하고 體薦하지 않는다.

*) 역주〕享宴皆折俎 不體薦 : 折俎와 體薦은 宣公 16년 傳과 杜注 및 譯註에 자세히 說明하였다.

15) 鵲巢 詩召南 言鵲有巢而鳩居之 喩晉君有國 趙孟治之

〈鵲巢〉는 ≪詩經≫ 〈召南〉의 篇名이다. 까치가 지은 둥지에 비둘기가 와서 산다는 것을 말하여, 晉君이 소유한 나라를 趙孟이 다스린다는 것을 비유한 것이다.

16) 역주〕穆叔賦鵲巢 : 鵲巢는 趙孟이 勞苦를 아끼지 않았기 때문에 小國이 편안하게 된 것을 비유한 것이니, 叔孫豹 자신이 楚나라의 誅戮을 면한 것을 가리킨 것이다. ≪左氏會箋≫

17) 〔附注〕林曰 言武不能當此詩之義

〔부주〕林: 나는 이 詩의 뜻을 감당할 수 없다고 말한 것이다.

18) 역주〕武不堪 : 敢히 叔孫豹를 誅戮에서 벗어나게 한 功을 자신의 功으로 誇示할 수 없다는 말이다. ≪左氏會箋≫

19) 亦詩召南 義取蘩菜薄物 可以薦公侯 享其信 不求其厚

〈采蘩〉도 ≪詩經≫ 〈召南〉의 篇名이다. 蘩菜(쑥)가 변변찮은 食物이지만 公侯에게 올릴 수 있다는 뜻을 取하여, 그 사람의 誠信만을 享受(受用)하고 豐厚한 食品을 구하지 않는다는 것을 말한 것이다.

20) 穆叔言小國微薄猶蘩菜 大國能省愛用之而不棄 則何敢不從命 穡 愛也

穆叔이 "小國의 변변찮음이 蘩菜와 같지만 大國이 아껴 쓰고 버리지 않는다면 어찌 감히 命을 따르지 않겠느냐?"고 말한 것이다. 穡은 아끼는 것이다.

21) 野有死麕 詩召南 卒章曰 舒而脫脫(태태)兮 無撼我帨兮 無使尨也吠 脫脫 安徐 帨 佩巾

義取君子徐以禮來 無使我失節而使狗驚吠 喩趙孟以義撫諸侯 無以非禮相加陵

〈野有死麕〉은 ≪詩經≫ 〈召南〉의 篇名이다. 그 卒章에 "천천히 걸어와서 내 수건 흔들리게 하지 말고 삽살개 짖게 하지 말라."고 하였다. 脫脫는 침착하게 천천히 걷는 것이고 帨는 佩巾(女人이 外出할 때 허리에 차는 수건)이다. 君子는 천천히 걸어 禮로써 와서 나로 하여금 節介를 잃지 말게 하고 우리 개로 하여금 짖게 하지 말라고 한 뜻을 취하여 趙孟이 道義로써 諸侯를 安撫하고 非禮로써 侵陵(侵犯해 陵蔑함)하지 않은 것을 비유한 것이다.

22) 常棣 詩小雅 取其凡今之人 莫如兄弟 言欲親兄弟之國

〈常棣〉는 ≪詩經≫ 〈小雅〉의 篇名이다. "무릇 지금 사람들 중에는 형제만 한 이가 없다."는 詩句를 取하여 兄弟의 나라와 친하게 지내고자 한다는 것을 말한 것이다.

23) 〔附注〕 林曰 比合而安靖

〔부주〕 林: 比合(和合)하여 安靖하는 것이다.

24) 受子皮之詩

子皮의 詩를 받아들인 것이다.

25) 三大夫 皆兄弟國 興 起也

세 大夫는 모두 兄弟國의 臣下이다. 興은 일어나는 것이다.

26) 兕爵 所以罰不敬 言小國蒙趙孟德比以安 自知免此罰戮

兕爵은 不敬을 罰하는 술잔이다. 小國이 趙孟의 德을 힘입어 親密하게 지내며 安定되었으므로 스스로 이 懲罰과 誅戮에서 免한 줄을 알았다고 말한 것이다.

27) 不復見此樂

다시 이런 즐거움을 볼 수 없을 것이라는 말이다.

【傳】 天王使劉定公勞趙孟於潁하다 館於雒汭[1)]러니 劉子曰 美哉禹功[2)]이여 明德遠矣로다 微禹면 吾其魚乎ㄴ저 吾與子弁冕端委하야 以治民하고 臨諸侯가 禹之力也[3)]니 子盍亦遠績禹功[4)]하야 而大庇民乎[5)]아 對曰 老夫罪戾是懼니 焉能恤遠[6)]이리오 吾儕偸食[7)][8)]하야 朝不謀夕이니 何其長也[9)]리오 劉子歸하야 以語王[10)]曰 諺所謂老將知而耄及之者[11)]는 其趙孟之謂乎ㄴ저 爲晉正卿하야 以主諸侯호되 而儕於隸人하야 朝不謀夕[12)]하니 棄神人矣[13)]이니이다 神怒民叛이니 何以能久리까 趙孟不復年矣[14)]이리이다 神怒면 不歆其祀하고 民叛이면 不卽其事니 祀事不從[15)][16)]이면 又何以年[17)]이리까

天王이 劉定公을 潁邑으로 보내어 趙孟을 慰勞하게 하였다. 두 사람이 雒汭에 머물렀는데, 劉子가 말하기를 "아름답도다. 禹王의 功績이여! 그 밝은 德이 먼 後世에까지 입

혀졌구려. 만약 그때 禹王이 없었다면 우리는 아마도 魚類가 되었을 것이오. 나와 그대가 冕冠을 쓰고 端委(禮服)를 입고서 백성을 다스리고 諸侯를 統治하는 것은 모두 禹王의 功德이니, 그대는 어찌하여 먼 옛날의 禹王의 功德을 繼承〔績〕하여 크게 백성을 保護하지 않습니까?"라고 하니, 趙孟이 대답하기를 "이 늙은이는 罪를 犯할까만을 두려워할 뿐이니, 어찌 먼 앞날을 걱정할 수 있겠습니까? 우리 같은 사람은 구차하게 歲月만 보내며 아침에 저녁의 일도 생각할 수 없으니, 어찌 먼 앞날을 생각하겠습니까?"라고 하였다. 劉子가 돌아가서 周王에게 다음과 같이 말하였다. "俗談에 이른바 '늙으면 지혜로워지지만 昏耄(정신이 흐려 혼란함)가 뒤따른다.'는 말은 아마도 趙孟의 경우를 이른 듯합니다. 趙孟은 晉나라의 正卿으로 諸侯의 일을 主宰하면서 僕隸와 일반으로 아침에 저녁의 일을 생각하지 않으니, 神과 백성을 버린 것입니다. 神이 怒하고 백성이 背叛할 것이니, 어찌 오래갈 수 있겠습니까? 趙孟이 다시 明年을 맞지 못할 것입니다. 神이 怒하면 祭祀를 歆饗하지 않고, 백성이 背叛하면 일을 하지 않습니다. 祭祀와 일이 뜻대로 되지 않는다면 또 어찌 明年을 맞을 수 있겠습니까?"

1) 王 周景王 定公 劉夏 潁水出陽城縣*) 雒汭在河南鞏縣南 水曲流爲汭

王은 周景王이다. 定公은 劉夏이다. 潁水는 陽城縣에서 發源한다. 雒汭는 河南 鞏縣 남쪽에 있다. 물이 굽이쳐 흐르는 곳을 '汭'라 한다.

*) 역주〕陽城縣 : 陽城의 廢縣이 河南府 登封縣 동남쪽 40리 거리에 있는데, 본래 周나라의 潁邑이다. ≪左氏會箋≫

2) 見河雒而思禹功

河水와 雒水를 보고서 禹王이 〈治水〉한 功德을 생각한 것이다.

3) 弁冕 冠也 端委 禮衣 言今得共服冠冕有國家者 皆由禹之力

弁冕은 冠이고 端委는 禮服이다. 오늘날 함께 禮服을 입고 冕冠을 쓰고서 國家를 所有하게 된 것은 모두 禹王의 功德에서 由來한 것이라는 말이다.

4) 역주〕遠績禹功 : ≪爾雅≫ 〈釋詁〉에 "績은 繼이다."고 하였다. 〈楊注〉

5) 勸趙孟使纂禹功

趙孟에게 禹王의 功德을 繼承〔纂〕하도록 勸勉한 것이다.

6)〔附注〕朱曰 已當亂世 恐不免於罪戾 豈能念及後世

〔부주〕朱: 나는 亂世를 당하여 罪에서 免하지 못할까 두려우니, 어찌 생각이 後世에 미칠 수 있겠느냐는 말이다.

7)〔附注〕林曰 我輩偸安以竊祿食

〔부주〕林: 우리는 目前의 安逸만을 貪하며 祿이나 훔쳐 먹는 무리라는 말이다.

8) 역주〕偸食 : 구차히 歲月만 보내는 것이다. 〈楊注〉

9) 言欲苟免目前 不能念長久

구차히 目前의 危機나 免하고자 하니, 長久한 앞일을 생각할 수 없다는 말이다.

10) 〔附注〕 林曰 以趙孟之語告景王

〔부주〕 林: 趙孟의 말을 景王에게 告한 것이다.

11) 八十曰耄 耄 亂也 〔附注〕 林曰 言人至老 當有智識 而耄亂反及之

80歲를 '耄'라 하는데, 耄는 亂이다.

〔부주〕 林: 사람이 老年에 이르면 당연히 智識이 있게 마련인데, 趙孟은 도리어 耄亂(늙어서 정신이 혼란함)이 미쳤다는 말이다.

12) 言其自比於賤人 而無恤民之心

趙孟은 스스로 賤人에 비유하여 백성의 苦痛을 걱정할 마음이 없다는 것을 말한 것이다.

13) 民爲神主 不恤民 故神人皆去

백성은 神의 主人인데, 백성의 苦痛을 걱정하지 않기 때문에 神과 人民이 모두 趙孟을 버린다는 말이다.

14) 言將死 不復見明年

장차 죽을 것이니 다시 明年을 볼 수 없을 것이라는 말이다.

15) 〔附注〕 林曰 祭祀事功 神人皆不見從

〔부주〕 林: 祭祀와 事功(일의 成果)을 神과 사람이 모두 따라주지 않는다는 말이다.

16) 역주〕 不從 : '不從'의 從은 내 뜻을 따르는 것이다.

17) 爲此冬趙孟卒起本

이해 겨울에 趙孟이 죽은 張本이다.

【傳】 叔孫歸[1]에 **曾夭御季孫以勞之**러니 **旦及日中不出**[2)3)]이어늘 **曾夭謂曾阜**[4] **曰 旦及日中**은 **吾知罪矣**라 **魯以相忍爲國也**[5]어늘 **忍其外**하고 **不忍其內**면 **焉用之**[6]리오 **阜曰 數月於外**[7]하니 **一旦於是**ㄴ들 **庸何傷**[8]이리오 **賈而欲贏而惡囂乎**[9)10)]아 **阜謂叔孫曰 可以出矣**라 **叔孫指楹曰 雖惡是**나 **其可去乎**아하고 **乃出見之**[11]하다

叔孫이 돌아오자, 曾夭가 季孫이 탄 수레를 몰고 叔孫을 慰勞하기 위해 갔는데, 아침나절이 지나 正午가 되어도 叔孫은 나오지 않았다. 曾夭가 曾阜에게 말하기를 "아침에 와서 正午가 되도록 기다린 것은 우리가 罪를 알기 때문이오. 魯나라는 서로 忍耐함으로써 나라를 다스려 왔는데, 國外에서는 忍耐하고 國內에서는 忍耐하지 못한다면 무슨 소용이 있겠소."라고 하니, 曾阜가 말하기를 "저분은 여러 달 동안 國

外에서 〈고생하였으니,〉 우리가 이곳에서 하루아침 동안 기다린들 해로울 게 뭐 있겠소. 商人이 利益을 남기고자 하면서 市場의 시끄러운 소리를 싫어해서야 되겠소." 라고 하였다. 曾阜가 叔孫에게 "나아가 만나시는 것이 좋겠습니다."고 말하니, 叔孫은 기둥을 가리키며 "내 비록 이것을 미워하지만 어찌 없앨 수 있겠는가?"라고 하고서 나아가 季孫을 만나 보았다.

1) 虢會歸
　虢의 會合에서 돌아온 것이다.
2) 恨季孫伐莒 使己幾被戮
　季孫이 莒나라를 쳐서 하마터면 자기가 誅戮될 뻔한 일을 怨恨하였기 때문이다.
3) 역주] 旦及日中不出 : 季孫이 아침에 叔孫의 집으로 가서 正午가 되도록 기다렸는데도 叔孫은 여전히 밖으로 나와 季孫을 만나 주지 않은 것이다. 〈楊注〉
4) 曾阜 叔孫家臣
　曾阜는 叔孫의 家臣이다.
5)〔附注〕林曰 言魯國褊小 但以能相容忍故立國 不爲人所欺
　〔부주〕林: 魯나라가 작지만 서로 容忍하였기 때문에 비슷한 나라들과 對立〔立國〕하여 남의 속임을 당하지 않았다는 말이다.
6) 欲受楚戮 是忍其外 日中不出 是不忍其內
　楚나라의 誅戮을 받고자 한 것은 國外에서 忍耐한 것이고, 正午가 되도록 나오지 않은 것은 國內에서 忍耐하지 못한 것이다.
7) 言叔孫勞役在外數月
　叔孫이 國外에 여러 달 동안 있으면서 勞役(勞苦)하였다는 말이다.
8)〔附注〕林曰 言季孫一旦相待於此 用何傷害
　〔부주〕林: 季孫이 이곳에서 하루아침 동안 기다린 것이 무슨 害가 되겠느냐는 말이다.
9) 言譬如商賈求贏利者 不得惡諠囂之聲
　비교하자면 贏利를 구하는 商人은 시끄럽게 떠드는 소리를 싫어할 수 없는 것과 같다는 말이다.
10) 역주] 賈而欲贏而惡囂乎 : 季氏가 莒나라를 쳐서 利益을 구하였기 때문에 鄙賤한 일에 비유하여 꾸짖은 것이다. 利益을 貪하는 자는 시끄럽게 떠드는 소리를 싫어할 수 없다는 것을 말하여 季氏가 邑을 얻기를 탐하였으니 忽待를 받아도 사양하지 말아야 한다는 것을 비유한 것이다. ≪左氏會箋≫
11) 楹 柱也 以喩魯有季孫 猶屋有柱

楹은 기둥이다. 魯나라에 季孫이 있는 것이 家屋에 기둥이 있는 것과 같다는 것을 비유한 것이다.

【傳】 鄭徐吾犯之妹美[1]하다 **公孫楚聘之矣**[2][3]어늘 **公孫黑又使强委禽焉**[4]하니 **犯懼**하야 **告子產**한대 **子產曰 是國無政**[5]이라 **非子之患也**니 **唯所欲與**하라 **犯請於二子**하야 **請使女擇焉**[6]하니 **皆許之**하다 **子晳盛飾入**하야 **布幣而出**[7]하고 **子南戎服入**하야 **左右射**[8][9]하고 **超乘而出**[10]하다 **女自房觀之**하고 **曰 子晳信美矣**어니와 **抑子南**은 **夫也**[11]라 **夫夫婦婦**가 **所謂順也**[12]라하니 **適子南氏**하다 **子晳怒**하야 **旣而櫜甲以見子南**[13][14]하고 **欲殺之而取其妻**한대 **子南知之**하고 **執戈逐之**하야 **及衝**하야 **擊之以戈**[15]하니 **子晳傷而歸**하야 **告大夫曰 我好見之**하니 **不知其有異志也**라 **故傷**[16]이라하다

鄭나라 徐吾犯의 누이동생이 美女였다. 公孫 楚가 이미 聘問하였는데, 公孫 黑이 또 사람을 보내어 강제로 委禽(納采)하니, 徐吾犯은 겁이 나서 子產에게 이 사실을 告하였다. 그러자 子產이 말하기를 "이는 國家에 政令이 없기 때문이다. 그대가 걱정할 일이 아니니, 그대가 주고 싶은 자에게 주라."고 하였다. 徐吾犯은 두 사람을 招請하여 누이로 하여금 스스로 選擇하게 하기를 要請하니, 두 사람 모두 許諾하였다. 子晳은 華麗하게 차려 입고 徐吾犯의 집으로 들어가서 幣帛을 堂上에 펼쳐놓고 나가고, 子南은 軍服을 입고 들어가서 左右를 향해 화살 두 대를 쏘고는 뛰어올라 수레를 타고서 나갔다. 女人이 방안에서 이들의 모습을 보고서 말하기를 "子晳도 진실로 아름다우나, 子南이 丈夫답다. 丈夫는 丈夫답고 婦女는 婦女다운 것이 이른바 '順理'이다."고 하니, 徐吾犯은 그녀를 子南氏에게 시집보냈다. 子晳은 怒하여 얼마 뒤에 속에 갑옷을 입고 가서 子南을 만나 그를 죽이고 그 아내를 奪取하고자 하자, 子南은 이를 알고 창을 들고 子晳을 뒤쫓아 네거리까지 가서 창으로 쳤다. 子晳은 상처를 입고 돌아가서 大夫들에게 告하기를 "나는 좋은 뜻으로 그를 만났으니, 그에게 다른 뜻이 있는 줄을 몰랐습니다. 그러므로 상처를 입은 것입니다."고 하였다.

1) 犯 鄭大夫

徐吾犯은 鄭나라 대부이다.

2) 楚 子南 穆公孫

楚는 子南이니, 鄭穆公의 孫子이다.

3) 역주] 公孫楚聘之矣 : 聘問은 남자 쪽에서 여자 쪽에 禮物을 보내는 聘禮를 行하고서 婚姻하기로 約定한 것이다. 옛날 婚姻의 六禮 중에 問名이 있기 때문에 納采하고 問名하

는 것을 '聘問'이라 한다. 莊公 22년 經의 '冬公如齊納幣'의 譯註 參考할 것.

4) 禽 鴈也 納采用鴈

禽은 기러기인데, 納采할 때 기러기를 使用한다.

5) 〔附注〕 林曰 言此乃鄭國政令不正所致

〔부주〕 林: 이것은 鄭나라에 政令이 바르지 못해 생긴 일이라는 말이다.

6) 역주〕 犯請於二子 請使女擇焉 : 이 구절의 두 '請'字 중 위의 請은 招請이고 아래 請은 要請이다. ≪左氏會箋≫에 "위의 請은 延請이고 아래 請은 請乞이다."고 하였다.

7) 布陳贊幣 子晳 公孫黑

幣帛을 벌려놓은 것이다. 子晳은 公孫 黑이다.

8) 〔附注〕 林曰 挾弓矢左右馳射

〔부주〕 林: 弓矢를 끼고서 달리면서 左右로 쏜 것이다.

9) 역주〕 左右射 : 子南은 이미 聘問하였기 때문에 다시 納幣하지 않고 활을 쏘아 勇猛을 보인 것이다.

10) 〔附注〕 朱曰 先駕車走而登焉乃出

〔부주〕 朱: 먼저 駕車(乘車)를 달리게 하고서 그 수레에 뛰어올라 타고서 나아간 것이다.

11) 言丈夫

丈夫답다는 말이다.

12) 〔附注〕 朱曰 夫當剛强 婦當柔弱

〔부주〕 朱: 丈夫는 剛强해야 하고, 婦女는 柔弱해야 한다는 말이다.

13) 〔附注〕 朱曰 子晳櫜弓帶甲而往見之

〔부주〕 朱: 子晳이 활집과 箭筒에 弓矢를 넣고, 갑옷을 입고서 子南을 만나 본 것이다.

14) 역주〕 櫜甲 : ≪周禮≫ 〈考工記 函人〉 疏에 "겉옷 속에 갑옷을 입는 것을 '櫜'라 한다."고 하였으니, 이곳의 櫜甲은 바로 襄公 20년 傳의 衷甲이고, 활집에 무기를 감춘 것이 아니다. 〈楊注〉

15) 衝 交道

衝은 길이 사방으로 交叉하는 곳이다.

16) 〔附注〕 朱曰 言我好意以見子南 不知子南欲害我

〔부주〕 朱: 나는 좋은 뜻으로 子南을 만났고, 子南이 나를 해치고자 하는 줄을 몰랐다는 말이다.

大夫皆謀之할새 **子産曰 直鈞**이면 **幼賤有罪**니 **罪在楚也**[1)2)]라 **乃執子南而數之**[3)]**曰**

國之大節有五어늘 **女皆奸之**[4)]로다 **畏君之威**하고 **聽其政**하고 **尊其貴**하고 **事其長**하고 **養其親**이라 **五者所以爲國也**[5)]니라 **今君在國**이어늘 **女用兵焉**하니 **不畏威也**오 **奸國之紀**하니 **不聽政也**[6)]오 **子晳上大夫**요 **女嬖大夫**[7)]로되 **而弗下之**하니 **不尊貴也**오 **幼而不忌**하니 **不事長也**[8)]오 **兵其從兄**하니 **不養親也**[9)]라 **君曰 余不女忍殺**[10)]이라 **宥女以遠**하라하니 **勉速行乎**ㄴ저 **無重而罪**[11)]하라

大夫들이 모두 〈모여〉 이 일의 處理를 상의할 때, 子産이 말하기를 "잘잘못이 같은 경우에는 나이가 적고 地位가 낮은 자에게 罪가 돌아가는 것이니, 이 일은 罪가 公孫楚에게 있다."고 하고서 子南을 잡아다가 그 罪狀을 列擧해 말하기를 "國家에는 다섯 가지 大節(大原則)이 있는데, 너는 이 다섯 가지 原則을 모두 犯하였다. 임금의 威嚴을 두려워하고, 임금의 政令을 들어 따르고, 貴한 이를 尊敬하고, 年長者를 섬기고, 親屬을 奉養하는 것이다. 이 다섯 가지는 사용〔所以〕하여 國家를 다스리는 것이다. 그런데 지금 임금이 나라 안에 계시는데도 너는 武器를 사용하였으니 임금의 威嚴을 두려워하지 않은 것이고, 國家의 紀綱을 범하였으니 政令을 따르지 않은 것이고, 子晳은 上大夫이고 너는 下大夫인데도 그에게 몸을 낮추지 않았으니 貴한 이를 尊敬하지 않은 것이고, 어린 사람으로서 忌憚하는 바가 없었으니 年長者를 섬기지 않은 것이고, 從兄에게 武器를 사용하였으니 親屬을 奉養하지 않은 것이다. 그러나 임금님께서 '나는 차마 그를 죽일 수 없으니 그의 私罪를 減免하고 멀리 流配하라.'고 하셨으니, 너는 힘을 다해 속히 떠나고, 〈시일을 끌어〉 너의 罪를 加重시키지 말라."고 하였다.

1) 先聘 子南直也 子南用戈 子晳直也 子産力未能討 故鈞其事 歸罪於楚
먼저 聘問한 것으로 말하면 子南은 無罪〔直〕이고, 子南이 창을 사용한 것으로 말하면 子晳은 無罪이다. 子産의 힘이 그들을 討伐할 수 없기 때문에 그 일의 잘잘못을 同一視하여 罪를 楚에게 돌린 것이다.

2) 역주〕 直鈞……罪在楚也 : 直鈞은 각각 理由가 있다는 말이다. 사실은 子晳이 無理하게 子南이 定婚한 아내를 빼앗으려 하다가 되지 않자, 또 그 남편을 죽이고자 하였다. 子南은 자신을 保護하기 위해 그를 傷害한 데 지나지 않으니 曲直이 分明한데, 子産은 子晳이 大族이기 때문에 子晳의 呼訴만을 듣고서 子南이 傷害한 것을 無理로 여긴 것이다. 〈楊注〉

3) 〔附注〕 朱曰 子産親數其罪
〔부주〕 朱: 子産이 친히 그 죄를 列擧한 것이다.

4) 奸 犯也

奸은 犯이다.

5) 역주] 五者所以爲國也 : 所以爲國의 所以는 用來의 뜻으로 使用함이다.

6) 奸國之紀 謂傷人

國家의 紀綱을 犯했다는 것은 사람을 傷害한 것을 이른다.

7) 역주] 嬖大夫 : 下大夫이다. 晉나라, 鄭나라, 吳나라는 모두 下大夫를 일러 嬖大夫라 하였다.

8) 忌 畏也

忌는 두려워함이다.

9)〔附注〕林曰 子晳子南之從父兄也 而以兵傷之

〔부주〕林: 子晳은 子南의 從兄이다. 그런데도 武器로써 그를 傷害하였다.

10) 역주] 余不女忍殺 : 〈楊注〉에 "倒裝句로 곧 余不忍殺女이다."고 하였다. 倒裝은 修辭法의 하나로 詞句에 通常의 順序를 無視하고 글자를 倒置하여 音節을 調和시키는 것이다.

11)〔附注〕林曰 汝可自勉速行遠去 無增重汝之罪

〔부주〕林: 너는 스스로 힘을 다해 속히 떠나 멀리 가서, 너의 罪를 加重하지 말라는 말이다.

五月庚辰에 **鄭放游楚於吳**[1)]하다 **將行子南**[2)3)]에 **子產咨於大叔**[4)5)]한대 **大叔曰 吉不能亢身**하니 **焉能亢宗**[6)7)]이리오 **彼國政也**오 **非私難也**[8)]라 **子圖鄭國**하니 **利則行之**어늘 **又何疑焉**가 **周公殺管叔而蔡蔡叔**[9)10)]이 **夫豈不愛**리오 **王室故也**라 **吉若獲戾**면 **子將行之**니 **何有於諸游**[11)]리오

5월 庚辰日에 鄭나라는 游楚(子南)를 吳나라로 放逐하였다. 子南을 追放〔行〕하려 할 때 子產이 太叔에게 意見을 묻자, 太叔은 다음과 같이 대답하였다. "나 吉(太叔의 이름)은 내 몸도 保護하지 못하는데 어찌 宗族을 保護할 수 있겠습니까? 저 子南의 일은 國家의 政令을 범하였기 때문이고, 사사로이 難을 일으켰기 때문이 아닙니다. 그대는 鄭나라를 위해 일을 計劃하니, 國家에 이롭다면 즉시 그를 放逐〔行之〕할 것이지, 또 무엇을 의심하십니까? 周公이 管叔을 죽이고 蔡叔을 放逐한 것이 어찌 그들을 사랑하지 않아서이겠습니까? 王室을 鞏固히 하기 위해서였습니다. 내가 만약 罪를 犯한다면 그대는 나를 放逐함이 마땅하니〔將〕, 여러 游氏를 顧慮할 게 뭐 있습니까?"

1)〔附注〕林曰 游楚 卽公孫楚 子南也 放者 宥之以遠也

〔부주〕林: 游楚는 바로 公孫 楚로 子南이다. 放은 死罪를 減刑하고서 멀리 보내는 것이다.

2)〔附注〕林曰 將逐子南而遣之行

〔부주〕林: 子南을 逐出하기로 하고서 그를 떠나보내려 한 것이다.

3) 역주〕將行子南 : 行도 放이다. ≪左氏會箋≫

4) 大叔 游楚之兄子

太叔은 游楚의 兄의 아들이다.

5) 역주〕子産咨於大叔 : 子産이 游楚에게만 罪를 준 것은 본래 臨機應變에서 나온 것이었으므로 太叔이 承服하지 않을까 念慮하였다. 그러므로 그에게 意見을 물은 것이다.

6) 亢 蔽也〔附注〕朱曰 言我尙不能自蔽其身 安能蔽游氏之宗

亢은 가리는 것(보호의 뜻)이다.

〔부주〕朱: 나는 오히려 내 몸도 보호할 수 없는데, 어찌 游氏의 宗族을 보호할 수 있겠느냐고 말한 것이다.

7) 역주〕焉能亢宗 : 亢은 扞蔽로 保護의 뜻이다.〈楊注〉

8)〔附注〕朱曰 彼之放逐 乃國家政令也 非以私意作難也

〔부주〕朱: 子南이 放逐되는 것은 바로 國家의 政令을〈犯하였기 때문이고,〉私意로 難을 일으켰기 때문이 아니라는 말이다.

9) 蔡 放也

蔡는 放逐이다.

10) 역주〕周公殺管叔而蔡蔡叔 : 管叔은 周公의 兄이고 蔡叔은 아우이다. 이들이 武庚을 도와 叛亂을 일으키자, 周公은 管叔을 죽이고 蔡叔을 放逐하였다. ≪史記 管蔡世家≫

11) 爲二年鄭殺公孫黑傳〔附注〕朱曰 我若得罪 汝亦當逐我也 何必顧游氏之族乎

昭公 2년에 鄭나라가 公孫 黑을 죽인 傳의 배경이다.

〔부주〕朱: 내가 만약 罪를 진다면 그대는 나를 放逐함이 마땅하니, 游氏의 宗族을 顧慮할 필요가 뭐 있느냐는 말이다.

【傳】 秦后子有寵於桓하야 **如二君於景**[1)2)]하니 **其母曰 弗去**면 **懼選**[3)]이라 **癸卯**에 **鍼適晉**할새 **其車千乘**이라 **書曰秦伯之弟鍼出奔晉**이라하니 **罪秦伯也**[4)]라

秦나라 后子가 桓公에게 寵愛를 받아 景公 때에 마치 두 임금이 있는 것 같으니, 그 어머니가 말하기를 "네가 秦나라를 떠나지 않으면 너의 罪狀을 列擧〔選〕하여 誅戮할까 두렵다."고 하였다. 癸卯日에 鍼(后子)이 晉나라로 가는데 그 수레가 千乘이었다. 經에 "秦伯의 아우 鍼이 晉나라로 出奔하였다."고 기록하였으니, 이는 罪가 秦伯에게 있음을 말한 것이다.

1) 后子 秦桓公子 景公母弟鍼也 其權寵如兩君
后子는 秦桓公의 아들로 秦景公의 同母弟 鍼이다. 그 權勢와 寵愛가 두 임금 같다는 말이다.
2) 역주] 如二君於景 : 后子가 秦桓公의 寵愛로 인해 큰 勢力을 形成하였기 때문에 桓公이 죽고 景公이 卽位한 뒤에 그 權限이 景公과 비슷하여, 마치 秦나라에 두 임금이 있는 것 같았다는 말이다.
3) 選 數也 恐景公數其罪而加戮
選은 數(列擧)이니, 秦景公이 그 罪를 列擧하여 誅戮할까 두렵다는 말이다.
4) 罪失教
아우 教育을 잘못한 罪를 꾸짖은 것이다.

后子享晉侯[1)]할새 **造舟于河**[2)3)]하고 **十里舍車**[4)5)]하야 **自雍及絳**[6)]하고 **歸取酬幣**[7)8)]하니 **終事八反**[9)]이라 **司馬侯問焉曰 子之車**를 **盡於此而已乎**아 **對曰 此之謂多矣**[10)]라 **若能少此**면 **吾何以得見**[11)]이리오 **女叔齊以告公**[12)]하고 **且曰 秦公子必歸**리라 **臣聞君子能知其過**면 **必有令圖**라하니 **令圖**는 **天所贊也**[13)]라

后子가 宴會를 열어 晉侯를 接待할 때, 배를 나란히 붙여 黃河에 浮橋를 놓고, 秦나라의 國都 雍城에서 晉나라의 國都 絳城까지 十里마다 수레 8乘씩을 配置하고서 雍城으로 돌아가 酬幣를 싣고 오게 하니, 宴會를 마칠 때까지 그 수레들이 여덟 차례씩 反復하였다. 司馬 侯가 后子에게 "그대의 수레를 이곳에 다 배치하였습니까?"라고 묻자, 后子가 대답하기를 "나는 이것을 많다고 생각합니다. 만약 이보다 적었다면 내가 어찌 晉나라로 와서 晉君을 謁見할 수 있겠습니까?"라고 하였다. 女叔齊(司馬 侯)가 이 말을 晉平公에게 告하고, 또 "秦나라 公子(鍼)는 반드시 돌아갈 것입니다. 臣이 듣건대 君子가 자기의 過失을 알면 반드시 좋은 計策을 세운다고 하니, 좋은 計策이 있는 사람은 하늘이 돕는 바입니다."하였다.

1) 爲晉侯設享禮
晉侯를 위해 享禮를 베푼 것이다.
2) 造舟爲梁 通秦晉之道
배를 나란히 붙여 橋梁을 만들어서 秦나라에서 晉나라로 가는 길을 開通한 것이다.
3) 역주] 造舟于河 : 造舟는 ≪詩經≫ 〈大明篇〉 疏에 "물 위에 배를 나란히 붙이고, 그 위에 板子를 까는 것으로 바로 지금의 浮橋이다."고 하였다. ≪毛詩正義≫
4) 一舍八乘 爲八反之備

한 곳에 8乘씩을 排置한 것은 여덟 차례의 往復을 對備한 것이다.

5) 역주〕十里舍車 : 한 곳에 10乘씩을 排置한 것이다. 위에 '其車千乘'이라 하고, 아래에 '車盡於此而已乎'라고 하였으니, 이번 享宴에 千乘을 사용해 酬幣를 실어 나른 것이 틀림없다. ≪左氏會箋≫

6) 雍絳相去千里 用車八百乘〔附注〕林曰 雍秦都 絳晉都

雍城에서 絳城까지의 거리가 千里이므로 수레 8백 乘을 사용한 것이다.

〔부주〕林: 雍은 秦나라의 國都이고 絳은 晉나라의 國都이다.

7) 備九獻之儀 始禮自齎其一 故續送其八酬酒幣

九獻의 儀式을 갖춘 것이다. 처음 一獻의 禮를 擧行할 때에 올릴 禮幣는 스스로 가지고 갔다. 그러므로 여덟 차례 술을 권할 때마다 올릴 禮幣를 繼續해 運送해 오게 한 것이다.

8) 역주〕歸取酬幣 : 古代의 享禮에는 먼저 主人이 賓에게 술을 권하는 것을 '獻'이라 하고, 다음에 賓이 主人에게 술을 권하는 것을 '酢'이라 하고, 再次 主人이 먼저 술을 따라 마시고서 賓에게 함께 마시기를 권하는 것을 '酬'라 하는데, 獻·酢·酬를 합쳐 一獻이라 한다. 酬할 때는 반드시 主人이 賓에게 禮物을 주고서 술을 권하는데, 이를 酬幣라 한다. 〈楊注〉

9) 每千〔十〕*)里以八乘車 各以次載幣相授而還 不徑至 故言八反 千里用車八百乘 其二百乘以自隨 故言千乘 傳言秦鍼之出 極奢富以成禮 欲盡敬於所赴

十里마다 排置한 8乘의 수레가 각각 차례로 幣物을 싣고 와서 다음 수레에 引繼하고 돌아간 것이고, 한 수레가 곧장 끝까지 온 것이 아니다. 그러므로 '八反'이라 한 것이다. 千里에 수레 8백 乘을 사용하고 2백 乘은 자신을 따르게 한 것이다. 그러므로 千乘이라 한 것이다. 傳文은 秦나라 鍼이 出奔할 때 지극히 사치스럽고 豊富하게 享禮를 마쳐, 도망해 와 있는 나라의 임금에게 공경을 다하고자 한 것을 말한 것이다.

*) 역주〕저본에는 '千'으로 되어 있으나 ≪十三經注疏≫本에 의거하여 '十'으로 바로잡았다.

10) 역주〕此之謂多矣 : 司馬 侯가 '盡於此而已乎'라고 한 말은 대체로 千乘도 오히려 많다고 할 만하지 못하다는 뜻이다. 그러므로 后子가 千乘을 많다고 생각한다고 대답한 것이다. ≪左氏會箋≫

11) 言已坐車多 故出奔

나의 坐車(坐乘하는 수레)가 많기 때문에 出奔할 수 있었다는 말이다.

12) 叔齊 司馬侯

女叔齊는 司馬 侯이다.

13)〔附注〕林曰 凡人而有改過 維新之美圖 此天之所贊助也

〔부주〕 林: 무릇 사람으로서 허물을 고치고서 새사람이 되려는 아름다운 생각을 가지면 이런 사람은 하늘이 돕는다는 말이다.

后子見趙孟하니 **趙孟曰 吾子其曷歸**[1]오 **對曰 鍼懼選於寡君**이라 **是以在此**하니 **將待嗣君**[2]하노라 **趙孟曰 秦君何如**오 **對曰 無道**라 **趙孟曰 亡乎**[3]아 **對曰 何爲**[4]오 **一世無道**라도 **國未艾也**[5)6]라 **國於天地**[7]는 **有與立焉**[8]이니 **不數世淫**이면 **弗能斃也**라 **趙孟曰 天〔夭〕乎**[9)10]아 **對曰 有焉**이라 **趙孟曰 其幾何**오 **對曰 鍼聞之**컨대 **國無道而年穀和熟**은 **天贊之也**[11]니라하니 **鮮不五稔**[12]이라 **趙孟視蔭曰 朝夕不相及**[13]이니 **誰能待五**[14]리오 **后子出而告人曰 趙孟將死矣**라 **主民**하야 **翫歲而愒日**[15]하니 **其與幾何**[16)17]오

后子가 趙孟을 만나니, 趙孟이 "그대는 언제 돌아갈 것입니까?"라고 물었다. 后子가 "나는 우리 임금께서 나의 罪를 列擧하여 誅戮할 것이 두려웠습니다. 그러므로 이곳으로 도망해 온 것이니, 장차 새 임금이 位를 繼承할 때까지 기다리겠습니다."고 대답하였다. 趙孟이 "秦나라 임금은 어떤 사람입니까?"고 묻자, 后子는 "無道합니다."고 대답하였다. 趙孟이 "그렇다면 나라가 亡하겠습니까?"라고 묻자, 后子는 "어찌 亡하기야 하겠습니까? 한 代의 임금이 無道하여도 나라가 亡〔艾〕하지는 않습니다. 天地 사이에 樹立된 나라에는 그 存立을 돕는 臣下가 있게 마련이니, 몇 代의 임금이 繼續해 淫亂하지 않으면 나라가 亡〔斃〕하지 않습니다."고 대답하였다. 趙孟이 "그렇다면 夭死하겠습니까?"라고 묻자, 后子는 "그럴 수 있을 것입니다."고 대답하였다. 趙孟이 "그가 언제쯤 죽겠습니까?"고 묻자, 后子는 "내가 듣건대 國君이 無道한데도 곡식이 豊年이 드는 것은 하늘이 그를 돕기 때문이라고 하니, 적어도 5년 안에는 죽지 않을 것입니다."고 대답하였다. 趙孟이 해 그늘을 보며 말하기를 "아침 그늘이 저녁까지 갈 수 없는데, 어찌 5년을 기다릴 수 있습니까?"라고 하였다. 后子가 나와서 사람에게 告하기를 "趙孟은 머지않아 죽을 것이다. 백성의 主人이 되어 〈國家는 생각지 않고〉 歲月을 虛送하며 安逸만을 탐하니, 그가 얼마나 살 수 있겠는가?"라고 하였다.

1) 問何時當歸

언제 돌아가겠느냐고 물은 것이다.

2) 〔附注〕 林曰 將待嗣君之世而後敢歸

〔부주〕 林: 장차 嗣君의 世上이 되기를 기다린 뒤에 감히 돌아가겠다는 말이다.

3) 역주〕 亡乎 : 임금이 無道하다면 나라가 장차 滅亡할 것이냐고 물은 것이다. 〈楊注〉

4)〔附注〕林曰 何爲遽至於亡

〔부주〕林: 어찌 갑자기 亡하는 데야 이르겠느냐는 말이다.

5) 艾 絶也〔附注〕林曰 先君之德澤在人心 國未艾絶也

艾는 끊김이다.

〔부주〕林: 先君의 德澤이 사람들의 마음에 있기 때문에 나라가 亡하지 않는다는 말이다.

6) 역주〕國未艾也 : 艾는 宗廟에 祭祀가 끊기는 것을 이른 말로 곧 亡國을 뜻한다. 그러므로 이상과 같이 번역하였다.

7)〔附注〕林曰 凡立國於天地之間

〔부주〕林: 天地 사이에 樹立된 모든 나라들이다.

8) 言欲輔助之者多

돕고자 하는 자가 많다는 말이다.

9)〔附注〕林曰 又問有天命乎

〔부주〕林: 또 天命이 있느냐고 물은 것이다.

10) 역주〕天乎 : 저본에는 天으로 되어 있으나 〈正義〉에 '君或早夭'로 되어 있으니, '天'은 '夭'의 誤字인 듯하다. 그러므로 '天'을 '夭'로 바로잡고서, '夭死'로 번역하였다. 임금이 無道한데도 나라가 亡하지 않는다면 그 임금이 夭死하겠느냐고 물은 것이다.

11) 贊 佐助也

贊은 도움이다.

12) 鮮 少也 少尙當歷五年 多則不啻

鮮은 少이니, 〈그의 壽命이 짧아도〉 5년은 지날 것이고, 길면 5년뿐이 아니라 〈더 오래 살〉 것이라는 말이다.

13) 역주〕朝夕不相及 : 세월의 빠름을 말한 것이다. 해 그늘(時間을 뜻함)이 빨리 옮겨, 아침 그늘이 저녁까지 한 곳에 머물지 않듯이, 趙孟 자신의 죽음도 점점 가까이 다가와서 언제 죽을지 알 수 없다는 말이다. 朝夕不相及이 一般的으로 朝不及夕(아침에 저녁 일을 알 수 없음)의 뜻으로 쓰이나, 여기서는 歲月의 빠름을 비유한 것이므로 이상과 같이 번역하였다.

14) 蔭 日景也 趙孟意衰 以日景自喩 故言朝夕不相及 誰能待五〔附注〕林曰 誰能待五年之久

蔭은 해 그림자이다. 趙孟은 意志가 쇠하여, 해 그늘로써 자신을 비유한 것이다. 그러므로 '아침 그늘이 저녁까지 갈 수 없는데 어찌 5년을 기다릴 수 있느냐?'고 한 것이다.

〔부주〕林: 누가 5년이란 오랜 歲月을 기다릴 수 있겠느냐는 말이다.

15) 翫愒皆貪也〔附注〕林曰 言執政爲民之主而貪翫歲日

翫과 愒은 모두 貪함이다.

〔부주〕 林: 執政(趙孟을 이름)은 백성의 主人이 되어 하는 일 없이 歲月을 보내며 安逸만을 탐한다는 말이다.

16) 言不能久

오래 살 수 없다는 말이다.

17) 역주〕 其與幾何 : 其幾何與의 變句이다. 〈楊注〉

【傳】 鄭爲游楚亂故[1]하야 六月丁巳에 鄭伯及其大夫盟于公孫段氏하다 罕虎公孫僑公孫段印段游吉駟帶私盟于閨門之外하니 實薰隧[2]라 公孫黑强與於盟하야 使大史書其名하고 且曰七子[3]라호되 子產弗討[4]하다

鄭나라는 游楚가 亂을 일으킨 일로 인해 6월 丁巳日에 鄭伯이 그 大夫들과 公孫 段의 집에서 結盟하였다. 罕虎・公孫 僑(子產)・公孫 段・印段・游吉・駟帶가 사사로이 閨門 밖에서 結盟하였으니, 사실은 〈그 場所가〉 薰隧였다. 公孫 黑이 강제로 盟約에 參與하여 太史에게 자기의 이름도 함께 기록하게 하고, 또 '七子'로 稱하게 하였는데도 子產은 그를 討伐하지 않았다.

1) 游楚 子南

游楚는 子南이다.

2) 閨門 鄭城門 薰隧 門外道名 實之者 爲明年子產數子晳罪稱薰隧盟起本

閨門은 鄭나라 城門이다. 薰隧는 城門 밖의 道路名이다. 그 結盟한 實地를 말한 것은 明年에 子產이 子晳의 罪狀을 列擧하며 '薰隧之盟'이라고 稱한 張本이다.

3) 自欲同於六卿 故曰七子

자신이 六卿과 同列이 되고자 하였기 때문에 일곱 사람이 結盟한 것으로 기록하게 한 것이다.

4) 子晳强 討之恐亂國

子晳이 强하기 때문에 그를 討伐하면 나라를 어지럽힐 것이 두려웠기 때문이다.

【傳】 晉中行穆子敗無終及群狄于太原[1]하니 崇卒也[2][3]라 將戰에 魏舒曰 彼徒我車[4]오 所遇又阨[5]이니 以什共車면 必克[6]이오 困諸阨이면 又克[7][8]이니 請皆卒[9]하노라 自我始라하고 乃毁車以爲行[10]하야 五乘爲三伍[11]하다 荀吳之嬖人不肯卽卒이어늘 斬以徇[12]하고 爲五陳以相離[13][14]하야 兩於前하고 伍於後하며 專爲右角하고 參爲左

角하며 **偏爲前拒**[15)]하야 **以誘之**하니 **翟人笑之**[16)17)]하다 **未陳而薄之**하야 **大敗之**[18)]하다

晉나라 中行穆子가 太原에서 無終과 群狄을 敗北시켰으니, 이는 步卒을 崇尙(重視)하였기 때문이다. 戰爭하려 할 때 魏舒가 말하기를 "저들은 徒兵(步兵)이고 우리는 車兵인데, 兩軍이 서로 만나는 곳의 地勢마저 또 險하니, 10人이 兵車 一乘을 共用하게 하면 반드시 勝利할 것이고, 地形을 이용해 伏兵을 설치해 敵軍을 困窮에 빠뜨리면 또 勝利할 수 있으니 군대를 모두 步兵으로 編成하소서. 나의 部隊부터 먼저 始作하겠습니다."고 하고서, 車兵을 解體하고서 步兵의 隊伍로 編成하여, 5乘의 人員으로 세 伍를 編成하였다. 荀吳의 嬖人(寵臣)이 步卒의 隊伍로 들어가려 하지 않으니, 그 목을 베어 軍中에 돌려 보였다. 그리고는 다섯 陳營을 서로 붙도록 만들어 兩陳은 앞에 두고 伍陳은 뒤에 두며, 專陳을 右翼으로 參陳을 左翼으로 偏陳을 前拒(先鋒)로 삼아 敵을 誘引하니 翟人은 이를 보고 비웃었다. 狄人이 陳을 치기 전에 공격〔薄〕하여 크게 敗北시켰다.

1) 卽大鹵也 無終 山戎〔附注〕林曰 中行穆子 卽荀吳

太原은 바로 大鹵이다. 無終은 山戎이다.

〔부주〕林: 中行穆子는 바로 荀吳이다.

2) 崇 聚也

崇은 聚(모음)이다.

3) 역주〕崇卒 : 崇은 兪樾이 "≪漢書≫〈禹貢傳〉集注에 '崇은 尙이다.'고 하였으니, 崇卒은 尙卒과 같은 말이다. 이 戰爭에 兵車를 버리고 步卒을 사용하였으니, 이것이 尙卒한 것이다."고 하였다. ≪左氏會箋≫

4)〔附注〕林曰 彼謂群狄 皆徒步兵 我謂晉兵 皆用車乘

〔부주〕林: 彼는 群狄을 이르는데 모두 徒步兵이고, 我는 晉兵을 이르는데 모두 車乘을 사용한다는 말이다.

5) 地險不便車

地勢가 險하여 兵車를 사용하기 不便하다는 말이다.

6) 更增十人 以當一車之用

다시 10인씩을 增員하여 一車의 用途를 擔當하게 하는 것이다.

7) 車每困於阨道 今去車 故爲必克

兵車는 매양 험한 길에서 困難을 당하는데, 이제 兵車를 버렸기 때문에 반드시 勝利할 수 있다는 말이다.

8) 역주〕以什共車……困諸阨 : 以什共車는 地勢가 險한 곳에서는 兵車를 사용해 作戰할

수 없으므로 10人이 兵車 一乘을 共用해 作戰하는 것이고, 困諸阨은 險한 地勢를 利用하여 敵軍을 困境에 빠뜨리는 것이니, 奇計를 사용하여 伏兵을 設置하는 것이다.

9) 去車爲步卒

兵車를 버리고 步卒로 삼는 것이다.

10) 魏舒先自毁其屬車爲步陳

魏舒가 먼저 자기에게 屬한 兵車部隊를 解體하고서 步兵의 陳營으로 만든 것이다.

11) 乘車者 車三人 五乘十五人 今改去車 更以五人爲伍 分爲三伍

수레에 타는 자는 兵車마다 3人씩이니, 5乘이면 15人이다. 지금 軍制를 改編하여 車兵을 없애고 다시 5人씩 묶어 伍로 編成하고, 또 나누어 세 개의 伍로 만든 것이다.

12) 魏舒輒斬之 荀吳不恨 所以能立功

魏舒가 즉시 그를 斬首하였는데도 荀吳가 怨恨하지 않았기 때문에 魏舒가 功을 세울 수 있었다.

13) 〔附注〕 林曰 制步卒爲五陳互相救援 蓋以道阨難於用衆 故臨時之宜制 爲五陳不相聯屬易於進退 如下文所云

〔부주〕 林: 步卒을 다섯 陣營으로 만들어 서로 救援하게 한 것이다. 대개 길이 험해 많은 군대를 쓰기 어렵기 때문에 臨時로 便宜한 制度를 만들어 다섯 개의 陣營이 서로 붙지 않게 하여 進退하기 쉽게 한 것이 下文에 말한 것과 같다.

14) 역주〕 爲五陳以相離 : 離는 麗와 通하니 附麗(서로 붙어 있음)이다. 前後左右의 陣營이 서로 붙도록 만들어 協力하게 하고, 또 앞에 한 陣營을 設置하여 敵을 誘引하게 한 것이다. ≪左氏會箋≫

15) 皆臨時處置之名

모두 臨時로 設置한 陣營의 名稱이다.

16) 笑其失常

晉軍이 正常의 陳法을 잃었기 때문에 비웃은 것이다.

17) 역주〕 翟 : 翟은 狄과 같다. 〈楊注〉

18) 傳言荀吳能用善謀

傳文은 荀吳가 능히 좋은 計策을 採用한 것을 말한 것이다.

【傳】 莒展輿立하야 而奪群公子秩[1)]하니 公子召去疾于齊하다 秋에 齊公子鉏納去疾[2)]하니 展輿奔吳[3)]하다

莒나라의 展輿가 即位하여 公子들의 祿秩(祿俸과 官職)을 削奪하니, 公子들이 齊나라에 도망가 있는 公子 去疾을 돌아오도록 불렀다. 가을에 齊나라 公子 鉏가 去疾을 莒나

라로 들여보내니, 展輿가 吳나라로 出奔하였다.

1)〔附注〕林曰 展輿削奪群公子之祿秩

〔부주〕林: 展輿가 公子들의 祿秩을 削奪한 것이다.

2) 齊雖納去疾 莒人先召之 故從國逆例書入*) 去疾奔齊 在襄三十一年

齊나라가 비록 去疾을 莒나라로 돌려보냈으나, 莒人이 먼저 불렀기 때문에 經에 國逆의 例에 따라 '入'으로 기록한 것이다. 去疾이 齊나라로 도망간 일은 襄公 31년에 있었다.

*) 역주〕齊雖納去疾……故從國逆例書入 : 이 杜注는 齊人이 그를 本國으로 들여보냈는데도 經에 '歸'로 기록하지 않고 '入'으로 기록한 이유를 說明한 것이다. 成公 18년 傳에 의하면 '凡去其國 國逆而立之曰入 諸侯納之曰歸'라고 하였다.

3) 吳外孫

吳나라의 外孫이었기 때문이다.

叔弓帥師疆鄆田하니 因莒亂也[1)]라 於是莒務婁瞀胡及公子滅明以大厖與常儀靡奔齊[2)]하다

魯나라 叔弓이 군대를 거느리고 가서 鄆田(鄆地)의 境界를 劃定하였으니, 이는 莒나라에 內亂이 난 機會를 利用한 것이다. 이때 莒나라의 務婁, 瞀胡 및 公子 滅明이 大厖과 常儀靡를 가지고 齊나라로 出奔하였다.

1) 此春取鄆 今正其疆界

이해 봄에 奪取한 鄆地에 지금 경계를 劃定한 것이다.

2) 二〔三〕*)子 展輿黨 大厖常儀靡 莒二邑

세 사람은 展輿의 黨이다. 大厖과 常儀靡는 莒나라의 두 邑이다.

*) 역주〕저본에는 '二'로 되어 있으나 ≪十三經注疏≫本에 의거하여 '三'으로 바로잡았다.

君子曰 莒展之不立은 棄人也夫[1)]ㄴ저 人可棄乎아 詩曰 無競惟〔維〕[2)]人이라하니 善矣[3)]로다

君子는 이에 대해 다음과 같이 論評하였다. "莒나라의 展輿가 임금의 자리를 지키지 못한 것은 人才를 버렸기 때문이다. 人才를 버려서야 되겠는가? ≪詩經≫에 '國家를 强盛하게 하려면 人才를 얻는 것만 한 게 없다.'고 하였으니, 좋은 말이다."

1) 奪群公子秩 是棄人

公子들의 秩(官職)을 빼앗은 것이 바로 人才를 버린 것이다.

2) 역주] 저본에는 '惟'로 되어 있으나 ≪十三經注疏≫本에 의거하여 '維'로 바로잡았다.

3) 詩周頌 言惟得人 則國家疆〔彊〕*)

詩는 ≪詩經≫〈周頌 烈文篇〉의 詩句이다. 人才를 얻으면 國家가 彊해진다는 말이다.

*) 역주] 저본에는 '疆'으로 되어 있으나 ≪十三經注疏≫本에 의거하여 '彊'으로 바로잡았다.

【傳】 晉侯有疾하니 鄭伯使公孫僑如晉聘하고 且問疾하다 叔向問焉曰 寡君之疾이 病이라 卜人曰 實沈臺駘爲祟[1)]라하야늘 史莫之知하니 敢問此何神也오 子産曰 昔高辛氏有二子하니 伯曰閼伯이오 季曰實沈[2)3)]이라 居于曠林하야 不相能也[4)]하야 日尋干戈하야 以相征討[5)]하니 后帝不臧[6)7)]하야 遷閼伯于商丘하야 主辰[8)]이러니 商人是因이라 故辰爲商星[9)]이라 遷實沈于大夏하여 主參[10)11)]이러니 唐人是因하야 以服事夏商[12)]하니라 其季世曰唐叔虞[13)14)]라 當武王邑姜方震大叔[15)]하야 夢帝謂己호되 余命而子曰虞[16)]라하고 將與之唐하야 屬諸參[17)]하야 而蕃育其子孫하리라 及生에 有文在其手曰虞어늘 遂以命之[18)]하니라 及成王滅唐而封大叔焉이라 故參爲晉星[19)]이라 由是觀之컨대 則實沈은 參神也라 昔金天氏有裔子曰昧러니 爲玄冥師하야 生允格臺駘[20)]라 臺駘能業其官[21)22)]하야 宣汾洮[23)]하고 障大澤[24)]하야 以處大原[25)26)]하니 帝用嘉之하야 封諸汾川[27)28)]일새 沈姒蓐黃이 實守其祀[29)]러니 今晉主汾而滅之矣[30)]라 由是觀之컨대 則臺駘는 汾神也라 抑此二者는 不及君身[31)]이라 山川之神은 則水旱癘疫之災니 於是乎禜之[32)]하고 日月星辰之神은 則雪霜風雨之不時니 於是乎禜之[33)]라 若君身은 則亦出入飮食哀樂之事也[34)35)]니 山川星辰之神이 又何爲焉[36)37)]이리오 僑聞之컨대 君子有四時하야 朝以聽政[38)]하고 晝以訪問[39)]하며 夕以修令[40)41)]하고 夜以安身이라하니 於是乎節宣其氣[42)43)]하야 勿使有所壅閉湫底하야 以露其體[44)45)]하고 茲心不爽하야 而昏亂百度[46)]어늘 今無乃壹之[47)]則生疾矣[48)]아 僑又聞之컨대 內官不及同姓[49)]이라하니 其生不殖[50)]하고 美先盡矣면 則相生疾[51)52)]이라 君子是以惡之니라 故志曰 買妾에 不知其姓이면 則卜之[53)54)]라하니 違此二者는 古之所愼也[55)]라 男女辨姓은 禮之大司也[56)]어늘 今君內實有四姬焉[57)]하니 其無乃是也乎[58)]아 若由是二者면 弗可爲也已[59)]라 四姬有省(생)이면 猶可어니와 無則必生疾矣[60)61)]리라

叔向曰 善哉라 **肸未之聞也**로다 **此皆然矣**라

晉侯가 病을 앓으니, 鄭伯이 公孫 僑(子産)를 晉나라에 보내어 聘問하고 또 問病하게 하였다. 叔向이 子産에게 묻기를 "우리 임금님의 病患이 危篤〔病〕합니다. 卜人은 '實沈과 臺駘가 빌미가 되었다.'고 하는데, 太史는 그것이 무엇인지를 모르니, 감히 묻습니다. 이것이 무슨 神입니까?"라고 하니, 子産이 말하기를 "옛날 高辛氏에게 두 아들이 있었으니 큰 아들은 閼伯이고 작은 아들은 實沈이었습니다. 그들은 曠林에 살면서 서로 사이가 좋지 못하여 날마다 干戈를 사용해 서로 攻擊하니, 后帝(堯)는 그들을 좋지 않게 여겨 閼伯을 商丘로 옮겨 辰星(大火星)의 祭祀를 主管하게 하였더니, 商人이 이 일을 因襲하였습니다. 그러므로 辰星이 商나라의 별이 된 것입니다. 實沈을 大夏로 옮겨 參星의 祭祀를 主管하게 하였더니, 唐人이 이 일을 因襲하여 夏王朝와 商王朝에 服從해 섬겼습니다. 唐나라 末世의 임금이 唐叔虞이었습니다. 武王의 后妃 邑姜이 太叔을 姙娠할 때를 당하여, 꿈에 天帝가 邑姜에게 '내가 너의 아들을 虞로 命名하고서, 장차 이 아이에게 唐나라를 주어 參星 分野의 땅을 歸屬시켜 子孫을 蕃育(繁昌)하게 하려 한다.'고 하였습니다. 出生함에 미쳐 손바닥에 '虞'자 모양의 무늬가 있으니, 드디어 '虞'로 이름을 지었습니다. 成王에 미쳐 唐國을 滅하고 太叔을 그곳에 封하였으므로 參星이 晉나라의 별이 된 것입니다. 이로써 보면 實沈은 參星의 神입니다. 옛날에 金天氏의 後裔에 昧라는 자가 있었더니, 玄冥師가 되어 允格과 臺駘 두 아들을 낳았습니다. 臺駘는 능히 그 世業을 繼承하여 汾水와 洮水를 疏通시키고 大澤에 堤防을 쌓아 廣大한 平原에 人民들을 편히 살게 하니, 帝(顓頊)가 이를 嘉尙히 여겨 그를 汾川에 封하였으므로 〈그 後孫인〉 沈國·姒國·蓐國·黃國이 실로 그 祭祀를 대대로 지내왔는데, 지금 晉나라가 汾水 一帶를 主宰(統治)하면서 이 네 나라들을 滅하였습니다. 이로써 보면 臺駘는 汾水의 神입니다. 그러나 이 두 神은 晉君의 身病과는 無關합니다. 장마와 가뭄과 전염병 등의 災害가 있으면 이에 山川의 神에게 禜祭를 지내고, 눈과 서리, 바람과 비 등이 철을 잃으면 이에 日月星辰의 神에게 禜祭를 지냅니다. 晉君의 身病으로 말하면 出入, 飮食, 哀樂의 일로 인해 생긴 것이니, 山川이나 星辰의 神이 또 어찌 병을 줄 수 있겠습니까? 내가 듣건대 君子는 四時(朝時, 晝時, 夕時, 夜時)의 일이 있어, 아침에는 國政을 處理하고 낮에는 諮問을 구하고, 저녁에는 政令을 修正하고, 밤에는 몸을 편히 쉰다고 합니다. 이에 體內의 기운을 節制하기도 하고 發散하기도 하여, 기운이 막히거나 積滯되어 몸을 파리하게 하지도, 마음이 밝지 않아 모든 일에 昏亂이 있게 하지도 말아야 하는데, 지금 임금님은 마음을 오로지 한 곳에만 써서 病이 생긴 것이 아닌지요. 내가 또 듣건대 內官(妃嬪)은 同姓을 取하지 않는다고 하니, 〈그 이유는〉 그 사이

에서 태어난 자식은 生産이 蕃盛하지 못하고, 愛情〔美〕이 먼저 〈한 사람에게〉 다 쏠리면 서로에게 病이 생기기 때문입니다. 君子는 이런 이유로 同姓婚을 嫌惡하는 것입니다. 그러므로 옛 記錄에 '妾을 살 때에 그 姓을 모르면 占을 친다.'고 하였으니, 이 두 가지 일을 違反하는 것을 옛사람들은 삼갔습니다. 男女의 姓을 辨別하는 것은 禮節의 큰 根本〔司〕인데, 지금 晉君의 內官에 姬氏가 넷이 있으니, 晉君의 病이 이로 인해 생긴 것이 아니겠는지요. 만약 이 두 가지에서 緣由한 것이라면 治療할 수 없습니다. 그러나 네 姬氏가 모시는 時間을 줄인다면 오히려 治療가 可能하겠지만 그렇지 않다면 반드시 病이 생길 것입니다."고 하니, 叔向이 말하기를 "좋은 말씀입니다. 나는 아직 이런 말을 들어보지 못했습니다. 指摘하신 內容이 모두 사실입니다."고 하였다.

1) 〔附注〕 林曰 謂二神爲禍 見於卜兆*)

〔부주〕 林: 두 神이 禍가 된 것이 卜兆에 드러난 것을 이른다.

*) 역주〕 卜兆 : 거북점을 칠 때 龜甲을 불에 달구면 龜甲이 터져 생기는 무늬이다. 이 무늬로 吉凶을 점친다.

2) 高辛 帝嚳

高辛은 帝嚳이다.

3) 역주〕 高辛 : 黃帝의 曾孫이고, 帝堯의 아버지이다. ≪史記 五帝本紀≫

4) 曠林 地闕 〔附注〕 林曰 二子不相能善

曠林은 所在地를 알 수 없어 註解하지 않았다.

〔부주〕 林: 두 아들이 서로 사이가 좋지 않았다는 말이다.

5) 尋 用也

尋은 使用이다.

6) 后帝 堯也 臧 善也

后帝는 堯이다. 臧은 善이다.

7) 역주〕 后帝不臧 : 襄公 9년 傳에 "陶唐氏의 火正 閼伯이 商丘에 居住하며……."라고 하였으니, 이에 依據해 后帝가 堯인 것을 안 것이다. ≪左氏會箋≫

8) 商丘 宋地 主祀辰星 辰 大火也

商丘는 宋나라 땅이다. 辰星의 祭祀를 主管한 것이다. 辰星은 大火星이다.

9) 商人 湯先相土封商丘 因閼伯故國 祀辰星

商人은 湯王의 先祖 相土이다. 商丘를 封地로 받아 閼伯의 옛 나라를 이어 辰星의 祭祀를 主管한 것이다.

10) 大夏 今晉陽縣

大夏는 지금의 晉陽縣이다.

11) 역주〕 主辰……主參 : 主辰, 主參은 襄公 9年 傳과 그 注에 자세히 說明하였다.

12) 唐人 若劉累之等 累遷魯縣 此在大夏

唐人은 劉累 等이다. 〈그러나〉 累는 魯縣으로 옮겼으니, 여기에 〈말한 唐人은〉 大夏에 있는 자들을 이른다.

13) 唐人之季世 其君曰叔虞

唐人의 末世에 그 임금이 叔虞이다.

14) 역주〕 其季世曰唐叔虞 : 叔虞는 唐나라 마지막 임금인데, 天帝가 邑姜의 아들에게 唐國을 주려 하였기 때문에 唐君의 이름을 取해 그 이름을 지은 것이다. ≪左氏會箋≫

15) 邑姜 武王后 齊大公之女 懷胎爲震 大叔 成王之弟叔虞

邑姜은 武王의 王后로 齊나라 太公의 딸이다. 孕胎를 震이라 한다. 太叔은 成王의 아우 叔虞이다.

16) 帝 天 取唐君之名

帝는 天帝이다. 唐君의 이름을 取한 것이다.

17)〔附注〕 林曰 屬諸參星之分野[*)]

〔부주〕 林: 그에게 參星 分野의 땅을 歸屬시키겠다는 말이다.

*) 역주〕 分野 : 分野는 中國 全域을 하늘의 12星次에 配當하여 나눈 地域을 이른다.

18)〔附注〕 林曰 遂以命大叔名曰虞

〔부주〕 林: 드디어 〈唐君의 이름을 取하여〉 太叔의 이름을 '虞'로 지은 것이다.

19) 叔虞封唐 是爲晉侯〔附注〕 林曰 晉居唐地屬參 故參爲晉主星

叔虞를 唐에 封하였으니, 이가 晉侯이다.

〔부주〕 林: 晉나라가 唐나라 땅에 居住하며 參星 分野의 땅을 統屬하였기 때문에 參星이 晉나라의 主星이 된 것이다.

20) 金天氏 帝少皞 裔 遠也 玄冥 水官 昧爲水官之長〔附注〕 林曰 師 長也 昧生二子 長曰允格 少曰臺駘

金天氏는 帝 少皞이다. 裔는 遠이다. 玄冥은 水官이니, 昧가 水官의 長이 된 것이다.

〔부주〕 林: 師는 長이다. 昧가 두 아들을 낳았는데, 큰아들이 允格이고 작은아들이 臺駘이다.

21) 纂昧之業

昧의 業을 繼承한 것이다.

22) 역주〕 能業其官 : 業은 世이니, 그 世業을 잘 繼承한 것을 이른다. 〈楊注〉

23) 宣猶通也 汾洮 二水名

宣은 通과 같다. 汾洮는 두 물의 이름이다.

24) 陂障之

堤防을 쌓아 물을 막은 것이다.

25) 大原 晉陽也 臺駘之所居

大原은 晉陽이니, 臺駘가 居住한 곳이다.

26) 역주] 以處大原 : 大原은 地名이 아니고, 汾水流域 一帶의 높고 평평한 地帶를 가리킨 것이다. 人民들을 편히 살게 한 것이다. 〈楊注〉

27) 帝 顓頊

帝는 顓頊이다.

28) 역주] 汾川 : 汾水流域이다. 〈楊注〉

29) 四國 臺駘之後

네 나라는 臺駘의 後孫이다.

30) 滅四國〔附注〕林曰 晉主有汾川之地

네 나라를 滅亡시킨 것이다.

〔부주〕林: 晉나라가 汾川의 땅을 占有(主有)한 것이다.

31)〔附注〕林曰 抑此二神所降災福 不及國君之身生其疾病

〔부주〕林: 그러나 이 두 神이 내린 災殃과 福이 國君의 身上에 미쳐 그 疾病이 생긴 것이 아니라는 말이다.

32) 有水旱之災 則禜祭山川之神 若臺駘者 周禮四曰禜祭 爲營攢 用幣 以祈福祥

水旱 등의 災害가 있으면 山川의 神에게 禜祭를 지낸다는 말이다. 山川의 神은 臺駘 같은 자이다. ≪周禮≫ 〈春官 大祝〉의 六祈 중에 네 번째가 禜祭인데, 땅을 고르고 表旗를 세우고서 幣帛을 사용해 祭祀하여 福祥을 祈求하는 것이다.

33) 星辰之神 若實沈者

星辰의 神은 實沈 같은 것이다.

34)〔附注〕林曰 出入飮食哀樂失節所致

〔부주〕林: 出入, 飮食, 哀樂에 節度를 잃어 빚어진 일이라는 말이다.

35) 역주] 出入 : 內室의 出入을 이른다. ≪左氏會箋≫

36) 言實沈臺駘不爲君疾

實沈과 臺駘가 晉君의 病이 되지 않았다는 말이다.

37) 역주] 山川星辰之神 又何爲焉 : 山川과 星辰의 神은 水旱癘疫의 災害와 때 아닌 雪霜風雨의 異變을 내릴 수 있을 뿐인데, 또 어찌 사람에게 病을 줄 수 있겠느냐는 말이다.

38) 聽國政

國政을 處理하는 것이다.

39) 問可否

可否를 묻는 것이다.

40) 念所施

施行할 일을 생각하는 것이다.

41) 역주〕 修命 : 政令을 確定하는 것이다. 〈楊注〉

42) 宣 散也〔附注〕朱曰 以此四時節之務 使勞逸更遞以宣其氣

宣은 發散하는 것이다.

〔부주〕 朱: 이 네 時節의 일을 함으로써 勞苦와 安靜을 번갈아 하여 그 기운을 發散하는 것이다.

43) 역주〕 夜以安身 於是乎節宣其氣 : 밤에는 몸을 편안히 쉴 수 있으니 이에 기운을 抑制하기도 하고 發散하기도 하여 알맞게 조절해야 한다는 말이다.

44) 湫 集也 底 滯也 露 羸也 壹之則血氣集滯而體羸露也

湫는 集이고 底는 滯이다. 露는 羸이다. 한 가지 일만을 오로지 마음을 쓰면 몸이 파리해진다는 말이다.

45) 역주〕 勿使有所壅閉湫底 : 勿使는 아래의 昏亂百度에 걸린다.

46) 玆 此也 爽 明也 百度 百事之節

玆는 此이다. 爽은 明이다. 百度는 百事의 節度이다.

47) 同四時也〔附注〕林曰 今晉君無乃惑於女色而同其四時

네 時間에 오로지 한 가지 일에만 마음을 쓰는 것이다.

〔부주〕 林: 지금 晉君은 女色에 眩惑하여 네 時間을 오로지 女色을 탐하는 일에 썼기 때문이 아니냐는 말이다.

48) 역주〕 今無乃壹之則生疾矣 : '則'은 '而'로 보아야 하고, '矣'는 '乎'와 같다. ≪左氏會箋≫

49) 內官 嬪御

內官은 嬪御(妃嬪과 侍妾)이다.

50) 殖 長也〔附注〕林曰 蓋男女同姓 雖有生産 不能長殖

殖은 長(자람)이다.

〔부주〕 林: 男女(夫婦)가 同姓이면 비록 生産하더라도 長殖(成長하거나 繁殖)할 수 없다는 말이다.

51) 同姓之相與 先美矣 美極則盡 盡則生疾〔附注〕朱曰 人於同姓相愛尤厚 若又爲夫婦 則相愛之美尤極 然則美盡而生疾

同姓 사이는 交分이 〈夫婦가 되기〉 전부터 좋았는데, 〈夫婦가 된 뒤에〉 좋은 感情이 지극하면 愛情이 다 그에게 쏠리고, 그에게 다 쏠리면 病이 생긴다는 말이다.

〔부주〕 朱: 사람이 同姓 사이에는 서로 親愛하는 情이 더욱 두터운 것인데, 만약 또 夫婦가 된다면 서로 親愛하는 感情이 더욱 지극하다. 그렇다면 사랑하는 감정이 극진하여

병이 생긴다는 말이다.

52) 역주] 美先盡矣 則相生疾 : 周나라 때의 禮는 同姓끼리 婚姻을 하지 않았다. 그런데 지금 同姓을 取한 것은 반드시 그 女人이 매우 美人이었기 때문이다. 愛情이 한 사람에게 다 쏠리면 病이 생긴다는 말이다. 〈楊注〉

53) 〔附注〕 林曰 卜而得吉 必非同姓者矣

〔부주〕 林: 점을 쳐서 吉한 占卦를 얻었다면 반드시 同姓이 아닐 것이다.

54) 역주] 故志曰……則卜之 : 이 말은 ≪禮記≫ 〈曲禮 上〉에 보인다. ≪左氏會箋≫에 "氏는 알기 쉽지만 姓은 알기 어렵기 때문에 同姓인지의 與否를 점치는 것이다."고 하였다.

55) 一四時 取同姓 二者古人所愼

四時에 한 가지 일만을 하는 것과 同姓을 取하는 이 두 가지는 옛사람들이 삼간 바라는 말이다.

56) 辨 別也 〔附注〕 林曰 此乃禮節之大司主*) 也

辨은 別(분별)이다.

〔부주〕 林: 이것이 바로 禮節의 큰 根本이라는 말이다.

*) 역주] 司主 : 司에는 主의 訓이 있고 主에는 根本의 訓이 있으니, 司主는 同一語로 根本의 뜻이다.

57) 同姓姬四人

姬氏 姓을 가진 同姓 女人이 넷이 있다는 말이다.

58) 〔附注〕 林曰 其無乃由是生疾乎

〔부주〕 林: 어찌 이로 말미암아 病이 생긴 것이 아니겠느냐는 말이다.

59) 爲 治也

爲는 治(치료)이다.

60) 據異姓 去同姓 故言省 〔附注〕 朱曰 若於四姬減省接御 病由可瘥

異姓에 의지하고 同姓을 버리는 것이다. 그러므로 '省'이라고 말한 것이다.

〔부주〕 朱: 만약 네 姬氏에게 모시는 일을 줄이게 하면 病이 이로 말미암아 나을 수 있다는 말이다.

61) 역주] 生疾 : 生疾은 병이 더해진다는 뜻이 아닌지 모르겠다. 晉君에게 이미 病이 생겼는데, 또 무슨 病이 생긴다는 말인지 모르겠다. 註釋書들에 이에 대한 解釋이 없으니, 감히 무어라고 斷言할 수 없다.

叔向出커늘 **行人揮送之**[1]하다 **叔向問鄭故焉**하고 **且問子晳**한대 **對曰 其與幾何**[2]리오 **無禮而好陵人**하고 **怙富而卑其上**하니 **弗能久矣**[3]라라

叔向이 나가자, 鄭나라 行人 揮(子羽)가 그를 餞送하였다. 叔向이 揮에게 鄭나라의 事情를 묻고, 또 子晳(公孫 黑)에 대해 묻자 揮가 대답하기를 "그가 얼마나 가겠습니까? 禮儀를 무시하고서 남을 陵蔑하기 좋아하며, 富裕함을 믿고서 윗사람을 輕視하니, 오래 갈 수 없을 것입니다."고 하였다.

1) 送叔向〔附注〕林曰 行人揮卽鄭子羽
　叔向을 餞送한 것이다.
　〔부주〕林: 行人 揮는 바로 鄭나라 子羽이다.
2) 言將敗 不久
　장차 敗亡할 것이고 오래가지 못할 것이라는 말이다.
3) 爲明年鄭殺公孫黑傳
　明年에 鄭나라가 公孫 黑을 죽인 傳의 배경이다.

晉侯聞子產之言하고 曰 博物君子也라하고 重賄之[1]하다

晉侯는 子產의 말을 듣고서 "知識이 該博한 君子이다."고 하고서, 子產에게 禮物을 厚하게 주었다.

1)〔附注〕林曰 厚其贈賄之禮
　〔부주〕林: 그에게 財物을 주는 禮를 厚하게 한 것이다.

晉侯求醫於秦하니 秦伯使醫和視之하다 曰 疾不可爲也니이다 是謂近女室하야 疾如蠱[1]니 非鬼非食이오 惑以喪志[2]니이다 良臣將死요 天命不祐[3]리이다 公曰 女不可近乎아 對曰 節之[4]니이다 先王之樂은 所以節百事也라 故有五節[5]하야 遲速本末以相及[6]하야 中聲以降하고 五降之後엔 不容彈矣[7][8]니이다 於是有煩手淫聲이면 慆堙心耳[9]하야 乃忘平和일새 君子弗聽也[10]니이다 物亦如之[11]하니 至於煩이면 乃舍也已하야 無以生疾[12][13]이니이다 君子之近琴瑟은 以儀節也오 非以慆心也[14]니이다 天有六氣[15]하야 降生五味[16]하고 發爲五色[17]하고 徵爲五聲[18][19]하니 淫生六疾[20]이니이다 六氣曰陰陽風雨晦明也니 分爲四時하고 序爲五節[21][22]하니 過則爲菑니이다 陰淫寒疾[23]하고 陽淫熱疾[24]하며 風淫末疾[25][26]하고 雨淫腹疾[27]하며 晦淫惑疾[28]하고 明淫心疾[29]이니이다 女는 陽物而晦時니 淫則生內熱惑蠱之疾[30]이니이다 今君不節不時[31]하니 能無及此乎잇가

晉侯가 秦나라에게 醫員을 要求하니, 秦伯이 醫員 和를 보내어 病을 診察하게 하였다. 〈醫和가 病을 診察하고서〉 말하기를 "이 病은 治療할 수 없습니다. 이는 女色을 가까이하여 생긴 病으로 症狀이 蠱惑과 같다고 할 수 있으니, 鬼神이나 飮食으로 인해 생긴 것이 아니고 女色에 迷惑하여 意志를 喪失해서 생긴 病입니다. 良臣이 장차 죽을 것이고 하늘이 保佑하지 않을 것입니다."고 하였다. 晉平公이 "女子를 가까이해서는 안 된다는 말이냐?"고 묻자, 醫和가 대답하기를 "節制해야 합니다. 先王의 音樂도 모든 일을 節制하기 위해 만든 것입니다. 그러므로 五聲의 節奏가 있어 遲速 本末이 서로 어우러져〔相及〕 中聲(서로 다른 소리들이 합하여 조화를 이룬 소리)이 되면 音調를 낮추고, 五聲의 音調가 낮아진 뒤에는 더 이상 演奏하지 않습니다. 이때 다시 손을 번거로이 놀려 淫亂한 소리를 내면 사람들의 마음을 즐겁게〔慆〕 하고 귀를 빠져들게〔堙〕 하여 和平한 聲音을 잊게 합니다. 그러므로 君子는 이런 音樂을 듣지 않습니다. 모든 일도 이와 같으니, 過度〔煩〕한 데 이르면 중지하여 病이 생기지 않게 해야 합니다. 君子가 琴瑟을 가까이하는 것은 禮儀의 節度를 드러내기 위함이고 마음을 淫蕩하게 하기 위함이 아닙니다. 하늘에는 六氣가 있는데, 이것이 내려와서 五味가 생겨나고, 색깔로 드러나 五色이 되고, 소리로 드러나〔徵〕 五聲이 되었으니, 過度〔淫〕하면 六疾이 생깁니다. 六氣는 陰·陽·風·雨·晦·明인데, 이것이 나뉘어 四時(春夏秋冬)가 되고 차례로 運行하여 五節이 되니, 지나치면 災殃이 됩니다. 陰이 지나치면 寒疾이 생기고 陽이 지나치면 熱疾이 생기며, 風이 지나치면 末疾이 생기고 雨가 지나치면 腹疾이 생기며, 晦가 지나치면 惑疾이 생기고 明이 지나치면 心疾이 생깁니다. 女子는 男子〔陽〕의 물건으로 〈同寢이〉 어두운 때에 이루어지는데, 지나치면 內熱·蠱惑의 病이 생깁니다. 그런데 지금 임금님께서는 女色을 節制하지 않고 때를 가리지 않으셨으니, 病이 이 지경에 이르지 않을 수 있었겠습니까?"라고 하였다.

1) 蠱 惑疾

蠱는 惑疾(무엇에 홀려 精神이 나간 病)이다.

2) 惑女色而失志

女色에 迷惑하여 意志를 잃은 것이다.

3) 良臣不匡救君過 故將死而不爲天所祐

良臣으로서 임금의 허물을 바로잡지 않았기 때문에 장차 죽을 것이고 하늘의 保佑를 받지 못할 것이라는 말이다.

4) 역주] 節之 : 가까이해서는 안 된다는 말이 아니라 가까이하되 節制가 있어야 한다는 말이다. 〈楊注〉

5) 五聲之節〔附注〕朱曰 宮商角徵羽 五聲之節

五節은 五聲의 節奏이다.

〔부주〕朱: 宮・商・角・徵・羽 등 五聲의 節奏이다.

6)〔附注〕林曰 其爲聲也 由遲而速 由本而末 以成中和之聲

〔부주〕林: 그 소리가 느리게 시작하여 빨라지고 本에서 末에 이르러 中和의 소리를 이루는 것이다.

7) 此謂先王之樂得中聲 聲成五降而息也 降 罷退

이것은 先王의 音樂은 中聲을 얻는 것을 〈중요하게 여기니〉 中聲이 이루어진 뒤에는 五聲의 音調를 낮추고서 中止〔息〕한다는 것을 말한 것이다. 降은 演奏를 멈추고 물러나는 것이다.

8) 역주〕遲速本末以相及……不容彈矣 : 宮・商・角・徵・羽 五聲에는 遲速과 本末이 있어 調和를 이루어 中和의 소리를 얻은 뒤에는 音調를 낮추어 소리를 낮추고, 五聲이 낮아진 뒤에는 다시 演奏하지 않는 것이다. 〈楊注〉

9) 역주〕慆堙心耳 : 慆는 마음을 즐겁게 하는 것이고, 塞은 빠져들게 하는 것이다. 〈楊注〉에 "堙은 沒(沒入)이다."고 하였다.

10) 五降而不息 則雜聲竝奏 所謂鄭衛之聲〔附注〕林曰 非彈之正 是爲煩手 非聲之正 是爲淫聲 慆藏其心 堙塞其耳 乃忘平和之聲

五聲이 낮아졌는데도 演奏를 중지하지 않으면 亂雜한 소리가 일제히 演奏되니, 이것이 이른바 '鄭衛의 소리'이다.

〔부주〕林: 演奏가 바르지 않은 것이 煩手이고, 소리가 바르지 않은 것이 淫聲이다. 〈음란한 聲音이〉 사람들의 마음에 간직되고 사람들의 귀에 充滿〔堙塞〕하여, 平和한 소리를 잊게 한다는 말이다.

11) 言百事皆如樂 不可失節

모든 일이 다 音樂과 같으니, 節度를 잃어서는 안 된다는 말이다.

12) 煩不舍 則生疾

過度한데도 中止하지 않으면 病이 생긴다는 말이다.

13) 역주〕至於煩 乃舍也已 : 煩은 過度이고, 舍는 捨棄로 廢止하는 것이다. 〈楊注〉

14) 爲心之節儀 使動不過度

마음의 節度와 禮儀로 삼아 行動이 過度하지 않게 하는 것이다.

15) 謂陰陽風雨晦明也

六氣는 陰(寒)・陽(溫)・風・雨・晦(夜)・明(晝)이다.

16) 謂金味辛木味酸水味鹹火味苦土味甘 皆由陰陽風雨而生

五味는 金은 맛이 맵고〔辛〕, 木은 맛이 시고〔酸〕, 水는 맛이 짜고〔鹹〕, 火는 맛이 쓰고

〔苦〕, 土는 맛이 단〔甘〕 것을 이르는데, 이는 모두 陰陽과 風雨에서 생겨난 것이다.

17) 辛色白 酸色青 鹹色黑 苦色赤 甘色黃 發 見也
辛은 色이 희고〔白〕, 酸은 색이 푸르고〔青〕, 鹹은 색이 검고〔黑〕, 苦는 색이 붉고〔赤〕, 甘은 색이 누르다〔黃〕. 發은 드러남이다.

18) 白聲商 青聲角 黑聲羽 赤聲徵(치) 黃聲宮 徵(징) 驗也
白의 소리가 商이고, 青의 소리가 角이고, 黑의 소리가 羽이고, 赤의 소리가 徵이고, 黃의 소리가 宮이다. 徵은 驗이다.

19) 역주〕 徵爲五聲 : '徵爲五聲'이 昭公 25년 傳에는 '章爲五聲'으로 되어 있으니, 여기의 徵도 章(드러남)의 뜻으로 보는 것이 좋을 것 같으므로 이상과 같이 번역하였다.

20) 淫 過也 滋味聲色所以養人 然過則生害
淫은 지나침이다. 滋味(음식)와 聲色은 사람을 기르는 것이지만 지나치면 害가 생긴다는 말이다.

21) 六氣之化 分而序之 則成四時 得五行之節
六氣의 變化를 나누어 順序를 정하면 四時가 이루어져서 五行의 節候를 얻는다는 말이다.

22) 역주〕 序爲五節 : 五節은 五行의 節氣를 이르는데, 1월 1일에서 3월 12일까지 72일이 木王之節이고, 4월 1일에서 6월 12일까지 72일이 火王之節이고, 7월 1일에서 9월 12일까지 72일이 金王之節이고, 10월 1일에서 12월 12일까지 72일이 水王之節이고, 四季의 끝에 18일씩 도합 72일이 土王之節이다.

23) 寒過則爲冷
寒氣가 지나치면 冷病이 생긴다는 말이다.

24) 熱過則喘渴
熱氣가 지나치면 喘渴症(숨이 가쁘고 목이 마르는 병)이 생긴다는 말이다.

25) 末 四支也 風爲緩急
末은 四肢이니, 風이 危急〔緩急〕한 病이 된다는 말이다.

26) 역주〕 末疾 : 四肢에 생기는 병인데, 風을 맞아 肢體가 마비되는 병을 이른 듯하다.

27) 雨濕之氣爲洩注
降雨로 인한 陰濕한 기운이 泄瀉病을 誘發한다는 말이다.

28) 晦 夜也 爲宴寢過節 則心惑亂
晦는 밤이다. 宴寢(夫婦의 잠자리)이 限度가 지나치면 마음이 迷惑해 어지러워지는 病이 생긴다는 말이다.

29) 明 晝也 思慮煩多 心勞生疾
明은 낮이다. 생각이 煩多하면 마음이 괴로워 病이 생긴다는 말이다.

30) 女常隨男 故言陽物 家道常在夜 故言晦時

女子는 항상 男子를 따르기 때문에 男子〔陽〕의 물건이라고 한 것이다. 家道(夫婦의 同寢)는 항상 밤에 이루어지기 때문에 '晦時'라고 한 것이다.

31) 역주〕 不節不時 : 不節은 女色을 節制하지 않는 것이고, 不時는 晝夜를 가리지 않는 것이다.

出告趙孟한대 **趙孟曰 誰當良臣**고 **對曰 主是謂矣**[1)]라 **主相晉國**[2)]이 **於今八年**에 **晉國無亂**하고 **諸侯無闕**[3)]하니 **可謂良矣**라 **和聞之**컨대 **國之大臣**은 **榮其寵祿**하고 **任其大節**하니 **有菑禍興而無改焉**[4)]이면 **必受其咎**라하니라 **今君至於淫以生疾**하야 **將不能圖恤社稷**하니 **禍孰大焉**가 **主不能禦**하니 **吾是以云也**[5)]로라 **趙孟曰 何謂蠱**오 **對曰 淫溺惑亂之所生也**[6)]라 **於文**에 **皿蟲爲蠱**[7)]오 **穀之飛亦爲蠱**[8)]라 **在周易**에 **女惑男**하고 **風落山**을 **謂之蠱☶☴**[9)]라하니 **皆同物也**[10)]라 **趙孟曰 良醫也**라하고 **厚其禮而歸之**[11)]하다

醫和가 나와서 趙孟에게 告하자, 趙孟이 "누가 良臣에 해당하는가?"라고 물으니, 醫和가 "大夫〔主〕를 이른 것입니다. 大夫께서 晉나라를 輔佐한 8년 동안 晉나라에는 난리가 없었고 諸侯에게는 闕失이 없었으니, 大夫는 良臣이라 할 수 있습니다. 내가 듣건대 國家의 大臣은 임금의 寵愛와 祿俸을 받는 榮光을 누리면서 國家의 大事를 責任지니, 國家에 災禍가 發生하는데도 잘못을 고쳐 災禍를 막지 않으면 반드시 그 災禍를 받는다고 하였습니다. 그런데 지금 晉君이 女色을 過度하게 貪하여 病이 생기는 데 이르러서 거의 國家를 위해 圖謀하거나 걱정할 수 없게 되었으니, 이보다 큰 禍가 어디 있습니까? 그런데도 大夫께서는 임금을 制止하지 않았기 때문에 내가 그리 말한 것입니다."고 대답하였다. 趙孟이 "무엇을 '蠱'라 하는가?"라고 묻자, 醫和가 "어떤 일에 지나치게 빠지고 홀려서 정신이 어지러워 생기는 病입니다. 글자로 말하면 皿(그릇)에 蟲(벌레)이 있는 것이고, 穀物에 생기는 날벌레 또한 '蠱'라 합니다. ≪周易≫에 女子가 男子를 홀리고, 바람이 山木의 잎을 떨어뜨리는 것을 '蠱'라 한다고 하였으니, 모두 같은 類입니다."고 대답하니, 趙孟은 "훌륭한 醫員이다."고 하고서 그에게 禮物을 厚하게 주어 돌려보냈다.

1) 역주〕 主是謂矣 : 是謂主矣의 變句이다.

2) 〔附注〕 林曰 大夫稱主 趙孟爲政 輔相晉國

〔부주〕 林: 大夫를 '主'라고 稱한다. 趙孟이 執政이 되어 晉나라의 國政을 輔佐한다는

말이다.

3) 역주] 諸侯無闕 : 諸侯 중에 晉나라를 背叛한 나라가 없었다는 말이다.

4) 改 改行以救菑

改는 지나친 行爲를 고쳐 災禍를 막는 것이다.

5) 云主將死

良臣이 장차 죽을 것이라고 한 말을 이른다.

6) 溺 沈沒於嗜欲

溺은 嗜慾에 빠지는 것이다.

7) 文 字也 皿 器也 器受蟲害者爲蠱

文은 글자이다. 皿은 그릇이니, 그릇이 벌레의 害를 받는 것을 '蠱'라 한다는 말이다.

8) 穀久積則變爲飛蟲 名曰蠱

穀物을 오래 쌓아두면 變質되어 날벌레가 생기는데, 이 벌레를 일러 '蠱'라 한다는 말이다.

9) 巽下艮上 蠱 巽爲長女 爲風 艮爲少男 爲山 少男而說長女 非匹故惑 山木得風而落

下卦가 巽이고 上卦가 艮인 것이 蠱卦이다. 巽은 長女와 風을 象徵하고, 艮은 少男과 山을 象徵한다. 少男으로서 長女를 좋아하는 것은 정당한 짝이 아니기 때문에 '惑'이라 한 것이다. 山木은 바람을 맞으면 잎이 떨어진다.

10) 物 猶類也

物은 類와 같다.

11) 贈賄之禮

財物을 주는 禮이다.

【傳】楚公子圍使公子黑肱伯州犂城犨櫟郟[1)]하니 **鄭人懼**하다 **子產曰 不害**라 **令尹將行大事**[2)]하야 **而先除二子也**[3)]니 **禍不及鄭**이리라 **何患焉**가

楚나라 公子 圍가 公子 黑肱과 伯州犂를 보내어 犨・櫟・郟에 城을 쌓게 하였다. 鄭人이 이를 두려워하자, 子產이 말하기를 "우리에게 害가 없을 것이다. 令尹이 장차 大事(弑逆을 뜻함)를 행하기 위해 먼저 두 사람을 除去한 것이니, 禍가 우리 鄭나라에 미치지 않을 것이다. 무엇을 걱정할 게 있겠는가?"라고 하였다.

1) 黑肱 王子圍之弟子晳也 犨縣 屬南陽 郟縣 屬襄城 櫟 今河南陽翟縣 三邑本鄭地

黑肱은 王子 圍의 아우 子晳이다. 犨縣은 南陽의 屬縣이고, 郟縣은 襄城의 屬縣이고, 櫟은 지금의 河南 陽翟縣이다. 세 邑은 본래 鄭나라 땅이었다.

2) 謂將弑君

장차 임금을 弑害하려 한 것이다.

3) 二子 謂黑肱伯州犂

두 사람은 黑肱과 伯州犂를 이른다.

冬에 **楚公子圍將聘于鄭**할새 **伍擧爲介**러니 **未出竟**에 **聞王有疾而還**하고 **伍擧遂聘**[1]하다 **十一月 己酉**에 **公子圍至**하야 **入問王疾**하고 **縊而弑之**[2]하고 **遂殺其二子幕及平夏**[3]하니 **右尹子干出奔晉**[4]하고 **宮廐尹子晳出奔鄭**[5]하다 **殺大宰伯州犂于郟**하다 **葬王于郟**하고 **謂之郟敖**[6]라하다 **使赴于鄭**에 **伍擧問應爲後之辭焉**[7]한대 **〈對〉**[8]**曰 寡大夫圍**[9]라하니 **伍擧更之曰 共王之子圍爲長**[10]이라하다

겨울에 楚나라 公子 圍가 鄭나라를 聘問하기 위해 갈 때 伍擧가 副使〔介〕가 되었는데, 國境을 나가기 전에 楚王에게 病이 생겼다는 말을 듣고 公子 圍는 되돌아가고, 伍擧는 그대로 가서〔遂〕 聘問하였다. 11월 己酉日에 公子 圍가 國都로 돌아와 王宮으로 들어가서 王의 病을 묻고는 王의 목을 졸라 弑害하고서, 드디어 王의 두 아들 幕과 平夏를 殺害하니, 右尹 子干은 晉나라로 出奔하고 宮廐尹 子晳은 鄭나라로 出奔하였다. 圍는 郟으로 사람을 보내어 太宰 伯州犂를 殺害하였다. 王을 郟에 장사 지내고서 그 王을 '郟敖'라고 稱하였다. 鄭나라에 赴告하기 위해 使者를 보내니 伍擧가 그 使者에게 鄭나라가 後繼者에 관해 물으면 무슨 말로 應對하겠느냐고 묻자, 使者가 "〈後繼者는〉 우리의 大夫 圍라고 대답하겠다."고 하니, 伍擧는 "共王의 아들 중에 圍가 年長者이다."는 말로 바꾸게 하였다.

1) 역주〕 遂 : 行 또는 往의 뜻이다.

2) 縊 絞也 孫卿曰 以冠纓絞之 長曆推己酉十二月六日 經傳皆言十一月 月誤也

縊는 絞殺(목을 졸라 죽임)이다. 孫卿이 말하기를 "갓끈으로 絞殺한 것이다."고 하였다. 長曆으로 推算하면 己酉年 12월 6일인데, 經과 傳에 모두 11월로 말하였으니, 月이 誤記된 것이다.

3) 皆郟敖子

두 사람은 모두 郟敖의 아들이다.

4) 子干 王子比

子干은 王子 比이다.

5) 因築城而去

築城을 이유로 떠나보낸 것이다.

6) 郟敖 楚子麇〔附注〕林曰 楚人謂未成君爲敖

郟敖는 楚子 麇이다.

〔부주〕林: 楚人은 임금으로서 그 地位가 固定되기 전에 죽은 자를 '敖'라 하였다.

7) 問赴者〔附注〕林曰 伍擧時在鄭 問以應立爲楚後之辭

赴告하기 위해 온 使者에게 물은 것이다.

〔부주〕林: 伍擧가 이때 鄭나라에 있었다. 〈使者에게 鄭人이〉 楚王의 後繼者가 된 사람에 관해서 물으면 무슨 말로 應對하겠느냐고 물은 것이다.

8) 역주〕저본에는 '對'가 빠져 있으나 ≪十三經注疏≫本에 의거하여 '對'를 보충하였다.

9)〔附注〕林曰 子圍以令尹代立 故稱寡大夫

〔부주〕林: 公子 圍가 令尹으로서 承繼하여 임금이 되었기 때문에 '寡大夫'라고 稱한 것이다.

10) 伍擧更赴辭 使從禮 此告終稱嗣 不以簒弑赴諸侯

伍擧가 赴告하는 말을 고쳐 禮를 따르게 한 것이다. 이것은 先君의 죽음을 告하고 누가 嗣位했는지를 稱한 것이고, 임금을 弑害하고서 君位를 簒奪한 것으로 諸侯에 赴告하지 않은 것이다.

子干奔晉에 **從車五乘**[1)]이로되 **叔向使與秦公子同食**[2)]하니 **皆百人之餼**[3)]라 **趙文子曰 秦公子富**[4)]라한대 **叔向曰 底祿以德**[5)]하고 **德鈞以年**하고 **年同以尊**이라 **公子以國**이오 **不聞以富**[6)]라 **且夫以千乘去其國**하니 **疆〔彊〕**[7)]**禦已甚**[8)]이라 **詩曰 不侮鰥寡**하고 **不畏彊禦**[9)10)]라하니라 **秦楚**는 **匹也**라하고 **使后子與子干齒**[11)12)]한대 **辭曰 鍼懼選**하고 **楚公子不獲**이라 **是以皆來**하니 **亦唯命**[13)]이어니와 **且臣與羈齒**는 **無乃不可乎**[14)15)]아 **史佚有言曰 非羈**면 **何忌**[16)]오하니라

子干이 晉나라로 도망갈 때 그를 따르는 수레가 5乘뿐이었으되, 叔向은 그에게 秦公子(后子)와 같은 祿을 주니, 모두 1백 人이 먹을 수 있는 糧食이었다. 趙文子가 叔向에게 "秦公子는 富强하다."고 하자, 叔向이 말하기를 "祿의 給與는 德의 高下로써 數量을 決定하고, 德이 같으면 나이의 長幼로써 決定하고, 나이가 같으면 身分의 尊卑로써 決定합니다. 亡命해 온 公子의 祿은 그 나라의 大小로써 數量을 決定한다는 말은 들었지만 公子의 富强으로써 祿을 決定한다는 말은 듣지 못하였습니다."고 하고, 또 "秦公子는 千乘의 수레를 거느리고서 그 나라를 떠나왔으니, 强暴함이 너무 심하였습니다. ≪詩經≫에 鰥寡를 업신여기지 않고 强暴한 자를 두려워하지 않는다고 하였습니

다. 秦나라와 楚나라는 對等한 나라입니다."고 하고서 后子를 子干과 같은 序列이 되게 하니, 后子가 辭讓하며 다음과 같이 말하였다. "나는 誅戮될 것을 두려워하고, 楚公子는 身邊이 不安〔不獲〕하기 때문에 모두 晉나라로 도망해 온 것이니, 命하시는 대로 따르는 것이 마땅하겠습니다만, 臣이 羈客과 序列을 같이하는 것은 不可하지 않습니까? 史佚의 말에 '나그네가 아니라면 무엇 때문에 그를 공경하리.'라고 하였습니다."

1)〔附注〕林曰 從亡之車 凡五乘 言其小

〔부주〕林: 亡命해 올 때 따라온 수레가 모두 5乘이었다는 것은 따라온 수레가 적었다는 말이다.

2) 食祿同

받는 祿의 數量을 같게 한 것이다.

3) 百人 一卒也 其祿足百人

百人은 一卒이니, 그 祿이 百人이 먹기에 충분한 것이다.

4) 謂秦鍼富强 秩祿不宜與子干同

秦公子 鍼은 富强하니 秩祿(官位와 祿俸)이 子干과 같아서는 不當하다는 말이다.

5) 底 致也〔附注〕林曰 德之厚薄 致祿同之

底는 致(급여)이다.

〔부주〕林: 德의 厚薄이 〈같으면〉 祿의 給與도 같다는 말이다.

6)〔附注〕林曰 公子以其國小大爲高下 不聞以亡人貧富而賦祿高下*)

〔부주〕林: 公子인 경우에는 그 나라의 大小로써 祿의 高下를 定하고, 亡命해 온 사람의 貧富로써 祿의 高下를 定한다는 말은 듣지 못했다는 말이다.

*) 역주〕이 林注는 ≪四庫全書 左傳杜林合注≫本에 보이지 않는다.

7) 역주〕저본에는 '疆'으로 되어 있으나 ≪十三經注疏≫本에 의거하여 '彊'으로 바로잡았다.

8)〔附注〕林曰 秦鍼以千乘之車 去秦奔晉 其强梁禦善 亦已甚矣*)

〔부주〕林: 秦公子 鍼이 千乘의 수레를 거느리고서 秦나라를 떠나 晉나라로 도망해 왔으니 그가 强暴하여 남의 善言을 拒否하는 것이 너무 심하였다는 말이다.

*) 역주〕이 林注는 ≪四庫全書 左傳杜林合注≫本에 보이지 않는다.

9) 詩大雅 侮 陵也

詩는 ≪詩經≫ 〈大雅 烝民篇〉의 詩句이다. 侮는 陵(업신여김)이다.

10) 역주〕不侮鰥寡 不畏彊禦 : 鰥寡는 子干을 비유하고, 彊禦는 后子를 비유한 것이다.

11) 以年齒爲高下而坐

年齒로써 高下를 定해 앉는 것이다.

12) 역주] 使后子與子干齒 : 齒는 列이다. 隱公 11년 傳의 "寡人若朝于薛 不敢與諸任齒"의 '齒'를 杜氏는 '列'로 註釋하였다. 여기의 '齒'도 '列'의 뜻으로 解釋하는 것이 옳을 듯하므로 이상과 같이 번역하였다.

13) 不獲 不得自安 言俱奔 事有優劣 唯主人命所處 謙辭

不獲은 스스로 안심할 수 없는 것이다. 도망해 온 것은 같지만 일에는 優劣이 있다. 그러나 오직 主人이 처리하는 命을 따르겠다는 말로 謙辭이다.

14) 后子先來仕 欲自同於晉臣 爲主人 子干後來奔 以爲羈旅之客

后子는 子干보다 먼저 도망해 와서 晉나라에 벼슬하였으므로 스스로 晉나라의 臣下와 같다고 여겨 主人이 되고자 하였다. 그러므로 뒤에 도망해 온 子干을 羈旅客(他國에 寓居하는 나그네)이라 한 것이다.

15) 역주] 鍼懼選……無乃不可 : 나는 죽음이 두려워 晉으로 亡命하였고, 子干은 身邊이 不安하여 晉으로 亡命하였으니, 晉人이 시키는 대로 따르는 것이 마땅하겠지만, 亡命한 것은 같으나 罪의 輕重이 다르고, 나는 이미 먼저 亡命해 와서 晉나라의 臣下가 되었으니, 감히 主人으로서 客과 同列이 될 수 없다고 사양한 것이다.

16) 忌 敬也 欲謙以自別 〔附注〕 林曰 不敬羈客 當誰敬哉

忌는 敬이다. 謙讓하여 〈그와 다르다고〉 스스로 辨別한 것이다.

〔부주〕 林: 羈旅客을 공경하지 않으면 누구를 공경하겠느냐는 말이다.

【傳】 楚靈王卽位하야 **薳罷爲令尹**하고 **薳啓彊爲大宰**[1)]하다 **鄭游吉如楚**하야 **葬郟敖**하고 **且聘立君**[2)]하다 **歸謂子産曰 具行器矣**[3)4)]하라 **楚王汰侈而自說其事**[5)]하니 **必合諸侯**하리라 **吾往無日矣**리라 **子産曰 不數年**이면 **未能也**[6)]리라

楚나라 靈王이 卽位하여 薳罷를 令尹으로 삼고, 薳啓彊을 太宰로 삼았다. 鄭나라 游吉이 楚나라에 가서 郟敖의 葬事에 會葬하고, 또 聘問하여 新君의 卽位를 祝賀하였다. 돌아와서 子産에게 말하기를 "行器(行裝)를 準備하십시오. 楚王은 驕慢하고 奢侈하여 스스로 일을 벌이기를 좋아하니 반드시 諸侯를 糾合하여 盟會를 주재하려 할 것입니다. 우리가 그 盟會에 갈 날이 머지않았습니다."고 하니, 子産이 말하기를 "數年이 지나기 전에는 不可能할 것이오."라고 하였다.

1) 靈王 公子圍也 卽位易名熊虔 〔附注〕 林曰 薳罷 卽子蕩

楚靈王은 公子 圍이다. 卽位한 뒤에 이름을 熊虔으로 바꾸었다.

〔부주〕 林: 薳罷는 바로 子蕩이다.

2) 〔附注〕 林曰 且賀靈王新立

〔부주〕 林: 또 楚靈王이 새로 卽位한 것을 祝賀한 것이다.

3) 行器 會備

行器는 會盟에 갈 準備이다.

4) 역주〕 具行器矣 : 具는 準備이고, 行器는 國君이 會盟에 參加하기 위해 갈 때 필요한 行裝과 器具 등을 이른다.

5) 〔附注〕 林曰 自喜其强而不義之事

〔부주〕 林: 스스로 자기의 强함을 〈믿고서〉 道義에 맞지 않는 일을 하기 좋아한다는 말이다.

6) 爲四年會申傳 〔附注〕 林曰 不數年之後 未能合諸侯也

昭公 4년에 申에서 會合한 傳의 배경이다.

〔부주〕 林: 몇 해 뒤가 아니면 諸侯를 糾合할 수 없다는 말이다.

【傳】 十二月에 **晉旣烝**[1)]하고 **趙孟適南陽**하야 **將會孟子餘**[2)]러니 **甲辰朔**에 **烝于溫**[3)]하고 **庚戌**에 **卒**[4)]하다 **鄭伯如晉弔**타가 **及雍乃復**[5)]하다

12월에 晉나라의 烝祭(冬祭)를 지낸 뒤에 趙孟은 南陽으로 가서 孟子餘의 祭祀에 參與하려 하였더니, 초하루 甲辰日에 溫에서 烝祭를 지내고, 庚戌日에 卒하였다. 鄭伯이 弔喪하기 위해 晉나라에 가다가 雍縣까지 갔다가 돌아왔다.

1) 烝 冬祭也

烝은 冬祭이다.

2) 孟子餘 趙衰(최) 趙武之曾祖 其廟在晉之南陽溫縣 往會祭之

孟子餘는 趙衰로 趙武(趙孟)의 曾祖이다. 그 祠堂이 晉나라의 南陽 溫縣에 있다. 趙孟이 가서 祭祀에 參加하려 한 것이다.

3) 趙氏烝祭 甲辰 十二月朔 晉旣烝 趙孟乃烝其家廟 則晉烝當在甲辰之前 傳言十二月 月誤

趙氏의 烝祭이다. 甲辰日은 12월 朔日이다. 晉나라의 烝祭를 지낸 뒤에 趙孟이 그 家廟에 烝祭를 지냈으니, 그렇다면 晉나라의 烝祭는 당연히 甲辰日 이전에 있었을 것인데, 傳에 12월로 말하였으니, 月이 誤記된 것이다.

4) 十二月七日 終劉定公秦后子之言[*)]

庚戌日은 12월 7일이다. 끝내 劉定公과 秦后子의 말이 들어맞았다.

*) 역주〕 終劉定公秦后子之言 : '趙孟不復年矣'라고 한 劉定公의 말과 '趙孟將死矣……其與幾何'라고 한 秦后子의 말을 이른다.

5) 弔趙氏 蓋趙氏辭之而還 傳言大夫彊 諸侯畏而弔之

趙氏를 弔喪하려 하였으나, 趙氏가 謝絶하였기 때문에 돌아온 것인 듯하다. 傳文은 大夫가 强하였으므로 諸侯가 두려워하여 弔喪한 것임을 말한 것이다.

〈二年, 辛酉 B.C.540〉

【經】 二年春에 晉侯使韓起來聘하다

2년 봄에 晉侯가 韓起를 보내어 와서 聘問하였다.

【經】 夏에 叔弓如晉[1)]하다

여름에 叔弓이 晉나라에 갔다.

1) 叔弓 叔老子
叔弓은 叔老의 아들이다.

【經】 秋에 鄭殺其大夫公孫黑[1)]하다

가을에 鄭나라가 그 大夫 公孫 黑을 죽였다.

1) 書名 惡之 薰隧盟 子產不討 遂以爲卿 故書之
이름을 기록한 것은 그를 미워한 것이다. 薰隧에서 盟約하였으나, 子產이 討伐하지 않고 드디어 그를 卿으로 삼았기 때문에 〈그의 죽음을〉 기록한 것이다.

【經】 冬에 公如晉이라가 至河乃復[1)]하다

겨울에 昭公이 晉나라에 가다가 黃河에 이르러 되돌아왔다.

1) 弔少姜也 晉人辭之 故還
少姜을 弔喪하기 위해서였는데, 晉人이 謝絶하였기 때문에 돌아온 것이다.

【經】 季孫宿如晉[1)]하다

季孫宿이 晉나라에 갔다.

1) 致襚服也 公實以秋行 冬還乃書
襚衣(死者에게 입히는 옷)를 傳하기 위해서였다. 昭公이 사실은 가을에 갔는데 겨울에 돌아온 것으로 기록하였다.

【傳】 二年春에 **晉侯使韓宣子來聘**[1)]하고 **且告爲政而來見**하니 **禮也**[2)]라 **觀書於大史氏**할새 **見易象與魯春秋**하고 **曰 周禮盡在魯矣**[3)]라 **吾乃今知周公之德 與周之所以王也**[4)]라 **公享之**할새 **季武子賦緜之卒章**[5)]하니 **韓子賦角弓**[6)]하다 **季武子拜曰 敢拜子之彌縫敝邑**하노라 **寡君有望矣**[7)]라하고 **武子賦節之卒章**[8)]하다 **旣享**에 **宴于季氏**할새 **有嘉樹焉**하니 **宣子譽之**[9)]한대 **武子曰 宿敢不封殖此樹**하야 **以無忘角弓**[10)]가하고 **遂賦甘棠**[11)]하니 **宣子曰 起不堪也**라 **無以及召公**이라하다

2년 봄에 晉侯가 韓宣子를 보내어 魯나라에 와서 聘問하고, 또 執政이 된 것을 告하기 위해 와서 魯君에게 朝見한 것이니, 禮에 맞았다. 韓宣子가 太史氏의 집에 가서 圖書를 구경할 때 ≪易象≫과 ≪魯春秋≫를 보고서 말하기를 "周禮가 모두 魯나라에 있구나. 나는 오늘에야 周公의 德과 周나라가 王이 된 까닭을 알았다."고 하였다. 昭公이 宴會를 열어 그를 接待할 때 季武子가 〈緜篇〉의 卒章을 읊으니, 韓宣子가 〈角弓篇〉을 읊었다. 季武子가 일어나 절하며 "감히 그대가 우리나라를 兄弟의 의리로 대해 준 것〔彌縫〕에 대해 拜謝합니다. 우리 임금님께서는 期待하고 계십니다."고 하고서, 武子가 〈節南山篇〉의 卒章을 읊었다. 宴會를 마친 뒤에 季氏의 집에서 酒宴을 베풀었는데, 季氏의 집에 아름다운 나무 한 그루가 있었다. 韓宣子가 그 나무를 칭찬하자, 武子가 말하기를 "내 어찌 감히 이 나무를 잘 가꾸어 〈角弓〉 詩의 뜻을 기억하지〔無忘〕 않겠습니까?"라고 하고서, 드디어 〈甘棠篇〉을 읊으니, 韓宣子가 "나로서는 감당할 수 없습니다. 나는 召公의 境地에 미칠 수 없습니다."고 하였다.

1) 公卽位故

昭公이 卽位하였기 때문이다.

2) 代趙武爲政 雖盟主 而修好同盟 故曰禮

趙武의 뒤를 이어 執政이 된 것이다. 晉나라가 비록 盟主이지만 友好를 맺고 同盟하였기 때문에 '禮에 맞았다'고 한 것이다.

3) 易象 上下經之象辭 魯春秋 史記之策書 春秋遵周公之典以序事 故曰周禮盡在魯矣

易象은 上下經의 象辭이다. 魯春秋는 歷史를 記錄한 簡策이다. 春秋는 周公의 法에 따라 일을 敍述하였기 때문에 '周禮가 모두 魯나라에 있다.'고 한 것이다.

4) 易象春秋 文王周公之制 當此時 儒道廢 諸國多闕 唯魯備 故宣子適魯而說之

易象과 春秋는 文王과 周公이 지은 것이다. 이때에 儒道가 衰〔廢〕하여 모든 나라에는 대부분 없어졌으나, 오직 魯나라에만 完備되었으므로 韓宣子가 魯나라에 가서 보고서

좋아한 것이다.

5) 緜 詩大雅 卒章義取文王有四臣 故能以緜緜致興盛 以晉侯此〔比〕*1) 文王 以韓子比四輔*2)

〈緜〉은 ≪詩經≫ 〈大雅〉의 篇名이다. 卒章의 文王이 네 臣下가 있었기 때문에 綿綿히 이어온 나라를 興盛하게 만든 뜻을 取하여 晉侯를 文王에 비유하고, 韓宣子를 四輔에 비유한 것이다.

*1) 역주〕 저본에는 '此'로 되어 있으나 ≪十三經注疏≫本에 의거하여 '比'로 바로잡았다.

*2) 역주〕 四輔는 바로 四臣을 가리킨 말로 그 詩에 말한 疏附(아랫사람을 이끌고 윗사람을 가까이하는 신하)·先後(앞뒤에서 인도하는 신하)·奔奏(德으로 曉喩하여 聲譽를 宣揚하는 신하)·禦侮(敵의 氣勢를 꺾는 武臣)이다.

6) 角弓 詩小雅 取其兄弟昏姻無胥遠矢〔矣〕*) 言兄弟之國宜相親

〈角弓〉은 ≪詩經≫ 〈小雅〉의 篇名이다. '兄弟와 姻戚은 서로 멀리하지 말라.'는 詩句를 取하여 兄弟國은 서로 親愛해야 한다는 것을 말한 것이다.

*) 역주〕 저본에는 '矢'로 되어 있으나 ≪十三經注疏≫本에 의거하여 '矣'로 바로잡았다.

7) 彌縫 猶補合也 謂以兄弟之義

彌縫은 補合(갈라진 틈을 기워 붙임)이니, 兄弟의 義理로 대합을 이른다.

8) 節 詩小雅 卒章取式訛爾心 以畜萬邦 以言晉德可以畜萬邦

〈節南山〉은 ≪詩經≫ 〈小雅〉의 篇名이다. 卒章의 '네 마음을 고쳐 萬邦을 기르라.'는 詩句를 取하여 晉나라의 德이 萬邦을 기를 수 있다는 것을 말한 것이다.

9) 譽其好也

나무가 아름다움을 칭찬한 것이다.

10) 封 厚也 殖 長也

封은 나무의 뿌리에 흙을 두터이 덮는 것이고, 殖은 기르는 것이다.

11) 甘棠 詩召南 召伯息於甘棠之下 詩人思之 而愛其樹 武子欲封殖喜〔嘉〕*) 樹如甘棠 以宣子比召公

〈甘棠〉은 ≪詩經≫ 〈召南〉의 篇名이다. 召伯이 甘棠樹 아래에서 쉰 적이 있었으므로 詩人은 召伯을 思慕해 그 나무까지 사랑하였다. 武子는 아름다운 나무를 甘棠처럼 기르고자 한다고 말하여, 宣子를 召公에 譬喩한 것이다.

*) 역주〕 저본에는 '喜'로 되어 있으나 ≪十三經注疏≫本에 의거하여 '嘉'로 바로잡았다.

宣子遂如齊納幣[1]하고 **見子雅**하니 **子雅召子旗**[2]하야 **使見宣子**어늘 **宣子曰 非保家之主也**오 **不臣**[3]이리라 **見子尾**하니 **子尾見彊〔彊〕**[4)5)]이어늘 **宣子謂之如子旗**[6]하니 **大夫多笑之**로되 **唯晏子信之**하고 **曰 夫子**는 **君子也**[7]라 **君子有信**하니

其有以知之矣[8)]라하다

宣子는 드디어 齊나라로 가서 納幣하고서, 子雅를 만나 보니, 子雅는 그 아들 子旗를 불러 宣子를 뵙게 하였다. 宣子가 "이 사람은 집안을 保護할 만한 大夫도 아니고, 臣下 노릇도 하지 못할 것이다."고 評하였다. 子尾를 만나 보니 子尾도 그 아들 子彊을 불러 宣子를 뵙게 하였다. 宣子는 子旗와 같이 評하니, 大夫들은 대부분 그의 말을 비웃었으나, 오직 晏子만은 그의 말을 믿고서 말하기를 "夫子는 君子이다. 君子는 誠心이 있으니, 그분의 말은 그리될 줄을 안 바가 있어서일 것이다."고 하였다.

1) 爲平公聘少姜
 晉平公을 위해 少姜에게 婚姻을 約束하는 禮幣를 올린 것이다.
2) 子旗 子雅之子
 子旗는 子雅의 아들이다.
3) 志氣亢
 意志와 氣槪가 高亢(높고 强함)하기 때문이다.
4) 彊 子尾之子
 彊은 子尾의 아들이다.
5) 역주] 저본에는 '疆'으로 되어 있으나 ≪十三經注疏≫本에 의거하여 '彊'으로 바로잡았다.
6) 亦不臣
 이 또한 신하 노릇을 하지 못할 것이라는 말이다.
7) 夫子 韓起
 夫子는 韓起이다.
8) 爲十年齊欒施高彊來奔張本
 昭公 10년에 齊나라 欒施(子旗)와 高彊(子彊)이 魯나라로 도망해 온 張本이다.

自齊聘於衛하다 衛侯享之할새 北宮文子賦淇澳[1)]하니 宣子賦木瓜[2)]하다

韓宣子가 齊나라에서 衛나라로 가서 聘問하였다. 衛侯가 宴會를 열어 宣子를 接待할 때 北宮文子가 〈淇澳〉 詩를 읊으니, 宣子가 〈木瓜〉 詩를 읊었다.

1) 淇澳 詩衛風 美武公也 言宣子有武公之德
 〈淇澳〉은 ≪詩經≫ 〈衛風〉의 篇名인데, 衛武公을 讚美한 詩이다. 宣子가 武公과 같은 德을 가졌다는 것을 말한 것이다.
2) 木瓜 亦衛風 義取於欲厚報以爲好

〈木瓜〉도 ≪詩經≫ 〈衛風〉의 篇名이다. 厚하게 報答하여 友好하고자 한다는 뜻을 取한 것이다.

【傳】 夏四月에 **韓須如齊逆女**[1)]하다 **齊陳無宇送女**하야 **致少姜**[2)]하다 **少姜有寵於晉侯**하니 **晉侯謂之少齊**[3)]라하다 **謂陳無宇非卿**[4)]이라하야 **執諸中都**[5)]하니 **少姜爲之請曰 送從逆班**[6)]이나 **畏大國也**하야 **猶有所易**이라 **是以亂作**[7)8)]이라

여름 4월에 韓須가 齊나라로 가서 齊女를 맞이하였다. 齊나라 陳無宇가 齊女를 護送해 晉나라까지 가서 少姜을 넘겨주었다. 少姜이 晉侯에게 寵愛를 받으니, 晉侯는 그녀를 少齊라고 號稱하였다. 晉나라는 陳無宇가 卿이 아니라 하여 그를 中都에 잡아 두니, 少姜이 그를 위해 要請하기를 "護送하는 사람의 班列이 맞이하는 사람의 班列과 같아야 하는 것이 禮制이지만, 齊나라는 大國을 두려워하여 오히려 禮制를 바꾼 것인데, 이로 인해 亂이 생겼습니다."고 하였다.

1) 須 韓起之子 逆少姜
 須는 韓起의 아들로 齊나라에 가서 少姜을 맞이하였다.
2) 역주〕致 : 目的地까지 護送해 가서 引受人에게 引繼하는 것이다.〈楊注〉
3) 爲立別號 所以寵異之
 그녀를 위해 別號를 세운 것은 그녀를 특별히 寵愛하였기 때문이다.
4) 欲使齊以適夫人禮送少姜
 齊나라에게 適夫人의 禮로 少姜을 護送하게 하고자 한 것이다.
5) 中都 晉邑 在西河界休縣東南
 中都는 晉나라 邑으로 西河 界休縣 東南쪽에 있다.
6) 班 列也〔附注〕林曰 言送女當從逆女之班
 班은 列이다.
 〔부주〕林: 齊女를 護送하는 사람의 班列이 齊女를 맞이하기 위해 간 사람의 班列과 같아야 한다는 말이다.
7) 韓須 公族大夫 陳無宇 上大夫 言齊畏晉 改易禮制 使上大夫送 遂致此執辱之罪 蓋少姜謙以示譏
 韓須는 公族大夫이고 陳無宇는 上大夫이다. 齊나라는 晉나라를 두려워하여, 禮制를 바꾸어 上大夫를 시켜 護送하게 하였다가 드디어 이렇게 잡히는 侮辱을 불렀다는 말이니, 少姜이 겸손한 말로 非難의 뜻을 보인 것이다.
8) 역주〕是以亂作 : 亂은 陳無宇가 잡힌 것을 이른다.〈楊注〉

【傳】 叔弓聘于晉하니 **報宣子也**[1)]라 **晉侯使郊勞**[2)]하니 **辭曰 寡君使弓來繼舊好**하며 **固曰 女無敢爲賓**하라하니 **徹命於執事**로도 **敝邑弘矣**[3)]어늘 **敢辱郊使**릿가 **請辭**[4)5)]하노이다 **致館**[6)]한대 **辭曰 寡君命下臣來繼舊好**하니 **好合使成**이 **臣之祿也**[7)]어늘 **敢辱大館**[8)]이릿가 **叔向曰 子叔子知禮哉**ㄴ저 **吾聞之**컨대 **曰 忠信**은 **禮之器也**오 **卑讓**은 **禮之宗也**[9)10)]라하야늘 **辭不忘國**하니 **忠信也**[11)]오 **先國後己**하니 **卑讓也**[12)]라 **詩曰 敬愼威儀**하야 **以近有德**이라하니 **夫子近德矣**[13)14)]로다

叔弓이 晉나라에 가서 聘問하였으니, 이는 韓宣子의 來聘에 대한 報答이었다. 晉侯가 近郊로 사람을 보내어 慰勞하려 하자, 叔弓은 사양하며 말하기를 "우리 임금께서 나에게, 晉나라에 가서 지난날의 友好를 계속 維持토록 하라고 하시면서, 힘주어 말씀하기를 '晉나라에 가서 너는 감히 손님 노릇을 하지 말라.'고 하셨습니다. 우리 임금님의 命을 執事께 傳達하는 것만으로도 우리나라가 큰 은혜를 입는 것인데, 어찌 감히 郊使를 번거롭게 하겠습니까? 사양하기를 청합니다."고 하였다. 客館에 머물게 하자, 사양하며 말하기를 "우리 임금께서 下臣에게 晉나라에 가서 지난날의 友好를 繼續 維持토록 하라고 命하셨으니, 友好를 맺어 使命을 完遂한 것이 臣의 福인데, 어찌 감히 大館에 머물겠습니까?"라고 하였다. 이 말을 듣고 叔向이 말하기를 "子叔子는 禮를 아는구나. 내 듣건대 忠信은 禮의 그릇이고, 卑讓(자신을 낮추고 謙讓함)은 禮의 근본이라고 하였는데, 저 사람은 말하는 중에 나라를 잊지 않았으니 忠信이고, 나라를 먼저 생각하고 자기를 뒤에 생각하였으니 卑讓이다. ≪詩經≫에 '너의 몸가짐을 공경하고 삼가야 德에 近接할 수 있다.'고 하였는데, 저 사람은 德에 近接한 사람이다."고 하였다.

1) 此春韓宣子來聘

今年 봄에 韓宣子가 魯나라에 와서 聘問하였다.

2) 聘禮 賓至近郊 君使卿勞之

≪儀禮≫ 〈聘禮〉에 "賓이 近郊에 이르면 主國의 임금이 卿을 보내어 賓을 慰勞한다."고 하였다.

3) 徹 達也 〔附注〕 朱曰 若君命得達於晉之執事 魯國受賜大矣

徹은 達이다.

〔부주〕 朱: 만약 임금의 命이 晉나라 執事에게 傳達된다면 魯나라가 큰 恩惠를 입을 것이라는 말이다.

4) 辭郊勞

郊勞를 사양한 것이다.

5) 역주] 郊使 : 임금의 命을 받고 近郊로 나아가 賓을 慰勞하는 使者이다.

6) 〔附注〕 林曰 至晉將授館舍

〔부주〕 林: 晉都에 이르자, 館舍를 주려 한 것이다.

7) 得通君命 則於己爲榮祿 〔附注〕 林曰 和好旣合 使事告成

임금님의 命이 通(友好를 繼續하자는 魯君의 命을 晉나라가 받아들임)하게 되면 나에게 榮祿(榮譽로운 福祿)이 된다는 말이다.

〔부주〕 林: 友好가 이미 이루어져 使臣의 임무가 끝났다는 말이다.

8) 敢 不敢

敢은 不敢(감히 할 수 없음)이다.

9) 宗 猶主也

宗은 主와 같다.

10) 역주] 宗 : 宗은 本이다. ≪國語≫ 〈晉語 四〉에 '禮賓矜窮 禮之宗也'의 宗을 韋昭 注에 '宗은 本이다.'라고 하였다.

11) 謂稱舊好

지난날의 友好를 말한 것을 이른다.

12) 始稱敝邑之弘 先國也 次稱臣之祿 後己也

처음에 '敝邑之弘'이라고 稱한 것이 나라를 먼저 생각한 것이고, 다음에 '臣之祿'이라고 稱한 것이 자기를 뒤에 생각한 것이다.

13) 詩大雅

詩는 ≪詩經≫ 〈大雅 民勞篇〉의 詩句이다.

14) 역주] 詩曰……夫子近德矣 : 詩의 原義는 '너의 威儀를 공경하고 삼가서 有德者를 가까이하라.'는 말인데, 여기서는 原義대로 解釋하면 下文의 '夫子近德'과 말이 연결되지 않으므로 이상과 같이 번역하였다.

【傳】 秋에 鄭公孫黑將作亂하야 欲去游氏而代其位[1)]러니 傷疾作而不果[2)]하다 駟氏與諸大夫欲殺之[3)4)]한대 子產在鄙라가 聞之하고 懼弗及하야 乘遽而至[5)]하야 使吏數之[6)] 曰 伯有之亂[7)]에 以大國之事로 而未爾討也[8)]로라 爾有亂心無厭[9)]하니 國不女堪이라 專伐伯有하니 而罪一也오 昆弟爭室하니 而罪二也[10)11)]오 薰隧之盟에 女矯君位하니 而罪三也[12)]라 有死罪三하니 何以堪之리오 不速死면 大刑將至리라 再拜稽首하고 辭曰 死在朝夕하니 無助天爲虐[13)]하라 子產曰 人誰不死리오 凶人不終은

命也라 作凶事하야 爲凶人하니 不助天하고 其助凶人乎아 請以印爲褚師[14)]하니 子産曰 印也若才면 君將任之오 不才면 將朝夕從女[15)]리라 女罪之不恤하고 而又何請焉가 不速死면 司寇將至리라 七月壬寅에 縊하니 尸諸周氏之衢[16)]하고 加木焉[17)]하다

가을에 鄭나라 公孫 黑이 叛亂을 일으켜 游氏(游吉)를 除去하고 그 자리를 대신 차지하고자 하였더니, 상처가 덧나 決行하지 못하였다. 駟氏(公孫 黑 宗族)가 여러 大夫들과 함께 公孫 黑을 죽이려 하자, 子産이 邊方에 있다가 이 소식을 듣고는 事前에 미처 도착하지 못할까 두려워 傳車(驛站의 수레)를 타고 國都로 와서, 公孫 黑에게 官吏를 보내어 그 罪狀을 列擧해 말하기를 "伯有의 난리 때 大國의 일로 인해 그대를 討伐하지 못하였다. 그대는 叛亂을 일으키려는 마음이 끝이 없으니 國家는 그대를 더 이상 容忍〔堪〕할 수 없다. 멋대로 伯有를 攻擊하였으니 그대의 罪가 하나이고, 兄弟間에 한 女人을 〈서로 차지하려고〉 다투었으니 그대의 罪가 둘이고, 薰隧의 盟約 때 君位(君命)를 假託하였으니 그대의 罪가 셋이다. 죽을죄가 셋이 있으니 어찌 容忍할 수 있겠는가? 그대가 속히 죽지 않는다면 장차 大刑(死刑)이 이를 것이다."고 하니, 公孫 黑이 두 번 절하고 머리를 조아리며 告別〔辭〕하기를 "나는 상처가 덧나 머지않아 죽을 것이니, 하늘을 도와 나를 虐待하지 말라."고 하였다. 子産이 "사람이 누군들 죽지 않으랴만 凶人이 제 命에 죽지 못하는 것은 天命(天意)이다. 그대는 凶惡한 짓을 하여 凶惡한 사람이 되었으니, 내가 하늘을 돕지 않고 어찌 凶惡한 사람을 돕겠는가?"라고 하였다. 公孫 黑이 아들 印을 褚師로 삼아 주기를 청하니, 子産이 말하기를 "印에게 만약 才能이 있다면 임금께서 장차 任用할 것이지만, 才能이 없다면 머지않아 그대를 따라갈 것이다. 그대는 그대의 罪를 생각지 않고, 또 무슨 낯으로 자식의 任用을 請하는가? 속히 죽지 않으면 장차 司寇가 이를 것이다."고 하였다. 7월 壬寅日에 公孫 黑이 목매 죽으니, 그 屍身을 周氏의 거리에 펼쳐 놓고서 나무에 罪狀을 기록하여 屍身 위에 올려놓았다.

1) 游氏 大叔之族 黑爲游楚所傷 故欲害其族

游氏는 太叔(游吉)의 宗族이다. 公孫 黑이 游楚(子南)에게 傷害를 입었기 때문에 그 族屬을 해치고자 한 것이다.

2) 前年游楚所擊創

前年에 游楚의 攻擊을 받아 입은 상처이다.

3) 駟氏 黑之族 〔附注〕 朱曰 黑 子駟之子 故以駟爲氏

駟氏는 公孫 黑의 宗族이다.

〔부주〕 朱: 公孫 黑은 子駟의 아들이다. 그러므로 駟를 氏로 삼은 것이다.

4) 역주〕 駟氏與諸大夫欲殺之 : 駟氏가 同族인 公孫 黑을 죽이고자 한 것은, 모든 大夫가 다 그를 미워하니 宗族에 禍가 미칠 것을 두려워해서이다.

5) 遽 傳驛

遽는 傳驛(驛站)이다.

6) 責數其罪

數는 그 罪狀을 列擧하여 꾸짖는 것이다.

7) 在襄三十 一 *)年

伯有의 亂은 襄公 31년에 있었다.

*) 역주〕 在襄三十年 : 伯有의 亂은 伯有가 公孫 黑의 攻擊을 받아 죽은 일을 이른다. 이 일은 襄公 30년 傳에 자세히 보인다. 31년에 있었다고 한 杜注는 옳지 않다.

8) 務共大國之命 不暇治女罪

大國의 命에 이바지하는 데 힘쓰느라 너의 罪를 다스릴 겨를이 없었다는 말이다.

9) 역주〕 無厭 : 滿足이 없다는 말로 끝이 없다는 뜻이다.

10) 謂爭徐吾犯之妹

徐吾犯의 누이동생을 〈서로 차지하려고〉 다툰 일을 이른다.

11) 역주〕 昆弟爭室 : 兄弟가 한 女人을 서로 차지하려고 다툰 일은 昭公 元年에 있었다.

12) 謂使大史書七子*)

太史에 '七子'로 기록하게 한 일을 이른다.

*) 역주〕 謂使大史書七子 : 七子로 기록하게 한 일도 昭公 元年에 있었다.

13)〔附注〕 朱曰 言傷重 其死不久 天已虐殺 汝無更助天爲虐也

〔부주〕 朱: 상처가 重하여 오래지 않아 죽을 것이다. 하늘이 이미 나를 虐殺하려 하니, 그대는 다시 하늘을 도와 나를 虐待하지 말라는 말이다.

14) 印 子晳之子 褚師 市官

印은 子晳(公孫 黑)의 아들이다. 褚師는 市官(市場을 管理하는 벼슬아치)이다.

15)〔附注〕 朱曰 旦夕將從汝以誅死

〔부주〕 朱: 머지않아 너의 뒤를 따라 誅殺될 것이라는 말이다.

16) 衢 道也

衢는 길이다.

17) 書其罪於木 以加尸上

나무에 그 罪狀을 기록하여 屍身 위에 올려놓은 것이다.

【傳】晉少姜卒에 **公如晉**하야 **及河**하니 **晉侯使士文伯來辭 曰 非伉儷也**[1)]니 **請君無辱**하노라 **公還**하고 **季孫宿遂致服焉**[2)]하다

晉나라 少姜이 죽자, 昭公이 晉나라로 가기 위해 出發하여 黃河 가에 당도하니, 晉侯가 士文伯을 보내 와서 辭讓하기를 "少姜은 正室이 아니니, 魯君께서 枉臨하지 마시기를 請합니다."고 하였다. 昭公은 돌아오고, 季孫宿은 계속해 가서 襚服을 傳하였다.

1) 晉侯溺於所幸 爲少姜行夫人之服 故諸侯弔 不敢以私煩諸侯故止之〔附注〕林曰 言少姜非嫡夫人伉敵之耦儷也

晉侯가 사랑하는 사람에게 빠져서 少姜을 위해 夫人의 服을 입었기 때문에 諸侯들이 弔喪하려 한 것이다. 晉侯는 감히 사사로운 일로 諸侯를 번거롭게 할 수 없으므로 오지 못하게 막은 것이다.

〔부주〕林: 少姜이 嫡夫人으로 晉侯와 對等한 身分의 配偶者가 아니라는 말이다.

2) 致少姜之襚服 公以末秋行 始冬還 還乃書之 故經在冬

少姜의 襚服을 傳한 것이다. 昭公이 季秋에 갔다가 孟冬에 돌아왔다. 돌아온 뒤에 기록했기 때문에 〈이를 기록한〉 經이 冬에 있다.

叔向言陳無宇於晉侯曰 彼何罪[1)]오 **君使公族逆之**나 **齊使上大夫送之**로되 **猶曰不共**이라하니 **君求以貪**[2)]이오 **國則不共**[3)]하고 **而執其使**하니 **君刑已頗**라 **何以爲盟主**[4)]리오 **且少姜有辭**[5)]하니라 **冬十月**에 **陳無宇歸**[6)]하다

叔向이 晉侯에게 陳無宇에 대해 말하기를 "저 사람이 무슨 罪를 지었습니까? 임금님께서는 公族大夫를 보내어 少姜을 맞이하게 하셨으나, 齊나라는 〈우리 晉나라를 待遇하여 그보다 높은〉 上大夫를 보내어 護送하게 하였는데, 〈임금님께서는〉 오히려 '不恭하다.'고 하셨으니, 임금님의 要求가 너무 貪慾스럽습니다. 우리나라가 不恭하였으면서 齊나라의 使者를 잡았으니, 임금님의 刑罰이 너무 偏僻되셨습니다. 이러고서야 어찌 盟主가 될 수 있겠습니까. 또 少姜도 生前에 그의 釋放을 말한 적이 있었습니다."고 하였다. 겨울 10월에 陳無宇가 돌아갔다.

1) 彼 無宇

彼는 陳無宇이다.

2)〔附注〕林曰 是晉之求於齊 已過於貪

〔부주〕林: 晉나라가 齊나라에 要求하는 것이 너무 지나치게 貪慾스럽다는 말이다.

3) 逆卑於送 是晉國不共

맞이하러 간 晉나라 使者의 地位가 少姜을 護送한 齊나라 使者의 地位보다 낮았으니, 晉나라가 不恭을 범했다는 말이다.

4) 頗 不平

頗는 公平하지 못하다는 말이다.

5) 謂請無宇之辭

陳無宇의 釋放을 要請한 말을 이른다.

6) 晉侯赦之

晉侯가 陳無宇를 赦免한 것이다.

【傳】 十一月에 **鄭印段如晉弔**[1)]하다

11월에 鄭나라 印段이 晉나라에 가서 弔喪하였다.

1) 弔少姜

少姜을 弔喪한 것이다.

〈**三年**, 壬戌 B.C.539〉

【經】 三年春王正月丁未에 **滕子原卒**[1)]하다

3년 봄 周王 正月 丁未日에 滕子 原이 卒하였다.

1) 襄二十五年盟重丘

〈滕子의 이름을 기록한 것은〉 襄公 25년에 重丘에서 同盟하였기 때문이다.

【經】 夏에 **叔弓如滕**하다

여름에 叔弓이 滕나라에 갔다.

【經】 五月에 **葬滕成公**[1)]하다

5월에 滕成公을 葬事 지냈다.

1) 卿共小國之葬 禮過厚 葬襄公 滕子來會 故魯厚報之

卿이 小國의 葬事에 參與하였으니, 禮가 지나치게 厚하였다. 襄公의 葬事 때 滕子가 와서 會葬하였기 때문에 魯나라가 厚하게 報答한 것이다.

【經】 秋에 小邾子來朝하다

가을에 小邾子가 와서 朝見하였다.

【經】 八月에 大雩하다

8월에 雩祭를 지냈다.

【經】 冬에 大雨雹[1)]하다

겨울에 雨雹이 크게 내렸다.

1) 無傳 記災
傳이 없다. 災異를 기록한 것이다.

【經】 北燕伯款出奔齊[1)]하다

北燕伯 款이 齊나라로 出奔하였다.

1) 不書大夫逐之而言奔 罪之也 書名從告
大夫가 逐出하였다고 기록하지 않고 出奔했다고 말한 것은 罪를 그에게 돌린 것이다. 이름을 기록한 것은 赴告를 따른 것이다.

【傳】 三年春王正月에 鄭游吉如晉하야 送少姜之葬하다 梁丙與張趯見之[1)]하고 梁丙曰 甚矣哉라 子之爲此來也[2)]여 子大叔曰 將得已乎[3)]아 昔文襄之霸也[4)]에 其務不煩諸侯라 令諸侯三歲而聘하고 五歲而朝하고 有事而會하고 不協而盟[5)]하며 君薨엔 大夫弔하고 卿共葬事하며 夫人엔 士弔하고 大夫送葬[6)]하야 足以昭禮命事謀闕而已[7)8)]오 無加命矣[9)]니라 今嬖寵之喪에 不敢擇位하고 而數於守適[10)11)]이라도 唯懼獲戾어든 豈敢憚煩가 少齊有寵而死하니 齊必繼室[12)]이리라 今茲吾又將來賀니 不唯此行也리라 張趯曰 善哉라 吾得聞此數也[13)]로다 然自今子其無事矣리라 譬如火焉[14)]하니 火中이면 寒暑乃退[15)16)]는 此其極也니 能無退乎[17)]아 晉將失諸侯하리니 諸侯求煩不獲[18)]이리라 二大夫退커늘 子大叔告人曰 張趯有知하니 其猶在君子之後乎[19)20)]ㄴ저

3년 봄 周王 正月에 鄭나라 游吉이 晉나라에 가서 少姜을 送葬하였다. 梁丙과 張趯이 游吉을 만나 보고서 梁丙이 말하기를 "그대가 送葬을 위해 온 것은 매우 禮에 지나쳤습니다."고 하자, 子太叔(游吉)이 말하기를 "어찌〔將〕 오지 않을 수 있겠습니까? 옛날 晉나라 文公과 襄公이 諸侯의 霸者가 되었을 때는 힘쓴 일이 諸侯들을 번거롭게 하지 않는 것이었습니다. 그러므로 諸侯들에게 3년마다 聘問하고, 5년마다 朝見하며, 일이 있으면 會見하고, 和睦하지 못하면 結盟하며, 國君의 喪에는 大夫를 보내 弔喪하고 卿을 보내 會葬하며, 夫人의 喪엔 士를 보내 弔喪하고 大夫를 보내 送葬하여, 禮를 밝히고 일을 命하고 闕失의 補完을 商議하기에 충분하게 하였을 뿐이고, 이밖에 더 命한 것이 없었습니다. 그런데 지금은 〈諸侯가〉 이 嬖妾의 喪에 〈그에 걸맞은〉 職位에 있는 사람을 가려 보내지 않고 〈卿을 보내어,〉 禮數(相對의 身分에 따라 각기 適用하는 禮의 等級)를 適夫人의 喪과 같이하여도 罪를 얻을까 두려운데, 어찌 번거로움을 꺼려 오지 않을 수 있겠습니까? 少齊(少姜)가 寵愛를 받다가 죽었으니, 齊나라는 반드시 齊女를 繼室로 보낼 것입니다. 그때가 되면 나는 또 와서 賀禮할 것이니, 〈禮에 지나친 걸음이〉 이번 걸음만이 아닐 것입니다."고 하였다. 張趯이 말하기를 "좋은 말씀입니다. 나는 弔喪에 관한 禮를 들었습니다. 그러나 앞으로는 그대가 다시 오는 일이 없을 것입니다. 비교하자면 大火星과 같으니, 大火星이 中天에 뜨면 추위와 더위가 물러가는 것은 極에 이르렀기 때문이니 어찌 물러가지 않을 수 있겠습니까? 晉나라는 장차 諸侯를 잃을 것이니, 諸侯가 번거로운 일을 하기를 구하여도 될 수 없을 것입니다."고 하였다. 두 大夫가 물러가자, 子太叔이 어떤 이에게 말하기를 "張趯은 지혜가 있으니, 그도 오히려 君子의 列에 끼게 될 것이다."고 하였다.

1) 二子 晉大夫
   두 사람은 晉나라 大夫이다.
2) 卿共妾葬 過禮甚
   卿이 妾의 葬事에 參與하였으니, 禮를 지나침이 심하다는 말이다.
3) 言不得止
   오지 않을 수 없다는 말이다.
4) 晉文公襄公
   晉나라 文公과 襄公이다.
5) 明王之制 歲聘間朝 在十三年 今簡之
   明王의 制度는 해마다 聘問하고, 3년마다 朝見〔間朝〕하는 것이 昭公 13년 傳에 보인다. 지금 그것을 간략하게 말한 것이다.

6) 先王之制 諸侯之喪 士弔 大夫送葬 在十三年 蓋時俗過制 故文襄雖節之 猶過於古
先王의 制度에 諸侯의 喪에 士를 보내어 弔喪하고 大夫를 보내어 送葬하는 것이 昭公 13년 傳에 보이는데, 당시의 풍속이 制度를 지나쳤기 때문에 晉文公과 晉襄公이 비록 그것을 節制하였으나 오히려 古禮보다 지나친 듯하다.

7) 朝聘以昭禮 盟會以謀闕〔附注〕林曰 命事則總朝聘盟會而言之
朝見하고 聘問하여 禮를 밝히고, 會盟하여 闕失의 補完을 商議하는 것이다.
〔부주〕林: 命事는 朝聘과 會盟을 통틀어 말한 것이다.

8) 역주〕足以昭禮命事謀闕而已 : 昭禮는 朝聘喪葬의 禮를 말한 것이고, 命事는 有事而會를 말한 것이고, 謀闕은 不協而盟을 말한 것이다. ≪左氏會箋≫

9) 命有常
命에 일정함이 있는 것이다.

10) 不敢以其位卑 而令禮數如守適夫人 然則時適夫人之喪 弔送之禮 以過文襄之制
감히 그 地位를 낮다고 여기지 않고 禮數를 適夫人과 같게 한 것이다. 그렇다면 이때 適夫人의 喪에 弔喪하고 送葬하는 禮가 晉文公과 晉襄公의 制度보다 지나친 것이다.

11) 역주〕不敢擇位而數於守適 : 少姜은 晉侯의 嬖妾이니, 諸侯國에서 弔問使節을 보내지 않아도 된다. 그런데도 弱小國들은 晉나라의 威勢를 두려워하여 少姜의 身分에 합당한 職位의 사람을 골라 보내지 않고 卿을 보내어, 夫人의 喪과 같은 禮數로 少姜을 待遇하였다. 守適은 內宮을 지키는 適室이란 말로 正室夫人을 이른다. 杜氏는 '於'를 '如'의 뜻으로 풀었다. 〈楊注〉에 "古禮와 文襄의 故事에 의하면 夫人의 喪에 士를 보내어 弔喪하고 大夫를 보내어 送葬하는 것인데, 지금 鄭나라가 卿을 보내어 와서 妾喪을 送葬하였으니, 適夫人을 待遇하는 것보다 禮數가 지나쳤다.

12) 繼室 復薦女
繼室은 齊나라가 다시 齊女를 推薦한다는 말이다.

13)〔附注〕林曰 我幸而得聞此禮數
〔부주〕林: 나는 다행히 이에 관한 禮數를 들었다는 말이다.

14) 火 心星
火는 心星이다.

15) 心以季夏昏中而暑退 季冬旦中而寒退
心星이 季夏의 초저녁에 中天에 뜨면 더위가 물러가고, 季冬의 새벽에 中天에 뜨면 추위가 물러간다.

16) 역주〕火中 寒暑乃退 : 초저녁에 心星이 中天에 뜨는 季夏가 되면 더위가 조금씩 물러가기 시작하고, 새벽에 心星이 中天에 뜨는 季冬이 되면 추위가 조금씩 물러가기 시작한다는 말이다.

17)〔附注〕朱曰 季夏暑之極 季冬寒之極 極則必退 以喩晉强之極 則必衰也

〔부주〕朱: 季夏에는 더위가 極에 이르고 季冬에는 추위가 極에 이른다. 極에 이르면 반드시 물러가게 마련임을 말하여, 晉나라의 强盛함이 極에 이르렀으니 반드시 衰할 것임을 비유한 것이다.

18) 言將不能復煩諸侯

장차 다시 諸侯를 번거롭게 할 수 없다는 말이다.

19) 譏其無隱諱〔附注〕林曰 君子爲尊者諱親者諱

張趯이 隱諱(말하기를 꺼려 말하지 않고 숨김)하지 않은 것을 비난한 것이다.

〔부주〕林: 君子는 尊者를 위해 숨기고, 어버이를 위해 숨긴다.

20) 역주〕其猶在君子之後乎 : 後는 ≪論語≫〈先進・憲問〉의 '以吾從大夫之後'의 後와 같으니, 孔子께서 스스로 大夫의 班列에 끼었다는 것을 말한 것이다. 이곳에 말한 '君子之後'도 그 사람은 君子의 部類에 끼게 될 것이라는 말이다. 杜注에 '譏其無隱諱'로 해석한 것은 아마도 '之後'의 뜻을 이해하지 못하였기 때문인 듯하다. 〈楊注〉

【傳】 丁未에 滕子原卒하다 同盟이라 故書名[1]하다

丁未日에 滕子 原이 卒하였다. 同盟하였으므로 이름을 기록한 것이다.

1) 同盟於襄之世 亦應從同盟之禮 故傳發之

襄公 때 同盟하였으니, 同盟의 禮를 따르는 것이 마땅하다. 그러므로 傳에 그 例를 드러낸 것이다.

【傳】 齊侯使晏嬰請繼室於晉[1]하니 曰 寡君使嬰曰 寡人願事君하야 朝夕不倦하고 將奉質幣하야 以無失時[2][3]로되 則國家多難이라 是以不獲[4]일새 不腆先君之適[5][6]을 以備內官하야 焜燿寡人之望[7][8]이러니 則又無祿하야 早世隕命하니 寡人失望이라 君若不忘先君之好하야 惠顧齊國하야 辱收寡人하고 徼福於大公丁公[9]하야 照臨敝邑하야 鎭撫其社稷이면 則猶有先君之適[10]及遺姑姊妹[11][12]若而人[13]하니 君若不棄敝邑이면 而辱使董振擇之하야 以備嬪嬙이 寡人之望也[14][15]라 韓宣子使叔向對曰 寡君之願也라 寡君不能獨任其社稷之事오 未有伉儷로되 在縗絰之中이라 是以未敢請[16]이라 君有辱命하니 惠莫大焉이라 若惠顧敝邑하야 撫有晉國하야 賜之內主[17]면 豈唯寡君이리오 擧群臣實受其貺[18]이오 其自唐叔以下도 實寵嘉之[19]하리라

齊侯가 晏嬰을 使者로 보내어 晉나라에 齊女를 繼室로 들이기를 청하게 하였다. 晏嬰이 晉나라에 가서 말하기를 "우리 임금께서 나를 보내시며 말씀하기를 '寡人은 晉君을 섬기기를 원하여 잠시〔朝夕〕도 倦怠로운 마음을 갖지 않고, 때를 어기지 않고 禮幣를 奉獻하고자 하였으나, 國家에 災難이 많음으로 인해 직접 가지 못하였다. 그러므로 先君의 변변치 못한 適女를 晉나라의 內官에 充當시킴으로써 寡人의 희망을 밝혔던 것인데, 또 福이 없어서 일찍 죽었으니 寡人은 희망을 잃었다. 晉君께서 만약 先君의 友好를 잊지 않고서 우리 齊나라를 돌보시고 寡人을 거두어 주시며 太公과 丁公에게 福을 求하기 위해 우리나라를 굽어 살피고 우리 국가를 安撫하겠다면 우리나라에는 아직 先君의 適女와 그 밖에 姑姉妹 若干人이 있으니, 晉君께서 우리나라를 버리지 않는다면 使者를 보내어 잘 살펴 합당한 女人을 골라 嬪嬙(妃嬪)에 充當하라. 이것이 寡人의 바람이다.'고 하셨습니다."고 하니, 韓宣子가 叔向을 보내어 말하기를 "바로 우리 임금님께서 원하는 바입니다. 우리 임금께서는 혼자 社稷의 일을 擔當할 수 없으시고 正室夫人이 없으신대도 喪中에 계시므로 감히 請하지 못하였던 것입니다. 그런데 齊君께서 이렇게 命하시니 恩惠가 더없이 큽니다. 만약 우리나라를 돌보시고 晉나라를 安撫하기 위해 內主를 주신다면 어찌 우리 임금님만의 다행이겠습니까? 모든 신하가 다 은혜를 입는 것이고, 唐叔 이후의 歷代 先君들도 실로 이를 光榮으로 여겨 좋아하실 것입니다."고 하였다.

1) 復以女繼少姜
다시 齊女로써 少姜의 뒤를 잇게 하려 한 것이다.
2)〔附注〕朱曰 欲自奉質幣以來朝
〔부주〕朱: 스스로 禮幣를 받들고 와서 朝見하고자 했다는 말이다.
3) 역주〕將奉質幣 : 將은 欲이니, 奉將(받들어 올림)으로 읽는 것은 옳지 않다.
4) 不得自來
직접 올 수 없었다는 말이다.
5) 謂少姜
先君之適은 少姜을 이른다.
6) 역주〕不腆 : 당시에 常用하던 謙辭로 변변치 못하다는 뜻이다.
7)〔附注〕林曰 焜 明也 燿 照也
〔부주〕林: 焜은 明이고 燿는 照이다.
8) 역주〕焜燿 : 밝게 드러냄이다.
9) 徼 要也 二公 齊先君 言收恤寡人 則先君與之福也

徼는 要(구함)이다. 太公과 丁公은 齊나라의 先君이다. 寡人을 거두어 救恤하면 齊나라의 先君이 晉君에게 福을 준다는 말이다.

10) 適夫人之女

先君之適은 適夫人의 딸을 이른다.

11) 遺 餘也〔附注〕朱曰 及其餘 非夫人所生者

遺는 餘이다.

〔부주〕朱: 及其餘(……와 그 밖의 사람)는 正室夫人의 所生이 아니다.

12) 역주〕遺姑姊妹 : 나를 조카로 부르는 사람을 나는 그를 姑母로 부른다. 遺姑姊妹는 先君의 女兄弟이다. ≪左氏會箋≫

13) 言如常人 不敢譽〔附注〕林曰 而 如也

常人과 같이 말하고 감히 기려 말하지 않은 것이다.

〔부주〕林: 而는 如이다.

14) 董 正也 振 整也 嬪嬙 婦官

董은 正이고 振은 整이다. 嬪嬙은 婦官이다.

15) 역주〕而辱使董振擇之 以備嬪嬙 : 董은 督察이고, 振은 收이니, 晉나라가 使者를 보내어 齊女를 잘 살펴 合當한 자를 選擇하여 거두어 嬪嬙에 充當하라는 말이다.

16) 制夫人之服 則葬訖 君臣乃釋服〔附注〕朱曰 時平公爲少姜行夫人之服

夫人의 服制는 葬事를 마쳐야 君臣이 모두 服을 벗는다.

〔부주〕朱: 이때 晉平公이 少姜을 위해 夫人의 服制를 施行한 것이다.

17) 역주〕內主 : 안주인이란 말로 곧 王后를 이른다.

18)〔附注〕林曰 豈唯晉君得其內助 擧晉國臣民 共受母儀之貺賜*)

〔부주〕林: 어찌 晉君만이 그의 內助를 받을 뿐이겠는가? 온 晉나라의 臣民이 함께 母儀(國母)의 貺賜(베푸는 은혜)를 받는다는 말이다.

*) 역주〕共受母儀之貺賜 : 母儀는 어머니의 儀容과 法度인데 흔히 王后를 가리키는 말로 쓰이고, 貺賜는 남이 주는 것을 이르는데 대체로 남이 베풀어 주는 恩惠를 받는 뜻으로 쓰인다.

19) 唐叔 晉之祖

唐叔은 晉나라 祖上이다.

既成昏[1)]하고 **晏子受禮**[2)]할새 **叔向從之宴**[3)]하야 **相與語**하다 **叔向曰 齊其何如**[4)]오 **晏子曰 此季世也**라 **吾弗知**어니와 **齊其爲陳氏矣**[5)6)]리라 **公棄其民**하야 **而歸於陳氏**[7)]하니라 **齊舊四量**이니 **豆區釜鍾**[8)]이라 **四升爲豆**오 **各自其四**하야 **以登於釜**[9)10)]하니 **釜十**

則鍾[11)]이라 陳氏三量皆登一焉하니 鍾乃大矣[12)]라 以家量貸하고 而以公量收之[13)]하며 山木如市오도 弗加於山하고 魚鹽蜃蛤을 弗加於海[14)]라 民參其力하야 二入於公하고 而衣食其一[15)]하며 公聚朽蠹로되 而三老凍餒[16)]하고 國之諸市에 屨賤踊貴[17)18)]라 民人痛疾이면 而或燠休之[19)20)]하니 其愛之如父母하야 而歸之如流水하니 欲無獲民이나 將焉辟之[21)]리오 箕伯直柄虞遂伯戲[22)]가 其相胡公大姬하야 已在齊矣[23)]라 叔向曰 然하다 雖吾公室도 今亦季世也라 戎馬不駕하고 卿無軍行[24)]하며 公乘無人하고 卒列無長[25)26)]하며 庶民罷敝로되 而宮室滋侈[27)]하며 道殣相望[28)]이로되 而女富溢尤[29)]하니 民聞公命이면 如逃寇讎[30)]라 欒郤胥原狐續慶伯이 降在皂隷[31)]하고 政在家門[32)]하야 民無所依로되 君日不悛하야 以樂慆憂[33)34)]하니 公室之卑가 其何日之有[35)]리오 讒鼎之銘[36)]에 曰 昧旦丕顯이라도 後世猶怠[37)]라하야늘 況日不悛가 其能久乎[38)]리오 晏子曰 子將若何[39)]오 叔向曰 晉之公族盡矣라 肸聞之컨대 公室將卑면 其宗族枝葉先落하고 則公〈室〉[40)]從之[41)]라하니라 肸之宗十一族[42)]에 唯羊舌氏在而已어늘 肸又無子[43)]하고 公室無度[44)]하니 幸而得死[45)]라도 豈其獲祀[46)]리오

定婚하고 나서 晏子가 享禮를 받을 때 叔向이 그를 따라 宴會에 가서 함께 술을 마시며 서로 對話하였다. 叔向이 “齊나라가 앞으로 어찌 되겠습니까?”라고 묻자, 晏子가 말하기를 “齊나라는 이미 末世가 되었습니다. 나는 잘 모르겠지만 齊나라는 아마도 陳氏의 나라가 될 것입니다. 齊君이 그 백성을 버려 백성들이 陳氏에게 돌아갔습니다. 齊나라에는 예로부터 네 種類의 量具가 있었는데, 豆・區・釜・鍾입니다. 4升이 1豆인데, 각각 네 배씩을 더하여 釜에 이르니 10釜가 1鍾입니다. 그런데 陳氏 집에서 私用하는 세 量具는 모두 1배씩을 追加하였으니, 鍾이 公用의 鍾보다 큽니다. 〈백성들에게 곡식을〉 貸與할 때는 私用의 量具로 되어 주고, 받아들일 때는 公用의 量具로 받아들이며, 山의 나무를 市場으로 운반해 와서도 값을 山中보다 높게 받지 않고, 생선・소금・조개 등을 市場으로 운반해 와서도 값을 海邊보다 높게 받지 않습니다. 그런데 齊君은 백성들이 勞力의 代價로 얻은 財物을 三等分하여 그 2分을 公家에 納入하게 하고, 나머지 1分으로 衣食을 解決하게 하며, 齊君의 蓄積은 腐敗해 벌레가 생기는데도 三老는 추위와 굶주림에 시달리며, 나라의 모든 市場에 신발값은 싸고 목발 값은 비쌉니다. 人民들이 苦痛스러워하면 或者(陳氏를 이름)는 그들을 넉넉하게 도와주니, 백성들은 陳氏를 부모처럼 사랑하여 물이 흐르듯이 그에게로 돌아가니, 백성의 마음을 얻지 않고

자 한들 장차 어찌 피할 수 있겠습니까? 箕伯·直柄·虞遂·伯戱가 胡公과 太姬를 돕기 위해 이미 齊나라에 와 있습니다."고 하니, 叔向이 말하기를 "그렇습니다. 우리나라 公室도 지금 末世가 되었습니다. 戎馬(戰馬)를 兵車에 메우지 않고, 卿에게 軍職이 없으며, 公室의 수레에 御者가 없고, 步卒의 行列에 長官이 없습니다. 庶民들은 疲弊한데도 宮室은 더욱 사치스럽고, 길에는 餓死者가 즐비한데도 寵姬의 집에는 富裕함이 더욱 심하니, 백성들이 임금의 命을 들으면 寇讐를 피하듯이 합니다. 欒·郤·胥·原·狐·續·慶·伯이 降等되어 皂隷가 되고, 政權이 私門에 있어 백성들이 의지할 곳이 없는데도 임금은 하루도 고칠 생각은 하지 않고 歡樂에 빠져 憂患을 대수롭지 않게 넘기고 있으니, 公室이 卑微(衰弱)할 날이 얼마나 남았겠습니까? 讒鼎의 銘에 '이른 새벽에 일어나 偉大한 業績 드러내기를 생각하더라도 後代의 子孫은 오히려 게을러질까 두렵다.'고 하였는데, 하물며 하루도 고칠 생각을 하지 않는 데이겠습니까? 어찌 오래갈 수 있겠습니까?"라고 하였다. 晏子가 "그대는 장차 어찌할 생각입니까?"라고 묻자, 叔向이 말하기를 "晉나라의 公族은 이미 다 滅亡하였습니다. 내가 듣건대 '公室이 衰微해지려면 그 宗族이 〈나무의〉 枝葉이 먼저 衰落하듯이 〈먼저 滅亡하고, 宗族이 滅亡하면〉 公室도 뒤따라 滅亡한다.'고 하였습니다. 나의 1宗 11族 중에 오직 羊舌氏만이 남았을 뿐인데, 나에게는 또 아들이 없고 公室에는 法度가 없으니, 내가 다행히 壽命대로 살다 죽는다 하더라도 어찌 내가 祭祀를 받을 수 있겠습니까?"라고 하였다.

1) 許昏成

婚姻하기로 허락한 것이다.

2) 受賓享之禮

賓享(손님을 接待함)의 禮를 받은 것이다.

3)〔附注〕林曰 叔向從晏平仲宴飮

〔부주〕林: 叔向이 晏平仲을 따라 宴會에 參席해서 술을 마신 것이다.

4) 問興衰

盛衰를 물은 것이다.

5) 不知其他 唯知齊將爲陳氏

다른 것은 모르겠지만 齊나라가 장차 陳氏의 나라가 된다는 것만은 알 수 있다는 말이다.

6) 역주〕吾弗知……爲陳氏矣 : ≪孟子≫ 〈公孫丑 下〉의 '我不識能至否乎(나는 도착했는지의 여부는 알지 못하겠다)'와 句法이 같다. ≪左氏會箋≫

7) 棄民不恤

백성을 버리고 救恤하지 않는 것이다.

8)〔附注〕林曰 齊國舊有四等之量

〔부주〕林: 齊나라에는 예로부터 네 등급의 量具가 있었다는 말이다.

9) 四豆爲區 區斗六升 四區爲釜 釜六斗四升 登 成也

4豆가 1區이니, 區는 1斗 6升이고, 4區가 1釜이니, 釜는 6斗 4升이다. 登은 成(됨)이다.

10) 역주〕各自其四 以登於釜 : 각각 4배를 더하여 釜에 이른다는 말로 4升이 豆가 되고 4豆가 區가 되고 4區가 釜가 된다는 말이다.

11) 六斛四斗

鍾은 6斛 4斗이다.

12) 登 加也 加一 謂加舊量之一也 以五升爲豆 五豆爲區 五區爲釜 則區二斗 釜八斗 鍾八斛

登은 追加하는 것이니, 加一은 옛 量에 1배를 더하는 것을 이른다. 5升을 1豆로, 5豆를 1區로, 5區를 1釜로 삼은 것이니, 그렇다면 區는 2斗이고, 釜는 8斗이고, 鍾은 8斛이다.

13) 貸厚而收薄

厚하게 貸與하고 薄하게 回收한 것이다.

14) 賈如在山海 不加貴〔附注〕林曰 如 往也 山木往賣於市 價如在山 弗加貴 海之雜利往賣於市 價如在海 不加貴

山中이나 海邊에 있을 때와 같은 값으로 팔고 더 높은 값을 받지 않은 것이다.

〔부주〕林: 如는 往이다. 산의 나무를 市場으로 가지고 가서 팔되, 산에 있을 때와 같은 값을 받고 더 올려 받지 않으며, 바다에서 나는 雜利(海産物을 이름)를 市場으로 가지고 가서 팔되, 海邊에 있을 때와 같은 값을 받고 더 올려 받지 않았다는 말이다.

15) 言公重賦斂〔附注〕朱曰 民力所得財賦 以三分計之 其二分入於公室 民之所得爲衣食者但一分耳

齊君은 賦稅를 過重하게 徵收하였다는 말이다.

〔부주〕朱: 백성들의 勞力으로 얻은 財賦(財物)를 3分으로 計算하여 그 2分을 公室에 納入하게 하니, 백성들이 衣食할 수 있는 것은 겨우 1分뿐이다.

16) 三老 謂上壽中壽下壽 皆八十已上 不見養遇〔附注〕林曰 公家府庫積聚 既多朽蠹無用

三老는 上壽(百歲 이상) 中壽(90歲 이상) 下壽(80歲 이상)를 이른다. 모두 80세 이상으로 奉養하는 待遇를 받지 못한 것이다.

〔부주〕林: 公家의 府庫에 쌓인 물건이 이미 대부분 썩거나 벌레가 생겨 食用할 수 없게 되었다는 말이다.

17) 踊 刖足者屨 言刑多〔附注〕林曰 言刖足者多 屨無用故賤 踊有用故貴

踊은 발이 잘린 자의 신발이니, 刖刑을 받은 자가 많다는 말이다.

〔부주〕 林: 발이 잘린 자가 많아 신발이 쓸모가 없기 때문에 값이 싸고, 踊은 쓸모가 있기 때문에 값이 비싸다는 말이다.

18) 역주〕 踊 : 발이 잘린 자가 使用하는 것으로, 一說에는 假足이라 하였고, 一說에는 목발이라고 하였다.

19) 燠休 痛念之聲 謂陳氏也〔附注〕 朱曰 陳氏及〔乃〕[*)]燠休其痛而念之也

燠休는 가슴 아프게 생각하는 소리이니, 〈或은〉 陳氏를 이른다.

〔부주〕 朱: 陳氏가 백성의 고통을 가슴 아프게 생각한 것이다.

*) 역주〕 저본에는 '及'으로 되어 있으나 朱申의 ≪左傳句解≫에 의거하여 '乃'로 바로잡았다.

20) 역주〕 而或燠休之 : 燠休의 燠은 厚이고 休는 賜라고 한 〈楊注〉의 說을 취해 이상과 같이 번역하였다.

21)〔附注〕 朱曰 陳氏雖欲不得民心 自不能逃民心之歸也

〔부주〕 朱: 陳氏가 民心을 얻지 않고자 해도 民心이 돌아오는 것을 피할 수 없다는 말이다.

22) 四人皆舜後 陳氏之先

네 사람은 모두 虞舜의 後孫으로 陳氏의 先祖이다.

23) 胡公 四人之後 周始封陳之祖 大姬 其妃也 言陳氏雖爲人臣 然將有國 其先祖鬼神已與胡公共在齊〔附注〕 林曰 言四人者相助胡公大姬之神靈

胡公은 네 사람의 後孫으로 周나라가 처음 封한 陳나라의 始祖이다. 太姬는 胡公의 妃이다. 陳氏가 지금은 남의 臣下가 되었지만, 장차 國家를 所有할 것이므로 그 先祖의 鬼神이 이미 胡公과 함께 齊나라에 와서 있다는 말이다.

〔부주〕 林: 네 사람이 胡公과 太姬의 神靈을 돕는다는 말이다.

24) 言晉衰弱 不能征討救諸侯〔附注〕 朱曰 卿無所將之軍

晉나라가 衰弱해서 征討(討伐)하여 諸侯를 救援할 수 없는 것을 말한 것이다.

〔부주〕 朱: 卿이 거느릴 군사가 없다는 말이다.

25) 百人爲卒 言人皆非其人 非其長

百人이 1卒이다. 사람마다 모두 合當한 사람이 아니고 合當한 長官이 아니라는 말이다.

26) 역주〕 戎馬不駕……卒列無長 : 이 네 句는 晉나라 公室에 軍備가 解弛해진 것을 말한 것이다. 作戰하는 말에 兵車를 메우지 않고, 卿들이 公室의 군대를 거느리지 않고, 公室의 車乘에 御者와 戎右가 없으며, 百人이 1卒인데, 군대의 行列에 모두 쓸 만한 長官이 없다는 말이다. 〈楊注〉

27) 滋 益也

滋는 益(더욱)이다.

28) 餓死爲殣

餓死한 것을 '殣'이라 한다.

29) 女 嬖寵之家 〔附注〕 林曰 嬖寵女家 富貴過甚

女는 임금의 寵愛를 받는 女人의 親家이다.

〔부주〕 林: 寵愛를 받는 女人의 親家에는 富貴가 매우 지나쳤다는 말이다.

30) 〔附注〕 林曰 民聞公家徵役之命 如逃辟寇賊與仇讐

〔부주〕 林: 백성들이 公家에서 내리는 徵役(役徒를 徵集함)의 命을 들으면 도적 떼나 怨讐를 피하듯이 한다는 말이다.

31) 八姓 晉舊臣之族也 皀隷 賤官

八姓은 晉나라 舊臣의 宗族이다. 皀隷는 賤한 官職이다.

32) 大夫專政

大夫가 政權을 獨占한 것이다.

33) 慆 藏也 悛 改也 〔附注〕 林曰 以逸樂之過 藏憂患之萌

慆는 藏(감춤)이고, 悛은 改이다.

〔부주〕 林: 逸樂의 허물로 憂患의 싹을 감추는 것이다.

34) 역주〕 以樂慆憂 : 慆는 過(넘김)이니, 娛樂으로 인해 憂患해야 할 일들을 대수롭지 않게 넘긴다는 말이다. ≪左氏會箋≫

35) 言今至

곧 닥친다는 말이다.

36) 讒 鼎名也 〔附注〕 林曰 讒鼎 疾讒鼎名也

讒은 鼎의 이름이다.

〔부주〕 林: 讒鼎은 讒訴하는 사람을 미워해 鑄造한 鼎의 이름이다.

37) 昧旦 早起也 丕 大也 言夙興以務大顯 後世猶解怠

昧旦은 일찍 일어남이고, 丕는 大이니, 일찍 일어나 大顯(크게 드러낼 만한 功業)을 힘쓰더라도 後孫〔後世〕은 오히려 게을러진다는 말이다.

38) 〔附注〕 林曰 況日視爲常 不知悛改 其能久而不替乎

〔부주〕 林: 하물며 날마다 보는 일을 常例로 삼고 잘못을 고칠 줄을 모르니, 어찌 오래도록 衰하지 않을 수 있겠느냐는 말이다.

39) 問何以免此難

무슨 방법으로 이 禍難을 避하겠느냐고 물은 것이다.

40) 역주〕 原本에는 '室'字가 없으나 文義로 보아 당연히 있어야 할 것 같으므로 지금 ≪金

澤文庫≫本에 의거하여 追加하였다고 한 〈楊注〉의 說을 취하여 '室'字를 보충하여 번역하였다.

41)〔附注〕朱曰 宗族 國君之枝葉也 公族〈將〉滅 亡 是〈以〉枝葉先落 君爲根本 必不能以獨行〔存〕*)

〔부주〕朱: 宗族은 國君의 枝葉이다. 公族이 滅亡하려 하기 때문에 枝葉이 먼저 떨어진다. 國君은 〈宗族의〉 根本이니, 〈宗族이 滅亡하면〉 반드시 〈國君〉 홀로 生存할 수 없다.

*) 역주〕朱申의 ≪左傳句解≫에는 '滅亡'이 '將滅'로 되어 있고 '亡'이 없으며, '是' 다음에 '以'가 더 있고 '行'이 '存'으로 되어 있다. 이에 의거하여 바로잡았다.

42) 同祖爲宗

祖上이 같은 사람이 宗이다.

43) 無賢子〔附注〕朱曰 今十族盡亡 僅留我一族矣

어진 아들이 없다는 말이다.

〔부주〕朱: 지금 十族이 다 滅亡하고 겨우 우리 一族만이 남았다는 말이다.

44) 無法度

法度가 없다는 말이다.

45) 言得以壽終爲幸

壽命대로 살다가 죽는 것이 다행이란 말이다.

46) 言必不得祀

반드시 〈집안이 멸망하여〉 祭祀를 받지 못할 것이라는 말이다.

初에 **景公欲更晏子之宅**하야 **曰 子之宅近市**하야 **湫隘囂塵**하야 **不可以居**[1])니 **請更諸爽塏者**[2])하노라 **辭曰 君之先臣容焉**[3])이라 **臣不足以嗣之**하니 **於臣侈矣**[4])니이다 **且小人近市**하야 **朝夕得所求**니 **小人之利也**어늘 **敢煩里旅**[5)6)]릿가 **公笑曰 子近市**하니 **識貴賤乎**아 **對曰 旣利之**하니 **敢不識乎**잇가 **公曰 何貴何賤**고 **於是景公繁於刑**[7])하야 **有鬻踊者**라 **故對曰 踊貴屨賤**이라하다 **旣已告於君**이라 **故與叔向語而稱之**[8])하니라 **景公爲是省於刑**하다

當初에 齊景公이 晏子의 住宅을 바꾸어 주고자 하여 말하기를 "그대의 집이 市場과 가까워 卑濕하고 좁으며 시끄럽고 먼지가 많아, 살기에 適合하지 않으니, 陽明하고 燥强한 곳으로 옮기기를 청하노라."고 하니, 晏子가 辭讓하며 말하기를 "임금님의 先臣도 이 집에 살았습니다. 臣은 先人의 뒤를 잇기에 不足하니 臣에게는 이 집도 사치스럽습

니다. 그리고 또 小人은 市場 가까이 살면서 아침저녁으로 求하는 物件을 얻을 수 있으니, 이것이 小人의 利益인데, 감히 里旅를 번거롭게 하겠습니까?"라고 하였다. 景公이 웃으며 "그대가 市場 가까이 살고 있으니, 物價의 貴賤을 아는가?"라고 하자, 晏子가 "이미 市場 가까이 사는 것을 利益으로 여기고 있으니, 어찌 감히 모른다고 하겠습니까?"라고 대답하니, 景公이 "어떤 물건이 비싸고 어떤 물건이 싸던가?"라고 물었다. 이때 景公이 刖刑을 많이 시행하여, 목발〔踊〕을 파는 자가 있었으므로 "목발은 비싸고 신발은 쌉니다."고 대답하였다. 이미 임금께 고한 말이기 때문에 叔向과 對話할 때 이 말을 한 것이다. 景公은 晏子의 이 말로 인해 刑罰을 줄였다.

1) 湫 下 隘 小 囂 聲 塵 土
 湫는 地帶가 낮은 것이고, 隘는 狹小한 것이고, 囂는 시끄러운 소리이고, 塵은 흙먼지이다.
2) 爽 明 塏 燥 〔附注〕 林曰 請更易於爽明塏燥之地
 爽은 밝은 것이고, 塏는 땅이 燥强한 것이다.
 〔부주〕 林: 陽明하고 燥强한 곳으로 옮기기를 청한 것이다.
3) 先臣 晏子之先人
 先臣은 晏子의 先人이다.
4) 侈 奢也 〔附注〕 朱曰 我之無德 尙不足以繼承先世
 侈는 奢이다.
 〔부주〕 朱: 德이 없는 나로서는 오히려 先世를 繼承하기에 不足하다는 말이다.
5) 旅 衆也 不敢勞衆爲己宅
 旅는 衆이니, 감히 나의 집을 짓기 위해 사람들을 근로시킬 수 없다는 말이다.
6) 역주〕 里旅 : 司里로 卿大夫의 집을 짓는 일을 擔當하는 官員이다.
7) 繁 多也
 繁은 多이다.
8) 傳護晏子 令不與張趯同譏*)
 傳文은 晏子를 辯護하여 叔向이 張趯과 함께 非難받지 않게 한 것이다.

*) 역주〕 傳護晏子 令不與張趯同譏 : 3년 傳에 子太叔이 張趯을 칭찬한 '張趯有知 其猶在君子之後乎'라는 말을 杜氏는 張趯이 國惡을 숨기지 않은 것을 비난한 말로 보아 '譏其無隱諱'로 註釋하였다. 이번에 晏子와 叔向도 모두 自國의 失政을 숨기지 않고 말하였으니, 張趯의 例로 보면 당연히 비난해야 하는데도 傳文에 그들에 대한 비난이 없다. 그러므로 杜氏는 晏子와 叔向을 庇護하여 張趯과 같은 비난을 받지 않게 하였다고 註釋한 것이다. ≪左氏會箋≫에는 "이 傳은 晏子와 叔向의 말을 기록하다가 踊이 高價임을 言

及하고 드디어 이 한마디 말을 添加하여 仁者의 말이 끼치는 利益을 말한 것뿐인데, 杜氏는 '晏子를 庇護하였다'고 하였으니 穿鑿(牽强附會)이 심하다."고 하였다.

君子曰 仁人之言은 **其利博哉**라 **晏子一言**에 **而齊侯省刑**하니 **詩曰 君子如祉**ㄴ댄 **亂庶遄已**[1)2)]가 **其是之謂乎**ㄴ저

君子는 이에 대해 다음과 같이 論評하였다. "仁人의 말은 〈그 말이 끼치는〉 利益이 廣大하다. 晏子의 한마디 말에 齊侯가 刑罰을 省略하였으니, ≪詩經≫ 〈小雅 巧言〉에 '君子가 기뻐하면 禍亂이 속히 그칠 것이다.'고 한 것이 아마 이런 경우를 이른 것이리라."

1) 詩小雅 如 行也 祉 福也 遄 疾也 言君子行福 則庶幾亂疾止也
詩는 ≪詩經≫ 〈小雅 巧言篇〉의 詩句이다. 如는 行이고, 祉는 福이고, 遄은 疾(빠름)이니, 君子가 福 받을 일을 行하면 거의 禍亂이 속히 그친다는 말이다.
2) 역주〕 詩曰……亂庶遄已 : 宣公 17년 傳의 譯註 參考할 것.

及晏子如晉에 **公更其宅**하다 **反**하니 **則成矣**러라 **既拜**[1)]에 **乃毁之**하고 **而爲里室**하야 **皆如其舊**[2)3)]하고 **則使宅人反之且〔曰〕**[4)5)]**諺曰 非宅是卜**이라 **唯鄰是卜**[6)]이라하니라 **二三子先卜鄰矣**[7)]니 **違卜不祥**이라 **君子不犯非禮**[8)]하고 **小人不犯不祥**이 **古之制也**니 **吾敢違諸乎**아 **卒復其舊宅**하니 **公弗許**어늘 **因陳桓子以請**하니 **乃許之**[9)]하다

晏子가 晉나라에 간 사이에 미쳐 齊景公이 晏子의 집을 새로 지었다. 晏子가 돌아와 보니 그 집이 이미 完成되었다. 晏子는 景公에게 感謝를 表한 뒤에 즉시 그 집을 헐고, 民家〔里室〕를 지어 모두 그 옛날 모습으로 復原하고서, 원래 居住하던 자들에게 되돌아와 살게 하면서 말하기를 "俗談에 '집터를 점치지 않고 오직 이웃을 점친다.'고 하였다. 여러분들이 먼저 이웃을 점쳐 이곳에 살아왔으니, 그 점을 어기는 것은 상서롭지 못하다. 君子는 非禮를 犯하지 않고 小人은 不祥을 범하지 않는 것이 옛날의 制度이니, 내 어찌 감히 그 制度를 어기겠는가?"라고 하였다. 晏子가 끝내 옛집을 復原하려 하니, 景公이 許諾하지 않았다. 陳桓子를 통해 要請하니 齊景公은 그제야 許諾하였다.

1) 拜謝新宅
새로 집을 지어준 데 대해 절하고서 感謝를 표한 것이다.
2) 本毁里室 以大晏子之宅 故復之
본래 마을의 民家를 헐어 내고서 晏子의 집을 확장하였기 때문에 옛 모습으로 復原한

것이다.

3) 역주〕皆如其舊 : 이웃의 民家를 헐어 내고서 晏子의 집을 擴張하였기 때문에 晏子가 새로 지은 집을 헐어 내고서, 다시 民家를 원래의 모습으로 復原한 것이다.

4) 還其故室〔附注〕朱曰 使掌宅之人 以其里室 還舊居者

사람들에게 옛집으로 돌아가게 한 것이다.

〔부주〕朱: 집을 짓는 일을 맡은 사람에게 〈지은〉 마을의 民家를 옛날에 살던 자들에게 돌려주게 한 것이다.

5) 역주〕且 : 沈彤의 〈小疏〉에는 "且字는 曰字의 誤字인 듯하다."고 하였고, ≪金澤文庫≫本에는 且字가 바로 曰字로 되어 있으며, ≪太平御覽≫ 〈州郡部〉와 ≪初學記≫ 〈居處部〉에도 모두 ≪左傳≫의 이 句를 '且諺曰'로 인용하지 않고 '曰諺曰'로 인용하였으니, 지금 이 說 등에 의거해 曰字로 바로잡았다고 한 〈楊注〉의 說을 取해 번역하였다. 〈楊注〉뿐만이 아니라 其他의 많은 註釋書에도 대부분 且를 曰의 誤字로 말하였다.

6) 卜良鄰

점을 쳐서 좋은 이웃을 고른다는 말이다.

7) 二三子 謂鄰人〔附注〕林曰 先卜與我爲鄰吉矣

二三子는 이웃 사람들을 이른다.

〔부주〕林: 먼저 나와 이웃이 되는 것이 吉한지에 대해 占을 쳤다는 말이다.

8) 去儉卽奢爲非禮

儉素를 버리고 奢侈로 나아가는 것이 非禮가 된다.

9) 傳言齊晉之衰 賢臣懷憂 且言陳氏之興

傳文은 齊나라와 晉나라가 衰微하여 賢臣이 근심을 품은 것을 말하고, 또 陳氏가 興盛한 것을 말한 것이다.

【傳】夏四月에 **鄭伯如晉**할새 **公孫段相**이러니 **甚敬而卑**하야 **禮無違者**하니 **晉侯嘉焉**하야 **授之以策**[1] **曰 子豐有勞於晉國**[2]을 **余聞而弗忘**이로라 **賜女州田**[3]하야 **以胙乃舊勳**[4]하노라 **伯石再拜稽首**하야 **受策以出**하다 **君子曰 禮**는 **其人之急也乎**[5]ㄴ저 **伯石之汰也**[6]로 **一爲禮於晉**하야 **猶荷其祿**이온 **況以禮終始乎**아 **詩曰 人而無禮**면 **胡不遄死**오하니 **其是之謂乎**[7]ㄴ저

여름 4월에 鄭伯이 晉나라에 갔을 때 公孫 段이 相이 되었다. 매우 공경하고 자신을 낮추어 禮儀에 어긋남이 없으니 晉侯가 嘉尙하게 여겨 그에게 策書를 주며 말하기를 "子豐이 晉나라에 功勞가 있었던 일을 나는 들은 뒤로 잊은 적이 없노라. 너에게 州縣

의 土地〔州田〕를 주어 네 아버지의 옛 功勳에 報答하노라."고 하였다. 伯石이 두 번 절하고 머리를 조아리고서 策書를 받아가지고 나왔다. 君子는 이에 대해 다음과 같이 論評하였다. "禮儀는 사람에 있어 더없이 急(重要)한 것이다. 驕慢한 伯石으로도 晉나라에서 한 번 禮儀를 행하여 오히려 福祿을 받았는데, 하물며 始終 禮儀를 행하는 사람이겠는가? ≪詩經≫ 〈鄘風 相鼠〉에 '사람으로서 禮儀가 없으면 어찌 빨리 죽지 않는가?'라고 하였으니, 이 詩는 아마도 이런 경우를 이른 듯하다."

1) 策 賜命之書
策은 命을 내리는 글이다.

2) 子豐 段之父
子豐은 公孫 段의 아버지이다.

3) 州縣 今屬河內郡
州縣이 지금은 河內郡에 屬하였다.

4) 〔附注〕 林曰 以胙報汝父舊日之勳勞
〔부주〕 林: 네 아버지의 옛 功勳에 報答한다는 말이다.

5) 〔附注〕 林曰 言人莫急於禮
〔부주〕 林: 사람에게는 禮보다 急(重要의 뜻)한 것이 없다는 말이다.

6) 汰 驕也
汰는 驕慢이다.

7) 〔附注〕 林曰 反證伯石有禮可取
〔부주〕 林: 伯石에게 取할 만한 禮儀가 있다는 것을 反證한 것이다.

初에 州縣은 欒豹之邑也[1]라 及欒氏亡하야 范宣子趙文子韓宣子皆欲之하다 文子曰 溫은 吾縣也[2]라하니 二宣子曰 自郤稱以別하야 三傳矣[3)4)]라 晉之別縣이 不唯州니 誰獲治之[5)6)]리오 文子病之[7]하야 乃舍之하니 二子曰 吾不可以正議而自與也라하고 皆舍之[8]하다 及文子爲政[9]에 趙獲曰 可以取州矣[10]니이다 文子曰 退[11]하라 二子之言이 義也[12]니 違義면 禍也라 余不能治余縣이어늘 又焉用州[13]리오 其以[14]徼禍也리오 君子曰[15] 弗知實難[16]이라하니 知而弗從이면 禍莫大焉[17]이라 有言州必死[18]하리라

當初에 州縣은 欒豹의 邑이었는데, 欒氏가 滅亡함에 미쳐 范宣子·趙文子·韓宣子가 모두 그 邑을 얻고자 하였다. 趙文子가 "溫縣은 우리의 縣이오."라고 하자, 두 宣子가 "郤稱이 州縣을 溫縣에서 分割한 뒤로 三家에게 傳하였소. 우리 晉나라에는 한 縣을

둘로 分割한 곳이 州縣만이 아니니, 누가 分割하기 이전으로 거슬러 올라가서 原來의 主人이 누구인지를 따질 수 있겠소."라고 하니, 趙文子는 부끄럽게 여겨 州縣을 抛棄하였다. 두 사람이 말하기를 "우리가 公正하게 論議하고서 스스로 取할 수는 없소."라고 하고서 모두 州縣을 抛棄하였다. 趙文子가 執政이 됨에 미쳐 趙獲이 "州縣을 取할 수 있습니다."고 하니, 趙文子가 "물러가라. 두 사람의 말이 道義에 맞았으니, 道義를 어기면 禍가 이른다. 나는 나의 縣도 잘 다스리지 못하는데, 또 州縣이 무슨 소용이 있겠느냐? 무엇 때문에 禍를 自招하겠느냐? 君子의 말에 '禍難을 알지 못하는 것이 실로 禍難이다.'고 하였으니, 알면서도 道義를 따르지 않으면 이보다 큰 禍難이 없다. 다시 州縣에 관해 말하는 자가 있으면 반드시 死刑에 처할 것이다."고 하였다.

1) 豹 欒盈族

欒豹는 欒盈의 一族이다.

2) 州本屬溫 溫 趙氏邑

州縣은 본래 溫縣에 屬했었다. 溫縣은 趙氏의 封邑이다.

3) 郤稱 晉大夫 始受州 自是州與溫別 至今傳三家

郤稱은 晉나라 大夫로 처음 州縣을 封邑으로 받았는데, 이때부터 州縣과 溫縣이 分離되어, 지금까지 三家에 傳해졌다는 말이다.

4) 역주〕三傳 : 〈楊注〉에 "郤氏에서 趙氏에게 傳해지고 趙氏에서 欒氏에게 傳해졌기 때문에 '三傳'이라 한 것이다."고 하였으니, 곧 主人이 세 번 바뀌었다는 뜻이다.

5) 言縣邑旣別甚多 無有得追而治取之

縣邑 중에 이미 分割한 곳이 매우 많으니, 分割되기 이전으로 거슬러 올라가 原來의 主人이 누군지를 따져서 取할 수 없다는 말이다.

6) 역주〕治 : 예전으로 거슬러 올라가 原來의 主人을 따지는 것이다. 〈成公 11년 傳〉의 '若治其故(만약 그 옛 주인을 따져 말한다면)'의 '治'와 같다.

7) 역주〕病之 : 두 사람의 말을 듣고서 文子가 매우 부끄러워한 것이라고 한 〈楊注〉의 說을 取해 번역하였다.

8)〔附注〕林曰 言我不可以正議責人而自取其邑

〔부주〕林: 우리가 公正한 論議로 남을 責望하고서 스스로 그 邑을 取할 수는 없다는 말이다.

9)〔附注〕林曰 及襄二十五年 趙武爲政

〔부주〕林: 襄公 25년에 미쳐 趙武가 執政이 되었다.

10) 獲 趙文子之子

獲은 趙文子의 아들이다.

11) 使獲退也
趙獲에게 물러가게 한 것이다.

12) 二子 二宣子也
두 사람은 두 宣子이다.

13) 〔附注〕 林曰 我若掇禍 且將不能治我之縣 又安用州爲哉
〔부주〕 林: 우리가 만약 禍를 부르게 된다면〔掇禍〕 장차 우리의 縣邑도 다스릴 수 없을 것인데, 또 州縣이 무슨 소용이 있겠느냐는 말이다.

14) 역주〕 其以 : 豈以로 何以와 같이 쓰였다.

15) 〔附注〕 林曰 文子又擧君子之言
〔부주〕 林: 文子가 또 君子의 말을 들어 말한 것이다.

16) 患不知禍所起
禍가 일어날 것을 모르는 것을 걱정하는 것이다.

17) 〔附注〕 林曰 旣已知之弗能從而改之 其爲禍患莫大於此
〔부주〕 林: 이미 알고도 道義를 따라 고치지 않는다면 이보다 큰 禍患이 없다는 말이다.

18) 〔附注〕 林曰 有敢言取州田 必坐以死罪
〔부주〕 林: 감히 州田을 取하자고 말하는 자가 있으면 반드시 死罪로써 處決〔坐〕하겠다는 말이다.

豐氏故主韓氏[1)2)]라 **伯石之獲州也**에 **韓宣子爲之請之**[3)]하니 **爲其復取之之故**[4)]라

豐氏가 옛날에 韓氏를 主人으로 삼았다. 伯石이 州縣을 〈賞으로〉 받을 때 韓宣子가 그를 위해 〈晉侯에게 州縣을 주도록〉 請하였으니, 이는 자기가 다시 그 縣을 取할 수 있다고 여겼기 때문이었다.

1) 故 猶舊也 豐氏至晉 舊以韓氏爲主人
故는 舊와 같다. 옛날에 豐氏가 晉나라에 갔을 때 韓氏를 主人으로 삼았다.

2) 역주〕 豐氏 : 公孫 段의 氏族이다. 〈楊注〉

3) 〔附注〕 林曰 韓宣子實爲伯石請所賜
〔부주〕 林: 韓宣子가 실로 伯石을 위해 賞賜하기를 請한 것이다.

4) 後若還晉 因自欲取之 爲七年豐氏歸州張本
뒤에 만약 伯石이 州縣을 晉나라에 되돌려 준다면 그 機會를 利用해 자기가 取하고자 해서였다는 말이다. 昭公 7년에 豐氏가 州縣을 돌려준 張本이다.

【傳】五月에 叔弓如滕하야 葬滕成公할새 子服椒爲介[1)]러니 及郊하야 遇懿伯之忌하니 敬子不入[2)3)]이어늘 惠伯曰 公事有公利오 無私忌니 椒請先入이라하고 乃先受館하니 敬子從之[4)]하다

5월에 叔弓이 滕成公의 葬事에 참여하기 위해 滕나라에 갈 때 子服椒가 副使였다. 郊外에 當到하여 懿伯의 忌日을 만나니, 敬子(叔弓)가 滕나라로 들어가려 하지 않자, 惠伯(子服椒)이 말하기를 "國家의 일에는 國家의 利益만 있고 私家의 忌日은 없으니, 내가 먼저 들어가기를 청합니다."고 하고서, 먼저 들어가서 受館(賓館을 排定받음)하니, 敬子가 그를 따라 들어갔다.

1) 〔附注〕 林曰 介 副使也
〔부주〕 林: 介는 副使이다.

2) 忌 怨也 懿伯 椒之叔父 敬子 叔弓也 叔弓禮椒 爲之辟仇
忌는 怨讐이다. 懿伯은 子服椒의 叔父이고, 敬子는 叔弓이다. 叔弓이 子服椒를 禮遇하여 그를 위해 怨讐를 避하게 한 것이다.

3) 역주〕 遇懿伯之忌 敬子不入 : 杜氏는 ≪世族譜≫에서 "懿伯은 바로 惠伯의 아버지 仲孫它이다."고 하였다. 그런데 이 注에 또 "惠伯의 叔父이다."고 한 것은 ≪禮記≫ 〈檀弓下〉의 '不可以叔父之私不將公事(叔父의 私忌라 하여 公事를 奉行하지 않아서는 안 된다.)'고 한 말을 억지로 끌어다가 맞춘 것뿐이다. 仲孫它의 字가 子服이었으므로 惠伯이 子服을 氏로 삼은 것이다. 杜氏의 말대로 懿伯이 子服椒의 叔父였다면 어찌 惠伯이 叔父의 字를 氏로 삼았겠는가? 誤謬임을 알 수 있다. 〈檀弓〉 鄭注에 '昭穆으로 보면 懿伯이 敬叔의 叔父이다.'고 하였으니, 叔父라는 稱號는 叔弓의 입장에서 말한 것이고, 惠伯과는 無關하다. 懿伯은 魯桓公의 6世孫이고, 叔弓은 魯桓公의 7世孫이기 때문에 懿伯을 叔父라 한 것이다. 그리고 '遇懿伯之忌'의 忌는 忌日로 解釋하는 것이 옳다. 傳에도 分明히 '私忌'라고 말하였다. 忌日은 어버이의 逝去日이다. 忌日에는 오로지 어버이만을 思慕하고 다른 일을 하지 않는 것이 禮인데, 만약 滕나라로 들어간다면 副使에게 郊勞 受館 등의 일이 있을 것이므로 어버이를 思慕하는 孝子의 마음을 어지럽게 할 것이다. 그러므로 叔弓이 惠伯을 위해 하루를 늦추어 들어가고자 한 것이다. ≪左氏會箋≫·〈楊注〉

4) 惠伯 子服椒也 傳言叔弓之有禮
惠伯은 子服椒이다. 傳文은 叔弓이 禮가 있었음을 말한 것이다.

【傳】晉韓起如齊逆女[1)]하다 公孫蠆爲少姜之有寵也하야 以其子更公女[2)]하고 而

嫁公子[3)4)]하다 人謂宣子호대 子尾欺晉이어늘 晉胡受之오 宣子曰 我欲得齊[5)]而遠其寵이면 寵將來乎[6)]아

晉나라 韓起가 齊나라에 가서 齊女를 맞이하였다. 公孫 蠆는 少姜이 晉侯의 寵愛를 받았다 하여, 자기 딸을 齊景公의 딸과 바꾸어 晉나라에 시집보내고, 景公의 딸은 다른 사람에게 시집보냈다. 어떤 사람이 宣子(韓起)에게 "子尾(公孫 蠆)가 우리 晉나라를 속였는데, 晉나라는 무엇 때문에 그 女人을 받아들였습니까?"라고 하니, 宣子가 말하기를 "우리가 齊나라의 마음을 얻고자 하면서 齊나라의 寵臣을 멀리한다면 寵臣이 어찌 우리에게 오겠는가(우리를 가까이하겠는가)?"라고 하였다.

1) 爲平公逆
晉平公을 위해 맞이한 것이다.
2)〔附注〕林曰 子尾自以其女更易公女
〔부주〕林: 子尾가 자기의 딸을 齊景公의 딸과 바꾼 것이다.
3) 更嫁公女
다시 齊景公의 딸을 시집보낸 것이다.
4) 역주〕而嫁公子 : 齊景公의 딸을 다른 사람에게 시집보낸 것이다. ≪左氏會箋≫
5)〔附注〕林曰 我欲得齊人之心
〔부주〕林: 우리가 齊人의 마음을 얻고자 한다는 말이다.
6) 寵 謂子尾〔附注〕林曰 子尾有寵於齊 而我反疎遠之 子尾其將以齊歸我乎
寵은 子尾를 이른다.
〔부주〕林: 子尾가 齊侯에게 寵愛를 받고 있는데, 우리가 도리어 그를 멀리한다면 子尾가 어찌 장차 齊나라를 가지고서 우리에게 歸依하겠느냐는 말이다.

【傳】 秋七月에 鄭罕虎如晉하야 賀夫人[1)]하고 且告曰 楚人日徵敝邑以不朝立王之故[2)]라 敝邑之往이면 則畏執事其謂寡君而固有外心[3)]이오 其不往이면 則宋之盟云[4)]하니 進退罪也[5)]근새 寡君使虎布之[6)]니라 宣子使叔向對曰 君若辱有寡君이면 在楚何害[7)]리오 修宋盟也[8)]니라 君苟思盟이면 寡君乃知免於戾矣[9)]어니와 君若不有寡君이면 雖朝夕辱於敝邑이라도 寡君猜焉[10)]이리라 君實有心이면 何辱命焉[11)]가 君其往也하라 苟有寡君이면 在楚猶在晉也[12)]니라

가을 7월에 鄭나라 罕虎가 晉나라에 가서 夫人을 얻은 것을 祝賀하고, 또 告하기를 "楚人이 날마다 우리나라가 새로 卽位한 楚王에게 朝見하지 않는 까닭을 묻습니다.

우리나라가 楚나라에 가서 朝見하자니 執事(晉君을 이름)가 우리 임금을 일러 '본래부터 外心(異心)을 가졌다.'고 할까 두렵고, 가지 않자니 宋나라에서 맺은 盟約에 '번갈아 서로 朝見하라.'고 하였으니, 進退가 모두 罪입니다. 그러므로 우리 임금께서 나를 보내어 그런 사정을 陳達하게 하셨습니다."고 하니, 宣子(韓起)가 叔向을 보내어 대답하기를 "鄭君께서 만약 우리 임금님께 마음을 두신다면 楚나라에 가 있다 하더라도 무슨 害가 있겠습니까? 이는 宋나라에서 맺은 盟約을 修行(遵行)하는 것입니다. 鄭君께서 진실로 盟約을 생각한다면 우리 임금께서 罪에서 벗어난 것으로 알겠지만, 鄭君께서 만약 우리 임금께 마음을 두지 않는다면 비록 아침저녁으로 우리나라에 枉臨하신다 하더라도 우리 임금께서는 의심하실 것입니다. 鄭君께서 실로 우리 임금님께 마음을 두셨다면 와서 사정을 말할 필요가 뭐 있습니까? 鄭君께서는 가십시오. 진실로 우리 임금님께 마음을 두셨다면 楚나라에 가 있어도 우리 晉나라에 와 있는 것과 같습니다."고 하였다.

1) 〔附注〕 林曰 賀晉平公繼室夫人

〔부주〕 林: 晉平公이 繼室夫人을 얻은 것을 祝賀한 것이다.

2) 楚靈王新立

楚靈王이 새로 卽位하였다.

3) 〔附注〕 林曰 謂我鄭國固有心於外向

〔부주〕 林: 우리 鄭나라를 일러 본래부터 外向(背叛)하려는 마음을 가졌다고 할까 두렵다는 말이다.

4) 云交相見*)

번갈아 서로 朝見하는 것이다.

*) 역주〕 交相見 : 楚나라를 追從하는 諸侯는 晉나라에 朝見하고, 晉나라를 追從하는 諸侯는 楚나라에 朝見하도록 한 盟約이다. 襄公 27년 傳을 參考할 것.

5) 역주〕 進退罪也 : 進退는 楚나라에 朝見하는 것과 朝見하지 않는 것을 이른다. 楚나라에 朝見하자니 晉나라가 "鄭나라는 본래부터 異心을 품었다."고 할 것이고, 楚나라에 朝見하지 않자니 宋나라서 맺은 盟約을 어기는 것이므로 進退가 모두 罪라고 한 것이다.

6) 布 陳也

布는 陳述하는 것이다.

7) 〔附注〕 林曰 言鄭君若有心服事晉君 雖在楚國何害於好

〔부주〕 林: 鄭君이 만약 晉君에게 服從해 섬길 마음을 가졌다면 비록 楚나라에 가 있더라도 友好에 무슨 해가 되겠느냐는 말이다.

8) 〔附注〕 林曰 修宋盟交相見之約也

〔부주〕 林: 宋나라에서 結盟할 때 번갈아 서로 朝見하기로 한 約束을 修行(遵行)하는 것이라는 말이다.

9)〔附注〕 朱曰 諸侯不棄盟言 則主盟者免於罪矣

〔부주〕 朱: 諸侯가 盟約한 말을 버리지 않는다면 盟約을 主導한 자가 罪에서 벗어난다는 말이다.

10) 猜 疑也

猜는 疑心함이다.

11) 言若有事晉心 至楚可不須告

만약 晉君을 섬길 마음을 가졌다면 楚나라에 가는 일을 와서 報告할 필요가 없다는 말이다.

12)〔附注〕 林曰 苟有心於事晉 雖在楚國 猶在晉國也

〔부주〕 林: 진실로 晉君을 섬기는 데 마음을 두었다면 비록 楚나라에 가 있더라도 晉나라에 와 있는 것과 같다는 말이다.

張趯使謂大叔曰 自子之歸也[1)]로 小人糞除先人之敝盧〔廬〕[2)]曰 子其將來리라하야늘 今子皮實來하니 小人失望이라 大叔曰 吉賤하야 不獲來[3)]하니 畏大國이오 尊夫人也라 且孟曰 而將無事라하니 吉庶幾焉[4)]이라

張趯이 사람을 보내어 太叔(游吉)에게 말하기를 "당신이 돌아간 뒤로 小人은 先人의 낡은 집을 淸掃하면서 '당신께서 아마도 장차 다시 올 것이다.'고 하였는데, 〈지금 당신이 오지 않고〉 子皮(罕虎)가 왔으니, 小人은 失望하였습니다."고 하니, 太叔이 말하기를 "나는 地位가 낮아 가지 못하고, 〈上卿인 子皮가 갔으니,〉 이는 大國을 두려워하고 夫人을 尊敬하기 때문입니다. 그리고 또 그대가 〈전에 나에게〉 '앞으로 〈다시 晉나라에 오는〉 일이 없을 것이다.' 하였으니, 나는 그렇게 되기를 바랍니다."고 하였다.

1) 歸在此年春

游吉이 돌아간 것은 금년 봄에 있었다.

2) 역주〕 저본에는 '盧'로 되어 있으나 ≪十三經注疏≫本에 의거하여 '廬'로 바로잡았다.

3) 賤 非上卿

賤은 上卿이 아니다.

4) 孟 張趯也 庶幾如趯言

孟은 張趯이다. 張趯의 말처럼 되기를 바란다는 말이다.

【傳】 小邾穆公來朝에 季武子欲卑之[1])하니 穆叔曰 不可하다 曹滕二邾는 實不忘我好하니 敬以逆之라도 猶懼其貳어든 又卑一睦이면 焉[2)3)]逆群好也리오 其如舊而加敬焉하라 志曰 能敬無災라하고 又曰 敬逆來者는 天所福也라하니 季孫從之하다

小邾穆公이 朝見하기 위해 魯나라에 왔을 때 季武子가 낮은 禮로 그를 待遇하려 하니, 穆叔이 말하기를 "옳지 않습니다. 曹國·滕國과 두 邾國은 실로 우리와 友好를 잃지 않고 있으니, 공경해 맞이하더라도 오히려 두마음을 품을까 두려운데, 또한 和睦한 나라의 임금을 낮게 待遇한다면 어찌 友好國들을 맞이할 수 있겠습니까? 옛날처럼 더욱 공경하십시오. 옛 기록에 '능히 공경하면 災殃이 없다.'고 하였고, 또 '來賓을 공경해 맞이하는 자에게는 하늘이 복을 내린다.'고 하였습니다."고 하니, 季孫이 그 말을 따랐다.

1) 不欲以諸侯禮待之
 諸侯의 禮로 待遇하려 하지 않은 것이다.
2) 一睦 謂小邾
 한 和睦한 나라는 小邾를 이른다.
3) 역주〕 又卑一睦 焉 : 〈楊注〉에 "杜氏는 焉을 위에 붙여 읽었으나, 지금 고쳐 아래에 붙였다."고 하였다. 睦에 句를 떼고 焉을 아래로 붙이면 小邾의 임금을 낮게 待遇하면 〈友好國들이 오지 않을 것이니〉 어찌 友好國을 迎接할 수 있겠느냐는 말이 된다. 이 說을 取해 번역하였다.

【傳】 八月에 大雩하니 旱也라

8월에 雩祭를 지냈으니, 가물었기 때문이다.

【傳】 齊侯田於莒[1])할새 盧蒲嫳見하고 泣且請曰 余髮如此種種하니 余奚能爲[2])리오 公曰 諾다 吾告二子[3])하리라하고 歸而告之하다 子尾欲復之한대 子雅不可曰 彼其髮短이나 而心甚長하니 其或寢處我矣[4])라 九月에 子雅放盧蒲嫳于北燕[5])하다

齊侯가 莒에서 사냥할 때 盧蒲嫳이 齊侯를 謁見하고서 눈물을 흘리면서 請願하기를 "저의 頭髮이 이처럼 짧아졌으니, 제가 무엇을 할 수 있겠습니까?"라고 하니, 齊景公이 말하기를 "그래, 내 두 사람에게 말하겠다."고 하고서 돌아와서 두 사람에게 말하였다. 子尾가 그를 원래의 官位로 回復시키려 하자, 子雅가 反對하며 말하기를

"저자의 頭髮은 짧지만 心計(心中의 計略)는 매우 深長하니, 아마도 우리의 가죽을 깔고 자기를 생각할 것입니다."고 하였다. 9월에 子雅가 盧蒲嫳을 北燕으로 追放하였다.

1) 莒 齊東竟

莒는 齊나라 東邊이다.

2) 嫳 慶封之黨 襄二十八年 放之於竟 種種 短也 自言衰老 不能復爲害

盧蒲嫳은 慶封의 黨으로 襄公 28년에 北邊으로 追放되었다. 種種은 짧아진 것이다. "이제 老衰하였으니 다시 子尾와 子雅에게 害를 입힐 수 없다."고 스스로 말한 것이다.

3) 二子 子雅子尾

두 사람은 子雅와 子尾이다.

4) 言不可信〔附注〕林曰 襄二十八年 盧蒲嫳謂子雅子尾 譬如禽獸 吾寢處之矣 故子雅畏其不可測 以此爲對

믿을 수 없다는 말이다.

〔부주〕林: 襄公 28년 傳에 盧蒲嫳이 "子雅와 子尾는 비교하자면 禽獸와 같으니, 내가 그 짐승의 껍질을 벗겨 깔고 잘 수 있다."고 하였기 때문에 子雅는 그의 豫測할 수 없는 計略을 두려워하여 이 말로 대답한 것이다.

5) 恐其復作亂

그가 다시 亂을 일으킬 것을 두려워하여 追放한 것이다.

【傳】燕簡公多嬖寵하야 **欲去諸大夫而立其寵人**하다 **冬**에 **燕大夫比以殺公之外嬖**[1)2)]하니 **公懼**하야 **奔齊**하다 **書曰北燕伯款出奔齊**라하니 **罪之也**[3)4)]라

燕簡公은 寵愛하는 사람이 많아, 大夫들을 除去하고 자기의 寵愛하는 사람들을 大夫로 세우고자 하였다. 겨울에 大夫들이 朋黨을 지어 簡公의 外嬖(寵臣)를 죽이니, 簡公은 겁이 나서 齊나라로 出奔하였다. 經에 北燕伯 款이 齊나라로 出奔하였다고 기록하였으니, 이는 罪가 簡公에게 있음을 말한 것이다.

1) 比 相親比

比는 서로 親密한 것이다.

2) 역주〕比 : 朋黨을 짓는 것이다.

3) 款罪輕於衛衎 重於蔡朱 故擧中示例

款의 罪가 衛侯 衎보다는 가볍고 蔡侯 朱보다는 무겁기 때문에 중간에 이 일을 거론하

여 例를 보인 것이다.

4) 역주〕 書曰……罪之也 : 앞의 襄公 14년에 '衛侯出奔齊'와 뒤의 昭公 21년에 '蔡侯朱出奔楚'에는 左氏가 傳을 내지 않고, 중간의 燕伯의 出奔에 '書曰北燕伯款出奔齊罪之'라는 傳을 내어 前後의 일이 一例임을 드러냈다는 말이다.

【傳】 十月에 **鄭伯如楚**에 **子產相**하다 **楚子享之**할새 **賦吉日**[1)]하다 **旣享**에 **子產乃具田備**하다 **王以田江南之夢**[2)]하다

10월에 鄭伯이 楚나라에 갈 때 子產이 相으로 隨行하였다. 楚子가 宴會를 열어 鄭伯을 接待할 때 〈吉日篇〉을 읊었다. 宴會를 마친 뒤에 子產이 사냥에 필요한 도구를 準備하니, 楚王은 鄭伯과 함께 江南의 雲夢에서 사냥하였다.

1) 吉日 詩小雅 宣王田獵之詩 楚王欲與鄭伯共田 故賦之
〈吉日〉은 ≪詩經≫ 〈小雅〉의 篇名인데, 周宣王이 사냥에 대해 읊은 詩이다. 楚王은 鄭伯과 함께 사냥하고자 하였기 때문에 이 詩를 읊은 것이다.

2) 楚之雲夢 跨江南北
楚나라 雲夢은 長江의 南北에 걸쳐 있다.

【傳】 齊公孫竈卒[1)]하다 **司馬竈見晏子**[2)]**曰 又喪子雅矣**라 **晏子曰 惜也**로다 **子旗不免**이리니 **殆哉**[3)4)]ㄴ저 **姜族弱矣**요 **而嬀將始昌**[5)]이라 **二惠競爽猶可**[6)]어늘 **又弱一介焉**하니 **姜其危哉**[7)]ㄴ저

齊나라 公孫 竈가 卒하자, 司馬 竈가 晏子를 보고 말하기를 "또 子雅(公孫 竈)를 잃었습니다."고 하니, 晏子가 말하기를 "애석합니다. 子旗가 禍를 면하지 못할 것이니 危殆롭습니다. 姜姓의 氏族은 衰弱하고 嬀姓이 장차 昌盛하기 始作할 것입니다. 惠公의 두 孫子가 强健하고 聰明할 때가 오히려 좋았는데, 또 한 孫子가 弱해졌으니 姜氏(姜氏의 齊나라를 이름)가 危殆롭습니다."고 하였다.

1) 竈 子雅
竈는 子雅이다.

2) 司馬竈 齊大夫
司馬 竈는 齊나라 大夫이다.

3) 以其不臣[*)] 〔附注〕 林曰 子旗 子雅之子 其父旣死 子旗必不免於危殆也
子旗가 臣下 노릇을 잘하지 못할 것이기 때문이다.

〔부주〕 林: 子旗는 子雅의 아들이다. 그 아버지가 죽은 뒤에 子旗는 반드시 위태로움을 免하지 못할 것이라는 말이다.

*) 역주〕 以其不臣 : 昨年에 晉나라 韓起가 齊나라에 갔을 때 子旗를 보고서 "臣下 노릇을 잘하지 못할 것이다."고 評하였다.

4) 역주〕 惜也……殆哉 : 惜也는 子雅의 죽음을 哀惜해 한 것이고, 殆哉는 子尾의 처지를 危殆롭게 여긴 것이다. ≪左氏會箋≫

5) 嬀 陳氏

嬀는 陳氏이다.

6) 子雅子尾皆齊惠公之孫也 競 彊也 爽 明也

子雅와 子尾는 모두 齊惠公의 孫子이다. 競은 彊이고, 爽은 明이다.

7)〔附注〕 朱曰 今子雅死 又喪一公族矣

〔부주〕 朱: 지금 子雅가 죽어, 또 한 사람의 公族을 잃었다는 말이다.

春秋左氏傳 제21권

魯昭公 二

〈四年, 癸亥 B.C.538〉

【經】 四年春王正月에 大雨雹[1)]하다

4년 봄 周王 正月에 雨雹이 크게 내렸다.

1) 當雪而雹 故以爲災而書之
눈이 내려야 할 때 雨雹이 내렸으므로 이를 災變으로 여겨 기록한 것이다.

【經】 夏에 楚子蔡侯陳侯鄭伯許男徐子滕子頓子胡子沈子小邾子宋世子佐淮夷會于申[1)]하다

여름에 楚子・蔡侯・陳侯・鄭伯・許男・徐子・滕子・頓子・胡子・沈子・小邾子・宋世子 佐・淮夷가 申에서 會合하였다.

1) 楚靈王始合諸侯〔附注〕林曰 申 楚縣 楚專合諸侯始此 以楚莊之賢 辰陵之盟 從之者陳鄭焉耳 申之會合 十有二國 楚之得志於中國 未有盛於此時也
楚靈王이 비로소 諸侯를 糾合한 것이다.
〔부주〕林: 申은 楚나라의 縣이다. 楚나라가 單獨으로 諸侯를 會合하기 始作한 것이 이때부터이다. 賢明한 楚莊王이 主宰한 辰陵의 會盟에도 따른 나라가 陳나라와 鄭나라뿐이었는데, 申의 會合에는 12國이 參與하였으니, 楚나라가 所望을 이루어 中國에 勢力을 떨친 것이 이때보다 盛大한 때가 없었다.

【經】 楚人執徐子[1)]하다

楚人이 徐子를 잡았다.(逮捕함)

1) 稱人以執 以不道於其民告〔附注〕林曰 書執徐子 危會申之諸侯也
人이 잡았다고 稱한 것은 徐子가 그 백성에게 無道하였었기 때문에 잡았다고 魯나라에 通告하였기 때문이다.

〔부주〕 林: 徐子를 잡았다고 기록한 것은 申에 會合한 諸侯를 危害하였기 때문이다.

【經】 秋七月에 楚子蔡侯陳侯許男頓子胡子沈子淮夷伐吳[1)2)]하야 執齊慶封하야 殺之[3)]하고 遂滅賴하다

가을 7월에 楚子・蔡侯・陳侯・許男・頓子・胡子・沈子・淮夷가 吳나라를 토벌하여 齊나라 慶封을 잡아 죽이고, 드디어 賴國을 擊滅하였다.

1) 因申會以伐吳 不言諸侯者 鄭徐滕小邾宋不在故也 胡國 汝陰縣西北有胡城
申에서 會合한 機會를 利用하여 吳나라를 토벌한 것이다. '諸侯가 토벌하였다.'고 말하지 않은 것은 鄭・徐・滕・小邾・宋이 그 토벌에 참여하지 않았기 때문이다. 胡國은 汝陰縣 서북쪽에 胡城이 있다.
2) 역주〕 楚子蔡侯……淮夷伐吳 : 襄公 28년에 慶封이 吳나라로 도망가자, 吳王이 그에게 朱方邑을 주어 宗族이 모여 살게 하였다.
3) 楚子欲行霸 爲齊討慶封 故稱齊
楚子가 霸者(盟主)의 일을 行하고자 하여 齊나라를 위해 慶封을 토벌하였기 때문에 '齊慶封'이라 稱한 것이다.

【經】 九月에 取鄫[1)]하다

9월에 鄫邑을 取하였다.

1) 鄫 莒邑 傳例曰 克邑不用師徒曰取
鄫은 莒나라의 邑이다. 傳例에 "邑을 占領하는 데 군대를 사용하지 않는 것을 '取'라 한다."고 하였다.

【經】 冬十有二月乙卯에 叔孫豹卒하다

겨울 12월 乙卯日에 叔孫豹가 卒하였다.

【傳】 四年春王正月에 許男如楚하니 楚子止之[1)]하고 遂止鄭伯하야 復田江南하니 許男與焉[2)]하다

4년 봄 周王 正月에 許男이 楚나라에 가자, 楚子는 그를 머물게 하고, 드디어 鄭伯도 머물게 하여, 다시 江南에서 사냥을 하였는데, 許男도 그 사냥에 참여하였다.

1) 欲與俱田

함께 사냥하고자 해서이다.

2) 前年楚子已與鄭伯田江南 故言復

前年에 楚子가 이미 鄭伯과 함께 江南에서 사냥한 적이 있었기 때문에 '다시'라고 말한 것이다.

使椒擧如晉求諸侯[1)2)]하고 **二君待之**[3)]하다 **椒擧致命曰 寡君使擧曰 日君有惠**하야 **賜盟于宋**[4)]하고 **曰 晉楚之從**이 **交相見也**라하니라 **以歲之不易**[5)6)]로 **寡人願結驩於二三君**[7)]하야 **使擧請間**[8)9)]하니 **君若苟無四方之虞**[10)11)]면 **則願假寵以請於諸侯**[12)13)]하노이다 **晉侯欲勿許**한대 **司馬侯曰 不可**하니이다 **楚王方侈**하니 **天或者欲逞其心**하야 **以厚其毒**하야 **而降之罰**을 **未可知也**오 **其使能終**도 **亦未可知也**니이다 **晉楚唯天所相**[14)]이라 **不可與爭**이니 **君其許之**하고 **而修德以待其歸**[15)]하소서 **若歸於德**이면 **吾猶將事之**온 **況諸侯乎**[16)]잇가 **若適淫虐**[17)]이면 **楚將棄之**[18)]리니 **吾又誰與爭**[19)]이리오 **公曰 晉有三不殆**하니 **其何敵之有**[20)]리오 **國險而多馬**[21)]하고 **齊楚多難**[22)]이라 **有是三者**하니 **何鄕而不濟**리오 **對曰 恃險與馬**하고 **而虞鄰國之難**은 **是三殆也**니이다 **四嶽**[23)] **三塗**[24)] **陽城**[25)] **大室**[26)] **荊山**[27)] **中南**[28)]은 **九州之險也**로되 **是不一姓**[29)]하고 **冀之北土**[30)]는 **馬之所生**이로되 **無興國焉**[31)]하니 **恃險與馬**하야 **不可以爲固也**는 **從古以然**이니이다 **是以先王務修德音**하야 **以亨神人**[32)]이오 **不聞其務險與馬也**니이다 **鄰國之難**은 **不可虞也**[33)34)]니이다 **或多難以固其國**하고 **啓其疆土**하며 **或無難以喪其國**하고 **失其守宇**[35)]하니 **若何虞難**[36)]이릿가 **齊有仲孫之難**이로되 **而獲桓公**하야 **至今賴之**[37)]하고 **晉有里丕之難**이로되 **而獲文公**하야 **是以爲盟主**[38)]하고 **衛邢無難**이로되 **敵亦喪之**[39)]니이다 **故人之難**은 **不可虞也**니이다 **恃此三者**하고 **而不修政德**이면 **亡於不暇**어든 **又何能濟**[40)]릿가 **君其許之**하소서 **紂作淫虐**하고 **文王惠和**르새 **殷是以隕**하고 **周是以興**하니 **夫豈爭諸侯**잇가 **乃許楚使**하고 **使叔向對曰 寡君有社稷之事**라 **是以不獲春秋時見**[41)]이라 **諸侯**를 **君實有之**하니 **何辱命焉**가 **椒擧遂請昏**[42)]하니 **晉侯許之**하다

楚王이 椒擧를 晉나라에 보내어, 楚나라가 單獨으로 諸侯의 會盟을 主宰하는 것에 同意를 求하게 하고서, 鄭伯과 許男을 楚나라에서 기다리게 하였다. 椒擧가 晉나라에 가서 楚王의 命을 傳達하기를 "우리 임금께서 나를 보내시며 말씀하기를 '前日에 晉君

께서 우리나라에 恩惠를 베푸시어 宋의 結盟에 참여하게 하고서, 말씀하기를 '晉나라와 楚나라를 追從하는 諸侯가 번갈아 서로 朝見하라.' 고 하셨습니다. 근래 각국 사이에 紛爭이 끊이지 않음으로 인해 寡人은 몇몇 나라의 임금과 交分을 맺기를 願하여, 椒擧를 보내어 한가한 틈을 내어 寡人의 말을 들어주시기를 請하니, 임금께 만약 四方(四境)에 憂慮가 없으시다면 임금의 威勢와 名望〔寵〕을 빌려 諸侯들을 會合에 招請하기를 원합니다.'고 하셨습니다."고 하였다. 晉侯가 許諾하려 하지 않자, 司馬 侯가 말하기를 "안 됩니다. 楚王은 바야흐로 잘난 체하여 남을 업신여기니, 하늘이 혹 그 마음에 願하는 바를 滿足하게 이루어 주어, 그가 罪惡을 많이 쌓게 하여 罰을 내리려는 것인지를 알 수 없고, 또 그를 壽命대로 살다가 죽게 하려는 것인지도 알 수 없습니다. 晉나라와 楚나라의 霸業은 오직 하늘이 돕는 바에 달렸을 뿐이니, 저들과 다투어서 얻을 수 있는 것이 아닙니다. 그러니 임금님께서는 저들의 要請을 허락하고서 德을 닦으시어 楚王의 政令이 어느 쪽으로 歸結되는지를 기다려 보소서. 만약 楚王의 政令이 德行으로 歸結된다면 우리도 오히려 그를 받들어 섬겨야 할 것인데, 더구나 諸侯들이겠습니까? 만약 楚王이 荒淫과 暴虐으로 나아간다면 楚人이 그를 버리려 할 것이니, 우리가 또 누구와 霸業을 다투겠습니까?"라고 하니, 晉平公이 말하기를 "우리 晉나라에는 危殆로워지지 않을 세 가지 〈有利한 條件이〉 있으니, 그 누가 우리와 對敵할 수 있겠는가? 우리나라는 地勢가 險固하고 말이 많으며 齊나라와 楚나라에는 禍難이 많다. 이러한 세 가지 有利한 條件이 있으니, 어디에 간들 成功하지 못하겠는가?"라고 하였다. 司馬侯가 대답하기를 "險固한 地勢와 많은 말을 믿고서 이웃 나라의 禍難을 즐기는 것은 危殆로워질 세 가지 〈不利한 條件〉입니다. 四嶽, 三塗, 陽城, 太室, 荊山, 中南은 九州에서 가장 險固한 곳인데도 이곳이 한 姓氏의 王朝로 存續되지 못하였고, 冀州의 北土는 말이 生産되는 곳인데도 興盛한 나라가 없었으니, 險한 地勢와 말을 믿고서 國家가 鞏固하다고 여기지 않은 것은 예로부터 그러하였습니다. 그러므로 先王은 德을 닦아 〈德이〉 神과 사람에 通하기를 힘썼고, 險한 지세와 말에 힘썼다는 말은 듣지 못하였습니다. 이웃 나라의 禍亂은 즐길 것이 못 됩니다. 어떤 나라는 禍難이 있었으되 나라를 鞏固히 하기도 하고 疆土를 擴張〔啓〕하기도 하였으며, 어떤 나라는 禍亂이 없었으되 나라를 잃기도 하고 邊方을 잃기도 하였으니, 어찌 이웃 나라의 禍難을 즐길 수 있겠습니까? 齊나라에 仲孫의 禍難이 있었으나 桓公을 얻어 지금까지 그 惠澤을 입고 있으며, 晉나라에 里克·丕鄭의 禍難이 있었으나 文公을 얻었으므로 盟主의 나라가 되었으며, 衛나라와 邢나라는 禍難이 없었으나 敵人(狄人)이 그 나라를 滅亡시켰습니다. 그러므로 남의 禍難은 즐길 만한 것이 못 됩니다. 이 세 가지를 믿고서 德政을 修行하지 않는다면 危亡을 救濟할 겨를도 없을 것인데 또 어찌 成功할 수 있겠습니까? 그러니 임금님께서는 楚나라의 要求를 허락하소서. 紂王은 荒淫하고 暴虐한 짓을 하고 文王은 恩惠롭고 溫和하였기 때문에 殷나라는 이로 인해 滅亡하고 周나라는 이로 인해 興盛하였으니, 이것이 어찌 諸侯와 霸權을 다투었기 때문이겠습니까?"라고 하니, 晉侯는 이에 楚나라 使者에게 要求를 許諾하기로 하고서, 叔向을 보내어 대답하게 하기를 "우리 임금께서는 社稷(國家)에 일이 있으므로 인해 봄가을로 定해진 時期에 가서 朝見하지 못하였습니다. 諸侯들을 실로 楚君께서 掌握하고 계시니, 와서 命하실 게(同意를 구할 게) 뭐 있습니까?"라고 하였다. 椒擧가 드디어 楚王을 위해 婚姻을 청하니 晉侯가 허락하였다.

1)〔附注〕林曰 楚靈王欲專會諸侯 使椒擧往晉求之
〔부주〕林: 楚靈王이 單獨으로 諸侯의 會盟을 主宰하고자 하여 椒擧를 使者로 보내어 晉나라에 가서 同意를 求하게 한 것이다.
2) 역주〕椒擧 : 椒擧는 바로 伍擧이다. 伍擧는 襄公 26년 傳에 보인다. 伍參의 食邑이 椒邑이었기 때문에 그 後孫이 椒를 氏로 삼은 것이다. ≪左氏會箋≫
3) 二君 鄭許
二君은 鄭君과 許君이다.
4) 宋盟在襄二十七年
宋盟은 襄公 27년에 있었다.
5) 不易 言有難
不易는 禍亂이 있다는 말이다.
6) 역주〕歲之不易 : 襄公 3년 傳에 이미 "근래 各國 사이에 紛爭이 끊이지 않다."로 번역하였으므로 이곳도 그와 같이 번역하였다.
7) 欲得諸侯 謀事補闕
諸侯의 信任을 얻어 일(紛亂의 處理)을 商議하고 闕失을 補完하려 한 것이다.
8)〔附注〕林曰 使擧請其間暇
〔부주〕林: 椒擧로 하여금 晉侯에게 한가한 때를 청하게 한 것이다.
9) 역주〕請間 : 間은 閒이니, 請間은 한가한 때에 이 말을 들어달라고 請하게 한 것이다. 〈楊注〉
10) 虞 度也
虞는 헤아리는 것이다.
11) 역주〕虞 : 虞는 憂慮라고 한 〈楊注〉의 설을 취해 번역하였다.
12) 欲借君之威寵以致諸侯

晉君의 威寵을 빌려 諸侯를 부르고자 한다는 말이다.

13) 역주〕 願假寵以請於諸侯 : 사실은 楚나라가 諸侯를 會合해 盟主가 되고자 하여, 晉나라에 同意를 求한 것이다. 假寵은 晉君의 光彩를 빌리고자 한다는 말로 外交 修辭이다. 〈楊注〉

14) 相 助也

相은 도움이다.

15) 〔附注〕 林曰 增修晉德以待楚君之所歸

〔부주〕 林: 晉侯가 德을 더욱 닦아 楚君이 歸着하는 바를 기다리라는 말이다.

16) 〔附注〕 林曰 若楚靈終歸於有德 我猶將屈己從之 況諸侯而不事楚乎

〔부주〕 林: 만약 楚靈王이 끝내 有德한 사람으로 돌아간다면 우리 晉나라도 오히려 몸을 굽혀 그를 따라야 할 것인데, 더구나 諸侯들이야 어찌 楚나라를 섬기지 않을 수 있겠느냐는 말이다.

17) 〔附注〕 林曰 若楚靈終適於淫虐*)

〔부주〕 林: 만약 楚靈王이 끝내 荒淫하고 暴虐한 데로 나아간다면.

*) 역주〕 17)과 21)의 林注는 ≪四庫全書 左傳杜林合注≫本에는 보이지 않는다.

18) 棄不以爲君

그를 버리고 임금으로 여기지 않는다는 말이다.

19) 역주〕 吾又誰與爭 : 다투지 않아도 저절로 霸主가 된다는 말이다. 〈楊注〉

20) 殆 危也

殆는 危이다.

21) 〔附注〕 林曰 表裏山河 是國險也 冀北產馬 是多馬也

〔부주〕 林: 밖에는 大河가 있고 안에는 巨山이 있는 것이 바로 '國險'이고, 冀北에 말이 生產되는 것이 바로 '多馬'이다.

22) 多簒弑之難

簒弑의 禍難이 많은 것이다.

23) 東嶽岱 西嶽華 南嶽衡 北嶽恒

四嶽은 東嶽 岱山(泰山), 西嶽 華山, 南嶽 衡山, 北嶽 恒山을 이른다.

24) 在河南陸渾縣南 〔附注〕 朱曰 大行轘轅崤黽三山

三塗는 河南 陸渾縣 남쪽에 있다.

〔부주〕 朱: 三塗는 太行・轘轅・崤黽 세 山을 이른다.

25) 在陽城縣東北 〔附注〕 朱曰 山名 淆水所出

古陽城은 지금의 陽城縣 동북에 있다.

〔부주〕 朱: 山名으로 淆水가 發源하는 곳이다.

26）在河南陽城縣西南〔附注〕朱曰 中嶽嵩山

太室은 河南 陽城縣 서남쪽에 있다.

〔부주〕朱: 太室은 中嶽 嵩山이다.

27）在新城汴鄕縣南〔附注〕朱曰 荊豫二州之境

荊山은 新城 汴鄕縣 남쪽에 있다.

〔부주〕朱: 荊州와 豫州의 境界에 있다.

28）在始平武功縣南〔附注〕朱曰 終南山

中南은 始平 武功縣 남쪽에 있다.

〔부주〕朱: 終南山이다.

29）雖是天下至險 無德則滅亡

비록 이곳이 天下에 지극히 險한 곳이라 하더라도 德이 없으면 滅亡한다는 말이다.

30）燕代*)

燕・代이다.

*）역주〕燕代：戰國 때의 燕國과 代國이 있던 곳으로 지금의 河北 西北部와 山東 東北部 一帶를 가리킨다.

31）〔附注〕林曰 未聞其地有興盛之國

〔부주〕林: 그 地方에 興盛한 나라가 있었다는 말을 듣지 못했다는 말이다.

32）亨 通也

亨은 通이다.

33）〔附注〕朱曰 不可虞度而幸之也

〔부주〕朱: 〈이웃 나라의 禍難이 우리나라에 이로운지의 與否를〉 헤아려, 그 禍難을 다행으로 여겨서는 안 된다는 말이다.

34）역주〕虞：虞는 娛(즐김)라고 한 〈楊注〉의 설을 취해 번역하였다.

35）於國則四垂爲宇

나라에 있어서는 四垂(四境)가 '宇'이다.

36）〔附注〕朱曰 如何可以度人之難

〔부주〕朱: 어찌 사람의 禍難을 헤아릴 수 있겠느냐는 말이다.

37）仲孫 公孫無知 事在莊九年

仲孫은 公孫 無知이다. 이 일은 莊公 9년 傳에 보인다.

38）里克丕鄭 事在僖九年

里克・丕鄭이다. 이 일은 僖公 9년 傳에 보인다.

39）閔二年 狄滅衛 僖二十五年 衛滅邢

閔公 2년에 狄人이 衛나라를 擊滅하였고, 僖公 25년에 衛人이 邢나라를 擊滅하였다.

40)〔附注〕林曰 滅亡之禍 且不暇給 又何能濟功業哉

〔부주〕林: 滅亡의 禍를 救濟하기에도 시간이 넉넉지 못한데, 또 어느 겨를에 功業을 이룰 수 있겠느냐는 말이다.

41) 言不得自往 謙辭

직접 가지 못했다는 것을 말한 것이니, 謙辭이다.

42) 蓋楚子遣擧時 兼使求昏

楚子가 椒擧를 보낼 때 求婚使節까지 겸하게 한 듯하다.

楚子問於子産曰 晉其許我諸侯乎[1]아 對曰 許君하리다 晉君少安하야 不在諸侯[2]하고 其大夫多求[3]하야 莫匡其君이니다 在宋之盟에 又曰如一[4)5)]이라하니 若不許君이면 將焉用之[6]릿가 王曰 諸侯其來乎아 對曰 必來리이다 從宋之盟이오 承君之歡이라 不畏大國[7]이니 何故不來릿가 不來者는 其魯衛曹邾乎ㄴ저 曹畏宋하고 邾畏魯하며 魯衛逼於齊而親於晉하니 唯是不來오 其餘는 君之所及也니 誰敢不至[8]릿가 王曰 然則吾所求者가 無不可乎[9]아 對曰 求逞於人이면 不可[10]하고 與人同欲[11]이면 盡濟[12]리이다

楚子가 子産에게 “晉나라가 우리에게 諸侯의 會盟을 허락하겠는가?”라고 묻자, 子産이 대답하기를 “임금님의 要求를 허락할 것입니다. 晉君은 작은 것에 安住하여 諸侯를 服從시키는 일에 뜻이 없고, 그 大夫들은 貪慾이 많아 임금을 바로잡지 못합니다. 宋나라에서 맺은 盟約에 ‘晉나라와 楚나라는 地位가 同一하니, 晉나라와 楚나라를 따르는 諸侯들은 각각 서로 晉나라와 楚나라에 朝見하라.’고 하였으니, 만약 晉나라가 임금님의 要求를 허락하지 않는다면 宋에서 맺은 盟約이 장차 무슨 소용이 있겠습니까?”라고 하였다. 楚王이 다시 “諸侯들이 오겠는가?”고 묻자, 子産이 대답하기를 “반드시 올 것입니다. 宋에서 맺은 맹약을 따르고, 임금님의 歡心을 사는 일이어서 大國(晉)을 두려워하지 않을 것이니, 무엇 때문에 오지 않겠습니까? 오지 않는 나라는 아마도 魯나라, 衛나라, 曹나라, 邾나라일 것입니다. 曹나라는 宋나라를 두려워하고 邾나라는 魯나라를 두려워하며, 魯나라와 衛나라는 齊나라의 逼迫을 받아 晉나라를 가까이하니, 오직 이 나라들만이 오지 않을 것이고, 그 나머지 나라들은 임금님의 威力이 미치는 바이니, 누가 감히 오지 않겠습니까?”라고 하였다. 楚王이 “그렇다면 내가 希求하는 바가 이루어지지 않음이 없겠는가?”라고 물으니, 子産이 대답하기를 “남에게 나를 滿足하게 해 주기를 요구하면 뜻이 이루어지지 않을 것이고, 남과 欲望을 함께하면 뜻한 일이 다 이루어질 것입니다.”고 하였다.

1)〔附注〕林曰 子產時從鄭簡公在楚

〔부주〕林: 子產이 이때 鄭簡公을 따라가 楚나라에 있었다.

2) 安於小 小不能遠圖〔附注〕林曰 志不在於服諸侯

작은 것에 安住하니, 작은 것에 安住하면 遠大한 計劃을 가질 수 없다.

〔부주〕林: 晉侯는 諸侯를 服從시키는 일에 뜻이 없다는 말이다.

3) 貪也

貪慾이 많은 것이다.

4) 晉楚同也

晉나라와 楚나라의 地位가 同等하다는 말이다.

5) 역주〕又曰如一 : 바로 '晉楚之從 交相見'을 이른 것이라고 한 〈楊注〉의 설을 取하여 '晉楚之從 交相見'을 補充해 번역하였다.

6) 焉用宋盟

宋에서 맺은 盟約을 무엇에 쓰겠느냐는 말이다.

7) 大國 晉也

大國은 晉나라를 이른다.

8) 言楚威力所能及

楚나라의 威力이 미칠 수 있는 바이라는 말이다.

9)〔附注〕朱曰 又問我意所求 無不得否

〔부주〕朱: 또 내 마음에 希求하는 바를 얻지 못함이 없겠느냐고 물은 것이다.

10) 逞 快也 求人以快意 人必違之

逞은 快이다. 남에게 나의 마음을 欣快하게 해 주기를 요구하면 사람들은 반드시 나의 뜻을 어긴다는 말이다.

11) 역주〕與人同欲 : 남이 나에게 잘해 주기를 바라는 欲望은 누구나 같으니, 남에게 바라지만 말고 남도 欲望이 함께 이루어지도록 配慮하는 것이다.

12) 爲下會申傳

아래에 보이는 申에서 會合한 傳의 배경이다.

【傳】 大雨雹하다 季武子問於申豐曰 雹可禦乎[1]아 對曰 聖人在上에는 無雹이요 雖有라도 不爲災라 古者에 日在北陸而藏冰[2]하고 西陸朝覿而出之[3]라 其藏冰也엔 深山窮谷에 固陰沍寒이면 於是乎取之[4]하고 其出之也엔 朝之祿位[5]의 賓食喪祭에 於是乎用之[6]라 其藏之也에 黑牡秬黍로 以享司寒[7]하고 其出之也에 桃弧棘矢로 以除

其災[8)9)]하니 **其出入也時**라 **食肉之祿**[10)]은 **冰皆與焉**[11)]하고 **大夫命婦喪浴用冰**[12)]이라 **祭寒而藏之**[13)]하고 **獻羔而啓之**[14)]하야 **公始用之**[15)]하고 **火出而畢賦**[16)]하니 **自命夫命婦至於老疾**히 **無不受冰**[17)]이라 **山人取之**하고 **縣人傳之**[18)]하며 **輿人納之**하고 **隷人藏之**[19)]라 **夫冰**은 **以風壯**[20)]하고 **而以風出**[21)]이라 **其藏之也周**[22)]하고 **其用之也徧**[23)]이면 **則冬無愆陽**[24)]하고 **夏無伏陰**[25)]하며 **春無凄風**[26)]하고 **秋無苦雨**[27)]하며 **雷出不震**[28)]하고 **無菑霜雹**하며 **癘疾不降**[29)]하야 **民不夭札**[30)31)]이어늘 **今藏川池之冰**하고 **棄而不用**[32)]하야 **風不越而殺**하고 **雷不發而震**[33)34)]하니 **雹之爲菑**를 **誰能禦之**리오 **七月之卒章**은 **藏冰之道也**[35)]니라

雨雹이 크게 내렸다. 季武子가 申豐에게 "雨雹을 防止할 수 있는가?"라고 묻자, 申豐은 다음과 같이 대답하였다. "聖人이 윗자리에 있을 때는 雨雹이 없었고, 비록 있어도 災害가 되지 않았습니다. 옛날에는 太陽이 北陸의 位置에 있을 때에 얼음을 떠서 貯藏하고, 太陽이 西陸의 位置에 있고 새벽에 東方에 奎星이 出現할 때에 얼음을 꺼내었습니다. 얼음을 貯藏할 때에는 깊은 산 후미진 골짜기에 차가운 기운이 엉켜 얼음이 되면 이곳에서 얼음을 採取하여 貯藏하고, 꺼낼 때에는 朝廷에 祿位가 있는 사람이 賓客을 맞거나 飮食을 장만하거나 喪事나 祭祀의 일이 있으면 이곳(冰室)에서 꺼내어 사용하게 하였습니다. 얼음을 貯藏할 때는 검은 犧牲과 검은 기장으로 司寒(冬神)에게 祭祀를 지내고, 얼음을 꺼낼 때는 복숭아나무 활과 가시나무 화살을 冰室 門에 걸어 災殃을 除去하였는데, 그 얼음을 貯藏하고 꺼내는 데 모두 一定한 時期가 있었습니다. 고기를 먹기에 넉넉한 祿을 받는 자들은 모두 얼음을 頒賜하는 班列에 참여하였으며, 大夫와 命婦의 喪에 尸身을 沐浴시키는 데도 얼음을 使用하였습니다. 司寒에 제사 지내고서 얼음을 貯藏하고, 羊을 바치고서 冰室을 열어 國君이 먼저 사용하고, 火星이 出現하면 얼음을 나누어 주는 일을 마쳤으니, 命夫 命婦로부터 老疾者에 이르기까지 얼음을 받지 않은 자가 없었습니다. 얼음은 山人이 採取하고 縣人이 運搬하고 輿人이 納付하고 隷人이 貯藏하였습니다. 얼음은 차가운 바람으로 인해 堅固해지고, 봄바람이 불면 꺼내어 씁니다. 얼음을 貯藏하기를 緻密하게 하고 사용하기를 널리 하면 겨울에 溫暖한 날이 없고, 여름에 陰寒한 날이 없으며, 봄에 싸늘한 바람이 없고, 가을에 장맛비가 없으며, 천둥은 쳐도 벼락이 떨어지지 않고, 서리와 우박이 재해가 되지 않으며, 傳染病이 생기지 않아 백성이 夭折하지 않습니다. 그런데 지금은 河川과 연못의 얼음을 採取해 貯藏하고도 버리고 사용하지 않으므로 바람이 흩어지지 않아 草木이 말라 죽고, 천둥

이 울리지 않고 벼락을 치니, 雨雹의 災害를 누가 막을 수 있겠습니까? 〈七月篇〉의 卒章은 얼음을 貯藏하는 방법을 말한 것입니다."

1) 禦 止也 申豐 魯大夫
  禦는 防止이다 申豐은 魯나라 大夫이다.
2) 陸 道也 謂夏十二月 日在虛危 冰堅而藏之
  陸은 道(太陽이 運行하는 길)이니, 夏曆 12월에는 太陽이 虛宿와 危宿의 位置에 있어, 얼음이 굳게 얾으로 採取해 貯藏한다는 말이다.
3) 謂夏三月 日在昴畢 蟄蟲出而用冰 春分之中 奎星朝見東方
  夏曆 3월에는 太陽이 昴宿와 畢宿의 位置에 있어 冬眠하던 벌레가 나오므로 얼음을 사용한다는 말이다. 春分 중에는 奎星이 새벽에 東方에 出現한다.
4) 沍 閉也[*)] 必取積陰之冰 所以道達其氣 使不爲災
  沍는 닫힘이다. 반드시 積陰(酷寒)의 얼음을 採取하는 것은 寒氣를 道達(引導해 疏通시킴)시켜 災害가 되지 않게 하기 위함이다.
*) 역주〕沍 閉也 : 閉는 天氣는 上昇하고 地氣는 下降하여 天地가 서로 通하지 않고 막혀 겨울이 됨을 이른다. 〈楊注〉에 의하면 '固陰沍寒'의 固는 凝固(凍結)이고 陰은 寒氣이고, 沍는 凝固이니, 바로 寒氣가 凝結하여 얼음이 되는 것이다.
5) 역주〕朝之祿位 : 卿大夫를 이른다. 〈楊注〉
6) 言不獨共公
  國君에게만 進供(進上)하는 것이 아님을 말한 것이다.
7) 黑牡 黑牲也 秬 黑黍也 司寒 玄冥 北方之神 故物皆用黑 有事於冰 故祭其神
  黑牡는 검은 犧牲이고, 秬는 검은 기장이다. 司寒은 玄冥(冬神)이니, 北方의 神이다. 그러므로 祭物을 모두 검은 것으로 쓴다. 얼음을 採取하는 일이 있기 때문에 그 神에게 祭祀 지내는 것이다.
8) 桃弧棘箭 所以攘除凶邪 將御至尊故
  복숭아나무로 만든 활과 가시나무로 만든 화살로써 凶邪한 기운을 물리쳐 없애는 것은 장차 至尊(國君)께 進御(進上)해야 하기 때문이다.
9) 역주〕桃弧棘矢 以除其災 : 얼음을 꺼낼 때 복숭아나무로 활을 만들고 가시나무로 화살을 만들어 冰室의 문에 걸어 두어 災殃을 除去하는 것이다. 〈楊注〉
10) 역주〕食肉之祿 : 받는 祿이 고기를 먹기에 넉넉한 자이다. 〈楊注〉
11) 食肉之祿 謂在朝廷治其職事就官食者
  食肉之祿은 朝廷에서 職務를 處理하고 官에서 食事하는 자를 이른다.
12) 命婦 大夫妻〔附注〕林曰 天時向熱 則喪浴皆得用冰

命婦는 大夫의 妻이다.

〔부주〕林: 날씨가 따뜻해지면 喪浴에 모두 얼음을 사용할 수 있다는 말이다.

13) 享司寒

司寒에 祭享하는 것이다.

14) 謂二月春分獻羔 祭韭 始開冰室

2월 春分에 羊을 바치고 부추로 祭祀 지내고서 비로소 冰室을 여는 것을 이른다.

15) 公先用 優尊

國君이 먼저 사용하는 것은 至尊을 優待함이다.

16) 火星昏見東方 謂三月四月中〔附注〕朱曰 盡頒賦當受冰者

火星이 初昏에 東方에 出現하는 時期는 3월과 4월의 中間을 이른다.

〔부주〕朱: 얼음을 받아야 할 자들에게 다 나누어 준다는 말이다.

17) 老 致仕在家者

老는 벼슬을 내어놓고 집에 있는 자이다.

18) 山人 虞官 縣人 遂屬

山人은 虞官(山澤을 맡은 官吏)이고 縣人은 遂屬(五縣이 遂이니, 縣人은 遂에 屬한 縣正)이다.

19) 輿隷 皆賤官

輿人과 隷人는 모두 賤官이다.

20) 冰因風寒而堅

얼음은 차가운 바람으로 인해 단단해진다는 말이다.

21) 順春風而散用

봄바람이 불면 철에 順應하여 얼음을 흩어 주어 사용하게 하는 것이다.

22) 周 密也

周는 緻密함이다.

23) 及老疾

老疾者에까지 미친 것이다.

24) 愆 過也 謂冬溫

愆은 허물이니, 겨울 날씨가 따뜻한 것을 이른다.

25) 伏陰 謂夏寒

伏陰은 여름 날씨가 추운 것을 이른다.

26) 凄 寒也

凄는 차가움이다.

27) 霖雨爲人所患苦

장맛비는 사람들이 苦痛스러워한다.

28) 震 霆也 〔附注〕 林曰 雷發聲 不爲震霆

震은 霆(번개)이다.

〔부주〕 林: 천둥소리는 나지만 벼락은 치지 않는 것이다.

29) 癘 惡氣也 〔附注〕 林曰 無飛霜雨雹之災

癘는 惡氣이다.

〔부주〕 林: 여름에 서리가 내리거나 우박이 떨어지는 災變이 없다는 말이다.

30) 短折爲夭 夭死爲札

短折(夭折)을 '夭'라 하고 夭死를 '札'이라 한다.

31) 역주〕 夭札 : 夭는 短命해 죽는 것이고, 札은 流行病으로 죽는 것이다. 〈楊注〉

32) 旣不藏深山窮谷之冰 又火出不畢賦 有餘則棄之

이미 深山窮谷의 얼음을 貯藏하지 않고, 또 火星이 出現하여도 얼음을 다 나누어 주지 않고, 남으면 버린다는 말이다.

33) 越 散也 言陰陽失序 雷風爲害 〔附注〕 林曰 風不散越而肅殺以害物 雷不發舒而震擊以害物

越은 흩어지는 것이다. 陰陽(寒暑)이 철을 잃어 천둥과 바람이 災害가 되었다는 말이다.

〔부주〕 林: 바람이 흩어지지 않고 草木을 말려 죽여 萬物을 해치고, 천둥이 울려 퍼지지 않고 벼락을 쳐서 만물을 해치는 것이다.

34) 역주〕 風不越而殺 雷不發而震 : 바람이 發散하지 않아 草木이 零落하고, 천둥이 울리지 않고 벼락을 쳐서 사람과 家畜을 해친다는 말이다. 〈楊注〉

35) 七月 詩豳風 卒章曰 二之日鑿冰沖沖 謂十二月鑿而取之 三之日納於凌陰 凌陰 冰室也 四之日其蚤 獻羔祭韭 謂二月春分蚤 開冰室以薦宗廟

〈七月〉은 ≪詩經≫ 〈豳風〉의 篇名이다. 그 卒章에 말한 "二之日鑿冰沖沖(2월(夏曆 12월)에 쿵쿵 소리 내며 얼음을 떠서)"은 12월에 얼음을 채취하는 것을 이른 것이고, "三之日納於凌陰(3월(夏曆 正月)에 凌陰에 넣고)"의 凌陰은 冰室(冰庫)이다. "四之日其蚤 獻羔祭韭(4월(夏曆 2월) 春分日 아침에 羊을 바치고 부추로 祭祀한다)"는 2월 春分日 아침에 冰室을 열고 얼음을 꺼내어 宗廟에 올리는 것을 이른 것이다.

【傳】 夏에 **諸侯如楚**로되 **魯衛曹邾不會**하다 **曹邾辭以難**하고 **公辭以時祭**하고 **衛侯辭以疾**[1]하다 **鄭伯先待于申**[2]하다 **六月丙午**에 **楚子合諸侯于申**하다 **椒擧言於楚子曰 臣聞諸侯無歸**오 **禮以爲歸**[3]라하니 **今君始得諸侯**하니 **其愼禮矣**하소서 **霸之濟**

否가 **在此會也**니이다 **夏啓有鈞臺之享**[4)]하고 **商湯有景亳之命**[5)]하며 **周武有孟津之誓**[6)7)]하고 **成有岐陽之蒐**[8)]하고 **康有酆宮之朝**[9)]하고 **穆有塗山之會**[10)]하며 **齊桓有召陵之師**[11)]하고 **晉文有踐土之盟**[12)]하니 **君其何用**[13)]이닛가 **宋向戌鄭公孫僑在**하니 **諸侯之良也**라 **君其選焉**[14)]하소서 **王曰 吾用齊桓**[15)]하리라

여름에 諸侯들은 楚나라의 會合에 갔으나, 魯나라・衛나라・曹나라・邾나라는 그 會合에 가지 않았다. 曹나라와 邾나라는 나라에 禍難이 있기 때문이라고 핑계 대고, 昭公은 時祭 때문이라고 핑계 대고, 衛侯는 病 때문이라고 핑계 대었다. 鄭伯(簡公)은 먼저 申으로 가서 기다렸다. 6월 丙午日에 楚子(楚靈王)가 申에서 諸侯를 會合하였다. 椒擧가 楚子에게 말하기를 "臣이 듣건대 諸侯는 歸依하는 對象이 一定치 않고, 오직 禮가 있는 이에게 歸依한다고 합니다. 이제 임금님께서 비로소 諸侯를 얻었으니 禮를 삼가소서. 霸業의 成敗가 이번 會合에 달렸습니다. 夏啓는 鈞臺의 宴享이 있었고, 商湯은 景亳의 命이 있었으며, 周武王은 孟津의 誓師가 있었고, 成王은 岐陽의 사냥이 있었고, 康王은 酆宮의 朝見이 있었고, 穆王은 塗山의 會合이 있었으며, 齊桓公은 召陵의 出師가 있었고, 晉文公은 踐土의 會盟이 있었으니, 임금님께서는 이중에 어떤 禮를 골라 쓰겠습니까? 宋나라 向戌(左師)과 鄭나라 公孫 僑(子産)가 이곳에 와 있는데, 이들은 諸侯의 大夫들 중에 뛰어난 자들이니, 임금님께서는 저들에게 이번에 쓸 禮를 選擇하게 하소서."라고 하니, 楚王은 "나는 齊桓公의 禮를 쓰겠다."고 하였다.

1) 如子産言

子産이 말한 대로 會合에 오지 않았다.

2) 自楚先至會地

楚나라에서 출발하여 먼저 會合할 場所에 到着한 것이다.

3)〔附注〕林曰 諸侯無常依歸 惟有禮者 乃依歸之

〔부주〕林: 諸侯는 依歸하는 對象이 一定치 않고, 오직 禮가 있는 이에게 依歸한다는 말이다.

4) 啓 禹子也 河南陽翟縣南有鈞臺陂 蓋啓享諸侯於此

啓는 夏禹의 아들이다. 河南 陽翟縣 남쪽에 鈞臺陂가 있는데, 啓가 이곳에서 宴會를 열어 諸侯를 接待한 듯하다.

5) 河南鞏縣西南有湯亭 或言亳卽偃師〔附注〕林曰 蓋湯命諸侯於此

河南 鞏縣 서남쪽에 湯亭이 있다. 或者는 "亳은 바로 偃師이다."고 하였다.

〔부주〕林: 商湯이 이곳에서 諸侯에게 命한 듯하다.

6) 將伐紂也

商紂를 征伐하려 할 때이다.

7) 역주〕周武有孟津之誓 : 誓는 誓師로 出征할 때 軍衆에 作戰의 뜻을 宣布하여 士氣를 激勵하는 글 또는 말이다. ≪古文尚書≫에 泰誓 3篇이 있다.

8) 周成王歸自奄 大蒐於岐山之陽 岐山在扶風美陽縣西北

周成王이 奄에서 돌아와 岐山 남쪽에서 대대적으로 閱兵〔大蒐〕하였다. 岐山은 扶風 美陽縣 서북쪽에 있다.

9) 酆 在始平鄠縣東有靈臺 康王於是朝諸侯

酆은 始平 鄠縣 동쪽에 靈臺가 있다. 康王이 이곳에서 諸侯의 朝見을 받은 것이다.

10) 周穆王會諸侯於塗山 塗山在壽春東北

周穆王이 塗山에서 諸侯를 會合하였다. 塗山은 壽春 동북쪽에 있다.

11) 在僖四年

僖公 4년에 있었다.

12) 在僖二十八年

僖公 28년에 있었다.

13) 〔附注〕林曰 當於六王二公之事 擇用何禮

〔부주〕林: 여섯 王과 두 公의 일 중에 어떤 禮를 골라 쓰겠느냐는 말이다.

14) 選擇所用 〔附注〕林曰 二子在會 皆諸侯之所賢也 其選擇所用之禮

使用할 禮를 選擇하라는 말이다.

〔부주〕林: 會合에 참여하기 위해 와서 있는 두 사람은 모두 諸侯가 賢人으로 여기는 사람들이니, 그들에게 使用할 禮를 選擇하게 하라는 말이다.

15) 用會召陵之禮

召陵에서 會合했던 禮를 使用하겠다는 말이다.

王使問禮於左師與子產한대 **左師曰 小國習之**를 **大國用之**니 **敢不薦聞**[1)]이릿가하고 **獻公合諸侯之禮六**[2)]하다 **子產曰 小國共職**이니 **敢不薦守**[3)]릿가하고 **獻伯子男會公之禮六**[4)]하다 **君子謂合左師善守先代**하고 **子產善相小國**[5)]이라

楚王이 사람을 보내어 左師와 子產에게 禮를 묻자, 左師는 "小國이 講習한 禮를 大國이 사용하려 하시니 감히 들은 바를 말씀드리지 않겠습니까?"라고 하고서 公이 諸侯를 會合하는 禮 여섯 가지를 進言〔獻〕하고, 子產은 "小國은 職務를 奉行〔共〕해야 하니 감히 지키는 職分을 말씀드리지 않겠습니까?"라고 하고서, 伯·子·男이 公과 會合하는

禮 여섯 가지를 進言하였다. 君子는 이에 대해 다음과 같이 論評하였다. “合左師는 先代의 禮를 잘 지켰다고 할 수 있고, 子産은 小國을 잘 輔佐하였다고 할 수 있다.”

1) 言所聞 謙示所未行〔附注〕林曰 言我小國講習此禮 楚大國選用此禮 敢不薦獻其所聞
 들은 바라고 말한 것은 아직 행한 적이 없는 禮를 겸손하게 提示한 것이다.
 〔부주〕林: 小國인 우리가 講習한 이 禮를 大國인 楚나라가 이 禮를 選擇해 使用하려 하시니, 어찌 감히 내가 들은 바를 말씀드리지 않겠느냐는 말이다.
2) 其禮六儀也 宋爵公 故獻公禮
 禮六은 그 禮의 여섯 가지 儀節(禮儀의 節次)이다. 宋나라는 爵位가 公이기 때문에 公의 禮를 進言한 것이다.
3)〔附注〕林曰 言鄭小國當共其所職業 敢不薦獻其所守
 〔부주〕林: 小國인 鄭나라는 大國이 命한 職務를 奉行해야 하니, 감히 小國이 지켜야 할 바를 말씀드리지 않겠느냐는 말이다.
4) 鄭伯爵 故獻伯子男會公之禮 其禮同 所從言之異
 鄭나라는 伯爵이다. 그러므로 伯·子·男이 公과 會合하는 禮를 進言한 것이다.〈向戌이 말한 公이 諸侯와 會合할 때 使用하는 禮와, 子産이 말한 諸侯가 公과 會合할 때에 使用하는 禮가〉 그 禮는 같으나 主體로 삼아 말한 바가 다를 뿐이다.
5)〔附注〕林曰 左師獻公合諸侯之禮 故謂善守先代 子産獻伯子男會公之禮 故謂善相小國
 〔부주〕林: 左師는 公이 諸侯와 會合할 때 사용하는 禮를 進言하였기 때문에 先代의 禮를 잘 지켰다고 한 것이고, 子産은 伯·子·男이 公과 會合할 때 사용하는 禮를 進言하였기 때문에 小國을 잘 輔佐하였다고 한 것이다.

王使椒擧侍於後以規過[1)]러니 卒事不規[2)3)]하다 王問其故한대 對曰 禮吾所未見者有六焉하니 又何以規[4)]릿가

楚王이 椒擧에게 뒤에 侍立하여 자기의 過誤를 規正하게 하였더니, 椒擧는 會合의 일이 끝날 때까지 規正하는 일이 없었다. 楚王이 그 까닭을 묻자, 椒擧는 “禮 중에 내가 아직까지 보지 못한 것이 여섯 가지가 있으니, 어떻게 規正할 수 있겠습니까?”라고 대답하였다.

1) 規正二子之過
 두 사람의 過誤를 規正하게 한 것이다.
2)〔附注〕林曰 旣終事無所規正
 〔부주〕林: 會合이 끝날 때까지 規正한 바가 없었다는 말이다.

3) 역주〕卒事不規 : "楚王은 자기가 행하는 儀節에 過誤가 있을까 憂慮하여 椒擧에게 規正하게 한 것이다."고 한 〈楊注〉를 취해 번역하였다.

4) 左師子産所獻六禮 楚皆未嘗行

左師와 子産이 進言한 여섯 가지 禮는 모두 楚나라가 일찍이 行한 적이 없는 것이라는 말이다.

宋太子佐後至하니 王田於武城하야 久而弗見하다 椒擧請辭焉[1)]한대 王使往曰 屬有宗祧之事於武城[2)]하니 寡君將墮幣焉이라 敢謝後見[3)]하노라

宋나라 太子 佐가 뒤늦게 到着하니, 이때 楚王은 武城에서 사냥하는 중이어서 오래도록 太子를 接見하지 못하였다. 椒擧가 楚王께 太子에게 謝過하기를 청하자, 楚王은 椒擧를 太子에게 보내어 다음과 같이 말하게 하였다. "우리 임금님은 마침 宗廟의 祭祀를 위해 武城에서 사냥하고 계시니, 우리 임금께서는 장차 禮幣를 펼쳐 놓고 서로 만나 보려 하십니다. 감히 適時에 接見하지 못하는 것을 謝過합니다."

1) 請王辭謝之

王에게 謝過하기를 請한 것이다.

2) 言爲宗廟田獵〔附注〕林曰 屬 適也

宗廟의 祭祀를 위해 사냥한다는 말이다.

〔부주〕林: 屬은 適(마침)이다.

3) 恨其後至 故言將因諸侯會 布幣乃相見 經弁書宋太子佐 知此言在會前〔附注〕林曰 敢謝不得及時相見

宋나라 太子가 뒤늦게 온 것에 遺憾을 품었다. 그러므로 장차 諸侯가 會合할 때에 禮幣를 陳列해 놓고서 서로 만나자고 말한 것이다. 經에 宋太子 佐도 함께 기록하였으니, 이 말은 會合하기 전에 있었던 것임을 알 수 있다.

〔부주〕林: 감히 適時에 만나 보지 못하는 것을 謝過한다는 말이다.

徐子는 吳出也니 以爲貳焉이라 故執諸申[1)]하다

徐子는 吳女의 所生이니 楚王은 그가 二心을 품었다고 여겼다. 그러므로 申에서 그를 잡은 것이다.

1) 言楚子以疑罪執諸侯

楚子가 확실하지도 않은 罪를 가지고 諸侯를 잡은 것을 말한 것이다.

楚子示諸侯侈[1)]하니 **椒擧曰 夫六王二公之事[2)]**는 **皆所以示諸侯禮也**ㄹ새 **諸侯所由用命也[3)]**니이다 **夏桀爲仍之會**에 **有緡叛之[4)]**하고 **商紂爲黎之蒐**에 **東夷叛之[5)]**하고 **周幽爲大室之盟**에 **戎狄叛之[6)]**는 **皆所以示諸侯汰也**ㄹ새 **諸侯所由棄命也**니이다 **今君以汰**하니 **無乃不濟乎**잇가 **王弗聽**하다 **子産見左師曰 吾不患楚矣**라 **汰而愎諫[7)]**하니 **不過十年[8)]**이리라 **左師曰 然**하다 **不十年侈**면 **其惡不遠[9)]**이니 **遠惡而後棄[10)]**니라 **善亦如之**하야 **德遠而後興[11)]**하나니라

楚子가 諸侯에게 傲慢〔侈〕함을 보이니, 椒擧가 말하기를 "저 여섯 王과 두 公의 일이 〈이루어진 것은〉 모두 諸侯들에게 禮를 보였으므로 諸侯가 命을 따랐기 때문입니다. 夏桀이 仍에서 諸侯를 會合할 때 緡國이 背叛하였고, 商紂가 黎에서 閱兵〔蒐〕할 때 東夷가 背叛하고, 周幽王이 太室에서 結盟할 때 戎狄이 背叛한 것은 모두 諸侯에게 傲慢을 보였으므로 諸侯가 命을 어겼기 때문입니다. 그런데 지금 임금님께서도 너무〔以〕 傲慢하시니 失敗〔不濟〕하지 않겠습니까?"라고 하였으나, 楚王은 그 말을 듣지 않았다. 子産이 左師를 보고 말하기를 "나는 楚나라를 두려워하지 않습니다. 임금이 傲慢하여 諫言을 받아들이지 않으니, 10년을 넘기지 못할 것입니다."고 하니, 左師가 말하기를 "그렇습니다. 그 傲慢이 10년 동안 繼續되지 않고는 그 惡行이 멀리 傳播되지 않으니, 멀리 傳播된 뒤에야 사람들이 그를 버릴 것입니다. 善行도 이와 같아서 德이 멀리에 傳播된 뒤에야 興盛합니다."고 하였다.

1) 自奢侈

스스로 誇示함이다.

2) 六王 啓湯武成康穆也 二公 齊桓晉文

六王은 夏啓, 商湯, 周武王・成王・康王・穆王이고, 二公은 齊桓公과 晉文公이다.

3) 〔附注〕 朱曰 皆以禮示諸侯 故諸侯皆從其命也

〔부주〕 朱: 모두 禮에 맞는 行爲로써 諸侯에게 보여 주었기 때문에 諸侯가 모두 그 命을 따른 것이다.

4) 仍緡 皆國名

仍과 緡은 모두 國名이다.

5) 黎 東夷國名

黎는 東夷의 國名이다.

6) 大室 中嶽

太室은 中嶽 嵩山이다.

7) 愎 狠也

愎은 狠(사납고 고집이 셈)이다.

8)〔附注〕林曰 十 數之小成也 故知其不能過十年

〔부주〕林: 十은 數가 작게 이루어진 것이다. 그러므로 그가 10년을 넘기지 못할 것을 안 것이다.

9)〔附注〕朱曰 言楚君若非十年汏侈 其惡不及於遠方

〔부주〕朱: 楚君이 만약 10년 동안 傲慢하게 굴지 않는다면 그 惡行이 먼 곳에 傳播되지 않는다는 말이다.

10) 惡及遠方則人棄之

惡行이 먼 곳까지 미치면 사람들이 그를 버린다는 말이다.

11) 爲十三年楚弑其君傳

13년에 楚나라 公子가 그 임금을 弑害한 傳의 배경이다.

【傳】 秋七月에 **楚子以諸侯伐吳**할새 **宋大子鄭伯先歸**[1)]하고 **宋華費遂鄭大夫從**[2)]하다 **使屈申圍朱方**[3)]하야 **八月甲申**에 **克之**하고 **執齊慶封而盡滅其族**[4)]하다 **將戮慶封**에 **椒擧曰 臣聞無瑕者可以戮人**이라하니 **慶封唯逆命**이로되 **是以在此**[5)]하니 **其肯從於戮乎**[6)7)]잇가 **播於諸侯**니 **焉用之**[8)9)]리오 **王弗聽**하고 **負之斧鉞**하야 **以徇於諸侯**하고 **使言曰 無或如齊慶封弑其君**하고 **弱其孤**하야 **以盟其大夫**[10)11)]하라한대 **慶封曰 無或如楚共王之庶子圍弑其君兄之子麇而代之**하야 **以盟諸侯**하라하니 **王使速殺之**하다

가을 7월에 楚子가 諸侯의 군대를 거느리고 가서 吳나라를 討伐할 때 宋太子와 鄭伯은 먼저 還國하고, 宋나라 華費遂와 鄭나라 大夫는 從軍하였다. 楚子가 屈申을 보내어 朱方을 包圍하게 하여, 8월 甲申日에 朱方을 陷落하고서 齊나라 慶封을 잡고, 그 一族을 다 죽였다. 慶封을 죽이려 할 때 椒擧가 말하기를 "臣이 듣건대 허물이 없는 자만이 남을 죽일 수 있다고 하였습니다. 慶封은 단지 命을 어겼을 뿐인데도 이로 인해 도망해 와 이곳에 있는 것이니, 어찌 楚나라의 刑戮을 받으려 하겠습니까? 우리의 허물을 諸侯에 傳播하는 일이니, 이런 일을 무엇 때문에 하려 하십니까?"라고 하였으나, 楚王은 듣지 않고서 慶封에게 斧鉞을 지워 諸侯의 軍中를 돌아다니며 "누구라도 齊나라 慶封처럼 그 임금을 弑害하고 어린 임금의 權限을 弱化시키고서 大夫들과 結盟하지 말라."고 큰 소리로 말하게 하자, 慶封은 돌아다니면서 "누구라도 楚나라 共王의 庶子 圍처럼 그 임금과 兄의 아들 麇을 弑害하고서 대신 임금이 되어 諸侯들과 結盟하지 말라."고 말하

니, 楚王은 사람을 보내어 속히 죽이게 하였다.

1) 經所以更敍諸侯也 時晉之屬國皆歸 獨言二國者 鄭伯久於楚 宋太子不得時見 故慰遣之
經에 諸侯를 거듭 敍述한 이유이다. 이때 晉나라의 屬國이 다 돌아갔는데, 유독 두 나라만을 말한 것은 鄭伯은 楚나라에 오래 滯留하였고, 宋太子는 適時에 接見하지 못하였기 때문에 慰勞해 보낸 것이다.

2) 從伐吳 以答見慰
吳나라 討伐에 從軍하여 慰勞해 준 것에 報答한 것이다.

3) 朱方 吳邑 齊慶封所封也 屈申 屈蕩之子
朱方은 吳나라 邑으로 齊나라 慶封에게 封해 준 곳이다. 屈申은 屈蕩의 아들이다.

4) 慶封以襄二十八年奔吳 八月無甲申 日誤〔附注〕朱曰 果如叔孫穆子所謂聚而殲旃之言
慶封이 襄公 28년에 吳나라로 出奔하였다. 8월에는 甲申日이 없으니, 日辰이 誤記된 것이다.
〔부주〕朱: 과연 "한곳에 모아 殲滅하려는 것이다."고 한 叔孫穆子의 말처럼 되었다.

5) 逆命 謂性不恭順
逆命은 性質이 恭順하지 않은 것을 이른다.

6) 言不肯默而從戮
잠자코 刑戮을 받으려 하지 않을 것이라는 말이다.

7) 역주〕慶封唯逆命……其肯從於戮乎 : 逆命은 齊君의 命을 拒逆하고서 감히 임금에게 對抗한 것이다. 그러나 그의 罪는 여기에서 그쳤으니, 직접 弑逆을 恣行한 賊臣과 비교하면 차이가 있다. 그러므로 반드시 기꺼이 刑戮을 받으려 하지 않을 것이라는 말이다. 椒擧는 慶封이 반드시 임금을 弑害한 큰 逆賊인 楚靈王의 刑戮을 받으려 하지 않을 것을 분명히 안 것이다. ≪左氏會箋≫

8) 播 揚也
播는 宣揚이다.

9) 역주〕播於諸侯 : 우리의 허물을 諸侯國에 널리 傳播한다는 말이다.

10) 齊崔杼弑君 慶封其黨也 故以弑君罪責之
齊나라 崔杼는 임금을 弑害하였고, 慶封은 그의 黨이었다. 그러므로 임금을 弑害한 罪로 그를 꾸짖은 것이다.

11) 역주〕弱其孤 : 孤는 齊景公을 이른다. 慶封은 齊景公이 어리다고 여겨 그 權限을 줄여 弱化시켰다는 말이다. 〈楊注〉

遂以諸侯滅賴하다 **賴子面縛銜璧**하고 **士袒輿櫬從之**하야 **造於中軍**[1)2)]이어늘 **王問諸**

椒擧한대 **對曰 成王克許**[3)]에 **許僖公如是**어늘 **王親釋其縛**하고 **受其璧**하고 **焚其櫬**하니이다 **王從之**[4)]하다 **遷賴於鄢**[5)]하다

드디어 諸侯軍을 거느리고 가서 賴國을 擊滅하였다. 賴子는 두 손을 뒤로 結縛하고 玉璧을 입에 물고, 士는 윗옷을 벗어 어깨를 드러내고서 棺을 싣고 뒤따라 中軍으로 왔다. 楚王이 椒擧에게 그 처리방법을 물으니, 椒擧가 “옛날에 成王이 許나라를 陷落하였을 때 許僖公이 이와 같이 하였는데, 成王은 손수 그 結縛을 풀어주고 그 玉璧을 받아 〈災厄을 떨어내고,〉 그 棺을 불태웠습니다.”고 대답하니, 楚王은 그 말을 따랐다. 賴國을 鄢으로 옮겼다.

1) 中軍 王所將〔附注〕林曰 賴子 賴之君 士袒衣輿載棺以從賴子之後 示歸死
   中軍은 楚王이 거느린 군대이다.
   〔부주〕林: 賴子는 賴國의 임금이다. 士는 윗옷을 벗어 어깨를 드러내고서 棺을 싣고 賴子의 뒤를 따라 歸死(죽여 주기를 청함)의 뜻을 보인 것이다.
2) 역주〕賴子面縛銜璧 士袒輿櫬從之 : 袒은 喪人이 成服하기 전에 問喪하는 者의 服飾으로 上衣를 벗어 어깨를 드러내는 것이다. 面縛銜璧은 僖公 6년 傳 冬條의 譯註 參考할 것.
3) 在僖六年
   僖公 6년에 보인다.
4) 從擧言
   椒擧의 말을 따른 것이다.
5) 鄢 楚邑
   鄢은 楚나라 邑이다.

楚子欲遷許於賴하야 **使鬬韋龜與公子棄疾城之而還**[1)]하다

楚子는 許나라를 옛 賴國의 땅으로 옮기고자 하여, 鬬韋龜와 公子 棄疾을 보내어 그곳에 城을 쌓고서 돌아오게 하였다.

1) 爲許城也 韋龜 子文之玄孫
   許나라를 위해 城을 쌓은 것이다. 韋龜는 子文의 玄孫이다.

申無宇曰 楚禍之首가 **將在此矣**리라 **召諸侯而來**하고 **伐國而克**하고 **城竟莫校**[1)]하야 **王心不違**[2)3)]하니 **民其居乎**[4)5)]아 **民之不處**면 **其誰堪之**[6)7)]리오 **不堪王命**이 **乃禍亂也**라

申無宇가 말하기를 "楚나라에 禍難의 發端〔首〕이 아마도 이번 일에 있을 것이다. 諸侯를 불러 오게 하고, 남의 나라를 討伐하여 勝利하고, 邊境에 城을 쌓는데도 누구도 따지는 자가 없어, 王의 기대하는 마음에 어긋나지 않았으니, 백성들이 어찌 편안히 살 수 있겠는가? 백성이 편안히 살 수 없다면 그 누가 王命을 堪當하겠는가? 王命을 堪當할 수 없는 것이 바로 禍亂이다."고 하였다.

1) 謂築城於外竟 諸侯無與爭
外境에 城을 쌓았는데도 諸侯 중에 그와 論爭하는 자가 없었던 것을 이른다.
2) 〔附注〕 林曰 王之欲心 莫有違者
〔부주〕 林: 王의 欲心(기대하는 마음)에 어긋난 것이 없었다는 말이다.
3) 역주〕 王心不違 : 王의 所願이 뜻대로 다 이루어졌다는 말이다.
4) 言將有事 不得安也
장차 일이 생겨 편안히 살 수 없을 것이라는 말이다.
5) 역주〕 民其居乎 : 앞으로 楚王은 過多한 賦稅와 出役 등의 일로 백성을 괴롭힐 것이므로 백성이 편히 살 수 없다는 말이다.
6) 〔附注〕 林曰 民人不得安處 其誰能當王之命
〔부주〕 林: 人民이 편안히 살지 못하면 그 누가 王의 命을 堪當할 수 있겠느냐는 말이다.
7) 역주〕 民之不處 其誰堪之 : 백성이 편히 살 수 없으면 故鄕을 떠나는 자가 많아 戶口가 줄어들 것이므로 남아 있는 자들이 王이 요구하는 命을 堪當할 수 없다는 말이다.

【傳】 九月取郠하니 言易也라 莒亂하야 著丘公立而不撫郠하니 郠叛而來라 故曰取라 凡克邑에 不用師徒曰取[1)]라

經에 "9월에 郠을 取하였다."고 하였으니, 이는 일이 쉬웠음을 말한 것이다. 莒나라가 混亂하여 著丘公이 即位한 뒤로 郠國을 慰撫하지 않으니, 郠나라가 莒나라를 背叛하고 魯나라에 歸順〔來〕하였다. 그러므로 '取'라 한 것이다. 凡例에 의하면 邑을 占領〔克〕하는 데 군대를 사용하지 않는 것을 '取'라 한다.

1) 著丘公 去疾也 不書奔者 潰散而來 將帥微也 重發例者 以通叛而自來 〔附注〕 林曰 郠不堪命 潰散而來 故書曰取
著丘公은 去疾이다. 經에 出奔을 기록하지 않은 것은 흩어져 도망해 왔고, 將帥의 지위가 낮았기 때문이다. 거듭 例를 드러낸 것은 背叛하고서 자발적으로 온 경우에도 이 例가 通用됨을 〈밝히기 위함이다.〉

〔부주〕 林: 鄫人이 莒나라의 命을 堪當할 수 없어, 흩어져 도망해 왔기 때문에 '取'라고 기록한 것이다.

【傳】 鄭子産作丘賦[1]하니 **國人謗之**[2]**曰 其父死於路**[3]하고 **己爲蠆尾**[4]하야 **以令於國**하니 **國將若之何**오 **子寬以告**[5]한대 **子産曰 何害**리오 **苟利社稷**이면 **死生以之**[6]하리라 **且吾聞爲善者**는 **不改其度**라 **故能有濟也**라하니라 **民不可逞**이오 **度不可改**[7][8]라 **詩曰 禮義不愆**이면 **何恤於人言**[9]이리오하니 **吾不遷矣**[10]리라 **渾罕曰 國氏其先亡乎**[11]ㄴ저 **君子作法於涼**이라도 **其敝猶貪**[12]이어든 **作法於貪**하니 **敝將若之何**[13]오 **姬在列者**[14]에 **蔡及曹滕**이 **其先亡乎**ㄴ저 **偪而無禮**[15]니라 **鄭先衛亡**하리니 **偪而無法**[16]이라 **政不率法**하고 **而制於心**이라 **民各有心**하니 **何上之有**[17][18]리오

鄭나라 子産이 丘賦法을 制定하니, 國人이 "그 아비는 道路에서 죽었고 자식은 전갈의 꼬리(독침)가 되어 國內에 命令을 내리니, 나라가 장차 어찌 되겠는가?"라고 誹謗하였다. 子寬이 이 말을 子産에게 告하자, 子産이 말하기를 "무슨 妨害가 되겠는가? 진실로 國家에 이롭다면 死生을 돌보지 않고 그 制度를 施行〔以〕하겠다. 또 내가 듣건대 善政을 하는 사람은 자기가 만든 法制〔度〕를 고치지 않기 때문에 成功할 수 있다고 한다. 백성은 만족하게 해서는 안 되고, 法制는 고쳐서는 안 된다. 詩에 '나의 禮義에 잘못이 없다면 남의 말을 돌아볼 게 뭐 있는가?'라고 하였으니, 나는 變更〔遷〕하지 않겠다."고 하였다. 渾罕(子寬)이 말하기를 "國氏가 아마도 먼저 亡할 것이다. 君子가 賦稅를 가볍게 徵收하는 法을 만들어도 그 弊端이 오히려 貪欲스러워지는 것인데, 탐욕스런 법을 만들었으니 장차 그 弊端을 어찌할 것인가. 姬姓의 列國(諸侯) 중에 아마도 蔡나라·曹나라·滕나라가 먼저 亡할 것이다. 그 나라들은 大國에 逼迫을 받으면서도 禮가 없기 때문이다. 鄭나라도 衛나라보다 먼저 亡할 것이니, 그 이유는 大國의 逼迫을 받으면서도 法이 없기 때문이다. 그런데 子産은 政策을 決定하면서 옛 法을 따르지 않고 자기 마음대로 制定하였다. 백성들은 각각 마음이 다르니 어찌 윗사람을 尊敬해 따르겠는가?"라고 하였다.

1) 丘 十六井 當出馬一匹 牛三頭 今子産別賦其田 如魯之田賦 田賦在哀十一年 〔附注〕 朱曰 子産以鄭事晉楚 賦役繁多 故於牛馬之外 別賦其田 使之出粟也

丘는 16井이다. 16井에서 말 한 필, 소 세 마리를 내는 것인데, 지금 子産은 魯나라의 田賦처럼 별도로 그 田地에 租稅를 賦課한 것이다. 魯나라가 田賦를 실시한 哀公 11년 傳에 보인다.

〔부주〕朱: 子産은 鄭나라가 晉나라와 楚나라를 섬기므로 賦役이 繁多하기 때문에 牛馬 이외에 별도로 그 田地에 租稅를 賦課하여 穀食을 내게 한 것이다.

2) 謗 毁也

謗은 헐뜯음이다.

3) 謂子國爲尉氏所殺

子國(子産의 아버지)이 尉氏에게 殺害당한 것을 이른다. 〈이 일은 襄公 10년 傳에 보인다.〉

4) 謂子産重賦 毒害百姓

子産이 賦稅를 무겁게 매겨 백성을 해치는 것을 이른다.

5) 子寬 鄭大夫

子寬은 鄭나라 大夫이다.

6) 以 用也

以는 用(施行)이다.

7) 度 法也〔附注〕林曰 民心不可使之逞快 法度不可使之改變

度는 法이다.

〔부주〕林: 民心은 만족하게 해서는 안 되고, 法度는 變改해서는 안 된다는 말이다.

8) 역주〕民不可逞 度不可改 : 백성은 그 願하는 것을 다 얻게 해서는 안 되고, 法度는 사람들이 비난한다 하여 고쳐서는 안 된다는 말이다.

9) 逸詩也 子産自以爲權制濟國 於禮義無愆

이 詩는 逸詩이다. 子産은 자기가 政權을 擔當해 國家를 다스리는 일에 禮義에 어긋난 것이 없다고 여긴 것이다.

10) 遷 移也

遷은 移(變改)이다.

11) 渾罕 子寬〔附注〕林曰 國氏子産以父字爲氏也

渾罕은 子寬이다.

〔부주〕林: 國氏는 子産이 아버지의 字로써 氏를 삼은 것이다.

12) 涼 薄也〔附注〕林曰 言君子作法 什一取民 務從其薄 其流敝猶至於貪

涼은 薄이다.

〔부주〕林: 君子가 10의 1을 백성에게 取하는 法을 制定하여 賦斂을 가볍게 받는 쪽으로 힘쓰더라도 그 流弊가 오히려 貪慾스러운 데 이른다는 말이다.

13) 言不可久行

長久히 行할 수 없다는 말이다.

14) 在列國也

列國(諸侯國)으로 있는 나라이다.

15) 蔡偪楚 曹滕偪宋

蔡나라는 楚나라의 逼迫을 받고, 曹나라와 滕나라는 宋나라의 逼迫을 받았다.

16) 偪晉楚

晉나라와 楚나라의 逼迫을 받았다.

17) 子產權時救急 渾罕譏之正道

子產이 당시의 사정을 헤아려 危急한 狀況을 救濟한 것인데, 渾罕은 正道로써 그를 꾸짖었다.

18) 역주] 民各有心 何上之有 : 民各有心은 백성은 階層이 다양하여 利害가 서로 다르기 때문에 각각 마음에 願하는 바가 다르다는 말이다. 何上之有는 何有於上의 倒置句로 어찌 윗사람을 尊敬해 따르겠느냐는 말이다. 有는 無의 반대로 無上은 윗사람을 無視하는 것이고, 有上은 윗사람을 無視하지 않는 것이다. 그러므로 이상과 같이 번역하였다.

【傳】 冬에 **吳伐楚**하야 **入棘櫟麻**[1)]하야 **以報朱方之役**[2)]하다 **楚沈尹射奔命於夏汭**[3)]하고 **箴尹宜咎城鍾離**[4)]하고 **薳啓彊城巢**[5)]하고 **然丹城州來**[6)]하다 **東國水**하야 **不可以城**[7)]하니 **彭生罷賴之師**[8)]하다

겨울에 吳나라가 楚나라를 討伐하여 棘·櫟·麻에 進入하여 朱方의 戰爭을 報復하였다. 楚나라 沈尹 射는 王命을 받고 달려가 夏汭를 防禦하고, 箴尹 宜咎는 鍾離에 城을 쌓고, 薳啓彊은 巢에 城을 쌓고, 然丹은 州來에 城을 쌓았다. 楚나라 東部地方〔東國〕에 水災가 나서 城을 쌓을 수 없으니, 彭生이 賴에 築城하는 군사들의 城役을 停止시켰다.

1) 棘櫟麻 皆楚東鄙邑 譙國酇縣東北有棘亭 汝陰新蔡縣東北有櫟亭

棘·櫟·麻는 모두 楚나라 동쪽 邊方의 邑이다. 譙國 酇縣 동북쪽에 棘亭이 있고, 汝陰 新蔡縣 동북쪽에 櫟亭이 있다.

2) 朱方役 在此年秋

朱方의 戰爭은 今年 가을에 있었다.

3) 夏汭 漢水曲入江 今夏口也 吳兵在東北 楚盛兵在東南 以絶其後

夏汭는 漢水가 굽이쳐 長江으로 들어가는 곳으로 지금의 夏口이다. 吳軍이 東北에 있기 때문에 楚나라가 동남에 군대를 集結〔盛〕하여 吳軍의 뒤를 끊은 것이다.

4) 宜咎本陳大夫 襄二十四年奔楚 〔附注〕 林曰 城鍾離以備吳

宜咎는 본래 陳나라 大夫였는데, 襄公 24년에 楚나라로 出奔하였다.

〔부주〕林: 鍾離에 城을 쌓은 것은 吳나라를 防備하기 위함이다.

5)〔附注〕林曰 城巢 亦以備吳

〔부주〕林: 巢에 城을 쌓은 것도 吳나라를 防備하기 위함이다.

6) 然丹 鄭穆公孫 襄十九年奔楚〔附注〕林曰 城州來 亦以備吳

然丹은 鄭穆公의 孫子로 襄公 19년에 楚나라로 出奔하였다.

〔부주〕林: 州來에 城을 쌓은 것도 吳나라를 防備하기 위함이다.

7)〔附注〕林曰 東國卽賴之故國也 時大水不可興城築之役

〔부주〕林: 東國은 바로 옛 賴國의 땅이다. 이때 큰물이 져서 築城의 役事를 일으킬 수 없었다.

8) 彭生 楚大夫 罷鬪韋龜城賴之師

彭生은 楚나라 大夫이다. 賴에 城을 쌓는 鬪韋龜의 군대에게 城役을 停止하게 한 것이다.

【傳】 **初**에 **穆子去叔孫氏**할새 **及庚宗**[1]하야 **遇婦人**하야 **使私爲食而宿焉**[2]하다 **問其行**[3]이어늘 **告之故**한대 **哭而送之**[4]하다 **適齊**하야 **娶於國氏**[5]하야 **生孟丙仲壬**[6]하다 **夢天壓己**하니 **弗勝**[7]이라 **顧而見人**하니 **黑而上僂**[8]요 **深目而豭喙**[9]라 **號之曰 牛**아 **助余**하라 **乃勝之**[10]하다 **旦而皆召其徒**하니 **無之**[11]라 **且曰 志之**[12]하라 **及宣伯奔齊**하야 **饋之**[13]하니 **宣伯曰 魯以先子之故**[14]로 **將存吾宗**하야 **必召女**하리니 **召女何如**[15]오 **對曰 願之久矣**[16]라

당초 穆子(叔孫豹)가 叔孫氏와 訣別하고 〈魯나라를 떠나 齊나라로 갈 때〉 庚宗에 미쳐 한 女人(婦人)을 만나, 그 여인에게 은밀히 밥을 짓게 하여 먹고 그 여인과 同寢하였다. 그 여인이 穆子에게 떠날 것이냐고 묻자, 穆子가 떠나야 할 緣由를 말해 주니, 그 여인은 울면서 穆子를 보내 주었다. 穆子는 齊나라로 가서 國氏의 딸에게 장가들어 孟丙과 仲壬을 낳았다. 하루는 穆子의 꿈에 하늘이 자기를 내리누르니 버틸 수가 없었다. 고개를 돌려 보니 어떤 사람이 있는데, 얼굴은 검고 두 어깨는 앞으로 굽었으며, 눈은 깊고 입은 돼지주둥이 같았다. 큰소리로 그에게 "牛야! 나를 도와 달라."고 말하였다. 그의 도움으로 끝내 버틸 수가 있었다. 다음 날 아침에 穆子는 從者들을 다 불러 세워놓고서 살펴보았으나, 꿈에서 본 자와 같이 생긴 자가 없었다. 〈穆子는 從者들에게 꿈 이야기를 해 주면서〉 "잘 기억해 두라."고 하였다. 宣伯(叔孫僑如)이 齊나라로 도망갈 때에 미쳐 穆子가 그에게 飮食物을 接待하니, 宣伯이 말하기를 "魯나라는 우리

先子의 일로 인해 우리 宗族을 保存시키기 위해 반드시 너를 불러들일 것이니, 너를 부른다면 어찌하겠느냐?"고 묻자, 穆子는 "그렇게 되기를 바란 지 오래입니다."고 대답하였다.

1) 成十六年辟僑如之難奔齊[*] 庚宗 魯地

成公 16년에 叔孫僑如의 難을 피해 齊나라로 出奔하였다. 庚宗은 魯나라 땅이다.

*) 역주] 成十六年辟僑如之難奔齊 : 成公 16년 傳 및 杜注 참고할 것.

2) [附注] 林曰 穆子使婦人私爲設食而託宿焉

[부주] 林: 穆子가 女人에게 사사로이 음식을 차리게 하고, 그 집에 寄宿한 것이다.

3) [附注] 林曰 婦人問穆子之行

[부주] 林: 여인이 穆子에게 떠나야 하겠느냐고 물은 것이다.

4) 婦人聞而哭之

여인이 그 말을 듣고 운 것이다.

5) 國氏 齊正卿 姜姓

國氏는 齊나라 正卿으로 姜姓이다.

6) [附注] 林曰 生二子 長孟丙 次仲壬

[부주] 林: 두 아들을 낳았는데, 長子는 孟丙이고 次子는 仲壬이다.

7) 穆子夢也 [附注] 林曰 穆子夢天墜壓己 力不能勝

穆子가 꿈을 꾼 것이다.

[부주] 林: 穆子의 꿈에 하늘이 무너져 내려 자기를 누르니, 힘이 모자라 이길 수 없었다는 말이다.

8) 上僂 肩傴 [附注] 林曰 穆子顧見有人 色黑而肩上僂傴

上僂는 어깨가 굽은 것이다.(곱사)

[부주] 林: 穆子가 돌아보니 사람이 하나 있는데, 얼굴이 검고 어깨 위가 굽었다는 말이다.

9) 口象豬

입이 돼지주둥이 같다는 말이다.

10) [附注] 林曰 夢中呼其名曰牛 使牛助我 乃能勝天

[부주] 林: 꿈속에 그 이름을 '소'라고 불러, 그 소로 하여금 나를 돕게 하여 마침내 하늘을 이길 수 있었다는 말이다.

11) 徒 從者 [附注] 林曰 無人相貌名牛與所夢相似

徒는 從者들이다.

[부주] 林: 꿈에서 본 자와 비슷한 容貌와 '牛'라는 이름을 가진 자가 없었다는 말이다.

12) 志 識也

志는 記憶이다.

13) 宣伯 僑如 穆子之兄 成十六年奔齊 穆子饋宣伯

宣伯은 僑如로 穆子의 兄이다. 成公 16년에 齊나라로 도망해 오자, 穆子가 宣伯에게 飮食物을 보낸 것이다.

14) 先子 宣伯先人

先子는 宣伯의 先人이다.

15) 〔附注〕 林曰 將存叔孫氏之後 必召穆子使歸魯 若召女何以處之

〔부주〕 林: 叔孫氏의 後嗣를 保存시키기 위해 반드시 穆子를 불러 魯나라로 돌아오게 할 것이다. 만약 너를 부른다면 너는 어떻게 處身하겠느냐고 물은 것이다.

16) 言兄始爲亂 己則有今日之願 蓋忿言

兄이 처음 亂을 일으켰을 때부터 나는 오늘과 같이 되기를 願하였다는 말이니, 忿言(분해서 하는 말)인 듯하다.

魯人召之하니 **不告而歸**하다 **旣立**[1)]에 **所宿庚宗之婦人**이 **獻以雉**[2)]어늘 **問其姓**[3)4)]하니 **對曰 余子長矣**하야 **能奉雉而從我矣**[5)]라하다 **召而見之**하니 **則所夢也**라 **未問其名**하고 **號之曰牛**야하니 **曰 唯**라 **皆召其徒**하야 **使視之**하고 **遂使爲豎**[6)]하다 **有寵**하야 **長使爲政**[7)]하다 **公孫明知叔孫於齊**[8)]러니 **歸**하야 **未逆國姜**하니 **子明取之**[9)]하다 **故怒**하야 **其子長而後使逆之**[10)]하다

魯人이 부르니, 穆子는 宣伯에게 告하지 않고 歸國하였다. 穆子가 卿이 된 뒤에 庚宗에서 同寢했던 女人이 꿩을 바치자, 穆子가 아들이 있느냐고 물으니, 그 여인은 "내 아들이 이미 자라서 꿩을 奉獻할 수 있을 나이가 되었으므로 나를 따라왔습니다."고 대답하였다. 穆子가 그 아이를 불러 보니, 바로 꿈에서 보았던 아이였다. 穆子는 그 이름도 묻지 않고 '牛'야 라고 부르니 '예' 라고 대답하였다. 從者들을 다 불러 그 아이를 보게 하고는 드디어 豎(小臣)로 삼았다. 穆子는 그를 寵愛하여 長成한 뒤에는 집안일을 主管하게 하였다. 公孫 明은 叔孫豹가 齊나라에 있을 때에 서로 알고 지낸 친구였는데, 穆子가 歸國한 뒤에 國姜을 맞이해 가지 않으니, 子明이 그 여인을 取하였다. 그러므로 穆子는 怒하여 그 아들들이 長成한 뒤에야 사람을 보내어 맞이해 왔다.

1) 在齊生孟丙仲壬 魯召之 立爲卿 襄二年始見經

穆子가 齊나라에 있을 때 孟丙과 仲壬을 낳았다. 魯나라가 穆子를 불러들여 卿으로 삼

은 것이다. 襄公 2년에 비로소 經에 나타났다.

2) 獻穆子
穆子에게 바친 것이다.

3) 問有子否〔附注〕林曰 女生曰姓 姓謂子也
아들이 있느냐고 물은 것이다.
〔부주〕林: 여자가 아이를 낳는 것을 '姓'이라 하니, 姓은 아들을 이른다.

4) 역주〕獻以雉 問其姓 : 古禮에 의하면 士가 相見할 때에 꿩을 禮物로 가지고 가는 것이다. 이 女人이 꿩을 바쳐 아들이 있다는 것을 暗示하였기 때문에 穆子가 아들이 있느냐고 물은 것이다.〈楊注〉

5) 襄二年 豎牛五六歲
襄公 2년에 豎牛의 나이가 5~6세였다.

6) 豎 小臣也 傳言從夢未必吉
豎는 小臣이다. 傳文은 吉夢〔從夢〕이 반드시 吉하지 않다는 것을 말한 것이다.

7) 爲家政
家事를 담당한 것이다.

8) 公孫明 齊大夫子明也 與叔孫相親知
公孫 明은 齊나라 大夫 子明으로 叔孫豹와 서로 친한 벗이었다.

9) 國姜 孟仲母
國姜은 孟丙과 仲壬의 어머니이다.

10) 子 孟丙仲壬〔附注〕林曰 穆子忿怒國姜 所生之子年長而後使以歸
子는 孟丙과 仲壬이다.
〔부주〕林: 穆子는 國姜이〈改嫁한 것에〉忿怒하여, 그녀가 낳은 아들들이 나이가 長成한 뒤에야 사람을 보내어 데리고 돌아오게 한 것이다.

田於丘蕕[1)]라가 遂遇疾焉하다 豎牛欲亂其室而有之하야 强與孟盟하니 不可[2)]하다 叔孫爲孟鍾曰 爾未際[3)]하니 饗大夫以落之[4)5)]하라 旣具[6)]에 使豎牛請日[7)]하니 入弗謁[8)]하고 出命之日[9)]하다 及賓至에 聞鍾聲[10)]하니 牛曰 孟有北婦人之客[11)12)]이니이다 怒하야 將往하니 牛止之하다 賓出에 使拘而殺諸外[13)]하다 牛又强與仲盟하니 不可하다 仲與公御萊書觀於公[14)]하니 公與之環[15)]하다 使牛入示之[16)]하니 入不示하고 出命佩之하다 牛謂叔孫호되 見仲而何[17)]잇가 叔孫曰 何爲[18)]오 曰 不見[19)]이라도 旣自見矣[20)]니 公與之環而佩之矣니이다 遂逐之하니 奔齊[21)]하다 疾急에 命召仲하니 牛許而不

召[22)]하다 杜洩見한대 告之飢渴하고 授之戈[23)]하니 對曰 求之而至어늘 又何去焉[24)]이릿고 豎牛曰 夫子疾病하야 不欲見人이라하고 使寘饋于个而退[25)]하다 牛弗進하고 則置虛命徹[26)]하다 十二月癸丑에 叔孫不食하야 乙卯卒[27)]하다 牛立昭子而相之[28)]하다

穆子가 丘蕕에서 사냥하다가 드디어 病을 얻었다. 豎牛는 叔孫氏의 집안을 어지럽혀 제가 차지하려고 孟丙과 結盟하기를 強要하니 孟丙이 同意하지 않았다. 叔孫(穆子)이 孟丙을 위해 鍾을 鑄造하게 하며 말하기를 "너는 아직 大夫들과 交際가 없으니, 잔치를 열어 大夫들을 接待하는 자리에서 鍾의 落成式을 擧行하고서, 〈너를 後繼者로 宣布하겠다.〉"고 하였다. 饗宴의 準備가 끝나자, 孟丙은 豎牛를 穆子에게 보내어 잔칫날을 定하기를 請하게 하니, 豎牛는 穆子에게 들어가서 날짜를 청하는 일은 아뢰지도 않고 나와서 아무 날로 命하셨다고 〈거짓말을〉 하였다. 〈招請받은〉 賓客이 도착할 때에 미쳐 穆子가 鍾소리를 듣고 〈괴이하게 여기니,〉 牛가 "孟丙에게 北婦人의 손님(公孫明)이 와 있습니다."고 〈거짓말을〉 하였다. 穆子가 怒하여 그곳으로 가려 하자, 牛가 가지 못하게 말렸다. 賓客이 나간 뒤에 穆子는 사람을 보내어 孟丙을 잡아 밖으로 끌고 나가서 죽이게 하였다. 牛는 또 仲壬과 結盟하기를 強要하니 仲壬이 同意하지 않았다. 仲壬이 昭公의 御子 萊書와 公宮을 遊覽하니, 昭公이 그에게 玉環을 下賜하였다. 仲壬은 이 玉環을 牛에게 주어 가지고 들어가서 穆子에게 보여드리게 하니, 牛는 들어가서 보여주지도 않고 나와서는 차라고 命하셨다고 거짓말을 하였다. 牛가 叔孫에게 "仲壬을 昭公께 謁見시키는 것이 어떻겠습니까?"라고 하니, 叔孫이 "무엇 때문에 그런 말을 하느냐?"고 하였다. 牛가 "謁見시키지 않았어도 이미 스스로 가서 謁見하였으므로 임금님께서 그에게 玉環을 주시어 이미 그것을 차고 있습니다."고 하였다. 穆子가 드디어 仲壬을 逐出하니 仲壬은 齊나라로 도망갔다. 穆子가 病이 危急해지자 仲壬을 불러들이라고 命하니, 牛는 그러겠다고 대답만하고 부르지 않았다. 杜洩이 穆子를 謁見하니, 穆子는 그에게 배가 고프고 목이 마르다고 告하고서 그에게 창을 내어 주며 〈牛를 죽이라고 하였다.〉 그러자 杜洩이 대답하기를 "음식을 요구하면 음식이 이를 것인데, 또 그를 제거할 게 뭐 있습니까?"라고 하였다. 豎牛는 "夫子는 病이 危重하여 사람들을 만나려 하지 않으신다."고 하고서, 음식을 올리는 자에게 밥상을 곁방에 놓고 물러가게 하였다. 牛는 그 음식을 올리지 않고서 마치 穆子가 다 먹은 것처럼 그릇을 깨끗이 비운 뒤에 床을 물리라고 命하였다. 12월 癸丑日부터 叔孫은 먹지 못하기 시작하여 乙卯日에 卒하였다. 牛는 昭子를 後繼者로 세우고서 그를 輔佐하였다.

1) 丘蕕 地名

丘蕕는 地名이다.

2) 欲使從己 孟不肯

孟丙으로 하여금 자기에게 服從하게 하고자 하였으나, 孟丙이 同意하지 않은 것이다.

3) 際 接也 孟未與諸大夫相接見〔附注〕林曰 叔孫爲其子孟丙鑄鍾

際는 接觸이다. 孟丙이 아직 大夫들과 서로 接見하지 못했다는 말이다.

〔부주〕林: 叔孫이 그 아들 孟丙을 위해 鍾을 鑄造한 것이다.

4) 以豭豬血釁鍾曰落〔附注〕林曰 使孟丙享諸大夫以落新鍾

수퇘지의 피를 鍾에 바르는 것을 '落'이라 한다.

〔부주〕林: 孟丙으로 하여금 大夫들을 接待하는 자리에서 新鍾에 피를 바르게 하려 한 것이다.

5) 역주〕饗大夫以落之 : 落을 杜氏는 釁으로 解釋하였으나, 〈楊注〉·≪左氏會箋≫ 등의 說를 取해 落成으로 번역하였다.

6) 饗禮具

饗禮의 準備가 끝난 것이다.

7) 請享日〔附注〕林曰 孟丙使豎牛請享日於叔孫

享禮日을 정해 주기를 請한 것이다.

〔부주〕林: 孟丙이 豎牛를 시켜 叔孫에게 宴享할 날을 定하도록 請하게 한 것이다.

8) 謁 白也

謁은 아룀이다.

9) 詐命日

날짜를 命하였다고 거짓말을 한 것이다.

10)〔附注〕林曰 及孟丙享賓旣至 叔孫不知享賓 聞鍾聲而怪之

〔부주〕林: 孟丙이 招待한 賓客이 다 到着함에 미쳐 叔孫은 賓客을 招待한 것을 알지 못하였으므로 鍾소리를 듣고서 괴이하게 여긴 것이다.

11) 北婦人 國姜也 客謂公孫明〔附注〕林曰 蓋豎牛投穆子所忌 謂孟丙享公孫明以落鍾

北婦人은 國姜이고, 客은 公孫 明을 이른다.

〔부주〕林: 대개 豎牛가 穆子의 憎惡〔忌〕하는 바에 迎合〔投〕하기 위해 孟丙이 公孫 明을 接待하면서 落鍾한다고 거짓말을 한 것이다.

12) 역주〕牛曰 孟有北婦人之客 : 牛가 '公孫 明을 接待한다'고 거짓말을 하여 叔孫을 激怒시킨 것이다. 〈楊注〉

13) 殺孟丙

孟丙을 죽인 것이다.

14) 萊書 公御士名 仲與之私遊觀於公宮

萊書는 昭公의 御士의 이름이다. 仲壬이 그와 사사로이 公宮을 遊觀(遊覽)한 것이다.

15) 賜玉環

玉環을 下賜한 것이다.

16) 示叔孫

叔孫에게 보이게 한 것이다.

17) 而何 如何

而何는 如何이다.

18) 怪牛言

牛의 말을 괴이쩍게 여긴 것이다.

19) 〔附注〕 林曰 言叔孫不見仲壬於公 仲壬已自往見公矣

〔부주〕 林: 叔孫이 仲壬을 公께 謁見시키지 않았는데도 仲壬이 이미 스스로 가서 公을 謁見하였다는 말이다.

20) 言仲已自往見公

仲壬이 스스로 가서 公을 謁見하였다는 말이다.

21) 〔附注〕 林曰 叔孫怒 遂逐仲壬 仲壬奔齊

〔부주〕 林: 叔孫이 怒하여 마침내 仲壬을 내치니, 仲壬은 齊나라로 도망갔다.

22) 〔附注〕 林曰 及叔孫病亟 命召仲壬爲後 豎牛旣許叔孫而不召仲

〔부주〕 林: 叔孫이 병이 危急해짐에 미쳐 仲壬을 불러들여 後繼者로 삼으라고 命하니, 豎牛는 叔孫에게 그리하겠다고 이미 허락하고도 仲壬을 불러들이지 않았다.

23) 杜洩 叔孫氏宰也 牛不食叔孫 叔孫怒 欲使杜洩殺之

杜洩은 叔孫氏의 宰(家臣의 長)이다. 牛가 叔孫에게 밥을 주지 않으니, 叔孫은 怒하여 杜洩을 보내어 그를 죽이고자 한 것이다.

24) 言求食可得 無爲去豎牛 蓋杜洩力不能去 設辭以免

밥을 요구하면 밥을 얻을 수 있으니 豎牛를 除去할 필요가 없다는 말이니, 이는 杜洩이 豎牛를 除去할 수 있는 힘이 없기 때문에 〈이 말로〉 핑계를 대어 〈困難한 處地에서〉 벗어나려 한 듯하다.

25) 寘 置也 个 東西廂 〔附注〕 林曰 使饋食者置于東西廂而退

寘는 置이고, 个는 동서의 곁방이다.

〔부주〕 林: 음식을 올리는 자에게 음식을 동서의 곁방에 두고 물러가게 한 것이다.

26) 寫器令空 示若叔孫已食 命去之

그릇에 담긴 음식을 쏟아버리고 그릇을 비워, 叔孫이 다 먹은 것처럼 보이게 하고서 床을 물리도록 命한 것이다.

27) 三日絶糧

3일 동안 밥을 굶은 것이다.

28) 昭子 豹之庶子 叔孫婼也

昭子는 叔孫豹의 庶子 叔孫婼이다.

公使杜洩葬叔孫[1)]하니 **豎牛賂叔仲昭子與南遺**[2)]하야 **使惡杜洩於季孫而去之**[3)]하다 **杜洩將以路葬**하고 **且盡卿禮**[4)]한대 **南遺謂季孫曰 叔孫未乘路**어늘 **葬焉用之**[5)]리오 **且冢卿無路**어늘 **介卿以葬**은 **不亦左乎**[6)]아 **季孫曰 然**하다하고 **使杜洩舍路**[7)]한대 **不可曰 夫子受命於朝**하야 **而聘於王**[8)]하니 **王思舊勳而賜之路**[9)]어시늘 **復命而致之君**[10)]이나 **君不敢逆王命**하야 **而復賜之**하고 **使三官書之**[11)]하니라 **吾子爲司徒**하야 **實書名**[12)]하고 **夫子爲司馬**하야 **與工正書服**[13)14)]하고 **孟孫爲司空**하야 **以書勳**[15)]이어늘 **今死而弗以**는 **是棄君命也**오 **書在公府而弗以**는 **是廢三官也**[16)]라 **若命服**을 **生弗敢服**하고 **死又不以**면 **將焉用之**오 **乃使以葬**[17)]하다

昭公이 杜洩에게 叔孫의 葬禮를 치르게 하니, 豎牛가 叔仲昭子와 南遺에게 賂物을 주어, 그들로 하여금 季孫에게 杜洩을 中傷〔惡〕하여 除去하게 하였다. 杜洩이 路車를 사용해 叔孫을 葬事 지내고, 또 卿의 禮를 다 쓰려 하자, 南遺가 季孫에게 말하기를 “叔孫이 生前에 路車를 탄 적이 없는데, 葬事에 어찌 路車를 쓴단 말입니까? 그리고 또 冢卿도 路車가 없는데 介卿을 路車로 葬送하는 것은 不當〔左〕하지 않습니까?”라고 하니, 季孫이 “그렇다.”고 하고서, 杜洩에게 路車를 버리고 쓰지 말도록 하였다. 그러자 杜洩은 反對〔不可〕하며 말하기를 “夫子(叔孫)가 朝廷의 命을 받고 王朝에 聘問하니, 王께서 舊勳을 생각하여 路車를 下賜하셨는데, 叔孫은 돌아와 復命하고서 그 路車를 임금님께 바쳤으나, 임금님께서는 감히 王命을 拒逆할 수 없다 하여, 도로 叔孫에게 주시고서 三官에게 이 일을 記錄하게 하셨습니다. 그때 당신은 司徒로서 실로 名號를 기록하였고, 夫子는 司馬로서 工正을 시켜〔與〕 車服을 기록하였고, 孟孫은 司空으로서 功勳을 기록하였습니다. 지금 夫子가 죽었는데 그 路車를 쓰지 않는 것은 君命을 버리는 것이고, 그 文書가 公府에 保管되어 있는데 路車를 쓰지 않는 것은 三官을 廢棄하는 것입니다. 命服을 生前에는 감히 使用하지 못하고 死後에 또 葬事에도 쓰지 못한다면 장차 그것을 어디에 쓴단 말입니까?”라고 하니, 季孫은 杜洩에게 路車를 사용해 葬事 지내게 하였다.

1) 〔附注〕 林曰 公使杜洩爲穆子營辦葬事

〔부주〕林: 昭公이 杜洩에게 穆子를 위해 葬事를 主管해 處理하게 한 것이다.

2) 昭子 叔仲帶也 南遺 季氏家臣

昭子는 叔仲帶이고, 南遺는 季氏의 家臣이다.

3) 憎洩不與己同志〔附注〕林曰 使二人惡之於季孫而以計逐去杜洩

杜洩이 자기와 뜻을 같이하지 않은 것을 미워해서이다.

〔부주〕林: 두 사람을 시켜 季孫에게 杜洩을 中傷하여 計略을 써서 그를 逐出하게 한 것이다.

4) 路 王所賜叔孫車

路는 周王이 叔孫에게 下賜한 수레이다.

5)〔附注〕林曰 南遺欲惡杜洩 乃告季孫言叔孫穆子生不曾乘路 死又安用以葬

〔부주〕林: 南遺가 杜洩을 中傷하고자 하여, 季孫에게 "叔孫穆子가 生前에 路車를 탄 적이 없는데, 死後에 또 어찌 路車를 使用해 葬送하겠느냐?"고 말한 것이다.

6) 冢卿 謂季孫 介 次也 左 不便

冢卿은 季孫을 이른다. 介는 次이고 左는 不便(不當)이다.

7) 舍 置也

舍는 置(버림)이다.

8) 在襄二十四年 夫子 謂叔孫

叔孫이 王朝에 聘問한 일은 襄公 24년에 있었다. 夫子는 叔孫을 이른다.

9) 感其有禮 以念其先人

그에게 禮가 있는 것에 感動하여 그 先人을 생각한 것이다.

10) 豹不敢自乘

叔孫豹는 감히 스스로 그 路車를 탈 수 없기 때문이다.

11)〔附注〕林曰 使魯之三官共書其事

〔부주〕林: 魯나라의 三官에게 그 일을 함께 기록하게 한 것이다.

12) 謂季孫也 書名 定位號

吾子는 季孫을 이른다. 이름을 기록하여 位號(爵位와 號稱)를 定한 것이다.

13) 謂叔孫也 服 車服之器 工正所書

夫子는 叔孫을 이른다. 服은 車服 등의 器物로 工正이 기록하는 바이다.

14) 역주〕與工正書服 : 服은 位號를 表示하는 車服 儀仗 등의 器物이다. 工正은 百工을 管掌하는 官府의 長으로 司馬의 屬官이다.

15) 勳 功也

勳은 功이다.

16)〔附注〕林曰 書名書服書勳 皆在公府而弗用

〔부주〕林: 書名·書服·書勳한 文書가 모두 公府에 保管되어 있는데도 쓰지 않는 것이다.

17)〔附注〕林曰 季孫不能奪 乃使杜洩以路葬穆子

〔부주〕林: 季孫은 杜洩의 뜻을 꺾을 수 없어서, 그에게 路車를 使用해 穆子를 葬事 지내게 한 것이다.

季孫謀去中軍하니 豎牛曰 夫子固欲去之[1)]라하다

季孫이 中軍을 없애려고 計劃하니, 豎牛가 "夫子께서도 본래 中軍을 없애고 싶어 하셨습니다."고 하였다.

1) 誣叔孫以媚季孫

叔孫을 誣告(하지도 않은 말을 했다고 고함)하여 季孫에게 아첨한 것이다.

〈五年, 甲子 B.C.537〉

【經】五年春王正月에 舍中軍[1)]하다

5년 봄 周王 正月에 中軍을 撤廢〔舍〕하였다.

1) 襄十一年 始立中軍〔附注〕林曰 襄十一年 始立中軍 至是舍之 舍中軍從祀先公[*)] 皆善辭也 微國史無以知舍中軍爲季氏專魯 從祀先公爲陽虎專季氏也

襄公 11년에 비로소 中軍을 設立하였다.

〔부주〕林: 襄公 11년에 비로소 中軍을 設立하였는데 이때에 와서 撤廢한 것이다. 〈이곳에 말한〉 '舍中軍'과 〈定公 8년 經에 말한〉 '從祀先公'은 모두 善辭(꾸며댄 말)이니, 國史가 없었다면 '舍中軍'이 季氏가 魯나라를 獨占하기 위해서이고, '從祀先公'이 陽虎가 季氏를 除去하고서 國政을 專斷하기 위해서라는 것을 알 방법이 없었을 것이다.

*) 역주〕從祀先公 : 從은 順이고 先公은 閔公과 僖公이다. 文公 2년에 僖公의 神主를 閔公의 神主 위로 올려 그 位次를 바꾸어 逆祀하던 것을 이번에 바로잡아 그 順序에 따라 閔公에게 먼저 祭祀하고 僖公에게 뒤에 祭祀한 것이다. 〈文公 2년 傳과 定公 8년 傳을 參考할 것〉

【經】楚殺其大夫屈申[1)]하다

楚나라가 그 大夫 屈申을 죽였다.

1) 書名 罪之
이름을 기록하여 罪를 그에게 돌린 것이다.

【經】 公如晉하다

昭公이 晉나라에 갔다.

【經】 夏 莒牟夷以牟婁及防茲來奔[1)]하다

여름에 莒나라의 牟夷가 牟婁 및 防邑과 茲邑를 가지고 魯나라로 도망해 왔다.

1) 城陽平昌縣西南有防亭 姑幕縣東北有茲亭〔附注〕林曰 牟婁防茲 莒三邑
城陽 平昌縣 서남쪽에 防亭이 있고, 姑幕縣 동북쪽에 茲亭이 있다.
〔부주〕林: 牟婁·防·茲는 莒나라의 세 邑이다.

【經】 秋七月에 公至自晉하다

가을 7월에 昭公이 晉나라에서 돌아왔다.

【經】 戊辰에 叔弓帥師敗莒師于蚡泉[1)]하다

戊辰日에 叔弓이 군대를 거느리고 가서 蚡泉에서 莒나라 군대를 敗北시켰다.

1) 蚡泉 魯地
蚡泉은 魯나라 땅이다.

【經】 秦伯卒[1)]하다

秦伯이 卒하였다.

1) 無傳 不書名 未同盟
傳이 없다. 이름을 기록하지 않은 것은 同盟國이 아니기 때문이다.

【經】 冬에 楚子蔡侯陳侯許男頓子沈子徐人越人伐吳[1)]하다

겨울에 楚子·蔡侯·陳侯·許男·頓子·沈子·徐人·越人이 吳나라를 討伐하였다.

1)〔附注〕林曰 越始見經 而常壽過得稱人 越驟强也 通吳以疲楚者 晉謀之失也 通越以困吳

者 楚謀之失也

〔부주〕 林: 越나라가 經에 보이기 시작하였다. 越나라의 大夫 常壽過를 '人'으로 稱한 것은 越나라가 갑자기 强해졌기 때문이다. 吳나라를 통하여 楚나라를 疲困하게 하려 한 것은 晉나라의 失策이고 越나라를 통하여 吳나라를 疲困하게 하려 한 것은 楚나라의 失策이다.

【傳】 五年春王正月에 **舍中軍**하니 **卑公室也**[1)]라 **毁中軍于施氏**하야 **成諸臧氏**[2)]하다 **初作中軍**하야 **三分公室**하야 **而各有其一**[3)]에 **季氏盡征之**[4)]하고 **叔孫氏臣其子弟**[5)]하고 **孟氏取其半焉**[6)]이러니 **及其舍之也**하야는 **四分公室**하야 **季氏擇二**[7)]하고 **二子各一**하야 **皆盡征之**하야 **而貢于公**[8)]하다

5년 봄 周王 正月에 中軍을 撤廢하였으니, 이는 公室을 弱化시키기 위함이었다. 施氏를 시켜 中軍의 毁撤을 發議하게 하고 臧氏를 시켜 그 論議를 完成하게 하였다. 당초 三軍을 編成할 때에 公室의 〈군대를〉 三等分하여 三家가 각각 一分씩을 차지하고서, 季氏는 〈자기 몫으로 돌아온 백성〉 모두에게 徵兵과 徵稅의 義務를 지우고, 叔孫氏는 子弟(壯丁)만을 家臣(家奴)으로 삼고, 孟氏는 절반만을 家臣으로 삼았었는데, 中軍을 撤廢함에 미쳐서는 公室의 군대를 四等分하여 季氏가 그중의 二分을 골라 取하고, 二子는 각각 一分씩을 차지하고서, 모두에게 徵稅하여 그 일부를 公室에 貢納하였다.

1) 罷中軍 季孫稱左師 孟氏稱右師 叔孫氏則自以叔孫爲軍名

中軍을 廢止하고서 季孫은 〈그 군대를〉 左師로 稱하고, 孟氏는 右師로 稱하고, 叔孫氏는 스스로 叔孫으로 軍名을 삼았다.

2) 季孫不欲親其議 勅二家會諸大夫發毁置之計 又取其令名〔附注〕林曰 毁軍之議 始於施氏成於臧氏

季孫은 직접 그 일을 論議하고자 하지 않아, 두 사람에게 命하여 大夫들과 會議하여 毁撤할 計劃을 發議하게 하여, 자기는 아름다운 名聲을 取하려 한 것이다.

〔부주〕 林: 中軍을 毁撤하자는 論議가 施氏에게서 始作되어, 臧氏에게서 이루어졌다는 말이다.

3) 三家各有一軍家屬

三家가 각각 一軍의 家屬을 所有한 것이다.

4) 無所入於公

公室에 納入하는 것이 없다.

5) 以父兄歸公

父兄(老衰한 자)을 公室에 歸屬시킨 것이다.

6) 復以子弟之半歸公

다시 子弟(壯丁)의 절반을 公室에 歸屬시킨 것이다.

7) 簡擇取二分

골라서 二分을 取한 것이다.

8) 國人盡屬三家 三家隨時獻公而已

國人을 전부 三家에 所屬시키고서 三家가 隨時로 公室에 貢納할 뿐이다.

以書使杜洩告於殯[1]**曰 子固欲毁中軍**이라 **旣毁之矣**라 **故告**하노라 **杜洩曰 夫子唯不欲毁也**라 **故盟諸僖閎**하고 **詛諸五父之衢**[2]라하고 **受其書而投之**[3]하고 **帥士而哭之**[4][5]하다

季孫은 "그대도 본래 中軍을 毁撤하고자 하였지요. 이미 中軍을 毁撤하였기 때문에 告합니다."는 내용의 글을 써서 杜洩에게 주어 叔孫의 殯所에 告하게 하니, 杜洩은 "夫子께서는 毁撤하고자 하지 않았습니다. 그러므로 僖公 宗廟의 門에서 盟誓하고 五父의 거리에서 詛呪한 것입니다."고 하고서 그 글을 받아 땅바닥에 던지고 家臣〔士〕들을 거느리고서 哭하였다.

1) 告叔孫之柩

叔孫의 靈柩에 告하게 하려 한 것이다.

2) 皆在襄十一年

모두 襄公 11년 傳에 보인다.

3) 投 擲也

投는 던지는 것이다.

4) 痛叔孫之見誣

叔孫이 誣告 당한 것을 寃痛해한 것이다.

5) 역주〕 士 : 叔孫의 家臣이다. ≪左氏會箋≫

叔仲子謂季孫曰 帶受命於子叔孫[1]하니 **曰 葬鮮者自西門**[2]이라 **季孫命杜洩**[3]한대 **杜洩曰 卿喪自朝**가 **魯禮也**[4][5]라 **吾子爲國政**하야 **未改禮而又遷之**[6]하니 **群臣懼死**하야 **不敢自也**[7][8]라하고 **旣葬而行**[9]하다

叔仲子가 季孫에게 말하기를 "제가 子叔孫에게 命을 받았는데, 그 命에 '제명에 죽지

못한 사람을 送葬할 때는 喪輿가 西門으로 나간다고 하였습니다."고 하니, 季孫이 杜洩에게 그렇게 하라고 命하자, 杜洩은 "卿의 喪事에 喪輿가 朝門으로 나가는 것이 魯나라의 禮입니다. 당신이 魯나라의 執政이 되어 禮를 改正한 적이 없는데, 또 禮를 바꾸니, 群臣은 죽을까 두려워 감히 따르지 못하는 것입니다."고 하고서 葬事를 마치고는 楚나라로 도망갔다.

1) 〔附注〕 林曰 叔仲子 卽叔仲帶受豎牛賂惡杜洩者

〔부주〕 林: 叔仲子는 바로 叔仲帶로 豎牛의 賂物을 받고서 季孫에게 杜洩을 中傷한 자이다.

2) 不以壽終爲鮮 西門 非魯朝正門

제 壽命으로 죽지 못한 것을 '鮮'이라 한다. 西門은 魯나라 朝廷의 正門이 아니다.

3) 命使從西門

西門으로 나가도록 命한 것이다.

4) 從生存朝覲之正路

生存時에 朝覲하던 正路를 따라 나가는 것이다.

5) 역주〕 自朝 : 朝는 朝門으로 國都의 正門인 南門이다.

6) 遷 易也 〔附注〕 林曰 遷易其法

遷은 바꾸는 것이다.

〔부주〕 林: 그 法을 바꾸는 것이다.

7) 自 從也 〔附注〕 林曰 群臣懼得罪以死

自는 따름이다.

〔부주〕 林: 群臣이 罪를 얻어 죽을 것을 두려워한다는 말이다.

8) 역주〕 不敢自也 : 自는 從이다. 不敢從은 正式으로 國家에서 法을 고친 적이 없는데, 마음대로 법을 바꾸어 西門으로 나가라고 하니, 季孫의 命을 따른다면 後日에 法을 어긴 罪에 걸릴 것이 두려워 감히 命을 따를 수 없다는 말이다.

9) 善杜洩能辟禍

杜洩이 禍를 잘 피한 것을 훌륭하게 여긴 것이다.

仲至自齊[1)]하니 **季孫欲立之**하다 **南遺曰 叔孫氏厚則季氏薄**이라 **彼實家亂**이리니 **子勿與知**가 **不亦可乎**[2)]아 **南遺使國人助豎牛**하야 **以攻諸大庫之庭**[3)4)]한대 **司宮射之**하니 **中目而死**하다 **豎牛取東鄙三十邑**하야 **以與南遺**[5)]하다

仲壬이 齊나라에서 돌아오니, 季孫은 그를 叔孫氏의 後繼者로 세우려 하였다. 南遺

가 말하기를 "叔孫氏가 强〔厚〕해지면 季氏가 弱〔薄〕해집니다. 豎牛가 실로 집안을 어지럽힐 것이니, 당신께서는 모른 체하는 것이 좋지 않겠습니까?"라고 하였다. 南遺가 國人들에게 豎牛를 도와 大庫의 庭院으로 가서 仲壬을 攻擊하게 하였는데, 司宮이 활을 쏘니 仲壬은 그 화살에 눈을 맞고 죽었다. 豎牛는 동쪽 邊方의 城邑 30개를 取하여 南遺에게 주었다.

1) 聞喪而來
　喪을 듣고 온 것이다.
2) 〔附注〕 林曰 謂叔孫氏實其家白亂*)
　〔부주〕 林: 〈豎牛가〉 叔孫氏에게 禍亂을 끼칠 것이므로 실로 그 집안이 저절로 어지러워질 것임을 이른 것이다.
*) 역주〕 이 林注는 ≪四庫全書 左傳杜林合注≫本에 보이지 않는다. 그리고 白亂의 白은 自의 誤字가 아닌지 모르겠다.
3) 攻仲壬也 魯城內有大庭氏之虛 於其上作庫
　仲壬을 攻擊한 것이다. 魯나라 都城 안에 大庭氏의 廢墟가 있는데, 그 위에 倉庫를 지은 것이다.
4) 역주〕 大庫之庭 : 杜注를 따르면 '大庭氏의 倉庫'로 번역해야 하지만, 傳文에 따라 大庫의 庭院으로 번역하였다.
5) 取叔孫氏邑
　叔孫氏의 邑을 取한 것이다.

昭子卽位하야 **朝其家衆曰 豎牛禍叔孫氏**하야 **使亂大從**[1]하야 **殺適立庶**하고 **又披其邑**하야 **將以赦罪**[2]하니 **罪莫大焉**이라 **必速殺之**하라 **豎牛懼**하야 **奔齊**어늘 **孟仲之子殺諸塞關之外**[3]하야 **投其首於寧風之棘上**[4]하다 **仲尼曰 叔孫昭子之不勞**는 **不可能也**[5]라 **周任有言曰 爲政者**는 **不賞私勞**하고 **不罰私怨**이라하고 **詩云 有覺德行**이면 **四國順之**[6]라하니라

昭子가 後繼者의 자리에 올라 그 家衆의 朝見을 받으며 말하기를 "豎牛가 叔孫氏에게 禍亂을 끼쳐 重大한 順理(大從)를 어지럽혀 適子를 죽이고서 庶子를 세웠고, 또 우리의 封邑을 쪼개어 南遺에게 주어 罪를 용서받고자 하였으니, 이보다 큰 罪가 없다. 반드시 속히 그를 죽이라."고 하니, 豎牛가 겁이 나서 齊나라로 도망가자, 孟丙과 仲壬의 아들들이 塞關(邊境의 關) 밖에서 그를 죽여 그 머리를 寧風의 가시나무 위에 버렸

다. 仲尼는 이에 대해 다음과 같이 論評하였다. "叔孫昭子가 자기를 세워준 豎牛의 功勞를 생각지 않고 그를 죽인 것은 아무나 할 수 있는 일이 아니다. 周任의 말에 '爲政者는 사사로운 功勞를 報償하지 않고 사사로운 怨恨을 懲罰하지 않는다.'고 하였고, ≪詩經≫에 '정직한 德行이 있으면 사방의 나라가 順從한다.'고 하였다."

1) 使從於亂〔附注〕林曰 昭子卽叔孫婼 卽卿位 朝叔孫之家衆 言豎牛爲禍於叔孫氏 使亂大和順之道
 亂에 이르게 했다는 말이다.
 〔부주〕林: 昭子는 바로 叔孫婼이다. 卿의 자리에 올라 叔孫의 家衆들의 朝見을 받으며 "豎牛가 叔孫氏에게 禍를 끼쳐 重大한 和順의 道理를 어지럽혔다."고 말한 것이다.

2) 披 析也 謂以邑與南遺 昭子不知豎牛餓殺其父 故但言其見罪〔附注〕林曰 將以求赦其罪
 披는 析(쪼갬)이니, 邑을 南遺에게 준 것을 이른다. 昭子는 豎牛가 자기 아버지를 굶겨 죽인 것은 몰랐다. 그러므로 단지 그의 드러난 罪만을 말한 것이다.
 〔부주〕林: 자기의 罪를 용서받기를 求하려 한 것이다.

3) 齊魯界上關〔附注〕林曰 孟丙仲壬之子
 齊나라와 魯나라 國境에 있는 關이다.
 〔부주〕林: 孟丙과 仲壬의 아들들이다.

4) 寧風 齊地
 寧風은 齊나라 땅이다.

5) 不以立已爲功勞 據其所言善之 時魯人不以餓死語昭子
 자기를 세워준 것을 功勞로 여기지 않았다는 말이니, 그(昭子)가 말한 바에 의거해 그를 훌륭하게 여긴 것이다. 이때 魯人은 穆子가 餓死한 것을 昭子에게 말해 주지 않았다.

6) 詩大雅 覺 直也 言德行直則四方順從之
 詩는 ≪詩經≫ 〈大雅 抑篇〉의 詩句이다. 覺은 直이다. 德行이 正直하면 四方이 順從한다는 말이다.

初에 穆子之生也에 莊叔以周易筮之[1]하야 遇明夷☷☲[2] 之謙☷☶[3]하다 以示卜楚丘[4]하니 曰 是將行[5]이라가 而歸爲子祀[6][7]하리라 以讒人入[8]이니 其名曰牛라 卒以餒死[9]리라 明夷는 日也[10]니 日之數十[11][12]이라 故有十時하니 亦當十位라 自王已下로 其二爲公이오 其三爲卿[13]이며 日上其中[14]이오 食日爲二[15]오 旦日爲三[16]이라 明夷之謙은 明而未融이니 其當旦乎[17]ㄴ저 故曰爲子祀[18]라 日之謙은 當鳥라 故曰明夷于飛[19][20]라하고 明而未融이라 故曰垂其翼[21]이라하고 象日之動이라 故曰君子于行[22]이라

하고 當三在旦이라 故曰三日不食[23)]이라하니라 離는 火也오 艮은 山也라 離爲火하니 火焚山이면 山敗[24)]라 於人爲言[25)]이니 敗言爲讒[26)]이라 故曰 有攸往이면 主人有言이라하니 言必讒也[27)]라 純離爲牛[28)]니 世亂讒勝하고 勝將適離라 故曰其名曰牛[29)][30)]라하니라 謙不足일새 飛不翔[31)]하고 垂不峻일새 翼不廣[32)]이라 故曰其爲子後乎[33)]ㄴ저하니라 吾子亞卿也니 抑少不終[34)][35)]이리라

當初 穆子가 出生하였을 적에 莊叔이 周易으로 점을 쳐서 明夷卦가 謙卦로 변한 卦를 만났다. 이 占卦를 卜人 楚丘에게 보이니, 楚丘는 다음과 같이 풀이하였다. "이 아이는 장차 出奔하였다가 돌아와서 당신을 위해 祭祀를 받들 것입니다. 돌아올 때 讒人을 데리고 들어올 것인데, 그자의 이름은 牛입니다. 이 아이는 끝내 이 자로 인해 굶어 죽게 될 것입니다. 明夷는 해이고 해의 수는 十입니다. 그러므로 하루에 十時가 있으니 이 또한 사람의 열 等級의 位次에 該當합니다. 王 이하로 두 번째가 公이고 세 번째가 卿이며, 太陽의 最上位는 中天에 이른 때로 〈王에 해당하고,〉 朝飯을 먹을 때의 太陽이 二位로 公에 해당하고, 새벽의 太陽이 三位로 卿에 해당합니다. 明夷卦가 변하여 謙卦가 된 것은 날이 밝았으나 아직 완전히 밝지 않은 것이니, 아마 새벽(卿位)에 해당할 것입니다. 그러므로 '당신을 위해 祭祀를 받들 것이다.'고 한 것입니다. 해(離)가 변하여 謙이 된 것은 새〔鳥〕에 해당하기 때문에 爻辭에 '明夷가 난다.'고 하였고, 날이 밝았으나 아직 완전히 밝지 않았기 때문에 '날개를 늘어뜨렸다.'고 하였고, 〈明夷의 初九는〉 해의 움직임을 象徵하였기 때문에 '君子가 떠나간다.'고 하였고, 第三位인 새벽에 해당하기 때문에 '3일 동안 먹지 못한다.'고 한 것입니다. 離는 火이고 艮은 山입니다. 離가 火가 되었으니 火가 山을 태우면 山은 敗壞(破壞)됩니다. 艮이 사람에 있어서는 言語가 되는데, 남을 敗壞하는 말이 讒言입니다. 그러므로 爻辭에 '가는 곳이 있으면 主人이 말을 한다.'고 하였으니, 이 말은 반드시 讒言입니다. 純離(上下卦가 모두 離卦인 것)가 牛인데, 세상이 어지러우면 讒言이 勝利하고 勝利하면 〈艮이 도로 離로〉 돌아가기 때문에 '그 이름이 牛이다.'고 한 것입니다. 謙은 不足이므로 날되 멀리 날지 못하고, 날개를 늘어뜨렸으므로 멀리 날지 못하는 것입니다. 그러므로 '아마도 당신의 後繼者가 될 것이다.'고 한 것입니다. 당신이 亞卿이니 〈이 아이도 亞卿이 되겠지만〉 이 아이〔少〕는 제명에 죽지 못할 것입니다."

1) 莊叔 穆子父得臣也

莊叔은 穆子의 아버지 得臣이다.

2) 離下坤上 明夷

下卦가 離이고 上卦가 坤인 것이 明夷이다.

3) 艮下坤上 謙 明夷初九變爲謙

下卦가 艮이고 上卦가 坤인 것이 謙이니, 明夷의 初九가 變하여 謙卦가 된 것이다.

4) 楚丘 卜人姓名

楚丘는 卜人의 姓名이다.

5) 行 出奔

行은 出奔이다.

6) 奉祭祀〔附注〕林曰 歸奉莊叔之祭祀

祭祀를 받든다는 말이다.

〔부주〕林: 돌아와서 莊叔의 祭祀를 받들 것이라는 말이다.

7) 역주〕歸爲子祀 : 돌아와서 後繼者가 된다는 말이다.

8)〔附注〕林曰 其歸也 當與讒諛之人共入

〔부주〕林: 그가 돌아올 때 讒訴하고 阿諂하는 사람과 함께 들어오게 될 것이라는 말이다.

9) 역주〕卒以餒死 : 끝내 牛로 인해 餓死한다는 말이다.

10) 離爲日 夷 傷也 日明傷*)

離卦는 太陽을 象徵하고 夷는 損傷이니, 太陽의 밝음이 損傷된 것이다.

*) 역주〕日明傷 : 彖傳에 '밝음(太陽)이 地中으로 들어간 것이 明夷이다.'고 하였으니, 太陽이 땅속에 있어 빛이 밖으로 發散되지 않으면 밝음이 손상된다. ≪左氏會箋≫

11) 甲至癸

甲時부터 癸時까지이다.

12) 역주〕日之數十 : 古代에는 하루를 열 時間으로 나눈 듯하다.

13) 日中當王 食時當公 平旦爲卿 雞鳴爲士 夜半爲皂 人定爲輿 黃昏爲隷 日入爲僚 晡時爲僕 日昳爲臺 隅中日出 闕不在第 尊王公 曠其位〔附注〕林曰 王 天子也 天子至尊 故居盛位而自王以降 公諸侯 降於天子 故其位居於第二 卿大夫也 降於諸侯 故其位居於第三

日中(正午)은 王에 該當하고, 食時(아침밥을 먹을 때)는 公에 해당하고, 平旦(새벽)은 卿에 해당하고, 雞鳴時는 士에 해당하고, 夜半은 皂에 해당하고, 人定時는 輿에 해당하고, 黃昏은 隷에 해당하고, 日沒時는 僚에 해당하고, 晡時(申時)는 僕에 해당하고, 해가 기울 때는 臺에 해당한다. 東隅와 南隅의 중간에서 해가 돋을 때는 빼놓고 차례에 넣지 않은 것은 王公을 높여 그 位次를 비워 둔 것이다.

〔부주〕林: 王은 天子이다. 天子는 지극히 尊貴하기 때문에 盛位(最高의 地位)에 있고, 王으로부터 내려오면서 公과 諸侯는 天子보다 낮기 때문에 第二位에 있고, 卿과 大夫는 諸侯보다 낮기 때문에 그 位次가 第三位에 있는 것이다.

14) 日中盛明 故以當王

해가 中天에 이르면 크게 밝으므로 그것을 王에 해당시킨 것이다.

15) 公位〔附注〕林曰 食時之日

公의 地位이다.

〔부주〕林: 아침밥을 먹을 때의 太陽이다.

16) 卿位

卿의 地位이다.

17) 融 朗也 離在坤下 日在地中之象 又變爲謙 謙道卑退 故曰明而未融 日明未融 故曰其當旦乎

融은 朗(밝음)이다. 離卦가 坤卦 밑에 있으니 해가 땅속에 있는 形象이고, 또 變하여 謙卦가 되었으니 謙의 道理는 몸을 낮추고 謙讓하는 것이다. 그러므로 '밝았으나 아직 완전히 밝지 않았다.'고 하고, 해가 밝았으나 완전히 밝지 않았기 때문에 '아마도 새벽(卿位)에 해당할 것이다.'고 한 것이다.

18) 莊叔 卿也 卜豹爲卿 故知爲子祀

莊叔은 卿이다. 叔孫豹가 卿이 될 것을 豫測〔卜〕하였기 때문에 莊叔의 祭祀를 받들 것을 안 것이다.

19) 離爲日爲鳥 離變爲謙 日光不足 故當鳥 鳥飛行 故曰于飛

離는 해를 象徵하기도 하고, 새를 象徵하기도 한다. 離卦가 변하여 謙卦가 되어 日光이 不足하기 때문에 새에 해당하고, 새는 날아다니기 때문에 '난다'고 한 것이다.

20) 역주〕明夷于飛 : 明夷卦 初九 爻辭에 "明夷于飛 垂其翼 君子于行 三日不食 有攸往 主人有言"이라 하였다. 離는 새이고 艮은 山이니, 새가 산 위를 나는 형상이 있기 때문에 '明夷于飛'라고 한 것이다.

21) 於日爲未融 於鳥爲垂翼

해에 있어서는 아직 완전히 밝지 않은 것이 되고, 새에 있어서는 날개를 늘어뜨린 것이 된다.

22) 明夷初九 得位有應 君子象也 在明傷之世 居謙下之位*) 故將辟難而行

明夷의 初九가 제자리를 얻어 應對가 있으니, 君子의 象이다. 밝음이 손상된 세상에 있고 謙下의 자리에 있기 때문에 장차 難을 피해 出奔〔行〕할 것을 안 것이다.

*) 역주〕居謙下之位 : 〈正義〉에 "卦에는 六位가 있는데, 初爻 三爻 五爻는 奇數로 陽의 자리이고, 二爻 四爻 上爻는 耦數로 陰의 자리이다. 初爻와 四爻, 二爻와 五爻, 三爻와 上爻가 서로 마주치는 것이 서로 應對하는 것이다. 陽이 求하는 相對는 陰이고, 陰이 구하는 相對는 陽이니, 陽과 陰이 서로 마주치는 것은 應對가 있는 것이고, 陰와 陰이 서로 마주치는 것은 應對가 없는 것이다. 明夷의 初九는 陽爻로서 奇數의 자리에 있으니 제

자리를 얻은 것이고, 應對할 상대가 四爻인데 四爻가 陰爻이니 應對가 있는 것이다. 居處에 제자리를 얻고 相對가 應對하니 君子의 形象이다. 初九가 밝음이 損傷된 세상에 있으니 大難이 있는 것이고, 謙下의 자리에 있으니 謙讓함이 마땅하기 때문에 장차 難을 피해 出奔할 것을 안 것이다."고 하였다. 謙下는 謙卦의 下爻를 이른 말로 謙遜하게 몸을 낮추는 것이다. 象日之動은 離(日)의 初九가 動하여 陰이 된 것을 말한 것이다.

23) 旦位在三 又非食時 故曰三日不食

새벽의 位次가 세 번째이고, 또 아침밥을 먹을 때가 아니기 때문에 "三日을 먹지 못한다."고 한 것이다.

24) 離艮合體*)故

離卦와 艮卦의 合體이기 때문이다.

*) 역주〕合體：離卦의 初九가 변하여 艮卦가 되었기 때문에 合體라고 한 것이다.

25) 艮爲言

艮이 〈사람에 있어서는〉 言語가 된다.

26) 爲離所焚 故言敗

離(火)에 태워졌기 때문에 '敗'라고 말한 것이다.

27) 離變爲艮 故言有所往 往而見燒 故主人有言 言而見敗 故必讒言

離卦가 변하여 艮卦가 되었기 때문에 '有所往'이라 말하고, 가서 태워짐을 당하기 때문에 '主人의 말이 있다.'고 하고, 말로 인해 敗壞되기 때문에 '반드시 讒言이다'고 한 것이다.

28) 易 離上離下 離 畜牝牛 吉 故言純離爲牛

易에 "上卦도 離이고 下卦도 離인 것이 離卦이다. 암소를 기르는 것이 吉하다."고 하였기 때문에 '純離가 牛이다.'고 말한 것이다.

29) 離焚山則離勝 譬世亂則讒勝 山焚則離獨存 故知名牛也 豎牛非牝牛 故不吉

離(火)가 山을 태우면 離가 勝利하는 것이니, 世上이 어지러우면 讒言이 勝利한다는 것을 비유한 것이다. 山이 불에 타면 離만이 남기 때문에 이름이 牛일 것을 안 것이다. 豎牛는 암소가 아니기 때문에 不吉한 것이다.

30) 역주〕勝將適離 故曰其名曰牛：適을 杜注에는 但으로 해석하였으나, 譯者는 歸로 번역하였다. 離火가 艮山을 태우면 艮이 離에 의해 消滅되어, 도로 離로 돌아간다. 純離가 牛이기 때문에 '其名曰牛'라고 한 것이다.

31) 謙道沖退 故飛不遠翔〔附注〕林曰 謙道主退 故謙而不足 離鳥而謙 故飛不翔遠*)

謙의 道理는 沖退(謙遜)이기 때문에 날아도 멀리 날지 못하는 것이다.

〔부주〕林：謙의 道理는 謙退(謙讓)를 근본으로 삼기 때문에 겸손하여 만족하게 행동하지 않는다. 離가 새가 되어 謙遜하기 때문에 멀리 날지 못하는 것이다.

＊) 역주〕 이 林注는 ≪四庫全書 左傳杜林合注≫本에 보이지 않는다.

32) 峻 高也 翼垂下 故不能廣遠

峻은 높이 드는 것이다. 날개를 늘어뜨렸기 때문에 廣遠하게 날 수 없는 것이다.

33) 不遠翔 故知不遠去

멀리 날 수 없기 때문에 멀리 가지 못할 것을 안 것이다.

34) 旦日 正卿之位 莊叔父子 世爲亞卿 位不足以終盡卦體 蓋引而致之[*)]

旦日은 正卿의 位次인데, 莊叔 父子는 대대로 亞卿이었으니, 地位가 卦體의 뜻에 맞기에는 不足하다. 대체로 위의 말을 이끌어 이렇게 말한 것인 듯하다.

＊) 역주〕 引而致之 : 위의 말들을 이끌어 혼합해 說明했다는 말이다.

35) 역주〕 抑少不終 : 杜氏는 少를 不足으로, 不終을 '旦日 正卿'이란 卦體의 含意와 맞지 않는 것으로 해석하였고, 〈楊注〉에는 "抑은 但이고, 少不終은 穆子가 비록 長壽하겠지만 제명에 죽지는 못한다는 말이다."고 하였다. 譯者는 이 說들을 따르지 않고, "抑은 雖然과 같으니, 비록 아비의 뒤를 이어 亞卿이 되겠지만 壽命으로 죽지는 못할 것이라는 말이다."고 한 ≪左氏會箋≫의 설을 취해 번역하였다.

【傳】 楚子以屈申爲貳於吳라하야 **乃殺之**[1)]하고 **以屈生爲莫敖**[2)]하야 **使與令尹子蕩如晉逆女**하다 **過鄭**할새 **鄭伯勞子蕩于汜〔氾〕**[3)]하고 **勞屈生于菟氏**[4)]하다 **晉侯送女于邢丘**하니 **子產相鄭伯會晉侯于邢丘**[5)]하다

楚子는 屈申이 두마음을 품고 吳나라와 內通한다 하여, 그를 죽이고 屈生을 莫敖로 삼아 令尹 子蕩과 함께 晉나라로 가서 晉女를 맞이해 오게 하였다. 이들이 鄭나라를 지나자, 鄭伯은 氾에서 子蕩을 慰勞하고 菟氏에서 屈生을 慰勞하였다. 晉侯가 邢丘까지 가서 딸을 餞送하니, 子產이 鄭伯을 輔佐해 邢丘로 가서 晉侯와 會合하였다.

1) 造生貳心

두마음을 품었다고 捏造〔造生〕한 것이다.

2) 生 屈建子

屈生은 屈建의 아들이다.

3) 역주〕 저본에는 '汜'로 되어 있으나 ≪十三經注疏≫本에 의거하여 '氾'으로 바로잡았다.

4) 氾菟氏皆鄭地 〔附注〕 林曰 別勞二使者 盡敬也

氾과 菟氏는 모두 鄭나라 땅이다.

〔부주〕 林: 두 使者를 따로 慰勞하여 恭敬을 다한 것이다.

5) 傳言楚强 諸侯畏敬其使

傳文은 楚나라가 强하여, 諸侯가 그 使者를 畏敬(尊敬)한 것을 말한 것이다.

【傳】公如晉[1)]하야 **自郊勞至于贈賄**[2)3)]히 **無失禮**[4)]하니 **晉侯謂女叔齊曰 魯侯不亦善於禮乎**아 **對曰 魯侯焉知禮**릿가 **公曰 何爲**오 **自郊勞至乎贈賄**히 **禮無違者**어늘 **何故不知**오 **對曰 是儀也**니 **不可謂禮**니이다 **禮**는 **所以守其國**하고 **行其政令**하야 **無失其民者也**니이다 **今政令在家**[5)]로되 **不能取也**하고 **有子家羈**로되 **弗能用也**[6)]하고 **奸大國之盟**하야 **陵虐小國**[7)]하고 **利人之難**[8)]하야 **不知其私**[9)]니이다 **公室四分**하야 **民食於他**[10)]하야 **思莫在公**이로되 **不圖其終**[11)12)]하고 **爲國君**하야 **難將及身**이로되 **不恤其所**[13)]니이다 **禮之本末**이 **將於此乎在**[14)15)]어늘 **而屑屑焉習儀以亟**[16)]하니 **言善於禮**가 **不亦遠乎**잇가 **君子謂 叔侯於是乎知禮**[17)]라하니라

昭公이 晉나라에 가서 郊勞에서 贈賄 때까지 禮를 잃음이 없으니, 晉侯가 女叔齊에게 “魯侯가 禮에 뛰어나지 않은가?”라고 하자, 女叔齊가 “魯侯가 어찌 禮를 알겠습니까?” 라고 대답하였다. 晉平公이 “어째서 그리 말하는가? 郊勞에서 贈賄 때까지 禮에 어긋난 것이 없는데, 어째서 禮를 모른다고 하는가?”라고 하니, 女叔齊는 다음과 같이 대답하였다. “이는 儀式이니 禮라고 할 수 없습니다. 禮는 나라를 지키고 政令(政權을 뜻함)을 行하여 백성을 잃지 않는 것입니다. 그런데 지금 魯나라는 政令이 三家의 手中에 있는데도 回收하지 못하고, 子家羈 같은 賢者가 있는데도 登用하지 못하고, 大國과 맺은 盟約을 어기고서 小國을 陵蔑해 虐待하고, 남의 禍難을 자기의 利益으로만 여기고 자기에게 禍亂이 닥칠 줄은 모릅니다. 公室이 넷으로 쪼개져서 백성들은 저들(三家)의 도움으로 衣食함으로 임금을 생각하는 자가 없는데도 魯侯는 앞으로 닥칠 結果〔其終〕를 생각하지 않고, 나라의 임금이 되어 禍難이 몸에 미치려 하는데도 자기의 地位〔其所〕를 걱정하지 않습니다. 禮의 本末이 여기(守國・行政・無失民)에 있는 것인데도, 부지런히 儀式만을 익히기에 급급하니 禮에 뛰어나다는 말이 〈實際와〉 거리가 멀지 않습니까?” 君子는 “女叔齊가 이처럼 禮를 알았다.”고 論評하였다.

1) 卽位而往見

昭公이 卽位한 뒤에 晉나라에 가서 晉侯를 朝見한 것이다.

2) 來有郊勞 去有贈賄

올 때에는 郊勞가 있고, 돌아갈 때에는 贈賄가 있다.

3) 역주〕 自郊勞至于贈賄 : 郊勞는 外國의 임금이나 使臣의 行次가 近郊에 당도하면 主國

의 임금이 卿을 보내어 慰勞하는 것이고, 贈賄는 外國 使節이 돌아갈 때 禮物을 주는 것이다.

4) 揖讓之禮

揖讓의 禮이다.

5) 在大夫

政權이 大夫의 手中에 있다는 말이다.

6) 羈 莊公玄孫懿伯也

子家羈는 莊公의 玄孫 懿伯이다.

7) 謂伐莒取鄆

莒나라를 토벌하여 鄆邑을 取한 것을 이른다.

8) 謂往年莒亂而取鄫

작년에 莒나라가 混亂할 때 鄫을 取한 것을 이른다.

9) 不自知有私難

자기 個人에게 禍難이 생길 것은 모른다는 말이다.

10) 他 謂三家也 言魯君與民無異

他는 三家를 이른다. 魯君의 〈處地가〉 백성과 다름이 없다는 것을 말한 것이다.

11) 無爲公謀終始者〔附注〕林曰 群臣思慮 莫在公家

昭公을 위해 終始를 생각하는 자가 없다는 말이다.

〔부주〕林: 群臣의 생각이 公家에 있지 않다는 말이다.

12) 역주〕不圖其終 : 魯君이 앞으로 닥칠 事態를 생각하지 않는 것이다. 不圖其終은 위의 不知其私와 아래의 不恤其所와 함께 모두 同一句法으로 昭公이 하지 않는 것이다.

13)〔附注〕林曰 不知夏恤其所底止*)

〔부주〕林: 자기가 멈출 곳을 걱정할 줄을 모른다는 말이다.

*) 역주〕不知夏恤其所底止 : 이 林注는 ≪四庫全書 左傳杜林合注≫本에 보이지 않는다. 그리고 夏恤의 夏는 憂의 誤字인 듯하다. 其所는 자기의 地位이다. 〈楊注〉에 "자기의 地位가 위태로워질 것을 걱정하지 않는 것이다."고 하였다.

14) 在恤民與憂國

禮의 本末은 恤民과 憂國에 있다는 말이다.

15) 역주〕將於此乎在 : 禮의 本末은 守國 行政 無失民에 있다는 말이다. 〈楊注〉

16) 言以習儀爲急

儀式을 익히는 것을 急務로 삼는다는 말이다.

17) 時晉侯亦失政 叔齊以此諷諫

이때 晉侯도 政權을 喪失하였기 때문에 女叔齊가 이 말로 넌지시 諫한 것이다.

【傳】 晉韓宣子如楚送女할새 叔向爲介러니 鄭子皮子大叔勞諸索氏[1)]하다 大叔謂叔向曰 楚王汰侈已甚하니 子其戒之하라 叔向曰 汰侈已甚은 身之災也니 焉能及人이리오 若奉吾幣帛에 愼吾威儀하야 守之以信하고 行之以禮하야 敬始而思終이면 終無不復[2)]이오 從而不失儀[3)]하고 敬而不失威하며 道之以訓辭하고 奉之以舊法하며 考之以先王[4)]하고 度之以二國[5)]이면 雖汰侈나 若我何오

晉나라 韓宣子(韓起)가 晉女를 護送해 楚나라로 갈 때 叔向이 介使였는데, 鄭나라 子皮(罕虎)와 子太叔(游吉)이 索氏에서 이들을 慰勞하였다. 太叔이 叔向에게 말하기를 "楚王은 汰侈(驕慢放恣)가 너무 심하니 그대는 그를 警戒하십시오."라고 하니, 叔向이 말하기를 "汰侈가 너무 심한 것은 그 자신의 災難이니 어찌 남에게 미칠 수 있겠습니까? 만약 우리의 幣帛을 바칠 때 우리의 威儀를 삼가서 信義를 지키고, 禮儀를 행하여 시작을 愼重히 하여 좋은 結末〔終〕이 있기를 생각하면 앞으로〔終〕 다시 행할 수 없지 않을 것이고, 順從하되 禮儀를 잃지 않고 恭敬하되 威儀를 잃지 않으며, 先王의 訓辭로 引導하고 舊法으로 받들어 섬기며, 先王의 法을 상고하고 두 나라의 形勢를 헤아려 〈處身한다면〉 저가 비록 汰侈하다 하더라도 우리를 어찌하겠습니까?"라고 하였다.

1) 河南城皐縣東有大索城 〔附注〕 林曰 二子過鄭 故鄭二子迎勞於索氏之地

河南 城皐縣 동쪽에 大索城이 있다.

〔부주〕 林: 두 사람이 鄭나라를 지나기 때문에 鄭나라의 두 사람이 索氏의 땅에서 이들을 맞이해 慰勞한 것이다.

2) 事皆可復行[*)]

일을 모두 다시 행할 수 있다는 말이다.

*) 역주〕 事皆可復行 : 襄公 25년 傳에 "君子之行 思其終也 思其復也(군자의 행동은 그 결과를 생각하고 그 일을 다시 행할 수 있기를 생각한다.)"고 하였다.

3) 從 順也

從은 順이다.

4) 以先王之禮成其好

先王의 禮로써 두 나라 사이의 友好를 이루는 것이다.

5) 度晉楚之勢而行之

晉나라와 楚나라의 형세를 헤아려 行事하는 것이다.

及楚하니 楚子朝其大夫曰 晉은 吾仇敵也니 苟得志焉이면 無恤其他라 今其來者는 上卿上大夫也[1]니 若吾以韓起爲閽[2]하고 而以羊舌肸爲司宮[3]이면 足以辱晉이오 吾亦得志矣니 可乎아 大夫莫對하다 薳啓彊曰 可니이다 苟有其備면 何故不可[4]릿가 恥匹夫에도 不可以無備어든 況恥國乎잇가 是以聖王務行禮요 不求恥人이니이다 朝聘有珪[5]하고 享覜有璋[6][7]하며 小有述職[8]하고 大有巡功[9]하며 設机而不倚하고 爵盈而不飮[10][11]하며 宴有好貨[12][13]하고 飧有陪鼎[14]하며 入有郊勞[15]하고 出有贈賄[16]하니 禮之至也니이다 國家之敗는 失之道也하야 則禍亂興[17][18]이니이다 城濮之役[19]에 晉無楚備하야 以敗於邲[20][21]하고 邲之役에 楚無晉備하야 以敗於鄢[22][23]이니이다 自鄢以來로 晉不失備하고 而加之以禮하며 重之以睦[24][25]이니이다 是以楚弗能報하고 而求親焉이니이다 旣獲姻親이어늘 又欲恥之하야 以召寇讎하시니 備之若何[26]잇가 誰其重此[27][28]릿가 若有其人이면 恥之可也[29]어니와 若其未有면 君亦圖之하소서 晉之事君을 臣曰可矣[30]니이다 求諸侯而麇至[31]하고 求昏而薦女[32]하야 君親送之하고 上卿及上大夫致之어늘 猶欲恥之하시니 君其亦有備矣니이다 不然이면 奈何[33]잇고 韓起之下에 趙成中行吳魏舒范鞅知盈[34]과 羊舌肸之下에 祁午張趯籍談女齊梁丙張骼輔躒苗賁皇은 皆諸侯之選也[35]며 韓襄爲公族大夫하고 韓須受命而使矣[36]며 箕襄邢帶[37]叔禽叔椒子羽[38]는 皆大家也며 韓賦七邑은 皆成縣也[39][40]며 羊舌四族은 皆彊家也[41]니이다 晉人若喪韓起楊肸이면 五卿八大夫[42]가 輔韓須楊石[43]하야 因其十家九縣[44]의 長轂九百[45]과 其餘四十縣의 遺守四千[46]하야 奮其武怒하야 以報其大恥리이다 伯華謀之[47]하고 中行伯魏舒帥之[48]면 其蔑不濟矣리이다 君將以親易怨[49]하시니 實無禮以速寇니이다 而未有其備하야 使群臣往遺之禽하야 以逞君心[50]이면 何不可之有[51]릿가 王曰 不穀之過也니 大夫無辱[52][53]하라하고 厚爲韓子禮하다 王欲敖叔向以其所不知나 而不能[54]하니 亦厚其禮하다

楚나라에 當到하자, 楚子가 그 大夫들을 朝廷으로 불러 말하기를 "晉나라는 나의 怨讎이니, 만약 내가 뜻한 바를 이룰 수만 있다면 다른 것은 돌아보지 않겠다. 지금 晉나라에서 온 자가 上卿과 上大夫이니, 내가 韓起를 閽人(守門人)으로 삼고 羊舌肸을 司宮으로 삼는다면 晉나라에 恥辱을 안겨 주기에 충분하고 나 또한 뜻한 바를 이룰 수 있으니, 그래도 되겠는가?"라고 물으니, 대답하는 大夫가 없었다. 薳啓彊이 말하기를 "그

리하셔도 됩니다. 진실로 그에 대한 對備가 있다면 안 될 게 뭐 있겠습니까? 匹夫에게 恥辱을 안겨 주는 데도 對備가 없을 수 없는데 더구나 한 나라에 恥辱을 안겨 주는 데이겠습니까? 그러므로 聖王은 禮를 行하는 데 힘썼고 남에게 恥辱을 안겨 주기를 追求하지 않았습니다. 朝聘에는 珪가 있고, 享覜에는 璋이 있었으며, 小國은 述職이 있고, 大國은 巡功이 있었으며, 机를 設置하였으되 기대지 않고, 잔에 술이 가득하되 마시지 않았으며, 宴享에는 好貨가 있고, 익힌 음식을 먹을 때는 鼎을 追加하였으며, 들어올 때는 郊勞가 있고, 나갈 때는 贈賄가 있었으니, 禮儀가 지극하였습니다. 國家의 敗亡은 이런 道理를 喪失하여 禍難이 일어나기 때문입니다. 城濮의 戰爭에 〈晉나라가 勝利하였으나,〉 楚나라를 對備하지 않아서 邲에서 敗北하였고, 邲의 戰爭에 〈楚나라가 勝利하였으나,〉 晉나라를 對備하지 않아 鄢陵에서 敗北하였습니다. 鄢陵의 戰爭 이후로 晉나라는 對備를 疎忽히 하지 않았고, 常規 이상의 禮로 楚나라를 待遇하고, 거듭 楚나라에 和睦하게 지내기를 求하였습니다. 그러므로 楚나라는 〈鄢陵의 敗北를〉 報復하지 않고 婚姻을 맺어 親戚이 되기를 要求했던 것입니다. 이미 婚姻하여 親戚이 되었는데, 또 그들에게 恥辱을 안겨 怨讐가 되기를 自招하시니, 저들을 어떻게 防備하실 생각이십니까? 누가 있어 이 일을 擔當〔重〕하겠습니까? 만약 〈晉나라를 對敵할 만한〉 사람이 있다면 恥辱을 안겨 주어도 좋겠습니다만 만약 그런 사람이 없다면 임금님 또한 깊이 생각하소서. 臣은 晉나라가 임금님(楚王)을 잘 섬기고 있다고 생각합니다. 諸侯의 會合을 要求하자 일제히 몰려왔고, 婚姻을 要求하자 딸을 바치면서 晉君이 직접 餞送하고 上卿과 上大夫가 護送해 와서 引繼〔致之〕하였습니다. 그런데도 오히려 저들에게 恥辱을 안겨 주려 하시니, 임금님께서는 아마도 저들에 대한 對備策이 있으신 모양입니다. 만약 對備策이 없으시다면 晉나라의 報復을 어찌 막을 수 있겠습니까? 韓起의 밑에 있는 趙成·中行吳·魏舒·范鞅·知盈과, 羊舌肸 밑에 있는 祁午·張趯·籍談·女齊·梁丙·張骼·輔躒·苗賁皇은 모두 諸侯의 臣下 중에 뛰어난 자들이며, 公族大夫로 있는 韓襄과 命을 받고 出使한 韓須와 箕襄·邢帶·叔禽·叔椒·子羽는 모두 大家이며, 韓氏가 賦稅를 徵收하는 일곱 城邑은 모두 成縣(大縣)이고, 羊舌氏의 네 宗族은 모두 彊家(强盛한 家門)입니다. 晉人이 만약 韓起와 楊肸을 잃는다면 五卿과 八大夫가 韓須와 楊石을 도와, 그 十家가 〈統治하는〉 九縣의 長轂(兵車) 9백 乘과 그 밖의 40縣에 遺守(남아서 지킴)하는 兵車 4천 乘을 이용하여 그 武勇과 憤怒를 떨쳐 큰 恥辱을 報復하려 할 것입니다. 伯華가 計策을 내고 中行伯과 魏舒가 군대를 거느린다면 아마도 成功하지 못함이 없을 것입니다. 그런데도 임금님께서는 親戚을 怨讐로 變〔易〕하게 하려 하시니, 이는 실로 無禮한 行爲로 怨讐를 불러들이는 일입니다. 對備策도 없이 群臣

을 전쟁에 내보내어 저들의 捕虜가 되게 하고도 임금님의 마음이 滿足하시다면 不可할 게 뭐 있겠습니까?"라고 하니, 楚王은 "이는 나의 잘못이니, 大夫는 수고하지 말라."고 하고서, 韓起를 위해 禮物을 厚하게 주었다. 楚王은 叔向이 모르는 일을 물어 그를 嘲弄〔敖〕하려 하였으나, 嘲弄할 수가 없으니, 그에게도 禮物을 厚하게 주었다.

1) 〔附注〕 林曰 今晉所使來送女者 韓起上卿 叔向上大夫也
〔부주〕 林: 지금 晉나라의 使者로 晉女를 護送해 楚나라에 온 韓起는 上卿이고, 叔向은 上大夫라는 말이다.

2) 刖足使守門
刖足하여 문지기를 시킨다는 말이다.

3) 加宮刑
宮刑을 加하는 것이다.

4) 〔附注〕 林曰 苟有待晉之先備 何故不可以辱晉
〔부주〕 林: 진실로 晉나라를 對敵〔待〕할 만한 先備(豫備)가 있다면 晉나라에 恥辱을 끼치는 일이 不可할 게 뭐 있겠느냐는 말이다.

5) 珪以爲信
珪로써 信標를 삼는다.

6) 享 饗也 覜 見也 旣朝聘而享見也 臣爲君使執璋
享은 饗이고 覜는 만나 보는 것이다. 朝見이나 聘問을 마치고서 饗宴에서 서로 만나 보는 것이다. 臣下가 임금을 위해 使臣으로 가면 손에 璋을 잡는다.

7) 역주〕 朝聘有珪 享覜有璋 : 珪와 璋은 玉으로 만든 重要한 器物로 使臣으로 가는 자가 가지고 가서 珪는 訪問國의 임금에게 바치고, 璋은 君夫人에게 바친다. ≪禮記≫ 〈禮器 孔疏〉

8) 諸侯適天子曰述職
諸侯가 天子에게 가는 것을 述職이라 한다.

9) 天子巡守曰巡功
天子가 巡守하는 것을 巡功이라 한다.

10) 言務行禮 〔附注〕 林曰 朝聘之禮 有設机進爵之時 朝禮雖亡 而聘禮有其略也 聘義曰 聘射之禮 至大禮也 質明而始行事 日幾中而後禮成 非强有力者 弗能行也 故設机而不能倚 酒淸人渴而不敢飮 肉敗人饑而不敢食 故爵盈而不飮
禮를 行하는 데 힘썼다는 말이다.
〔부주〕 林: 朝禮와 聘禮에 机를 設置하고 잔을 올릴 때가 있다. 朝禮는 비록 없어졌으나 聘禮는 그 大略이 남아 있다. ≪禮記≫ 〈聘義〉에 "聘禮와 射禮는 지극히 重大한 禮이

다. 날이 새려 할 때 行事를 시작하여 거의 正午가 된 뒤에 禮가 끝나니, 體力이 强한 자가 아니면 行할 수 없다."고 하였다. 그러므로 机를 설치하였으되 기대지 않는다. 술이 싸늘하게 식었으므로 사람이 목이 말라도 감히 마시지 않고, 고기가 썩었으므로 사람이 배가 고파도 감히 먹지 않는다. 그러므로 잔에 술이 가득하되 마시지 않는 것이다.

11) 역주〕 設机而不倚 爵盈而不飮 : 힘쓰는 바가 禮를 行하는 데 있기 때문에 감히 机에 기대지도 않고, 감히 술을 마시지도 않는 것이다. 〈正義〉

12) 宴飮以貨爲好 衣服車馬 在客所無

잔치를 열어 술을 마실 때 財貨로써 友好를 表하는데, 客에게 없는 衣服이나 車馬를 준다.

13) 역주〕 好貨 : 잔치를 열어 賓을 接待할 때 友好를 表하기 위해 賓에게 주는 禮物을 이른다.

14) 熟食爲飱 陪 加也 加鼎所以厚殷勤

익힌 음식을 飱이라 한다. 陪는 追加하는 것이니, 鼎을 追加하는 것은 厚待하여 殷勤(깊은 情)함을 보이기 위함이다.

15) 賓至 逆勞之於郊

賓이 到着하면 郊外에서 그를 迎接하여 慰勞한다.

16) 去則贈之以貨賄

賓이 돌아가면 그에게 財貨를 준다.

17) 失朝聘宴好之道[*)]

朝聘과 宴好의 도리를 잃은 것이다.

*) 역주〕 宴好之道 : 잔치를 열어 賓을 接待할 때 賓에게 禮物을 주어 友好를 表하는 儀式을 이른다.

18) 역주〕 失之道也 : 之道의 之는 此이다. 〈楊注〉

19) 在僖二十八年

城濮의 戰爭은 僖公 28년에 있었다.

20) 在宣十二年 言兵禍始於城濮

邲의 敗戰은 宣公 12년에 있었다. 兵禍가 城濮에서 비롯했음을 말한 것이다.

21) 역주〕 以敗於邲 : 晉軍이 城濮에서 楚軍을 擊破하고서, 드디어 楚나라를 輕視하고 對備하지 않았기 때문에 邲에서 敗戰했다는 말이다. ≪左氏會箋≫

22) 在成十六年

鄢陵의 敗戰은 成公 16년에 있었다.

23) 역주〕 以敗於鄢 : 楚나라가 邲에서 晉軍에 勝利하고서, 晉나라를 輕視하고 對備하지 않았기 때문에 鄢陵에서 敗戰했다는 말이다.

24) 君臣和也

君臣이 和睦한 것이다.

25) 역주〕重之以睦 : 杜氏는 晉君이 거듭 君臣間에 和睦하기를 구한 것으로 解釋하였으나, 譯者는 加之와 重之의 두 '之'를 모두 楚나라의 指示代詞로 보아, 이상과 같이 번역하였다.

26) 言何以爲備

어떻게 防備하겠느냐는 말이다.

27) 言怨重

怨恨이 깊다는 말이다.

28) 역주〕誰其重此 : 兪樾은 '重은 任이다.'고 하였으니, 誰其重此는 곧 誰其任此로 누가 이 責務를 擔當하겠느냐는 말이다. 下文에 '若有其人 恥之可也 若其未有 君亦圖之'가 바로 '誰其重此'를 받아서 한 말이다. 만약 重을 怨重으로 解釋한다면 下文과 貫通하지 않는다. ≪左氏會箋≫

29) 謂有賢人以敵晉 則可恥之

賢人이 있어서 晉나라를 對敵할 수 있다면 晉나라에 恥辱을 안겨 주어도 좋다는 말이다.

30)〔附注〕林曰 晉國服事楚 若以臣言之 其亦可矣

〔부주〕林: 晉나라가 屈伏해 楚나라를 섬기니, 〈晉나라가 楚나라의〉 臣下라고 말해도 좋다는 말이다.

31) 麇 群也〔附注〕林曰 謂四年會申 楚求諸侯 則麇群而至

麇은 群이다.

〔부주〕林: 昭公 4년에 申에서 會合하기 위해, 楚나라가 諸侯에게 會合에 參與하기를 要求하자, 諸侯가 무리 지어 몰려온 것을 이른다.

32) 薦 進也

薦은 進(바침)이다.

33)〔附注〕林曰 苟不如此 其如晉何

〔부주〕林: 만약 그렇지 못하다면 晉나라를 어찌 對敵하겠느냐는 말이다.

34) 五卿位在韓起之下 皆三軍之將佐也 成 趙武之子 吳 荀偃之子

五卿은 地位가 韓起의 아래이니, 모두 三軍의 將佐이다. 趙成은 趙武子의 아들이고 中行吳는 荀偃의 아들이다.

35) 言非凡人

凡常한 사람이 아니라는 말이다.

36) 襄 韓無忌子也 爲公族大夫 須 起之門子 年雖幼 已任出使

韓襄은 韓無忌의 아들로 公族大夫가 되었고, 韓須는 韓起의 아들로 나이는 비록 어리지만 이미 出使의 責務를 맡았다.

37) 二人 韓氏族

두 사람은 韓氏의 族屬이다.

38) 皆韓起庶子

모두 韓起의 庶子이다.

39) 成縣 賦百乘也〔附注〕林曰 韓襄 起之兄子 箕襄邢帶二人 韓氏族 韓須叔禽叔椒子羽四人 皆韓起子 凡七人 人一邑

成縣은 兵車 百乘을 낼 수 있는 縣이다.

〔부주〕林: 韓襄은 韓起의 兄의 아들이고, 箕襄과 邢帶 두 사람은 韓氏의 族屬이고, 韓須·叔禽·叔椒·子羽 네 사람은 다 韓起의 아들이다. 모두 일곱 사람이 한 邑씩을 맡은 것이다.

40) 역주〕皆成縣也 : 襄公 14년 傳에 '成國半天子之軍'의 '成國'을 杜注에 大國이라 하였으니, 그렇다면 成縣도 大縣으로 解釋하는 것이 옳을 것 같으므로 이상과 같이 번역하였다.

41) 四族 銅鞮伯華叔向叔魚叔虎兄弟四人〔附注〕林曰 皆百乘之家也

四族은 銅鞮 伯華와 叔向, 叔魚, 叔虎 兄弟 등 4人을 이른다.

〔부주〕林: 모두 百乘의 大夫家이다.

42) 五卿 趙成以下 八大夫 祁午以下〔附注〕林曰 楊肸卽叔向 本羊舌氏 食菜於楊 故又號楊肸也

五卿은 趙成과 그 이하 네 사람을 이르고, 八大夫는 祁午와 그 이하 일곱 사람을 이른다.

〔부주〕林: 楊肸은 바로 叔向이다. 본래 羊舌氏였는데 楊邑을 采地로 받았기 때문에 楊肸로 불리기도 한다.

43) 石 叔向子食我也

楊石은 叔向의 아들 食我이다.

44) 韓氏七 羊舌氏四 而言十家 擧大數也 羊舌四家共二縣 故但言彊家

韓氏가 일곱이고, 羊舌氏가 넷인데, '十家'라고 한 것은 大數를 들어 말한 것이다. 羊舌氏의 四家는 二縣을 共有하였기 때문에 단지 '彊家'라고만 말한 것이다.

45) 長轂 戎車也 縣百乘

長轂은 戎車이다. 一縣의 戎車가 1백 乘씩이다.

46) 計遺守國者 尙有四千乘

남아서 나라를 지키는 戎車를 計算하면 아직 4천 乘이 있다.

47) 伯華 叔向兄
伯華는 叔向의 兄이다.
48) 伯 中行吳
中行伯은 中行吳이다.
49) 失昏姻之親
婚姻한 親戚 사이에 不和하는 것이다.
50) 〔附注〕 林曰 使楚之群臣往遺晉之禽獲 以逞快楚君之心
〔부주〕 林: 楚나라 群臣이 가서 晉나라를 對敵하다가 捕虜로 잡혀 가더라도 楚君의 마음에 滿足하다면 〈晉나라에 恥辱을 안겨 주는 일을 해도 안 될 것이 없다.〉는 말이다.
51) 〔附注〕 林曰 反說何有不可 言其甚不可也
〔부주〕 林: '무엇이 不可함이 있겠느냐?'고 反語法을 使用한 것은 그것이 매우 不可하다는 것을 말한 것이다.
52) 謝薳啓彊
薳啓彊에게 謝過한 것이다.
53) 역주〕 不穀之過也 大夫無辱 : 辱은 勞이니, 薳啓彊이 諫할 때 반드시 절하고 꿇어앉아 엎드린 뒤에 말하였을 것이다. 그러므로 楚王이 "나의 잘못이니, 大夫는 수고하지 말고 도로 편안히 앉으라."고 한 것이다. ≪左氏會箋≫
54) 言叔向之多知 〔附注〕 朱曰 欲難叔向以不知之事 以爲敖樂 王之所問 叔向無不知者
叔向의 知識이 많음을 말한 것이다.
〔부주〕 朱: 楚王은 叔向이 모르는 일을 問難(따져 묻고 論駁함)하여 그를 嘲弄하며 즐기고자 하였으나, 楚王이 묻는 것에 叔向은 모르는 것이 없었다.

韓起反에 **鄭伯勞諸圉**[1)]한대 **辭不敢見**하니 **禮也**[2)3)]라

韓起가 돌아갈 때 鄭伯이 圉에서 그를 慰勞하려 하자, 韓起는 사양하고 鄭伯을 謁見하지 않았으니, 禮에 맞았다.

1) 圉 鄭地名
圉는 鄭나라 땅의 이름이다.
2) 奉使君命未反故
君命을 받들고 出使하여 〈使命을 完遂하고서 돌아와〉 反命(復命)하기 전이기 때문이다.
3) 역주〕 辭不敢見 禮也 : 臣下로서 임금의 慰勞를 받는 것이 非禮이기 때문이다. ≪左氏會箋≫

【傳】 鄭罕虎如齊하야 娶於子尾氏[1)]하다 晏子驟見之[2)]한대 陳桓子問其故하니 對曰 能用善人하니 民之主也[3)]라

鄭나라 罕虎가 齊나라에 가서 子尾氏의 딸을 아내로 맞이하였다. 晏子가 그를 자주 찾아보자 陳桓子가 그 까닭을 물으니, 晏子는 다음과 같이 대답하였다. "善人을 잘 登用하니 百姓의 主人이기 때문입니다."

1) 自爲逆也

자기를 위해 아내를 맞이한 것이다.

2) 〔附注〕 林曰 數往見子皮

〔부주〕 林: 자주 찾아가서 子皮를 만나 본 것이다.

3) 謂授子產政

子產에게 政權을 넘겨준 것을 이른다.

【傳】 夏에 莒牟夷以牟婁及防茲來奔하다 牟夷非卿而書는 尊地也[1)]라 莒人愬于晉[2)]하니 晉侯欲止公한대 范獻子曰 不可하니이다 人朝而執之는 誘也오 討不以師하고 而誘以成之는 惰也[3)4)]니이다 爲盟主而犯此二者면 無乃不可乎잇가 請歸之하고 閒〔間〕[5)]而以師討焉[6)]하소서 乃歸公[7)]하다 秋七月에 公至自晉하다

여름에 莒나라의 牟夷가 牟婁 및 防邑과 茲邑을 가지고 魯나라로 도망해 왔다. 牟夷가 卿이 아닌데도 經에 그 이름을 기록한 것은 땅을 重視한 것이다. 莒人이 이 일을 晉나라에 告訴하니, 晉侯는 魯昭公을 抑留하려 하였다. 그러자 范獻子가 말하기를 "옳지 않습니다. 남이 朝見하기 위해 왔는데 그를 잡는 것은 誘引이고, 討伐하는 데 군대를 使用하지 않고 誘引하여 目的을 達成하는 것은 怠慢입니다. 盟主가 되어 이 두 가지를 犯한다면 不可하지 않습니까? 그를 돌려보내시고 餘暇가 있을 때 군대를 거느리고 가서 討伐하소서."라고 하니, 晉侯는 이에 昭公을 돌려보냈다. 가을 7월에 昭公이 晉나라에서 돌아왔다.

1) 尊 重也 重地 故書以名 其人終爲不義

尊은 重이다. 땅을 重視했기 때문에 이름을 기록한 것이다. 그 사람은 끝내 不義를 행한 사람이 되었다.

2) 愬魯受牟夷

魯나라가 牟夷를 接收한 것을 告訴한 것이다.

3) 〔附注〕 林曰 因人來朝而執之 是誘人而執之也

〔부주〕林: 사람이 朝見하기 위해 온 機會를 이용해 그 사람을 잡는 것은 바로 사람을 오도록 誘引하여 잡는 것과 같다는 말이다.

4) 역주〕惰也 : 惰는 군대를 사용해 不義의 나라를 討伐하는 일에 怠慢하다는 말이다. 〈楊注〉

5) 역주〕저본에는 '閒'으로 되어 있으나 ≪十三經注疏≫本에 依據하여 '間'으로 바로잡았다.

6) 間 暇也

間은 餘暇이다.

7) 역주〕乃歸公 : 經에 依據하면 昭公이 晉나라에 간 것은 봄에 있었고, 牟夷가 莒나라를 背叛하고 魯나라로 도망해 오고, 魯나라가 그를 받아들인 것은 여름에 있었다. 이때 昭公이 晉나라에 있었으니 牟夷를 받아들인 것은 三家이다. 〈楊注〉

【傳】 莒人來討[1)]호되 **不設備**어늘 **戊辰**에 **叔弓敗諸**蚡**泉**하니 莒**未陳也**[2)3)]라

莒人이 와서 魯나라를 討伐하되 防備를 設置하지 않자, 戊辰日에 叔弓이 莒人을 蚡泉에서 敗北시켰으니, 이는 莒人이 陳을 치지 않았기 때문이다.

1) 討受牟夷

牟夷를 받아들인 것을 〈罪로 삼아 魯나라를〉 討伐한 것이다.

2) 嫌君臣異故重發例

君臣의 例가 다른 것으로 의심할까 憂慮했기 때문에 거듭 例를 드러낸 것이다.

3) 역주〕莒人來討……莒未陳也 : 莊公 11년 傳에 "凡師 敵未陳曰敗某師(모든 戰爭에 敵이 陳을 치기 전에 攻擊해 敗北시키는 것을 '아무 군대를 패배시켰다.'고 한다.)"고 한 것이 이와 同一한 例이다.

【傳】 **冬十月**에 **楚子以諸侯及東夷伐吳**하야 **以報棘**櫟**麻之役**[1)]하다 **薳射**(석)**以繁揚之師**하야 **會於夏汭**[2)]하고 **越大夫常壽過帥師會楚子于**瑣[3)]하다 **聞吳師出**하고 **薳啓彊帥師從之**[4)]호되 **遽不設備**하니 **吳人敗諸鵲岸**[5)]하다 **楚子以馹至於羅汭**[6)]하다

겨울 10월에 楚子가 諸侯 및 東夷의 군대를 거느리고 가서 吳人이 棘·櫟·麻에 쳐들어왔던 戰爭을 報復하려 하였다. 薳射은 繁揚의 군대를 거느리고 가서 夏汭에서 楚子와 會合하고, 越나라 大夫 常壽過는 군대를 거느리고 가서 瑣에서 楚子와 會合하였다. 吳軍이 出動했다는 말을 듣고 薳啓彊이 군대를 거느리고 追擊하되, 급한 나머지 미처 防備를 設置하지 않으니, 吳人이 薳啓彊의 군대를 鵲岸에서 敗北시켰다. 楚子가 馹

車를 타고 羅汭에 當到하였다.

1) 役在四年

　이 戰爭은 昭公 4년에 있었다.

2) 會楚子〔附注〕林曰 薳射 楚大夫

　楚子와 會合한 것이다.

　〔부주〕林: 薳射은 楚나라 大夫이다.

3) 瑣 楚地

　瑣는 楚나라 땅이다.

4) 從吳師也

　吳軍을 追擊한 것이다.

5) 廬江舒縣有鵲尾渚〔附注〕林曰 忽遽不設戰守之備

　廬江 舒縣에 鵲尾渚가 있다.

　〔부주〕林: 갑작스럽고 급하여 戰守의 防備를 設置하지 않은 것이다.

6) 馹傳也羅水名

　馹은 傳(驛站)이고, 羅는 水名이다.

吳子使其弟蹶由犒師[1)]하니 楚人執之하야 將以釁鼓[2)]하다 王使問焉曰 女卜來吉乎아 對曰 吉하니이다 寡君聞君將治兵於敝邑하고 卜之以守龜曰[3)] 余亟使人犒師하고 請行[4)]하야 以觀王怒之疾徐하야 而爲之備하노니 尙克知之[5)]하노라 龜兆告吉曰 克可知也[6)]라하니이다 君若驩焉好逆使臣하야 滋敝邑休怠[7)8)]하야 而忘其死[9)]면 亡無日矣리이다 今君奮焉震電馮怒[10)11)]하야 虐執使臣하야 將以釁鼓하시니 則吳知所備矣리이다 敝邑雖羸이나 若早修完[12)]이면 其可以息師[13)]니 難易有備[14)]면 可謂吉矣이니이다 且吳社稷是卜이오 豈爲一人이릿가 使臣獲釁軍鼓하야 而敝邑知備하야 以禦不虞면 其爲吉孰大焉이릿가 國之守龜는 其何事不卜[15)16)]이릿가 一臧一否니 其誰能常之릿가 城濮之兆는 其報在邲[17)]하니 今此行也도 其庸有報志[18)19)]릿가 乃弗殺하다

吳子가 그 아우 蹶由를 보내어 楚軍을 犒饋하니, 楚人이 그를 잡아 釁鼓하려 하였다. 楚王이 蹶由에게 사람을 보내어 "네가 이곳에 오는 것을 占치니 吉하였느냐?"고 물으니, 蹶由가 대답하기를 "吉하였습니다. 우리 임금님은 楚王께서 우리나라에 武力을 行使하려 한다는 말을 듣고서 守龜로 占을 치며 守龜에게 命하기를 '내가 급히 사람을 보내 楚軍을 犒饋하며 師期를 묻고, 楚王의 憤怒가 크냐 작으냐를 살피고 돌아오게 하여,

그에 相應한 對備策을 세우려 하니 吉凶을 알려 주기 바란다.'고 하니, 龜甲이 吉兆를 알려 '勝利할 것을 알 수 있다.'고 하였습니다. 楚王께서 만약 즐거운 마음으로 使臣을 반갑게 맞으시어, 우리나라 사람들을 懈惰하게 만들어 死亡의 危險을 忘却하게 한다면 우리 吳나라는 오래지 않아 滅亡할 것입니다. 그런데 지금 王께서는 크게 怒하시어 모질게 使臣을 잡아 釁鼓하려 하시니, 吳나라는 對備할 바를 알 것입니다. 우리나라가 비록 弱하지만 早期에 城郭을 修繕하고 武器를 完備한다면 楚軍을 막을 수 있으니, 患難이 있을 때나 泰平할 때를 막론하고 모두 對備하게 된다면 〈臣이 이곳에 온 것이〉 吉하다고 할 수 있습니다. 그리고 또 吳나라가 占을 친 것은 國家의 吉凶을 占친 것이지, 어찌 한 個人의 吉凶을 점친 것이겠습니까? 가령 臣의 피가 軍鼓에 칠해져서 우리나라가 對備할 바를 알아 意外의 事態를 막을 수 있다면 이보다 큰 吉이 어디 있겠습니까? 國家의 守龜는 무슨 일인들 그 吉凶을 豫測〔卜〕하지 못하겠습니까? 그러나 한번 吉하면 한번 凶한 것이니 누가 그 吉이 항상 한 가지 일에만 있다고 할 수 있겠습니까? 城濮의 戰爭 때 楚나라 占의 吉兆는 그 應驗〔報〕이 邲의 戰爭에 드러났으니, 이번에 臣이 올 때 얻은 吉占도 그 應驗이 우리나라가 뜻을 얻는 것으로 드러나지 않겠습니까?"라고 하니, 楚王은 그를 죽이지 않았다.

1) 犒勞
 군대에게 음식을 주어 慰勞하는 것이다.
2)〔附注〕林曰 楚人將殺蹶由 以血塗釁軍鼓
 〔부주〕林: 楚人이 蹶由를 죽여 피를 받아 軍鼓에 바르려 한 것이다.
3) 역주〕守龜 : 天子나 諸侯가 점칠 때 사용하는 龜甲인데, 龜人이 맡아 지키기 때문에 '守龜'라 한다.
4) 역주〕請行 : 師期(出兵時期)를 묻는 것이다. ≪左氏會箋≫
5) 言吳令龜如此
 吳王이 龜甲에 이와 같이 命하였다는 말이다.
6)〔附注〕林曰 灼龜而得吉兆 言其事必可豫知 卜龜之辭止此
 〔부주〕林: 龜甲을 불에 구어 吉兆를 얻은 것이다. 그 일을 반드시 미리 알 수 있다는 말이니, 卜龜(龜兆에 나타난 占辭인 듯함)의 말이 여기에서 끝났다.
7) 休 解也〔附注〕林曰 君若加以驩好迎接使臣 則吳必以爲楚怒不疾 是滋益其休解危殆*)
 休는 解(게으름)이다.
 〔부주〕林: 楚君이 만약 즐거운 마음으로 使臣을 迎接한다면 吳人은 반드시 楚王의 憤怒가 크지 않다고 여길 것이니, 이것이 바로 吳人의 懈怠를 增加시켜 危殆롭게 하는 것

이라는 말이다.

*) 역주〕林注와 아래 9)의 林注는≪四庫全書 左傳杜林合注≫本에 보이지 않는다.

8) 역주〕滋敝邑休怠 : 滋는 使의 뜻으로 쓰인 듯하다. 隱公 11년 傳의 '無滋他族實偪處此'의 '滋'가 '使'의 訓으로 쓰인 例가 있다.

9)〔附注〕林曰 忘其死亡之禍

〔부주〕林: 吳人이 死亡의 禍難을 忘却하는 것이다.

10) 馮 盛也

馮은 盛이다.

11) 역주〕震電 : 번개와 천둥으로 君王의 激怒를 이른다.

12) 完器備

器備(器具)를 완전히 갖추는 것이다.

13) 息楚之師〔附注〕林曰 其可禦楚 息止其師

楚나라 군대를 막는 것이다.

〔부주〕林: 楚軍을 防禦하여 그 군대를 沮止할 수 있다는 말이다.

14)〔附注〕林曰 度事勢之難易 而有其備

〔부주〕林: 事勢의 難易를 헤아려 그에 대한 防備를 한다는 말이다.

15) 言常卜

항상 占을 친다는 말이다.

16) 역주〕何事不卜 : 무슨 일이든지 豫測할 수 있다는 말인 듯하다.

17) 城濮戰 楚卜吉 其效乃在邲〔附注〕林曰 僖二十八年 楚與晉戰城濮 卜得吉兆而師敗 其報效乃在於邲 戰邲 在宣十二年

城濮의 戰爭 때 楚나라의 占이 吉하였으나, 그 效驗이 邲의 戰爭에 나타났다.

〔부주〕林: 僖公 28년에 楚나라가 晉나라와 城濮에서 戰爭할 때 점을 쳐서 吉한 占卦를 얻었으나 敗戰하였고, 그 報應의 效驗이 邲의 戰爭에서 드러났다는 말이다. 邲의 戰爭은 宣公 12년에 있었다.

18) 言吳有報楚意

吳나라는 楚나라에 報復할 뜻이 있다는 말이다.

19) 역주〕今此行也 其庸有報志 : 이번에 使臣으로 나오는 것의 吉凶을 점쳐 吉한 占卦를 얻었으나, 내가 만약 必殺되는 不吉을 당한다면 그 占의 應驗이 楚나라에 報復하여 吳나라가 뜻을 얻는 것으로 드러날 것이라는 말인 듯하다. 〈楊注〉에 "其庸은 反詰副詞로 '豈'이다. 豈有報志는 使者로 오는 것의 吉凶을 점쳐 비록 길한 占卦를 얻었으나, 내가 被殺된다면 그 吉한 占의 應驗이 楚나라와 戰爭하여 勝利하는 것으로 드러날 것이라는 말이다."고 하였다.

楚師濟於羅汭하니 **沈尹赤會楚子**하야 **次於萊山**하다 **薳射帥繁揚之師**하야 **先入南懷**하니 **楚師從之**하야 **及汝淸**[1]이나 **吳不可入**[2]하다 **楚子遂觀兵於坻箕之山**[3]하다

楚軍이 羅汭에서 渡河하니, 沈尹 赤이 楚子와 會合하여 萊山에 駐屯하였다. 薳射이 繁揚의 군대를 거느리고 먼저 南懷로 進入하니 楚軍이 그 뒤를 따라 汝淸까지 갔으나, 吳軍의 防備가 있어 더 進入할 수 없었다. 楚子는 드디어 坻箕山에서 군대를 査閱하여 兵力을 誇示하였다.

1) 南懷汝淸 皆楚界
南懷와 汝淸은 모두 楚나라와 吳나라의 境界에 있는 땅이다.
2) 有備
吳나라에 防備가 있기 때문이다.
3) 觀 示也
觀은 보임이다.

是行也에 **吳早設備**르새 **楚無功而還**하야 **以蹶由歸**하다 **楚子懼吳**하야 **使沈尹射待命于巢**하고 **薳啓彊待命于雩婁**하니 **禮也**[1]라

이번 出征에 吳나라가 일찍 防備를 設置하였으므로 楚軍은 功을 세우지 못하고 還軍하면서 蹶由를 데리고 돌아왔다. 楚子는 吳軍이 보복할 것을 憂慮하여 沈尹 射에게 巢에서 命을 기다리게 하고, 薳啓彊에게 雩婁에서 命을 기다리게 하였으니, 禮에 맞았다.

1) 善有備〔附注〕林曰 楚靈王懼吳人報復 乃使沈尹射居巢邑 以待吳師奔命 又使薳啓彊居雩婁 以待吳師奔命 知難有備 得守國之禮
미리 防備한 것을 훌륭하게 여겨 〈禮에 맞았다고 한 것이다.〉
〔부주〕林: 楚靈王은 吳軍이 報復할 것을 두려워하여 沈尹 射으로 하여금 巢邑에 駐屯〔居〕하여 吳軍이 出動하기를 기다려 奔命(出戰)하게 하고, 또 薳啓彊으로 하여금 雩婁에 駐屯하여 吳軍이 出動하기를 기다려 奔命하게 한 것이다. 外難이 있을 것을 알고서 防備를 두었으니 나라를 지키는 禮를 얻은 것이다.

【傳】 秦后子復歸於秦[1]하니 **景公卒故也**[2]라

秦나라 后子가 秦나라로 復歸하였으니, 이는 秦景公이 卒하였기 때문이다.

1) 元年奔晉

昭公 元年에 晉나라로 出奔하였다.

2) 終五稔之言

5년이란 말이 들어맞았다. 〈昭公 元年 傳에 '5년을 넘기지 못하는 경우가 드물다.'고 한 后子의 말을 이름〉

〈六年, 乙丑 B.C.536〉

【經】 六年春王正月에 杞伯益姑卒[1)]하다

6년 봄 周王 正月에 杞伯 益姑가 卒하였다.

1) 再同盟

魯나라와 두 차례 同盟하였다.

【經】 葬秦景公하다

秦景公을 葬事 지냈다.

【經】 夏 季孫宿如晉하다

여름에 季孫宿이 晉나라에 갔다.

【經】 葬杞文公[1)]하다

杞文公을 葬事 지냈다.

1) 無傳

傳이 없다.

【經】 宋華合比出奔衛[1)]하다

宋나라 華合比가 衛나라로 出奔하였다.

1) 合比事君不以道 自取奔亡 書名罪之

合比는 임금을 道理로써 섬기지 않아, 도망가는 禍를 自招하였다. 이름을 기록한 것은 罪를 그에게 돌린 것이다.

【經】 秋九月에 **大雩**하다

가을 9월에 雩祭를 지냈다.

【經】 楚薳罷帥師伐吳하다

楚나라 薳罷가 군대를 거느리고 가서 吳나라를 討伐하였다.

【經】 冬에 **叔弓如楚**하다

겨울에 叔弓이 楚나라에 갔다.

【經】 齊侯伐北燕하다

齊侯가 北燕을 토벌하였다.

【傳】 六年春王正月에 **杞文公卒**하다 **弔如同盟**하니 **禮也**[1)]라

6년 봄 周王 正月에 杞文公이 卒하였다. 弔喪하기를 同盟國의 喪에 弔喪하는 것과 同一하게 하였으니, 禮에 맞았다.

1) 魯怨杞因晉取其田[*)] 而今不廢喪紀 故禮之

魯나라는 杞나라가 晉나라에 의지해 그 땅(魯나라가 전에 奪取했던 杞나라의 땅)을 取한 것을 怨望하였으나, 지금 喪紀(喪禮)를 폐기하지 않았기 때문에 禮에 맞았다고 한 것이다.

*) 역주〕取其田 : 襄公 29년 傳에 자세히 보인다.

【傳】 大夫如秦하야 **葬景公**하니 **禮也**[1)]라

大夫가 秦나라에 가서 秦景公을 葬事 지냈으니 禮에 맞았다.

1) 合先王士弔大夫送葬之禮[*)]

士가 弔喪하고 大夫가 送葬하는 先王의 禮에 맞았다는 말이다.

*) 역주〕士弔大夫送葬之禮 : 士가 弔喪하고 大夫가 送葬하는 禮는 昭公 3년 傳에 자세히 보인다.

【傳】 三月에 鄭人鑄刑書[1)]하다 叔向使詒子產書[2)]曰 始吾有虞於子[3)4)]러니 今則已矣[5)]로다 昔先王議事以制[6)]하고 不爲刑辟[7)]하니 懼民之有爭心也[8)9)]라 猶不可禁禦라 是故閑之以義[10)11)]하고 糾之以政[12)13)]하고 行之以禮하고 守之以信[14)]하고 奉之以仁[15)]하며 制爲祿位하야 以勸其從[16)]하고 嚴斷刑罰하야 以威其淫[17)18)]이로되 懼其未也라 故誨之以忠하고 聳之以行[19)20)]하고 敎之以務[21)22)]하고 使之以和[23)]하고 臨之以敬하고 涖之以彊[24)25)]하고 斷之以剛[26)]이라 猶求聖哲之上과 明察之官[27)28)]과 忠信之長과 慈惠之師[29)]하니 民於是乎可任使也하야 而不生禍亂이라 民知有辟[30)]이면 則不忌於上[31)32)]하고 竝有爭心하야 以徵於書하야 而徼幸以成之[33)]리니 弗可爲矣[34)]리라 夏有亂政에 而作禹刑하고 商有亂政에 而作湯刑[35)]하고 周有亂政에 而作九刑[36)]하니 三辟之興은 皆叔世也[37)]라 今吾子相鄭國하야 作封洫[38)]하고 立謗政[39)]하고 制參辟하고 鑄刑書[40)]하야 將以靖民하니 不亦難乎아 詩曰 儀式刑文王之德하야 日靖四方[41)]이라하고 又曰 儀刑文王이면 萬邦作孚[42)]라하니 如是면 何辟之有[43)]리오 民知爭端矣[44)]면 將棄禮而徵於書[45)46)]하야 錐刀之末을 將盡爭之[47)]하야 亂獄滋豐하고 賄賂竝行하야 終子之世면 鄭其敗乎[48)]ㄴ저 肹聞之컨대 國將亡에 必多制[49)]라하니 其此之謂乎ㄴ저

3월에 鄭人이 刑書(刑法의 條文)를 鑄造하니, 叔向이 子產에게 사람을 보내어 다음과 같은 편지를 주었다. "처음에는 내가 그대에게 希望이 있었으나, 이제는 다 끝났습니다. 옛날에 先王은 事情의 輕重을 헤아려 罪를 判斷하였고, 미리 刑法을 制定하지 않았으니, 이는 백성들이 爭心을 갖게 될 것을 두려워했기 때문입니다. 〈이렇게 하는 것만으로는〉 오히려 犯罪를 막을 수 없기 때문에 道義를 가르쳐 犯罪를 防止하고, 政令을 세워 犯罪를 단속〔糾〕하고, 이(道義와 政令)를 禮에 맞게 施行하고 이를 誠實하게 지키고, 仁慈한 마음으로 백성을 길렀으며, 俸祿과 爵位의 制度를 制定하여 順從하는 자를 勸勉하고, 刑罰로써 嚴斷하여 放縱하는 자를 威脅하였으되, 백성들이 따르지 않을까 두려워하였습니다. 그러므로 忠誠을 가르치고, 善行을 勸奬하고, 각자의 業務를 가르치고, 和悅한 마음으로 부리고, 공경으로 백성을 대하고, 힘을 다해 일을 처리하고, 果敢〔剛〕하게 判決〔斷〕하였습니다. 그러고도 오히려 聖哲(才德이 뛰어난 사람)한 卿〔上〕과 明察한 官員과 忠信한 鄉長과 慈惠로운 스승을 구하여 〈백성을 다스리고 가르치게 하니〉, 백성들이 이에 믿고 부릴 만하게 되어 禍亂이 생기지 않았습니다. 백성들이 刑

法이 있는 줄을 알면 윗사람을 두려워하지 않고 모두 爭訟하려는 마음이 생겨 刑書에서 證據를 찾아 僥倖히 成功하기를 바랄 것이니, 이렇게 된다면 나라를 다스릴 수 없습니다. 夏나라 때 政令을 어지럽히는 자가 있자, 禹刑을 지었고, 商나라 때 政令을 어지럽히는 자가 있자 湯刑을 지었고, 周나라 때 政令을 어지럽히는 자가 있자 九刑(周代의 刑書)을 지었으니, 세 刑法이 생긴 것은 모두 末世였습니다. 그런데 지금 그대는 鄭나라 國政을 輔佐하면서 境界를 標示하는 두둑을 쌓고, 灌漑하는 水路를 내게 하며, 誹謗을 받을 政治를 하고, 세 法을 制定하고 刑書를 鑄造하여 백성을 安靜시키려 하니, 어렵지 않겠습니까? ≪詩經≫에 '文王의 德을 본받아 날마다 사방을 安靜시켰다.'고 하였고, 또 '文王을 본받으면 萬邦이 믿고 복종한다.'고 하였으니, 이와 같다면 法을 制定할 필요가 뭐 있겠습니까? 백성이 爭端(刑書)을 알게 되면 장차 禮를 버리고 刑書에서 證據를 끌어다가, 작은 利益도 버리지 않고 다 爭訟하려 할 것이므로 어지러운 獄事가 많아지고 賂物이 널리 流行하여, 그대가 죽을 때쯤이면 鄭나라는 아마도 敗亡하게 될 것입니다. 내가 듣건대 '나라가 亡하려면 반드시 法制가 많아진다.'고 하니, 이 말은 아마도 지금 우리 鄭나라의 경우를 이른 듯합니다."

1) 鑄刑書於鼎 以爲國之常法
   刑書를 鼎에 새겨 鑄造하여 國家의 常法으로 삼은 것이다.
2) 詒 遺也
   詒는 遺(줌)이다.
3) 虞 度也 言準度子産以爲己法
   虞는 度이니, 子産이 準度(準則)를 세워 자기의 法度로 삼고자 했다는 말이다.
4) 역주〕 有虞於子 : 虞는 望이라고 한 〈楊注〉를 取해 '希望'으로 번역하였다.
5) 已 止也
   已는 止이다.
6) 역주〕 昔先王議事以制 : 議는 儀로 읽어야 한다. 儀는 度(헤아림)이고 制는 斷이니, 事情의 輕重을 헤아려 그 罪를 判斷(判決)한다는 말이다. 〈楊注〉
7) 역주〕 不爲刑辟 : 辟은 法이니, 刑辟은 바로 刑律이다. 〈楊注〉
8) 臨事制刑 不豫設法也 法豫設 則民知爭端
   事件이 發生하면 〈그 罪의 輕重을 헤아려〉 刑을 判斷하였고, 미리 法을 세우지 않았다. 法을 미리 세우면 백성들이 〈적용될 법을〉 미리 알아서, 爭端을 일으킨다는 말이다.
9) 역주〕 懼民之有爭心也 : 爭心은 法을 자기에게 有利한 쪽으로 解釋하여 爭訟하려는 마음을 이른다.
10) 閑 防也

閑은 防이다.

11) 역주〕 閑之以義 : 백성들에게 道義를 가르치어 犯罪를 防止하였다는 말이다.

12) 糾 擧也

糾는 擧(檢擧)이다.

13) 역주〕 糾之以政 : 制度와 禁令을 세워 犯罪를 단속하였다는 말이다. 〈楊注〉에 "≪周禮≫ 〈大司寇〉에 '以五刑糾萬民'의 糾에는 約束의 뜻이 있다."고 한 賈公彦의 疏를 紹介하였다.

14) 역주〕 行之以禮 守之以信 : 行之와 守之의 두 '之'字는 위의 道義와 政令을 指示한 代詞로 쓰인 듯하다.

15) 奉 養也

奉은 養(기름)이다.

16) 勸從敎

가르침을 따르도록 勸한 것이다.

17) 淫 放也

淫은 放縱이다.

18) 역주〕 以威其淫 : 嚴格하게 判決하여 放縱하는 자를 威脅한 것이다. 〈楊注〉

19) 聳 懼也 〔附注〕 林曰 以善惡之行 示之聳懼

聳은 두려움이다.

〔부주〕 林: 善한 일을 했느냐 惡한 일을 했느냐에 따라 勸奬(聳)과 두려움을 보였다는 말이다.

20) 역주〕 聳之以行 : 聳은 ≪左氏會箋≫·〈楊注〉 등의 說을 취해 勸奬으로 번역하였다.

21) 時所急

務는 현재 눈앞에 닥친 급한 일이다.

22) 역주〕 敎之以務 : 務는 백성이 각자 행할 業務를 이른다.

23) 說以使民

〈强壓이 아닌〉 和悅한 마음으로 백성을 부렸다는 말이다.

24) 施之於事*) 爲涖

일에 施行하는 것을 '涖'라 한다.

*) 역주〕 施之於事 : 之가 무엇을 指示한 것인지 모르겠다.

25) 역주〕 臨之以敬 涖之以彊 : 臨之以敬은 항상 공경하는 마음으로 아랫사람을 대하라는 말이고, 涖之以彊은 努力(强力)해 그 일을 處理〔涖〕해야 한다는 말이다.

26) 義斷恩 〔附注〕 朱曰 恐其柔而不決 故斷之以剛果

大義로써 사사로운 恩情을 斷絶하는 것이다. 〈法에 따라 公正하게 判決하고 私情을 두

지 않음〉

〔부주〕 朱: 法官이 柔順하여 果敢하게 判決하지 못할까 두려웠기 때문에 果敢(剛果)하게 判決(斷)하게 한 것이다.

27) 上 公王也 官 卿大夫也

上은 王公이고, 官은 卿大夫이다.

28) 역주〕 猶求聖哲之上 明察之官 : 上은 執政하는 卿을 이르고, 官은 事務를 主管하는 官員을 이른다. 〈楊注〉

29) 〔附注〕 林曰 郡邑之長 民物之師

〔부주〕 林: 長은 郡邑의 長이고, 師는 人民〔民物〕의 스승이다.

30) 〔附注〕 林曰 民知有制刑之定法

〔부주〕 林: 백성들이 刑을 判決하는 定해진 法이 있는 줄을 아는 것이다.

31) 權移於法 故民不畏上

權限이 法으로 옮겨 가기 때문에 백성들이 윗사람을 두려워하지 않는 것이다.

32) 역주〕 不忌於上 : 刑律을 알 수 없고 刑威(刑罰)를 豫測할 수 없으면 백성은 윗사람을 두려워한다. 그러나 지금 法을 만들어 刑을 定하여 鼎에 새겨 백성에게 보여, 백성들로 하여금 '윗사람이 감히 法을 넘어 자기에게 罪를 줄 수도 없고, 法을 굽혀 자기에게 恩惠를 베풀 수도 없다.'는 것을 알게 한다면 權限이 法으로 옮겨 가기 때문에 백성들이 윗사람을 두려워하지 않는다는 말이다. 〈正義〉

33) 因危文以生爭 緣徼幸以成其巧僞 〔附注〕 林曰 皆因危文以起爭端 以徵驗於刑書

危文(의심스러운 法條文)으로 인해 〈윗사람과〉 爭訟하려는 마음이 생겨, 자기의 간교한 거짓말이 요행히 成功하기를 바란다는 말이다.

〔부주〕 林: 危文으로 인해 爭端(분쟁의 실마리)을 일으켜 刑書에서 證據를 끌어댄다는 말이다.

34) 爲 治也

爲는 治이다.

35) 夏商之亂 著禹湯之法 言不能議事以制

夏나라와 商나라가 어지럽자, 夏禹와 商湯이 法을 지었다는 것은 事情을 헤아려 罪를 判決하고, 미리 法을 制定하지 않은 것을 말한 것이다.

36) 周之衰亦爲刑書 謂之九刑

周나라가 衰하자, 역시 刑書를 制定하였다는 것은 九刑을 이른다.

37) 言刑書不起於始盛之世

刑書가 初期의 興盛한 時代에 생겨난 것이 아니라는 말이다.

38) 在襄三十年

子産이 두둑과 水路를 만들게 한 일은 襄公 30년 傳에 보인다.

39) 作丘賦 在四年

作丘賦는 昭公 4년 傳에 보인다.

40) 制參辟 謂用三代之末法

制參辟은 三代의 末法(法制禁令)을 采用한 것을 이른다.

41) 詩頌 言文王以德爲儀式 故能日有安靖四方之功 刑 法也

詩는 ≪詩經≫ 〈周頌 我將篇〉의 詩句이다. 文王의 德을 본받기 때문에 날마다 사방을 安靜시키는 功(成果)이 있다는 말이다. 刑은 法이다.

42) 詩大雅 言文王作儀法 爲天下所信 孚 信也

詩는 ≪詩經≫ 〈大雅 文王篇〉의 詩句이다. 文王을 본보기로 삼으면 天下의 信任을 받는다는 말이다. 孚는 信이다.

43) 言詩唯以德與信 不以刑也

詩에는 오직 德과 信만을 使用하고 刑을 사용하지 않은 것을 말하였다.

44) 역주〕 爭端 : 〈楊注〉에 "爭端은 刑書를 가리킨다."고 하였다. ≪漢語辭典≫에 의하면 爭端은 爭訟에 根據로 삼는 法條文이다.

45) 以刑書爲徵

刑書를 證據로 삼는 것이다.

46) 역주〕 徵於書 : 刑書를 證據로 끌어다가 爭論하는 것이다. 〈楊注〉

47) 錐刀末 喩小事

송곳의 끝은 작은 일(이익)을 비유한 것이다.

48) 〔附注〕 林曰 紛亂獄訟滋益豐盛 或以賄賂文致人罪 或以賄賂幸脫刑辟 是賄賂竝行也*)

〔부주〕 林: 어지러운 獄訟이 더욱 많아져서 賂物을 받고 法을 마음대로 適用하여 사람을 罪에 얽어 넣기도 하고, 賂物을 써서 요행으로 刑罰을 면하기도 하는 것이 바로 賂物이 널리 流行하는 것이다.

*) 역주〕 紛亂獄訟……是賄賂竝行也 : 文致는 法條文을 歪曲하여 사람을 罪에 얽어 넣는 것이다. ≪四庫全書 左傳杜林合注≫本의 林注에는 '是賄賂竝行也'라는 句가 없다.

49) 數改法

자주 法을 고치는 것이다.

復書曰 若吾子之言[1)]이어니와 **僑不才**하야 **不能及子孫**하니 **吾以救世也**[2)]라 **旣不承命**이어니와 **敢忘大惠**[3)]아

子産의 答信은 다음과 같다. "그대의 말씀과 같습니다만 나는 才能이 없어서 子孫까

지 생각할 수 없으니 나는 이 法으로 當世를 救濟하려는 것입니다. 命을 받들 수는 없습니다만 큰 恩惠야 어찌 감히 잊겠습니까?"

1) 復 報也〔附注〕林曰 誠如叔向之言
復는 答書이다.
〔부주〕林: 진실로 叔向의 말과 같다는 말이다.

2)〔附注〕朱曰 不能爲後世慮 姑以救當世耳
〔부주〕朱: 後世를 위해 생각할 수 없으니, 우선 이 法으로 當世를 구제하려는 것뿐이라는 말이다.

3) 以見箴戒爲惠
箴戒를 보여준 것을 恩惠로 여긴 것이다.

士文伯曰 火見이면 **鄭其火乎**[1]ㄴ저 **火未出**에 **而作火以鑄刑器**[2]하야 **藏爭辟焉**[3]하니 **火如象之**면 **不火何爲**[4)5)]리오

士文伯이 말하기를 "火星이 나타나면 鄭나라에 아마도 火災가 發生할 것이다. 火星이 나오기도 전에 불을 사용해 刑器를 鑄造하여 罪를 論爭하는 法을 貯藏하였으니, 火星이 만약 불을 象徵하는 것이라면 火災가 發生하지 않고 어쩌겠는가?"라고 하였다.

1) 火 心星也 周五月昏見
火는 心星을 이르는데, 周正 5월 初昏에 나타난다.

2) 刑器 鼎也
刑器는 鼎을 이른다.

3)〔附注〕林曰 藏爭罪之法也
〔부주〕林: 罪를 論爭하는 法을 鼎에 貯藏하였다는 말이다.

4) 象 類也 同氣相求 火未出而用火 相感而致災
象은 類이다. 같은 氣類는 서로 感應한다. 火星이 나오기 전에 불을 사용하였으니 서로 感應하여 火災가 이를 것이라는 말이다.

5) 역주〕不火何爲 : 火星이 불을 象徵하는 것이라면 火星이 出現할 때에 미쳐 반드시 火災가 發生할 것이라는 말이다. ≪左氏會箋≫

【傳】夏에 **季孫宿如晉**하니 **拜莒田也**[1]라 **晉侯享之**할새 **有加籩**[2]하니 **武子退**[3]하야 **使行人告曰 小國之事大國也**에 **苟免於討**면 **不敢求貺**[4]이오 **得貺不過三獻**[5]이어늘

今豆有加하니 **下臣弗堪**이니이다 **無乃戾也**[6)7)]잇가 **韓宣子曰 寡君以爲驩也**[8)]라 **對曰 寡君猶未敢**[9)]이온 **況下臣**은 **君之隸也**니 **敢聞加貺**이릿가 **固請徹加而後卒事**하니 **晉人以爲知禮**라하야 **重其好貨**[10)]하다

여름에 季孫宿이 晉나라에 갔으니, 이는 魯나라가 莒나라의 땅을 接受한 것을 晉나라가 討伐하지 않은 데 대해 拜謝하기 위함이었다. 晉侯가 宴會를 열어 季孫宿을 접대할 때 籩豆를 追加하니, 武子(季孫宿)는 宴席에서 물러 나와 行人을 보내어 晉侯에게 "小國이 大國을 섬김에 있어 討伐을 免하면 〈다행이니〉 감히 下賜〔貺〕를 구할 수 없고, 下賜를 받는다 하더라도 三獻의 禮를 超過할 수 없습니다. 그런데 지금 籩豆를 追加하였으니, 下臣은 堪當할 수 없습니다. 〈만약 이 禮를 받아들인다면〉 罪가 되지 않겠습니까?"라고 告하게 하였다. 韓宣子(韓起)가 말하기를 "우리 임금님께서는 이로써 驩心을 傳하는 것이오."라고 하니, 武子는 "우리 임금님께서도 오히려 감히 받아들일 수 없는 禮인데, 더구나 下臣은 우리 임금님의 奴隸이니, 어찌 감히 이 追加로 下賜하시는 禮를 받아들일 수 있겠습니까?"라고 대답하고서, 굳이 청하여 追加한 籩豆를 撤去하게 한 뒤에 들어가서 享宴을 마치니, 晉人은 武子가 禮를 안다고 여겨, 그에게 好貨를 厚〔重〕하게 주었다.

1) 謝前年受牟夷邑不見討

前年에 牟夷가 가지고 온 邑을 接受하였으나, 晉나라가 討伐하지 않은 것에 대해 感謝를 표한 것이다.

2) 籩豆之數 多於常禮

籩豆의 數가 常禮(規定된 禮)보다 많은 것이다.

3) 〔附注〕 林曰 退 不堪受享

〔부주〕 林: 물러나온 것은 受享(諸侯가 賓客을 接待하는 禮)을 堪當할 수 없기 때문이다.

4) 貺 賜也

貺은 줌이다.

5) 周禮 大夫三獻

≪周禮≫에 大夫는 三獻이라고 하였다.

6) 懼以不堪爲罪

堪當하지 못하는 것을 罪로 삼을까 두렵다는 말이다.

7) 역주〕 今豆有加……無乃戾也 : 지금 籩豆를 追加하였으니, 내가 堪當할 수 있는 禮가 아니다. 만약 이 追加한 禮를 堪當한다면 나의 罪가 될까 두렵다는 말이고, 堪當하지 못하

는 것을 罪로 삼을까 두렵다는 말이 아니다. ≪左氏會箋≫의 說을 取해 번역하였다.

8) 以加禮致驩心

〈籩豆를〉 追加하는 禮로 驩心을 傳〔致〕한다는 말이다.

9) 未敢當此加也

追加하는 이 禮를 堪當할 수 없다는 말이다.

10) 宴好[*])之貨

宴好의 財貨이다.

*) 역주〕 宴好 : 宴會에서 友好를 表하기 위해 賓에게 주는 禮物이다.

【傳】 宋寺人柳有寵[1])하다 大子佐惡之하니 華合比曰 我殺之[2])하리라 柳聞之하고 乃坎用牲埋書[3])하고 而告公曰 合比將納亡人之族[4])하야 旣盟于北郭矣니이다 公使視之하니 有焉이라 遂逐華合比하니 合比奔衛하다 於是華亥欲代右師[5])하야 乃與寺人柳比하야 從爲之徵曰 聞之久矣[6])라하니 公使代之[7])하다 見於左師[8])한대 左師曰 女는 夫也니 必亡[9])하리라 女喪而宗室[10])하니 於人何有며 人亦於女何有[11])리오 詩曰 宗子維城이니 毋俾城壞하야 毋獨斯畏[12])[13])하라하니 女其畏哉[14])ㄴ저

宋나라 寺人 柳가 寵愛를 받았다. 太子 佐가 그를 미워하니, 華合比가 太子에게 "내가 그를 죽이겠습니다."고 하였다. 柳는 이 말을 듣고 곧 〈郊外로 나가〉 구덩이를 파고 犧牲을 죽이고 載書(盟約書)를 묻어 〈結盟한 痕迹을 僞造해 놓고 돌아와서〉 宋平公에게 "合比가 亡人의 族屬을 불러들이고자 하여 이미 北郭에서 結盟하였습니다."고 告하였다. 宋平公이 사람을 보내어 살피게 하니 과연 그 痕迹이 있었다. 드디어 華合比를 逐出하니 合比는 衛나라로 出奔하였다. 이때 華亥(合比의 아우)가 兄 대신 右師가 되고자 하여, 寺人 柳와 結託〔比〕하여 그를 따라 〈平公 앞에 가서〉 그를 위해 證言〔徵〕하기를 "亡人을 불러들이고자 한다는 말을 들은 지 오래입니다."고 하니, 宋平公은 그에게 대신 右師가 되게 하였다. 華亥가 左師(向戌)를 찾아가 뵙자, 左師가 말하기를 "너는 鄙陋한 사내이니, 반드시 滅亡할 것이다. 너는 너의 宗室(宗子)을 망쳤으니 남에게 무슨 愛情이 있겠으며, 남 또한 너에게 무슨 愛情이 있겠는가? ≪詩經≫에 '宗子는 城郭이니 城郭이 허물어지게 하지 말아 외톨이가 되어 두려움이 닥치게 하지 말라.'고 하였으니, 너는 아마도 두려운 일이 닥칠 것이다."고 하였다.

1) 有寵於平公

宋平公에게 寵愛를 받은 것이다.

2) 欲以求媚大子

그를 죽임으로써 太子에게 잘 보이기를 구하고자 한 것이다.

3) 詐爲盟處

結盟한 곳을 僞造한 것이다.

4) 亡人 華臣也 襄十七年奔衛〔陳〕*)

亡人은 華臣이다. 襄公 17년에 陳나라로 出奔하였다.

*) 역주〕 저본에는 '衛'로 되어 있으나 襄公 17년 經에 依據하여 '陳'으로 바로잡았다.

5) 亥 合比弟 欲得合比處

華亥는 合比의 아우이다. 合比의 자리를 얻고자 한 것이다.

6) 聞合比欲納華臣

合比가 華臣을 받아들이고자 한다는 말을 들었다는 말이다.

7) 代合比爲右師

合比를 대신해 右師가 된 것이다.

8) 左師 向戌

左師는 向戌이다.

9) 夫謂華亥〔附注〕林曰 言華亥賤丈夫也 必有滅亡之禍

夫는 華亥를 이른다.

〔부주〕 林: 華亥는 賤丈夫(貪慾스럽고 鄙陋한 사내)이니 반드시 滅亡의 禍가 있을 것이라는 말이다.

10) 역주〕 宗室 : 宗室은 宗子라는 말과 같다. 〈楊注〉

11) 言人亦不能愛女〔附注〕林曰 言合比與汝同宗 汝忍喪而亡之 所厚者薄 無所不薄 宜〔且〕何有於他人 出乎爾者 反乎爾者也〈故〉人亦不能有愛於汝 而汝也*)

사람들도 너를 사랑하지 않을 것이라는 말이다.

〔부주〕 林: 合比는 너와 同宗인데도 너는 殘忍하게 그를 망쳐 도망가게 하였다. 厚하게 대할 사람을 薄하게 대하였으니 薄하게 대하지 않을 사람이 없을 것이니, 또 남에게 무슨 愛情이 있겠는가? 너에게서 나온 것이 너에게로 돌아갈 것이다. 그러므로 사람들도 너에게 愛情을 두지 않을 것이라는 말이다.

*) 역주〕 所厚者薄……而汝也 : ≪四庫全書 左傳杜林合注≫本에는 '宜'가 '且'로 되어 있으며, '反乎爾者也' 밑에 '故'가 있다. 그러므로 이상과 같이 補充하여 번역하였다.

12) 詩大雅 言宗子之固若城 俾 使也

詩는 ≪詩經≫ 〈大雅 板篇〉의 詩句이다. 宗子의 堅固함이 城과 같다는 말이다. 俾는 使(하여금)이다.

13) 역주〕 宗子維城……毋獨斯畏 : 宗子는 一族을 지키는 城郭이니, 만약 이 城郭이 무너

진다면 너는 외톨이가 될 것이고, 네가 외톨이가 되면 반드시 두려운 일이 생긴다는 말이다. ≪左氏會箋≫

14) 爲二十年華亥出奔傳

昭公 20년에 華亥의 出奔을 기록한 傳의 배경이다.

【傳】 六月丙戌에 **鄭災**[1)]하다

6월 丙戌日에 鄭나라에 火災가 發生하였다.

1) 終士文伯之言

끝내 士文伯의 말대로 되었다.

【傳】 楚公子棄疾如晉하니 **報韓子也**[1)]라 **過鄭**할새 **鄭罕虎公孫僑游吉從鄭伯**하야 **以勞諸柤**한대 **辭不敢見**[2)]하다 **固請**하니 **見之**하다 **見如見王**[3)]하야 **以其乘馬八匹私面**[4)5)]하고 **見子皮如上卿**[6)]하야 **以馬六匹**하고 **見子產以馬四匹**하고 **見子大叔以馬二匹**[7)]하다 **禁芻牧采樵**하야 **不入田**[8)]하며 **不樵樹**하며 **不采蓺**[9)]하며 **不抽屋**하며 **不强匄**[10)]하라하고 **誓曰 有犯命者**면 **君子廢**하고 **小人降**[11)]이라하다 **舍不爲暴**하니 **主不慁賓**[12)]하다 **往來如是**하니 **鄭三卿皆知其將爲王也**[13)]하다

楚나라 公子 棄疾이 晉나라에 갔으니, 이는 韓子(韓起)가 晉女를 護送해 楚나라에 갔던 것에 대해 報答하기 위함이었다. 棄疾이 鄭나라를 지날 때 鄭나라 罕虎(子皮)・公孫 僑(子產)・游吉(子太叔)이 鄭伯을 따라가서 柤(사)에서 棄疾을 慰勞하려 하자, 棄疾은 감히 만나 뵐 수 없다고 사양하였다. 鄭伯이 굳이 청하니 그제야 棄疾은 鄭伯을 만나 보았는데, 鄭伯을 뵐 때는 楚王을 뵐 때처럼 恭敬하고서 자기의 乘馬 여덟 匹을 私面(個人資格으로 謁見함)의 禮物로 올리고, 子皮를 만나 볼 때는 楚나라의 上卿을 만날 때처럼 공경하고서 말 여섯 匹을 禮物로 주고, 子產을 만나 볼 때는 말 네 匹을 禮物로 주고, 子太叔을 만나 볼 때는 말 두 匹을 禮物로 주었다. 그리고서 棄疾은 隨行員들에게, 꼴을 베거나 放牧하거나 땔나무를 採取하는 것을 禁止하여, 田地에 들어가지 못하게 하고, 나무를 베지 못하게 하고, 菜蔬나 과일을 取하지 못하게 하고, 家屋의 나무를 뽑지 못하게 하고, 사람들에게 물건을 强要하지 못하게 하고서, 盟誓하기를 "命을 犯하는 자가 있으면 君子(官職이 있는 자)는 罷職〔廢〕하고, 小人(雜役에 從事하는 下賤)은 降等시킬 것이다."고 하였다. 그러므로 〈楚人이 鄭나라에〉 머무는 동안 亂暴한

行動을 하지 않으니 主人도 賓客을 걱정하지 않았다. 갈 때나 돌아올 때 모두 이와 같이 하니, 鄭나라의 세 卿은 모두 棄疾이 장차 楚王이 될 것을 알았다.

1) 報前年送女
　前年에 晉女를 護送해 〈楚나라에 간 것을〉 報答한 것이다.
2) 不敢當國君之勞 柤 鄭地
　감히 國君의 慰勞를 받을 수 없기 때문이다. 柤는 鄭나라 땅이다.
3) 見鄭伯如見楚王 言棄疾共而有禮
　鄭伯을 謁見할 때 楚王을 謁見할 때처럼 한 것이니, 棄疾이 恭遜하고 禮가 있었다는 것을 말한 것이다.
4) 私見鄭伯
　個人의 資格으로 鄭伯을 謁見한 것이다.
5) 역주] 私面 : 私面은 使臣이 公人의 資格이 아닌 個人資格으로 相對國의 임금을 만나 보는 것이다.
6) 如見楚卿
　楚나라의 卿을 만날 때처럼 〈공경했다는 말이다.〉
7) 降殺以兩
　禮는 위로부터 내려오면서 둘씩 줄어든다.
8) 不犯田種
　田地의 穀物을 侵犯하지 않는 것이다.
9) 蓺 種也〔附注〕林曰 不伐嘉樹爲樵 不采蓺種爲芻
　蓺는 種(播種해 기르는 菜蔬)이다.
　〔부주〕林: 좋은 나무를 베어 땔감으로 삼지 못하게 하고, 田地에 심은 菜蔬나 곡식 싹을 베어 말먹이로 삼지 못하게 한 것이다.
10)〔附注〕林曰 不抽屋宇爲害 匄 乞也 不强乞取於人
　〔부주〕林: 屋宇(家屋)의 〈기둥이나 서까래를〉 뽑아 〈家屋을〉 해치지 않는 것이다. 匄는 乞(要求)이니, 남에게 强要해 取하는 것이다.
11) 君子則廢黜不得居位 小人則退給下劇也
　君子인 경우에는 廢黜(罷職해 내침)하여 職位에 있지 못하게 하고, 小人인 경우에는 현재의 役에서 退出하여 〈더 낮은〉 下賤의 고된 役를 준다는 말이다.
12) 慁 患也〔附注〕林曰 其所舍止不爲暴虐 主人不以賓客爲患
　慁은 患이다.
　〔부주〕林: 楚人이 머물러 있는 곳에서 暴虐한 짓을 하지 않기 때문에 主人도 賓客을

걱정하지 않는다는 말이다.

13) 三卿 罕虎公孫僑游吉

세 卿은 罕虎, 公孫 僑, 游吉이다.

韓宣子之適楚也에 **楚人弗逆**[1]하다 **公子棄疾及晉竟**에 **晉侯將亦弗逆**하니 **叔向曰 楚辟我衷**[2]하니 **若何效辟**이릿가 **詩曰 爾之教矣**면 **民胥效矣**[3]라하니이다 **從我而已**니 **焉用效人之辟**[4]이릿가 **書曰 聖作則**[5]이라하니 **無寧以善人爲則**[6][7]이언정 **而則人之辟乎**잇가 **匹夫爲善**이라도 **民猶則之**온 **況國君乎**잇가 **晉侯說**하야 **乃逆之**[8]하다

韓宣子(韓起)가 楚나라에 갔을 때 楚人이 迎接하지 않았다. 公子 棄疾이 晉나라 國境에 당도했을 때 晉侯 또한 그를 迎接하려 하지 않으니, 叔向이 말하기를 "楚나라는 正直하지 않은 나라이고 우리는 正直한 나라이니, 무엇 때문에 正直하지 못한 나라의 行爲를 본받으려 하십니까? ≪詩經≫에 '네가 가르치면 백성들이 모두〔胥〕 본받는다.'고 하였으니, 우리의 法에 따라 행할 뿐입니다. 남의 바르지 못한 行爲를 본받을 게 뭐 있습니까? ≪書經≫에 '聖人을 法(본보기)으로 삼는다.'고 하였으니, 차라리 善人을 본보기로 삼을지언정 남의 不正을 본보기로 삼아서야 되겠습니까? 평범한 사내가 善을 行하여도 백성들은 오히려 본받는데, 하물며 國君이겠습니까?"라고 하니, 晉侯는 기뻐하여 棄疾을 迎接하였다.

1)〔附注〕林曰 前年如楚致女 楚不使人至境迎之

〔부주〕林: 前年에 晉女를 護送해 楚나라에 갔을 적에 楚王은 사람을 國境까지 보내어 迎接하지 않았다.

2) 辟 邪也 衷 正也

辟은 邪(不正)이고 衷은 正이다.

3) 詩小雅 言上教下效

詩는 ≪詩經≫ 〈小雅 角弓篇〉의 詩句이다. 윗사람이 가르치면 아랫사람은 본받는다는 말이다.

4)〔附注〕林曰 從我中正之法而已 安用效學他人之邪僻

〔부주〕林: 우리의 中正한 法을 따를 뿐이지, 어찌 다른 사람의 邪辟을 배울 필요가 있느냐는 말이다.

5) 逸書 則 法也

逸書이다 則은 法이다.

6) 無寧 寧也

無寧은 寧(차라리)이다.

7) 역주〕 無寧 : 無寧의 無는 語首助詞로 뜻이 없다. 〈楊注〉

8) 傳言叔向知禮

傳文은 叔向이 禮를 안 것을 말한 것이다.

【傳】 **秋九月**에 **大雩**하니 **旱也**라

가을 9월에 雩祭를 擧行하였으니, 가물었기 때문이다.

【傳】 **徐儀楚聘于楚**[1]에 **楚子執之**하니 **逃歸**하다 **懼其叛也**하야 **使薳洩伐徐**[2]하니 **吳人救之**하다 **令尹子蕩帥師伐吳**하야 **師于豫章**하고 **而次于乾谿**[3]러니 **吳人敗其師於房鍾**[4]하야 **獲宮廐尹棄疾**[5]하다 **子蕩歸罪於薳洩而殺之**[6]하다

徐나라 儀楚가 楚나라에 聘問使로 가자, 楚子가 그를 잡으려 하니 도망해 돌아갔다. 楚子는 徐國이 背叛할 것을 憂慮하여 薳洩을 보내어 徐國을 討伐하게 하니, 吳人이 徐國을 救援하였다. 令尹 子蕩이 군대를 거느리고 吳나라를 討伐하기 위해 豫章에서 出師〔師〕하여 乾谿에 駐屯하였는데, 吳人이 子蕩의 군대를 房鍾에서 敗北시키고서 宮廐尹 棄疾을 사로잡았다. 子蕩은 〈敗戰의〉 罪를 薳洩에게 돌려 薳洩을 죽였다.

1) 儀楚 徐大夫

儀楚는 徐나라 大夫이다.

2) 薳洩 楚大夫

薳洩은 楚나라 大夫이다.

3) 乾谿 在譙國城父縣南 楚東竟

乾谿는 譙國 城父縣 남쪽에 있으니, 楚나라의 동쪽 國境이다.

4) 房鍾 吳地

房鍾은 吳나라 땅이다.

5) 鬪韋龜之父 〔附注〕 林曰 非公子棄疾也

棄疾은 鬪韋龜의 아버지이다.

〔부주〕 林: 公子 棄疾이 아니다.

6) 歸罪於薳洩 不以敗告 故不書

〈敗戰의〉 罪를 薳洩에게 돌린 것이다. 敗戰한 것을 魯나라에 通告하지 않았기 때문에 ≪春秋≫에 기록하지 않은 것이다.

【傳】冬에 叔弓如楚聘하고 且弔敗也[1)]하다

겨울에 叔弓이 楚나라에 가서 聘問하고, 또 吳나라에 敗北한 것을 慰問하였다.

1) 弔爲吳所敗
吳나라에 敗北한 것을 慰問한 것이다.

【傳】十一月에 齊侯如晉하니 請伐北燕也[1)]라 士匄相士鞅하야 逆諸河하니 禮也[2)]라 晉侯許之[3)]하니 十二月에 齊侯遂伐北燕하야 將納簡公[4)]하다 晏子曰 不入[5)]하리라 燕有君矣니 民不貳[6)]리라 吾君賄어늘 左右諂諛[7)]로다 作大事不以信은 未嘗可也[8)]니라

11월에 齊侯가 晉나라에 갔으니, 이는 北燕을 討伐하는 일에 許諾을 請하기 위함이었다. 士匄가 士鞅을 輔佐해 가서 齊侯를 河水 가에서 맞이하였으니 禮에 맞았다. 晉侯가 그 請을 허락하니, 12월에 齊侯는 드디어 北燕을 토벌하여 簡公을 〈北燕으로〉 들여보내려 하였다. 晏子가 말하기를 "들여보내지 못할 것이다. 北燕에는 임금이 있으니 백성들이 그 임금을 背叛〔貳〕하지 않을 것이다. 우리 임금은 재물을 탐하는데도 左右는 그저 아첨만 할 뿐이다. 큰일을 하는데 信義를 지키지 않는 자는 일찍이 可(성공을 뜻함)한 적이 없었다."고 하였다.

1) 告盟主
盟主에게 告한 것이다.

2) 士匄 晉大夫 相爲介 得敬逆來者之禮〔附注〕林曰 士匄卽士文伯 與士鞅之父范宣子同姓名
士匄는 晉나라 大夫이다. 相은 介(副使)이다. 오는 자를 맞이하는 禮에 맞았다는 말이다.
〔부주〕林: 士匄는 바로 士文伯이니, 士鞅의 아버지 范宣子와 姓名이 같다.

3)〔附注〕林曰 許伐北燕
〔부주〕林: 北燕을 討伐하도록 許諾한 것이다.

4) 簡公 北燕伯 三年出奔齊
簡公은 北燕伯이다. 昭公 3년에 齊나라로 出奔하였다.

5)〔附注〕林曰 北燕簡公不國〔得〕入得〔國〕[*)]
〔부주〕林: 北燕簡公이 北燕國으로 들어갈 수 없을 것이라는 말이다.

*) 역주〕저본에는 '不國入得'으로 되어 있으나 ≪四庫全書 左傳杜林合注≫本에 의거하여

'不得入國'으로 바로잡았다.

6)〔附注〕林曰 北燕別立有君 民無內(납)叛之心*)

〔부주〕林: 北燕이 따로 임금을 세웠으니, 백성들이 나라를 배반하고 도망간 임금을 받아들일〔內叛〕마음이 없을 것이라는 말이다.

*) 역주〕이 林注와 아래 7)의 林注는 ≪四庫全書 左傳杜林合注≫本에 보이지 않는다.

7)〔附注〕林曰 齊君又有好賄之心 左右皆讒諂面諛之人

〔부주〕林: 齊君은 財物을 좋아하는 마음이 있고, 左右는 모두 참소와 아첨을 잘하여 面前에서나 잘 보이려는 사람들뿐이라는 말이다.

8) 爲明年暨齊平傳

明年에 北燕이 齊나라와 和平한 傳의 배경이다.

〈七年, 丙寅 B.C.535〉

【經】七年春王正月에 暨齊平[1)]하다

7년 봄 周王 正月에 齊나라와 和平하였다.

1) 暨 與也 燕與齊平 前年冬 齊伐燕 間無異事 故不重言燕 從可知〔附注〕林曰 平不書 必關天下之大故而後書 是故昭定而下 春秋多罪齊 書伐衛 遂伐晉 同圍齊 襲莒 暨齊平 盟于鹹 次于伍氏 皆特筆也 夫子曰 齊景公有馬千駟 死之日 民無得而稱焉 蓋不予齊也

暨는 與이다. 燕나라가 齊나라와 和平한 것이다. 前年 겨울에 齊나라가 燕나라를 討伐한 뒤로 中間에 다른 일이 없었기 때문에 省略하고 거듭 燕나라를 말하지 않은 것이니, 이에 의거해 北燕이 齊나라와 和平했다는 것을 알 수 있다.

〔부주〕林: 和平한 것을 經에 기록하지 않았다. 반드시 天下에 관계된 大事인 뒤에야 經에 기록한다. 그러므로 昭公・定公 이하로는 ≪春秋≫에 齊나라에 罪를 돌린 곳이 많다. '齊侯가 衛나라를 치고서 드디어 晉나라를 쳤다(襄公 23)', '魯襄公이 諸侯와 함께 齊나라를 包圍하였다(襄公 18)', '齊侯가 莒나라를 襲擊하였다(襄公 23)', '北燕이 齊나라와 和平하였다(昭公 7)', '齊侯가 鄭伯과 鹹에서 結盟하였다(定公 7)', '齊侯가 衛侯와 함께 伍氏에 駐屯하였다(定公 9)'고 기록한 것들은 모두 特筆(특별히 기록함)이다. 夫子(孔子)께서 "齊景公이 말 4천 匹을 所有하였으나, 그가 죽는 날에 백성 중에 그를 德이 있다고 稱頌하는 이가 없었다.(論語 季氏)"고 하셨으니, 齊侯를 許與하지 않으신 것이다.

【經】三月 公如楚하다

3월에 昭公이 楚나라에 갔다.

【經】 叔孫婼如齊涖盟[1)]하다

叔孫婼가 齊나라에 가서 會盟에 參加하였다.

1) 無傳 公將遠適楚 故叔孫如齊尋舊好

傳이 없다. 昭公이 멀리 楚나라에 가려 하였기 때문에 叔孫婼가 齊나라에 가서 옛 友好를 重修한 것이다.

【經】 夏四月甲辰朔에 **日有食之**하다

여름 4월 초하루 甲辰日에 日食이 있었다.

【經】 秋八月戊辰에 **衛侯惡卒**[1)]하다

가을 8월 戊辰日에 衛侯 惡이 卒하였다.

1) 元年 大夫盟于虢

昭公 元年에 衛나라 大夫가 魯나라 大夫와 虢에서 同盟하였다.

【經】 九月에 **公至自楚**하다

9월에 昭公이 楚나라에서 돌아왔다.

【經】 冬十有一月癸未에 **季孫宿卒**하다

겨울 11월 癸未日에 季孫宿이 卒하였다.

【經】 十有二月癸亥에 **葬衛襄公**하다

12월 癸亥日에 衛襄公을 葬事 지냈다.

【傳】 七年春王正月에 **暨齊平**하니 **齊求之也**[1)]라 **癸巳**에 **齊侯次于虢**[2)]이러니 **燕人行成曰**[3)] **敝邑知罪**니 **敢不聽命**가 **先君之敝器**로 **請以謝罪**[4)]하노라 **公孫晳曰 受服**

而退라가 **俟釁而動**이 **可也**[5]라 **二月戊午**에 **盟于濡上**[6]하다 **燕人歸燕姬**[7]하고 **賂以瑤甕玉櫝斝耳**하니 **不克而還**[8]하다

經에 "7년 봄 周王 正月에 〈北燕이〉 齊나라와 和平하였다고 하였으니, 이는 齊나라가 和平을 요구한 것이다. 癸巳日에 齊侯가 虒에 駐屯하자, 燕人이 和親을 要請하며 말하기를 "우리나라는 罪를 알고 있으니 감히 命을 따르지 않겠습니까? 先君의 敝器로써 謝罪하기를 청합니다."고 하니, 公孫 晳이 〈齊侯에게〉 말하기를 "저들의 降服을 받아들여 退軍하였다가 機會를 기다려 다시 出動하는 것이 좋겠습니다."고 하였다. 2월 戊午日에 濡水 가에서 結盟하였다. 燕人이 燕姬를 〈齊侯에게〉 시집보내고, 瑤甕·玉櫝·斝耳를 賂物로 바쳤다. 〈그러므로 簡公을 들여보내려던 계획을〉 이루지 못하고 돌아왔다.

1) 齊伐燕 燕人賂之 反從求平 如晏子言

齊나라가 燕나라를 치니 燕人이 齊侯에게 賂物을 주었다. 그러자 齊侯는 도리어 燕人에게 和平을 요구하였으니, 晏子의 말(들여보내지 못할 것이라고 한 말)처럼 되었다.

2) 虒 燕竟

虒은 燕나라 境內에 있는 땅이다.

3) 역주〕 行成 : 和親을 요구하는 것이다.

4) 敝器 瑤甕玉櫝之屬

敝器는 옥항아리, 玉으로 만든 櫝 따위이다.

5) 晳 齊大夫

晳은 齊나라 大夫이다.

6) 濡水出高陽縣東北 至河間鄚縣入易水

濡水는 高陽縣 東北에서 發源하여 河間 鄚縣에 이르러 易水로 流入한다.

7) 嫁女與齊侯

딸을 齊侯에게 시집보낸 것이다.

8) 瑤 玉也 櫝 匵也 斝耳 玉爵〔附注〕林曰 不克納簡公而歸

瑤는 玉이고, 櫝은 匵이고 斝耳는 玉爵이다.

〔부주〕 林: 簡公을 들여보내지 못하고 돌아온 것이다.

【傳】 楚子之爲令尹也에 **爲王旌以田**[1]하니 **芋尹無宇斷之**[2]**曰 一國兩君**이면 **其誰堪之**리오 **及卽位**하야 **爲章華之宮**하야 **納亡人以實之**[3]하다 **無宇之閽入焉**[4]하니 **無宇執之**한대 **有司弗與**[5]**曰 執人於王宮**은 **其罪大矣**라하고 **執而謁諸王**[6]하다 **王將飮**

酒[7]라 無宇辭曰 天子經略[8]하고 諸侯正封[9][10]이 古之制也니이다 封略之內가 何非君土며 食土之毛가 誰非君民[11][12]이릿가 故詩曰 普天之下가 莫非王土며 率土之濱이 莫非王臣[13]이라하니이다 天有十日[14]하고 人有十等[15]하니 下所以事上이오 上所以共神也[16][17]니이다 故王臣公하고 公臣大夫하고 大夫臣士하고 士臣皁하고 皁臣輿하고 輿臣隸하고 隸臣僚하고 僚臣僕하고 僕臣臺[18]하며 馬有圉하고 牛有牧[19]하야 以待百事[20]니이다 今有司曰 女胡執人於王宮가하니 將焉執之[21]릿가 周文王之法曰 有亡荒閱[22]이라하니 所以得天下也오 吾先君文王[23]이 作僕區之法[24]하야 曰 盜所隱器[25]는 與盜同罪라하니 所以封汝也[26]니이다 若從有司면 是無所執逃臣也오 逃而舍之면 是無陪臺也[27]니 王事無乃闕乎잇가 昔武王數紂之罪하야 以告諸侯曰 紂爲天下逋逃主하야 萃淵藪[28][29]라하니이다 故夫致死焉[30]이니이다 君王始求諸侯而則紂하시니 無乃不可乎잇가 若以二文之法取之면 盜有所在矣[31][32]리이다 王曰 取而臣以往[33]하라 盜有寵하니 未可得也[34]라하고 遂赦之[35]하다

楚子가 令尹으로 있을 때 王의 旌旗를 만들어 사냥에 사용하니, 芋尹 無宇가 그 旌의 깃발을 잘라내며 말하기를 "한 나라에 두 임금이 있다면 그 누가 감당할 수 있겠는가?"라고 하였다. 楚子가 卽位함에 미쳐 章華宮을 지어 罪를 짓고 逃亡한 자들을 받아들여 살게 하였다. 無宇의 閽人이 逃亡하여 그곳으로 들어가니 無宇가 가서 그 閽人을 잡아오려 하자, 有司(章華宮을 管理하는 官員)가 내어 주지 않으며 "王宮에서 사람을 잡으려는 것은 그 罪가 크다."고 하고서 無宇를 잡아가지고 가서 楚王을 謁見하였다. 楚王은 이때 〈기분이 좋아〉 술을 마시려던 참이었다. 無宇가 말하기를 "天子는 天下를 다스리고, 諸侯는 封地를 다스리는 것이 예로부터 내려오는 制度이니, 封地 안이 어느 곳인들 임금님의 땅이 아니며, 土地에서 生産되는 穀物을 먹고 사는 자들이 누군들 임금님의 臣下가 아니겠습니까? 그러므로 ≪詩經≫에 '온 하늘 아래가 王의 土地가 아님이 없고, 온 海內에 살고 있는 백성들이 王의 臣下가 아님이 없다.'고 하였습니다. 하늘에는 열흘의 날짜(甲日에서 癸日까지)가 있고, 사람에는 열 等級의 位階가 있어, 낮은 사람은 높은 이를 섬기고 높은 사람은 神을 섬깁니다. 그러므로 王은 公을 臣下로 삼고, 公은 大夫를, 大夫는 士를, 士는 皁를, 皁는 輿를, 輿는 隸를, 隸는 僚를, 僚는 僕을, 僕은 臺를 臣下로 삼으며, 말에는 圉人이 있고 소에는 牧人이 있어, 百事를 處理〔待〕합니다. 그런데 지금 有司는 '너는 어찌하여 王宮에서 사람을 잡으려 하는가?'라고 하니, 〈罪人이 王宮으로 도망갔는데, 王宮에서 잡지 않고〉 장차 어디에서 잡으란 말입니까?

周文王의 法에 '도망간 자가 있으면 대대적으로 檢閱하라.'고 하였으니, 이것이 文王이 天下를 얻게 된 原因이고, 우리 先君 文王께서도 僕區法을 만들어 '도적질한 器物을 숨긴 자는 盜賊과 같은 罪로 處罰한다.'고 하였으니, 이것이 汝水까지 封疆을 넓히게 된 원인입니다. 만약 有司의 말을 따른다면 逃亡간 臣僕을 잡을 수 없고, 도망갔는데도 그대로 버려둔다면 이는 陪臺(가장 천한 奴隷)가 없어질 것이니, 王事(國事)에 闕失이 생기지 않겠습니까? 옛날에 武王이 商紂의 罪目을 列擧〔數〕해 諸侯에게 告하기를 '商紂는 天下에 逃亡者들의 窩主(장물아비)가 되어 물고기가 深淵에 모여들고 짐승이 草地에 모여들 듯이 그에게로 모여들었다.'고 하였습니다. 그러므로 사람〔夫〕들이 商紂를 討伐하는 데 죽을힘을 바쳤습니다. 그런데 임금님께서는 비로소 諸侯의 推戴를 얻고서 商紂를 본받으시니 不可하지 않습니까? 만약 두 文王의 法에 따라 盜賊을 逮捕〔取〕해야 한다면 盜賊이란 罪名이 있는 곳이 있습니다.(楚王에게 있다는 말)"고 하니, 楚王은 "네 臣僕이나 잡아가지고 가라. 이 盜賊(楚王 자신을 이름)은 하늘의 寵愛를 받고 있으니 逮捕할 수 없을 것이다."고 하고서, 드디어 無宇를 赦免하였다.

1) 析羽爲旌 王旌游至於軫〔附注〕林曰 僭爲王旌 以從田獵
새 깃으로 장식한 旗를 旌이라 한다. 王의 旌旗는 깃발이 車箱의 橫木까지 내려온다.
〔부주〕林: 僭濫하게 王의 旌旗를 만들어 사냥에 隨從하게 한 것이다.

2)〔附注〕林曰 芋尹 楚官 無宇名也 斷子圍之旌
〔부주〕林: 芋尹은 楚나라 官命이고, 無宇는 그의 이름이다. 子圍의 旌을 자른 것이다.

3) 章華 南郡華容縣〔附注〕林曰 爲宮名曰章華 納有罪而逃亡者以實宮內
章華는 南郡 華容縣이다.
〔부주〕林: 宮의 이름을 章華라 하고서, 罪를 짓고 도망한 자들을 받아들여 宮內에 채운 것이다.

4) 有罪 亡入章華宮
罪를 짓고 도망해 章華宮으로 들어간 것이다.

5) 王有司也
楚王의 有司이다.

6) 執無宇也
無宇를 잡은 것이다.

7) 遇其歡也
楚王의 기분이 좋을 때를 만난 것이다.

8) 經營天下 略有四海 故曰經略
天下를 經營하고 四海를 略有(所有)하였기 때문에 '經略'이라 한 것이다.

9) 封疆有定分

封地로 받은 疆域에 定해진 몫이 있다.

10) 역주〕正封 : 正封의 正은 治이다.〈楊注〉

11) 毛 草也

毛는 草이다.

12) 역주〕毛 : 穀食과 菜蔬이다.

13) 詩小雅 濱 涯也

詩는 ≪詩經≫〈小雅 北山篇〉의 詩句이다. 濱은 涯이다.

14) 甲至癸

十日은 甲日에서 癸日까지이다.

15) 王至臺

十等은 王에서부터 臺까지이다.

16)〔附注〕林曰 下之人所以服事其長上 上之人所以敬共其鬼神也

〔부주〕林: 아랫사람이 그 長上을 섬기는 바이고, 윗사람이 그 鬼神을 공경해 奉祀〔共〕하는 바이라는 말이다.

17) 역주〕所以 : 可以의 뜻으로 쓰였다.

18)〔附注〕朱曰 臣者 以之爲臣也 公者 五等諸侯之總名也 大夫 謂能扶成人也 士謂能理庶事也 皀 謂造成事也 輿 衆也 謂佐皀擧衆事也 隸 謂隸屬於吏也 僚 勞也 謂供勞事也 僕 僕竪主藏者也 臺 給臺下微名也 以上卽人之十等

〔부주〕朱: 臣은 그를 臣下로 삼는 것이고, 公은 五等 諸侯의 總稱이고, 大夫는 成人을 輔佐할 수 있는 자를 이르고, 士는 각종 事務를 處理할 수 있는 자를 이르고, 皀는 일을 造成하는 자를 이르고, 輿는 衆으로 皀를 도와 많은 일들을 擧行하는 자를 이르고, 隸는 吏에 隸屬된 자를 이르고, 僚는 勞로 수고로운 일을 奉行하는 자를 이르고, 僕은 僕竪(僕人)로 倉庫에 貯藏한 財物을 主管하는 자이고, 臺는 臺下(官府)에서 給使 노릇 하는 微官의 名稱이니, 이상이 바로 사람의 열 等級이다.

19) 養馬曰圉 養牛曰牧

말 기르는 일을 맡은 자를 '圉'라 하고, 소를 기르는 일을 맡은 자를 牧이라 한다.

20)〔附注〕林曰 上下相承 所以供待百事[*)]

〔부주〕林: 上下가 서로 依託〔相承〕하는 것은 百事를 供待하기 위함이다.

*) 역주〕所以供待百事 : 供待가 무슨 말인지 正確히는 알 수 없으나, 上命에 이바지〔供〕해 對待(일을 처리함)함인 듯하다.

21)〔附注〕林曰 如此 則將安所執其逃亡之臣

〔부주〕林: 이와 같다면 장차 어디에서 도망간 臣僕을 잡겠느냐는 말이다.

22) 荒 大也 閱 蒐也 有亡人當大蒐其衆

荒은 大이고 閱은 蒐이니, 도망간 자가 있으면 대대적으로 그 무리를 檢閱해야 한다는 말이다.

23) 楚文王

楚文王이다.

24) 僕區 刑書名〔附注〕林曰 僕 隱也 區 匿也 作爲隱匿亡人之法

僕區는 刑書의 이름이다.

〔부주〕 林: 僕은 隱이고 區는 匿이니, 逃亡者를 隱匿한 자에 대해 〈處罰하는〉 法을 만든 것이다.

25) 隱盜所得器

도적질하여 얻은 器物을 숨긴 자이다.

26) 行善法 故能啓疆北至汝水

좋은 法을 施行하였기 때문에 疆域을 開拓하여 北으로 汝水까지 疆土를 넓혔다는 말이다.

27) 言皆將逃

모두 장차 도망갈 것이라는 말이다.

28) 萃 集也 天下逋逃 悉以紂爲淵藪集而歸之

萃는 集이다. 天下에 罪를 짓고 逃亡한 자들이 모두 商紂를 淵藪로 삼아 모여들어 그에게 歸依하였다는 말이다.

29) 역주] 萃淵藪 : 淵藪는 물고기가 모여드는 深淵과 짐승이 모여드는 草地인데, 罪를 짓고 逃亡한 자들이 모여드는 巢窟을 비유하는 말로 쓰인다.

30) 人欲致死討紂

사람들이 죽을힘을 바쳐 商紂를 討伐하고자 했다는 말이다.

31) 言王亦爲盜

楚王 또한 盜賊이 된다는 말이다.

32) 역주] 若以二文之法取之 盜有所在矣 : '盜賊을 隱匿한 자는 盜賊과 같은 罪로 處罰한다.'고 한 周文王과 楚文王의 法에 따라 盜賊을 逮捕해야 한다면 楚王에게도 隱匿罪를 犯한 盜賊이란 罪名이 있으니, 당연히 逮捕해야 한다는 말이다.

33) 往 去也〔附注〕林曰 而 汝也

往은 去이다.

〔부주〕 林: 而는 汝이다.

34) 盜有寵 王自謂 爲葬靈王張本〔附注〕朱曰 若以我爲盜而欲取之 則我方爲君 正有權寵未可得而取也

盜有寵은 楚王 자신을 이른 말이다. 〈이것이 無宇의 아들이〉 靈王을 葬事 지낸 張本이다.〈昭公 13년 傳〉

〔부주〕 朱: 만약 나를 盜賊이라 하여 逮捕하고자 한다면 나는 현재 임금으로 權力과 하늘의 寵愛가 있으니, 逮捕할 수 없다는 말이다.

35) 赦無宇

無宇를 赦免한 것이다.

【傳】 楚子成章華之臺하야 **願與諸侯落之**[1)]하니 **大宰薳啓彊曰 臣能得魯侯**[2)]니이다 **薳啓彊來召公**하야 **辭曰 昔先君成公**이 **命我先大夫嬰齊**[3)]**曰 吾不忘先君之好**[4)]하야 **將使衡父照臨楚國**하야 **鎭撫其社稷**하야 **以輯寧爾民**하리라하니 **嬰齊受命于蜀**[5)]하고 **奉承以來**하야 **弗敢失隕**하고 **而致諸宗祧**[6)]니이다 **日我先君共王引領北望**하야 **日月以冀**[7)]나 **傳序相授**하야 **於今四王矣**[8)]로되 **嘉惠未至**[9)]하고 **唯襄公之辱臨我喪**[10)]이니이다 **孤與其二三臣悼心失圖**[11)12)]하야 **社稷之不皇**이온 **況能懷思君德**[13)]이릿가 **今君若步玉趾**하야 **辱見寡君**[14)]하고 **寵靈楚國**[15)16)]하야 **以信蜀之役**하야 **致君之嘉惠**[17)]면 **是寡君旣受貺矣**니 **何蜀之敢望**[18)]이릿가 **其先君鬼神**이 **實嘉賴之**리니 **豈唯寡君**[19)]이릿가 **君若不來**면 **使臣請問行期**[20)21)]하니 **寡君將承質幣而見于蜀**하야 **以請先君之貺**[22)]하리다

楚子가 章華臺를 完成하고서 諸侯들을 招請해 落成式을 擧行하기를 願하자, 太宰 薳啓彊이 "臣이 魯侯를 오게 할 수 있습니다."고 하였다. 薳啓彊이 魯나라에 와서 昭公을 招請하며 다음과 같이 말하였다. "옛날에 魯나라의 先君 成公께서 우리나라 先大夫 嬰齊에게 命하기를 '나는 先君의 友好를 잊을 수 없으니, 衡父를 보내어 楚나라에 가서 楚나라 社稷(國家)을 按撫하여 그대 백성을 편안하게 하려 한다.'고 하셨습니다. 嬰齊는 蜀에서 命을 받고, 이 命을 받들고 돌아와서 감히 한마디도 빼지 않고 宗廟에 告〔致〕하였습니다. 과거에 우리 先君 共王께서는 목을 빼고 북쪽을 바라보며 날이면 날마다 달이면 달마다 魯나라의 使者가 오기를 바랐으나, 王位를 傳授하여 지금 이미 네 분의 王이 바뀌었는데도 魯나라의 恩惠(朝覲을 뜻함)가 이르지 않고, 단지 魯襄公께서 우리나라의 喪事에 枉臨하셨을 뿐입니다. 그러나 그때 우리 嗣王〔孤〕과 臣下들은 마음이 슬퍼 어찌할 바를 몰라 國家의 일도 돌아볼 겨를이 없었는데 하물며 魯君의 恩德을 생각할 수 있었겠습니까? 지금 魯君께서 만약 玉趾를 옮겨 우리 임금님을 찾아보시고 楚나라

에 恩寵과 福祿을 내려, 蜀의 結盟〔役〕을 實踐〔信〕하여 임금님의 恩惠를 表하신다면 우리 임금님은 이미 恩賜를 받은 것이니, 어찌 감히 蜀의 〈結盟 때처럼 人質을〉 바라겠습니까? 우리 先君의 鬼神도 실로 魯君을 稱讚하며 依賴할 것이니 어찌 우리 임금님만이 의뢰할 뿐이겠습니까? 임금님(魯君)께서 만약 오실 수 없다면 臣으로 하여금 임금님(魯君)께 出兵할 時期를 묻게 하셨으니, 우리 임금께서는 장차 禮幣를 가지고 蜀으로 가서 임금님을 만나 魯나라 先君의 恩賜에 대해 물을 것입니다."

1) 宮室始成 祭之爲落 臺今在華容城內〔附注〕朱曰 欲會諸侯 而擧落成之祭

宮室이 처음 完成되면 제사 지내는 것을 '落'이라 한다. 臺는 지금 華容城 안에 있다.

〔부주〕 朱: 諸侯를 會合하여 落成祭를 擧行하고자 한 것이다.

2)〔附注〕林曰 言臣召魯侯 使之來會

〔부주〕 林: 臣이 魯侯를 불러 會合에 오게 할 수 있다는 말이다.

3)〔附注〕林曰 嬰齊 楚令尹子重也

〔부주〕 林: 嬰齊는 楚나라 令尹 子重이다.

4)〔附注〕朱曰 言我不忘先君之與楚和好

〔부주〕 朱: 나는 先君이 楚나라와 友好를 맺어 和睦하게 지내기로 한 盟約을 잊을 수 없다는 말이다.

5) 蜀盟在成二年 衡父 公衡〔附注〕林曰 成二年 魯使公衡爲質於楚以請盟 故言照臨楚國 鎭按撫綏楚國之社稷 以和輯安寧楚國之民人

蜀의 結盟은 成公 2년에 있었다. 衡父는 公衡이다.

〔부주〕 林: 成公 2년에 魯나라는 公衡을 楚나라에 人質로 보내고서 結盟하기를 청하였다. 그러므로 楚나라에 가서 楚나라의 社稷을 안정시켜 楚나라의 人民을 和睦하고 편안하게 지내게 하겠다고 말한 것이다.

6) 言奉成公此語以告宗廟

成公의 이 말을 받들고 가서 宗廟에 告하였다는 말이다.

7) 冀魯朝〔附注〕朱曰 往日楚共王 引領北向 以望魯國

魯君이 와서 朝覲하기를 바란 것이다.

〔부주〕 朱: 지난날에 楚共王이 목을 빼고 북쪽을 향해 魯나라를 바라보았다는 말이다.

8) 四王 共康郟敖及靈王

四王은 共王·康王·郟敖 및 靈王이다.

9)〔附注〕林曰 朝楚嘉惠 未嘗一至

〔부주〕 林: 楚나라에 朝覲하는 恩惠가 한 번도 이른 적이 없었다는 말이다.

10) 襄公二十八年 如楚臨康王喪

襄公 28년에 襄公이 楚나라에 가서 楚康王의 喪에 親臨하였다.

11) 在哀喪故

슬픈 喪中에 있기 때문이다.

12) 역주〕孤 : 喪中에 있는 君王을 稱하는 말이다.

13) 皇 暇也 言有大喪 多不暇〔附注〕林曰 思念魯君來朝之德

皇은 暇(여가)이니, 大喪이 있어 대단히 여가를 낼 수 없다는 말이다.

〔부주〕林: 魯君이 와서 朝覲한 德을 생각하는 것이다.

14) 趾 足也

趾는 足이다.

15)〔附注〕林曰 寵光威靈 及於楚國

〔부주〕林: 恩寵의 光榮과 威風이 楚나라에 미치게 하는 것이다.

16) 역주〕寵靈 : 靈은 福이다. 傳에 말한 '君之靈'과 '大夫之靈'의 靈은 모두 福이다. 〈楊注〉

17)〔附注〕林曰 以示于蜀之言有信 致魯君之嘉惠於楚

〔부주〕林: 蜀에서 盟約한 말을 實踐하겠다는 뜻을 보여 楚나라에 魯君의 恩惠를 表〔致〕하라는 말이다.

18) 言但欲使君來 不敢望如蜀復有質子

단지 魯君께서 오시기만을 바랄 뿐이고, 蜀에서처럼 다시 人質을 보내기를 바라지 않는 다는 말이다.

19)〔附注〕林曰 其二國先君與盟誓之鬼神 嘉實美而依賴之

〔부주〕林: 盟誓에 參與한 두 나라 先君의 鬼神이 稱讚〔嘉〕하며 실로 아름답게 여겨 依賴할 것이라는 말이다.

20) 問魯見伐之期

魯나라가 討伐을 당할 時期를 물은 것이다.

21) 역주〕請問行期 : 請問行期는 魯侯가 蜀에 이를 時期를 물은 것이다. 成公 2년 겨울에 楚軍이 衛나라를 侵攻하고서, 드디어 蜀에서 우리 군대를 侵攻하고 楊橋에까지 侵入하니, 孟孫이 楚軍에 使者로 가기를 請하여, 楚나라에 執斲(木工) 執鍼(女工) 織紝(織工) 등 1백 人을 뇌물로 주고, 公衡을 人質로 보내고서 結盟하기를 청하니 楚人이 和平을 허락하였다. 이 蜀의 結盟은 魯나라가 楚나라의 討伐을 받고서 겨우 和平의 허락을 받은 것이었는데, 薳啓彊이 蜀盟을 들먹인 것은 魯나라가 만약 말을 듣지 않으면 장차 討伐하겠다는 뜻을 보인 것이다. 魯나라를 討伐하는 時期는 본래 楚나라가 決定할 일이지만, 그 時期를 決定하는 것은 魯侯의 可否(同意하느냐 拒否하느냐)에 달렸다. 魯侯가 속히 拒否하면 楚나라가 속히 出師할 것이고, 더디게 拒否하면 더디게 出師할 것이니,

出師의 遲速은 오직 魯侯의 可否에 달렸다. 그러므로 婉曲한 말로 '請問行期'라 한 것이다. ≪左氏會箋≫

22) 請 問也〔附注〕林曰 謙言楚君得奉承相見之執贄幣帛 而見魯於往日盟蜀之地 以問成公所賜 何不踐言

請은 問이다.

〔부주〕林: 楚君이 相見할 때 使用할 禮幣를 받들고 가서 지난날 結盟했던 蜀의 땅에서 魯君을 만나 보고서 成公이 내리신 말씀을 어째서 實踐하지 않느냐고 물을 것이라고 謙遜히 말한 것이다.

公將往에 **夢襄公祖**[1)]하다 **梓愼曰 君不果行**이리라다 **襄公之適楚也**에 **夢周公祖而行**이어니와 **今襄公實祖**하니 **君其不行**[2)]하소서 **子服惠伯曰 行**하소서 **先君未嘗適楚**라 **故周公祖以道之**[3)]하고 **襄公適楚矣**라 **而祖以道**하니 **君不行**이면 **何之**릿가

昭公이 楚나라에 가려 할 때 襄公이 祖道祭를 지내는 꿈을 꾸었다. 梓愼이 말하기를 "임금님께선 과연 가시지 못할 것입니다. 襄公께서 楚나라에 가실 적에 周公이 祖道祭를 지내는 꿈을 꾸고서 가셨지만, 지금 襄公께서 실로 祖道祭를 지내는 꿈을 꾸셨으니, 임금님께선 가지 마소서."라고 하자, 子服惠伯이 말하기를 "가소서. 先君께선 楚나라에 가신 적이 없었기 때문에 周公께서 祖道祭를 지내어 길을 引導하셨고, 襄公께선 楚나라에 가신 적이 있기 때문에 祖道祭를 지내어 임금님을 引導하신 것이니, 楚나라에 가시지 않는다면 어디로 가시겠습니까?"라고 하였다.

1) 祖 祭道神[*)]

祖는 道路의 神에 祭祀하는 것이다.

*) 역주〕祭道神 : 옛사람은 出行할 때 반드시 路神에게 祭祀를 지냈다. 〈楊注〉

2)〔附注〕林曰 襄公二十八年 如楚 嘗夢周公祖道 而後成行 今襄公實爲昭公祖道 魯君其將不去

〔부주〕林: 襄公 28년에 襄公이 楚나라에 갈 적에 일찍이 周公이 祖道祭를 지내는 꿈을 꾼 뒤에 가기로 決定하였는데, 지금 〈周公이 아닌〉 襄公이 실로 昭公을 위해 祖道祭를 지냈으니 魯君은 아마도 가지 못할 것이라는 말이다.

3)〔附注〕林曰 先君 謂襄公

〔부주〕林: 先君은 襄公을 이른다.

三月에 **公如楚**에 **鄭伯勞于師之梁**[1)]하다 **孟僖子爲介**러니 **不能相儀**[2)]하고 **及楚**에 **不能**

答郊勞[3]하다

3월에 昭公이 楚나라에 갈 때 鄭伯이 師之梁에서 昭公을 慰勞하였다. 이때 孟僖子가 使介였는데, 儀典을 잘 輔佐하지 못하였고, 楚나라에 이른 뒤에 楚나라의 郊勞에 答禮도 제대로 하지 못하였다.

1) 鄭城門

鄭나라 國都의 城門이다.

2) 僖子 仲孫貜〔附注〕林曰 爲介相禮

僖子는 仲孫貜이다.

〔부주〕林: 使介가 되어 禮를 輔佐한 것이다.

3) 爲下僖子病不能相禮張本

아래 9월 傳에 僖子가 禮를 輔佐하지 못한 것을 자기의 恥辱으로 여긴 張本이다.

【傳】夏四月甲辰朔에 **日有食之**하다 **晉侯問於士文伯曰 誰將當日食**고 **對曰 魯衛惡之**[1)2)]나 **衛大魯小**하리이다 **公曰 何故**오 **對曰 去衛地如魯地**[3)4)]하니 **於是有災**면 **魯實受之**[5)]리이다 **其大咎**는 **其衛君乎**ㄴ저 **魯將上卿**[6)]이리다 **公曰 詩所謂彼日而食**하니 **于何不臧者**는 **何也**[7)8)]오 **對曰 不善政之謂也**니이다 **國無政**하고 **不用善**이면 **則自取謫于日月之災**[9)]니이다 **故政不可不愼也**니이다 **務三而已**니 **一曰擇人**[10)]이오 **二曰因民**[11)]이오 **三曰從時**[12)]니이다

여름 4월 초하루 甲辰日에 日食이 發生하였다. 晉侯가 士文伯(士匄)에게 “누가 장차 이 日食의 禍를 받을 것인가?”라고 묻자, 士匄가 “魯나라와 衛나라가 禍〔惡〕를 당할 것입니다만 衛나라는 禍가 크고 魯나라는 禍가 작을 것입니다.”고 대답하였다. 晉平公이 “무엇 때문인가?”고 묻자, 士匄가 대답하기를 “日食할 때 太陽이 衛나라 分野를 떠나 魯나라 分野로 옮겨 갔으니, 이로 인해〔於是〕災禍가 發生한다면 魯나라도 실로 災禍를 받을 것입니다. 그러나 그 큰 災禍는 아마도 衛君이 받게 될 것이고, 魯나라는 上卿이 받게 될 것입니다.”고 하였다. 晉平公이 “≪詩經≫에 ‘저 해가 먹혔으니 무슨 좋지 못한 일이 있어서인가?’라는 것은 무슨 뜻인가?”라고 묻자, 士匄가 대답하기를 “善政을 행하지 않는 것을 이름입니다. 나라에 善政이 없고 善人을 登用하지 않으면 譴責하는 日月의 災禍를 自招하는 것입니다. 그러므로 政事는 삼가지 않아서는 안 됩니다. 세 가지를 힘쓸 뿐이니, 첫째는 人材를 選擇하는 것이고, 둘째는 백성의 생각을 따르는 것이

고, 셋째는 때를 따르는 것입니다."고 하였다.

1) 受其凶惡

그 凶惡한 災殃을 받는 것이다.

2) 역주] 誰將當日食 對曰 魯衛惡之 : 古人은 迷信하여 日食을 하늘의 譴責으로 여겨, 사람이 禍를 받는 것으로 믿었다. 〈楊注〉

3) 衛地 承〔豕〕*)韋也 魯地 降婁也 日食於承〔豕〕韋之末 及降婁之始乃息 故禍在衛大 在魯小也 周四月 今二月 故日在降婁

衛나라 땅은 豕韋(室宿, 곧 營室星)의 分野이고, 魯나라 땅은 降婁(奎宿와 婁宿)의 分野이다. 太陽이 豕韋의 끝에서 먹히기 시작하여 降婁의 첫머리에 이르러 日食이 그쳤기 때문에 禍가 衛나라는 크고 魯나라에는 작은 것이다. 周正 4월은 지금의 2월이기 때문에 太陽이 降婁에 있다.

*) 역주] 저본에는 '承'으로 되어 있으나 ≪十三經注疏≫本에 의거하여 '豕'로 바로잡았다.

4) 역주] 去衛地如魯地 : 古代에는 하늘의 星宿를 12位次로 나누어 各國에 配屬시켜, 〈그 星宿의 움직임을 觀測하여〉 그 나라의 吉凶을 占쳤는데, 이를 '分野'라고 하였다. 娵訾(室宿와 壁宿)는 衛나라 分野이고 降婁는 魯나라 分野이다. '去衛地'는 이번 日食이 娵訾의 끝에서 먼저 시작했다는 말이고, '如魯地'는 太陽이 降婁에 이른 뒤에 비로소 太陽이 나타났다는 말이다. 〈楊注〉

5) 災發於衛 而魯受其餘禍

災殃이 衛나라에서 發生하지만 魯나라도 그 餘禍를 받는다는 말이다.

6) 八月衛侯卒 十一月季孫宿卒

8월에 衛侯가 卒하고, 11월에 季孫宿이 卒하였다.

7) 感日食而問詩

日食에 느낌이 있어 詩를 물은 것이다.

8) 역주] 詩所謂彼日而食 于何不臧者 : 詩는 ≪詩經≫ 〈小雅 十月之交篇〉의 詩句이다. ≪詩經≫에는 '彼日'이 '此日'로 되어 있다.

9) 謫 譴也 擇 *)

謫은 譴이다.

*) 역주] 저본에는 '譴也' 밑에 '擇'字가 있으나, ≪十三經注疏≫本에 의거하여 削除하였다.

10) 擇賢人

賢人을 選擇하는 것이다.

11) 因民所利而利之

백성들이 이롭게 여기는 바에 따라 백성들을 이롭게 하는 것이다.

12) 順四時之所務

네 철의 일을 그 철에 맞게 하는 것이다.

【傳】晉人來治杞田[1)]하니 季孫將以成與之[2)]하다 謝息爲孟孫守러니 不可[3)]曰 人有言曰 雖有挈缾之知라도 守不假器가 禮也[4)]라하니 夫子從君이어늘 而守臣喪邑[5)]이면 雖吾子亦有猜焉[6)]하리라 季孫曰 君之在楚는 於晉罪也[7)]어늘 又不聽晉[8)]이면 魯罪重矣라 晉師必至러니 吾無以待之라 不如與之라가 間晉而取諸杞[9)]니라 吾與子桃[10)]하리라 成反이면 誰敢有之[11)]리오 是得二成也라 魯無憂하고 而孟孫益邑이니 子何病焉가 辭以無山이어늘 與之萊柞[12)]하니 乃遷于桃[13)]하다 晉人爲杞取成[14)]하다

晉人이 魯나라에 와서 杞田을 杞나라에 返還하게 하니, 季孫이 成邑을 杞나라에 주려 하였다. 이때 謝息이 孟孫을 위해 成邑을 지키고 있었는데, 반대하며 말하기를 "사람들의 말에 '비록 물을 기를 수 있는 작은 지혜만 있어도 자기의 器物을 지키고 남에게 빌려 주지 않는 것이 禮이다.'고 하였습니다. 夫子(孟僖子)께서 魯君을 따라 出國하고 없는데, 守臣이 成邑을 잃는다면 비록 당신이라 하더라도 나를 의심할 것입니다."고 하니, 季孫이 말하기를 "우리 임금님이 楚나라에 가 계신 것이 晉나라에 罪를 졌기 때문인데, 또 晉나라의 말을 듣지 않는다면 魯나라의 罪가 더욱 무거워진다. 晉軍이 반드시 쳐들어올 것이니, 우리는 그들을 防禦〔待〕할 수 없다. 그러니 우선 그들에게 주었다가 晉나라의 틈을 엿보아 다시 杞나라를 토벌하여 成邑을 다시 찾아오는 것만 못하다. 나는 成邑 대신 그대에게 桃邑을 주겠다. 成邑이 다시 우리에게 돌아온다면 孟孫이 아닌 누가 감히 그 邑을 所有하겠는가? 이는 두 개의 成邑을 얻는 것이다. 魯나라는 〈晉나라의 侵攻을 받는〉 憂患이 없어지고 孟孫은 封邑을 보태는 일인데, 자네는 무엇 때문에 괴로워하는가?"라고 하였다. 謝息이 桃邑에는 山이 없다는 이유로 謝絶하자 그에게 萊山과 柞山을 주니, 謝息은 그제야 桃邑으로 옮겨 갔다. 晉人은 杞나라를 위해 成邑을 取하였다.

1) 前汝叔侯不盡歸 今公適楚 晉人恨 故復來治杞田

前(襄公 29년)에 〈晉나라 大夫〉 汝叔侯가 와서 〈杞田을 杞나라에 返還하게 할 때 魯나라는 杞田을〉 다 돌려주지 않았었다. 이번에 昭公이 楚나라에 간 것에 대해 晉人은 怨恨을 품었다. 그러므로 다시 와서 杞田을 處理한 것이다.

2) 成 孟氏邑 本杞田

成은 孟氏의 邑인데, 본래는 杞나라의 땅이었다.

3) 謝息 僖子家臣

謝息은 孟僖子의 家臣이다.

4) 挈缾 汲者 喩小知 爲人守器 猶知不以借人

挈缾은 물을 기르는 자이니, 작은 지혜를 비유한다. 남을 위해 기물을 지키고, 오히려 다른 사람에게 빌려 주지 않을 줄을 안다는 말이다.

5) 夫子 謂孟僖子 從公如楚

夫子는 孟僖子를 이른다. 이때 昭公을 따라 楚나라에 갔다.

6) 言季孫亦將疑我不忠

季孫도 아마 내가 不忠한 것으로 의심할 것이라는 말이다.

7) 言晉罪君之至楚

晉나라는 魯君이 楚나라에 간 것을 罪로 여긴다는 말이다.

8) 역주〕又不聽晉 : 魯나라가 奪取한 杞田을 杞나라에 返還하라는 晉나라의 要求를 들어 주지 않는 것이다.

9) 候晉間隙 可復伐杞取之

晉나라의 틈을 엿보아 다시 杞나라를 討伐하여 그 땅을 取할 수 있다는 말이다.

10) 魯國卞縣東南有桃虛

魯나라 卞縣 동남쪽에 桃虛가 있다.

11)〔附注〕林曰 他日取成而歸 必復歸之孟氏 誰敢有此成邑

〔부주〕林: 後日에 成邑을 奪取해 돌아온다면 반드시 다시 孟氏에게 돌려줄 것이니, 누가 감히 이 成邑을 所有하겠느냐는 말이다.

12) 萊柞 二山〔附注〕林曰 謝息又辭以爲桃邑無山 與之萊柞

萊와 柞는 두 山名이다.

〔부주〕林: 謝息이 또 桃邑에는 山이 없다고 謝絶하므로 그에게 萊山과 柞山을 준 것이다.

13) 謝息遷也

謝息이 옮겨 간 것이다.

14) 不書 非公命

經에 기록하지 않은 것은 昭公의 命이 아니기 때문이다.

【傳】楚子享公于新臺[1]할새 **使長鬣者相**[2)3)]하다 **好以大屈**[4]하고 **旣而悔之**하다 **薳啓彊聞之**하고 **見公**하니 **公語之**하다 **拜賀**한대 **公曰 何賀**오 **對曰 齊與晉越欲此久矣**로되 **寡君無適與也**[5)6)]러니 **而傳諸君**이니이다 **君其備禦三鄰**[7]하야 **愼守寶矣**러니 **敢不賀**

乎잇가 公懼하야 乃反之[8)]하다

楚子가 新臺에서 宴會를 열어 昭公을 接待할 때 수염이 긴 자에게 禮를 돕게 하였다. 楚子는 宴席에서 友好를 表하기 위해 昭公에게 大屈弓을 주고는 오래지 않아 이를 後悔하였다. 薳啓彊이 楚子가 後悔한다는 말을 듣고는 昭公을 찾아가 뵈니, 昭公이 大屈弓을 받았다고 말하였다. 薳啓彊이 절하고서 祝賀하자, 昭公이 "무엇 때문에 祝賀하는가?"고 물었다. 薳啓彊이 대답하기를 "齊나라와 晉나라·越나라가 이 물건을 갖고 싶어 한 지가 오래되었으나, 우리 임금님께서는 그중 한 사람에게만 줄 수 없으므로 〈주지 않았던 것인데,〉 지금 임금님(昭公)께 전하셨습니다. 임금님께서는 아마도 세 이웃나라를 대비하고 방어하여 이 寶弓을 신중히 지키실 것이니, 어찌 감히 祝賀하지 않을 수 있습니까?"라고 하니, 昭公은 겁이 나서 곧 그 寶弓을 되돌려 주었다.

1) 章華臺也〔附注〕林曰 設享以落其成

新臺는 章華臺이다.

〔부주〕林: 잔치를 열어 章華臺의 完成을 알리는 落成式을 擧行한 것이다.

2) 鬣 鬚也 欲光夸魯侯

鬣은 鬚(수염)이다. 魯侯에게 誇示하고자 해서이다.

3) 역주〕使長鬣者相 : 吳나라와 楚나라의 사람들은 수염이 적기 때문에 수염이 긴 자를 뽑아 禮를 輔佐하게 한 것이다. 〈正義〉

4) 宴好之賜 大屈 弓名〔附注〕林曰 寶金 可以爲劒 出大屈也

宴席에서 友好를 表하기 위해 준 것이다. 大屈은 弓名이다.

〔부주〕林: 寶金(良質의 金屬)은 劒을 만들 수 있는데, 大屈(地名)에서 生産한다.

5)〔附注〕林曰 不知適與何人

〔부주〕林: 누구를 오로지 重視하여 주어야 할지 몰랐다는 말이다.

6) 역주〕適 : 專主로 오로지 依存하거나 重視하는 것이다.

7) 言齊晉越將伐魯而取之

齊나라·晉나라·越나라가 魯나라를 侵伐하여 大屈을 奪取하려 할 것이라는 말이다.

8) 傳言楚靈不信 所以不終

傳文은 楚靈王이 信義가 없어, 제명에 죽지 못하게 된 原因을 말한 것이다.

【傳】 鄭子產聘于晉이러니 晉侯有疾하다 韓宣子逆客하야 私焉[1)]曰 寡君寢疾이 於今三月矣라 竝走群望[2)]호되 有加而無瘳라 今夢黃熊入於寢門하니 其何厲鬼也오 對曰 以君之明으로 子爲大政하니 其何厲之有리오 昔堯殛鯀于羽山[3)]한대 其神化爲

黃熊하야 **以入于羽淵**이러니 **實爲夏郊**[4)]己새 **三代祀之**[5)]니라 **晉爲盟主**하야 **其或者未之祀也乎**[6)]아 **韓子祀夏郊**[7)]하니 **晉侯有間**[8)]하다 **賜子產莒之二方鼎**[9)10)]하다

鄭나라 子産이 晉나라에 聘問하였는데, 이때 晉侯가 病을 앓고 있었다. 韓宣子가 客(子産)을 맞이하면서 隱密히 말하기를 "우리 임금께서 病으로 자리에 누우신 지 지금 석 달이 되었습니다. 應當 祭祀 지낼 모든 山川에 달려가서 祈禱하였으나 病이 더하기만 하고 낫지 않았습니다. 오늘 임금님의 꿈에 黃熊이 寢室의 門으로 들어왔으니, 그것이 무슨 厲鬼(惡鬼)입니까?"라고 하니, 子産이 대답하기를 "晉君의 英名함으로 그대를 大政(正卿)으로 삼았으니, 어찌 厲鬼가 있겠습니까? 옛날에 帝堯가 鯀을 羽山에서 죽이자 그 鬼神이 黃熊으로 변하여 羽淵으로 들어갔는데, 이 神이 실로 夏郊가 되었으므로 三代가 모두 그 神에게 祭祀를 지냈습니다. 晉나라는 盟主가 되어, 혹시 그 神에게 祭祀를 지내지 않아서 그런 것인지 모르겠습니다."고 하였다. 韓子가 夏郊(鯀의 神)에 祭祀를 지내니 晉侯의 病에 差度가 있었다. 晉侯는 子産에게 莒나라에서 바친 方鼎 두 개를 下賜하였다.

1) 私語
 隱密히 말한 것이다.

2) 晉所望祀山川 皆走往祈禱
 晉나라가 望祭를 지내는 山川에 모두 가서 祈禱했다는 말이다.

3) 羽山在東海祝其縣西南
 羽山은 東海 祝其縣 서남쪽에 있다.

4) 역주〕 夏郊 : 夏나라가 天祭인 郊祭를 지낼 때 鯀을 配享하는 神으로 삼은 것이다.

5) 鯀 禹父 夏家郊祭之 歷殷周二代 又通在群神之數 并見祀〔附注〕林曰 解者曰 獸非入水之物 故是三足鼈也 一曰旣爲神 何妨是獸 按說文及字林皆云 能熊屬 足似鹿 然則能旣熊屬又〔入〕[*1)]爲鼈類 今本作能者〔字〕[*2)]勝也 東海人祭禹廟 不用熊白及鼈爲膳 斯豈鯀化爲二物乎
 鯀은 禹王의 아버지인데, 夏王朝는 郊祭에 그를 配享하였다. 殷·周 二代를 거치면서도 夏王朝와 같이 群神의 數에 들었던 것이 모두 祀典에 보인다.
 〔부주〕 林: 解說하는 자는 "짐승은 물에 들어갈 수 있는 動物이 아니다. 그러므로 이것은 三足鼈이다."고 하고, 一說은 "이미 鬼神이 되었다면 이것이 짐승이라 한들 해로울게 뭐 있는가?"라고 하였다. ≪說文≫ 및 字林을 상고하건대 모두 "能은 熊(곰)의 種類로 발은 사슴과 같다."고 하였으니, 그렇다면 能은 熊의 種類로 물로 들어가 鼈의 種類가 된 것이다. 今本에 能字로 되어 있으니 〈熊字로 되어 있는 古本보다〉 낫다. 東海 사

람들이 禹廟에 祭祀할 때 熊白(곰 등 부위의 지방)과 자라를 祭需로 쓰지 않으니, 어찌 鯀이 變하여 이 두 動物이 되었기 때문이 아니겠는가?

＊1) 역주〕 저본에는 '又'로 되어 있으나, ≪四庫全書 左傳杜林合注≫本에 의거하여 '入'으로 바로잡았다.

＊2) 역주〕 저본에는 '者'로 되어 있으나 ≪四庫全書 左傳杜林合注≫本에 의거하여 '字'로 바로잡았다.

6) 言周衰 晉爲盟主 得佐天子祀群神

周나라가 衰하자, 晉나라가 盟主가 되어 天子를 도와 群神에 祭祀 지내게 된 것이다.

7) 祀鯀

鯀에게 祭祀 지낸 것이다.

8) 間 差也

間은 病이 조금 나은 것이다.

9) 方鼎 莒所貢

方鼎은 莒나라가 바친 것이다.

10) 역주〕 方鼎 : 발이 네 개 달린 鼎이다. 〈正義〉에 "발이 세 개 달인 鼎은 圓形이고, 발이 네 개 달린 鼎은 方形이다."고 하였다.

子産爲豐施하야 **歸州田於韓宣子**[1)]**曰 日君以夫公孫段爲能任其事**라하야 **而賜之州田**[2)]이러니 **今無祿早世**하야 **不獲久享君德**이라 **其子弗敢有**로되 **不敢以聞於君**하야 **私致諸子**[3)]하노라 **宣子辭**어늘 **子産曰 古人有言曰 其父析薪**이어늘 **其子弗克負荷**[4)5)]라하니 **施將懼不能任其先人之祿**이어든 **其況能任大國之賜**리오 **縱吾子爲政而可**[6)]나 **後之人若屬有疆埸之言**이면 **敝邑獲戾**[7)]하고 **而豐氏受其大討**리라 **吾子取州**는 **是免敝邑於戾**요 **而建置豐氏也**니 **敢以爲請**[8)]하노라 **宣子受之**하야 **以告晉侯**한대 **晉侯以與宣子**하다 **宣子爲初言**으로 **病有之**[9)]하야 **以易原縣於樂大心**[10)]하다

子産이 豐施를 위하여 〈그를 대신해〉 州田(州縣의 土地)을 韓宣子에게 돌려주며 말하기를 "前日에 晉君께서 公孫 段이 그 일을 능히 堪當〔任〕했다 하여 그에게 州田을 下賜하셨는데, 지금 不幸〔無祿〕하게 일찍 죽어 임금님의 恩德을 오래 누리지 못하였습니다. 그 아들은 감히 州田을 所有할 수 없으나 감히 이 일을 晉君께 아뢸 수 없어서, 사사로이 그대에게 바칩니다."고 하였다. 宣子가 사양하자, 子産이 말하기를 "옛사람의 말에 '그 아비가 나무를 베어 팬 장작을 그 아들이 집으로 져 나르지 못한다.'고 하였으

니, 豐施는 장차 先人의 祿位를 〈繼承하는 일도〉 감당할 수 없을까 두려운데 하물며 大國의 下賜한 땅을 감당할 수 있겠습니까? 비록 그대가 執政으로 있는 동안은 罪를 免할 수 있겠지만 그대의 뒤를 이어 執政이 된 사람이 만약 그때〔屬〕疆域에 대해 말한다면(領土로 問題를 提起한다면) 우리나라는 罪를 받고 豐氏는 엄한 懲罰을 받을 것입니다. 그대가 州田을 取하는 것은 바로 우리나라를 罪에서 벗어나게 하고 豐氏를 도와 存立시키는 것이므로 감히 請하는 것입니다."고 하였다. 宣子가 이를 接受하고서 晉侯에게 告하니 晉侯는 그 땅을 宣子에게 주었다. 그러나 宣子는 전에 한 말 때문에 州田을 占有하는 것을 恥辱〔病〕으로 여겨 州田을 樂大心의 原縣과 바꾸어 가졌다.

1) 豐施 鄭公孫段之子 三年 晉以州田賜段〔附注〕林曰 今段卒 故子產歸之於晉[*)]
豐施는 鄭나라 公孫 段의 아들이다. 昭公 3년에 晉侯가 州田을 公孫 段에게 下賜하였다.
〔부주〕林: 지금 公孫 段이 죽었기 때문에 子產이 그 땅을 晉나라에 돌려준 것이다.
*) 역주〕이 林注와 아래 2)의 林注는 ≪四庫全書 左傳杜林合注≫本에 보이지 않는다.
2)〔附注〕林曰 往日 晉君以段能任其父舊事
〔부주〕林: 지난날에 晉君은 公孫 段이 그 아버지가 했던 옛일을 능히 堪當했다고 여겨 〈州田을 下賜하였다.〉
3) 此年正月 公孫段卒〔附注〕林曰 不敢以歸曰[*)]聞于晉君 敢私致邑於韓宣子
이해 正月에 公孫 段이 卒하였다.
〔부주〕林: 감히 州田을 返還하는 일을 晉君께 아뢸 수 없으므로 감히 사사로이 韓宣子에게 바친다는 말이다.
*) 역주〕不敢以歸曰 : '曰'字는 '田'字의 誤字인 듯하다.
4) 荷 擔也 以微薄喩重貴
荷는 擔이다. 하찮은 일로 貴重한 일을 비유한 것이다.
5) 역주〕其子弗克負荷 : 아비가 일으킨 家業을 그 자식이 繼承하지 못함을 譬喩하는 말이다.
6)〔附注〕朱曰 縱使汝爲執政時 容可不歸此田
〔부주〕朱: "비록 그대가 執政으로 있을 때는 이 땅을 돌려주지 않아도 혹 괜찮을 수 있다 하더라도."라는 말이다.
7) 恐後代宣子者 將以鄭取晉邑罪鄭
뒤에 宣子를 대신해 執政이 되는 자는 장차 鄭나라가 晉나라의 邑을 取한 것으로 鄭나라의 罪를 삼을 것이라는 말이다.
8) 傳言子產貞而不諒

傳文은 子産이 正道를 굳게 지키고 작은 信義에 얽매이지 않았음을 말한 것이다.

9) 初言 謂與趙文子爭州田〔附注〕林曰 以自取州田爲己病

初言은 〈昭公 3년에 韓宣子가〉 趙文子와 州田을 다툴 때 한 말을 이른다.

〔부주〕 林: 스스로 州田을 取하는 것을 자기의 恥辱으로 여긴 것이다.

10) 樂大心 宋大夫 原 晉邑 以賜樂大心也

樂大心은 宋나라 大夫이다. 原은 樂大心에게 준 晉나라 邑이다.

【傳】鄭人相驚以伯有曰 伯有至矣라하면 **則皆走**하야 **不知所往**[1)]이라 **鑄刑書之歲二月**[2)]에 **或夢伯有介而行**[3)]**曰 壬子**에 **余將殺帶也**[4)]하고 **明年壬寅**에 **余又將殺段也**[5)]리라 **及壬子**하야 **駟帶卒**하니 **國人益懼**하다 **齊燕平之月**[6)] **壬寅**에 **公孫段卒**하니 **國人愈懼**하다 **其明月**에 **子産立公孫洩及良止以撫之**하니 **乃止**[7)]하다 **子大叔問其故**한대 **子産曰 鬼有所歸**라야 **乃不爲厲**니 **吾爲之歸也**[8)]라 **大叔曰 公孫洩何爲**[9)]오 **子産曰 說也**[10)]라 **爲身無義而圖說**[11)]이니라 **從政有所反之**하야 **以取媚也**[12)]니라 **不媚**면 **不信**[13)]이오 **不信**이면 **民不從也**라

鄭나라 사람들이 伯有의 鬼神으로 서로 놀라게 하여 "伯有의 鬼神이 나타났다."고 하면 사람들은 모두 도망가면서 어디로 갈지 몰라 허둥대었다. 刑書를 鑄造한 해 2월에 어떤 사람의 꿈에 伯有가 갑옷을 입고 가면서 "壬子日에 내가 駟帶를 죽일 것이고, 明年 壬寅日에 내가 또 公孫 段을 죽일 것이다."고 하였다. 壬子日에 미쳐 과연 駟帶가 죽으니, 國人들은 더욱 두려워하였다. 齊나라가 燕나라와 和平을 맺던 달 壬寅日에 公孫段이 죽으니 國人은 더더욱 두려워하였다. 그 다음 달에 子産이 〈子孔의 아들〉 公孫洩과 〈伯有의 아들〉 良止를 大夫로 세워 伯有의 亡靈을 慰撫하니, 이에 鬼神의 장난이 그쳤다. 子太叔이 그 까닭을 묻자, 子産이 말하기를 "鬼神은 歸依할 곳이 있어야 厲鬼가 되지 않는 것이니, 나는 伯有의 鬼神을 위해 歸依할 곳을 마련해 준 것입니다."라고 하였다. 太叔이 "公孫 洩을 大夫로 세운 것은 무엇 때문입니까?"라고 묻자, 子産이 말하기를 "說明하기 위함이었습니다. 伯有와 子孔은 몸소 不義를 행한 사람들이니, 〈後嗣를 세우는 것이 不當합니다. 그런데 만약 良止만 세울 경우, 사람들은 伯有의 厲鬼가 두려워서 그 後嗣를 세웠다고 의심할 것이므로 公孫 洩까지 함께 세워 厲鬼가 두려워서가 아니고 大義에 의거해 誅殺된 자의 後嗣를 存續시키기 위함이었다는 것을 백성들에게〉 說明하기 위해서였습니다. 政治는 正道를 違反하더라도 백성의 비위를 맞춰야 하는 경우도 있습니다. 비위를 맞추지 않으면 信任을 받지 못하고 信任을 받지 못하면

〈백성들은 執政의 命을〉 따르지 않습니다."고 하였다.

1) 襄三十年 鄭人殺伯有 言其鬼至

襄公 30년에 鄭人이 伯有를 죽였다. 伯有의 鬼神이 나타났다고 말한 것이다.

2) 在前年

前年에 있었다.

3) 介 甲也

介는 甲(갑옷)이다.

4) 駟帶助子晳殺伯有 壬子 六年三月三日

駟帶가 子晳을 도와 伯有를 죽였다. 壬子는 昭公 6년 3월 3일이다.

5) 公孫段 豐氏黨 壬寅 此年正月二十八日

公孫 段은 豐氏의 黨이다. 壬寅은 今年 正月 28일이다.

6) 此年正月

今年 正月이다.

7) 公孫洩 子孔之子也 襄十九年 鄭殺子孔 良止 伯有子也 立以爲大夫 使有宗廟〔附注〕林曰 立其子 使有宗廟 以撫慰伯有之靈 伯有乃止 不爲厲

公孫 洩은 子孔의 아들이다. 襄公 19년에 鄭人이 子孔을 죽였다. 良止는 伯有의 아들이다. 두 사람을 세워 大夫로 삼아 伯有와 子孔의 宗廟가 있게 한 것이다.

〔부주〕林: 그 아들을 大夫로 세워 宗廟를 두어 伯有의 魂靈을 慰撫하게 하니 伯有의 神이 곧 中止하고 害惡을 끼치지 않은 것이다.

8)〔附注〕林曰 我立二人 使有宗廟 以爲之依歸也

〔부주〕林: 내가 두 사람을 大夫로 세워, 宗廟를 두어 두 鬼神의 歸依할 곳으로 삼게 하였다는 말이다.

9) 子孔不爲厲 問何爲復立洩

子孔은 厲鬼가 되지 않았는데 무엇 때문에 다시 公孫 洩까지 大夫로 세웠느냐고 물은 것이다.

10)〔附注〕朱曰 答言此所以解說於民也

〔부주〕朱: 이는 백성에게 解說하기 위함이었다고 대답해 말한 것이다.

11) 伯有無義 以妖鬼故立之 恐惑民 幷立洩 使若自以大義存誅絶之後者 以解說民心

伯有는 道義가 없었으니 〈後嗣를 세우는 것이 不當한데,〉 妖鬼가 되어 〈害惡을 끼치기 때문에〉 그 後嗣를 세워준 것으로 백성들이 의심할까 두려워서, 公孫 洩까지 함께 大夫로 세워 스스로 大義에 依據해 誅殺된 자의 後嗣를 存續시킨 것처럼 하여, 백성들의 마음(의심하는 마음)에 대해 解說(解明)한 것이다.

12) 民不可使知之 故治政或當反道以求媚於民

백성은 〈道理를 따르게 할 수는 있으나,〉 그 이치를 알게 할 수는 없다. 그러므로 政治는 혹 正道를 違反하더라도 백성들의 비위를 맞추어야 한다는 말이다.

13) 說而後信之

기뻐한 뒤에야 信任한다는 말이다.

及子産適晉하야 **趙景子問焉**[1]**曰 伯有猶能爲鬼乎**[2]아 **子産曰 能**[3]이라 **人生始化曰魄**[4][5]이오 **旣生魄**에 **陽曰魂**[6]이라 **用物精多**[7]면 **則魂魄彊**[8]이라 **是以有精爽**이 **至於神明**[9]이라 **匹夫匹婦强死**라도 **其魂魄猶能馮依於人**하야 **以爲淫厲**[10]온 **況良霄**는 **我先君穆公之冑**요 **子良之孫**이오 **子耳之子**요 **敝邑之卿**으로 **從政三世矣**[11]아 **鄭雖無腆**[12]이나 **抑諺曰 蕞爾國**[13]이라하야늘 **而三世執其政柄**하니 **其用物也弘矣**오 **其取精也多矣**오 **其族又大**하니 **所馮厚矣**[14]어늘 **而强死**하니 **能爲鬼**가 **不亦宜乎**[15]아

子産이 晉나라에 감에 미쳐 趙景子가 "伯有도 오히려 厲鬼가 될 수 있습니까?"라고 물으니, 子産이 아래와 같이 대답하였다. "될 수 있습니다. 사람이 태어나서 變化한 것을 魄이라 하고, 魄이 생긴 뒤에 陽을 魂이라 합니다. 사용한 물건이 精美하고 많으면 魂魄이 强해집니다. 그러므로 精爽(情神)이 神明의 경지에 이르는 〈사람도〉 있습니다. 보통 男女가 非命에 죽어도〔强死〕 그 魂魄이 오히려 사람에게 붙어 妖怪한 짓을 하는데, 하물며 良霄(伯有)는 우리 先君 穆公의 後孫이고 子良의 孫子이고 子耳의 아들이고 우리나라의 卿으로 3代 동안 國政을 擔當한 사람인 데이겠습니까? 鄭나라가 비록 작지만 俗談에 '작지만 하나의 나라이다.'고 하는데, 3代 동안 나라의 政權을 잡았으니, 사용한 물건이 많고 精美한 것을 취한 것이 많았으며, 그 宗族 또한 盛大하여 의지할 勢力이 많았습니다. 그런데 非命에 죽었으니 厲鬼가 되는 것이 당연하지 않습니까?"

1) 景子 晉中軍佐趙成

景子는 晉나라 中軍佐(中軍의 副元帥) 趙成이다.

2) 〔附注〕 林曰 言伯有旣死 尙能爲鬼 有是乎

〔부주〕 林: 伯有는 죽은 뒤에도 오히려 厲鬼가 되어 이런 짓을 할 수 있느냐고 물은 것이다.

3) 〔附注〕 林曰 答言何故不能

〔부주〕 林: 무엇 때문에 할 수 없겠느냐고 대답해 말한 것이다.

4) 魄 形也

魄은 形(體魄)이다.

5) 역주〕人生始化曰魄 : 사람이 처음 태어났을 때는 눈으로 보지도, 귀로 듣지도, 손으로 물건을 잡지도, 발로 걷지도 못하다가 얼마 뒤에는 눈으로 보고 귀로 듣고 손으로 잡고 발로 걷는 것을 '化'라 하니, 바로 이른바 '魄'이다. 魂과 魄은 서로 돕는 물건이기 때문에 魄이 생기면 魂도 따라서 생긴다. 陽을 魂이라 하니 魄은 陰으로서 形에 屬한 것임을 알 수 있다. 밝고 神靈한 것은 魂이고 運動 作爲하는 것은 魄으로 形體에 의지해 存立하지만 魂은 볼 수 있는 形體가 없다. 촛불에 비교하면 심지는 形이고 불꽃은 魄이고 光明은 魂이다. ≪左氏會箋≫

6) 陽 神氣也

陽은 神氣이다.

7) 역주〕用物精多 : 〈正義〉에 의하면 物은 衣食에 필요한 物資의 總稱이다. 〈楊注〉에도 "物은 養生의 物件으로 衣食住에 필요한 物資를 이른다. 이런 物資가 이미 精美하고도 많았다는 말이다."고 하였다. 이 說을 취해 번역하였다.

8) 物 權勢〔附注〕林曰 精 精爽也 用權勢致精爽之多 居移氣 故魂强 養移體 故魄强

物은 權勢이다.

〔부주〕林: 精은 精爽(精神)이니, 權勢를 사용하고 精爽을 쌓은 것이 많았다는 말이다. 居處가 氣質을 變化시켰기 때문에 魂이 强하고, 奉養이 體質을 變化시켰기 때문에 魄이 强한 것이다.

9) 爽 明也〔附注〕林曰 精者 神之未著 爽者 明之未融 是以積精而至於神 積爽而至於明

爽은 明이다.

〔부주〕林: 精은 神이 아직 드러나지 않은 것이고, 爽은 明이 아직 밝아지지 않은 것이다. 그러므로 精을 쌓아 神에 이르고 爽을 쌓아 明에 이른다는 말이다.

10) 强死 不病也 人謂匹夫匹婦賤身〔附注〕林曰 淫昏厲惡之鬼

强死는 病도 없이 〈非命에 죽는 것이다.〉 人은 匹夫匹婦의 賤한 몸을 이른다.

〔부주〕林: 淫厲는 淫昏하고 邪惡한 鬼神이다.

11)〔附注〕林曰 鄭穆公生公子去疾字子良 子良生公孫輒字子耳 子耳生良霄卽伯有 世爲鄭卿 去疾輒良霄三世執鄭政

〔부주〕林: 鄭穆公이 公子 去疾 字 子良을 낳고, 子良이 公孫 輒 字 子耳를 낳고, 子耳가 良霄 바로 伯有를 낳았다. 대대로 鄭나라의 卿이 되어, 去疾, 輒, 良霄 3代가 鄭나라의 政權을 잡았다.

12) 腆 厚也

腆은 厚이다.

13) 蕞 小貌

蕞는 작은 모양이다.

14) 良霄魂魄所馮者貴重

良霄의 魂魄이 의지할 貴重한 사람들이 많았다는 말이다.

15) 傳言子産之博敏

傳文은 子産의 博敏(該博하고 敏捷함)을 말한 것이다.

【傳】子皮之族飮酒無度[1]라 **故馬師氏與子皮氏有惡**[2]하다 **齊師還自燕之月**[3]에 **罕朔殺罕魋**[4]하고 **罕朔奔晉**[5]하다 **韓宣子問其位於子産**[6]한대 **子産曰 君之羈臣**[7]이 **苟得容以逃死**면 **何位之敢擇**[8]이리오 **卿違**면 **從大夫之位**[9]하고 **罪人以其罪降**[10]이 **古之制也**라 **朔於敝邑**에 **亞大夫也**오 **其官馬師也**[11]라 **獲戾而逃**하니 **唯執政所寘之**라 **得免其死**가 **爲惠大矣**니 **又敢求位**아 **宣子爲子産之敏也**[12]하야 **使從嬖大夫**[13]하다

子皮의 宗族이 술을 마시는데 節度가 없었다. 그러므로 馬師氏와 子皮氏가 서로 사이가 좋지 못하였다. 齊軍이 北燕에서 돌아오던 달에 罕朔이 罕魋를 죽이고서 罕朔이 晉나라로 出奔하였다. 韓宣子가 罕朔에게 무슨 官位를 주어야 할지에 대해 子産에게 묻자, 子産이 말하기를 "〈罕朔은〉 임금님의 羈旅臣이 되었으니, 진실로 몸을 保存해 죽음을 免할 수 있다면 〈그것만으로도 다행인데〉 어찌 감히 官位를 고르겠습니까? 外國의 卿이 逃亡해 오면 大夫의 官位로 待遇하고, 罪人인 경우에는 그 罪에 따라 等級을 낮추는 것이 예로부터 내려오는 制度입니다. 罕朔은 우리나라에서 亞大夫로 그 官職이 馬師였는데 罪를 짓고 逃亡하였으니, 執政께서 處置하는 대로 따를 것입니다. 죽음을 免하게 된 것만도 恩惠가 큰데, 또 감히 官位를 要求하겠습니까?"라고 하였다. 宣子는 子産의 말을 合當〔敏〕하게 여겨, 罕朔을 嬖大夫(下大夫)의 班列을 따르게 하였다.

1) 相尙以奢 相困以酒

서로 사치를 崇尙하고, 서로 술로써 어지럽게 한 것이다.

2) 馬師氏 公孫鉏之子罕朔也 襄三十年 馬師頡出奔 公孫鉏代之爲馬師 與子皮俱同一族

馬師氏는 公孫 鉏의 아들 罕朔이다. 襄公 30년에 馬師 頡이 出奔한 뒤에 公孫 鉏가 그 뒤를 이어 馬師가 되었는데, 子皮와 同族이다.

3) 在此年二月

금년 2월에 있었다.

4) 魋 子皮弟 〔附注〕 朱曰 公孫鉏子展之弟也 展生罕虎罕魋 鉏生罕朔 至是而朔殺魋

䰡는 子皮의 아우이다.

〔부주〕 朱: 公孫 鉏는 子展(舍之)의 아우이다. 子展이 罕虎와 罕䰡를 낳고, 鉏가 罕朔을 낳았다. 이때에 이르러 罕朔이 〈그 四寸〉 罕䰡를 죽인 것이다.

5)〔附注〕 朱曰 恐討而奔

〔부주〕 朱: 討伐당할 것이 두려워 出奔한 것이다.

6) 問朔可使在何位

罕朔을 어떤 官位에 두어야겠느냐고 물은 것이다.

7) 역주〕 羈臣 : 他國에서 와서 나그네로 居留하는 臣下이다.

8)〔附注〕 林曰 罕朔出奔 乃晉君羈旅之臣 苟得容身以逃死罪 何敢擇所處高下之位

〔부주〕 林: 罕朔이 〈晉나라로〉 出奔하였으니 바로 晉君의 羈旅臣이다. 진실로 몸을 保存하여 死罪를 免할 수 있다면 〈그것만으로도 다행인데〉 어찌 감히 官位의 高下를 選擇하겠느냐는 말이다.

9) 謂以禮去者 降位一等

禮로써 〈本國을〉 떠나온 자에게는 그 官位를 〈本國에 있을 때의 官位보다〉 한 等級 낮추어 준다는 말이다.

10) 罪重則降多

罪가 무거우면 많이 降等한다는 말이다.

11) 大夫位 馬師職

大夫는 爵位이고 馬師는 官職이다.

12) 역주〕 敏 : 敏은 審이니, 오늘날의 '恰當'이라는 말과 같다. 〈楊注〉

13) 爲子産故 使降一等 不以罪降〔附注〕 林曰 嬖大夫 下大夫也

子産 때문에 한 等級만을 낮추게 하고 罪로써 降等시키지 않은 것이다.

〔부주〕 林: 嬖大夫는 下大夫이다.

【傳】 秋八月에 **衛襄公卒**하다 **晉大夫言於范獻子曰 衛事晉爲睦**[1)]이로되 **晉不禮焉**하고 **庇其賊人而取其地**[2)3)]라 **故諸侯貳**니라 **詩曰 鶺鴒在原**하니 **兄弟急難**[4)5)]이라하고 **又曰 死喪之威**에 **兄弟孔懷**[6)]라하야늘 **兄弟之不睦**하야 **於是乎不弔**[7)8)]하니 **況遠人**이 **誰敢歸之**리오 **今又不禮於衛之嗣**[9)]면 **衛必叛我**하리니 **是絶諸侯也**라 **獻子以告韓宣子**한대 **宣子說**하야 **使獻子如衛弔**하고 **且反戚田**[10)]하다

가을 8월에 衛襄公이 卒하였다. 晉나라 大夫가 范獻子(范鞅)에게 말하기를 "衛나라는 晉나라를 섬겨 和睦하게 대하였으나, 晉나라는 衛나라를 禮遇하지 않고 衛나라의

叛逆者(孫林父)를 庇護하고 衛나라의 땅(戚田)을 取하였습니다. 그러므로 諸侯들이 晉나라에 두마음을 품은 것입니다. ≪詩經≫에 '할미새 언덕에 있으니 兄弟가 危急한 災難 救援하네.'라고 하고, 또 '死喪의 두려움 있으면 兄弟만이 매우 그립게 생각하네.'라고 하였는데, 兄弟 사이인데도 和睦하지 못하여 이처럼〔於是乎〕 親善하지 못하니, 하물며 疏遠한 사람이야 누가 감히 晉나라에 歸依하려 하겠습니까? 그런데 지금 또 衛나라의 嗣君에게 禮를 행하지 않는다면 衛나라는 반드시 우리를 背叛할 것이니, 이는 諸侯와 關係를 斷絶하는 것입니다."고 하였다. 獻子가 이 말을 韓宣子(韓起)에게 告하자, 宣子는 기뻐하여 獻子에게 衛나라에 가서 弔慰하게 하고, 또 戚田을 돌려주게 하였다.

1) 睦 和也
　睦은 和이다.
2) 賊人 孫林父 其地 戚也
　賊人은 孫林父이고, 그 땅은 戚田이다.
3) 역주〕庇其賊人而取其地 : 賊人은 襄公 14년에 그 임금 衛獻公을 逐出하고, 16년에 戚邑을 가지고 晉나라로 도망간 孫林父를 이르고, 其地는 孫林父가 가지고 간 그 封邑 戚田을 이른다.
4) 詩小雅 鶺鴒 雝渠也 飛則鳴 行則搖 喩兄弟相救於急難 不可自舍
　詩는 ≪詩經≫ 〈小雅 常棣篇〉의 詩句이다. 鶺鴒은 雝渠이다. 날 때는 소리 내어 울고 걸을 때 꼬리를 흔든다. 兄弟는 危急한 災難에 서로 救援해야 하고 自棄해서는 안 된다는 것을 비유한 것이다.
5) 역주〕鶺鴒在原 兄弟急難 : 할미새는 날 때는 울고 걸을 때는 항상 꼬리를 아래위로 흔들어, 急難을 알리는 것 같으므로 急難의 비유로 쓰인다. 그런데 지금 물가에 사는 할미새가 언덕에 와 있으니, 이는 災難을 만나 處所를 잃은 것이니, 兄弟에게 災難이 있음을 비유한 것이다.
6) 威 畏也 言有死喪 則兄弟宜相懷思
　威는 畏이다. 死喪이 있으면 兄弟는 서로 그리며 생각해야 한다는 말이다.
7) 不相弔恤
　서로 弔慰하지 않는 것이다.
8) 역주〕於是乎不弔 : '不弔는 不淑으로 바로 不善이다.'고 한 〈楊注〉의 說를 取해 번역하였다.
9) 嗣 新君也
　嗣는 新君이다.
10) 傳言戚田所由還歸〔衛〕*)

傳文은 戚田을 衛나라에 돌려주게 된 由來를 말한 것이다.

＊) 역주] 저본에는 '歸'로 되어 있으나 ≪十三經注疏≫本에 의거하여 '衛'로 바로잡았다.

衛齊惡告喪于周하고 **且請命**[1)]하니 **王使成簡公如衛弔**[2)]하고 **且追命襄公曰 叔父陟恪**하야 **在我先王之左右**하야 **以佐事上帝**[3)4)]리니 **余敢忘高圉亞圉**[5)6)]아

衛나라 齊惡이 周나라에 가서 喪을 告하고, 또 追命을 내려 주기를 청하니, 周王이 成簡公을 衛나라로 보내어 弔喪하고, 또 衛襄公에게 〈아래와 같이〉 追命을 내렸다. "叔父가 하늘로 올라가서 우리 先王의 左右에 있으면서 上帝를 輔佐해 섬길 것이니, 내 어찌 감히 高圉와 亞圉를 잊겠는가?"

1) 역주] 命 : 追命으로 諸侯의 죽음에 天子가 功德을 讚揚하는 命을 내리는 것이다.

2) 簡公 王卿士也

簡公은 周王의 卿士이다.

3) 陟 登也 恪 敬也 帝 天也 叔父謂襄公 命如今之哀策

陟은 登이고 恪은 敬이고, 帝는 天帝이다. 叔父는 衛襄公을 이른다. 命은 지금의 哀策(生前의 行蹟을 讚揚하며 哀悼하는 글)과 같은 것이다.

4) 역주] 陟恪 : 恪은 格으로 읽어야 한다. ≪爾雅≫에 "格陟은 登陞이다."고 하였으니, 格과 陟은 同意詞이다. 陟格은 魂이 하늘로 올라가는 것을 이른다. ≪左氏會箋≫

5) 二圉 周之先也 爲殷諸侯 亦受殷王追命者

高圉와 亞圉는 周나라의 先祖로 殷나라의 諸侯가 되어, 殷王의 追命을 받은 자이다.

6) 역주] 余敢忘高圉亞圉 : 高圉는 公劉의 玄孫으로 亞圉를 낳았는데, 亞圉는 바로 太王의 祖父이다. 高圉와 亞圉는 遠祖인데도 감히 잊을 수 없는데, 하물며 文王의 後孫인 衛나라를 감히 잊을 수 있겠느냐는 말이다. ≪左氏會箋≫

【傳】九月에 **公至自楚**하다 **孟僖子病不能相禮**[1)]하야 **乃講學之**[2)]하야 **苟能禮者**면 **從之**[3)]하다 **及其將死也**[4)]에 **召其大夫**[5)]**曰 禮**는 **人之幹也**니 **無禮**면 **無以立**이라 **吾聞將有達者曰孔丘**[6)]하니 **聖人之後也**[7)8)]로 **而滅於宋**[9)]이라 **其祖弗父何以有宋而授厲公**[10)]하고 **及正考父**[11)]하야 **佐戴武宣**[12)]하야 **三命茲益共**[13)]하니라 **故其鼎銘云**[14)] **一命而僂**하고 **再命而傴**하고 **三命而俯**[15)]하야 **循牆而走**[16)17)]하니 **亦莫余敢侮**[18)]라 **饘於是**하고 **鬻於是**하야 **以糊余口**[19)]리하니 **其共也如是**니라 **臧孫紇有言**[20)]**曰 聖人有明德者**가 **若不當世**면 **其後必有達人**[21)]이라하니 **今其將在孔丘乎**ㄴ저 **我若獲沒**[22)]이면 **必屬說**

與何忌於夫子하야 **使事之**[23]하야 **而學禮焉**하야 **以定其位**[24]하라 **故孟懿子與南宮敬叔師事仲尼**하니라 **仲尼曰 能補過者**는 **君子也**라 **詩曰 君子是則是效**[25]라하니 **孟僖子可則效已矣**[26]로다

9월에 昭公이 楚나라에서 돌아왔다. 孟僖子는 禮를 잘 輔佐하지 못한 것을 羞恥〔病〕로 여겨 禮를 學習하였는데, 禮에 能한 사람이 있다고 하면 그를 찾아가서 배웠다. 그러다가 죽을 때에 미쳐 手下 大夫를 불러놓고 말하기를 "禮는 사람이 되는 根本이니, 禮가 없으면 立身(處世)할 수가 없다. 내 듣건대 장차 顯達할 자로 孔丘라는 사람이 있는데, 그는 聖人의 後裔로 그 家門이 宋나라에서 滅亡하였다고 한다. 그 祖上 弗父何는 宋나라를 所有할 수 있었으나 나라를 그 아우 厲公에게 주었고, 正考父에 미쳐 宋나라의 戴公·武公·宣公을 輔佐하여, 三命을 받아 上卿이 되었으나 더욱더 恭遜하였다. 그러므로 그 鼎銘에 '一命을 받아 大夫가 되어서는 고개를 숙이고, 再命을 받아 卿이 되어서는 허리를 굽히고, 三命을 받아 上卿이 되어서는 몸을 굽히고서, 길을 갈 때도 담장을 따라 빠른 걸음으로 지나가니, 감히 나를 업신여기는 사람이 없었다. 이 鼎에서 된죽을 끓이고 묽은 죽을 끓여 내 입에 풀칠을 하리라.'고 하였으니, 그 恭遜함이 이와 같았다. 臧孫紇의 말에 '聖人의 後裔로서 밝은 德을 가진 사람이 當世(國君이 되어 國政을 擔當함)하지 못하면 그 後孫에 반드시 達人이 나온다.'고 하였으니, 지금 그 達人이 아마도 孔丘인 듯하다. 내가 만약 壽命을 다하고 죽는다면 반드시 說(南宮敬叔)과 何忌(孟懿子)를 夫子에게 맡겨, 夫子를 師事하여 禮를 배워 그 地位를 安固(安定 鞏固)하게 하라."고 하였다. 그러므로 孟懿子와 南宮敬叔이 仲尼를 師事한 것이다. 仲尼가 말하기를 "능히 자기의 過誤를 補完하는 자는 君子이다. ≪詩經≫에 '君子를 본받는다.'고 하였으니, 孟僖子는 본받을 만하다."고 하였다.

1) 不能相儀答郊勞 以此爲己病

〈금년 3월에 昭公이 楚나라에 갔을 때 僖子는〉 禮儀를 輔佐하는 사람으로서 楚나라의 郊勞에 잘 應對하지 못했으므로 〈僖子는〉 이것을 자기의 羞恥로 여긴 것이다.

2) 講習也

講學은 講習하는 것이다.

3) 〔附注〕 朱曰 苟有能禮之人 則從而師問之

〔부주〕 朱: 禮에 能한 사람이 있다고 하면 찾아가서 그를 스승으로 섬기며 물은 것이다.

4) 二十四年孟僖子卒 傳終言之

昭公 24년에 孟僖子가 卒하였는데, 〈7년 傳에 僖子가 죽을 때 한 말을 기록한 것은, 僖子가 相禮를 잘하지 못한 것을 羞恥로 여긴 일을〉 終結한 것이다.

5) 僖子屬大夫

그 大夫는 僖子의 屬大夫이다.

6) 僖子卒時 孔子年三十五

孟僖子가 卒할 때 孔子의 나이 35세였다.

7) 聖人 殷湯

聖人은 殷湯이다.

8) 역주] 聖人之後也 : 聖人은 正考父를 가리킨 것이다. 考父는 弗父何의 曾孫이니, 弗父何가 讓位하지 않았다면 考父는 당연히 宋君이 되었을 것이다. 그러므로 '不當世'라고 한 것이다. 傳에 '滅於宋'이라 한 것은 바로 孔父嘉의 後孫이 魯나라로 亡命하여 宋나라에서 그 祭祀가 끊긴 것을 이른 것이다. ≪左氏會箋≫

9) 孔子六代祖孔父嘉 爲宋督所殺 其子奔魯

孔子 6代祖 孔父嘉가 宋督에게 被殺되었으므로 그 아들이 魯나라로 亡命한 것이다.

10) 弗父何 孔父嘉之高祖 宋閔公之子 厲公之兄 何適嗣當立 以讓厲公

弗父何는 孔父嘉의 高祖로 宋閔公의 아들이고 宋厲公의 兄이다. 弗父何는 閔公의 適嗣로서 당연히 임금이 될 것인데도 임금 자리를 厲公에게 사양하였다.

11) 父弗〔弗父〕*) 何之曾孫

正考父는 弗父何의 曾孫이다.

*) 역주] 저본에는 '父弗'로 되어 있으나 ≪十三經注疏≫本에 의거하여 '弗父'로 바로잡았다.

12) 三人皆宋君

세 사람은 모두 宋나라 임금이다.

13) 三命 上卿也 言位高益共

三命은 上卿이다. 地位가 높아질수록 더욱 恭遜하였음을 말한 것이다.

14) 考父廟之鼎

正考父 廟에 〈備置한〉 鼎이다.

15) 俯共於傴 傴共於僂

俯가 傴보다 恭遜하고 傴가 僂보다 恭遜한 것이다.

16) 言不敢安行 〔附注〕 林曰 恭敬之甚 不敢安行於通都大道之中

감히 편안히 걸어 다니지 않은 것을 말한 것이다.

〔부주〕 林: 恭敬이 심하여 감히 都市의 大路 中央으로 편안히 걸어 다니지 않은 것이다.

17) 역주〕循牆而走 : 道路의 中央을 피해 갓길로 간 것이다.

18) 其共如是 今亦不敢侮慢之

그 恭遜함이 이와 같으니 사람들 또한 그를 감히 업신여기지 않았다는 말이다.

19) 於是鼎中爲饘鬻 饘鬻 餬屬 言至儉

이 鼎 속에서 죽을 끓인 것이다. 饘鬻은 餬(죽)의 類이니, 지극히 儉素했음을 말한 것이다.

20) 紇 武仲也

紇은 臧武仲다.

21) 聖人之後 有明德而不當大位 謂正考父

聖人의 後裔로 밝은 德을 가졌으면서도 大位(君位)를 擔當하지 못한 것이니, 正考父를 이른다.

22) 得以壽終

壽命을 다하고 죽는 것이다.

23) 說 南宮敬叔 何忌 孟懿子 皆僖子之子〔附注〕林曰 夫子 謂仲尼

說은 南宮敬叔이고, 何忌는 孟懿子인데, 모두 僖子의 아들이다.

〔부주〕林: 夫子는 仲尼를 이른다.

24) 知禮則位安

禮를 알면 地位가 安定된다.

25) 詩小雅

詩는 ≪詩經≫〈小雅 鹿鳴篇〉의 詩句이다.

26)〔附注〕林曰 能補過 合此詩 則效之義

〔부주〕林: 능히 過誤를 補完한 것이 이 詩에 본받은 뜻에 符合한다.

【傳】 單獻公棄親用羈[1)]하니 冬十月辛酉에 襄頃之族이 殺獻公而立成公[2)]하다

單(선)獻公이 親族을 버리고 外國에서 온 나그네를 登用하니, 겨울 10월 辛酉日에 單襄公과 單頃公의 族屬들이 單獻公을 죽이고서 單成公을 임금으로 세웠다.

1) 獻公 周卿士 單靖公之子 頃公之孫 羈 寄客也〔附注〕林曰 棄其親戚而用羈旅之士

單獻公은 周나라 卿士로 單靖公의 아들이고 單頃公의 손자이다. 羈는 寄客(他國에서 와서 居留하는 나그네)이다.

〔부주〕林: 그 親戚을 버리고 羈旅(他國에서 와서 나그네로 居留함)하는 人士를 登用한 것이다.

2) 襄公 頃公之父 成公 獻公弟

單襄公은 單頃公의 아버지이고, 單成公은 單獻公의 아우이다.

【傳】 十一月에 **季武子卒**하다 **晉侯謂伯瑕**[1]**曰 吾所問日食**이 **從矣**니 **可常乎**[2][3]아 **對曰 不可**니이다 **六物不同**[4]하고 **民心不壹**[5][6]하며 **事序不類**[7][8]하고 **官職不則**[9][10]하며 **同始異終**[11]하니 **胡可常也**릿가 **詩曰 或燕燕居息**이어늘 **或憔悴事國**[12]이라하니 **其異終也如是**니이다 **公曰 何謂六物**고 **對曰 歲時日月星辰**을 **是謂也**니이다 **公曰 多語寡人**[13]**辰而莫同**하니 **何謂辰**[14]고 **對曰 日月之會是謂辰**[15]이라 **故以配日**[16]이니이다

11월에 季武子가 卒하였다. 晉侯가 伯瑕(士文伯)에게 일러 말하기를 "전에 내가 물었던 日食의 禍가 그대의 말대로 되었으니, 〈日食이 있을 때마다〉 항상 그 禍를 미리 알 수 있는가?"라고 하니, 伯瑕가 대답하기를 "알 수 없습니다. 六物이 같지 않고, 民心이 同一하지 않으며, 事序(事理)가 같지 않고, 官職이 같지 않으며, 始初는 같으나 終末이 다르니, 어찌 항상 미리 알 수 있겠습니까? ≪詩經≫에 '누구는 편안히 집에서 쉬고 있는데, 누구는 國事에 힘을 다하네.'라고 하였으니, 그 終末이 다른 것이 이와 같습니다." 라고 하였다. 晉平公이 "무엇을 六物이라 하는가?"라고 물으니, 伯瑕는 "歲(歲星), 時(四時), 日(甲日에서 癸日까지), 月(正月에서 12월까지), 星(28宿), 辰(日月이 만나는 12會)을 이릅니다."고 대답하였다. 晉平公이 말하기를 "寡人에게 '辰'에 대해 말한 사람이 많은데 그 말이 모두 같지 않으니, 무엇을 '辰'이라 하는가?"라고 하니, 伯瑕가 대답하기를 "해와 달이 만나는 곳을 '辰'이라 합니다. 그러므로 地支를 天干〔日〕에 配合하여 날짜를 記錄합니다."고 하였다.

1) 伯瑕 士文伯
伯瑕는 士文伯이다.

2) 衛侯武子皆卒故 〔附注〕 林曰 皆順從子之言
衛侯와 武子가 모두 죽었기 때문이다.
〔부주〕 林: 모두 그대의 말을 順從하였다는 말이다. 〈그대의 말이 틀리지 않고 모두 맞았다는 말이다.〉

3) 역주〕 可常乎 : 可常은 常可의 倒置로 日食이 있을 때마다 항상 그 禍가 누구에게 닥칠 것인지 미리 알 수 있느냐는 말이다.

4) 各異時
각각 때가 다른 것이다.

5) 政教殊

政敎가 다른 것이다.

6) 역주] 民心不壹 : 政治과 敎化가 다름으로 인해 民心이 統一되지 않는다는 말인 듯하다.

7) 有變易

變易이 있는 것이다.

8) 역주] 事序不類 : 事理는 언제나 같은 것이 아니고 時代에 따라 變易한다는 말인 듯하다.

9) 治官居職非一法

官職에 있으면서 職務를 處理하는 法이 하나가 아니라는 말이다.

10) 역주] 官職不則 : 則은 類와 같으니, 不類와 不則은 모두 上文의 不同, 不壹과 同義이다. 事理가 바르고 官職이 다스려지면 民心이 和合하여 日食의 災禍를 避할 수 있으나, 그렇지 못하면 그 災禍가 반드시 클 것이다. ≪左氏會箋≫

11) 역주] 同始異終 : 今日이 後日과 같지 않다는 말이다. ≪左氏會箋≫

12) 詩小雅 言不同

詩는 ≪詩經≫ 〈小雅 北山篇〉의 詩句인데, 같지 않다는 것을 말한 것이다.

13) 〔附注〕 林曰 言詳以告我

〔부주〕 林: 나에게 辰에 대해 자세히 告하였다는 말이다.

14) 〔附注〕 林曰 凡謂之辰 如北辰大辰之類 其義莫同 何者謂之辰

〔부주〕 林: 모든 이가 나에게 말한 '辰'은 北辰(北極星), 大辰(大火心星) 같은 類로 그 뜻이 같지 않으니, 무엇을 '辰'이라 하느냐고 물은 것이다.

15) 一歲日月十二會 所會謂之辰

1년에 해와 달이 열두 번 만나는데, 만나는 곳을 '辰'이라 한다.

16) 謂以子丑配甲乙

子丑(地支)을 甲乙(天干)에 配合한 것을 이른다.

【傳】 衛襄公夫人姜氏無子[1]하고 **嬖人**婤姶**生孟**縶하다 **孔成子夢康叔謂己**호되 **立元**[2]하라 **余使羈之孫圉與史苟相之**[3]하리라 **史朝亦夢康叔謂己**호되 **余將命而子苟與孔烝鉏之曾孫圉相元**하리라 **史朝見成子**하고 **告之夢**하니 **夢協**[4]이라 **晉韓宣子爲政**하야 **聘于諸侯之歲**[5]에 婤姶**生子**하니 **名之曰元**이라하다 **孟**縶**之足不良弱〔能〕**[6][7]**行**[8]이라 **孔成子以周易筮之**하니 **曰 元尙亨衛國**하야 **主其社稷**[9]하노라 **遇屯**☵☳[10]하다 **又曰 余尙立**縶하노니 **尙克嘉之**[11]하노라 **遇屯**☵☳**之比**☵☷[12]하다 **以示史朝**한대 **史朝曰 元亨**이라하니 **又何疑焉**[13][14]이리오 **成子曰 非長之謂乎**[15]아 **對曰 康叔名之**하시니

可謂長矣[16]라 **孟非人也**라 **將不列於宗**하리니 **不可謂長**[17)18)]이라 **且其繇曰 利建侯**[19]라하니 **嗣吉**이면 **何建**이리오 **建非嗣也**[20]라 **二卦皆云**[21]하니 **子其建之**하라 **康叔命之**하고 **二卦告之**하니 **筮襲於夢**은 **武王所用也**니 **弗從何爲**[22]리오 **弱足者居**[23]니라 **侯主社稷**하야 **臨祭祀**하고 **奉民人**하고 **事鬼神**하고 **從會朝**니 **又焉得居**리오 **各以所利**가 **不亦可乎**[24]아 **故孔成子立靈公**하다 **十二月癸亥**에 **葬衛襄公**[25]하다

衛襄公의 夫人 姜氏는 아들을 낳지 못하였고, 嬖人 婤始이 孟縶을 낳았다. 孔成子의 꿈에 康叔(衛나라의 始祖)이 孔成子에게 말하기를 "元을 임금으로 세우라. 내 羈의 孫子 圉와 〈史朝의 아들〉 史苟로 하여금 元을 섬기게 하겠다."고 하였다. 史朝 역시 꿈에 康叔이 史朝에게 말하기를 "내 장차 너의 아들 苟와 孔烝鉏의 曾孫 圉에게 命하여 元을 섬기게 하겠다."고 하였다. 史朝가 成子를 찾아가 꿈 이야기를 하니, 두 사람의 꿈이 같았다. 晉나라 韓宣子가 執政이 되어 諸侯를 聘問하던 해에 婤始이 또 아들을 낳았는데 그 이름을 元이라 하였다. 孟縶은 발이 온전하지 못하여 걸음을 잘 걷지 못하였다. 孔成子가 周易으로 점을 치며 〈泰筮(蓍草로 만든 산가지)에 命하기를〉 "元이 衛나라를 享有하여 그 社稷을 主管하기를 바란다."고 하고서 〈揲蓍(蓍草占을 칠 때 산가지를 세어 卦를 만듦)하니〉 屯卦가 나왔다. 또 〈泰筮에 命하기를〉 "나는 孟縶을 임금으로 세우기를 希望하니 좋은 卦가 나오기를 바란다."고 하고서 〈揲蓍하니〉 屯卦가 比卦로 變한 卦가 나왔다. 그 卦를 史朝에게 보여 주니, 史朝가 말하기를 "〈卦辭에〉 '元亨'이라 하였으니, 또 의심할 게 뭐 있습니까?"라고 하였다. 成子가 "元亨의 元은 長子를 이름이 아니겠습니까?"고 하니, 史朝가 대답하기를 "康叔이 元으로 命名하셨으니 長子라 이를 수 있습니다. 孟縶은 合當한 사람이 아니라서 장차 宗社를 主管할 수 없을 것이니 長子라 할 수 없습니다. 또 그 卦辭에 '侯로 세우는 것이 이롭다.'고 하였으니, 嗣子를 세우는 것이 吉하다면 〈당연히 嗣子가 임금이 될 것인데,〉 무엇 때문에 '侯로 세운다.'고 하였겠습니까? 嗣子가 아닌 자를 세우는 것을 말한 것입니다. 두 卦에 모두 그렇게 말하였으니, 당신께서는 元을 세우십시오. 康叔이 명하셨고 두 卦가 그리 告하였으니, 蓍草占이 꿈과 符合한 것은 武王께서도 따르신 바니 무엇 때문에 따르지 않겠습니까? 절뚝발이는 집안에 한가로이 있어야 합니다. 侯(君主)는 社稷을 主管하여 祭祀에 親臨하고 人民을 奉養하고 鬼神을 섬기고 會盟과 朝會에 參加해야 하니 어찌 집안에 한가로이 있을 수 있겠습니까? 각각 이로운 바를 따르는 것이 좋지 않겠습니까?"라고 하였다. 그러므로 孔成子가 靈公을 세웠다. 12월 癸亥日에 衛襄公을 葬事 지냈다.

1) 姜氏 宣姜

姜氏는 宣姜이다.

2) 成子 衛卿 孔達之孫烝鉏也 元 孟縶弟 夢時元未生

成子는 衛나라 卿으로 孔達의 손자 烝鉏이다. 元은 孟縶의 아우이다. 꿈을 꿀 때는 元이 태어나기 전이다.

3) 羈 烝鉏子 苟 史朝子

羈는 烝鉏의 아들이고, 苟는 史朝의 아들이다.

4) 協 合也

協은 合이다.

5) 在二年

昭公 2년에 있었다.

6) 跛也

절뚝발이이다.

7) 역주] 저본에는 '弱'으로 되어 있으나 ≪十三經注疏≫本에 의거하여 '能'으로 바로잡았다.

8) 역주] 孟縶之足不良能行 : 〈楊注〉에 "杜氏는 不良에 句를 떼고, 能行을 別個의 句로 보았으나, 正確하지 않은 것 같다. '孟縶之足不良能行'을 한 句로 보는 것이 옳다. 良은 善이니 不善能行(잘 걸을 수 없음)이라는 말이다."고 하였다. 이 說을 取해 번역하였다.

9) 命蓍辭

蓍草에 命한 말이다.

10) 震下坎上屯

震卦가 下卦이고 坎卦가 上卦인 卦가 屯卦이다.

11) 嘉 善也〔附注〕林曰 再占曰 我庶幾立孟縶 庶幾縶能善於元

嘉는 善(좋음)이다.

〔부주〕林: 再次 占을 치며 "내가 孟縶을 세우기를 希望하니 縶이 元보다 좋은 卦가 나오기를 바란다."고 한 것이다.

12) 坤下坎上比 屯初九爻變

下卦가 坤이고 上卦가 坎인 것이 比卦인데, 屯卦의 初九爻가 變한 것이다.

13) 周易曰 屯 元亨〔附注〕林曰 所筮乃元與縶 是元亨也

≪周易≫에 "屯은 元亨(크게 亨通함)하다."고 하였다.

〔부주〕林: 占을 친 元과 縶이 元亨하다는 말이다.

14) 역주] 史朝曰 元亨 : 元亨은 屯卦의 卦辭인데, 史朝는 元이 衛나라를 享有한다는 뜻으로 解釋하였다. 〈楊注〉

15) 言屯之元亨 謂年長 非謂名元

屯卦의 元亨은 年長者를 이른 것이고, 元의 이름을 이른 것이 아니다.

16) 善之長也〔附注〕林曰 言元乃康叔所命之名 可以當元長之義

元은 善 중에 으뜸(長)이다.

〔부주〕林: 元은 바로 康叔이 命한 이름이니, '元善之長(元은 모든 善의 으뜸)'의 뜻에 該當한다는 말이다.

17) 足跛非全人 不可列爲宗主

절뚝발이는 온전한 사람이 아니므로 先君의 뒤를 이어 宗主가 될 수 없다는 말이다.

18) 역주〕列於宗 : 살아서는 先君의 뒤를 잇고, 죽어서는 先君의 禰廟에 들어가는 것이다. ≪左氏會箋≫

19) 繇 卦辭

繇는 卦辭이다.

20) 嗣子有常位 故無所卜 又無所建 今以位不定 卜嗣得吉 則當從吉而建之也

嗣子는 定해진 地位가 있기 때문에 점을 칠 필요도 없고, 또 세울 필요도 없다. 지금 位가 定해지지 않았기 때문에 점을 쳐서 吉卦를 얻었다면 吉한 占卦에 따라 세워야 한다는 말이다.

21) 謂再得屯卦 皆有建侯之文

再次 점을 쳐서 나온 屯卦에도 모두 '建侯'라는 글이 있음을 이른 것이다.

22) 外傳云 大誓曰 朕夢協朕卜 襲於休祥 戎商必克 此武王辭

外傳(國語)에 이르기를 "泰誓에 '朕의 꿈이 朕의 龜卜과 一致하여 아름다운 상서가 거듭하였으니, 商나라를 征伐하면 반드시 勝利할 것이다.'고 하였는데, 이것은 武王의 말이다."고 하였다.

23) 跛則偏弱 居其家 不能行

절뚝발이는 한쪽 다리가 弱하므로 집안에 있어야 하고 돌아다닐 수 없다는 말이다.

24) 孟跛利居 元吉利建

孟縶은 절뚝발이이니 집안에 있는 것이 이롭고, 元은 吉하니 侯로 세우는 것이 이롭다는 말이다.

25) 靈公 元也

衛靈公은 元이다.

譯註者 略歷

鄭太鉉

慶北 尙州 化北 出生
止山 林聖武 先生과 鳳西 吳禹善 先生 師事
民族文化推進會 國譯硏修院 卒業, 國譯部長, 國譯硏修院 敎授
한국고전번역원 부설 고전번역교육원 名譽漢學敎授
傳統文化硏究會 理事 겸 副會長

論文 및 譯書

〈栗谷의 改革思想〉
譯書 ≪孝經大義≫ ≪同春堂集≫
共譯 ≪五洲衍文長箋散稿≫ ≪星湖僿說≫ ≪宋子大全≫ ≪茶山詩文集≫
≪陽村集≫ ≪高峯集≫ ≪寒水齋集≫ ≪朝鮮王朝實錄≫ 등 多數

東洋古典譯註叢書 5
譯註 春秋左氏傳 5　　35,000원

2007년 12월 31일 초판 발행
2024년 01월 10일 초판 4쇄

譯　註　鄭太鉉
編　輯　東洋古典飜譯編輯委員會
發行人　郭成文
發行處　社團法人 傳統文化硏究會
등록 : 1989. 7. 3. 제1-936호
서울시 종로구 삼일대로 428 낙원빌딩 411호
전화 : (02)762-8401　전송 : (02)747-0083
전자우편 : juntong@juntong.or.kr
홈페이지 : juntong.or.kr
사이버書堂 : cyberseodang.or.kr
온라인서점 : book.cyberseodang.or.kr

인쇄처 : 한국법령정보주식회사(02-462-3860)
총　판 : 한국출판협동조합(070-7119-1750)

ISBN 978-89-91720-20-6 94140
978-89-85395-71-7(세트)

※ 이 책은 2007년도 교육인적자원부 고전문헌 국역지원사업 지원비에 의해 초판 간행.